LEARNING IS JUST A CLICK AWAY

The **Aventuras Supersite**—everything you need to motivate students and support language learning.

- Engages and focuses students
- Improves student performance
- Saves you time with auto-grading, quick setup, and reporting tools
- Provides flexibility to personalize your course
- Offers cost-saving digital options
- Includes vText—the online, interactive Student Edition

 Go to vhlcentral.com to get started

AVENTURAS

PRIMER CURSO DE LENGUA ESPAÑOLA

JOSÉ A. BLANCO

PHILIP REDWINE DONLEY, LATE

VISTA®
HIGHER LEARNING

Boston, Massachusetts

On the cover: Colorful bus in Panajachel, Guatemala, with Lake Atitlán
in the background.

Creative Director: José A. Blanco
Chief Content and Innovation Officer: Rafael de Cárdenas López
Publisher: Sharla Zwirek
Editorial Director: Judith Bach
Editorial Development: Jo Hanna Kurth
Senior Video Producer: Carmen Nouel
Project Management: Faith Ryan
Rights Management: Jorgensen Fernandez, Kristine Janssens, Juan Esteban Mora
Technology Production: David Duque, Jamie Kostecki, Lauren Krolick
Design: Andrea Cubides, Paula Díaz, Daniela Hoyos, Radoslav Mateev, Gabriel Noreña, Andrés Vanegas
Production: Oscar Díez, Sebastián Díez, Andrés Escobar, Daniel Lopera, Daniela Peláez, Juliana Tobón

Student Text ISBN: 978-1-54333-191-2

Instructor's Annotated Edition ISBN: 978-1-54333-194-3

Library of Congress Control Number: 2020937034

1 2 3 4 5 6 7 8 9 TC 25 24 23 22 21 20

Printed in Canada.

Instructor's Annotated Edition

Table of Contents

THE VISTA HIGHER LEARNING STORY
Your Specialized World Language Publisher

Independent, specialized, and privately owned, Vista Higher Learning was founded in 2000 with one mission: to raise the teaching and learning of world languages to a higher level. This mission is based on the following beliefs:

- It is essential to prepare students for a world in which learning another language is a necessity, not a luxury.
- Language learning should be fun and rewarding, and all students should have the tools necessary for achieving success.
- Students who experience success learning a language will be more likely to continue their language studies both inside and outside the classroom.

With this in mind, we decided to take a fresh look at all aspects of language instructional materials. Because we are specialized, we dedicate 100 percent of our resources to this goal and base every decision on how well it supports language learning.

That is where you come in. Since our founding in 2000, we have relied on the continuous and invaluable feedback from language instructors and students nationwide. This partnership has proved to be the cornerstone of our success by allowing us to constantly improve our programs to meet your instructional needs.

The result? Programs that make language learning exciting, relevant, and effective through:

- an unprecedented access to resources
- a wide variety of contemporary, authentic materials
- the integration of text, technology, and media, and
- a bold and engaging textbook design

By focusing on our singular passion, we let you focus on yours.

The Vista Higher Learning Team

VISTA®
HIGHER LEARNING

500 Boylston Street, Suite 620, Boston, MA 02116-3736 TOLL-FREE: 800-618-7375
TELEPHONE: 617-426-4910 FAX: 617-426-5209 www.vistahigherlearning.com

Getting to Know Aventuras

Aventuras, Sixth Edition, offers a student-friendly approach to introductory Spanish. Its goal is to make learning Spanish easier and more rewarding so that students will be successful language learners. To this end, **Aventuras** emphasizes an interactive, communicative approach. It develops speaking, listening, reading, and writing skills so students are capable of communicating with confidence in real-life situations.

NEW to the Sixth Edition

- New **Aventuras fotonovela** video
- New Video Virtual Chats
- New vocabulary tutorials
- Communicative goals and Can-Do Statements for most sections in each lesson
- New pronunciation tutorials with speech recognition
- New **Panorama cultural** videos
- New **Con ritmo hispano** music feature
- 9 new **Cultura** readings
- 8 new authentic **Videoclips** showcasing Spanish from diverse locations in the Spanish-speaking world
- Revised audio activities
- Online practice tests now with diagnostics
- Standards correlations now at point of use

Plus, the original hallmark features of Aventuras

- Dynamic presentation of practical, high-frequency vocabulary
- Focus on grammar as a tool for communication
- Emphasis on culture as an integral part of language learning
- Meaningful integration of dramatic video
- Three compelling cultural videos: **Aventuras fotonovela, Flash cultura,** and **Panorama cultural**
- Enriching, authentic cultural content, including the **Videoclip** section
- Unique and cohesive design that provides students with access to grammar explanations and corresponding activities on a single spread
- Tiered, four-part practice sequence that builds to productive output
- Incorporation of meaningful communicative practice in every section of every lesson
- Rich design that supports the learning of language and culture

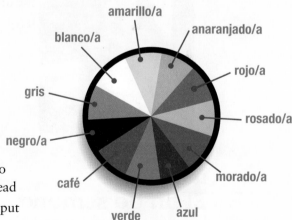

amarillo/a

anaranjado/a

blanco/a

rojo/a

gris

rosado/a

negro/a

café

morado/a

verde

azul

table of contents

	PREPARACIÓN	**AVENTURAS**

table of contents

	PREPARACIÓN	AVENTURAS

CULTURA	GRAMÁTICA	LECTURA

table of contents

	PREPARACIÓN	AVENTURAS

Lección 9

Las celebraciones

Lección 10

En el consultorio

Lección 11

El carro y la tecnología

Lección 12

Hogar, dulce hogar

CULTURA	GRAMÁTICA	LECTURA

	PREPARACIÓN	**AVENTURAS**

CULTURA	GRAMÁTICA	LECTURA

Lesson Openers
outline the content and goals of each lesson.

6 ¡De compras!

Communicative Goals
You will learn how to:
- talk about clothes
- negotiate and pay for items
- express preferences while shopping
- investigate markets in the Spanish-speaking world

PREPARACIÓN

pages 140–145
- Words related to clothes and shopping
- Colors and other adjectives
- Pronouncing **d** and **t**

AVENTURAS

pages 146–147
- The friends go shopping. Sara and Valentina are in a store looking for a dress. Juanjo and Manuel are at an open-air market looking for sunglasses.

CULTURA

pages 148–149
- *Los mercados al aire libre*
- Flash cultura: *Comprar en los mercados*

GRAMÁTICA

pages 150–161
- Numbers 101 and higher
- Preterite tense of regular verbs
- Indirect object pronouns
- Demonstrative adjectives and pronouns

LECTURA

pages 162–163
- Advertisement: *Corona*

PARA EMPEZAR
- ¿Dónde están los chicos, en el centro o en el campo?
- ¿Qué están haciendo: comprando o trabajando?
- ¿Hace calor o hace frío?

Photo An image from the new **Aventuras** video sets the thematic tone for the lesson.

Para empezar A series of questions on the lesson opener photo recycles the language you already know and previews the vocabulary you are about to learn.

Lesson organization Consistent, color-coded sections make navigating each lesson easy.

Communicative goals There are communicative goals on the lesson opener and throughout the lesson that let you know what you will be able to do in Spanish.

Supersite

Supersite resources are available for every section of the lesson at **vhlcentral.com**. Icons show you which textbook activities are also available online. The description next to the icon indicates what additional resources are available for each section: videos, recordings, tutorials, and more!

Preparación
introduces vocabulary central to the lesson theme.

Vocabulary Tools

Communicative Goal
Ask and answer questions about clothes

¡DE COMPRAS!

DE COMPRAS

el almacén *department store*
la caja *cash register*
el centro comercial *shopping mall*
el/la cliente/a *client*
el/la dependiente/a *clerk*
el mercado (al aire libre) *(open-air) market*
la rebaja *sale*
el regalo *gift*
la tarjeta de débito *debit card*
la tienda *store*
el/la vendedor(a) *salesperson*

comprar en línea *to buy online*
costar (o:ue) *to cost*
gastar *to spend (money)*
hacer juego (con) *to match*
llevar *to wear; to take*
pagar (con) *to pay (with)*
prestar *to lend*
regatear *to bargain*
usar *to wear; to use*
vender *to sell*

el dinero

el precio (fijo)
(fixed) price

la tarjeta de crédito
credit card

MundoBanco Banco de la Gente

0560 4007 0900
VALID 05/16
BEATRIZ SILVA MEMBER 04

ADJETIVOS

barato/a *cheap*
bueno/a *good*
cada *each*
caro/a *expensive*
corto/a *short (in length)*
elegante *elegant*
hermoso/a *beautiful*
largo/a *long*
loco/a *crazy*
nuevo/a *new*
otro/a *other; another*
pobre *poor*
rico/a *rich*

las gafas (de sol)

la corbata

LA ROPA Y LOS ACCESORIOS

el abrigo *coat*
los bluejeans *jeans*
la blusa *blouse*
la bolsa *bag; purse*
las botas *boots*
los calcetines *socks*
la camisa *shirt*
la camiseta *t-shirt*
la cartera *wallet*
la chaqueta *jacket*
el cinturón *belt*
la falda *skirt*
los guantes *gloves*
el impermeable *raincoat*
las medias *pantyhose; stockings*
los pantalones *pants*
los pantalones cortos *shorts*
la ropa *clothing*
la ropa interior *underwear*
las sandalias *sandals*
el sombrero *hat*
el suéter *sweater*
el traje *suit*
el traje de baño *bathing suit*
el vestido *dress*
los zapatos de tenis *sneakers*

el par de zapatos
pair of shoes

LOS COLORES

amarillo/a
anaranjado/a
blanco/a
rojo/a
gris
rosado/a
negro/a
morado/a
café
azul
verde

ir de compras
to go shopping

ASÍ SE DICE

los calcetines ⟷ las medias (*Amér. L.*)
el cinturón ⟷ la correa (*Col., Venez.*)
las gafas de sol ⟷ los lentes oscuros,
los lentes negros (*Amér. L.*)
los zapatos de tenis ⟷ las zapatillas de
deporte (*Esp.*), las zapatillas (*Arg., Perú*)

▸ What do you call athletic shoes?

Communicative goal There is a communicative goal for this section that lets you know what you will be able to do in Spanish.

Art Dynamic photos and illustrations present high-frequency vocabulary.

Vocabulary Theme-related vocabulary appears in easy-to-reference Spanish/English lists. For words where the visual is sufficient, the Spanish is given and the English is provided at the end of the lesson.

Así se dice This presentation of alternate words and expressions highlights the richness of the Spanish-speaking world.

Supersite

- Vocabulary tutorials: word groups with audio and images
- Vocabulary Tools: customizable word lists, flashcards with audio

Preparación
practices vocabulary in stages.

A escuchar

1 Indicar Check **invierno** or **verano** to indicate when someone would be most likely to wear each item you hear.

	Invierno	Verano
1.		
2.		
3.		
4.		
5.		
6.		
7.		
8.		

2 ¿Lógico o ilógico? Indicate whether each statement you hear is **lógico** or **ilógico**.

	Lógico	Ilógico
1.		
2.		
3.		
4.		
5.		
6.		
7.		
8.		

3 Escuchar Listen to Juanita and Vicente talk about what they're packing for their vacations. Indicate who is packing each item. If neither is packing an item, write an **X**.

	Juanita	Vicente		Juanita	Vicente
1. abrigo			7. gafas de sol		
2. zapatos de tenis			8. camisetas		
3. impermeable			9. traje de baño		
4. chaqueta			10. botas		
5. sandalias			11. pantalones cortos		
6. bluejeans			12. suéter		

A practicar

4 Escoger Indicate the item in each group that does not belong.

1. bolsa • camiseta • blusa • suéter
2. medias • calcetines • sombrero • zapatos de tenis
3. chaqueta • falda • abrigo • impermeable
4. almacén • vendedora • tienda • mercado
5. regatear • gastar • llevar • costar
6. vestido • dinero • caja • tarjeta de crédito

5 Anita la contraria Your friend Anita always contradicts you. Indicate how she would respond to each sentence.

modelo
El suéter nuevo de Liliana es muy grande.
No, su suéter es muy pequeño.

1. El cinturón de Natalia es caro. _____
2. El impermeable de don José es muy feo. _____
3. La corbata del señor Ramos es larga. _____
4. Los zapatos de tenis de Noelia son viejos. _____
5. Los trajes de Mauricio son baratos. _____
6. Las botas de Marta están sucias. _____

6 Preguntas Answer these questions with a classmate.

modelo

Estudiante 1: ¿De qué color es el suéter?
Estudiante 2: El suéter es gris.

1. ¿De qué color es la corbata?
2. ¿De qué color es la planta?
3. ¿De qué color es la rosa de Texas?
4. ¿De qué color es la casa donde vive el presidente de EE.UU.?
5. ¿De qué color es la cebra?

A escuchar Practice always begins with a page of listening activities that focus on vocabulary recognition and comprehension.

A practicar Practice continues with a page of guided and transitional activities that reinforce the new vocabulary in diverse formats.

Icons Icons provide a visual cue that indicates listening, Supersite, pair, group, and chat activities.

Supersite

• Textbook activities
• Additional online-only practice activities

Preparación
wraps up vocabulary practice with communicative activities.

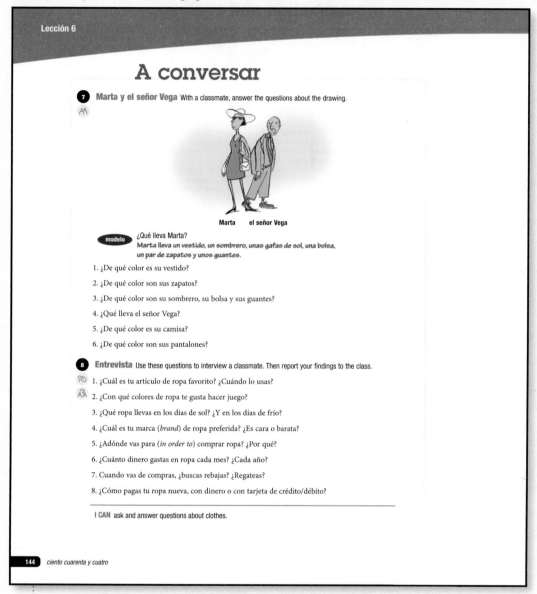

Lección 6

A conversar

7 **Marta y el señor Vega** With a classmate, answer the questions about the drawing.

Marta **el señor Vega**

modelo ¿Qué lleva Marta?
Marta lleva un vestido, un sombrero, unas gafas de sol, una bolsa, un par de zapatos y unos guantes.

1. ¿De qué color es su vestido?

2. ¿De qué color son sus zapatos?

3. ¿De qué color son su sombrero, su bolsa y sus guantes?

4. ¿Qué lleva el señor Vega?

5. ¿De qué color es su camisa?

6. ¿De qué color son sus pantalones?

8 **Entrevista** Use these questions to interview a classmate. Then report your findings to the class.

1. ¿Cuál es tu artículo de ropa favorito? ¿Cuándo lo usas?

2. ¿Con qué colores de ropa te gusta hacer juego?

3. ¿Qué ropa llevas en los días de sol? ¿Y en los días de frío?

4. ¿Cuál es tu marca (brand) de ropa preferida? ¿Es cara o barata?

5. ¿Adónde vas para (in order to) comprar ropa? ¿Por qué?

6. ¿Cuánto dinero gastas en ropa cada mes? ¿Cada año?

7. Cuando vas de compras, ¿buscas rebajas? ¿Regateas?

8. ¿Cómo pagas tu ropa nueva, con dinero o con tarjeta de crédito/débito?

I CAN ask and answer questions about clothes.

144 *ciento cuarenta y cuatro*

A conversar This final set of activities gets you using vocabulary creatively for self-expression in interactions with a partner, a small group, or the entire class.

Can-Do Statement This section concludes with a Can-Do Statement, which shows you what you are now able to accomplish in Spanish.

Supersite

• Chat activities for conversational skill-building and oral practice
• Vocabulary activities in Activity Pack

Preparación

Pronunciación and *Ortografía* present the basics of Spanish pronunciation and spelling.

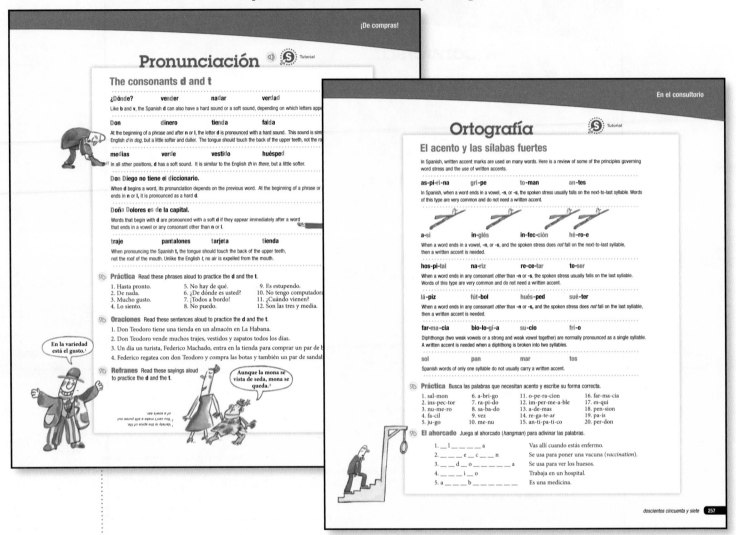

Pronunciación This section explains the sounds and pronunciation of Spanish in **Lecciones 1–9.**

Ortografía In **Lecciones 10–16,** this section focuses on topics related to Spanish spelling.

Supersite

- Pronunciation tutorials with speech recognition
- Spelling tutorials
- Record-compare textbook activities

Aventuras
tells the story of a group of students living and traveling in Spain.

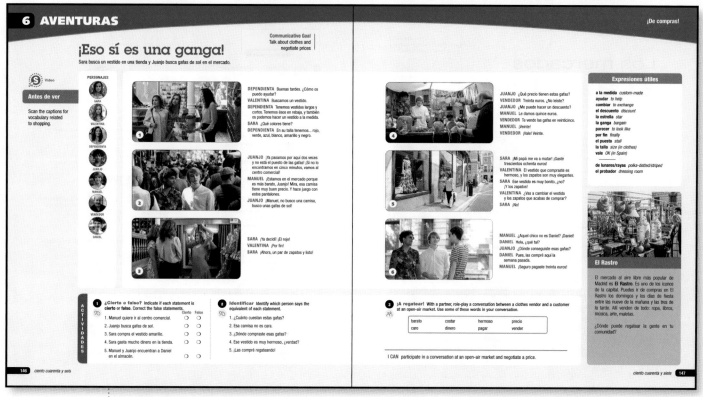

Communicative goal There is a communicative goal for this section that lets you know what you will be able to do in Spanish.

Personajes The characters who appear in the episode are shown on the left.

Aventuras video The photo-based **Aventuras** conversations appear in the textbook's video program.

Expresiones útiles New words and expressions from the video are presented to help you understand and talk about the episode.

Actividades Guided exercises check your understanding and communicative activities allow you to react in a personalized way.

Nota cultural A new feature highlights some aspect of culture from the video.

Can-Do Statement This section concludes with a Can-Do Statement, which shows you what you are now able to accomplish in Spanish.

Supersite

- Streaming video of the **Aventuras** episode
- Interactive **Aventuras** videos with integrated viewing activities
- Textbook activities
- Additional online-only practice activities

Cultura
highlights engaging contemporary culture through readings and video.

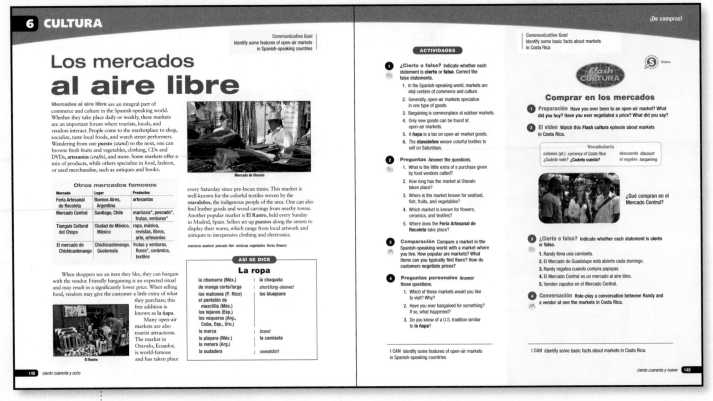

Communicative goals There are two communicative goals for this section that let you know what you will be able to do in Spanish.

Feature article This focuses on a person, place, custom, event, or tradition in the Spanish-speaking world, with an emphasis on contemporary, day-to-day culture. Written in Spanish as of **Lección 7**, this feature also provides valuable reading practice.

Así se dice Additional lexical features expand cultural coverage to vocabulary from all over the Spanish-speaking world.

Flash cultura The enormously successful video offers specially shot content tied to the lesson theme. Previewing support and comprehension activities are integrated into the student text.

Can-Do Statements This section has two Can-Do Statements, which show you what you are now able to accomplish in Spanish.

ⓢupersite

- Textbook activities
- Additional online-only practice activities
- Additional cultural reading
- **Conexión Internet** activity with questions and key words related to lesson theme
- Streaming video of **Flash cultura**

Gramática
uses innovative design to support learning Spanish.

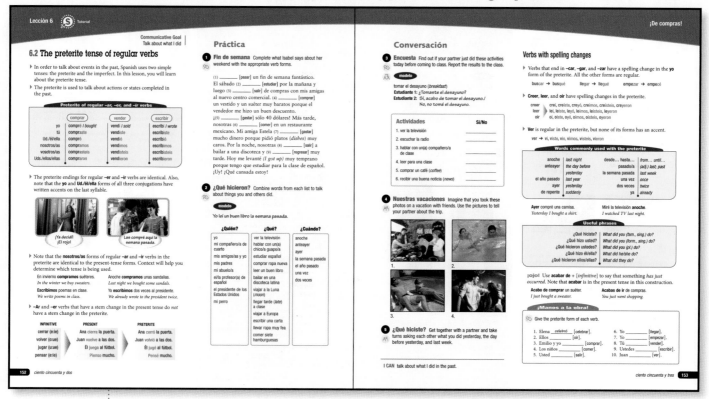

Layout For each grammar point, the explanation and practice activities appear together on two facing pages. Grammar explanations in the outside panels are the foundation for the activities in the shaded inner panels, providing you with support on the same page.

Explanations Written with the student in mind, **Aventuras'** grammar explanations are known for their clarity. Images, charts, and diagrams support the text by illustrating language and calling out key grammatical structures, patterns, and vocabulary.

Video Photos from the **Aventuras** video integrate it into the grammar explanations, providing a model and a real-life context for the structures you are studying.

ⓢupersite

- Interactive grammar tutorials with quick checks
- Textbook activities
- Additional online-only practice activities
- Chat activities for conversational skill-building and oral practice
- Grammar activities in Activity Pack

Gramática
progresses from directed to communicative practice.

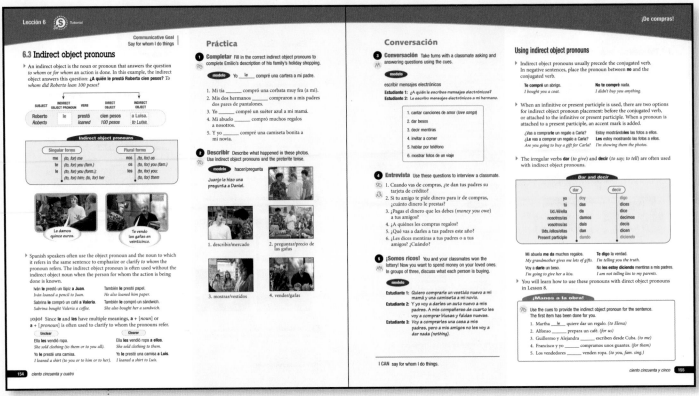

Communicative goal There is a communicative goal for each grammar point that lets you know what you will be able to do in Spanish.

¡Manos a la obra! This first practice activity gets you working with the grammar point right away in simple, easy-to-understand formats.

Práctica Activities provide a wide range of guided exercises in contexts that combine current and previously learned vocabulary with each grammar point.

Español en vivo Documents like advertisements and movie posters highlight the new grammar point in a real-life context.

Conversación Opportunities for personalized expression use the lesson's grammar and vocabulary. Activities take place with a partner, in small groups, or with the whole class.

Can-Do Statement Each grammar point concludes with a Can-Do Statement, which shows you what you are now able to accomplish in Spanish.

Supersite

- Interactive grammar tutorials with quick checks
- Textbook activities
- Additional online-only practice activities
- Chat activities for conversational skill-building and oral practice
- Grammar activities in Activity Pack

Gramática
includes additional practice and a video section.

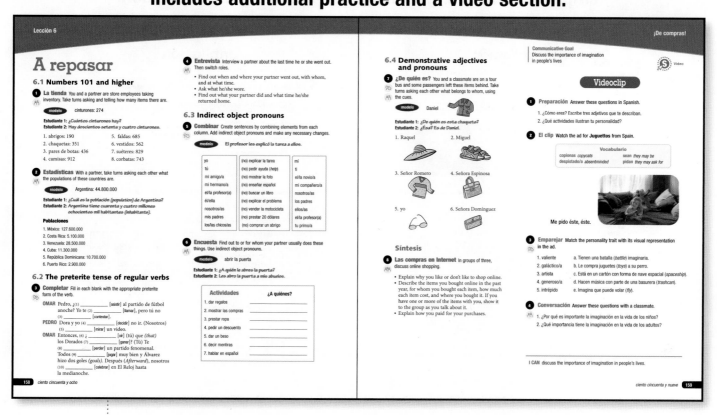

A repasar One or two directed and/or communicative exercises provide additional practice opportunities for each grammar point.

Síntesis Every **A repasar** section concludes with an open-ended, cumulative activity that allows you and your classmates to re-combine the grammar points of the lesson with the lesson's vocabulary.

Videoclip An authentic video clip synthesizes the entire lesson in a fun and engaging way. News stories, documentaries, commercials, and even a cooking show will get you excited about learning Spanish and expose you even more to the cultures of the Spanish-speaking world.

Communicative goal There is a communicative goal for the **Videoclip** section that lets you know what you will be able to do in Spanish.

Can-Do Statement The **Videoclip** section concludes with a Can-Do Statement, which shows you what you are now able to accomplish in Spanish.

Supersite

- Streaming video of **Videoclip**
- Review activities in Activity Pack

Gramática
emphasizes listening, writing, and speaking in *Ampliación*.

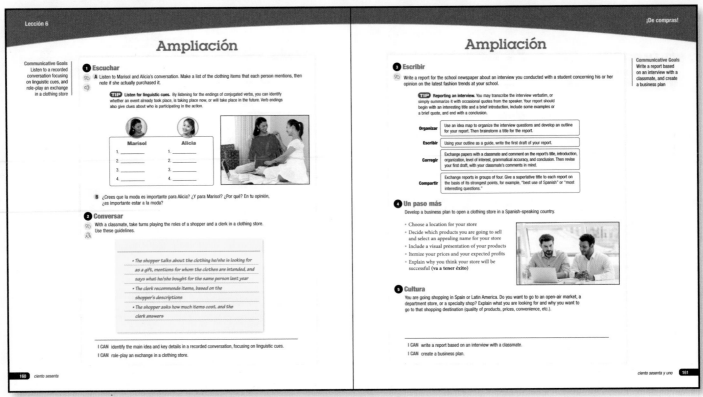

Communicative goals There are several communicative goals for this section that let you know what you will be able to do in Spanish.

Escuchar A recorded conversation or narration develops your listening skills in Spanish and checks your understanding of what you heard. Valuable on-the-spot listening tips help you carry out the activity effectively.

Conversar Your oral communication skills are developed through realistic, practical role-plays and situations.

Escribir A writing topic and plan take you step-by-step through the writing process, including planning, writing a first draft, peer review, and correcting your work. Valuable on-the-spot writing strategies (tips) help you carry out the activity effectively.

Un paso más This project guides you to research and create a tangible product such as a brochure or a web page or else give a presentation about a certain topic.

Cultura A new activity is related to the lesson theme and culture.

Can-Do Statements This section has several Can-Do Statements, which show you what you are now able to accomplish in Spanish.

Supersite

- Textbook activities
- Chat activities for conversational skill-building and oral practice
- **Conexión Internet** activity with questions and key words related to lesson theme
- Communication activities in Activity Pack

Lectura

supports the development of reading skills in the context of the lesson theme.

Communicative goal There is a communicative goal for this section that lets you know what you will be able to do in Spanish.

Antes de leer This feature presents helpful strategies (tips) and pre-reading activities to build your reading abilities in Spanish.

Readings The selections are specifically related to the lesson theme and recycle the vocabulary and grammar you have learned. **Lecciones 13–16** feature literary selections so that you can experience reading works by well-known authors in Spanish.

Después de leer Exercises check your comprehension of the reading.

Coméntalo Activities encourage you to discuss the material in the reading from your own, personal perspective.

Can-Do Statement This section concludes with a Can-Do Statement, which shows you what you are now able to accomplish in Spanish.

Ⓢupersite

- Audio-sync reading that highlights text as it is being read
- Textbook activities
- Additional reading
- Additional online-only practice

Vocabulario
summarizes the active vocabulary in each lesson.

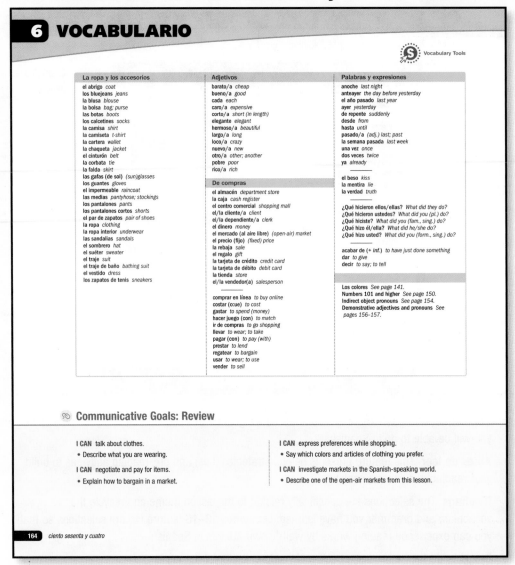

6 VOCABULARIO

Vocabulary Tools

La ropa y los accesorios	Adjetivos	Palabras y expresiones
el abrigo *coat*	barato/a *cheap*	anoche *last night*
los bluejeans *jeans*	bueno/a *good*	anteayer *the day before yesterday*
la blusa *blouse*	cada *each*	el año pasado *last year*
la bolsa *bag; purse*	caro/a *expensive*	ayer *yesterday*
las botas *boots*	corto/a *short (in length)*	de repente *suddenly*
los calcetines *socks*	elegante *elegant*	desde *from*
la camisa *shirt*	hermoso/a *beautiful*	hasta *until*
la camiseta *t-shirt*	largo/a *long*	pasado/a *(adj.) last; past*
la cartera *wallet*	loco/a *crazy*	la semana pasada *last week*
la chaqueta *jacket*	nuevo/a *new*	una vez *once*
el cinturón *belt*	otro/a *other; another*	dos veces *twice*
la corbata *tie*	pobre *poor*	ya *already*
la falda *skirt*	rico/a *rich*	
las gafas (de sol) *(sun)glasses*		el beso *kiss*
los guantes *gloves*	**De compras**	la mentira *lie*
el impermeable *raincoat*	el almacén *department store*	la verdad *truth*
las medias *pantyhose; stockings*	la caja *cash register*	
los pantalones *pants*	el centro comercial *shopping mall*	¿Qué hicieron ellos/ellas? *What did they do?*
los pantalones cortos *shorts*	el/la cliente/a *client*	¿Qué hicieron ustedes? *What did you (pl.) do?*
el par de zapatos *pair of shoes*	el/la dependiente/a *clerk*	¿Qué hiciste? *What did you (fam., sing.) do?*
la ropa *clothing*	el dinero *money*	¿Qué hizo él/ella? *What did he/she do?*
la ropa interior *underwear*	el mercado (al aire libre) *(open-air) market*	¿Qué hizo usted? *What did you (form., sing.) do?*
las sandalias *sandals*	el precio (fijo) *(fixed) price*	
el sombrero *hat*	la rebaja *sale*	acabar de (+ inf.) *to have just done something*
el suéter *sweater*	el regalo *gift*	dar *to give*
el traje *suit*	la tarjeta de crédito *credit card*	decir *to say; to tell*
el traje de baño *bathing suit*	la tarjeta de débito *debit card*	
el vestido *dress*	la tienda *store*	
los zapatos de tenis *sneakers*	el/la vendedor(a) *salesperson*	Los colores *See page 141.*
		Numbers 101 and higher *See page 150.*
	comprar en línea *to buy online*	Indirect object pronouns *See page 154.*
	costar (o:ue) *to cost*	Demonstrative adjectives and pronouns *See pages 156–157.*
	gastar *to spend (money)*	
	hacer juego (con) *to match*	
	ir de compras *to go shopping*	
	llevar *to wear; to take*	
	pagar (con) *to pay (with)*	
	prestar *to lend*	
	regatear *to bargain*	
	usar *to wear; to use*	
	vender *to sell*	

Communicative Goals: Review

I CAN talk about clothes.
• Describe what you are wearing.

I CAN negotiate and pay for items.
• Explain how to bargain in a market.

I CAN express preferences while shopping.
• Say which colors and articles of clothing you prefer.

I CAN investigate markets in the Spanish-speaking world.
• Describe one of the open-air markets from this lesson.

164 *ciento sesenta y cuatro*

Vocabulario The end-of-lesson page lists the active vocabulary from this lesson. This is the vocabulary that may appear on quizzes or tests.

Communicative Goals: Review This self-assessment gives you the opportunity to check your understanding of the lesson's communicative goals and identify any areas where you need further review and practice.

Supersite

• Audio for all vocabulary items
• Vocabulary Tools: customizable word lists, flashcards with audio
• Summative vocabulary activity with speech recognition
• Practice test with diagnostics
• Oral practice
• Task-based activity in Activity Pack

Aventuras en los países hispanos
presents the countries of the Spanish-speaking world and appears after every even-numbered lesson.

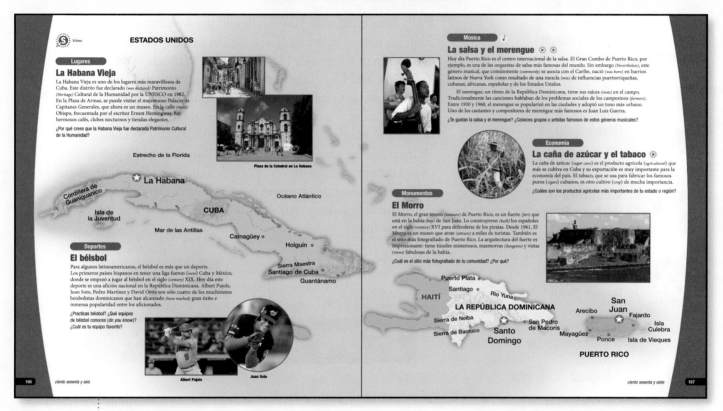

Maps These maps situate the country or region on its continent and highlight significant features.

Readings Short readings with eye-catching photos explore key facets of the location's culture, such as history, fine arts, food, celebrations, and traditions.

Panorama cultural video This video provides an exciting visual companion for one or more of the paragraphs about the featured country or region.

Con ritmo hispano This new feature highlights musicians of the Spanish-speaking world.

Opening and closing pages The opening page sets the scene for the section with a dramatic photo and statistics about the location. **¿Qué aprendiste?** activities on the closing page connect what you've learned with your own experiences. There is a communicative goal on the opening page and a Can-Do Statement on the closing page to show you what you can accomplish in Spanish.

Supersite

- Streaming video of the **Panorama cultural** program
- Textbook activities
- Additional online-only practice activities
- **Con ritmo hispano** activity
- **Conexión Internet** activity with questions and key words related to lesson theme

The Cast

Here are the main characters you will meet when you watch the **Aventuras** video.

Olga Lucía Pérez Soto

Valentina Herrera Torres

Juan José Reyes Peña

Manuel Vázquez Quevedo

Sara Sánchez Vázquez

Daniel Acosta Campos

Two New Video Programs

Aventuras

Fully integrated with your textbook, the **Aventuras** Video contains sixteen episodes. The episodes present the adventures of a group of friends in Madrid, Spain. Manuel, Juanjo, Valentina, and Olga Lucía are college students who live in the same apartment building. Manuel's cousin Sara also lives there with her father, Paco, the landlord. Her friend Daniel completes the group. Manuel, Valentina, Sara, don Paco, and Daniel are all from Spain. Juanjo hails from the Dominican Republic. Olga Lucía is a native of Venezuela. Their adventures take them through some of the greatest natural and cultural treasures of the Spanish-speaking world, as well as the highs and lows of everyday life.

The **Aventuras** section in each textbook lesson is actually an abbreviated version of the dramatic episode featured in the video. Therefore, each **Aventuras** section can be done before you see the corresponding video episode, after it, or as a section that stands alone.

In each dramatic segment, the characters interact using vocabulary and grammar you are studying. As the storyline unfolds, the episodes combine new vocabulary and grammar with previously taught language. The **Resumen** segment serves to recap the plot as well as to emphasize the grammar and vocabulary you are studying.

Panorama cultural

The **Panorama cultural** video provides visuals for one or more of the paragraphs in each **Aventuras en los países hispanos** section in **Aventuras**.

Flash cultura

The dynamic **Flash cultura** Video is fully integrated into the **Cultura** section of each lesson and into your Video Manual. Shot in eight countries (U.S., Puerto Rico, Mexico, Spain, Argentina, Costa Rica, Ecuador, and Peru), these contemporary and engaging episodes expand on the lesson themes. Each episode is hosted by a correspondent from the featured country; the host provides valuable information about a tradition, event, resource, or other aspect of the country's culture and talks to the locals to get their opinions about the subject at hand.

The episodes are entirely in Spanish as of **Lección 7**, but they feature authentic interviews in Spanish from the very beginning, exposing you to the diverse and authentic accents of the Spanish-speaking world. Support materials in the text, on the Supersite, and in the Video Manual make these interviews accessible so that you get the most out of them.

We hope you enjoy **Flash cultura, ¡el programa donde aprender es toda una aventura!**

Videoclip

Aventuras features an authentic video clip from the Spanish-speaking world for each lesson. Clip formats include high-interest commercials and news stories. These clips have been carefully chosen to be comprehensible for students learning Spanish. Developed by Spanish speakers for Spanish speakers, they offer another valuable window into the products, practices, and perspectives that are key to the cultures of the Spanish-speaking world. More importantly, though, these clips are a fun and motivating way to improve your Spanish!

Here are the countries represented in each lesson in **Videoclip**.

Lesson 1 U.S.	Lesson 5 Mexico	Lesson 9 Mexico	Lesson 13 Spain
Lesson 2 Spain	Lesson 6 Spain	Lesson 10 Spain	Lesson 14 Honduras
Lesson 3 Argentina	Lesson 7 Chile	Lesson 11 Argentina	Lesson 15 Uruguay
Lesson 4 Spain	Lesson 8 Spain	Lesson 12 Spain	Lesson 16 Spain

Icons

Familiarize yourself with these icons that appear throughout **Aventuras, Sixth Edition**.

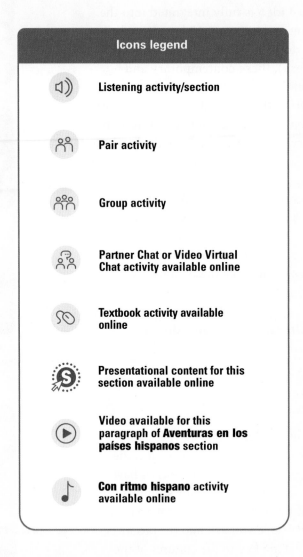

Icons legend

◁))   Listening activity/section

   Pair activity

   Group activity

   Partner Chat or Video Virtual Chat activity available online

   Textbook activity available online

Ⓢ   Presentational content for this section available online

▶   Video available for this paragraph of **Aventuras en los países hispanos** section

♪   **Con ritmo hispano** activity available online

- You will see the listening icon in **Preparación**, **Pronunciación**, and **Ampliación** sections.

- A note next to the Supersite icon will let you know exactly what type of content is available online.

New Features and Technology

Vocabulary Tutorials

Lesson vocabulary words are grouped thematically in new tutorials. Each term comes with audio, an image, and an English translation.

Interactive *Aventuras* Videos with Integrated Viewing Activities

Students can check their comprehension with integrated viewing activities as they watch the new **Aventuras** video.

Refuerzo de vocabulario

There is a new summative vocabulary activity in the **Repaso** section of the Supersite in which students identify and say the terms illustrated by photos. Speech recognition lets students know if they are correct.

Video Virtual Chats

Video Virtual Chat activities provide students with opportunities to develop their listening and speaking skills and to build confidence as they practice with video recordings of native speakers. Unlike other listening activities where students can easily pause and repeat, Video Virtual Chats require them to answer questions in real time—just as they do when they engage in conversations with fluent speakers in the target language. Students also benefit from nonverbal and articulatory cues that are essential for production and pronunciation.

Video Virtual Chats are available in about half of the **A conversar** sections of **Preparación** and of the **Conversación** sections of **Gramática**.

Pronunciation Tutorials with Speech Recognition

Pronunciation tutorials allow students to engage with the material via interactive quick checks throughout each tutorial.

Interactive feedback via embedded Speech Recognition gives students an opportunity to reflect on their language patterns and increases their awareness of pronunciation through low-stakes production practice.

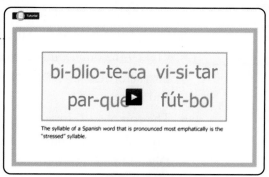

The Aventuras, Sixth Edition, Supersite

The **Aventuras** Supersite is your online source for integrated text and technology resources. The Supersite enhances language learning and facilitates course management. With powerful functionality, a focus on language learning, and a user-friendly design, the Supersite offers features based directly on feedback from thousands of users.

- **Easy Course Management** – A powerful setup wizard lets you customize your course settings, copy previous courses, and adjust your all-in-one gradebook.

- **Customized Content** – Create your own open-ended Partner Chat activities, add a video or outside resources, and modify existing content with personalized notes to fit your course learning objectives.

- **Assessment Solutions** – Administer pre-built online quizzes, tests, and exams or develop your own—such as open-ended writing prompts or chat activities. Now with a new feature that allows you to randomize content from online quizzes, tests, and exams.

- **Grading Tools** – Convenient options for grading include spot-checking, student-by-student, and question-by-question approaches. Plus, in-line editing tools and voice comments provide additional opportunities for targeted feedback.

- **Plus:**
  - Optional single sign-on, gradebook sync, and integration with your school's LMS
  - Gradebook Analytics to help you track and report on student outcomes
  - Live Chat for video chat, audio chat, and instant messaging with students
  - A communication center for announcements, notifications, and help requests
  - Digital content that is accessible for all students
  - A mobile student user experience for learning on the go

The Supersite provides everything instructors need to plan, prepare, teach, and assess their courses, including:

- A gradebook to manage classes, view rosters, set assignments, and manage grades
- A communication center for announcements and notifications
- Forums for oral assignments, group discussions, homework, projects, and explanations of complex material
- Complete access to the Student Supersite
- vText—the online, interactive student text
- Instructor Resource DOCX files; including answer keys, videoscripts, audioscripts, and more
- The complete Testing Program
- MP3 files of the complete Textbook, Lab, and Testing Audio Programs
- Digital Image Bank
- Grammar presentation slides
- Sample lesson plan and syllabus

The **Vista Higher Learning** Supersite is the only online learning environment created specifically for world language acquisition. Its development was based on input from thousands of language students. The Supersite makes practice and language learning more comfortable and accessible, helping students be successful.

Because learning never stops, the Supersite is now mobile-friendly, allowing students to do their classwork and homework anywhere from their mobile devices. It is straightforward:

1. Access the Internet on any mobile device

2. Go to vhlcentral and find your course

3. Complete classwork and homework including chats and audio-recording activities

LEARNING IS JUST A CLICK AWAY – DISCOVER THE SUPERSITE FOR AVENTURAS

- **Plenty of Practice** – Learning a new language takes practice. With the Supersite, students can practice program-specific, thematically based, and carefully scaffolded activities right at their fingertips.

- **Safe Environment** – Language learning can be intimidating for many students. With a clear interface, innovative tools, and seamless textbook-technology integration, the Supersite will help students reach their goals in a safe digital space.

- **Engaging Media** – Episodic storyline videos, authentic cultural videos, synchronous video chat activities, audio-sync readings, and audio by native speakers—the Supersite has it all to help students practice and learn the culture of the language that they are studying.

- **Grammar and Vocabulary Tools** – Grammar Tutorials inform students by pairing grammar rules with fun explanations and examples. The vocabulary tools and tutorials help students learn and practice vocabulary from each lesson, with audio and interactive flashcards for useful review and practice.

- **Communication Tools** – An essential aspect of learning a language is the ability to communicate with others in the target language. The Supersite provides powerful tools to help students practice the language.

  - *Virtual Chat and Video Virtual Chat:* These chats help students with opportunities to develop their listening and speaking skills and to build confidence as they practice with the recording of native speakers.

  - *Partner Chat:* These activities allow students to carry out a conversation in pairs via video or audio, synchronous, or asynchronous according to the assignment.

  - *Forums:* These online discussion boards allow students to post text or audio information and respond to their classmates' posts.

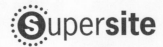

Supersite

Each section of your textbook comes with activities on the **Aventuras** Supersite, many of which are auto-graded for immediate feedback. Plus, the Supersite can be accessed on the go! Visit **vhlcentral.com** to explore this wealth of exciting resources.

PREPARACIÓN
- Vocabulary tutorials
- Audio activities
- Textbook activities
- Additional activities for extra practice
- Chat activities for conversational skill-building and oral practice

- Pronunciation tutorials with speech recognition
- Audio files for **Pronunciación**
- Record-compare practice

AVENTURAS
- Streaming video of **Aventuras fotonovela**, with instructor-managed options for subtitles and transcripts in Spanish and English

- Textbook activities
- Additional activities for extra practice
- Record-compare practice

CULTURA
- Textbook activities
- Additional activities for extra practice
- Additional reading
- **Conexión Internet** activity

- Streaming video of **Flash cultura** series, with instructor-managed options for subtitles and transcripts in Spanish and English

GRAMÁTICA
- Interactive grammar tutorials
- Textbook activities
- Additional activities for extra practice
- Chat activities for conversational skill-building and oral practice
- **Conexión Internet** activity

- Streaming **Videoclip** with instructor-managed options for subtitles and transcripts in Spanish and English
- Audio files for listening activity in **Ampliación**
- Composition engine for **Escribir** activity

LECTURA
- Audio-sync reading in **Lectura**
- Additional reading

- Textbook activities and additional activities for extra practice

AVENTURAS EN LOS PAÍSES HISPANOS
- Textbook activities
- Additional activities for extra practice
- **Con ritmo hispano** activities
- **Conexión Internet** activity

- Streaming video of **Panorama cultural** series, with instructor-managed options for subtitles and transcripts in Spanish and English

VOCABULARIO
- Vocabulary list with audio

- Customizable study lists

*Students must use a computer for select presentations.

Program Components

Students

Print

- **Student Edition**
  Available in print and digital formats.

- **Student Activities Manual
  (Workbook/Video Manual/Lab Manual) (SAM)**
  The Workbook contains the workbook activities for each textbook lesson.

  The Video Manual contains activities for the **Aventuras** Video, and pre-, while-, and post-viewing activities for the **Flash cultura** Video.

  The Lab Manual contains lab activities for each textbook lesson for use with the Lab Audio Program.

Online

- **Supersite**
  Student access to the Supersite (vhlcentral.com) is provided with the purchase of a new student edition. See page IAE-34 for all Supersite resources available to students.

- **vText**
  This virtual, interactive student edition provides students with a digital text, plus interactive links to all Supersite activities and media.

- **WebSAM**
  Online version of the Student Activities Manual (Workbook/Video Manual/Lab Manual)

Instructors

Print

- **Instructor's Annotated Edition (IAE)**
  The IAE contains a wealth of teaching information.

Online

- **Instructor Supersite**
  The password-protected Instructor Supersite offers the resources, tools, and content necessary to facilitate language instruction, and allows instructors to assign activities and track student progress through its course management system. See pages IAE-32 and IAE-33 for details.

- **Activity Pack**
  The **Aventuras** Activity Pack offers discrete and communicative practice for individuals, pairs, and groups. Formats include multiple-choice questions, information gap activities, task-based activities, and more.

- **Video Programs**
  Aventuras, Flash cultura, Panorama cultural, and **Videoclip** video programs are available on the Supersite.

- **Testing Program**
  The Testing Program includes quizzes, tests, and exams that can be assigned on the Supersite or be edited and printed.

  - Vocabulary **minipruebas** (2 versions for each lesson)

  - Grammar **minipruebas** per lesson (2 versions for each grammar point)

  - Lesson Tests – 4 versions for each lesson

  - Multi-lesson exams – 2 versions for each exam

Aventuras and the *World-Readiness Standards for Learning Languages*

Aventuras was written with the concerns and philosophy of the *ACTFL Proficiency Guidelines* in mind, incorporating a proficiency-oriented approach from its planning stages.

The pedagogy of **Aventuras** was also informed by the *Standards for Foreign Language Learning in the 21st Century* published by ACTFL in 1996. The National Standards in Foreign Language Education Project established the Standards, which are organized into five goal areas.

Since **Aventuras** takes a communicative approach to the teaching and learning of Spanish, the Communication goal is central to the student text. For example, the diverse formats used in **Conversación** and **Síntesis** activities—pair work, surveys, task-based, and so forth—engage students in meaningful exchanges of information and expressions of feelings and emotions.

The Cultures goal is most evident in the **Cultura** and **Aventuras en los países hispanos** sections. In keeping with the Connections goal, students can connect with other disciplines such as geography, history, fine arts, and science in the **Aventuras en los países hispanos** section; they can acquire information and recognize distinctive cultural viewpoints in the non-literary and literary texts of the **Lectura** sections.

Students can work toward the Connections and Communities goals when they complete the **Cultura** and **Aventuras en los países hispanos** sections' **Conexión Internet** activities on the **Aventuras** Supersite. In addition, special Standards annos appear on the student text pages of your IAE to call out activities that have a particularly strong relationship with the Standards. These are a few examples of how **Aventuras** was written with the Standards firmly in mind, but you will find many more as you use the textbook and its ancillaries.

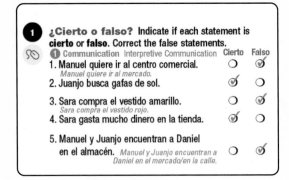

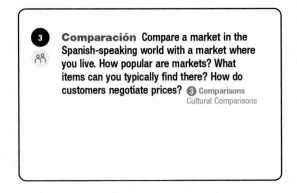

World-Readiness Standards for Learning Languages

Aventuras blends the underlying principles of ACTFL's World-Readiness Standards with features and strategies tailored specifically to build students' language and cultural competencies.

The Five C's of Foreign Language Learning

COMMUNICATION

Students:

1. Interact and negotiate meaning in spoken, signed, or written conversations to share information, reactions, feelings, and opinions. (Interpersonal mode)
2. Understand, interpret, and analyze what is heard, read, or viewed on a variety of topics. (Interpretive mode)
3. Present information, concepts, and ideas to inform, explain, persuade, and narrate on a variety of topics using appropriate media and adapting to various audiences of listeners, readers, or viewers. (Presentational mode)

CULTURES

Students use Spanish to investigate, explain, and reflect on:

1. The relationship of the practices and perspectives of the culture studied.
2. The relationship of the products and perspectives of the culture studied.

CONNECTIONS

Students:

1. Build, reinforce, and expand their knowledge of other disciplines while using Spanish to develop critical thinking and to solve problems creatively.
2. Access and evaluate information and diverse perspectives that are available through Spanish and its cultures.

COMPARISONS

Students use Spanish to investigate, explain, and reflect on:

1. The nature of language through comparisons of the Spanish language and their own.
2. The concept of culture through comparisons of the cultures studied and their own.

COMMUNITIES

Students:

1. Use Spanish both within and beyond the school to interact and collaborate in their community and the globalized world.
2. Set goals and reflect on their progress in using languages for enjoyment, enrichment, and advancement.

Adapted from ACTFL's *Standards for Foreign Language Learning in the 21st Century*

Your Instructor's Annotated Edition

The Instructor's Annotated Edition (IAE) of **Aventuras** contains a wealth of teaching resources. Answers to all exercises with discrete answers are conveniently overprinted on the student text pages. In addition, marginal annotations complement and support varied teaching styles, extending the rich content of the student text.

Here are the types of annotations you will find in the **Aventuras** IAE.

- **Para empezar** Questions on the lesson opener photo recycle known vocabulary and preview what is to come

- **Suggestion** Ideas presenting instructional elements and cultural information

- **Expansion** Tips for expanding, varying, and reinforcing instructional elements

- **Teaching Option** Supplemental activities and games that practice the target language

- **Activity Pack** for additional activities in the **Resources** section of the Supersite

- **Vocabulario adicional** for additional vocabulary on the lessons' themes

- **Script** Printed transcripts of the Textbook Audio Program

- **Video Synopsis** Summaries in the **Aventuras** section that recap the video episode

- **Evaluation** Suggested rubrics for the **Escribir** activity in the **Ampliación** section

- **National Standards** Point-of-use references to specific standards

Instructor Ancillaries
All Instructor Resources are conveniently available on the **Aventuras** Supersite.

- **Activity Pack** The Activity Pack contains Info Gap Activities and Worksheet activities. In addition, many closed-ended activities for each lesson's vocabulary and grammar are included here, along with task-based activities.

- **SAM Answer Key** This supplement contains the answers to all activities with discrete responses in the Student Activities Manual (available on the Supersite).

- **Other resources** On the Supersite you will find files for the lab and textbook audioscripts, videoscripts and translations for all four video programs, instructor annotations for **Preparación** and **Gramática**, and **Vocabulario adicional**.

- **Digital Image Bank** including maps of Spanish-speaking countries, textbook illustrations, and an Illustration Bank with thematically organized images correlated to each lesson's theme.

- **Testing Program** The Testing Program contains listening scripts, answer keys, and suggestions for oral tests in DOCX files.

Teaching with Aventuras

Orienting Students to the Student Textbook

Since the interior and graphic design of **Aventuras** were created to support and facilitate students' language learning experience, you may want to spend some time orienting students to the textbook on the first day of class. Have students flip through **Lección 1**, pointing out the major sections. Explain that all lessons are organized in the same manner, so students should always know "where they are" in the textbook. Emphasize that sections are self-contained, occupying either a full page or a spread of two facing pages, which eliminates the need to flip back and forth to reference grammar explanations while completing activities. Call students' attention to the use of color to highlight important information in charts, diagrams, and word lists. Also point out how the major sections of each lesson are color-coded for easy navigation: red for **Preparación**, blue for **Aventuras**, orange for **Cultura**, green for **Gramática**, purple for **Lectura**, and gold for **Vocabulario**. Then have students turn to the **Aventuras en los países hispanos** section that follows **Lección 2**. Explain that these sections cover different countries or regions of the Spanish-speaking world and that they appear every two lessons.

Flexible Lesson Organization

To meet the needs of diverse teaching styles and instructional objectives, **Aventuras'** lesson organization is flexible. For example, if you do not want to devote class time to teaching grammar, you can assign the **Gramática** explanations for outside study, freeing up class time for other purposes like developing communicative skills, learning more about the Spanish-speaking world, or working with the video program. You might have students do the **A escuchar** in **Preparación,** **Escuchar** in **Ampliación,** and the **Pronunciación** sections in the language lab or at home. You may choose to skip some sections or use them only periodically, depending on students' interests and time constraints. If you plan on using the **Aventuras** Testing Program, be aware that the tests and exams contain sections based on language presented in **Preparación** and **Gramática**. In the **Sixth Edition**, the **Expresiones útiles** from **Aventuras** are not part of the active vocabulary load.

Identifying Active Vocabulary

All words and expressions appearing with the illustrations and in the thematic lists in **Preparación** are active vocabulary. The words and expressions in charts, word lists, and sample sentences in **Gramática** are also active vocabulary. At the end of each lesson, **Vocabulario** provides a convenient one-page summary of the items students should know; these items may appear on assessments.

To increase students' lexicon, supplemental vocabulary lists for each lesson are available on the Supersite (**vhlcentral.com**); these may be distributed to the class. An **Así se dice** box in each **Preparación** spread also provides information on lexical variations in Spanish. In both cases, these words and expressions are optional and not tested.

Using the Illustration Bank and Creating Your Own Picture File

Many language instructors find picture files useful for extending and varying practice of vocabulary groups or grammatical points. **Aventuras** has an illustration bank in the **Digital Image Bank** in which images are grouped by theme and correlated to the lessons. An easy way to assemble your own picture file is to get into the habit of looking for dramatic images as you browse the web or flip through magazines. Another way is to ask students to bring in illustrations or photos that appeal to them and that they would like to talk about. These materials can be mounted on posterboard, laminated, and filed in a box. The pictures can be arranged in various ways—by theme (for example, family, clothing, or pastimes), by grammatical topic (preterite vs. imperfect, descriptive adjectives, or the present subjunctive), or by textbook lesson.

Suggestions for Using *Preparación*

Lesson Vocabulary

- Introduce the vocabulary using comprehensible input.

- Use the lesson opener questions to preview the new vocabulary.

- Ask multiple choice and yes/no questions about the images in the **Preparación** spread and in the Digital Image Bank. Use as many cognates as possible.

- Make use of any other elements you might have in your classroom to preview recognition of the new vocabulary in a comprehensible way.

A escuchar

- If class time is limited, assign the **A escuchar** activities as homework (see **A practicar** suggestions), although it is advisable to do this section in class for the first few lessons, so students develop good listening habits.

- In the first few lessons, tell students that they should listen for general meaning and not worry about understanding every word they hear.

- Before playing the recording, read the direction line to the class to set the scene and have students read through the exercise as a pre-listening activity.

- If the recorded passage is long, allow students to take notes.

- If students have difficulty completing the activity, play the recording for them again.

A practicar

- Use the Supersite (**vhlcentral.com**) to your advantage.

- Assign as many of the **A escuchar** and **A practicar** activities as you choose as auto-graded homework on the Supersite.

- Use class time for communicative practice and to go over problem areas.

A conversar

- Have students form pairs or groups quickly, or assign students to pairs and groups.

- Allow sufficient time for pairs or groups to do the **A conversar** activities (between five and fifteen minutes depending on the activity), but do not give them too much time or they may lapse into English and socialize. Always give students a time limit for an activity before they begin.

- Insist on the use of Spanish only. Encourage students to use language creatively.

- Monitor students and note common errors to be worked on for general improvement.

- Remind students to jot down information during the interview and survey activities.

Pronunciación

- Explain how the sounds are pronounced.

- Have students find examples of the sounds in the corresponding and preceding lessons' vocabulary lists.

- Model pronunciation of example words followed by choral repetition.

- Remind students that the **Pronunciación** section is recorded on the Supersite, so they can practice the sounds on their own.

Suggestions for Using *Aventuras*

- To introduce the **Aventuras** video, first have students do the Video Recap activity.

- Have students complete the **Antes de ver** activity.

- Have students read the first half of the **Aventuras** video captions and predict what will happen in the second half.

- See ideas under **Suggestions for Using the Aventuras Video Programs**, page IAE-44.

- Go over the **Expresiones útiles** and point out the words and phrases that are used particularly in Spain.

- Assign the activities, which can be done orally as class, pair, or group activities. Some may be assigned as written homework if they do not involve pair or group work.

Suggestions for Using *Cultura*

- Relate **Cultura** to the lesson theme.

- Use the photos as a basis for cross-cultural comparisons. Have students describe what they see in each photo, and then explain how things are similar or different in their culture. In the early lessons, this discussion should be conducted in English since students lack the necessary linguistic ability in Spanish.

- Use **Cultura** as a pronunciation exercise by having different students read aloud.

- Use the **Cultura** reading as a comprehension exercise. Have students read the material in class, then ask them content questions or give them true/false statements.

- See page IAE-29 for suggestions on using the **Flash cultura** video.

- Have students explore additional information on the theme through the **Aventuras** Supersite (**vhlcentral.com**).

Suggestions for Using *Gramática*

Grammar Explanations

- Keep grammar explanations to a minimum, about three to five minutes for each point. Grammar explanations can be assigned as homework so that class time can be devoted to communication.

- Have students locate examples of the grammar points in the **Aventuras** section.

- See the suggestions on the Supersite for specific ideas or techniques for presenting individual grammar points in each lesson.

¡Manos a la obra!, Práctica, Conversación, and *A repasar*

- The **¡Manos a la obra!, Práctica**, and a majority of the **A repasar** exercises can be done orally with the whole class, in pairs, or in small groups. They may also be assigned as written homework.

- Use the Supersite (**vhlcentral.com**) to your advantage.

- Assign as many of the **Práctica** activities as you wish as auto-graded homework on the Supersite.

- Use class time for communicative practice and to go over problem areas.

- For general suggestions about the **Conversación** activities and the **Síntesis** activities in **A repasar**, see **A conversar**, page IAE-41.

- See the suggestions on the Supersite for individual activities.

Español en vivo

- If class time is limited, assign this section as written homework.

- See the suggestions on the Supersite for individual activities.

Suggestions for Using *Ampliación*

Escuchar

- Briefly discuss the listening tip in each **Escuchar** activity with students. Point out how these strategies will help them develop their listening skills.

- For further suggestions on the **Escuchar** activity, see **A escuchar**, page IAE-40.

Conversar

- For suggestions, see **A conversar**, page IAE-41.

Escribir

- These activities can be assigned as homework or done in class as pair or group writing activities.

- Briefly discuss the writing tip in each **Escribir** activity with students. Point out how these strategies will help them develop their writing skills in Spanish.

- In the first lesson, explain the four steps in the writing process (**Organizar, Escribir, Corregir,** and **Compartir**) and their purpose. Show students the rubric you will use to grade their work (see the instructor annotations), perhaps with some examples.

- Encourage students to be creative in their writing, but remind them to keep their writing simple and to use vocabulary and structures they know.

Suggestions for Using *Lectura*

- Discuss the **Antes de leer** with students. Emphasize that these reading strategies (tips) will develop their reading skills. Discourage students from translating the readings or relying on a dictionary.

- If the **Lectura** is used as an in-class reading comprehension exercise, students can complete the **¿Comprendiste?** and **Preguntas** activities orally as a class, in pairs, or in small groups.

Suggestions for Using *Aventuras en los países hispanos*

- This section can be used as an in-class or outside-of-class assignment. It may also be presented at any time you see fit; you do not have to wait until the end of the lesson it follows.

- Have students look at the map or use the Digital Image Bank with the map. Ask them to read aloud the names of the cities and geographical features, or ask questions about the locations of certain cities and geographical features.

- For additional suggestions, see **Suggestions for Using *Cultura***, page IAE-41.

Suggestions for Using the Video Programs

The video programs are extremely flexible. Students and instructors have access to all four programs on the **Aventuras** Supersite (**vhlcentral.com**). All videos may be shown in class or assigned for out-of-class viewing. You may choose to consistently show one or two videos in class, or vary the ones you show depending on time and interest. Students always have access to the material, so they can get the most out of its valuable cultural and linguistic input even if you do not have time to show everything in class.

Aventuras

Fully integrated with the text, the **Aventuras** video is a dynamic and contemporary window into the Spanish language. The video centers around a group of friends in Madrid, Spain. Manuel, Juanjo, Valentina, and Olga Lucía are college students who live in the same apartment building. Manuel's cousin Sara also lives there with her father, Paco, the landlord. Her friend Daniel completes the group.

The **Aventuras** section in **Lecciones 1–16** of the student text and the **Aventuras** video were created as integrated pieces. Both the **Aventuras** conversations and their expanded video versions represent comprehensible input at the discourse level; they were purposely written to use language from the corresponding lesson's **Preparación** and **Gramática** sections. Thus, as of **Lección 2**, they recycle known language, preview grammar points students will study later in the lesson, and, in keeping with the concept of "i + 1," contain a small amount of unknown language.

Because the **Aventuras** sections in the text and the video episodes are so closely connected, you may use them in different ways. For instance, you can use each **Aventuras** section as an advance organizer, presenting it before showing the video module. You can also show the video module first and follow up with the **Aventuras** section in the text, or you can show the video module at the end of the lesson as a synthesis activity. You might also want to use the **Aventuras** video in class when working with **Gramática** by playing the sections of the dramatic episode that correspond to the video stills in the grammar explanations or showing parts of the episode and asking students to identify certain structures. You can even use the **Aventuras** text section as a stand-alone, video-independent section.

Flash cultura

Flash cultura is a dynamic cultural video fully integrated into the **Cultura** strand and the Video Manual. Filmed in eight countries, **Flash cultura** features correspondents that present various aspects of life in the Spanish-speaking world, always related to the lesson theme. The episodes gradually transition from English into Spanish, but each episode—even the early ones—delivers authentic input through spontaneous interviews with native speakers.

You can use **Flash cultura** to preview the reading in **Cultura**, or to expand on it. You can also use this video out of sequence and present it with **Aventuras en los países hispanos** as different countries and regions are featured. Or you can use these episodes to jump-start research projects and presentations. Because you have the flexibility to show the video in class or assign it as homework, the options for using the video are endless.

Aventuras en los países hispanos

You may choose to use the new **Panorama cultural** videos to present one or more of the culture paragraphs in each **Aventuras en los países hispanos** section. Play the video without sound and have students comment on the images. Play the video with the sound on; point out the pronunciation of certain words and have students raise their hand every time they hear a familiar word as they watch the video.

Videoclip

Aventuras also features an authentic clip (commercials, news stories, documentaries, and a cooking show) for each lesson. With clips from all over the Spanish-speaking world, students are exposed to authentic issues, products, practices, accents, and humor. These clips were not developed by Vista Higher Learning and do not have controlled language as other video programs do. However, with integrated in-text support in **Gramática** and additional support on the Supersite, working with these clips should be a motivating and rewarding experience for students.

If assigned as homework, encourage students to watch the clips two or three times to maximize comprehension. When showing the clips in class, be sure to explain any lexical particularities students may encounter. If you have heritage speakers in your class from the source country, invite them to point out variations in accent and lexicon to the class.

Encourage your students to find similar clips to share with the class.

The **Aventuras, Flash cultura,** and **Panorama cultural** video programs and **Videoclips** are available with subtitles in Spanish and English. **Aventuras, Sixth Edition,** has supporting materials and comprehension checks in the student book, the video manual, or on the Supersite, or some combination of the three.

Course Planning

The **Aventuras** program was developed keeping in mind the need for flexibility and manageability in a wide variety of academic situations. These sample course plans illustrate how **Aventuras** can be used in courses on a semester or quarter system, and in courses that complete the book in two, three, or four semesters. You should, of course, feel free to organize your courses in the way that best suits your students' needs and your instructional goals.

Two-Semester System

This chart shows how the **Aventuras** program can be completed in a two-semester course. The division of material allows the present indicative tense, the present progressive tense, and the preterite to be presented in the first semester; the second semester covers the imperfect, the subjunctive, the present and past perfect tenses, the future, and the conditional.

Semester 1	Semester 2
Lecciones 1–8	Lecciones 9–16

Three-Semester Course or Quarter System

This chart presents one way to configure **Aventuras** for a three-semester course or for the quarter system. This arrangement allots only five lessons to the second and third semesters, which gives students more time to absorb and practice new verb tenses.

Semester 1	Semester 2	Semester 3
Lecciones 1–6	Lecciones 7–11	Lecciones 12–16

Four-Semester Course or Quarter System

This chart illustrates how **Aventuras** can be used in a four-semester course. The lessons are equally divided among the four semesters, allowing students to progress at a steady pace.

Semester 1	Semester 2	Semester 3	Semester 4
Lecciones 1–4	Lecciones 5–8	Lecciones 9–12	Lecciones 13–16

Visit **vhlcentral.com** for a sample lesson plan.

On behalf of its authors and editors, Vista Higher Learning expresses its sincere appreciation to the many educators nationwide who contributed their ideas and suggestions to **Aventuras, First Edition**. We are grateful to the more than eighty members of the Spanish-teaching community who reviewed the original manuscript and/or class-tested the materials. Their insights and detailed comments were invaluable to us as we created the First Edition.

Aventuras, Sixth Edition, has been informed by extensive reviews and ongoing input from instructors using the Fifth Edition. Accordingly, we gratefully acknowledge those who shared their suggestions, recommendations, and ideas as we prepared this Sixth Edition.

We acknowledge Dr. Solivia Márquez of the Massachusetts Institute of Technology for her work with us on the First Edition, and we thank her for her contributions to activities and the **Lectura** sections.

We express our appreciation to the many instructors using **Aventuras** who completed our online reviews.

Reviewers

Leyre Alegre
Michigan Technological University

Tim Altanero, PhD
College of Central Florida

Enrica J. Ardemagni, PhD
Indiana University-Purdue University Indianapolis

Mario Bahena Uriostegui, PhD
Johnson C. Smith University, NC

Stephen Barnes
College of Charleston, SC

Emily S. Beck
College of Charleston, SC

Helena S. Belío Apaolaza
Simmons University, MA

Juan Antonio Bernabeu
Laramie County Community College, WY

Amy Bomke
Indiana University-Purdue University Indianapolis

Daniel H. Briere
University of Indianapolis, IN

Orlando Bruzual
San Jacinto College, TX

Evangelina Canedo-Escarcega
University of Alaska Anchorage

Jennifer Cartan
Sierra College, CA

Marisol Castro-Calzada
College of Charleston, SC

Dr. Noel Coronel
Carroll University, WI

Adam Vincent Crofts
College of Southern Idaho

Pilar Damron
Northwest Vista College, TX

Melissa L. Fiori
Daemen College, NY

Stephanie Forgash
College of Charleston, SC

Arlene F. Fuentes
Southern Virginia University

Inés M. García
American River College, CA

Jose Garcia-Paine
Eastern Iowa Community College

Judy Haisten, PhD
College of Central Florida

Devon W. Hanahan
College of Charleston, SC

Betsy Hance
College of Charleston, SC

Ceydy B. Heiser
American River College, CA

acknowledgments

Serena M. Herter
Southwestern Community College, NC

Lauren Hetrovicz
College of Charleston, SC

Dr. Jennifer E. Irish
Ferrum College, VA

Iana Konstantinova
Southern Virginia University

William Michael Lake
Georgia State University

Gisabel Leonardo
Georgia State University

Raúl Llorente
Georgia State University

Emma B. Marquina Castillo
College of Charleston, SC

Cecilia Moix
Belmont University, TN

Vita Patrick Morales
County College of Morris, NJ

Carlos R. Naranjo
San Jacinto College, TX

Polly Nelson
Lord Fairfax Community College, VA

Noelle Parris
Trident Technical College, SC

Ana María Pinzón
Frederick Community College, MD

Thomas R. Porter
Southern Virginia University

Drew Proctor
Hill College, TX

Carola Ramirez-Castello
College of Charleston, SC

Marta Ramírez Martínez
College of Charleston, SC

Sandra L. Riveros
Eckerd College, FL

Ron Roosevelt
University of Michigan

M. Rosende
County College of Morris, NJ

Jorge Salinas
Universidad Nacional Autónoma
de México

Jean M. Scheppers
College of Central Florida

Linda M. Schumacher
William Rainey Harper College, IL

Gabriela Segal
Arcadia University, PA

Vangie Vélez-Cobb
Palo Alto College, TX

Allie Zaubi
College of Charleston, SC

1 Hola, ¿qué tal?

PARA EMPEZAR Have students look at the photo. Ask: What do you think is happening in the photo? Say: In Hispanic cultures people greet each other with a handshake, or with one or two kisses on the cheek, depending on the situation and the country. Ask: How do you greet your friends? And strangers?

PARA EMPEZAR

- Guess what the people in the photo are saying.
  a. Por favor.   b. Hola.   c. señorita
- Most likely they would also say:
  a. Gracias.   b. Adiós.   c. Buenas tardes.

HOLA, ¿QUÉ TAL?

INSTRUCTIONAL RESOURCES
Supersite: Vocabulary Tutorials; WebSAM
SAM: Workbook pp. 1–2; Lab Manual p. 233

SUGGESTION Write a few greetings, farewells, and courtesy expressions on the board. Explain their meanings and model pronunciation. Circulate around the room greeting students, making introductions, and encouraging responses.

SALUDOS Y DESPEDIDAS

Hola. *Hello.*
Buenos días. *Good morning.*
Buenas tardes. *Good afternoon.*
Buenas noches. *Good evening; Good night.*

Adiós. *Goodbye.*
Chau. *Bye.*
Hasta la vista. *See you later.*
Hasta luego. *See you later.*
Hasta mañana. *See you tomorrow.*
Hasta pronto. *See you soon.*
Nos vemos. *See you.*
Saludos a... *Say hello to...*

CARLA	Hola, Sofía. ¿Qué hay de nuevo?
SOFÍA	Nada. Y tú, ¿qué tal?
CARLA	Bien, gracias.
SOFÍA	Nos vemos, Carla.
CARLA	Chau, Sofía. Saludos a Roberto.

SEÑORA SALAS	Buenas tardes, señor Pérez. ¿Cómo está usted?
SEÑOR PÉREZ	Muy bien, gracias. ¿Y usted, señora Salas?
SEÑORA SALAS	Muy bien.
SEÑOR PÉREZ	Me alegro.

¿CÓMO ESTÁS?

¿Cómo está usted? *How are you? (formal)*
¿Cómo estás? *How are you? (familiar)*
¿Qué hay de nuevo? *What's new?*
¿Qué pasa? *What's going on?*
¿Qué tal? *How is it going?*

(Muy) bien, gracias. *(Very) well, thanks.*
Nada. *Nothing.*
No muy bien. *Not very well.*
Regular. *So-so.*

 **Vocabulary Tools**

PRESENTACIONES

¿Cómo se llama usted? *What's your name? (form.)*

¿Cómo te llamas (tú)? *What's your name? (fam.)*

Me llamo... *My name is...*

¿Y tú? *And you? (fam.)*

¿Y usted? *And you? (form.)*

Mucho gusto. *Pleased to meet you.*

El gusto es mío. *The pleasure is mine.*

Encantado/a. *Pleased to meet you.*

Igualmente. *Likewise.*

Le presento a... *I would like to introduce you to... (form.)*

Te presento a... *I would like to introduce you to... (fam.)*

¿De dónde es usted? *Where are you from? (form.)*

¿De dónde eres? *Where are you from? (fam.)*

Soy de... *I'm from...*

LAURA	Hola. Me llamo Laura. ¿Y tú?
ESTEBAN	Hola. Me llamo Esteban. Mucho gusto.
LAURA	El gusto es mío. ¿De dónde eres?
ESTEBAN	Soy de los Estados Unidos, de Texas.

SUSANA	Leti, te presento al señor Garza.
LETICIA	Encantada.
SEÑOR GARZA	Igualmente. ¿De dónde es usted, señorita?
LETICIA	Soy de Puerto Rico. ¿Y usted?
SEÑOR GARZA	De México.

EXPRESIONES Y TÍTULOS DE CORTESÍA

De nada. *You're welcome.*

Lo siento. *I'm sorry.*

(Muchas) gracias. *Thank you (very much).*

No hay de qué. *You're welcome.*

Por favor. *Please.*

---

señor (Sr.) *Mr.; sir*

señora (Sra.) *Mrs.; ma'am*

señorita (Srta.) *Miss*

EXPANSION Use the Digital Image Bank and have students identify informal and formal conversations. Have small groups create conversations based on the pictures and share them with the class.

VOCABULARIO ADICIONAL For additional vocabulary on this theme, go to **Vocabulario adicional** in the **Resources** section of the Supersite.

SUGGESTION Point out the use of **Ud.** vs. **tú** in the conversations. Explain in which situations each form is appropriate.

SUGGESTION Point out the abbreviations **Sr.**, **Sra.**, and **Srta.** for the titles **señor**, **señora**, and **señorita**. Tell students there is no Spanish equivalent for the title *Ms.*

Comparisons Language Comparisons

ASÍ SE DICE

Buenos días. ⟷ Buenas.
De nada. ⟷ A la orden.
Lo siento. ⟷ Perdón.
¿Qué tal? ⟷ ¿Cómo te va?,
¿Cómo vas?,
¿Qué hubo? (*Col.*)

▶ What phrases do you use when you greet friends?

A escuchar

1 **Indicar** Check **sí** if you might use the expression you hear to greet someone or **no** if you would not.

1 Communication Interpretive Communication

	Sí	No
1.	✓	
2.		✓
3.		✓
4.	✓	
5.	✓	
6.		✓
7.	✓	
8.		✓

1 SCRIPT
1. ¿Qué hay de nuevo?
2. Nos vemos.
3. Chau.
4. Hola.
5. Buenas tardes.
6. Hasta luego.
7. ¿Qué tal?
8. De nada.

1 SUGGESTION You may want to do this activity as a TPR exercise. Have students give a thumbs-up for **sí** and a thumbs-down for **no**.

2 **Seleccionar** Listen to each question or statement, and choose the correct response.

2 Communication Interpretive Communication

1. a. Muy bien, gracias.
   b. Me llamo Graciela. ✓
2. a. Lo siento.
   b. Mucho gusto. ✓
3. a. Soy de Puerto Rico. ✓
   b. No muy bien.
4. a. No hay de qué. ✓
   b. Regular.
5. a. Mucho gusto.
   b. Hasta pronto. ✓
6. a. Nada. ✓
   b. Igualmente.
7. a. Me llamo Guillermo Montero.
   b. Muy bien, gracias. ✓
8. a. Buenas tardes. ¿Cómo está usted? ✓
   b. El gusto es mío.

2 SCRIPT
1. ¿Cómo te llamas?
2. Te presento a Juan Pablo.
3. ¿De dónde es usted?
4. Muchas gracias.
5. Nos vemos.
6. ¿Qué pasa?
7. ¿Cómo está usted?
8. Buenas tardes, señor Fernández.

3 **¿Lógico o ilógico?** Listen to each conversation and indicate whether the conversation is logical or illogical. **3 Communication** Interpretive Communication

	Lógico	Ilógico
1.		✓
2.	✓	
3.	✓	
4.		✓
5.	✓	
6.	✓	

3 SCRIPT
1. **S1:** Hola, Sandra. ¿Qué tal?
S2: El gusto es mío.
2. **S1:** Hasta luego, Sr. Lagos. Saludos a la Sra. Lagos.
S2: Adiós.
3. **S1:** Hasta mañana, Juan.
S2: Nos vemos.
4. **S1:** Antonio, éste es el Sr. Arce. **S2:** Igualmente.
5. **S1:** ¡Hola, Norma! ¿Qué hay de nuevo? **S2:** Nada.
6. **S1:** ¿De dónde es usted, señor? **S2:** Soy de México.

A practicar

4 EXPANSION Write these categories on the board: **Saludo** (*Greeting*), **Despedida** (*Farewell*), **Presentación** (*Introduction*), and **Expresión de cortesía** (*Courtesy Expression*). Ask students to identify the category for each expression.

4 Sinónimos For each expression, write a word or phrase that expresses a similar idea.

> **modelo** ¿Cómo estás? _____¿Qué tal?_____

1. De nada. _No hay de qué./A la orden._

2. Encantado. _Mucho gusto._

3. Adiós. _Chau./Nos vemos./Hasta luego/mañana/pronto/la vista._

4. Te presento a Antonio. _Éste es Antonio._

5. ¿Qué hay de nuevo? _¿Qué pasa?/¿Cómo está usted?/¿Cómo estás?/¿Qué tal?/¿Cómo te va?/¿Qué hubo?/¿Cómo vas?_

6. Igualmente. _El gusto es mío._

5 EXPANSION Tell students to continue the conversation by adding at least two lines when they act it out.

5 Ordenar With a classmate, put this scrambled conversation in order. Then act it out.

—Muy bien, gracias. Soy María Rosa.

—Soy de Ecuador. ¿Y tú?

—Mucho gusto, María Rosa.

—Hola. Me llamo Carlos. ¿Cómo estás?

—Soy de Cuba.

—Igualmente. ¿De dónde eres, Carlos?

CARLOS	_Hola. Me llamo Carlos. ¿Cómo estás?_
MARÍA ROSA	_Muy bien, gracias. Soy María Rosa._
CARLOS	_Mucho gusto, María Rosa._
MARÍA ROSA	_Igualmente. ¿De dónde eres, Carlos?_
CARLOS	_Soy de Ecuador. ¿Y tú?_
MARÍA ROSA	_Soy de Cuba._

6 TEACHING OPTION Prepare a series of response statements (as in a–h) and divide the class into two teams. Tell students they must provide the question or statement that would have elicited each response. The first team to guess the question or statement gets a point.

6 Emparejar With a partner, match each question or statement with the correct answer.

_g/a_ 1. ¿Qué tal?

_f_ 2. Hasta mañana, señora Ramírez. Saludos al señor Ramírez.

_c_ 3. ¿Qué hay de nuevo, Alberto?

_d_ 4. Miguel, ésta es la señorita Perales.

_b_ 5. ¿De dónde eres, Antonio?

_a/g_ 6. Buenas tardes, señor. ¿Cómo está usted?

a. Muy bien, gracias.

b. Soy de México.

c. Nada. ¿Y tú?

d. Encantado. Soy Miguel Vega.

e. De nada.

f. Hasta pronto.

g. Bien. ¿Y tú?

h. Por favor.

A conversar

 7 **Diálogos** With a partner, complete and act out these conversations. *Answers will vary.*

7 Communication Interpersonal Communication

7 EXPANSION Have students rewrite **Diálogo 1** in the formal register and **Diálogo 2** in the familiar register. Tell them to substitute their own names and personal information where possible.

DIÁLOGO 1

—Hola. Me llamo Álex. ¿Cómo te llamas tú?

_____

—Soy de Puerto Rico. ¿Y tú?

_____

DIÁLOGO 2

_____

—Muy bien, gracias. ¿Y usted, señor/señora López?

_____

—Hasta luego, señor/señora. Saludos a la señora/al señor López.

_____

 8 **Conversaciones** With a partner, make up a conversation for each photo. *Answers will vary.*

8 Communication Interpersonal Communication

8 SUGGESTION To prepare students, have them brainstorm who the people in the photos are and what they are talking about. Ask them whether the people in the photos would use the **tú** or **usted** form when conversing.

 9 **Situaciones** Work with two classmates to act out these situations. *Answers will vary.*

9 Communication Interpersonal Communication

1. As you leave class on the first day of school, you strike up a conversation with the two students who were sitting next to you. Find out each person's name and where he or she is from before you say goodbye.
2. You meet a friend and ask how he or she is doing. As you are talking, your friend Elena walks by. Introduce Elena to your friend.
3. You say hello to your parents' friends, Mrs. Sánchez and Mr. Rodríguez, and ask how they are doing. As you say goodbye, send your regards to their spouses.

9 SUGGESTION Assign these situations to different groups and have them perform their role-plays for the class. You may want to have the class brainstorm a list of phrases that could be used for each situation before the groups start.

I CAN greet new acquaintances, introduce myself, and say goodbye.

ACTIVITY PACK For additional activities, go to the **Activity Pack** in the **Resources** section of the Supersite.

SUGGESTION Point out that in 2010 the **Real Academia** recommended the use of a unified naming convention of the alphabet. The suggested names for **r, v, w,** and **y** are **erre, uve, uve doble,** and **ye.** However, most Spanish speakers tend to use the traditional naming convention followed in their countries.

SUGGESTION Model pronunciation of the Spanish alphabet and the example words. Have students repeat after you.

EXPANSION Ask students to spell their names in Spanish.

EXPANSION Do a dictation activity in which you spell Spanish words as students write them down. Spell each word twice. Then write the list of words on the board so students can check their work.

EXPANSION For additional practice with the alphabet, give students these **refranes: De tal palo, tal astilla** (*A chip off the old block*); **Los ojos son el espejo del alma.** (*The eyes are the window to the soul.*); **El rayo nunca cae dos veces en el mismo lugar.** (*Lightning never strikes the same place twice.*); **No dejes para mañana lo que puedas hacer hoy.** (*Don't put off until tomorrow what you can do today.*)

Pronunciación

 Tutorial

The Spanish alphabet

INSTRUCTIONAL RESOURCES
Supersite: Pronunciation Tutorial; WebSAM
SAM: Lab Manual p. 234

The Spanish and English alphabets are almost identical, with a few exceptions. For example, the Spanish letter **ñ** (**eñe**) doesn't occur in the English alphabet. Furthermore, the letters **k** (**ka**) and **w** (**doble v**) are used only in words of foreign origin. Examine the chart to find other differences.

Letra	Nombre(s)	Ejemplo(s)	Letra	Nombre(s)	Ejemplo(s)
a	a	adiós	n	ene	nacionalidad
b	be	bien, problema	ñ	eñe	mañana
c	ce	cosa, cero	o	o	once
ch	che	chico	p	pe	profesor
d	de	diario, nada	q	cu	qué
e	e	estudiante	r	ere	regular, señora
f	efe	foto			
g	ge	gracias, Gerardo, regular	s	ese	señor
			t	te	tú
h	hache	hola	u	u	usted
i	i	igualmente	v	ve	vista, nuevo
j	jota	Javier	w	doble ve	walkman
k	ka, ca	kilómetro	x	equis	existir, México
l	ele	lápiz			
ll	elle	llave	y	i griega, ye	yo
m	eme	mapa	z	zeta, ceta	zona

Práctica Spell these words aloud in Spanish.

1. nada
2. bien
3. trece
4. muy
5. hola
6. encantado
7. Valentina
8. estudiante
9. Venezuela
10. España
11. Manuel
12. diez
13. cuatro
14. gracias
15. Juanjo

Oraciones Repeat these sentences after your instructor, then spell each word aloud.

1. Me llamo Carmen.
2. Hasta luego, señora Herrera.
3. ¿Qué tal, David?
4. Buenos días, Pedro.

Refranes Read these sayings aloud after your instructor.

Ver es creer.[1]

En boca cerrada no entran moscas.[2]

[1] *Seeing is believing.*
[2] *Silence is golden.*

INSTRUCTIONAL RESOURCES
Supersite: WebSAM
SAM: Video Manual pp. 169–170

 Video

Antes de ver

Look at the images. Who do you think the people in the video are?

VIDEO SYNOPSIS Olga Lucía comes home after taking pictures all day and chats with her roommate Valentina. Manuel does push-ups in his apartment, with the encouragement of his roommate Juanjo. Sara introduces her friend Daniel to her father, don Paco. There is a cookout on the rooftop, where Sara introduces Daniel to Olga Lucía, Valentina, Juanjo, and her cousin Manuel.

SUGGESTION Point out that **don** and **doña** are used with first names in Spanish-speaking countries to show respect: **don Paco**. Note that this title, like **señor** and **señora**, is not capitalized.

Communicative Goal
Greet a new acquaintance

Amigos de todas partes

Sara presenta un amigo a don Paco, Manuel, Valentina, Juanjo y Olga Lucía.

PERSONAJES

OLGA LUCÍA

DON PACO

VALENTINA

MANUEL

JUANJO

DANIEL

SARA

VALENTINA Hola. ¿Cómo estás?
OLGA LUCÍA Pues, ¡no muy bien!
VALENTINA ¿Qué te pasa?
OLGA LUCÍA ¡Ser estudiante de fotografía es agotador!
VALENTINA ¿Por qué?
OLGA LUCÍA ¡Son las seis de la tarde! ¡Todo el día tomando fotos!

MANUEL Veintidós... veintitrés...
JUANJO ¡Veintitrés no es nada! ¡¿Cómo te llamas?!
MANUEL ¡Manuel Vázquez Quevedo! Veinticuatro...
JUANJO ¡¿De dónde eres?!
MANUEL ¡Soy de Valladolid, España! ¡Veinticinco!

SARA ¡Hola, Daniel!
DANIEL Hola, Sara.
SARA Papá, te presento a Daniel. Un amigo del instituto.
PACO Paco, mucho gusto.
DANIEL El gusto es mío.

ACTIVIDADES

1 **¿Cierto o falso?** Indicate if each statement is **cierto** or **falso**. Correct the false statements.

1 Communication Interpretive Communication

	Cierto	Falso
1. Olga Lucía es de los Estados Unidos. *Olga Lucía es de Venezuela.*	○	☑
2. Daniel es amigo del instituto de Olga Lucía. *Daniel es amigo del instituto de Sara.*	○	☑
3. Juanjo es de la República Dominicana.	☑	○
4. El padre de Sara se llama Daniel. *El padre de Sara se llama Paco.*	○	☑
5. Manuel es el primo de Sara.	☑	○

2 **Identificar** Identify the person who made each statement.

1. ¡Soy de Valladolid, España!
   Manuel
2. Papá, te presento a Daniel.
   Sara
3. ¡Qué bien, amigos de todas partes!
   Daniel
4. Foto número uno de veinticinco.
   Olga Lucía
5. ¡Veintitrés no es nada!
   Juanjo

SUGGESTION You may want to explain that Olga Lucía and Valentina are college students who share an apartment in Madrid, Spain. Manuel and Juanjo are also college students and roommates. Manuel is the cousin of Sara, who lives in the same building as the other four with her father, don Paco, the landlord. She attends high school with her friend Daniel.

SUGGESTION Tell students that the **Expresiones útiles** box features words and phrases that will help them understand and talk about the video. The first list is words and phrases heard in the video, and the second list is words that identify things shown but not mentioned in the video. These words and phrases are not active vocabulary, but students should be able to recognize them.

Expresiones útiles

agotador(a) *exhausting*
el instituto *high school (in Spain)*
el padre *father*
el/la primo/a *cousin*
¡Qué guay! *How cool!*
(de) todas partes *everywhere*
todo/a *all*
tomando *taking*

---

la azotea *rooftop*
la brocheta *shish kebab*
las flexiones *push-ups*
la gorra *baseball cap*

SARA Chicos, os presento a Daniel.
VALENTINA Hola, ¿qué tal?
SARA Daniel, ella es Valentina.
DANIEL ¡Hola!
SARA Ella es Olga Lucía, de Venezuela.
DANIEL ¡De Venezuela! ¡Qué guay!

SARA Y él es mi primo, Manuel.
MANUEL ¡Hola! Manuel. ¡De Valladolid!
JUANJO Y yo soy Juanjo.
DANIEL Y tú, ¿de dónde eres?
JUANJO ¡De la República Dominicana, hermano!

DANIEL ¡Qué bien, amigos de todas partes!
VALENTINA ¡Olga Lucía, una foto!
OLGA LUCÍA ¡Foto veintiséis!
TODOS ¡Cinco, cuatro, tres, dos, uno!

Madrid

Madrid, the capital and the largest city of Spain, has beautiful squares like the **Puerta del Sol**. This is where you'll find the official symbol of Madrid, **El Oso y el Madroño**, a bronze statue of a bear nuzzling a strawberry tree. The image represents the city's coat of arms.

Is your city or town known for an iconic artwork or building? Compare it with **El Oso y el Madroño**.

3 **Conversación** With a partner, role-play a conversation between two young people who have just met in Madrid. Use these cues. **3 Communication** Interpersonal Communication

▶ Greet each other and introduce yourselves.
▶ Ask how your partner is doing.
▶ Ask where your partner is from.
▶ Say goodbye.

I CAN greet a new acquaintance, introduce myself, and say goodbye.

Comparisons Cultural Comparisons

Communicative Goal
Identify ways in which people in
Spanish-speaking countries greet each other

Los saludos y el espacio personal

CULTURAL STRATEGY Ask students how people indicate the amount of personal space they need. Students might identify wearing headphones, hunched body language, and stepping backward to indicate that a person wants more personal space and stepping forward to indicate that a person wants less personal space. Make sure students understand that they should respect people's personal space, whatever it is.

One kiss or two? A hug or a handshake? Up close or a little farther away? When you are introduced to someone, you don't always know the culturally appropriate way to greet that person. In all cultures, people have a "personal bubble" that is important to identify so that their space isn't invaded.

The acceptable amount of personal space differs according to factors such as gender, age, social status, and region. Latin American and southern European countries such as Spain are considered "high contact," that is, people come closer to each other than in other countries.

Some studies show that climate influences personal space. People in hotter regions such as the Caribbean appear to come closer to each other, while those in colder regions may keep more distance.

The tradition of kissing when greeting someone varies according to gender and region. In Spanish-speaking countries, men generally greet each other with a hug or a handshake. An exception is Argentina, where male friends and relatives lightly kiss on the cheek.

Greetings between men and women, and between women, in Spanish-speaking countries generally include a kiss (**un beso**) on the cheek or a kiss on each cheek. In Spain, it is customary to give **dos besos**, starting with the right cheek. In most Latin American countries, greetings consist of a single kiss, almost always an "air kiss," on the right cheek. In Colombia, women tend to greet each other with a pat on the right forearm or shoulder.

Comparisons Language Comparisons

Tendencias

País	Beso	País	Beso
Argentina	💋	España	💋💋
Bolivia	💋	México	💋
Chile	💋	Paraguay	💋💋
Colombia	💋	Puerto Rico	💋
El Salvador	💋	Venezuela	💋/💋💋

ASÍ SE DICE

Saludos y despedidas

Chao./Ciao.	Adiós.
¿Cómo te/le va?	*How are things going?*
¿Qué hay?	*What's up?*
¿Qué hacés? (Arg.)	
¿Qué te cuentas? (Esp.)	
¿Qué onda? (Arg., Chi., Méx.)	
¿Qué más? (Col., Ven.)	

▶ How do you ask your friends what's going on?

INSTRUCTIONAL RESOURCES
Supersite: Video (Flash cultura); WebSAM
SAM: Video Manual pp. 201–202

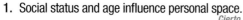

ACTIVIDADES

1 **¿Cierto o falso?** Indicate whether each statement is true (**cierto**) or false (**falso**).

1. Social status and age influence personal space. *Cierto.*
2. In countries such as Colombia, Venezuela, and Spain, people are in closer contact than people than in other countries. *Cierto.*
3. It is common for men in Spanish-speaking countries to greet each other with a kiss. *Falso.*
4. In Mexico and Chile, people greet each other with two kisses. *Falso.*
5. In Colombia, women may greet each other with a pat on the arm or shoulder. *Cierto.*

2 **Preguntas** Answer the questions.

1. What factors influence personal space? *gender, age, social status, region*
2. How do men in Spanish-speaking countries generally greet each other? *with a hug or a handshake*
3. Where do male friends and relatives lightly kiss on the cheek? *in Argentina*
4. How do women in Bolivia greet each other? *with a single kiss on the cheek*
5. How do men greet women in Spain? *with a kiss on each cheek*

3 **Comparación** Based on your experiences, compare greeting styles in the United States with those of Spanish-speaking countries.
3 Comparisons Cultural Comparisons

4 **Situaciones** With a partner, act out the following scenarios. You run into a friend at a café and want to say hello. How would you do so in Spain, Colombia, and Mexico?
4 Communication Interpersonal Communication

5 **Perspectivas** Reflect on these questions.

1. What does the acceptable amount of personal space say about countries like Spain?
2. How do you think personal space is influenced by factors such as age and social status?
3. Do you agree that climate influences personal space? Why or why not?
4. What other factors might influence personal space?

I CAN recognize variations on ways to greet someone.

Communicative Goal
Identify important social meeting places in Buenos Aires, as well as a few cultural practices

 Video

Encuentros en la plaza

1 **Preparación** Where do you usually meet your friends? Are there public places where you get together? What do you do there?

2 **El video** Watch this **Flash cultura** episode about greetings and plazas in Argentina.

Vocabulario		
abrazo *hug*	¡Cuánto tiempo!	*It's been a long time!*
encuentro *meeting*	¡Qué bueno verte!	*It's great to see you!*

Today we are at the **Plaza de Mayo.**

3 **Identificar** Identify the person or people who make(s) each of these statements.

1. ¿Cómo están ustedes? *d*
2. ¡Qué bueno verte! *b*
3. Mucho gusto, Mariana. *a*
4. Hola. *a, b, c, d*

a. Gonzalo
b. Mariana
c. Mark
d. Silvina

4 **Saludos** With a partner, role-play two Argentinians greeting each other. **4 Communication** Interpersonal Communication

---

I CAN identify important social meeting places in Buenos Aires.

I CAN identify the cultural practices related to formal and informal address, gestures, and behaviors when people meet.

Communicative Goal
Name familiar people and objects

1.1 Nouns and articles

▶ Nouns identify people, animals, places, things. All Spanish nouns have gender (masculine or feminine) and number (singular or plural).

▶ Most nouns that refer to males are masculine. Most nouns that refer to females are feminine.

Masculine		Feminine	
el hombre	the man	la mujer	the woman
el chico	the boy	la chica	the girl
el pasajero	the passenger	la pasajera	the passenger
el conductor	the driver	la conductora	the driver
el profesor	the professor	la profesora	the professor

el chico **la chica**

▶ Most nouns ending in **–o**, **–ma**, and **–s** are masculine. Most nouns ending in **–a**, **–ción**, and **–dad** are feminine.

Masculine		Feminine	
el cuaderno	the notebook	la cosa	the thing
el diario	the diary	la escuela	the school
el diccionario	the dictionary	la maleta	the suitcase
el número	the number	la mochila	the backpack
el video	the video	la palabra	the word
el problema	the problem	la lección	the lesson
el programa	the program	la conversación	the conversation
el autobús	the bus	la nacionalidad	the nationality
el país	the country	la comunidad	the community

¡ojo! (*Careful!*) **El lápiz** (*pencil*), **el mapa** (*map*), and **el día** (*day*) are masculine. **La mano** (*hand*) is feminine.

▶ Some nouns have identical masculine and feminine forms. The article indicates the gender of these words.

Masculine		Feminine	
el turista	the tourist	la turista	the tourist
el joven	the young man	la joven	the young woman
el estudiante	the student	la estudiante	the student

INSTRUCTIONAL RESOURCES
Supersite: Grammar Tutorial; WebSAM
SAM: Workbook p. 3; Lab Manual p. 235

Práctica

1 **¿Femenino o masculino?** Provide the opposite gender form for each word.

> **modelo** la chica ___el chico___

1. el conductor ___la conductora___ 4. la mujer ___el hombre___
2. el turista ___la turista___ 5. el pasajero ___la pasajera___
3. la profesora ___el profesor___

2 **Singular y plural** Make the singular words plural and the plural words singular.

> **modelo** el turista ___los turistas___

1. las cosas ___la cosa___ 6. unos números ___un número___
2. una mujer ___unas mujeres___ 7. el conductor ___los conductores___
3. la palabra ___las palabras___ 8. un programa ___unos programas___
4. los países ___el país___ 9. una mano ___unas manos___
5. el problema ___los problemas___

3 **Identificar** For each photo, provide the noun and its corresponding definite and indefinite articles.

> **modelo**

las maletas, unas maletas

1. ___la computadora, una computadora___ 2. ___el joven, un joven/ el chico, un chico___

3. ___los cuadernos, unos cuadernos___ 4. ___las fotografías, unas fotografías___

Conversación

4 **Clasificar** With a partner, identify the photos and supply the definite and indefinite articles. Then indicate the plural forms of the singular nouns and vice versa. **4** Communication
Interpersonal Communication

modelo

la chica, una chica
_____
las chicas, unas chicas
_____

1. _el profesor, un profesor_
_____
los profesores, unos profesores

2. _el autobús, un autobús_
_____
los autobuses, unos autobuses

3. _el mapa, un mapa_
_____
los mapas, unos mapas

4. _los lápices, unos lápices_
_____
el lápiz, un lápiz

5. _los pasajeros, unos pasajeros_
_____
el/la pasajero/a, un(a) pasajero/a

5 **Dibujar** In groups, play a game of *Pictionary*. Individually, think of three nouns, and taking turns, draw each noun for group members to guess. The first person to identify the singular and plural forms wins a point. **5** Communication
Answers will vary. Interpersonal Communication

ACTIVITY PACK For additional activities, go to the **Activity Pack** in the **Resources** section of the Supersite.

I CAN name familiar objects and people.

Plural of nouns

▸ Nouns that end in a vowel form the plural by adding **–s**. Nouns that end in a consonant add **–es**. Nouns that end in **–z** change the **–z** to **–c**, then add **–es**.

SINGULAR	PLURAL	SINGULAR	PLURAL
el chico	los chicos	el país	los países
la palabra	las palabras	el lápiz	los lápices

¡ojo! In general, when a singular noun has an accent mark on the last syllable, the accent is dropped from the plural form:

(**la lección → las lecciones**)   (**el autobús → los autobuses**)

▸ The masculine plural form may refer to a mixed-gender group.

(**1 pasajero + 2 pasajeras = 3 pasajeros**)

Spanish articles

Spanish has four forms that are equivalent to the English definite article *the*. Spanish also has four forms that are equivalent to the English indefinite article, which, according to context, may mean *a, an,* or *some*.

Spanish articles

Definite articles

	MASCULINE		FEMININE
el **diccionario**	*the dictionary*	la **computadora**	*the computer*
los **diccionarios**	*the dictionaries*	las **computadoras**	*the computers*

Indefinite articles

| un **pasajero** | *a (one) passenger* | una **fotografía** | *a (one) photograph* |
| unos **pasajeros** | *some passengers* | unas **fotografías** | *some photographs* |

SUGGESTION Show students objects they can already name (**diccionario, lápiz, computadora, foto[grafía]**, and so forth). Ask students to indicate the appropriate definite article and noun for each object. Include a mix of singular and plural nouns. Repeat the exercise with indefinite articles.

¡Manos a la obra!

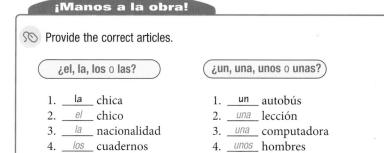

Provide the correct articles.

(**¿el, la, los o las?**)   (**¿un, una, unos o unas?**)

1. _la_ chica   1. _un_ autobús
2. _el_ chico   2. _una_ lección
3. _la_ nacionalidad   3. _una_ computadora
4. _los_ cuadernos   4. _unos_ hombres
5. _los_ problemas   5. _una_ señora
6. _las_ mujeres   6. _unos_ lápices

Communicative Goal
Say how many people or objects there are

1.2 Numbers 0–30

Numbers 0–30				
0 cero	6 seis	12 doce	18 dieciocho	24 veinticuatro
1 uno	7 siete	13 trece	19 diecinueve	25 veinticinco
2 dos	8 ocho	14 catorce	20 veinte	26 veintiséis
3 tres	9 nueve	15 quince	21 veintiuno	27 veintisiete
4 cuatro	10 diez	16 dieciséis	22 veintidós	28 veintiocho
5 cinco	11 once	17 diecisiete	23 veintitrés	29 veintinueve
				30 treinta

▸ Before a masculine noun, **uno** shortens to **un**. Before a feminine noun, **uno** changes to **una**.

> un hombre → veintiún hombres

> una mujer → veintiuna mujeres

¡ojo! **Uno** and **veintiuno** are used when counting (**uno, dos, tres… veinte, veintiuno, veintidós…**). They are also used after a noun, even if it is feminine (**la lección uno**).

▸ To ask *how many*, use **¿Cuántos?** with a masculine noun and **¿Cuántas?** with a feminine noun. **Hay** means both *there is* and *there are*. Use **¿Hay…?** to ask *Is/Are there…?* Use **no hay** to express *there is/are not*.

SUGGESTION Give students three minutes to draw a scene using nouns they know. In pairs, have students describe each other's pictures. Encourage students to include multiples of particular items (**cuadernos, maletas, lápices**, and so forth).

—**¿Hay** chicos en la fotografía?
Are there boys in the picture?

—No, **no hay** chicos.
No, there aren't any boys.

—**¿Cuántas** chicas **hay?**
How many girls are there?

—**Hay** tres.
There are three.

¡Manos a la obra!

Provide the Spanish words for these numbers.

a. **7** _siete_	f. **15** _quince_	k. **30** _treinta_	p. **10** _diez_
b. **16** _dieciséis_	g. **21** _veintiuno_	l. **4** _cuatro_	q. **2** _dos_
c. **29** _veintinueve_	h. **9** _nueve_	m. **12** _doce_	r. **5** _cinco_
d. **1** _uno_	i. **23** _veintitrés_	n. **28** _veintiocho_	s. **22** _veintidós_
e. **0** _cero_	j. **11** _once_	o. **14** _catorce_	t. **13** _trece_

INSTRUCTIONAL RESOURCES
Supersite: Grammar Tutorial; WebSAM
SAM: Workbook p. 4; Lab Manual p. 236

Práctica

1 **Matemáticas** Solve these math problems.

> + más   – menos   = son

> **modelo**   9 + 2 = Nueve más dos son once.

1. **3 + 10 =** _Tres más diez son trece._
2. **22 – 3 =** _Veintidós menos tres son diecinueve._
3. **4 + 8 =** _Cuatro más ocho son doce._
4. **17 + 13 =** _Diecisiete más trece son treinta._
5. **22 + 1 =** _Veintidós más uno son veintitrés._
6. **5 – 2 =** _Cinco menos dos son tres._
7. **11 + 12 =** _Once más doce son veintitrés._
8. **10 – 0 =** _Diez menos cero son diez._
9. **3 + 14 =** _Tres más catorce son diecisiete._
10. **22 – 11 =** _Veintidós menos once son once._

2 **¿Cuántos hay?** Say how many there are.

> **modelo**

¿Cuántas maletas hay?
Hay cuatro maletas.

1. ¿Cuántos hombres hay?
   Hay un hombre.
2. ¿Cuántas fotografías hay?
   Hay cuatro fotografías.

3. ¿Cuántos chicos hay?
   Hay veinticinco chicos.
4. ¿Cuántos turistas hay?
   Hay tres turistas.

5. ¿Cuántas conductoras hay?
   Hay una conductora.
6. ¿Cuántas chicas hay?
   Hay diecisiete chicas.

Conversación

 3 **Describir** With a classmate, answer the questions about the photo. **3** Communication Interpersonal Communication

1. ¿Cuántas personas hay en la fotografía?

   Hay cuatro personas.

2. ¿Cuántos hombres hay?

   Hay un hombre.

3. ¿Cuántas jóvenes hay?

   Hay tres jóvenes.

4. ¿Cuántas mochilas hay?

   Hay tres mochilas.

 4 **En la clase** With a classmate, take turns asking and answering these questions about your classroom.
Answers will vary. **4** Communication Interpersonal Communication

1. ¿Cuántos estudiantes hay?
2. ¿Hay un profesor o (*or*) una profesora?
3. ¿Hay una computadora?
4. ¿Hay fotografías?
5. ¿Hay mapas?
6. ¿Hay diccionarios?
7. ¿Hay cuadernos?
8. ¿Cuántas mochilas hay?

ACTIVITY PACK For additional activities, go to the **Activity Pack** in the **Resources** section of the Supersite.

I CAN ask and answer simple questions about how many there are of something.

Communicative Goal
Identify numbers on a poster

Español en vivo

ochenta *80* **trabaja** *works* **mejor** *better* **Apoye** *Support*

1 **Identificar** Scan the poster and say the numbers out loud.

2 **Preguntas** Answer the questions. **2** Communication Interpretive Communication

1. Indicate how many of each are needed. Write the numbers as words.
   a. profesores ___*tres*___
   b. estudiantes ___*veinte*___
2. What is the purpose of this poster: to improve existing schools, or to raise funds for new schools? *to raise funds for new schools*
3. What would be your formula for the perfect school? *Answers will vary.*

I CAN identify numbers on a poster.

1.3 Present tense of **ser**

Communicative Goal
Tell what objects and people are
and where they are from

Subject pronouns

▶ In order to use verbs, you will need to learn about subject pronouns. A subject pronoun replaces the name or title of a person and acts as the subject of a verb.

Subject pronouns

Singular		Plural	
yo	*I*	nosotros	*we (masculine)*
		nosotras	*we (feminine)*
tú	*you (familiar)*	vosotros	*you (masc., fam.)*
usted (Ud.)	*you (formal)*	vosotras	*you (fem., fam.)*
		ustedes (Uds.)	*you*
él	*he*	ellos	*they (masc.)*
ella	*she*	ellas	*they (fem.)*

Carlos es estudiante. → Él es estudiante.

▶ Spanish has four subject pronouns that mean *you*. Use **tú** when talking to a friend, a family member, or a child. Use **usted** when talking to someone with whom you have a more formal relationship, such as an employer or a professor, or to someone who is older than you. In Latin America, **ustedes** is used as the plural of both **tú** and **usted**. In Spain, **vosotros/as** is used as the plural of **tú**.

▶ **Usted** and **ustedes** are abbreviated **Ud.** and **Uds.**

▶ **Nosotros**, **vosotros**, and **ellos** refer to a group of males or to a group of males and females. **Nosotras**, **vosotras**, and **ellas** refer only to groups of females.

nosotros, vosotros, ellos

nosotros, vosotros, ellos

nosotras, vosotras, ellas

▶ There is no Spanish equivalent of the English subject pronoun *it*.

SUGGESTION As a rapid response drill, call out subject pronouns and have students respond with the correct form of **ser**. Ex: tú (**eres**), ustedes (**son**). Reverse the drill by calling out forms of **ser** and having students give the subject pronouns.

—¿Qué es?
What is it?

—Es una computadora.
It's a computer.

INSTRUCTIONAL RESOURCES
Supersite: Grammar Tutorial; WebSAM
SAM: Workbook pp. 5–6; Lab Manual p. 237

Práctica

1 ¿De quién es? Ask your partner to name the objects and say to whom they belong. **1 Communication** Interpersonal Communication

modelo
Estudiante 1: ¿Qué es?
Estudiante 2: Es un diccionario.
Estudiante 1: ¿De quién es?
Estudiante 2: Es del profesor Núñez.

1.

E1: ¿Qué es? E2: Es una maleta.
E1: ¿De quién es? E2: Es de la señora López.

2.

E1: ¿Qué es? E2: Es un cuaderno.
E1: ¿De quién es? E2: Es de Manuel.

3.

E1: ¿Qué es? E2: Es una computadora.
E1: ¿De quién es? E2: Es de Rafael.

4.

E1: ¿Qué es? E2: Es un diario.
E1: ¿De quién es? E2: Es de Marisa.

2 ¿Quién es? With a partner, take turns asking who these people are (**¿Quién es?/¿Quiénes son?**) and where they are from (**¿De dónde es?/¿De dónde son?**). **2 Communication** Interpersonal Communication

modelo Sofía Vergara / Colombia

Estudiante 1: ¿Quién es?
Estudiante 2: Es Sofía Vergara.
Estudiante 1: ¿De dónde es?
Estudiante 2: Es de Colombia.

1. Penélope Cruz y Javier Bardem / España
E1: ¿Quiénes son? E2: Son Penélope Cruz y Javier Bardem.
E1: ¿De dónde son? E2: Son de España.

2. José Altuve / Venezuela
E1: ¿Quién es? E2: Es José Altuve.
E1: ¿De dónde es? E2: Es de Venezuela.

3. René Pérez y Eduardo Cabra / Puerto Rico
E1: ¿Quiénes son? E2: Son René Pérez y Eduardo Cabra. E1: ¿De dónde son? E2: Son de Puerto Rico.

4. Salma Hayek / México
E1: ¿Quién es? E2: Es Salma Hayek.
E1: ¿De dónde es? E2: Es de México.

5. Shakira / Colombia
E1: ¿Quién es? E2: Es Shakira.
E1: ¿De dónde es? E2: Es de Colombia.

6. Selena Gómez / Estados Unidos
E1: ¿Quién es? E2: Es Selena Gómez.
E1: ¿De dónde es? E2: Es de los Estados Unidos.

Conversación

3 **En el dormitorio** Ask your partner questions about Susana's bedroom. *Answers will vary.*

3 Communication Interpersonal Communication

modelo

Estudiante 1: ¿Cuántos mapas hay?
Estudiante 2: Hay un mapa.

| ¿Quién? | ¿De dónde? | ¿Cuántos? |
| ¿Qué? | ¿De quién? | ¿Cuántas? |

4 **Personas famosas** Pretend to be a person from **Cuba**, **México**, **España** (Spain), **Canadá** or **los Estados Unidos** (U.S.) who is famous in one of these professions. Your classmates will try to guess who you are. **4 Communication**
Answers will vary. Interpersonal Communication

| **actor** *actor* | **deportista** *athlete* | **cantante** *singer* |
| **actriz** *actress* | **escritor(a)** *writer* | **músico/a** *musician* |

modelo

Estudiante 3: ¿Eres de Cuba?
Estudiante 1: Sí.
Estudiante 2: ¿Eres mujer?
Estudiante 1: Sí.
Estudiante 3: ¿Eres escritora?
Estudiante 1: No. Soy cantante.
Estudiante 2: ¿Eres Camila Cabello?
Estudiante 1: ¡Sí! ¡Sí!

Camila Cabello

ACTIVITY PACK For additional activities, go to the **Activity Pack** in the **Resources** section of the Supersite.

The present tense of **ser**

ser (*to be*)	
Singular	Plural
yo **soy** (*I am*)	nosotros/as **somos** (*we are*)
tú **eres** (*you are*)	vosotros/as **sois** (*you are*)
Ud./él/ella **es** (*you are; he/she is*)	Uds./ellos/ellas **son** (*you/they are*)

▶ Use **ser** to identify people and things.

—¿Quién **es** ella?
Who is she?
—**Es** Olga Lucía.
She's Olga Lucía.

—¿Qué **es**?
What is it?
—**Es** una fotografía.
It's a photo.

▶ Use **ser** to talk about someone's occupation.[1]

Valentina **es** estudiante.
Valentina is a student.

Isabel **es** profesora.
Isabel is a professor.

▶ Use **ser** to express origin, along with **de**.

—¿**De** dónde **es** Olga Lucía?
Where is Olga Lucía from?

—**Es de** Venezuela.
She's from Venezuela.

▶ Use **ser** to express possession, with the preposition **de**. **De** combines with **el** to form the contraction **del**.[2] Note that Spanish doesn't use [*apostrophe*]+ *s* to indicate possession.

—¿**De** quién **es** la mochila?
Whose backpack is this?

—**Es** la mochila **de** Sara.
It's Sara's backpack.

—¿**De** quiénes **son** los lápices?
Whose pencils are these?

—**Son** los lápices **del** chico.
They are the boy's pencils.

---

[1] Spanish does not use **ún** or **una** after **ser** when mentioning a person's occupation, unless the occupation is accompanied by an adjective.

[2] **De** does not form contractions with **la**, **los**, or **las**.

¡Manos a la obra!

Provide the correct subject pronouns and forms of **ser**.

1. Gabriel	*él*	*es*
2. Juan y yo	*nosotros*	*somos*
3. tú	*tú*	*eres*
4. Adriana	*ella*	*es*
5. las turistas	*ellas*	*son*
6. usted y el profesor Ruiz	*ustedes*	*son*
7. yo	*yo*	*soy*
8. el señor y la señora Díaz	*ellos*	*son*

I CAN ask and answer questions to describe people and objects.

1.4 Telling time

Communicative Goal
Ask and answer questions about
the time of day

▶ Use numbers with the verb **ser** to tell time. To ask what time it is, use **¿Qué hora es?** To say what time it is, use **es la** with **una** and **son las** with other hours.

Es la una.   **Son las** cuatro.

▶ Express time from the hour to the half hour by adding minutes.

Son las dos **y diez**.   Son las ocho **y veinte**.

▶ Use **y cuarto** or **y quince** to say that it's fifteen minutes past the hour. Use **y media** or **y treinta** to say that it's thirty minutes past the hour.

Son las cuatro **y cuarto**.   Son las nueve **y media**.
Son las cuatro **y quince**.   Son las nueve **y treinta**.

SUGGESTION Give certain times of the day and ask students whether those times are typical times for **un médico**, **un estudiante**, or **los dos** (*both*) to be awake. Ex: **Son las cinco menos cuarto de la mañana. (un médico) Es la medianoche. (un estudiante/los dos)**

Práctica

INSTRUCTIONAL RESOURCES
Supersite: Grammar Tutorial; WebSAM
SAM: Workbook pp. 7–8; Lab Manual p. 238

1 **Emparejar** Match each watch with the correct statement.

_4_   _5_   _1_

_3_   _6_   _2_

1. Son las ocho menos veinticinco de la mañana.
2. Es la una menos diez de la mañana.
3. Son las tres y cinco de la mañana.
4. Son las dos menos cuarto de la tarde.
5. Son las seis y media de la mañana.
6. Son las once y veinte de la noche.

2 **¿Qué hora es?** With a partner, take turns asking and answering the questions. Use the clocks as a guide.

modelo

Estudiante 1: *Son las siete de la noche en Los Ángeles.*
¿Qué hora es en San Antonio?
Estudiante 2: *Son las nueve de la noche en San Antonio.*

Miami   **San Antonio**   **Denver**   **Los Ángeles**

1. Son las cinco de la tarde en Los Ángeles.
¿Qué hora es en Miami? _Son las ocho de la noche en Miami._
2. Son las seis de la tarde en San Antonio.
¿Qué hora es en Denver? _Son las cinco de la tarde en Denver._
3. Son las siete de la noche en Denver.
¿Qué hora es en Los Ángeles? _Son las seis de la tarde en Los Ángeles._
4. Son las dos y media de la tarde en Los Ángeles.
¿Qué hora es en Miami? _Son las cinco y media de la tarde en Miami._
5. Son las once menos cuarto en San Antonio.
¿Qué hora es en Los Ángeles? _Son las nueve menos cuarto en Los Ángeles._
6. Es la una de la tarde en Los Ángeles.
¿Qué hora es en San Antonio? _Son las tres de la tarde en San Antonio._

Conversación

 3 **En la televisión** With a partner, take turns asking and answering questions about these television listings.

Answers will vary.

modelo **3** Communication Interpersonal Communication

Estudiante 1: ¿A qué hora es el programa *Las computadoras?*
Estudiante 2: Es a las ocho de la noche.

Programación TV	
HOY	
11:00 am	Película: *El cóndor* (drama)
1:00 pm	Telenovela: *Dos mujeres y dos hombres*
3:00 pm	Programa juvenil: *Fiesta*
3:30 pm	Telenovela: *¡Sí, sí, sí!*
4:00 pm	Telenovela: *El diario de la Sra. González*
5:00 pm	Telenovela: *Tres mujeres*
5:45 pm	Clip de noticias
6:00 pm	Especial musical: *Música folclórica de México*
7:00 pm	La naturaleza: *Jardín secreto*
7:30 pm	Noticiero: *Veinticuatro horas*
8:00 pm	Documental: *Las computadoras*
9:00 pm	Telecomedia: *Don Paco y doña Tere*
10:00 pm	Película: *Pedro Páramo*

   4 **Entrevista** Use these questions to interview a classmate. Compare answers with another pair. *Answers will vary.*

4 Communication Interpersonal Communication

1. ¿Qué hora es?
2. ¿A qué hora es la clase de español?
3. ¿A qué hora es el programa *60 Minutes?*
4. ¿A qué hora es el programa *Today Show?*
5. ¿Hay una fiesta (*party*) el sábado (*on Saturday*)? ¿A qué hora es?
6. ¿Hay un concierto (*concert*) el sábado? ¿A qué hora es?

ACTIVITY PACK For additional activities, go to the **Activity Pack** in the **Resources** section of the Supersite.

I CAN ask and answer questions about the time of day.

▶ To express time from the half hour to the hour in Spanish, use **menos** to subtract minutes or a portion of an hour from the next hour.

Son las dos **menos cuarto**.

Es la una **menos cuarto**.

Son las nueve **menos diez**.

Son las ocho **menos cinco**.

Time-related expressions

▶ Here are some useful expressions related to telling time.

—**¿Qué hora es?**
What time is it?

—Son las nueve **de la mañana**.
It's 9 o'clock in the morning.

—Son las cuatro **de la tarde**.
It's 4 o'clock in the afternoon.

—Es **el mediodía**.
It's noon.

—Son las diez **de la noche**.
It's 10 o'clock at night.

—Es **la medianoche**.
It's midnight.

▶ To ask or state at what time a particular event takes place, use the constructions **¿A qué hora (...)?** and **a la(s)** + *time*.

—**¿A qué hora** es la clase?
(At) what time is the class?

—La clase es **a las dos**.
The class is at two o'clock.

—La clase es **a la una**.
The class is at one o'clock.

—La clase es **a las ocho en punto**.
The class is at 8 o'clock on the dot.

¡Manos a la obra!

Complete these sentences.

1. (1:00 a.m.) Es la ____una____ de la mañana.
2. (2:50 a.m.) Son las tres ___menos___ diez de la mañana.
3. (4:15 p.m.) Son las cuatro y _cuarto/quince_ de la tarde.
4. (8:30 p.m.) Son las ocho y _media/treinta_ de la noche.
5. (6:00 a.m.) Son las seis de la ___mañana___.
6. (4:05 p.m.) Son las cuatro y cinco de la ____tarde____.
7. (12:00 a.m.) Es la _medianoche_.
8. (9:55 p.m.) Son las ___diez___ menos cinco de la noche.

A repasar

1.1 Nouns and articles

1 **Combinar** Match the articles and the nouns. There are at least two correct answers for each noun.

un		chicas	*unas, las*
una		país	*un, el*
unos		profesoras	*unas, las*
unas	▶	videos	*unos, los*
el		mujer	*una, la*
la		cuaderno	*un, el*
los		estudiantes	*unos, unas, los, las*
las		lápiz	*un, el*
		conversación	*una, la*
		nacionalidades	*unas, las*

2 **Completar** Make a list of at least six singular or plural nouns and their corresponding definite and indefinite articles. Then work with a partner. One person says a noun and the other responds by saying the correct article for the noun. *Answers will vary.*

modelo

Estudiante 1: autobuses
Estudiante 2: los autobuses, unos autobuses

1.2 Numbers 0–30

3 **Bingo** With a partner, take turns announcing these bingo balls.

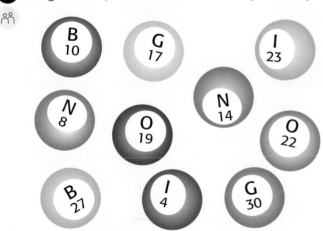

4 ¿Cuánto cuesta? Say how much each item costs. Follow the model.

modelo

cuaderno / $3
Un cuaderno cuesta (*costs*) tres dólares.

1. mapa del país / $6 _Un mapa del país cuesta seis dólares._
2. diccionario / $11 _Un diccionario cuesta once dólares._
3. mochila / $28 _Una mochila cuesta veintiocho dólares._
4. video / $20 _Un video cuesta veinte dólares._
5. diario / $9 _Un diario cuesta nueve dólares._

1.3 Present tense of ser

5 **¿Tú, usted o ustedes?** Write which subject pronoun (**tú, usted, ustedes**) you would use when speaking directly to these people.

1	2	3	4	5	6
DON PACO	OLGA LUCÍA Y VALENTINA	FELIPE	UNA DOCTORA	JUANJO	CARMEN Y PEDRO HERRERA

1. don Paco _usted_
2. Olga Lucía y Valentina _ustedes_
3. Felipe _tú_
4. una doctora _usted_
5. Juanjo _tú_
6. Carmen y Pedro Herrera _ustedes_

6 **Presentaciones** In pairs, complete the conversation with the correct forms of the verb **ser**.

DAVID ¡Hola! Tú (1) _eres_ Teresa, ¿verdad?

TERESA Sí, yo (2) _soy_ Teresa y ella (3) _es_ Elena. ¿Y quiénes (4) _son_ ustedes?

DAVID (5) _Soy_ David y él (6) _es_ Roberto. ¿De dónde (7) _son_ ustedes?

TERESA (8) _Somos_ de México, de la capital. ¿Y ustedes?

DAVID Yo (9) _soy_ de Los Ángeles y Roberto (10) _es_ de San Francisco.

TERESA Mucho gusto, David.

DAVID ¡El gusto (11) _es_ mío!

EXPANSION Ask students to write B-I-N-G-O across the top of a blank piece of paper. Have them draw five squares vertically under each letter and randomly fill in the squares with numbers from 0–30, without repeating any numbers. Draw numbers from a hat and call them out in Spanish. The first student to mark five in a row (horizontally, vertically, or diagonally) yells ¡Bingo! and wins. Have the winner confirm the numbers for you in Spanish.

1.4 Telling time

7 **¿Qué hora es?** Say what time it is.

Son las siete y diez de la mañana.

1. *Son las cinco y media (treinta) de la tarde.*

2. *Son las nueve menos diez de la mañana.*

3. *Es el mediodía.*

4. *Son las cuatro y trece de la tarde.*

5. *Son las seis menos cuarto (quince) de la mañana.*

6. *Es la una de la mañana.*

8 **En el aeropuerto** With a partner, take turns asking and answering questions about the departure times of these flights. **8 Communication** Interpersonal Communication

Estudiante 1:
¿A qué hora es el vuelo *(flight)* para Caracas?

Estudiante 2:
Es a las *once y dos de la mañana.*

Destino *(Destination)*	Hora
Bogotá	10:00 a.m.
Cancún	2:10 p.m.
Caracas	11:02 a.m.
La Habana	12:30 p.m.
Lima	4:40 p.m.
Montreal	1:27 p.m.
Quito	5:50 a.m.
San Juan	8:15 a.m.

Síntesis **9 Communication** Interpersonal Communication

9 **En México** You are in Mexico City at the start of your semester abroad. Today there is an orientation session for new students. With a classmate, act out this situation. (Use the cue in brackets to answer the last question.)
Answers will vary.

- Greet your partner, tell him/her who you are, and find out his or her name.
- Find out where your partner is from.
- Ask if he/she is a professor.
- Find out how many students are in the program. [21 students]

ACTIVITY PACK For additional activities, go to the **Activity Pack** in the **Resources** section of the Supersite.

Communicative Goal
Watch a short TV ad and use it as a model to create my own ad

 Video

Videoclip

1 **Preparación** Think about three favorite activities you like to do with your family and friends. Do you have to pay for them? How much do they cost?

2 **El clip** Watch the ad for **MasterCard** from Argentina.

Vocabulario	
aperitivo *appetizer*	no tiene precio *priceless*
plato principal *main course*	un domingo en familia
postre *dessert*	*Sunday with the family*

un domingo en familia: no tiene precio

Un domingo en familia...

3 **Emparejar** Match each item with its price according to the ad.
3 Communication Interpretive Communication

- _b_ **1.** aperitivo
- _a_ **2.** plato principal
- _d_ **3.** postre

a. quince dólares
b. ocho dólares
c. treinta dólares
d. seis dólares
e. cinco dólares
f. veintiocho dólares

4 **Tener un precio** With a partner, brainstorm and write a TV ad about something you consider priceless. Use this MasterCard ad as a model. Then, read it to the class. *Answers will vary.*
4 Communication Presentational Communication

I CAN understand some information in a short TV ad using visuals and a familiar context.

I CAN create a short TV ad.

Ampliación

1 Escuchar

A Listen to the conversation between an airline employee (Ms. Martínez) and a traveler. Then fill in the missing information on the form. **1 Communication** Interpretive Communication

TIP **Listen for words you know.** You can get the gist of a conversation by listening for words and phrases you already know.

www.aerotur.com

aerotur

1.	**Número de pasajeros**	*uno*
2.	**Nombre** *(first name)* **del pasajero**	*Alejandro*
3.	**Apellido** *(last name)* **del pasajero**	*Cavazos*
4.	**Destino**	*Quito*
5.	**Número de maletas**	*dos*

B When does this conversation take place, before or after the trip? How do you know?

Before the trip. Answers will vary.

2 Conversar

You are surveying professors to find out about the resources in their classrooms. With a partner, act out an interview between you and a professor. During the interview, you need to find out the following information. (Don't forget to introduce yourself and thank the professor before saying goodbye.) **2 Communication** Interpersonal Communication

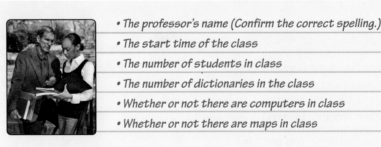

- The professor's name (Confirm the correct spelling.)
- The start time of the class
- The number of students in class
- The number of dictionaries in the class
- Whether or not there are computers in class
- Whether or not there are maps in class

I CAN understand familiar words in a short recorded conversation.

I CAN interview a professor and find out basic information about his/her class.

Ampliación

③ Escribir

Write an e-mail to Mrs. Suárez, the director of a language school in Madrid where you want to take a summer course. Introduce yourself and ask her questions about the program. ③ **Communication**

Answers will vary.
Presentational Communication

TIP **Write in Spanish.** Use grammar and vocabulary that you know. Also, look at your textbook for examples of style, format, and expressions in Spanish.

Organize | Make a list of the information that you can provide about yourself in Spanish (your name, your occupation, where you are from). In addition, make a list of questions that you want to ask Mrs. Suárez, such as what time class starts, the number of students in the class, and information about the other students (where they are from, number of males/females, etc).

Write | Using the material you have compiled, write the first draft of your e-mail.

Revise | Exchange your draft with a classmate and comment on the organization, style, and grammatical accuracy of each other's work. Then, revise your first draft, taking your classmate's comments into consideration.

Share | Read your e-mail aloud in small groups. What kind of greetings and expressions of courtesy were used in the e-mails?

④ Un paso más

Prepare a presentation about how Hispanic cultures have influenced a U.S. city. Search for information about this city and include the following in your presentation. ④ **Communication**

Answers will vary.
Presentational Communication

- An introduction of yourself in Spanish
- A general description of the city
- A brief explanation of why you chose this city
- Examples of how Hispanic cultures have influenced the city
- Photos, drawings, and charts to make your presentation more interesting

⑤ Cultura

Choose a Spanish-speaking country and explain how to greet someone in that country. Include information about personal space, gestures, and what to say.

Answers will vary.

SAN ANTONIO

I CAN create an e-mail in Spanish introducing myself and asking questions about a course.

I CAN do a presentation about how Hispanic cultures have influenced a U.S. city.

Communicative Goals
Write an e-mail introducing myself and asking questions about a course, and do a presentation about how Hispanic cultures have influenced a U.S. city

③ **EVALUATION**

Criteria	Scale
Content	1 2 3 4
Organization	1 2 3 4
Comprehensibility	1 2 3 4
Accuracy	1 2 3 4
Creativity	1 2 3 4

Scoring

Excellent	18–20 points
Good	14–17 points
Satisfactory	10–13 points
Unsatisfactory	< 10 points

④ **SUGGESTION** Have students brainstorm a list of possible cities, or assign students specific cities so that a wide variety is covered.

④ **EXPANSION** Bring in a map of the United States and ask students to name the cities described in the presentations as you mark them on the map.

④ **EXPANSION** You might have students read the **Aventuras en los países hispanos** on pages 53–56 at this point.

ACTIVITY PACK For additional activities, go to the **Activity Pack** in the **Resources** section of the Supersite.

 Audio: Reading

Antes de leer

Cognates are words that share similar meanings and spellings in two or more languages. The Spanish words **computadora**, **problema**, and **programa** are examples of cognates.

TIP **Look for cognates.** When you read in Spanish, look for cognates and use them to get the general meaning of what you're reading. Watch out for false cognates such as **librería**, which means *bookstore*, not *library*.

Laura, a university student, made a list of important names and numbers she needed to remember.

Cognados

Read the list of names and numbers and write the cognates you find. Then add their English equivalents.

Phone numbers are usually read as pairs of numbers. However, for phone numbers with an odd number of digits, the first number is read separately. For example, Mrs. Ruiz's phone number would be read as 4-24-17-11. For e-mail addresses in Spanish, the "at" symbol (@) is called **arroba** and the period is called **punto**.

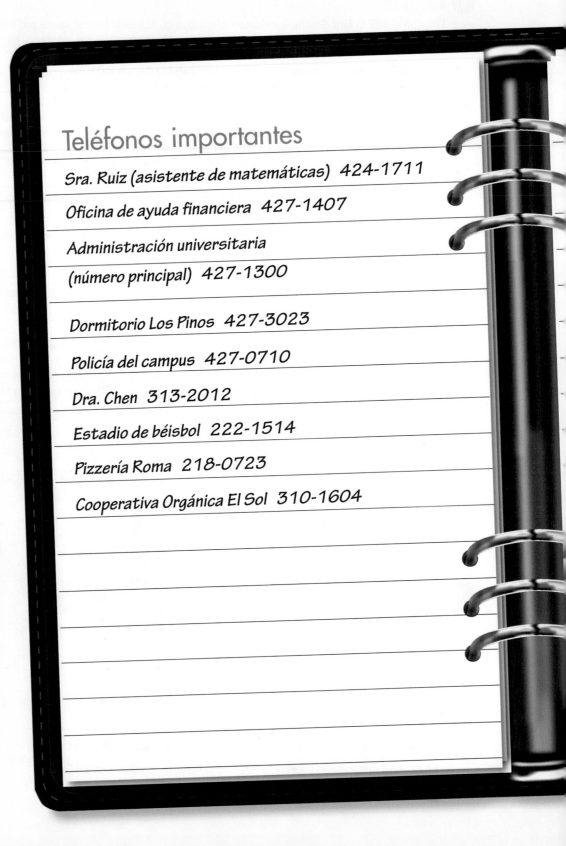

Teléfonos importantes

Sra. Ruiz (asistente de matemáticas) 424-1711

Oficina de ayuda financiera 427-1407

Administración universitaria
(número principal) 427-1300

Dormitorio Los Pinos 427-3023

Policía del campus 427-0710

Dra. Chen 313-2012

Estadio de béisbol 222-1514

Pizzería Roma 218-0723

Cooperativa Orgánica El Sol 310-1604

Direcciones electrónicas

Oficina de matemáticas
ofna@matematicas.unimetro.edu.pe

Profesora González
a.gonzalez@matematicas.unimetro.edu.pe

Farmacia
rx@farmaciagomez.com.pe

Gimnasio
informacion@gimnasio.unimetro.edu.pe

Después de leer

¿Comprendiste? Communication Interpretive Communication

Indicate whether each statement is **cierto** (*true*) or **falso** (*false*).

Cierto	Falso	
✓	___	1. Professor González works in the math department.
___	✓	2. If Laura wanted to get a student loan, she would call 427-3023.
___	✓	3. Laura never eats pizza.
✓	___	4. If Laura needed to report a crime, she would call 427-0710.
✓	___	5. To find out the price of organic apples, Laura would call 310-1604.
___	✓	6. Laura would call 427-1300 to get a baseball ticket.

Coméntalo Communication Interpretive Communication

Think about the names, phone numbers, and e-mail addresses that Laura keeps in her address book. Can you think of any others she should add? *Answers will vary.*

I CAN understand a list of phone numbers and e-mail addresses.

Vocabulary Tools

Saludos y despedidas

Hola. *Hello.*
Buenos días. *Good morning.*
Buenas tardes. *Good afternoon.*
Buenas noches. *Good evening; Good night.*

Adiós. *Goodbye.*
Chau. *Bye.*
Hasta la vista. *See you later.*
Hasta luego. *See you later.*
Hasta mañana. *See you tomorrow.*
Hasta pronto. *See you soon.*
Nos vemos. *See you.*
Saludos a... *Say hello to...*

¿Cómo estás?

¿Cómo está usted? *How are you? (form.)*
¿Cómo estás? *How are you? (fam.)*
¿Qué hay de nuevo? *What's new?*
¿Qué pasa? *What's going on?*
¿Qué tal? *How is it going?*
(Muy) bien, gracias. *(Very) well, thanks.*
Nada. *Nothing.*
No muy bien. *Not very well.*
Regular. *So-so.*

Expresiones y títulos de cortesía

De nada. *You're welcome.*
Lo siento. *I'm sorry.*
(Muchas) gracias. *Thank you (very much).*
No hay de qué. *You're welcome.*
Por favor. *Please.*

señor (Sr.) *Mr.; sir*
señora (Sra.) *Mrs.; ma'am*
señorita (Srta.) *Miss*

Presentaciones

¿Cómo se llama usted? *What's your name? (form.)*
¿Cómo te llamas (tú)? *What's your name? (fam.)*
Me llamo... *My name is...*
¿Y tú? *And you? (fam.)*
¿Y usted? *And you? (form.)*
Mucho gusto. *Pleased to meet you.*
El gusto es mío. *The pleasure is mine.*
Encantado/a *Pleased to meet you.*
Igualmente. *Likewise.*
Éste/Ésta es... *This is...*
Le presento a... *I would like to introduce you to...*
  (form.)
Te presento a... *I would like to introduce you to...*
  (fam.)

¿De dónde es usted? *Where are you from? (form.)*
¿De dónde eres? *Where are you from? (fam.)*
Soy de... *I'm from...*

Verbos

ser *to be*

Expresiones adicionales

¿Cuántos/as? *How many?*
¿De quién...? *Whose...? (sing.)*
¿De quiénes...? *Whose...? (plural)*
Hay *There is; There are*
No hay *There is not; There are not*
¿Qué es? *What is it?*
¿Quién es? *Who is it?*

Numbers 0–30 *See page 14.*
Subject pronouns *See page 16.*
Time-related expressions *See pages 18–19.*

Sustantivos

el autobús *bus*
la chica *girl*
el chico *boy*
la computadora *computer*
la comunidad *community*
el/la conductor(a) *driver*
la conversación *conversation*
la cosa *thing*
el cuaderno *notebook*
el día *day*
el diario *diary*
el diccionario *dictionary*
la escuela *school*
el/la estudiante *student*
la foto(grafía) *photograph*
el hombre *man*
el/la joven *young person*
el lápiz *pencil*
la lección *lesson*
la maleta *suitcase*
la mano *hand*
el mapa *map*
la mochila *backpack*
la mujer *woman*
la nacionalidad *nationality*
el número *number*
el país *country*
la palabra *word*
el/la pasajero/a *passenger*
el problema *problem*
el/la profesor(a) *professor*
el programa *program*
el/la turista *tourist*
el video *video*

As students finish the lesson, encourage them to explore the **Repaso** section on the Supersite. There they will find quizzes for practicing vocabulary, grammar, and oral language.

Communicative Goals: Review

I CAN greet people in Spanish.
- Say two expressions you have learned to greet people.

I CAN say goodbye.
- Say two expressions you have learned to say goodbye.

I CAN identify myself and others.
- Say where you are from.

I CAN talk about the time of day.
- Say what time it is.

I CAN investigate greetings in the Spanish-speaking world.
- Explain how greetings in the Spanish-speaking world are different from those in the United States.

2 Las clases

PARA EMPEZAR Have students look at the photo. Say: **Es una foto de una joven en la escuela.** Then ask: **¿Quién es la joven? (Es Sara.) ¿Qué hay en la mano de Sara? (un mapa)**

🔊 PARA EMPEZAR

- ¿Está la chica en la escuela?
- ¿Es estudiante o profesora?
- ¿Cuántos mapas hay en la foto?

INSTRUCTIONAL RESOURCES
Supersite: Vocabulary Tutorials; WebSAM
SAM: Workbook pp. 9–10; Lab Manual p. 239

Communicative Goal
Exchange information about my classes

LAS CLASES

el laboratorio

LA UNIVERSIDAD

la cafetería *cafeteria*
el estadio *stadium*
la librería *bookstore*
la residencia estudiantil *dormitory*
el salón de clases *classroom*

LOS CURSOS

la administración de empresas
  business administration
el arte *art*
la biología *biology*
la clase *class*
la contabilidad *accounting*
el curso *course*
el español *Spanish*
la física *physics*
la historia *history*
el inglés *English*
las lenguas extranjeras
  foreign languages
las matemáticas *mathematics*
el periodismo *journalism*
la psicología *psychology*
la sociología *sociology*

la biblioteca
library

la geografía

la computación
computer science

la química
chemistry

EXPANSION Write **¿Qué clases tomas?** and **Tomo**... on the board and explain their meaning. Have students circulate, introducing themselves, finding where others are from, and asking what classes they are taking. Then, ask students to present the information they have found about a classmate.

 **Vocabulary Tools**

el reloj
clock; watch

LA CLASE

el examen   *test; exam*
el horario   *schedule*
el marcador   *dry-erase marker*
la mesa   *table*
el papel   *paper*
la pluma   *pen*
la prueba   *test; quiz*
la puerta   *door*
el semestre   *semester*
la tarea   *homework*
el trimestre   *trimester; quarter*
la ventana   *window*

la pizarra

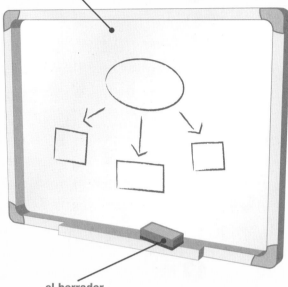

el borrador

LOS DÍAS DE LA SEMANA

septiembre ➡

lunes	3
martes	4
miércoles	5
jueves	6
viernes	7
sábado	1 8
domingo	2 9

OTRAS PALABRAS Y EXPRESIONES

el/la compañero/a de clase   *classmate*
el/la compañero/a de cuarto   *roommate*
la semana   *week*
la universidad   *university*

Hoy es...   *Today is . . .*

el libro
book

la silla

el escritorio

ASÍ SE DICE
la pluma ⟷ el bolígrafo
la pizarra ⟷ el tablero (*Col.*), el pizarrón (*Amér. L.*)
la tarea ⟷ la asignación (*P. Rico*); los deberes (*Esp., Arg.*)

A escuchar

1 Indicar Check **sí** if the word you hear is an academic subject or **no** if it's not.

1 Communication
Interpretive Communication

	Sí	No
1.		✓
2.		✓
3.	✓	
4.	✓	
5.		✓
6.	✓	
7.		✓
8.	✓	

1 SCRIPT
1. la mochila
2. el escritorio
3. la química
4. las matemáticas
5. la ventana
6. la historia
7. el horario
8. la sociología

2 Mis clases Listen and fill in the calendar with María's class schedule. Then complete the sentences.

2 Communication Interpretive Communication

Estudiante María			Semestre Nº 1		
	lunes	martes	miércoles	jueves	viernes
AM	10:30 arte				biblioteca (todo el día)
			11:00 periodismo		
PM					
		2:15 computación			
				3:30 geografía	

María

modelo Éste (*This*) es el primer (*first*) _semestre_ de María en la universidad.

1. Este semestre María toma cuatro ___clases___.
2. La clase de ___arte___ es el lunes a las diez y media de la mañana.
3. La clase de _computación_ es el martes a las dos y quince de la tarde.
4. La clase de periodismo es el ___miércoles___ a las once de la mañana.
5. La clase de ___geografía___ es el jueves a las tres y media de la tarde.
6. María estudia (*studies*) en la ___biblioteca___ los viernes.

2 SCRIPT
Hola, ¿qué tal? Me llamo María. Éste es mi primer semestre en la universidad. Tomo cuatro clases. Mi clase de arte es el lunes a las diez y media de la mañana, mi clase de computación es el martes a las dos y quince de la tarde y mi clase de periodismo es el miércoles a las once de la mañana. Mi clase de geografía es el jueves a las tres y media de la tarde. Mi día de biblioteca es el viernes. En la biblioteca estudio para mis exámenes y hago la tarea.

2 SUGGESTION Using sentences 1 through 5 as a model, have students prepare five statements about their classes to share with the class or a partner. Prepare a class schedule like María's on the board if time permits.

2 SUGGESTION Point out that the days of the week are always written in lowercase. Also, explain that all days of the week are masculine, and that the singular and plural forms are the same except for **sábado(s)** and **domingo(s)**.

A practicar

3 **Clasificar** Indicate to which category each word belongs: **Persona**, **Objeto**, **Curso**, or **Lugar** (*place*).

	Persona	Objeto	Curso	Lugar
1. el periodismo			✓	
2. la residencia estudiantil				✓
3. el compañero de cuarto	✓			
4. el estadio				✓
5. el marcador		✓		
6. la contabilidad			✓	
7. la pluma		✓		
8. la compañera de clase	✓			

4 **Analogías** Choose the best words to complete the analogies.

> **modelo**   dos ⟷ cuatro ⊜ martes ⟷ _jueves_

1. hoy ⟷ mañana ⊜ viernes ⟷ _sábado_
2. país ⟷ mapa ⊜ hora ⟷ _reloj_
3. inglés ⟷ lengua ⊜ miércoles ⟷ _día_
4. mapa ⟷ geografía ⊜ computadora ⟷ _computación_
5. pluma ⟷ papel ⊜ marcador ⟷ _pizarra_
6. papel ⟷ cuaderno ⊜ libro ⟷ _biblioteca_

biblioteca	pizarra	profesor(a)
jueves	semana	miércoles
computación	día	reloj
sábado	borrador	domingo

5 **Cursos** What is the subject matter of each class?

> **modelo**   la cultura de España, el verbo **ser**
> Es la *clase de español.*

1. los microbios, los animales
   Es la clase de biología.

2. George Washington, Martin Luther King, Jr.
   Es la clase de historia.

3. la geometría, la trigonometría
   Es la clase de matemáticas.

4. Frida Kahlo, Leonardo da Vinci
   Es la clase de arte.

5. África, el río Amazonas
   Es la clase de geografía.

6. Freud, Jung
   Es la clase de psicología.

Frida Kahlo, famosa pintora (*painter*) mexicana

El río Amazonas, en Suramérica

A conversar

6 **Horario** Create your own class schedule like this one. Then discuss it with a classmate. *Answers will vary.*

6 Communication Interpersonal Communication

modelo

Estudiante 1: ¿Cuándo tomas (*when do you take*) biología?
Estudiante 2: Los lunes, miércoles y viernes tomo (*I take*)
biología a las ocho y media de la mañana.
Estudiante 1: ¿Quién es el/la profesor(a)?
Estudiante 2: Es la profesora Morales.

Estudiante Manuel Domínguez			Semestre N° 1	
lunes	martes	miércoles	jueves	viernes
8:30 biología Profesora Morales		8:30 biología		8:30 biología
	9:45 historia Profesora Cortés		9:45 historia	
10:15 inglés Profesor Herrera		10:15 inglés		10:15 inglés
	12:45 psicología Profesor Blanco		12:45 psicología	
		1:15 arte Profesor Pérez		1:15 arte
3:30 laboratorio (biología)				
4:30 discusión (historia) biblioteca				

7 **Entrevistas** Use these questions to interview classmates. See if your classmates have anything in common. *Answers will vary.* **7** Communication Interpersonal Communication

1. ¿Cómo te llamas?
2. ¿Cómo estás hoy?
3. ¿De dónde eres?
4. ¿Cuántas clases tomas?
5. ¿Cuándo tomas…?
6. ¿A qué hora es la clase de…?
7. ¿Quién es el/la profesor(a)?
8. ¿Cuál (*Which*) es tu clase favorita?

8 **Nuevos amigos** You meet a new student in the cafeteria. Have a conversation in Spanish, using these guidelines. *Answers will vary.* **8** Communication Interpersonal Communication

- Greet your new acquaintance.
- Find out how he or she is doing.
- Ask where he or she is from.
- Compare class schedules.
- Say goodbye.

I CAN meet a new student and find out basic information about him/her.

Pronunciación  Tutorial

Spanish vowels

a   **e**   **i**   **o**   **u**

INSTRUCTIONAL RESOURCES
Supersite: Pronunciation Tutorial; WebSAM
SAM: Lab Manual p. 240

Spanish vowels are never silent; they are always pronounced in a short, crisp way without the glide sounds used in English.

Álex   **clase**   **nada**   **encantada**

The letter **a** is pronounced like the *a* in *father,* but shorter.

el   **ene**   **mesa**   **elefante**

The letter **e** is pronounced like the *e* in *they*, but shorter.

Inés   **chica**   **tiza**   **señorita**

The letter **i** sounds like the *ee* in *beet,* but shorter.

hola   **con**   **libro**   **don Francisco**

The letter **o** is pronounced like the *o* in *tone,* but shorter.

uno   **regular**   **saludos**   **gusto**

The letter **u** sounds like the *oo* in *room,* but shorter.

Práctica Practice the vowels by saying the names of these places in Spain.

1. Madrid
2. Alicante
3. Tenerife
4. Toledo
5. Barcelona
6. Granada
7. Burgos
8. La Coruña

Oraciones Read the sentences aloud, focusing on the vowels.

1. Hola. Me llamo Ramiro Morgado.
2. Estudio arte en la Universidad de Salamanca.
3. Tomo también (*also*) literatura y contabilidad.
4. Ay, tengo clase en cinco minutos. ¡Nos vemos!

Refranes Practice the vowels by reading these sayings aloud.

Cada loco con su tema.[2]

Del dicho al hecho hay un gran trecho.[1]

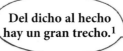

[1] *Easier said than done.*
[2] *To each his own.*

Communicative Goal
Ask and answer questions about school

INSTRUCTIONAL RESOURCES
Supersite: WebSAM
SAM: Video Manual pp. 171–172

 Video

¡¿Te gustan los lunes?!

Manuel, Valentina y Juanjo caminan a la universidad y Sara llega tarde a la escuela.

Antes de ver

Scan the captions and make a list of vocabulary related to school and classes.

VIDEO RECAP Before showing this **Aventuras** episode, review the previous episode with these questions:
1. ¿Quién es don Paco? (Es el padre de Sara.)
2. ¿De dónde es Olga Lucía? (Es de Venezuela.)
3. ¿De dónde es Juanjo? (Es de la República Dominicana.) 4. ¿Cuántos jóvenes hay en la azotea? (Hay seis.)

VIDEO SYNOPSIS Manuel knocks on Valentina's door and asks her to walk with him to the university. Juanjo is waiting downstairs for Valentina, and she asks him to walk with her and Manuel. Manuel asks Valentina about her classes and about where things are on campus. Sara arrives late to class because she left her homework on the table in her apartment. She has to do a presentation as soon as she comes in the door.

PERSONAJES

MANUEL

SARA

VALENTINA

JUANJO

PROFESOR

DANIEL

JAIME

MANUEL ¡Sara! ¿Qué pasa?
SARA La tarea... Está en la mesa... ¡Adiós!
MANUEL ¡Adiós!

MANUEL ¡Buenos días, Valentina!
VALENTINA Buenos días, Manuel.
MANUEL ¿Caminamos a la universidad?
VALENTINA Eh... sí. Busco la mochila y los libros.
MANUEL ¿Y qué clases tomas los lunes?
VALENTINA Por la mañana dibujo y por la tarde historia del arte. ¡Me gustan los lunes!

JUANJO Valentina. Buenos días.
VALENTINA Hola.
JUANJO ¿Caminan a la universidad?
MANUEL ¡No!
VALENTINA Sí. ¿Caminas con nosotros?
JUANJO ¡Por supuesto!

ACTIVIDADES

1 **¿Cierto o falso?** Indicate if each statement is **cierto** or **falso**. Correct the false statements.
1 Communication Interpretive Communication

	Cierto	Falso
1. A Manuel le gustan los lunes. *A Valentina le gustan los lunes./A Manuel no le gustan los lunes.*	○	⊘
2. El libro de Sara está en la mesa. *La tarea de Sara está en la mesa.*	○	⊘
3. Valentina toma una clase de dibujo.	⊘	○
4. La Facultad de Arte está entre la biblioteca y la Facultad de Humanidades.	⊘	○
5. Hoy es sábado y no hay clases. *Hoy es lunes y hay clases.*	○	⊘

2 **Ordenar** Put the events in order.
2 Communication Interpretive Communication

_5_ a. Sara llega tarde a clase.

_3_ b. Valentina busca la mochila y los libros.

_1_ c. Manuel mira (*looks at*) el calendario.

_2_ d. Sara busca la tarea.

_4_ e. Juanjo, Valentina y Manuel caminan a la universidad.

SUGGESTION Preview the grammatical structures taught in this lesson. Identify forms of the verbs **caminar, buscar, tomar, necesitar, llegar,** and **estar** in the captions. Explain that **gusta** is used when what is liked is singular, and **gustan** is used when what is liked is plural. Point out the questions and interrogative words.

SUGGESTION Have students make a list of the cognates in this episode. Examples: **creativa, literatura, universidad, clases, historia, arte, ciencias, minutos, humanidades, presentación, geografía.** Ask them to circle the words that are related to school and classes.

MANUEL La Facultad de Ciencias está por allá, ¿no?

JUANJO Sí.

MANUEL Gracias por caminar con nosotros. Eres un buen compañero. ¡Adiós!

VALENTINA ¡Adiós!

MANUEL A la Facultad de Bellas Artes, ¿no?

VALENTINA ¡Sí! La clase de dibujo es a las diez menos cuarto.

MANUEL ¡En diez minutos! La Facultad de Arte... está...

VALENTINA Está entre la biblioteca y la Facultad de Humanidades.

MANUEL Sí, sí, claro.

VALENTINA ¿Necesitas un mapa?

PROFESOR Gracias por la presentación, Jaime. ¡Buenos días, Sara!

SARA Buenos días, profesor.

PROFESOR ¡Llegas treinta y cinco minutos tarde! ¿Estás lista para la presentación?

SARA Sí, claro.

PROFESOR Adelante.

SARA El tema de mi presentación es ¿Cómo afecta el cambio climático a la geografía?

Expresiones útiles

adelante *go ahead*
allá *over there*
las bellas artes *fine arts*
la cama *bed*
el cambio climático *climate change*
el casco *helmet*
con *with*
el dibujo *drawing*
la energía eólica *wind energy*
la facultad *department/school of a university*
listo/a *ready*
tarde *late*
todavía *still*

Universidad Complutense

The current **Universidad Complutense de Madrid** was founded in 1499 but dates back to 1293. It has more than 70,000 students. Famous Spanish alumni include playwright Lope de Vega (1562–1635), philosopher José Ortega y Gasset (1883–1955), biochemist Severo Ochoa de Albornoz (1905–1993), and Queen of Spain Letizia Ortiz Rocasolano (1972–). Peruvian writer Mario Vargas Llosa (1936–) was also a student.

Who are some famous alumni of your school?

3 **Preguntas personales** Interview a classmate about school. Do you have any answers in common? *Answers will vary.* **3 Communication** Interpersonal Communication

1. ¿Cuántas clases tomas este semestre?
2. ¿Qué clases tomas los lunes?
3. ¿Qué clases tomas los martes?
4. ¿Qué clases te gustan?
5. ¿Te gusta la clase de español?

I CAN ask and answer questions about school.

Communicative Goal
Identify practices related to choosing a
major in Spanish-speaking countries

La elección de una carrera universitaria

Since higher education in the Spanish-speaking world is heavily state-subsidized, tuition is almost free; as a result, public universities see large enrollments. Spanish and Latin American students generally choose their **carrera universitaria** (major) when they're eighteen, which can be during their last year of high school or their first year of college.

Estudiantes hispanos en los EE.UU.

In the 2017–18 academic year, over 15,000 Mexican students (almost 2% of all international students) studied at U.S. universities. Venezuelans were the second largest Spanish-speaking group, with over 8,000 students.

Universidad Central de Venezuela en Caracas

In order to enroll, all students must complete a high school degree, known as the **bachillerato**. In countries like Bolivia and Mexico, the last year of high school (**colegio***) tends to be specialized in an area of study, such as natural sciences or the arts. Students then choose their major according to their area of specialization. Similarly, university-bound students in Argentina focus their studies on specific fields, such as social or natural sciences, design, and business, during their five years of high school. Based on this coursework, Argentine students choose

their **carrera**. Finally, in Spain, students choose their major according to the score they receive on the **prueba de aptitud** (skills test or entrance exam).

University graduates receive a **licenciatura**, or bachelor's degree. In Argentina or Chile, a **licenciatura** takes four to six years to complete, and may be considered equivalent to a master's degree. In Peru and Venezuela, a bachelor's degree is a five-year process. Spanish and Colombian **licenciaturas** take four to five years, although some fields, such as medicine, require six or more.

*** ¡Ojo! El colegio** is a false cognate. In most countries, it means *high school*, but in some regions it refers to an elementary school. All undergraduate study takes place at **la universidad.**

ASÍ SE DICE
Clases y exámenes

aprobar	*to pass*
la clase anual	*year-long course*
el examen parcial	*midterm exam*
la investigación	*research*
la materia la asignatura (Esp.)	la clase, el curso
reprobar suspender (Esp.)	*to fail*
sacar buenas/malas notas	*to get good/bad grades*
tomar apuntes	*to take notes*

INSTRUCTIONAL RESOURCES
Supersite: Video (Flash cultura); WebSAM
SAM: Video Manual pp. 203–204

ACTIVIDADES

 1 **¿Cierto o falso?** Indicate whether each statement is **cierto** or **falso**. Correct the false statements.

1. Students in Spanish-speaking countries must pay large amounts of money toward their college tuition. *Falso. At public universities tuition is almost free.*
2. After studying at a **colegio**, students receive their **bachillerato**. *Cierto.*
3. Undergraduates study at a **colegio** or an **universidad**. *Falso. An undergraduate student takes classes at an **universidad**.*
4. In Latin America and Spain, students usually choose their majors in their second year at the university. *Falso. They choose their majors either in the last year of high school or upon entering the university.*
5. In Mexico, the **bachillerato** involves specialized study. *Cierto.*
6. In Spain, majors depend on entrance exam scores. *Cierto.*

2 **Preguntas** Answer the questions.

1. Why are there large enrollments at public universities in Spain and Latin America? *tuition is almost free*
2. What is a bachelor's degree called in Spanish? *licenciatura*
3. How long does it take to earn a bachelor's degree in Peru? *five years*
4. What is the country of origin of the largest group of Spanish-speaking students studying at U.S. universities? *Mexico*

3 **Comparación** Compare choosing a major in Spain or Latin America with choosing a major at your college or university.
3 Comparisons Cultural Comparisons

4 **Esta universidad** In pairs, research a Spanish or Latin American university online and find five statistics about that institution (total enrollment, majors offered, number of departments/schools). Using this information, role-play a conversation between a prospective student and a university representative.
4 Communication Interpersonal Communication

I CAN identify practices related to choosing a major in my own and other cultures.

I CAN interact at a survival level in some familiar everyday contexts.

Communicative Goal
Recognize basic details about student life in Mexico City

 Video

Los estudios

1 **Preparación** What is the name of your school or university? What degree program are you in? What classes are you taking this semester?

2 **El video** Watch this **Flash cultura** episode about a university in Mexico City.

Vocabulario
¿Qué estudias? *What do you study?*
¿Cuál es tu materia favorita? *What is your favorite subject?*
carrera (de medicina) *(medical) degree program, major*
derecho *law*

¿Conoces algún° profesor famoso que dé clases… en la UNAM?

¿Conoces algún…? Do you know any…?

3 **Emparejar** Match the phrases to form sentences.

1. En la UNAM no hay *c*   a. muchos profesores famosos.
2. México, D.F. es *d*   b. 74 carreras de estudio.
3. La UNAM tiene (*has*) *a*   c. residencias estudiantiles.
4. La UNAM ofrece *b*   d. la ciudad más grande (*largest*) de Latinoamérica.

4 **Conversación** With a partner, role-play a conversation between two students at UNAM. **4** Communication Interpersonal Communication

---

I CAN recognize basic details about student life in Mexico City.

Communicative Goal
Ask and answer questions about activities

2.1 The present tense of regular –ar verbs

▸ To create the forms of regular verbs, drop the infinitive endings (**–ar, –er, –ir**). Then add the endings that correspond to the different subject pronouns. This chart shows how to conjugate regular **–ar** verbs.

estudiar (*to study*)

yo	estudio	*I study*
tú	estudias	*you (fam.) study*
Ud./él/ella	estudia	*you (form.) study; he/she studies*
nosotros/as	estudiamos	*we study*
vosotros/as	estudiáis	*you (pl.) study*
Uds./ellos/ellas	estudian	*you (pl.) study; they study*

¡Llego tarde!

¡Llevas el casco, Sara!

Common –ar verbs

bailar	*to dance*	explicar	*to explain*
buscar	*to look for*	hablar	*to talk; to speak*
caminar	*to walk*	llegar	*to arrive*
cantar	*to sing*	llevar	*to carry*
comprar	*to buy*	mirar	*to look (at); to watch*
contestar	*to answer*	necesitar	*to need*
conversar	*to talk; to chat*	practicar	*to practice*
descansar	*to rest*	preguntar	*to ask (a question)*
desear	*to want; to wish*	preparar	*to prepare*
dibujar	*to draw*	regresar	*to return*
enseñar	*to teach*	terminar	*to end; to finish*
escuchar	*to listen (to)*	tomar	*to take; to drink*
esperar	*to wait (for); to hope*	trabajar	*to work*
estudiar	*to study*	viajar	*to travel*

▸ The Spanish present tense has several meanings in English. Note the following examples.

Ana **trabaja** en la cafetería.
Ana works in the cafeteria.
Ana is working in the cafeteria.
Ana does work in the cafeteria.

Paco **viaja** a Madrid mañana.
Paco travels to Madrid tomorrow.
Paco is traveling to Madrid tomorrow.
Paco does travel to Madrid tomorrow.

SUGGESTION Have students work in pairs to write ten sentences using the verbs presented in this section.

INSTRUCTIONAL RESOURCES
Supersite: Grammar Tutorial; WebSAM
SAM: Workbook pp. 11–12; Lab Manual p. 241

Práctica

1 **Completar** Complete the conversation with the appropriate forms of the verbs.

modelo

JUAN ¡Hola, Linda! ¿Qué clases __tomas__ [tomar]?

LINDA Hola, Juan. (1) ___Tomo___ [tomar] tres clases: química, biología y computación. Y tú, ¿cuántas clases (2) ___tomas___ [tomar]?

JUAN (3) ___Tomo___ [tomar] cuatro: sociología, biología, arte y literatura. Yo (4) ___tomo___ [tomar] biología a las cuatro. ¿Y tú?

LINDA Lily, Alberto y yo (5) ___tomamos___ [tomar] biología a las diez.

JUAN ¿ (6) ___Estudian___ [estudiar] ustedes mucho?

LINDA Sí, porque (*because*) hay muchos exámenes. Alberto y yo (7) ___estudiamos___ [estudiar] dos horas juntos todos los días (*together every day*).

JUAN ¿Lily no (8) ___estudia___ [estudiar] con ustedes?

LINDA No, ella (9) ___estudia___ [estudiar] con su novio (*boyfriend*), Arturo.

2 **¿Te gusta...?** Get together with a classmate and take turns asking each other if you like these activities.
Answers will vary.
2 Communication Interpersonal Communication

¿Te gusta...? ▸ Sí, me gusta.../No, no me gusta...

modelo

Estudiante 1: *¿Te gusta dibujar?*
Estudiante 2: *Sí, me gusta dibujar. /*
No, no me gusta dibujar.

	Sí	No
la universidad	___	___
cantar	___	___
la historia	___	___
la computación	___	___
los exámenes	___	___
trabajar	___	___
las lenguas extranjeras	___	___

Conversación

 3 **Describir** With a partner, describe what the people in the photos are doing.

 modelo

Ana María baila.

Ana María

Héctor

1. _Héctor dibuja/estudia._

Ernesto

2. _Ernesto descansa._

Gabriela

3. _Gabriela enseña inglés._

Mario y Laura

4. _Mario y Laura toman el autobús._

 4 **Entrevista** Use these questions to interview a classmate. What do you have in common? _Answers will vary._

4 Communication Interpersonal Communication

1. ¿Qué clases tomas?

2. ¿A qué hora termina la clase de español?

3. ¿Cuántas lenguas hablas?

4. ¿Dónde estudias?

5. ¿Miras mucho la televisión? ¿Qué programas te gustan?

6. ¿Te gusta practicar el español fuera (_outside_) de clases? ¿Conversas con tus compañeros en español?

ACTIVITY PACK For additional activities, go to the **Activity Pack** in the **Resources** section of the Supersite.

I CAN ask and answer questions about my activities and activity preferences.

Using verbs in Spanish

▶ When two verbs are used together with no change of subject, the second verb is generally in the infinitive.

Deseo hablar con Felipe.   **Necesito comprar** lápices.
I want to speak with Felipe.   _I need to buy pencils._

▶ To make a sentence negative, use **no** before the conjugated verb.

Yo **no** miro la televisión.   Ella **no** desea bailar.
I don't watch television.   _She doesn't want to dance._

▶ Subject pronouns are often omitted; the verb endings indicate who the subject is. They may, however, be used for clarification or for emphasis.

—¿Qué enseñan?   —**Él** enseña arte y **ella** enseña química.
What do they teach?   _He teaches art and she teaches chemistry._

—¿Quién desea trabajar hoy?   —**Yo** no deseo trabajar.
Who wants to work today?   _I don't want to work._

The verb gustar

▶ The verb **gustar,** which is used to express likes and dislikes, is different from other -**ar** verbs. The most common forms of this verb are **gusta** and **gustan**. Use a singular noun with **gusta** and a plural noun with **gustan**. Also, there is no subject pronoun (**yo, tú,...**) before **gusta(n)**.

Me gusta la historia.   **Me gustan** las lenguas extranjeras.
I like history.   _I like foreign languages._

▶ To say what you like, use **me** before **gusta(n)**. To ask a friend what he/she likes, use **te** before **gusta(n)**. To express dislikes, insert **no** before **me** or **te**.

—¿**Te gusta** la biología?   — No, **no me gusta** la biología.
Do you like biology?   _No, I don't like biology._

—¿**Te gustan** las clases este semestre?   — Sí, **me gustan** las clases este semestre.
Do you like your classes this semester?   _Yes, I like my classes this semester._

▶ To talk about what you like and don't like to do, use **(no) me gusta** + [_infinitive_].

—¿**Te gusta** bailar salsa?   — Sí, **me gusta** bailar salsa.
Do you like to dance salsa?   _Yes, I like to dance salsa._

¡Manos a la obra!

Provide the present-tense forms of the verbs.

hablar

1. Yo _hablo_ español.
2. Ellas _hablan_ español.
3. Tú _hablas_ español.
4. Isabel _habla_ español.
5. Nosotros _hablamos_ español.

gustar

1. _Me_ _gusta_ la clase. [I like]
2. ¿_Te_ _gustan_ las clases? [Do you like?]
3. _No_ _me_ _gustan_ las pruebas. [I don't like]
4. _No_ _te_ _gusta_ el arte. [You don't like]
5. _Me_ _gusta_ viajar. [I like]

2.2 Forming questions in Spanish

▶ One way to ask questions is simply to raise the pitch of your voice at the end of a sentence. When writing a question, use an upside-down question mark (**¿**) at the beginning of a question and a regular question mark (**?**) at the end.

¿Caminan a la universidad?

La Facultad de Ciencias está por allá, ¿no?

Statement	Question
Ustedes trabajan los sábados.	¿Ustedes trabajan los sábados?
You work on Saturdays.	*Do you work on Saturdays?*
Miguel regresa a las seis.	¿Miguel regresa a las seis?
Miguel returns at six.	*Does Miguel return at six?*

▶ You can also ask a question by placing the subject after the verb. The subject may even be placed at the end of the sentence.

Statement	Question
SUBJECT VERB	VERB SUBJECT
Ustedes trabajan los sábados.	**¿Trabajan ustedes** los sábados?
You work on Saturdays.	*Do you work on Saturdays?*
SUBJECT VERB	VERB SUBJECT
Miguel regresa a las seis.	**¿Regresa** a las seis **Miguel?**
Miguel returns at six.	*Does Miguel return at six?*

▶ Another way to ask questions is by adding **¿no?** or **¿verdad?** at the end of a statement.

Statement	Question
Ustedes trabajan los sábados.	Ustedes trabajan los sábados, **¿no?**
You work on Saturdays.	*You work on Saturdays, don't you?*
Miguel regresa a las seis.	Miguel regresa a las seis, **¿verdad?**
Miguel returns at six.	*Miguel returns at six, right?*
Tú no tomas biología.	Tú no tomas biología, **¿verdad?**
You don't take biology.	*You don't take biology, right?*

SUGGESTION Write 8–10 statements on the board. Ask students to turn each statement into a question by inverting subject/verb order. Have volunteers present their questions to the class.

Práctica

INSTRUCTIONAL RESOURCES
Supersite: Grammar Tutorial; WebSAM
SAM: Workbook pp. 13–14; Lab Manual p. 242

1 **Preguntas** Change these statements into questions by inverting the word order.

modelo

Ernesto estudia español.
¿Estudia Ernesto español? /
¿Estudia español Ernesto?

1. Sandra habla con su compañera de cuarto.
   ¿Habla Sandra con su compañera de cuarto? / ¿Habla con su compañera de cuarto Sandra?

2. La profesora Soto busca unos libros.
   ¿Busca la profesora Soto unos libros? / ¿Busca unos libros la profesora Soto?

3. Tú preparas la tarea.
   ¿Preparas tú la tarea? / ¿Preparas la tarea tú?

4. Ustedes trabajan en la cafetería.
   ¿Trabajan ustedes en la cafetería? / ¿Trabajan en la cafetería ustedes?

5. Los chicos escuchan música por la radio.
   ¿Escuchan los chicos música por la radio? / ¿Escuchan música por la radio los chicos?

2 **Una conversación** Complete the conversation with the appropriate questions.

modelo   IRENE Hola, Manolo. *¿Cómo estás?*

MANOLO Bien, gracias. (1) *¿Y tú?*
IRENE Muy bien. (2) *¿Qué hora es?*
MANOLO Son las nueve.
IRENE (3) *¿Qué estudias?*
MANOLO Estudio historia.
IRENE (4) *¿Por qué?*
MANOLO Porque hay un examen mañana.
IRENE (5) *¿Te gusta la clase?*
MANOLO Sí, me gusta mucho la clase.
IRENE (6) *¿Quién enseña la clase?*
MANOLO El profesor Padilla enseña la clase.
IRENE (7) *¿Tomas psicología este semestre?*
MANOLO No, no tomo psicología este semestre.

Conversación

3 **Encuesta** Change the phrases in the first column into questions and use them to survey two or three classmates. Then report the results of your survey to the class.

3 Communication Interpersonal Communication   *Answers will vary.*

Actividades	Nombres
1. estudiar contabilidad	_____
2. tomar una clase de historia	_____
3. dibujar bien	_____
4. cantar bien	_____
5. trabajar los sábados	_____
6. escuchar la radio	_____
7. necesitar comprar una computadora	_____
8. tomar el autobús a la escuela	_____
9. llevar una mochila a clase	_____
10. desear viajar a España	_____

4 **Entrevista** You are a reporter for the school newspaper. Use these questions and create three of your own to interview a classmate about student life. Write a summary of the answers. *Answers will vary.*

4 Communication Interpersonal Communication

1. ¿Dónde estudias? ¿Cuándo?
2. ¿Quién es tu profesor(a) favorito/a?
3. ¿Cuántas clases tomas?
4. ¿Necesitas estudiar más (*more*)?
5. ¿A qué hora llegas a la universidad?
6. ¿Trabajas? ¿Dónde?
7. ¿Cuál es tu día favorito de la semana? ¿Por qué?

ACTIVITY PACK For additional activities, go to the **Activity Pack** in the **Resources** section of the Supersite.

I CAN ask questions about student life.

Interrogative words

▶ These interrogative words are used to form questions in Spanish.

Interrogative words			
¿Adónde?	*Where (to)?*	¿De dónde?	*From where?*
¿Cómo?	*How?*	¿Dónde?	*Where?*
¿Cuál?, ¿Cuáles?	*Which?; Which one(s)?*	¿Por qué?	*Why?*
¿Cuándo?	*When?*	¿Qué?	*What?; Which?*
¿Cuánto/a?	*How much?*	¿Quién?	*Who?*
¿Cuánto/as?	*How many?*	¿Quiénes?	*Who? (plural)*

▶ Use interrogative words in questions that require more than a *yes* or *no* answer. Interrogative words always carry a written accent mark.

¿Cuándo descansan ustedes?
When do you rest?

¿Adónde caminamos?
Where are we walking to?

¿Qué clases tomas?
What classes are you taking?

¿De dónde son ellos?
Where are they from?

▶ In questions that contain interrogative words, the pitch of the speaker's voice falls at the end of the sentence.

¿Cómo llegas a la escuela?
How do you get to school?

¿Por qué necesitas estudiar?
Why do you need to study?

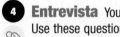

¡Manos a la obra!

Make questions out of these statements. Use intonation in column 1 and the tag **¿no?** in column 2.

Statement	Intonation	¿no?
1. Hablas inglés.	¿Hablas inglés?	Hablas inglés, ¿no?
2. Trabajamos mañana.	¿Trabajamos mañana?	Trabajamos mañana, ¿no?
3. Ustedes desean bailar.	¿Ustedes desean bailar?	Ustedes desean bailar, ¿no?
4. Usted estudia mucho.	¿Usted estudia mucho?	Usted estudia mucho, ¿no?
5. Enseño a las nueve.	¿Enseño a las nueve?	Enseño a las nueve, ¿no?
6. Luz mira la televisión.	¿Luz mira la televisión?	Luz mira la televisión, ¿no?
7. Los chicos descansan.	¿Los chicos descansan?	Los chicos descansan, ¿no?
8. Tú preparas la prueba.	¿Tú preparas la prueba?	Tú preparas la prueba, ¿no?
9. Tomamos el autobús.	¿Tomamos el autobús?	Tomamos el autobús, ¿no?
10. Necesito una pluma.	¿Necesito una pluma?	Necesito una pluma, ¿no?

Communicative Goal

Explain where people and objects are located

2.3 The present tense of estar

▶ In Lesson 1, you learned how to conjugate and use the verb **ser** (*to be*). Spanish has a second verb which means *to be*, the verb **estar**.

▶ Although **estar** ends in **–ar**, it does not follow the pattern of regular **–ar** verbs. The **yo** form (**estoy**) is irregular. Also, all forms but the **yo** and **nosotros/as** forms have an accented **á**. As you will see, **ser** and **estar** are used in different ways.

estar (to be)

yo	estoy	*I am*
tú	estás	*you (fam.) are*
Ud./él/ella	está	*you (form.) are; he/she is*
nosotros/as	estamos	*we are*
vosotros/as	estáis	*you (pl.) are*
Uds./ellos/ellas	están	*you (pl.) are; they are*

¡Todavía está en la cama!

¿Estás lista para la presentación?

Uses of *estar* and *ser*

Uses of estar	Uses of ser
LOCATION	**IDENTITY**
Estoy en la biblioteca.	Hola, soy Valentina.
I am at the library.	*Hello, I'm Valentina.*
Sara está al lado de Daniel.	
Sara is next to Daniel.	**OCCUPATION**
	Soy estudiante.
HEALTH	*I'm a student.*
Javier está enfermo hoy.	
Javier is sick today.	**ORIGIN**
	¿Eres de España?
	Are you from Spain?
	Sí, soy de España.
WELL-BEING	*Yes, I'm from Spain.*
¿Cómo estás, Juanjo?	
How are you, Juanjo?	**TELLING TIME**
Estoy muy bien, gracias.	Son las cuatro.
I'm very well, thank you.	*It's four o'clock.*

SUGGESTION Read short sentences in English aloud and have students determine whether they would use **ser** or **estar** in the Spanish translation. Ex: *I'm at home.* (**estar**) *I'm a student.* (**ser**) *I'm tired.* (**estar**) *I'm glad.* (**estar**) *I'm generous.* (**ser**)

INSTRUCTIONAL RESOURCES
Supersite: Grammar Tutorial; WebSAM
SAM: Workbook pp. 15–16; Lab Manual p. 243

Práctica

1 **Completar** Complete this phone conversation with the correct forms of **ser** or **estar**.

modelo   **MAMÁ** Hola, Daniela. ¿Cómo ___estás___?

DANIELA Hola, mamá. (1) ___Estoy___ bien. ¿Dónde (2) ___está___ papá? ¡Ya (*already*) (3) ___son___ las ocho de la noche!

MAMÁ No (4) ___está___ aquí. (5) ___Está___ en la oficina.

DANIELA Y Andrés y Margarita, ¿dónde (6) ___están___ ellos?

MAMÁ (7) ___Están___ en el restaurante Dalí con Martín.

DANIELA ¿Quién (8) ___es___ Martín?

MAMÁ (9) ___Es___ un compañero de clase. (10) ___Es___ de México.

DANIELA Y el restaurante Dalí, ¿dónde (11) ___está___?

MAMÁ (12) ___Está___ cerca de la Plaza Mayor, en San Modesto.

DANIELA Gracias, mamá. Voy (*I'm going*) al restaurante. ¡Hasta pronto!

2 **En la librería** You are in the school bookstore and can't find various items. Ask the clerk (your partner) where the items in the drawing are located. *Answers will vary.*

2 Communication Interpersonal Communication

modelo   **Estudiante 1:** ¿Dónde están las mochilas?
Estudiante 2: Las mochilas están debajo de las computadoras.

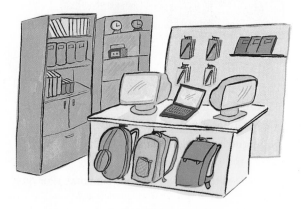

Conversación

3 **¿Dónde estás?** With a partner, take turns asking each other where you normally are at these times. Are you ever in the same place at the same time? *Answers will vary.*

3 Communication Interpersonal Communication

modelo lunes / 10:00 a.m.

Estudiante 1: ¿Dónde estás los lunes a las diez de la mañana?
Estudiante 2: Estoy en la clase de español.

1. viernes / 1:30 p.m.
2. miércoles / 9:15 a.m.
3. lunes / 11:10 a.m.
4. jueves / 12:45 p.m.
5. viernes / 2:25 p.m.
6. martes / 3:50 p.m.
7. jueves / 6:00 p.m.
8. miércoles / 8:20 p.m.

ACTIVITY PACK For additional activities, go to the **Activity Pack** in the **Resources** section of the Supersite.

4 **La ciudad universitaria** You and your partner are at the **Facultad de Bellas Artes**. Take turns asking each other where other buildings on the campus map are located.

4 Communication Interpersonal Communication

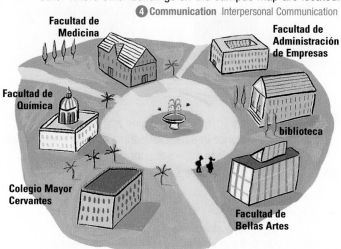

Facultad de Medicina
Facultad de Administración de Empresas
Facultad de Química
biblioteca
Facultad de Bellas Artes
Colegio Mayor Cervantes

1. ¿Está lejos la biblioteca de la Facultad de Bellas Artes?
2. ¿Dónde está la Facultad de Medicina?
3. ¿Está la Facultad de Administración de Empresas a la derecha de la biblioteca?
4. ¿Dónde está el Colegio Mayor Cervantes?
5. ¿Está la Facultad de Administración de Empresas detrás del Colegio Mayor Cervantes?
6. ¿Dónde está la Facultad de Química?

I CAN explain where people and objects are located.

Estar with prepositions of locations

▸ **Estar** is often used with certain prepositions to describe the location of a person or an object.

Prepositions of location			
al lado de	*next to*	delante de	*in front of*
a la derecha de	*to the right of*	detrás de	*behind*
a la izquierda de	*to the left of*	encima de	*on top of*
en	*in; on; at*	entre	*between*
cerca de	*near*	lejos de	*far from*
debajo de	*below*	sobre	*on; over*

La tarea está en la mesa.

Está entre la biblioteca y la Facultad de Humanidades.

La cafetería está **al lado de** la biblioteca.
The cafeteria is next to the library.

Los libros están **encima del** escritorio.
The books are on top of the desk.

El laboratorio está **cerca de** la clase.
The lab is near the classroom.

Carla está **delante de** José.
Carla is in front of José.

El estadio no está **lejos de** la librería.
The stadium isn't far from the bookstore.

Estamos **entre** la puerta y la ventana.
We are between the door and the window.

Manuel está **en** la biblioteca.
Manuel is at the library.

El libro está **sobre** la mesa.
The book is on the table.

¡Manos a la obra!

Provide the present-tense forms of **estar**.

1. Ustedes __están__ en la clase.
2. José __está__ delante de Rosa.
3. Yo __estoy__ muy bien, gracias.
4. Nosotras __estamos__ en la cafetería.
5. Tú __estás__ en el laboratorio.
6. Elena __está__ lejos de la librería.
7. Ellas __están__ en la universidad.
8. Ana y yo __estamos__ en la clase.
9. ¿Cómo __está__ usted?
10. Javier y Paula __están__ en el estadio.
11. Nosotros __estamos__ enfermos.
12. Yo __estoy__ en la biblioteca.
13. Carmen y María __están__ en la residencia estudiantil.
14. Tú __estás__ al lado de Raúl.

2.4 Numbers 31–100

Communicative Goal
Ask for and give prices and phone numbers

Numbers 31–100

31 treinta y uno	37 treinta y siete	50 cincuenta
32 treinta y dos	38 treinta y ocho	60 sesenta
33 treinta y tres	39 treinta y nueve	70 setenta
34 treinta y cuatro	40 cuarenta	80 ochenta
35 treinta y cinco	41 cuarenta y uno	90 noventa
36 treinta y seis	42 cuarenta y dos	100 cien

¡Llegas treinta y cinco minutos tarde!

▶ The word **y** is used in most numbers from **31** through **99**.

Hay **ochenta y cinco** exámenes.
There are eighty-five exams.

Hay **cuarenta y dos** estudiantes.
There are forty-two students.

▶ With numbers that end in **uno** (31, 41, etc.), **uno** becomes **un** before a masculine noun and **una** before a feminine noun.

Hay **treinta y un** chicos.
There are thirty-one guys.

Hay **treinta y una** chicas.
There are thirty-one girls.

▶ **Cien** is used before nouns and in counting. The words **un**, **una**, and **uno** are never used before **cien** in Spanish.

—¿Cuántos libros hay?
How many books are there?

—Hay **cien** libros.
There are one hundred books.

—¿Cuántas sillas hay?
How many chairs are there?

—Hay **cien** sillas.
There are one hundred chairs.

¡Manos a la obra!

Provide the word form of each number.

a. **56** cincuenta y seis
b. **31** treinta y uno
c. **84** ochenta y cuatro
d. **99** noventa y nueve
e. **43** cuarenta y tres

f. **68** sesenta y ocho
g. **72** setenta y dos
h. **35** treinta y cinco
i. **87** ochenta y siete
j. **59** cincuenta y nueve

k. **100** cien
l. **61** sesenta y uno
m. **96** noventa y seis
n. **74** setenta y cuatro
o. **42** cuarenta y dos

SUGGESTION Write the beginning of a series of numbers on the board and have students continue the sequence. Ex: **5, 10, 15,**… or **3, 6, 9, 12,**…

INSTRUCTIONAL RESOURCES
Supersite: Grammar Tutorial; WebSAM
SAM: Workbook pp. 17–18; Lab Manual p. 244

Práctica

1 Baloncesto Provide these basketball scores in Spanish.

modelo

OHIO STATE 85 — MICHIGAN 74

ochenta y cinco,
setenta y cuatro

DUKE 78 — VIRGINIA 64

1. setenta y ocho,
sesenta y cuatro

FLORIDA 100 — FLORIDA STATE 92

2. cien, noventa y dos

KENTUCKY 63 — TENNESSEE 57

3. sesenta y tres,
cincuenta y siete

STANFORD 58 — UCLA 49

4. cincuenta y ocho,
cuarenta y nueve

TEXAS 91 — OKLAHOMA 86

5. noventa y uno,
ochenta y seis

2 Números de teléfono Imagine that you work for directory assistance in Spain. Take turns giving the appropriate phone numbers when callers ask for them. *Answers will vary.*

2 Communication Interpersonal Communication

modelo

Estudiante 1: ¿Cuál es el número de teléfono de José Morales Ballesteros, por favor?

Estudiante 2: Es el noventa y uno, nueve, cuarenta y cuatro, sesenta y seis, sesenta y dos.

MORALES		🔍 buscar
Morales Ballesteros, José	Venerable Centenares, 2222	📞 (91) 944-6662
Morales Benito, Francisco	Calle Flores, 16	📞 (91) 773-1216
Morales Borrego, Flora	Mayor, 51	📞 (91) 634-3211
Morales Calvo, Emilio	Villafuerte, 49	📞 (91) 472-2350
Morales Campos, María	Toledo, 35	📞 (91) 773-1382
Morales Cid, Pedro	Rosal, 98	📞 (91) 419-7660
Morales Conde, Ángel	Alameda, 67	📞 (91) 944-3915
Morales Crespo, Pascual	Fernando de la Peña, 13	📞 (91) 634-7148
Morales Díaz, Luz	Buenavista, 80	📞 (91) 834-5238
Morales Fraile, Rosa	Avenida Solares, 74	📞 (91) 834-3371

Conversación

3 **¿Cuánto cuesta?** With a partner, take turns asking how much the items in the ad cost. *Answers will vary.*

3 Communication Interpersonal Communication

modelo

Estudiante 1: *Deseo comprar papel. ¿Cuánto cuesta (does it cost)?*

Estudiante 2: *Un paquete cuesta cuatro dólares y cuarenta y un centavos.*

4 **Entrevista** Find out the phone numbers and e-mail addresses of four classmates. (They don't have to be real!)

Answers will vary.

modelo **4 Communication** Interpersonal Communication

Estudiante 1: *¿Cuál es tu (your) número de teléfono?*

Estudiante 2: *Es el (416) 635-1951.*

Estudiante 1: *¿Y tu dirección de correo electrónico (e-mail address)?*

Estudiante 2: *Es jota-Smith-arroba (at)-pe-ele-punto-e-de-u. (jsmith@pl.edu).*

ACTIVITY PACK For additional activities, go to the **Activity Pack** in the **Resources** section of the Supersite.

I CAN ask for and give prices and phone numbers.

Communicative Goal
Identify numbers in a magazine table of contents

Español en vivo

This is the table of contents from a Latin American magazine.

1 **Identificar** Identify in Spanish the numbers used in the table of contents.

2 **Preguntas** Answer the questions. **2 Communication** Interpretive Communication

1. ¿En qué página está la información sobre la familia?
2. ¿Con quién conversan en la página 74?
3. ¿En qué página buscas información sobre (*about*) opiniones de estudiantes universitarios?

I CAN identify numbers in a magazine table of contents.

A repasar

2.1 The present tense of regular –ar verbs

1 **Completar** Complete the sentences with the appropriate forms of these verbs. Use each verb only once.

buscar	mirar	terminar	trabajar
cantar	regresar	tomar	viajar

modelo Ella ___trabaja___ en la cafetería de la universidad.

1. Ustedes ___toman___ la clase de arte, ¿no?
2. El examen ___termina___ a las diez.
3. ¿ ___Miras___ (tú) la televisión todos los días?
4. Yo ___busco___ un libro en la biblioteca.
5. Nosotros ___viajamos___ mañana a Madrid.
6. Ellos ___cantan___ una canción (*song*) de Shakira.

2 **Combinar** Combine words from the columns to create sentences about yourself and these people. *Answers will vary.*

modelo El profesor no necesita explicar el examen.

| Yo
Mi (*My*) compañero/a
El/La profesor(a)
La clase
Nosotros
Los/Las estudiantes | (no) desear
(no) necesitar | trabajar
comprar
contestar
explicar
hablar
terminar
enseñar
practicar | hoy
español
el examen
los libros
la lección 2
la tarea
en la clase
¿? |

2.2 Forming questions in Spanish

3 **Preguntas** Write questions for these answers using interrogative words.

modelo ¿ ___Por qué___ quieres estudiar geografía?

1. —¿ ___De dónde___ es Patricia?
   —Patricia es de Ecuador.

2. —¿ ___Quién___ es él?
   —Él es mi compañero de cuarto.

3. —¿ ___Cuántas___ clases tomas?
   —Tomo cuatro clases.

4. —¿ ___Qué___ desean tomar?
   —Deseamos tomar dos cafés.

4 **¿Qué pasa?** Write at least five questions about this photo using interrogative words. Then, with a partner, take turns asking and answering each other's questions. *Answers will vary.*
4 Communication Interpersonal Communication

1. _____
2. _____
3. _____
4. _____
5. _____

2.3 The present tense of estar

5 **Oraciones** Complete the sentences with the appropriate forms of **ser** or **estar**.

modelo ¿De dónde ___son___ ustedes?

1. Nosotros ___somos___ de Barcelona.
2. ¿Por qué ___están___ ustedes en Madrid?
3. Nosotros ___somos___ profesores de historia.
4. Yo ___soy___ el doctor Ochoa y él ___es___ el profesor Mendoza.
5. Nosotros ___estamos___ aquí (*here*) para visitar la biblioteca.
6. La biblioteca ___está___ a la izquierda, ¿verdad?

6 **Entrevista** Use these questions to interview a classmate.
Answers will vary. **6 Communication** Interpersonal Communication
1. ¿Cómo estás hoy?
2. ¿Cómo está tu (*your*) compañero/a de cuarto?
3. ¿Dónde está tu compañero/a de cuarto ahora?
4. ¿Quién(es) no está(n) en la clase hoy?
5. ¿Dónde están tus amigos (*friends*) ahora?
6. ¿Dónde está la cafetería? ¿Y la librería?

2.4 Numbers 31–100

7 **Matemáticas** Solve these math problems.

> **+ más** **− menos** **= son**

modelo

> **30 + 42 =** Treinta más cuarenta y dos son setenta y dos.

1. **20 + 32 =** _Veinte más treinta y dos son cincuenta y dos._
2. **65 + 18 =** _Sesenta y cinco más dieciocho son ochenta y tres._
3. **46 + 51 =** _Cuarenta y seis más cincuenta y uno son noventa y siete._
4. **76 + 13 =** _Setenta y seis más trece son ochenta y nueve._
5. **93 − 45 =** _Noventa y tres menos cuarenta y cinco son cuarenta y ocho._
6. **81 − 34 =** _Ochenta y uno menos treinta y cuatro son cuarenta y siete._
7. **77 − 66 =** _Setenta y siete menos sesenta y seis son once._
8. **90 − 55 =** _Noventa menos cincuenta y cinco son treinta y cinco._

8 **El clima** With a partner, take turns asking what the high and low temperatures are in these cities today. *Answers will vary.*

8 Communication Interpersonal Communication

modelo

Estudiante 1: ¿Cuál es la temperatura máxima en Managua?
Estudiante 2: Es ochenta y siete grados (*degrees*).
Estudiante 1: ¿Y cuál es la temperatura mínima?
Estudiante 2: Es sesenta y cuatro grados.

Ciudad	Máx. / Mín.	Ciudad	Máx. / Mín.
Santiago de Chile	37/24	San Salvador	78/62
Buenos Aires	73/51	Montevideo	55/41
La Paz	48/35	Managua	87/64
Ciudad de México	58/42	Bogotá	72/46
San José	80/69	Quito	63/50

Síntesis
9 Communication Interpersonal Communication

9 **El Cuerpo de Paz (*The Peace Corps*)** In pairs, imagine that one of you is a supervisor in the Peace Corps and the other is a volunteer working on starting an elementary school in a rural area in Peru. The supervisor wants some information about the project. Act out this situation, using these guidelines. *Answers will vary.*

- Find out how many students there are. [31 students]
- Find out who the teacher is. [Sra. Ana Pelayo]
- Ask what furniture (*muebles*) and things she needs.
- Find out what courses she wants to teach.
- Find out if the school is located far from the town (*el pueblo*).

ACTIVITY PACK For additional activities, go to the **Activity Pack** in the **Resources** section of the Supersite.

Communicative Goal
Watch a news report about college entrance exams in Spain

 Video

Videoclip

1 **Preparación** How important are college entrance exams? Did you take any? If so, how did you feel beforehand?

2 **El clip** Watch the news report **Pruebas de selectividad** from Spain.

> **Vocabulario**
>
> empiezan *begin*   no sirve de nada *it doesn't help*
> estoy temblando *I'm trembling*   se enfrentan a *they face*

Doscientos mil alumnos° se presentan a° las pruebas de selectividad° en toda España.

Doscientos mil alumnos *Two hundred thousand students*   se presentan a *are taking*
pruebas de selectividad *college entrance exams*

3 **¿Qué hay?** Indicate which things appear in the video.

	Sí	No
1. mochilas	✓	
2. papel	✓	
3. biblioteca		✓
4. plumas	✓	
5. maletas		✓
6. cafetería		✓
7. ventanas	✓	
8. puertas	✓	
9. mapa		✓
10. pizarra	✓	

4 Communication Interpersonal Communication

4 **Las pruebas** Discuss with a classmate how you prepare for an important test like the SAT or ACT. Use as much Spanish as you can.

I CAN watch a news report about college entrance exams in Spain.

Ampliación

Communicative Goals
Listen to a short
conversation in
Spanish, and interview
a classmate

1 Escuchar

A Listen to Armando and Julia's conversation. Then list the classes each person is taking. *Answers will vary.*

1 Communication Interpretive Communication

TIP **Listen for cognates.** Cognates are words that have similar spellings and meanings in two or more languages. Listening for cognates will help you increase your comprehension.

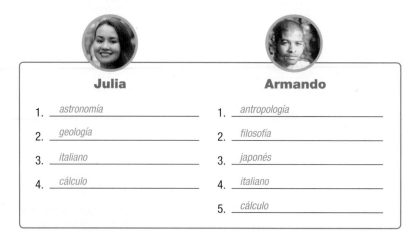

Julia
1. _astronomía_
2. _geología_
3. _italiano_
4. _cálculo_

Armando
1. _antropología_
2. _filosofía_
3. _japonés_
4. _italiano_
5. _cálculo_

1 SCRIPT
Armando: ¡Hola, Julia!
¿Cómo estás?
Julia: Bien. ¿Y tú, Armando?
Armando: Bien, gracias.
¿Qué tal tus clases?
Julia: Van bien.
Armando: ¿Tomas biología?
Julia: Este semestre no. Pero sí
tomo astronomía y geología…
los lunes, miércoles y viernes.
Armando: ¿Sólo dos?
¿Qué otras clases tomas?
Julia: Italiano y cálculo, los
martes y jueves. ¿Y tú?
Armando: Los lunes, miércoles
y viernes tomo antropología,
filosofía y japonés. Los martes
y jueves tomo italiano y cálculo.
Julia: ¿A qué hora es tu
clase de italiano?
Armando: A las nueve, con la
profesora Menotti.
Julia: Yo también tomo italiano
los martes y jueves con la
profesora Menotti, pero
a las once.

B ¿Cuántas clases toman Armando y Julia? ¿Cuántas clases tomas tú? ¿Qué clases te gustan y qué clases no te gustan? *Julia toma cuatro clases y Armando toma cinco clases. Answers will vary.*

2 Conversar

Greet a classmate, find out how he or she is, and get to know your classmate better by asking these questions. *Answers will vary.* **2 Communication** Interpersonal Communication

- *¿Cómo te llamas?*
- *¿De dónde eres?*
- *¿Qué clases tomas?*
- *¿Qué clases te gustan?*
- *¿Cuántos estudiantes hay en tu (your) clase de…?*
- *¿Cuántas horas estudias durante (during) la semana?*
- *¿Dónde estudias normalmente (usually)?*

2 EXPANSION Have students
write down and ask a few
additional questions, such as
1. ¿Qué clases no te gustan?
2. ¿Trabajas los sábados?
3. ¿Dónde estás los domingos
   a la una de la tarde?
4. ¿Necesitas estudiar para
   un examen esta semana?

I CAN use known and familiar words to understand a short conversation about classes and instructors.

I CAN greet a classmate and find out basic information about him/her.

Ampliación

3 Escribir

3 **Communication** Presentational Communication
3 **Communities** School and Global Communities

Write a description of yourself to post on a website in order to meet Spanish-speaking people. *Answers will vary.*

TIP **Brainstorm.** Spend ten to fifteen minutes jotting down ideas about the topic you are going to write about. The more ideas you write down, the more you'll have to choose from later when you start to organize your thoughts.

| on | inicio | perfil |

¡Hola! Me llamo Alicia Roberts. Estudio matemáticas en la Universidad de Nueva York...

Organizar	Make a list of things you would like people to know about you, including your name, your major, where you go to school, what you're studying, where you work, and your likes and dislikes.
Escribir	Using the material you have compiled, write the first draft of your description.
Corregir	Exchange papers with a classmate and comment on the organization, style, and grammatical correctness of each other's work. Then revise your first draft, keeping your classmate's comments in mind.
Compartir	Read your descriptions aloud in small groups. Point out the three best features of each description.

4 Un paso más

4 **Communication** Presentational Communication   4 **Communities** School and Global Communities

Create a poster that will encourage students to study in a university in a Spanish-speaking country. The poster might include these elements: *Answers will vary.*

- A title
- Photos of university locations
- A campus map
- A short summary of the university's programs
- A list of activities and sports that you can participate in at the university
- Photos of the town where the university is located
- A brief description of the town where the university is located

UNIVERSIDAD DE ANDALUCÍA

El futuro en tus manos

5 Cultura

Compare your school with a university in a Spanish-speaking country: the university you researched for your poster, UNAM, the **Universidad Complutense de Madrid**, or another school. Consider location, facilities, the number of students, academic departments, etc. 5 **Comparisons** Cultural Comparisons

---

I CAN write a short description of myself and my preferences to post online.

I CAN create a poster encouraging students to study abroad.

Communicative Goals
Write a short description of myself to post online, and create a poster encouraging students to study abroad

3 **SUGGESTION** Tell students to brainstorm using Spanish whenever possible. Explain that to brainstorm means to enjoy thinking about possibilities, and that selecting and organizing ideas only comes in the second stage of writing.

3 **EVALUATION**

Criteria	Scale
Content	1 2 3 4
Comprehensibility	1 2 3 4
Organization	1 2 3 4
Accuracy	1 2 3 4
Creativity	1 2 3 4

Scoring

Excellent	18-20 points
Good	14-17 points
Satisfactory	10-13 points
Unsatisfactory	< 10 points

4 **SUGGESTION** Tell students that information on universities in the Spanish-speaking world will usually appear in Spanish. Encourage students to use their knowledge of cognates to determine meaning. Key Internet search words include **universidad, estudiantes extranjeros, estudios universitarios.**

4 **EXPANSION** Have students present their posters in class and give a short talk in Spanish that might include how many students attend the university, what interesting sites are in the area, what courses are offered, what number to call for more information, etc.

ACTIVITY PACK For additional activities, go to the **Activity Pack** in the **Resources** section of the Supersite.

Communicative Goal
Read a document, using its format to understand the content

 **Audio: Reading**

Antes de leer

The format of a document can tell you a lot about it.

> **TIP Predict content through formats.**
> Recognizing the format of a document can help you to predict its content. For instance, invitations and classified ads follow an easily identifiable format, which usually gives you a general idea of the information they contain.

Examina el texto

Look at the format of the document on this page. What type of text is it? What information do you expect to find in this type of document?

Cognados

With a classmate, make a list of cognates in the text and guess their English meanings. What do the cognates reveal about the content of the document?

Piénsalo

If you guessed that this text is a brochure from a university, you are correct. You can now infer that the document contains information on departments, courses, and the university campus.

SUGGESTION Tell students that there is a wide variety of public and private universities in Spain. Detailed information may be found at the Spanish Ministry of Education, www.mec.es.

SUGGESTION Point out that the photo on page 50 is of the Retiro Park **(Parque del Buen Retiro)** in Madrid. Originally the gardens of the Royal Palace, the Retiro has become a great public park. Students will see this park in the **Aventuras** video for Lesson 3.

EXPANSION Have students correct the false statements in **¿Comprendiste?**

UAE

LA MEJOR° UNIVERSIDAD DE EUROPA
Universidad Autónoma de España

En el campus de la UAE hay ocho facultades:

- Ciencias
- Derecho°
- Medicina
- Psicología
- Filosofía y Letras
- Ciencias Económicas y Empresariales
- Escuela Técnica Superior de Computación
- Facultad° de Formación de Profesorado y Educación

Toma cursos de:

- Antropología Aplicada°
- Computación
- Contabilidad
- Derecho Privado
- Ecología
- Economía General
- Filosofía Antigua°
- Física General

- Geografía
- Historia Contemporánea
- Literatura Española
- Matemáticas
- Microbiología
- Psicología Social
- Química
- Sociología

UAE

INICIAMOS LAS CLASES EN SEPTIEMBRE

¡La UAE está cerca de ti!
Calle del Valle de Mena 95 ▪ 28039 Madrid, ESPAÑA
Teléfono: (34) 91.754.87.25 ▪ www.uae.edu.es

mejor *best* **derecho** *law* **facultad** *school*
aplicada *applied* **antigua** *ancient*

Después de leer

⊗ **¿Comprendiste?** Communication Interpretive Communication

Indicate whether each statement is **cierto** (*true*) or **falso** (*false*).

Cierto	Falso	
✓	___	1. La Universidad Autónoma de España está en Europa.
___	✓	2. En la UAE hay diez facultades.
___	✓	3. Filosofía y Letras es un curso.
___	✓	4. Hay cursos de literatura china en la UAE.
✓	___	5. Hay una facultad de psicología en la UAE.
___	✓	6. La UAE está en Málaga, España.

⊗ **Preguntas** Communication Interpretive Communication

Answer these questions using complete sentences.

1. ¿Hay clases de contabilidad en la UAE?
   Sí, hay clases de contabilidad en la UAE.

2. ¿Es posible estudiar medicina en la UAE?
   Sí, es posible estudiar medicina en la UAE.

3. ¿En qué facultad hay clases de economía general?
   Hay clases de economía general en la Facultad de Ciencias Económicas y Empresariales.

4. ¿En qué facultad hay clases de microbiología?
   Hay clases de microbiología en la Facultad de Ciencias.

5. ¿En qué facultad hay clases de literatura española?
   Hay clases de literatura española en la Facultad de Filosofía y Letras.

⊗ **Coméntalo** Communication Interpretive Communication

Look at the brochure of the **Universidad Autónoma de España** and identify the courses taught there. Does your university offer the same courses? Are you taking any of those courses? Would you be interested in studying at the UAE? Why? *Answers will vary.*

I CAN read and understand key details in an ad for a university.

Vocabulary Tools

La clase y la universidad

el borrador *eraser*
el escritorio *desk*
el libro *book*
el marcador *dry-erase marker*
la mesa *table*
el papel *paper*
la pizarra *whiteboard*
la pluma *pen*
la puerta *door*
el reloj *clock; watch*
la silla *chair*
la ventana *window*

la biblioteca *library*
la cafetería *cafeteria*
el estadio *stadium*
el laboratorio *laboratory*
la librería *bookstore*
la residencia estudiantil *dormitory*
el salón de clases *classroom*
la universidad *university*

la clase *class*
el curso *course*
el examen *test; exam*
el horario *schedule*
la prueba *test; quiz*
el semestre *semester*
la tarea *homework*
el trimestre *trimester; quarter*

el/la compañero/a de clase *classmate*
el/la compañero/a de cuarto *roommate*

Los cursos

la administración de empresas *business administration*
el arte *art*
la biología *biology*
la computación *computer science*
la contabilidad *accounting*
el español *Spanish*
la física *physics*
la geografía *geography*
la historia *history*
el inglés *English*
las lenguas extranjeras *foreign languages*
las matemáticas *mathematics*
el periodismo *journalism*
la psicología *psychology*
la química *chemistry*
la sociología *sociology*

Los días de la semana

lunes *Monday*
martes *Tuesday*
miércoles *Wednesday*
jueves *Thursday*
viernes *Friday*
sábado *Saturday*
domingo *Sunday*

la semana *week*

Hoy es... *Today is...*

Interrogative words *See page 41.*
Prepositions of location *See page 43.*
Numbers 31–100 *See page 44.*

Verbos

bailar *to dance*
buscar *to look for*
caminar *to walk*
cantar *to sing*
comprar *to buy*
contestar *to answer*
conversar *to talk; to chat*
descansar *to rest*
desear *to want; to wish*
dibujar *to draw*
enseñar *to teach*
escuchar *to listen (to)*
esperar *to wait (for); to hope*
estar *to be*
estudiar *to study*
explicar *to explain*
gustar *to like; to be pleasing (lit.)*
hablar *to talk; to speak*
llegar *to arrive*
llevar *to carry*
mirar *to look (at); to watch*
necesitar *to need*
practicar *to practice*
preguntar *to ask (a question)*
preparar *to prepare*
regresar *to return*
terminar *to end; to finish*
tomar *to take; to drink*
trabajar *to work*
viajar *to travel*

As students finish the lesson, encourage them to explore the **Repaso** section on the Supersite. There they will find quizzes for practicing vocabulary, grammar, and oral language.

Communicative Goals: Review

I CAN talk about classes.
• Make five statements about your classes.

I CAN discuss everyday activities.
• Say five things that you like or don't like to do.

I CAN ask questions.
• Ask a classmate five questions about his/her classes.

I CAN describe location.
• Say where your school supplies are.

I CAN investigate universities in the Spanish-speaking world.
• Explain how universities in the Spanish-speaking world are different from the ones in the United States.

Todos los años *(Every year)*, en el mes de junio, Nueva York organiza un gran desfile *(parade)* en honor a los puertorriqueños.

¿Te gustan los desfiles?

ESTADOS UNIDOS Y CANADÁ

Estados Unidos

Población de los EE.UU.: 332.639.000
Población de origen hispano: 56.873.000
País de origen de hispanos en los EE.UU.:

8,3% **otros**
3,8% **Cuba**
9,2% **Puerto Rico**
15,8% **Centroamérica y Suramérica**
62,9% **México**

Estados con mayor población hispana:
California, Texas, Florida y Nueva York

SOURCE: U.S. Census Bureau

Canadá

Población de Canadá: 37.589.000
Población de origen hispano: 584.000
País de origen de hispanos en Canadá:

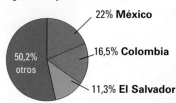

22% **México**
16,5% **Colombia**
50,2% **otros**
11,3% **El Salvador**

Ciudades con mayor población hispana:
Montreal, Toronto y Vancouver

SOURCE: Statistics Canada

S Video

INSTRUCTIONAL RESOURCES
Supersite: Video (Panorama cultural); WebSAM
SAM: Workbook pp. 19–20

Lugares

La Pequeña Habana ▶

La Pequeña Habana *(Little Havana)* es un barrio *(neighborhood)* de Miami, Florida, donde viven *(live)* muchos cubanoamericanos. Es un lugar donde se encuentran *(are found)* las costumbres *(customs)* de la cultura cubana, los aromas y sabores *(flavors)* de su comida *(food)* y la música salsa. La Pequeña Habana es una parte de Cuba en los Estados Unidos.

¿Hay barrios hispanos en tu ciudad o pueblo? Si es así (*If so*), ¿los barrios son de alguna (*any*) cultura hispana en particular?

Personalidades

Latinos famosos

Los estadounidenses de origen hispanoamericano contribuyen *(contribute)* en todos los niveles *(at all levels)* a la cultura y a la economía de los Estados Unidos.

¿Qué estadounidenses famosos de origen hispano conoces (*do you know*)?

Sonia Sotomayor, juez, de origen puertorriqueño

John Quiñones, periodista, de origen mexicano

Eva Mendes, actriz, de origen cubano

Ellen Ochoa, astronauta, de origen mexicano

CANADÁ

Vancouver • • Calgary

EE.UU.

• San Francisco

• Las Vegas

Los Ángeles •

• San Diego

MÉXICO

La bachata

La bachata es un género musical de origen dominicano, derivado del bolero y con influencias del merengue y el son cubano. Combina instrumentos musicales como la guitarra, el bongó, la trompeta y las maracas. Maite Perroni (de México), Prince Royce (de los Estados Unidos) y Romeo Santos (de los Estados Unidos) son algunos de los cantantes (*singers*) de bachata más famosos.

¿Qué géneros de música latina conoces? ¿Te gusta bailar música latina?

Romeo Santos

Comida

La comida mexicana

La comida (*food*) mexicana es muy popular en los Estados Unidos. Los tacos, las enchiladas y las quesadillas son platos (*dishes*) mexicanos que frecuentemente forman parte de las comidas (*meals*) de muchos norteamericanos. También (*Also*) son populares las variaciones de la comida mexicana en los Estados Unidos... el tex-mex y el cali-mex.

¿Qué platos de comida mexicana te gustan?

Ottawa ⭐
Toronto
Ciudad de
Nueva York
Chicago

Washington D.C. ⭐

Océano
Atlántico

Comunidad

Hispanos en Canadá ▶

La población hispana en Canadá crece (*grows*) cada año (*year*). Más (*More*) del 50% de los hispanos está en Toronto y en Montreal. La mayoría de ellos tiene (*have*) estudios universitarios y habla una de las lenguas oficiales: inglés o francés (*French*). Esto les permite (*This allows them*) participar activamente en la vida cotidiana (*daily life*) y profesional.

¿Hay una lengua oficial en tu país?

Miami

Golfo
de México

Mar Caribe

Cubanos en el festival Salsa on St. Clair, Toronto

¿Qué aprendiste?

1 **¿Cierto o falso?** Indicate whether these statements are **cierto** or **falso**, based on what you have learned about Hispanics in the U.S. and Canada. **1** Communication Interpretive Communication

	Cierto	Falso
1. Los mexicanos son el grupo hispano más grande (*biggest*) de los EE.UU.	✓	
2. En Florida no hay muchas personas de origen hispano.		✓
3. En Texas hay muchos hispanos.	✓	
4. La Pequeña Habana está en la isla de Cuba.		✓
5. John Quiñones es de origen mexicano.	✓	
6. Los colombianos son el grupo hispano más grande de Canadá.		✓
7. Muchos hispanos en Canadá tienen estudios universitarios.	✓	
8. La bachata es un plato mexicano.		✓

2 **Preguntas** Answer these questions. **2** Communication Interpretive Communication

1. ¿Cómo se llama el barrio de Miami, Florida, donde viven muchos cubanoamericanos? *la Pequeña Habana*
2. ¿Quién es Sonia Sotomayor? *juez de origen puertorriqueño*
3. ¿Cuáles son las variaciones de la comida mexicana populares en los Estados Unidos? *tex-mex y cali-mex*
4. ¿Dónde está más del 50% de los hispanos en Canadá? *en Toronto y en Montreal*
5. ¿Quiénes son Maite Perroni, Prince Royce y Romeo Santos? *cantantes de bachata*

3 **¿Qué piensas?** With a partner, take turns answering the following questions with complete sentences. *Answers will vary.* **3** Connections Making Connections

1. ¿Por qué la Pequeña Habana es un lugar tan importante para los cubanos en los Estados Unidos? ¿Cuáles son las características de este lugar?
2. ¿Cómo crees que contribuyen (*contribute*) personajes como Sonia Sotomayor al progreso social en los Estados Unidos?
3. ¿Por qué la comida mexicana es tan popular en los Estados Unidos?
4. ¿Por qué es importante hablar la lengua del país en el que vives?

4 **Comparación** Compare the Hispanic populations of the United States and Canada. **4** Comparisons Cultural Comparisons

---

I CAN identify basic facts about the Hispanic population and cultures in the United States and Canada by reading short informational texts with visuals.

3 La familia

PARA EMPEZAR Here are some additional questions:
¿Dónde está la casa de tu familia? ¿Estudias lejos
o cerca de la casa de tu familia? ¿Cuántas personas
hay en tu familia?

Communicative Goals
You will learn how to:
- talk about your family and friends
- describe people and things
- express possession
- investigate families in Spanish-speaking countries

🔊 PARA EMPEZAR

- ¿Cuántas personas hay en la foto?
- ¿Son compañeros de clase o son una familia?
- ¿Cuántos años tiene la mujer: treinta y cinco o setenta?
- ¿Quién está a la izquierda de la mujer y el chico?

LA FAMILIA

INSTRUCTIONAL RESOURCES
Supersite: Vocabulary Tutorials; WebSAM
SAM: Workbook pp. 21–22; Lab Manual p. 245

SUGGESTION Ask: Who has siblings? Write **hermanos, hermano, hermana,** and **hermanas** on the board and explain that the masculine plural form can refer to mixed groups of males and females. Ask: **¿Cómo se llama tu hermano?** Ask another student: **¿Cómo se llama el hermano de ___?** Work through the remaining relationships in the same manner.

el abuelo
grandfather

la abuela
grandmother

LA FAMILIA EXTENDIDA

el/la cuñado/a
   brother-in-law/sister-in-law
el/la nieto/a *grandson/granddaughter*
la nuera *daughter-in-law*
los parientes *relatives*
el/la primo/a *cousin*
el/la sobrino/a *nephew/niece*
el/la suegro/a
   father-in-law/mother-in-law
el/la tío/a *uncle/aunt*
el yerno *son-in-law*

LA FAMILIA

el/la esposo/a *husband/wife*
el/la hermanastro/a
   stepbrother/stepsister
el/la hermano/a *brother/sister*
el/la hijastro/a *stepson/stepdaughter*
la madrastra *stepmother*
el/la medio/a hermano/a
   half-brother/half-sister
el padrastro *stepfather*
los padres *parents*

el padre
father

la madre
mother

EXPANSION In groups of three, have students take turns interviewing each other about their families. One student should conduct the interview, one should answer questions, and the third should take notes. As a class, ask students questions at random about the families of their group members.

los hijos
sons; children

la hija
daughter

EXPANSION Use the Digital Image Bank to present the new vocabulary. Ask: **¿Cómo se llama el padre? ¿Quién es la hija de Mirta? Con referencia a Marina, ¿quién es Héctor? Con referencia a Héctor, ¿quién es José Miguel? Con referencia a Héctor, ¿quién es Silvia?** Work through additional relationships.

 Vocabulary Tools

el artista

la niña
girl

SUGGESTION Ask students to name a profession based on the definition you provide. Ex: **Un hombre que programa las computadoras, ¿qué es? (Es programador.) Una mujer que trabaja en un hospital, ¿qué es? (Es doctora/médica.)**

VOCABULARIO ADICIONAL
For additional vocabulary on this theme, go to **Vocabulario adicional** in the **Resources** section of the Supersite.

LAS PROFESIONES

el/la ingeniero/a *engineer*

el/la médico/a *doctor*

el/la periodista *journalist*

el/la programador(a)
  computer programmer

la novia
girlfriend

el novio
boyfriend

OTRAS PALABRAS

el/la amigo/a *friend*

el/la gato/a *cat*

la gente *people*

el/la muchacho/a *boy/girl*

la persona *person*

el/la perro/a *dog*

mi *my (sing.)*

mis *my (pl.)*

la doctora

el niño
boy; child

Comparisons Language Comparisons

ASÍ SE DICE
la madre ⟷ la mamá, mami (*colloquial*)
el padre ⟷ el papá, papi (*colloquial*)
los padres ⟷ los papás, papis (*colloquial*)

▶ What do you call your parents?

A escuchar

1 **Indicar** Check **sí** if the word you hear indicates a family member or **no** if it does not. **①** Communication Interpretive Communication

	Sí	No
1.	✓	
2.		✓
3.		✓
4.	✓	
5.	✓	
6.		✓
7.		✓
8.	✓	

2 **Emparejar** You will hear some definitions of vocabulary words. Indicate which sentence matches each definition. **②** Communication Interpretive Communication

1. a. Son mis padres.　　b. Son mis abuelos.　　(c.) Son mis suegros.
2. (a.) Es mi yerno.　　b. Es mi sobrino.　　c. Es mi cuñado.
3. a. Es periodista.　　b. Es programadora.　　(c.) Es artista.
4. a. Es mi prima.　　(b.) Es mi sobrina.　　c. Es mi abuela.
5. a. Son mis perros.　　(b.) Son mis primos.　　c. Son mis abuelos.
6. (a.) Es mi nieto.　　b. Es mi tío.　　c. Es mi gato.

3 **¿Lógico o ilógico?** Listen to each conversation and indicate whether it is logical or illogical. **③** Communication Interpretive Communication

	Lógico	Ilógico
1.	✓	
2.		✓
3.		✓
4.	✓	
5.		✓
6.	✓	

A practicar

4 EXPANSION Ask students to provide additional examples for the class to complete.

4 **Completar** Complete these sentences with the correct words.

> **modelo** El hijo de mi tío es mi ____primo____.

1. Mi madre y mi padre son mis ____padres____.
2. El padre de mi madre es mi ____abuelo____.
3. Yo soy el ____tío____ del hijo de mi hermana.
4. La esposa de mi hijo es mi ____nuera____.
5. Yo soy el ____yerno____ de los padres de mi esposa.
6. La hija de mi hermana es mi ____sobrina____.
7. El segundo (*second*) esposo de mi madre es mi ____padrastro____.
8. La hija de mi padre y de mi madrastra es mi ____media hermana____.

5 EXPANSION Ask questions about the photos and captions. Ex: **¿Quién es artista? (Elena Vargas Soto es artista.) ¿Trabaja Irene? (Sí, es programadora.)**

5 EXPANSION Have students bring in pictures of people engaged in various activities. (Use family photos, magazine pictures, drawings, computer art, etc.) Create a class family tree and identify each picture with a name. As a class, ask questions about relationships and professions. Ex: **¿Quién es la abuela de ____? ¿Es artista?**

5 **Profesiones** Complete the description of each photo.

1. Rosa María Ortiz es ____profesora____.

2. Héctor Ibarra es ____periodista____.

3. Alberto Díaz es ____médico/doctor____.

4. Elena Vargas Soto es ____artista____.

5. Daniela López es ____ingeniera____.

6. Irene González es ____programadora____.

A conversar

6 **¿Y tú?** With a classmate, take turns asking each other these questions. Do you have any answers in common? *Answers will vary.* **6** Communication Interpersonal Communication

6 EXPANSION Ask students to prepare and ask additional interview questions.

> **tengo** *I have*   **tu** *your (sing.)*
> **tienes** *you have*   **tus** *your (pl.)*

1. ¿Cuántas personas hay en tu familia?
2. ¿Cómo se llaman tus padres? ¿De dónde son?
3. ¿Cuántos hermanos tienes? ¿Cómo se llaman?
4. ¿Cuántos primos tienes? ¿Cuántos son niños y cuántos son adultos?
5. ¿Eres tío/a? ¿Cómo se llaman tus sobrinos/as? ¿Dónde estudian o trabajan?
6. ¿Tienes novio/a? ¿Tienes esposo/a? ¿Cómo se llama?

7 **Una familia famosa** Create a family tree for a famous family, using photos or drawings labeled with names and origins. Describe the family tree to a classmate and explain who the people are and their relationships to each other. Answer any questions your classmate may have. *Answers will vary.*
7 Communication Interpersonal Communication

7 EXPANSION Have students present their partner's famous family to the class.

8 **Mi familia** Draw your own family tree and then share it with a classmate. Ask your partner questions about his/her family tree. *Answers will vary.* **8** Communication Interpersonal Communication

modelo
Estudiante 1: ¿De dónde es tu cuñado David?
Estudiante 2: Es de Chicago.

8 SUGGESTION If students aren't comfortable drawing their own family tree, have them draw the family tree of a family from TV, movies, or literature.

ACTIVITY PACK For additional activities, go to the **Activity Pack** in the **Resources** section of the Supersite.

I CAN ask and answer questions about family members and their relationship to each other.

Pronunciación

 Tutorial

Diphthongs and linking

INSTRUCTIONAL RESOURCES
Supersite: Pronunciation Tutorial; WebSAM
SAM: Lab Manual p. 246

SUGGESTION Write **hermano**, **niña**, and **cuñado** on the board, pronounce the words, and ask students to repeat them. Ask students to identify the strong and weak vowels. Repeat writing, modeling, practicing, and identifying key pronunciation points with each of the remaining five sections.

EXPANSION Provide more model sentences to practice diphthongs and linking. Ex: **Los estudiantes extranjeros hablan inglés. Mi abuela Ana tiene ochenta años. Juan y Enrique son hermanos. ¿Tu esposa aprende una lengua extranjera? Tengo un examen en la clase de español hoy.**

hermano   **niña**   **cuñado**

In Spanish, **a**, **e**, and **o** are considered strong vowels. The weak vowels are **i** and **u**.

ruido   **parientes**   **periodista**

A diphthong is a combination of two weak vowels or of a strong vowel and a weak vowel. Diphthongs are pronounced as a single syllable.

la abuela   **mi hijo**   **una clase excelente**

Two identical vowel sounds that appear together are pronounced like one long vowel.

con Natalia   **sus sobrinos**   **las sillas**

Two identical consonants together sound like a single consonant.

es ingeniera   **mis abuelos**   **sus hijos**

A consonant at the end of a word is linked with the vowel at the beginning of the next word.

mi hermano   **su esposa**   **nuestro amigo**

A vowel at the end of a word is linked with the vowel at the beginning of the next word.

Práctica Say these words aloud, focusing on the diphthongs.

1. historia	5. residencia	9. lenguas
2. nieto	6. prueba	10. estudiar
3. parientes	7. puerta	11. izquierda
4. novia	8. ciencias	12. ecuatoriano

Oraciones Read these sentences aloud to practice diphthongs and linking words.

1. Hola. Me llamo Anita Amaral. Soy del Ecuador.
2. Somos seis en mi familia.
3. Tengo dos hermanos y una hermana.
4. Mi papá es del Ecuador y mi mamá es de España.

Refranes Read these sayings aloud to practice diphthongs and linking sounds.

> **Hablando del rey de Roma, por la puerta se asoma.**[2]

> **Cuando una puerta se cierra, otra se abre.**[1]

[1] *When one door closes, another opens.*
[2] *Speak of the devil and he will appear.*

INSTRUCTIONAL
RESOURCES
Supersite: WebSAM
SAM: Video Manual
pp. 173–174

Video

Antes de ver

Look only at the images and predict what will happen in the video.

VIDEO RECAP Before showing this **Aventuras** episode, review the previous episode with these questions: 1. ¿Qué día es? (Es lunes.) 2. ¿Quiénes caminan a la universidad? (Manuel, Valentina y Juanjo caminan a la universidad.) 3. ¿Dónde está la tarea de Sara? (Está en la mesa.) 4. ¿Cuántos minutos tarde llega Sara a la escuela? (Llega treinta y cinco minutos tarde.)

VIDEO SYNOPSIS Olga Lucía is finishing a project in her apartment. Manuel, Juanjo, Sara, and Valentina are waiting for her in the guys' apartment. Valentina's mother Carmen, father Pedro, grandmother Gloria, and younger brother Felipe arrive unexpectedly. Valentina introduces her friends to her family. They all go to the park together. Everyone has fun except for Manuel and Juanjo.

Communicative Goal
Introduce my family

Una visita inesperada

Manuel, Juanjo, Valentina y Sara esperan a Olga Lucía cuando la familia de Valentina llega.

PERSONAJES

CARMEN

OLGA LUCÍA

PEDRO

FELIPE

GLORIA

MANUEL

SARA

VALENTINA

JUANJO

CARMEN ¡Hola, guapa! ¡Tú debes ser Olga!
OLGA LUCÍA Olga Lucía. ¿Y usted quién es?
CARMEN Soy Carmen, la madre de Valentina. Él es Pedro, su padre. ¡Hijo, saluda!
FELIPE Hola, soy Felipe.
CARMEN Y ella es la abuela, Gloria.
GLORIA ¿Y mi nieta? ¡Vivimos en Zaragoza, venimos hasta Madrid y mi nieta no está!

OLGA LUCÍA Valentina está en el apartamento de al lado. Ya regreso.
JUANJO ¡Olga Lucía, por favor! ¡Es domingo! Comparte con nosotros un rato y en la tarde terminas.
OLGA LUCÍA Te presento a la familia de Valentina.
JUANJO Hola. ¡Qué simpáticos!

VALENTINA Juanjo, ¿vienes con nosotros?... Mamá... papá... Os presento a mis amigos. Él es Juanjo, vecino y compañero de universidad.
JUANJO Juan José Reyes Peña, encantado.
VALENTINA Juanjo es un chico muy inteligente. Estudia ciencias ambientales.
CARMEN ¿Y de dónde eres?
JUANJO ¡Soy dominicano!
GLORIA ¿Es mexicano?
PEDRO ¡Dominicano, mamá! ¡Dominicano!

A C T I V I D A D E S

1 Ordenar Put the events in order.
1 Communication Interpretive Communication

___5___ a. Valentina, su familia y sus amigos van (*go*) al Parque del Retiro.

___2___ b. La mamá de Valentina presenta a su familia.

___3___ c. Juanjo busca a Olga Lucía.

___1___ d. Olga Lucía abre la puerta.

___4___ e. Valentina presenta a sus amigos.

2 Completar Complete the sentences about Valentina's family. **2 Communication** Interpretive Communication

1. Felipe es el ___hermano___ de Valentina.

2. Valentina es la ___nieta___ de Gloria.

3. Carmen y Pedro son los ___padres/papás___ de Valentina.

4. Gloria es la ___abuela___ de Felipe.

5. Pedro es el ___hijo___ de Gloria.

6. Carmen es la ___esposa___ de Pedro.

SUGGESTION Preview the grammatical structures taught in this lesson. Identify descriptive adjectives like **guapa**, **simpáticos**, **inteligente**, **divertido**, **mexicano**, and **dominicano** in the captions. Also point out the possessive adjectives **su**, **mi**, **mis**, and **nuestro**. Identify forms of -er and -ir verbs, such as **debes** and **vivimos** in caption 1. Point out forms of the verbs **tener** and **venir**: **vienes** (caption 3) and **tenemos** (caption 5).

SUGGESTION Have students list any words for family in the episode. (**madre**, **padre**, **hijo**, **abuela**, **nieta**, **familia**, **mamá**, **papá**, **hermana**, **prima**)

VALENTINA Él es Manuel. También es muy inteligente.

MANUEL Manuel Vázquez Quevedo. ¡Mucho gusto!

VALENTINA La mamá de Manuel es la hermana de don Paco, nuestro casero.

MANUEL Y ella es Sara, mi prima.

SARA ¡Mucho gusto!

JUANJO Bueno, tenemos prisa.

CHICOS ¡Adiós!

FELIPE ¿Y adónde vais?

VALENTINA Al Parque del Retiro.

FELIPE ¡Pues vamos todos!

SARA ¡Olga Lucía!

OLGA LUCÍA ¡Hola!

SARA ¡Valentina!

VALENTINA ¡Hola!

SARA ¡Chicos!

FELIPE ¡Hola!

JUANJO Y MANUEL ¡Qué divertido!

Expresiones útiles

ahora *now*

el/la casero/a *landlord/landlady*

las ciencias ambientales *environmental science*

divertido/a *fun*

el proyecto *project*

también *also*

vais *you (fam. pl.) are going*

vamos *let's go*

el/la vecino/a *neighbor*

———

el bote de remos *rowboat*

el estanque *pond*

el salvavidas *life jacket*

Parque del Retiro

El Parque del Buen Retiro (*Pleasant Retreat*), also known as **el Retiro**, is a 350-acre oasis in the heart of Madrid. Once a getaway for Spanish kings, it is now a park where the public can enjoy a boat ride on a large artificial pond, take a stroll in the **Rosaleda** (*Rose Garden*), see an art exhibit at the **Palacio de Cristal** (*Glass Palace*), or have coffee at the numerous outdoor **terrazas** (*open-air cafés*).

Is there a large park or green area in your community? Compare it with **el Retiro**.

Comparisons Cultural Comparisons

3 **Una visita inesperada** Your family has come to visit you. Introduce your roommate to your family members. Work with several classmates and switch roles. **3** Communication
Interpersonal Communication

modelo

Estudiante 1: Laura, te presento a mi familia. Ella es mi madre, Sandra.

Estudiante 2: Hola, mucho gusto.

Estudiante 3: El gusto es mío. ¿De dónde eres?

I CAN introduce my family.

Communicative Goal
Identify practices related to last names and families in Spanish-speaking countries

¿Cómo te llamas?

In the Spanish-speaking world, it is common to have two last names: one paternal and one maternal. In some cases, the words **de** or **y** are used to connect the two. For example, in the name **Juan Martínez de Velasco,** *Martínez* is the paternal surname (**el apellido paterno**), and *Velasco* is the maternal surname (**el apellido materno**); **de** simply links the two. This convention of using two last names (**doble apellido**) is a European tradition that Spaniards brought to the Americas. It continues to be practiced in many countries, including Chile, Colombia, Mexico, Peru, and Venezuela. There are exceptions, however; in Argentina, the prevailing custom is for children to inherit only the father's last name.

Gabriel García Márquez

Mercedes Barcha Pardo

Rodrigo García Barcha

Hijos en la casa

In Spanish-speaking countries, family and society place very little pressure on young adults to live on their own (**independizarse**), and children often live with their parents well into their thirties. For example, about 70% of Spaniards between the ages of 18 and 29 live at home with their parents. This delay in moving out is both cultural and economic—lack of job security or low wages coupled with a high cost of living may make it impractical for young adults to live independently before they marry.

followed by the mother's first surname, as in the name **Rodrigo García Barcha.** However, both surnames come from the grandfathers, and therefore all **apellidos** are effectively paternal.

Comparisons Language Comparisons

When a woman marries in a country where two last names are used, legally she retains her two maiden surnames. However, socially she may take her husband's paternal surname in place of her inherited maternal surname. For example, **Mercedes Barcha Pardo,** widow of Colombian writer **Gabriel García Márquez,** might use the names **Mercedes Barcha García** or **Mercedes Barcha de García** in social situations (although officially her name remains **Mercedes Barcha Pardo**). Adopting a husband's last name for social purposes, though widespread, is only legally recognized in Ecuador and Peru.

Most parents do not break tradition upon naming their children; regardless of the surnames the mother uses, they use the father's first surname

ASÍ SE DICE

Familia y amigos

el/la bisnieto/a	*great-grandson/ great-granddaughter*
el/la chamaco/a (Méx.) el/la chamo/a (Ven.) el/la chaval(a) (Esp.) el/la pibe/a (Arg.)	el/la muchacho/a
mi cuate (Méx.) mi parcero (Col.) mi pana (Ven., P. Rico, Rep. Dom.)	*my pal; my buddy*
la madrina; el padrino	*godmother; godfather*
el/la tatarabuelo/a	*great-great-grandfather/ great-great-grandmother*

▶ What word do you use for *friend*?

INSTRUCTIONAL RESOURCES
Supersite: Video (Flash cultura); WebSAM
SAM: Video Manual pp. 205–206

ACTIVIDADES

1 **¿Cierto o falso?** Indicate whether each statement is **cierto** or **falso**. Correct the false statements.

1. Hispanic last names generally consist of the paternal last name followed by the maternal last name. *Cierto.*

2. It is common to see **de** or **y** used in a Hispanic last name. *Cierto.*

3. Someone from Argentina would most likely have two last names. *Falso. They would use only the father's last name.*

4. Generally, married women legally retain two maiden surnames. *Cierto.*

5. Hispanic last names are effectively a combination of the maternal surnames from the previous generation. *Falso. They are a combination of the paternal surnames from the previous generation.*

2 **Preguntas** Answer the questions.

1. What is the convention of using two last names called in Spanish? *doble apellido*

2. What is the origin of this tradition? *European/Spanish*

3. Which country is an exception to the custom of using two last names? *Argentina*

4. When might a woman take her husband's paternal surname in place of her inherited maternal surname? *in social situations*

3 **Apellidos** Respond to the questions. *Answers will vary.*

1. What would your two last names be if you lived in Spain?

2. What do you think of the practice of using two last names? What might be some advantages and disadvantages?

3. What do women do about their last name when they get married in the United States? How are the options similar to or different from the Spanish-speaking world?

4 **Perspectivas** What do you think are the cultural reasons for young people to live at home with their parents for so long in Spain? Discuss with a partner.

I CAN identify different practices related to family in my own and other cultures.

Communicative Goal
Identify differences in family sizes and in members that form a family unit

 Video

La familia

1 **Preparación** What is a "typical family" like where you live? Is there such a thing? What members of a family usually live together?

2 **El video** Watch this **Flash cultura** episode about families in Ecuador.

Vocabulario
familia grande y feliz *a big, happy family*
familia numerosa *a large family*
hacer (algo) juntos *to do (something) together*
reuniones familiares *family gatherings, reunions*

Te presento a la familia Bolaños.

3 **Completar** Complete this paragraph with the correct options.

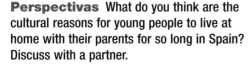 Los Valdivieso y los Bolaños son dos ejemplos de familias en Ecuador. Los Valdivieso son una familia (1) ___numerosa___ (difícil/numerosa). Viven *(They live)* en una casa (2) ___grande___ (grande/buena). En el patio, hacen *(they do)* muchas reuniones (3) ___familiares___ (familiares/con amigos). Los Bolaños son una familia pequeña *(small)*. Ellos comen *(eat)* (4) ___juntos___ (separados/juntos) y preparan canelazo, una bebida *(drink)* típica ecuatoriana.

4 **Entrevista** With a partner, role-play an interview with Mónica about her family. **4 Communication** Interpersonal Communication

I CAN identify different family gatherings in a Spanish-speaking country.

I CAN identify details and differences in the makeup of two families.

Communicative Goal
Describe people and places

3.1 Descriptive adjectives

▸ Descriptive adjectives describe nouns. In Spanish, adjectives agree in gender and number with the nouns or pronouns they describe.

▸ Adjectives that end in **–o** and **–or** have four forms.

Masculine	Feminine
el chico alto	la chica alta
los chicos altos	las chicas altas
el hombre trabajador	la mujer trabajadora
los hombres trabajadores	las mujeres trabajadoras

▸ Adjectives that end in **–e** or a consonant have the same masculine and feminine forms.

Masculine	Feminine
el chico inteligente	la chica inteligente
los chicos inteligentes	las chicas inteligentes
el profesor difícil	la profesora difícil
los profesores difíciles	las profesoras difíciles

▸ Adjectives describing different genders use the masculine plural form.

¿Cómo son Paco y Ana? Paco es alto. Ana es alta. → Paco y Ana son altos.

Common descriptive adjectives

alto/a	tall	gordo/a	fat	moreno/a	dark-haired
antipático/a	unpleasant	grande	big	pelirrojo/a	red-haired
bajo/a	short (in height)	guapo/a	good-looking	pequeño/a	small
bonito/a	pretty	importante	important	rubio/a	blond
bueno/a	good	inteligente	intelligent	simpático/a	nice
delgado/a	thin	interesante	interesting	tonto/a	foolish
difícil	difficult	joven	young	trabajador(a)	hard-working
fácil	easy	malo/a	bad	viejo/a	old
feo/a	ugly				

¡ojo! Note that **joven** takes an accent in the plural: **joven / jóvenes.**

Adjectives of nationality

▸ Adjectives of nationality are formed like other adjectives. Adjectives of nationality that end in a consonant add **–a** to form the feminine.

Masculine	Feminine
Toño es mexicano.	Gloria es mexicana.
Ellos son mexicanos.	Ellas son mexicanas.
Héctor es español.	Sara es española.
Ellos son españoles.	Ellas son españolas.

SUGGESTION Show the **Aventuras fotonovela** again to give students more practice with descriptive adjectives. Stop the video where appropriate to discuss how certain adjectives were used.

INSTRUCTIONAL RESOURCES
Supersite: Grammar Tutorial; WebSAM
SAM: Workbook pp. 23–24; Lab Manual p. 247

Práctica

1 **Emparejar** Read the descriptions and match them with the photos.

1. _E_ Mateo es moreno.
2. _D_ Duque es gordo.
3. _F_ Luisa es rubia.
4. _B_ Rayo es delgado.
5. _A_ César es muy pequeño.
6. _C_ Raquel es pelirroja.

2 **Completar** Look at the portrait of Amanda's family and imagine their personalities. Complete the sentences with appropriate adjectives. *Answers will vary.*

1. Mi familia es _____.
2. Mis abuelos son _____. Mi abuelo es _____ y mi abuela es _____.
3. Mi padre se llama Julio. Él es _____.
4. Mi madre se llama Victoria. Ella es _____.
5. Mi hermana se llama Rosa. Ella es _____.
6. Y mi hermano Tomás es muy _____.

Conversación

3 Describir With a partner, take turns describing each photo. Tell your partner whether you agree (**Estoy de acuerdo**) or disagree (**No estoy de acuerdo**) with the descriptions. *Answers will vary.* **3 Communication** Interpersonal Communication

modelo

Estudiante 1: Los Ángeles es una ciudad (*city*) bonita.
Estudiante 2: Estoy de acuerdo. Es muy grande también (*too*)./ No estoy de acuerdo. Es una ciudad muy fea.

Los Ángeles

1. **Rey y reina de España**

2. **La Torre (*Tower*) Sears**

3. **Taylor Swift**

4. **Enrique Iglesias**

5. **Santa Fe, Nuevo México**

6. **Bill Gates**

4 Anuncio personal Write a personal ad that describes yourself and your ideal boyfriend, girlfriend, or mate. Compare your ad with a classmate's. *Answers will vary.*

★ **SOY ALTA** y bonita. Soy estadounidense, de Texas. Estudio arte en la universidad. Busco un chico similar a mí (*to me*). Mi novio ideal es alto, inteligente y muy simpático.

I CAN describe people and places.
I CAN write a personal ad.

ACTIVITY PACK For additional activities, go to the **Activity Pack** in the **Resources** section of the Supersite.

Some adjectives of nationality

alemán, alemana	German	estadounidense	from the United States
argentino/a	Argentine		
canadiense	Canadian	francés, francesa	French
chino/a	Chinese	inglés, inglesa	English
costarricense	Costa Rican	japonés, japonesa	Japanese
cubano/a	Cuban	mexicano/a	Mexican
dominicano/a	Dominican	norteamericano/a	(North) American
ecuatoriano/a	Ecuadorian	puertorriqueño/a	Puerto Rican
español(a)	Spanish	venezolano/a	Venezuelan

The position of adjectives

▶ Adjectives generally follow the nouns they modify.

La mujer **rubia** es de España. *The blond woman is from Spain.*
¿Cómo se llama la mujer **ecuatoriana**? *What is the Ecuadorian woman's name?*

¡ojo! Unlike descriptive adjectives, adjectives of quantity such as **mucho/a** (*much; many; a lot*) are placed before the modified noun.

Muchos ingenieros trabajan aquí. *Many engineers work here.*
Mucha gente viaja en el verano. *A lot of people travel in the summer.*

▶ **Bueno/a** and **malo/a** can be placed before or after a noun. Before a masculine singular noun, the forms are shortened: **bueno → buen; malo → mal.**

José es un **buen** amigo.
José es un amigo **bueno**.
José is a good friend.

Hoy es un **mal** día.
Hoy es un día **malo**.
Today is a bad day.

▶ When **grande** appears before a singular noun, it is shortened to **gran**.

¡ojo! The adjective **grande** also changes its definition depending on its position: **gran** = *great*, but **grande** = *big, large*.

Manuel es un **gran** hombre. *Manuel is a great man.*
La familia de Inés es **grande**. *Inés' family is large.*

¡Manos a la obra!

Give the appropriate forms of the adjectives provided.

1. Eres _simpático/a_.
2. Yolanda es _simpática_.
3. Nosotros somos _simpáticos_.
4. Valeria y Marta son _simpáticas_.
5. Diego es _simpático_.
6. Tomás y yo somos _trabajadores_.
7. Ellas son _trabajadoras_.
8. La médica es _trabajadora_.
9. Los niños son _trabajadores_.
10. Él es _trabajador_.

1. Soy _español(a)_.
2. Ángela es _española_.
3. Los turistas son _españoles_.
4. Nosotros somos _españoles_.
5. El periodista es _español_.
6. Ellos son _norteamericanos_.
7. Clara y Bárbara son _norteamericanas_.
8. Ella es _norteamericana_.
9. Rafael y yo somos _norteamericanos_.
10. Juan Pablo es _norteamericano_.

Communicative Goal |
Indicate relationships between family members |

3.2 Possessive adjectives

▸ Possessive adjectives express ownership or possession.

Forms of possessive adjectives

Singular forms		Plural forms	
mi		mis	*my*
tu		tus	*your (fam.)*
su		sus	*his, her, its, your (form.)*
nuestro/a		nuestros/as	*our*
vuestro/a		vuestros/as	*your (fam.)*
su		sus	*their, your*

¡ojo! Spanish possessive adjectives show agreement in number with the nouns they modify. **Nuestro** and **vuestro** show agreement in gender and number.

mi **primo**	mis **primos**		mi **tía**	mis **tías**
nuestro **tío**	nuestros **tíos**		nuestra **tía**	nuestras **tías**

▸ Possessive adjectives are placed before the nouns they modify.

Os presento a mis amigos.

Y ella es Sara, mi prima.

▸ **Su** and **sus** have multiple meanings (*your, his, her, their, its*). To avoid confusion, use this construction instead: [*article*] + [*noun*] + **de** + [*subject pronoun*].

sus **parientes**	los parientes de él/ella	*his/her relatives*
	los parientes de Ud./Uds.	*your relatives*
	los parientes de ellos/ellas	*their relatives*

SUGGESTION Ask students a few questions about the members of their immediate and extended families. Ex: **¿Cómo son tus padres?, ¿Cómo se llama tu tío favorito?**

¡Manos a la obra!

Provide the appropriate form of each possessive adjective.

1. Es __mi__ (*my*) perro.
2. __Mi__ (*my*) familia es ecuatoriana.
3. __Tu__ (*your, fam.*) tío Marcelo es cubano.
4. __Nuestro__ (*our*) profesor es español.
5. Es __su__ (*her*) reloj.
6. Es __tu__ (*your, fam.*) mochila.
7. Es __su__ (*your, form.*) maleta.
8. __Su__ (*their*) sobrina es alemana.
9. __Sus__ (*her*) primos son franceses.
10. __Nuestros__ (*our*) hermanastros son canadienses.
11. Son __sus__ (*their*) gatos.
12. __Sus__ (*their*) nietos son japoneses.

Práctica

INSTRUCTIONAL RESOURCES
Supersite: Grammar Tutorial; WebSAM
SAM: Workbook pp. 25–26; Lab Manual p. 248

1 **Completar** Complete Marta's description with the appropriate possessive adjectives.

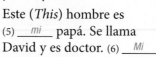

Ésta es una foto de (1) __mi__ familia. Aquí están (2) __mis__ abuelos. Son los padres de (3) __mi__ papá. (4) __Su__ casa (*home*) está en Valparaíso, Chile. ¡Es muy bonita!

Este (*This*) hombre es (5) __mi__ papá. Se llama David y es doctor. (6) __Mi__ mamá se llama Rebeca; es periodista. (7) __Su__ hermana, (8) __mi__ tía Silvia, es una gran artista.

Y aquí está (9) __mi__ hermano Ramón. (10) __Su__ esposa se llama Sonia. (11) __Sus__ hijos Javier y Laura son (12) __mis__ sobrinos. Son muy simpáticos.

2 **¿Dónde está?** You can't remember where you put some of your belongings. Your partner will help you by reminding you where things are. Take turns playing each role. *Answers will vary.* **2 Communication** Interpersonal Communication

modelo

Estudiante 1: ¿Dónde está mi pluma?
Estudiante 2: Tu pluma está al lado de la computadora.

1.

2.

3.

4.

5.

6.

Conversación

 3 **Describir** With a partner, take turns describing these people and places. *Answers will vary.* **3** **Communication** Interpersonal Communication

modelo La biblioteca de su universidad

La biblioteca de nuestra universidad es muy grande. Hay muchos libros en la biblioteca.

1. Tus padres
2. Tus abuelos
3. Tu mejor (*best*) amigo/a
4. Tu novio/a ideal
5. Su universidad
6. La librería de su universidad
7. Tu profesor(a) favorito/a
8. Su clase de español

4 **Tres fotos** Choose one of the three family photos and describe the family as if it were your own. Your partner will guess which photo you are describing. Then switch roles.
Answers will vary. **4** **Communication** Interpersonal Communication

Familia 1

Familia 2

Familia 3

ACTIVITY PACK For additional activities, go to the **Activity Pack** in the **Resources** section of the Supersite.

I CAN describe the members of a family, including the relationships between them.

Communicative Goal
Recognize familiar words in a simple ad

Español en vivo

crecimiento *growth* **sabor** *flavor* **vaso** *glass* **huesos** *bones*

1 **Identificar** Scan the advertisement, and identify the instances where possessive adjectives are used.

2 **Preguntas** Answer the questions. **2** **Communication** Interpretive Communication
1. ¿Quiénes son las personas del anuncio (*advertisement*)?
2. ¿Cuál es su bebida (*drink*) favorita?
3. ¿Por qué bebe el niño un vaso de leche por (*per*) día?

I CAN recognize familiar words in a simple ad.

Communicative Goal
Ask and answer questions about daily activities

3.3 Present tense of regular –er and –ir verbs

▶ In Lesson 2, you learned how to form the present tense of regular **–ar** verbs. This chart contains the forms of the regular **–ar** verb **trabajar**, which is conjugated just like other **–ar** verbs you have learned. There are other regular verbs in Spanish: regular **–er** and **–ir** verbs. The chart also shows the forms of an **–er** verb and an **–ir** verb.

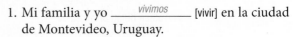

Present tense of –ar, –er, and –ir verbs

	trabajar	comer	escribir
	to work	*to eat*	*to write*
yo	trabajo	como	escribo
tú	trabajas	comes	escribes
Ud./él/ella	trabaja	come	escribe
nosotros/as	trabajamos	comemos	escribimos
vosotros/as	trabajáis	coméis	escribís
Uds./ellos/ellas	trabajan	comen	escriben

¡Tú debes ser Olga!

Vivimos en Zaragoza.

▶ **–Ar, –er,** and **–ir** verbs have very similar endings. Study the chart to detect the patterns that make it easier for you to use the verb endings to communicate in Spanish.

▶ Like **–ar** verbs, the **yo** forms of **–er** and **–ir** verbs end in **–o**.

trabajo   como   escribo

▶ The endings for **–ar** verbs begin with **–a**, except for the **yo** form.

hablo   habla   habláis
hablas   hablamos   hablan

▶ The endings for **–er** verbs begin with **–e**, except for the **yo** form.

como   come   coméis
comes   comemos   comen

▶ **–Er** and **–ir** verbs have the exact same endings, except in the **nosotros/as** and **vosotros/as** forms.

nosotros	comemos
	escribimos

vosotros	coméis
	escribís

SUGGESTION Ask students to come up with a list of things they routinely do in Spanish class or in any of their other classes. Encourage them to use the **-er/-ir** verbs that they have learned so far.

INSTRUCTIONAL RESOURCES
Supersite: Grammar Tutorial; WebSAM
SAM: Workbook pp. 27–28; Lab Manual p. 249

Práctica

1 **Mi familia** Susana is describing her family. Complete each sentence with the correct verb form.

1. Mi familia y yo ___vivimos___ [vivir] en la ciudad de Montevideo, Uruguay.

2. Mi hermano Alfredo es muy inteligente. Él ___asiste___ [asistir] a clases de lunes a viernes.

3. Los martes Alfredo y yo ___corremos___ [correr] en el parque.

4. Mis padres ___comen___ [comer] mucho; son un poco gordos.

5. Yo ___creo___ [creer] que (*that*) mis padres ___deben___ [deber] comer menos (*less*).

2 **Completar** Juan is talking about what he and his friends do after school. Complete his sentences.

modelo

Yo _*corro*_ por (*for*) una hora.

1. Nosotros ___comemos___ en el restaurante.

2. Elena ___escribe___ en su diario.

3. Juan Diego y Sofía ___beben___ café.

4. Ana y Lía ___comparten___ el almuerzo (*lunch*).

5. Carlos ___lee___ en la biblioteca.

Conversación

 Entrevista Use these questions to interview a classmate. Then report the results of your interview to the class. *Answers will vary.* **3 Communication** Interpersonal Communication

1. ¿Dónde vives?

2. ¿Con quién vives? ¿Compartes tu cuarto?

3. ¿Dónde comes al mediodía?

4. ¿Bebes leche (*milk*) todos los días?

5. ¿Qué días asistes a clases?

6. ¿Qué cursos debes tomar el próximo (*next*) semestre?

7. ¿Recibes muchos mensajes de texto (*text messages*)? ¿De quién(es)?

8. ¿Crees en extraterrestres (*aliens*)?

Encuesta Ask your classmates if they do (or should do) the things mentioned on the survey. Try to find at least two people for each item. *Answers will vary.*
4 Communication Interpersonal Communication

modelo

Estudiante 1: ¿Asistes siempre (*always*) a la clase de español?
Estudiante 2: No, no asisto siempre a la clase de español.
Estudiante 1: ¿Asistes siempre a la clase de español?
Estudiante 3: Sí, asisto siempre a la clase de español.

Actividades	Nombres
1. Asistir siempre (*always*) a la clase de español	_____
2. Correr todos los días (*every day*)	_____
3. Leer mucho (*a lot*) para los exámenes	_____
4. Compartir tus cosas con tus hermanos	_____
5. Abrir las ventanas en invierno (*winter*)	_____
6. Escribir en un blog	_____
7. Vivir en una residencia estudiantil	_____
8. Comer en la cafetería de la universidad	_____

ACTIVITY PACK For additional activities, go to the **Activity Pack** in the **Resources** section of the Supersite.

I CAN ask and answer questions about daily activities.

Common –er and –ir verbs

Common –er and –ir verbs			
–er verbs		**–ir verbs**	
aprender	to learn	abrir	to open
beber	to drink	asistir (a)	to attend
comer	to eat	compartir	to share
comprender	to understand	decidir	to decide
correr	to run	describir	to describe
creer (en)	to believe (in)	escribir	to write
deber (+ *inf.*)	should	recibir	to receive
leer	to read	vivir	to live

Lucía y Marcos **corren** en el parque.

Rosa **vive** en la residencia estudiantil.

¡Manos a la obra!

Provide the correct forms of these verbs.

correr

1. Graciela __corre__ en el parque.
2. Tú __corres__ en el campus.
3. Mi primo y yo __corremos__.
4. Yo __corro__ los domingos.
5. Mis hermanos __corren__.
6. Ud. __corre__ en la plaza.
7. Uds. __corren__ los lunes.
8. La familia __corre__.
9. Marcos y yo __corremos__.

abrir

1. Ellos __abren__ la puerta.
2. Carolina __abre__ la maleta.
3. Yo __abro__ las ventanas.
4. Nosotras __abrimos__ los libros.
5. Ud. __abre__ el cuaderno.
6. Tú __abres__ la ventana.
7. Uds. __abren__ las maletas.
8. Él __abre__ el libro.
9. Los muchachos __abren__ los cuadernos.

aprender

1. Él __aprende__ español.
2. Uds. __aprenden__ español.
3. Maribel y yo __aprendemos__ inglés.
4. Tú __aprendes__ japonés.
5. Uds. __aprenden__ francés.
6. Mi hijo __aprende__ alemán.
7. Yo __aprendo__ alemán.
8. Ud. __aprende__ inglés.
9. Nosotros __aprendemos__ lenguas extranjeras.

Communicative Goal
State basic feelings and needs

3.4 Present tense of **tener** and **venir**

▸ The verbs **tener** (*to have*) and **venir** (*to come*) are frequently used. Since most of their forms are irregular, you will have to learn each one individually.

Present tense of *tener* and *venir*

	tener	**venir**
	to have	*to come*
yo	ten**go**	ven**go**
tú	tien**es**	vien**es**
Ud./él/ella	tien**e**	vien**e**
nosotros/as	ten**emos**	ven**imos**
vosotros/as	ten**éis**	ven**ís**
Uds./ellos/ellas	tien**en**	vien**en**

Juanjo, ¿vienes con nosotros?

Bueno, tenemos prisa.

▸ Note that the **yo** forms are irregular:

ten**go**   ven**go**

▸ The **nosotros** and **vosotros** forms are regular:

ten**emos**   ven**imos**
ten**éis**   ven**ís**

▸ In the **tú**, **Ud./él/ella** and **Uds./ellos/ellas** forms, the **e** of the stem changes to **ie** as shown.

INFINITIVE	VERB STEM		VERB FORM
tener	ten-	tú	tie**nes**
		Ud./él/ella	tie**ne**
		Uds./ellos/ellas	tie**nen**
venir	ven-	tú	vie**nes**
		Ud./él/ella	vie**ne**
		Uds./ellos/ellas	vie**nen**

SUGGESTION Point out that **tener que** + [*infinitive*] can express both obligation and need. **Tengo que estudiar más** can mean either *I have to (am obligated to) study more* or *I need to study more.*

INSTRUCTIONAL RESOURCES
Supersite: Grammar Tutorial; WebSAM
SAM: Workbook pp. 29–30; Lab Manual p. 250

Práctica

1 Completar Complete each sentence with the appropriate form of **tener** or **venir**.

> **modelo**
> Hoy nosotros ___*tenemos*___ una reunión familiar.

1. Todos (*all*) mis parientes ___*vienen*___ , excepto mi tío Ricardo.
2. Él no ___*viene*___ porque vive lejos, en Guayaquil.
3. Mi prima Inés y su novio no ___*vienen*___ hasta (*until*) las ocho porque ella ___*tiene*___ que trabajar.
4. En las fiestas, mis sobrinos siempre (*always*) ___*tienen*___ ganas de cantar y bailar.
5. Mi madre cree que mis sobrinos son muy simpáticos. Creo que ella ___*tiene*___ razón.

2 Describir Describe these people using **tener** expressions.

> **modelo**

Tiene (*mucha*) prisa.

1. ___*Tienen (mucha) hambre.*___

2. ___*Tiene (mucho) calor.*___   3. ___*Tienen (mucho) frío.*___

4. ___*Tiene veintiún años.*___   5. ___*Tiene (mucha) sed.*___

Conversación

3 **¿Sí o no?** Decide if these statements apply to you. Then interview a classmate by transforming each statement into a question. Report your results to the class. *Answers will vary.*

3 Communication Interpersonal Communication

modelo

Estudiante 1: ¿Tiene tu madre cincuenta años?
Estudiante 2: No, tiene cuarenta y dos años.

	Yo	Mi amigo/a
1. Mi madre tiene cincuenta años.	Sí	No
2. Mi padre siempre (*always*) tiene razón.	___	___
3. Mis padres vienen a la universidad con frecuencia (*frequently*).	___	___
4. Vengo a clase los jueves.	___	___
5. Tengo dos pruebas hoy.	___	___
6. Mis amigos vienen a mi casa (*house*) los sábados.	___	___
7. Hoy tengo ganas de comer en un restaurante.	___	___
8. Tengo sed.	___	___
9. Tengo miedo de vivir solo/a (*by myself*).	___	___
10. Tengo que estudiar los domingos.	___	___
11. Tengo una familia grande.	___	___
12. Siempre tengo prisa.	___	___

4 **Entrevista** Use these questions to interview a classmate. *Answers will vary.* **4** Communication Interpersonal Communication

1. ¿Cuántos años tienes? ¿Y tus hermanos/as?
2. ¿Cuándo vienes a la universidad?
3. ¿Tienes que estudiar hoy? ¿Por qué?
4. Normalmente, ¿tienes hambre a la medianoche?
5. ¿Tienes sueño ahora (*now*)?
6. ¿Qué tienes ganas de hacer (*doing*) el sábado?
7. ¿De qué tienes miedo? ¿Por qué?
8. ¿Cuándo vienen tus amigos a tu casa, apartamento o residencia estudiantil?

ACTIVITY PACK For additional activities, go to the **Activity Pack** in the **Resources** section of the Supersite.

I CAN state basic feelings and needs.

Expressions with tener

▶ In certain expressions, Spanish uses the construction **tener** + [*noun*] instead of **ser** or **estar** to express the English equivalent *to be* + [*adjective*].

Common expressions with *tener*	
tener... años	to be . . . years old
tener (mucho) calor	to be (very) hot
tener (mucho) cuidado	to be (very) careful
tener (mucho) frío	to be (very) cold
tener (mucha) hambre	to be (very) hungry
tener (mucho) miedo	to be (very) afraid/scared
tener (mucha) prisa	to be in a (big) hurry
tener razón	to be right
no tener razón	to be wrong
tener (mucha) sed	to be (very) thirsty
tener (mucho) sueño	to be (very) sleepy
tener (mucha) suerte	to be (very) lucky

▶ To express an obligation, use **tener que** (*to have to*) + [*infinitive*].

—¿**Tienes que** estudiar hoy?
Do you have to study today?

—Sí, **tengo que** estudiar física.
Yes, I have to study physics.

▶ To ask people if they feel like doing something, use **tener ganas de** (*to feel like*) + [*infinitive*].

—¿**Tienes ganas de** comer?
Do you feel like eating?

—No, **tengo ganas de** dormir.
No, I feel like sleeping.

¡Manos a la obra!

 Provide the appropriate forms of **tener** and **venir**.

tener

1. Ellos __tienen__ dos hermanos.
2. Yo __tengo__ una hermana.
3. El artista __tiene__ tres primos.
4. Nosotros __tenemos__ diez tíos.
5. Eva y Diana __tienen__ un sobrino.
6. Ud. __tiene__ cinco nietos.
7. Tú __tienes__ dos hermanastras.
8. Uds. __tienen__ cuatro hijos.
9. Ella __tiene__ una hija.

venir

1. Mis padres __vienen__ de México.
2. Tú __vienes__ de España.
3. Nosotras __venimos__ de Cuba.
4. Pepe __viene__ de Argentina.
5. Yo __vengo__ de Francia.
6. Uds. __vienen__ de Canadá.
7. Alfonso y yo __venimos__ de Puerto Rico.
8. Ellos __vienen__ de Alemania.
9. Ud. __viene__ de Japón.

A repasar

3.1 Descriptive adjectives

1 Corregir All of these statements are false. Change the adjectives of nationality to make them true.

1. Javier Bardem y Penélope Cruz son norteamericanos.
   Javier Bardem y Penélope Cruz son españoles.
2. Una persona de Ecuador es estadounidense.
   Una persona de Ecuador es ecuatoriana.
3. Rachel McAdams y Drake son franceses.
   Rachel McAdams y Drake son canadienses.
4. Salma Hayek es japonesa.
   Salma Hayek es mexicana.
5. Los habitantes de Puerto Rico son cubanos.
   Los habitantes de Puerto Rico son puertorriqueños.
6. David Beckham es alemán.
   David Beckham es inglés.

2 Oraciones Combine elements from each column to form complete sentences about yourself and the people you know.
Answers will vary.

modelo   Mi familia *no es grande.*

A		B	C	
Yo	Mis hijos/as	(no) ser	alto/a	moreno/a
Mi abuelo/a	Mi padre/		bajo/a	pelirrojo/a
Mi novio/a	madre		bonito/a	rubio/a
Mi familia	Mis padres		grande	simpático/a
Mi familia y	Mis primos		inteligente	tonto/a
yo	Mis tíos		interesante	trabajador(a)
Mi hermano/a	Mi(s) ¿?		joven	¿?

3.2 Possessive adjectives

3 Una familia Complete each sentence with the correct possessive adjective.

1. Me llamo Carmen. __*c*__ hermano es Javier.
   a. Nuestros   b. Sus   c. Mi
2. __*a*__ madre es médica y trabaja en un hospital.
   a. Nuestra   b. Sus   c. Mis
3. __*b*__ padre es profesor y enseña biología.
   a. tu   b. Nuestro   c. Nuestros
4. Él admira mucho a __*c*__ estudiantes porque trabajan mucho.
   a. tu   b. su   c. sus
5. Yo estudio en la misma (*same*) universidad, pero no tomo clases con __*b*__ padre.
   a. nuestras   b. mi   c. tus
6. Y dime (*tell me*), ¿cómo es __*a*__ familia?
   a. tu   b. mis   c. nuestro

4 Entrevista Get together with a classmate and take turns asking each other these questions. *Answers will vary.* **4 Communication**
Interpersonal Communication

1. ¿Cómo se llaman los miembros (*members*) de tu familia?
2. ¿Cómo es tu familia?
3. ¿Cómo son tus amigos/as?
4. ¿Cómo son tus profesores/as?

3.3 Present tense of regular –er and –ir verbs

5 Oraciones Form sentences using the cues provided.

modelo   Yo / asistir / la clase de arte
     Yo asisto a la clase de arte.

1. El médico / abrir / la puerta
   El médico abre la puerta.
2. Juan Manuel y yo / comer / la cafetería
   Juan Manuel y yo comemos en la cafetería.
3. Tomás y Mauricio / aprender / alemán
   Tomás y Mauricio aprenden alemán.
4. Tú / leer / la biblioteca
   Tú lees en la biblioteca.
5. Los perros / correr / el parque (*park*)
   Los perros corren en el parque.

6 Describir Look at the drawing and describe what these people are doing using **–er** and **–ir** verbs. *Answers will vary. Suggested answers below.*

Diego   *come un sándwich*

Marta y Susana   *comen pizza*

Yo   *escribo en mi cuaderno*

Sergio   *corre*

3.4 Present tense of **tener** and **venir**

7 Completar Complete the e-mail with the appropriate forms of **tener** or **venir**.

Juan:
¿Qué (1) _tienes_ ganas de hacer (*doing*) el sábado? Mis hermanos César y Beatriz (2) _vienen_ a visitarme de Madrid. César (3) _tiene_ 15 años y Beatriz (4) _tiene_ 17 años. Yo (5) _tengo_ suerte porque ellos son muy simpáticos y (6) _vienen_ a visitarme a la universidad con mucha frecuencia (*frequently*). El sábado al mediodía vamos (*we go*) a un restaurante puertorriqueño. ¿(7) _Vienes_ (tú) con nosotros?

Bueno, hasta pronto. Ahora voy (*Now I go*) a la cafetería porque (8) _tengo_ mucha hambre.
David

8 Tener React to these statements logically using expressions with **tener**. *Answers will vary. Suggested answers below.*

modelo
Estamos en el Polo Norte.
Tenemos frío.

1. Mi hermana come dos sándwiches. *Tiene hambre.*
2. Estoy en una sauna. *Tengo calor.*
3. ¡Mis primos ganaron (*won*) la lotería! *Tienen suerte.*
4. Luisa y Marta estudian a las dos de la mañana y están cansadas (*tired*). *Tienen sueño.*
5. Estás en *La casa del terror*. *Tienes miedo.*
6. Mi clase es en cinco minutos y todavía (*still*) estoy en mi apartamento. *Tengo prisa.*

Síntesis

9 Describe a tu familia In groups of three, describe your families. *Answers will vary.* **9 Communication** Interpersonal Communication

• Describe your family to your classmates in several sentences. (**Mi padre es alto y moreno. Mi madre es delgada y muy inteligente. Mis hermanos son...**)
• Your classmates will work together to try to repeat your description. (**Su padre es alto y moreno. Su madre...**)
• If they forget any details, they will ask you questions. (**¿Cuántos años tiene tu abuelo?**)
• Take turns until all of you have described your families.

ACTIVITY PACK For additional activities, go to the **Activity Pack** in the **Resources** section of the Supersite.

Communicative Goal
Watch a short TV ad and describe the characters

 Video

Videoclip

1 Preparación Do you like shopping or spending time in malls? What do you prefer: buying things for yourself or for others?

2 El clip Watch the commercial *Diminutivo* for **Banco Galicia**.

Vocabulario

¿Te falta mucho? *Are you almost done?*	saquito *little coat*	conjuntito *little outfit*
apurarse *to hurry*	par de zapatitos *little pair of shoes*	cerrar *to close*

Tengo que buscar algo para la beba, si no, Marcos me mata°.

me mata *is going to kill me*

3 Compras Fill in the blanks. **3 Communication** Interpretive Communication

comprar	esposo	hija	prisa	regresar	zapatitos

1. Marcos es el _esposo_ de Claudia.
2. Claudia compra _zapatitos_ y otras cosas.
3. Marcos y Claudia tienen una _hija_.
4. Claudia tiene _prisa_ porque debe _regresar_ pronto a casa.
5. Claudia necesita _comprar_ algo para la beba en diez minutos.

4 Descripción Write a description of the characters. Then, compare your description with your partner's. **4 Communication** Interpretive Communication

I CAN understand some information in a short TV ad.

I CAN describe characters.

Ampliación

Communicative Goals

Listen to a short
conversation in
Spanish, and describe
my family

1 SCRIPT

Laura: ¿Qué hay de
nuevo, Cristina?
Cristina: No mucho… sólo
problemas con mi novio.
Laura: ¿Perdón?
Cristina: No hay mucho de
nuevo… sólo problemas con
mi novio, Rafael.
Laura: ¿Qué les pasa?
Cristina: Bueno, Rafael es alto
y moreno… Es muy guapo. Y
es buena gente. Es inteligente
también… pero es que no lo
encuentro muy interesante.
Laura: ¿Cómo?
Cristina: No es muy
interesante. Sólo habla del
fútbol y béisbol. No me gusta
hablar de fútbol las veinticuatro
horas al día. No comprendo a
los muchachos. ¿Cómo es tu
novio, Laura?
Laura: Esteban es muy
simpático. Es un poco gordo,
pero creo que es muy guapo.
También es muy trabajador.
Cristina: ¿Es interesante?
Laura: Sí. Hablamos dos o tres
horas cada día. Hablamos de
muchas cosas… las clases,
los amigos… de todo.
Cristina: ¡Qué bien!
Siempre tengo mala suerte
con los novios.

2 SUGGESTION Before
beginning the conversation,
have students review
descriptive adjectives and the
present tense of regular verbs.
You may also wish to have them
brainstorm a list of words and
ideas for each item.

2 TEACHING OPTION Ask for
a few volunteers to present a
summary of their conversation
to the rest of the class.

1 Escuchar

A Listen to Cristina and Laura's conversation. Then indicate who would make each statement.

1 Communication Interpretive Communication

TIP **Ask for repetition.** During a conversation, you can ask someone to repeat by saying **¿Cómo?** (*What?*) or **¿Perdón?** (*Pardon me?*). In class, you can ask your teacher to repeat by saying **Repítalo, por favor** (*Repeat it, please*). If you don't understand a recorded activity, you can simply replay it.

	Cristina	Laura
1. Mi novio habla sólo (*only*) del fútbol y del béisbol.	✓	☐
2. Tengo un novio muy interesante y simpático.	☐	✓
3. Mi novio es alto y moreno.	✓	☐
4. Mi novio trabaja mucho.	☐	✓
5. Mi amiga no tiene buena suerte con los muchachos.	☐	✓
6. Mi novio es un poco (*little*) gordo, pero guapo.	☐	✓

B ¿Cómo son Laura y Cristina? ¿Cómo son sus novios? ¿Tienes novio/a? ¿Cómo es? *Answers will vary.*

2 Conversar

You are taking a friend to your annual family reunion. So that there will not be any surprises for your friend, you have a conversation with him or her to talk about your relatives. During the conversation, your friend should find out about the following: *Answers will vary.* **2 Communication** Interpersonal Communication

- *Which family members are coming, including their names and their relationship to you*
- *What each family member is like*
- *How old each person is*
- *Where each person is from*
- *Where each person lives*

I CAN recognize descriptions of a person's physical and personality traits in a short conversation.

I CAN describe my family.

Ampliación

Communicative Goals
Use idea maps to compose a message, and create an illustrated family tree

3 Escribir

One of your online friends wants to know about your family. Write an e-mail describing your family or an imaginary family. *Answers will vary.* **3 Communication** Presentational Communication

TIP **Use idea maps.** Idea maps help you group your information.

Family idea map		
45 años	43 años	**Organizar** — Use an idea map to help you list and organize information about your family. See the example.
moreno trabajador inteligente alto — **Simón** *padre*	**Rosa** *madre* — trabajadora simpática bonita	**Escribir** — Using the material you have compiled, write the first draft of your e-mail. Use an appropriate greeting, such as **Querido/a** (*Dear*), and an appropriate closing, such as **Un abrazo** (*A hug*).
Mi familia		**Corregir** — Exchange papers with a classmate and comment on the organization, style, and grammatical accuracy of each other's work. Then revise your first draft, keeping your classmate's comments in mind.
José *hermano*		
moreno alto escucha música rock	15 años	**Compartir** — Read your e-mail aloud to a small group of classmates. Discuss how your families are similar (**semejantes**) and how they are different (**distintas**).

4 Un paso más

Create an illustrated family tree for your family and share it with the class. Your family tree might include these elements: *Answers will vary.* **4 Communication** Presentational Communication

- A simple title
- A format that clearly shows the relationships between family members
- Photos of family members and their names, following Hispanic naming conventions
- A few adjectives that describe each family member

5 Cultura

Compare your family with one you learned about in this lesson: Valentina's family from the **Aventuras** video or the Valdivieso or Bolaños family from the **Flash cultura** video. *Answers will vary.*

5 Comparisons Cultural Comparisons

I CAN use idea maps to plan a written communication.

I CAN correspond by e-mail with a Spanish speaker using culturally appropriate greetings and closings.

I CAN create an illustrated family tree.

3 EXPANSION Tell students that they may find it helpful to create idea maps with note cards. Writing each detail on a separate card allows students to rearrange ideas and experiment with organization. Remind students to write their ideas in Spanish, since they may not know the vocabulary or structures for some English items they generate.

3 EVALUATION

Criteria	Scale
Content	1 2 3 4
Comprehensibility	1 2 3 4
Organization	1 2 3 4
Accuracy	1 2 3 4
Use of visuals	1 2 3 4

Scoring

Excellent	18-20 points
Good	14-17 points
Satisfactory	10-13 points
Unsatisfactory	< 10 points

4 SUGGESTION Students may use newspaper or magazine photos for their family tree. Encourage students to use poster paper or computer presentations.

4 SUGGESTION Before students present their trees to the class, have them practice in small groups, so classmates can make suggestions for improvement. Extend the presentations over more than one class period so that each student will have sufficient time to present.

ACTIVITY PACK For additional activities, go to the **Activity Pack** in the **Resources** section of the Supersite.

Communicative Goal
Infer the meaning of new words and
phrases in a familiar context

Antes de leer

 Audio: Reading

As you read in Spanish, you'll often come across words you haven't learned.

TIP **Guess meaning from context.** You can guess the meaning of unfamiliar words by looking at the surrounding words and sentences.

SUGGESTION Guide students to see that the photos and captions reveal that the paragraphs are about several different families. Review cognates by having them find at least five in the reading.

Examina el texto

Find a few words you don't know. Using the context, guess what these words mean.

Las familias

Me llamo Armando y tengo setenta años, pero no me considero viejo. Tengo seis nietas y un nieto. Vivo con mi hija y tengo la oportunidad de pasar mucho tiempo con ella y con mi nieto. Por las tardes salgo a pasear por el parque con él y por la noche le leo cuentos°.

Armando. Tiene seis nietas y un nieto.

Diana. Vive con su prima.

◄ Mi prima Victoria y yo nos llevamos muy bien. Estudiamos juntas° en la universidad y compartimos un apartamento. Ella es muy inteligente y me ayuda° con los estudios. Además, es muy simpática y generosa. Si necesito cualquier cosa, ¡ella me la compra!

Me llamo Ramona y soy paraguaya, aunque ahora vivo en los Estados Unidos. Tengo tres hijos, uno de nueve años, uno de doce y el mayor de quince. Es difícil a veces, pero mi esposo y yo tratamos° de ayudarlos y comprenderlos siempre.

Ramona. Sus hijos son muy importantes para ella.

► Tengo mucha suerte. Aunque mis padres están divorciados, tengo una familia muy unida. Tengo dos hermanos y dos hermanas. Me gusta hablar y salir a fiestas con ellos. Ahora tengo novio en la universidad y él no conoce a mis hermanos. ¡Espero que se lleven bien!

Ana María. Su familia es muy unida.

◀ Antes quería° tener hermanos, pero ya no es tan importante. Ser hijo único° tiene muchas ventajas°: no tengo que compartir mis cosas con hermanos, no hay discusiones° y, como soy nieto único también, ¡mis abuelos piensan° que soy perfecto!

Fernando. Es hijo único.

◀ Como soy joven todavía, no tengo ni esposa ni hijos. Pero tengo un sobrino, el hijo de mi hermano, que es muy especial para mí. Se llama Benjamín y tiene diez años. Es un muchacho muy simpático. Siempre tiene hambre y por lo tanto vamos° frecuentemente a comer hamburguesas. Nos gusta también ir al cine° a ver películas de acción. Hablamos de todo. ¡Creo que ser tío es mejor que ser padre!

Santiago. Cree que ser tío es divertido.

cuentos *stories* juntas *together* me ayuda *she helps me* tratamos *we try* quería *I wanted* hijo único *only child* ventajas *advantages* discusiones *arguments* piensan *think* vamos *we go* ir al cine *to go to the movies*

Después de leer

¿Comprendiste? Communication Interpretive Communication

Look at the magazine article and see how the words and phrases in the first column are used in context. Then find their meanings in the second column.

1. nos llevamos muy bien ___h___
2. me la compra ___d___
3. el mayor ___a___
4. no conoce ___g___
5. películas ___b___
6. mejor que ___c___

a. *the oldest*
b. *movies*
c. *better than*
d. *buys it for me*
e. *borrows it from me*
f. *we see each other*
g. *doesn't know*
h. *we get along very well*

Preguntas Communication Interpretive Communication

Answer these questions using complete sentences.

1. ¿Cuántas personas hay en la familia de Ramona?
   Hay cinco personas en su familia.

2. ¿Con quién vive Diana?
   Diana vive con su prima Victoria.

3. ¿Cómo se llama el sobrino de Santiago?
   El sobrino de Santiago se llama Benjamín.

4. ¿Quién no tiene hermanos ni (*nor*) primos?
   Fernando no tiene hermanos ni primos.

5. ¿Quién tiene novio?
   Ana María tiene novio.

6. ¿Cuántos nietos tiene Armando?
   Armando tiene siete nietos.

Coméntalo Communication Interpretive Communication

¿Es similar tu familia a las familias del artículo? En tu opinión, ¿son ideales las familias del artículo? ¿Cómo es la familia ideal? *Answers will vary.*

I CAN infer the meaning of new words and phrases in a familiar context.

Vocabulary Tools

La familia

el/la abuelo/a *grandfather/grandmother*
el/la cuñado/a *brother-in-law/sister-in-law*
el/la esposo/a *husband/wife*
la familia *family*
el/la hermanastro/a *stepbrother/stepsister*
el/la hermano/a *brother/sister*
el/la hijastro/a *stepson/stepdaughter*
el/la hijo/a *son/daughter*
los hijos *children; sons*
la madrastra *stepmother*
la madre *mother*
el/la medio/a hermano/a *half-brother/half-sister*
el/la nieto/a *grandson/granddaughter*
la nuera *daughter-in-law*
el padrastro *stepfather*
el padre *father*
los padres *parents*
los parientes *relatives*
el/la primo/a *cousin*
el/la sobrino/a *nephew/niece*
el/la suegro/a *father-in-law/mother-in-law*
el/la tío/a *uncle/aunt*
el yerno *son-in-law*

Otras palabras

el/la amigo/a *friend*
el/la gato/a *cat*
la gente *people*
el/la muchacho/a *boy/girl*
el/la niño/a *child; boy/girl*
el/la novio/a *boyfriend/girlfriend*
la persona *person*
el/la perro/a *dog*

Adjetivos

alto/a *tall*
antipático/a *unpleasant*
bajo/a *short (in height)*
bonito/a *pretty*
buen, bueno/a *good*
delgado/a *thin*
difícil *difficult*
fácil *easy*
feo/a *ugly*
gordo/a *fat*
gran; grande *great; big*
guapo/a *good-looking*
importante *important*
inteligente *intelligent*
interesante *interesting*
joven *young*
mal, malo/a *bad*
moreno/a *dark-haired*
mucho/a *much; many; a lot*
pelirrojo/a *red-haired*
pequeño/a *small*
rubio/a *blond*
simpático/a *nice*
tonto/a *foolish*
trabajador(a) *hard-working*
viejo/a *old*

Las profesiones

el/la artista *artist*
el/la doctor(a) *doctor*
el/la ingeniero/a *engineer*
el/la médico/a *doctor*
el/la periodista *journalist*
el/la programador(a) *computer programmer*

Verbos

abrir *to open*
aprender *to learn*
asistir (a) *to attend*
beber *to drink*
comer *to eat*
compartir *to share*
comprender *to understand*
correr *to run*
creer (en) *to believe (in)*
deber (+ inf.) *should*
decidir *to decide*
describir *to describe*
escribir *to write*
leer *to read*
recibir *to receive*
tener *to have*
venir *to come*
vivir *to live*

Expresiones con *tener*

tener... años *to be... years old*
tener (mucho) calor *to be (very) hot*
tener (mucho) cuidado *to be (very) careful*
tener (mucho) frío *to be (very) cold*
tener ganas de (+ inf.) *to feel like (doing something)*
tener (mucha) hambre *to be (very) hungry*
tener (mucho) miedo *to be (very) afraid/scared*
tener (mucha) prisa *to be in a (big) hurry*
tener que (+ inf.) *to have to (do something)*
tener razón *to be right*
no tener razón *to be wrong*
tener (mucha) sed *to be (very) thirsty*
tener (mucho) sueño *to be (very) sleepy*
tener (mucha) suerte *to be (very) lucky*

Nationalities *See page 69.*
Possessive adjectives *See page 70.*

As students finish the lesson, encourage them to explore the **Repaso** section on the Supersite. There they will find quizzes for practicing vocabulary, grammar, and oral language.

Communicative Goals: Review

I CAN talk about my family and friends.
• Explain your family relationships.

I CAN describe people and things.
• Describe a friend or family member.

I CAN express possession.
• Indicate your favorite relative or pet.

I CAN investigate families in Spanish-speaking countries.
• Explain how families in Spanish-speaking countries are different from your family.

4 El fin de semana

PARA EMPEZAR Here are some additional questions:
¿Dónde te gusta estar con tus amigos? ¿Qué te gusta
hacer (*to do*) con ellos: bailar, cantar, escuchar música,
correr, mirar la televisión?

🔊 PARA EMPEZAR

- ¿Trabajan estas personas?
- ¿Quién está delante de Juanjo?
- ¿Cómo es el chico detrás de Olga Lucía?

INSTRUCTIONAL RESOURCES
Supersite: Vocabulary Tutorials; WebSAM
SAM: Workbook pp. 31–32; Lab Manual p. 251

EXPANSION Describe some activities you want to do and have students guess where you will go. Ex: **Deseo nadar. ¿Adónde voy?** (Write **voy** on the board and explain the meaning.) **(la piscina)**

EL FIN DE SEMANA

patinar
to skate

LAS ACTIVIDADES Y LAS DISTRACCIONES

pasear en bicicleta
to ride a bicycle

SUGGESTION Write **practicar un deporte** on the board and explain the meaning. Then use the Digital Image Bank to present the vocabulary. Point to different items and ask yes/no questions. Ex: **¿Practicas el béisbol? ¿Y el baloncesto? ¿Paseas en bicicleta? ¿Te gusta patinar?**

escalar montañas
  to go mountain climbing

escribir una carta *to write a letter*

escribir un mensaje electrónico
  to write an e-mail

escribir una (tarjeta) postal
  to write a postcard

ir de excursión (a las montañas)
  to go on a hike (in the mountains)

leer el correo electrónico *to read e-mail*

leer el periódico *to read the newspaper*

leer una revista *to read a magazine*

nadar en la piscina *to swim in the pool*

pasar el tiempo *to spend time*

pasear por la ciudad/el pueblo
  to walk around the city/town

practicar deportes *to practice sports*

ver películas *to watch movies*

visitar un monumento
  to visit a monument

esquiar
to ski

bucear
to scuba dive

tomar el sol
to sunbathe

Vocabulary Tools

VOCABULARIO ADICIONAL For additional vocabulary on this theme, go to **Vocabulario adicional** in the **Resources** section of the Supersite.

LOS DEPORTES

el baloncesto *basketball*

el ciclismo *cycling*

el equipo *team*

el esquí (acuático) *(water) skiing*

el/la excursionista *hiker*

el golf *golf*

el hockey *hockey*

el/la jugador(a) *player*

la natación *swimming*

el partido *game*

la pelota *ball*

el tenis *tennis*

el vóleibol *volleyball*

---

ganar *to win*

ser aficionado/a (a) *to be a fan (of)*

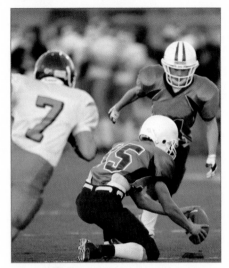

el fútbol americano
football

LOS LUGARES

la casa *house*

el centro *downtown*

el cine *movie theater*

el gimnasio *gym*

el museo *museum*

el restaurante *restaurant*

la iglesia
church

EXPANSION Have students write their three favorite sports or leisure activities in Spanish. Then tell them to share this information with a classmate who must remember it without writing it down. Ask various students to report on their partners' activities. (¿**Cuáles son los pasatiempos o deportes favoritos de...?**)

el café
café

SUGGESTION Point out that some Spanish names for sports are derived from English (**el béisbol, el fútbol, el básquetbol, el golf, el hockey, el vóleibol, el tenis**). Tell students that in the English-speaking world outside of the United States and Canada, soccer is called football. The game Americans know as football is called **fútbol americano** in the Spanish-speaking world.

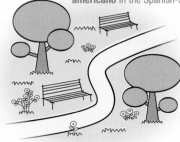

el parque
park

el fútbol
soccer

el béisbol
baseball

OTRAS PALABRAS Y EXPRESIONES

la diversión *entertainment; fun activity*

el/la excursionista *hiker*

el fin de semana *weekend*

el lugar *place*

el pasatiempo *pastime, hobby*

los ratos libres *spare time*

el tiempo libre *free time*

---

deportivo/a *sports-related*

favorito/a *favorite*

ASÍ SE DICE
la piscina ⟷ la pileta (*Arg.*), la alberca (*Méx.*)
el baloncesto ⟷ el básquetbol (*Amér. L.*)
el béisbol ⟷ la pelota (*P. Rico, Rep. Dom.*)

A escuchar

1 **Indicar** Check **sí** if each activity you hear requires a ball or **no** if does not. **1** Communication Interpretive Communication

	Sí	No
1.		✓
2.	✓	
3.		✓
4.	✓	
5.	✓	
6.	✓	
7.		✓
8.	✓	

1 SCRIPT

1. la natación
2. el vóleibol
3. el esquí
4. el baloncesto
5. el béisbol
6. el golf
7. el ciclismo
8. el fútbol

2 **Escuchar** Indicate the activity that best corresponds to each statement you hear. **2** Communication Interpretive Communication

1. _b_   a. ir de excursión
2. _c_   b. tomar el sol
3. _e_   c. ir a un partido de fútbol americano
4. _d_   d. pasear en bicicleta
5. _f_   e. practicar muchos deportes
6. _a_   f. nadar

2 SCRIPT

1. No me gusta nadar, pero paso mucho tiempo al lado de la piscina.
2. Alicia y yo vamos al estadio a las cuatro.
3. Me gusta patinar, esquiar y practicar el tenis.
4. El ciclismo es mi deporte favorito.
5. Me gusta mucho la natación.
6. Mi hermana camina mucho.

3 **Planes para el fin de semana** Berta and Julio are discussing their plans for the weekend. Listen to their conversation and mark the activities that correspond to each person. **3** Communication Interpretive Communication

	Berta	Julio
1. El domingo nado en la piscina.	✓	
2. El sábado tengo un partido de fútbol.		✓
3. El domingo practico baloncesto.		✓
4. El sábado trabajo en el café de mis padres.	✓	
5. Voy a ver una película.	✓	✓

3 SCRIPT

Julio: Berta, ¿qué planes tienes para el fin de semana?
Berta: El domingo mis amigas y yo vamos a la piscina. Me gusta nadar y tomar el sol. ¿Y tú, qué planes tienes?
Julio: Soy aficionado a los deportes. Los sábados por la tarde practico fútbol y los domingos por la mañana practico baloncesto. Tienes que venir el sábado al partido de fútbol. ¡Normalmente los partidos son muy buenos!
Berta: Lo siento, no puedo. Los sábados por la tarde trabajo en el café de mis padres. Pero tengo tiempo libre por la noche... ¿Qué tal una película? El cine está cerca del café de mis padres.
Julio: ¡Perfecto! Hablamos más tarde para decidir la película. Chau.

A practicar

4 EXPANSION Ask students to provide sentences using the circled words or phrases.

4 **El tiempo libre** Indicate which word or phrase doesn't belong.

1. bucear • ir de excursión • (leer una revista) • esquiar
2. el baloncesto • (el ciclismo) • el vóleibol • el fútbol
3. (la natación) • el cine • el café • la iglesia
4. (el golf) • la aficionada • el jugador • el excursionista
5. el periódico • (el pasatiempo) • la revista • el correo
6. ver películas • ir al museo • (practicar el hockey) • leer un periódico

5 EXPANSION Have students correct the false statements.

5 EXPANSION For review, ask students to describe the people in the photos.

5 **¿Cierto o falso?** Indicate whether each statement is **cierto** or **falso**.

Gustavo y Simón

los chicos

José

don Fernando

1. __Cierto__ Gustavo y Simón pasean en bicicleta.
2. __Cierto__ Los chicos practican fútbol.
3. __Falso__ José escala la montaña.
4. __Cierto__ Don Fernando lee el periódico en el parque.
5. __Falso__ Maribel patina.
6. __Cierto__ Doña Leonor pasea por la ciudad.

Maribel

doña Leonor

6 EXPANSION Have students act out the conversation in pairs, and tell them to continue the conversation by adding at least two lines.

6 EXPANSION Tell students to work in pairs and rewrite the conversation, substituting their own preferences.

6 **Dos amigos** Complete the conversation.

LUISA ¿Cómo te gusta (1) ___pasar___ los ratos libres, Pablo?

PABLO Bueno, Luisa, no tengo mucho (2) ___tiempo___ libre, pero los fines de (3) ___semana___ me gusta ver películas. Y tú, Luisa, ¿cuáles son tus (4) ___pasatiempos___ favoritos?

LUISA Nadar en la (5) ___piscina___, practicar (6) ___vóleibol___, correr en el (7) ___parque___...

PABLO ¡Uf! ¿Y qué haces (*do you do*) para descansar?

LUISA Me gusta ver películas también.

PABLO ¡Excelente! Hay una buena película en un (8) ___cine___ del (9) ___centro___. ¿Quieres (*Do you want*) ir?

LUISA Sí, Pablo. Buena idea.

centro	pasar	semana
cine	pasatiempos	tiempo
parque	piscina	vóleibol

A conversar

7 **En el campus** With a partner, describe what the people in the illustration are doing. Then rank the activities from the one you like to do the most to the one you like to do the least. Compare your rankings with your partner's.

7 **Communication** Interpersonal Communication   *Answers will vary.*

equipo Saltillo

Miguel

Laura

Patricia y Carlos

María Isabel

7 EXPANSION Ask students additional questions related to the drawing. Ex: **¿Dónde están estas personas? ¿Cuántos chicos practican el fútbol? ¿Y el fútbol americano? ¿Debe la gente tomar mucho el sol?**

TEACHING OPTION Play a game of continuous narration. One student begins: **Es sábado por la tarde y voy [al parque].** The next student then describes what he or she is doing there. **Estoy en el parque y patino.** If necessary, students may change the location. You may want to write some phrases on the board to help them: **voy a/al…, luego, después.**

8 **¿Y tú?** Interview your partner. Use these questions.   *Answers will vary.*   **8** **Communication** Interpersonal Communication

1. ¿Te gustan los deportes? ¿Qué deportes practicas?
2. ¿Eres aficionado a los deportes profesionales? ¿Cuáles son tus equipos favoritos?
3. ¿Te gusta ir al cine los fines de semana? ¿Cuáles son tus películas favoritas?
4. ¿Hay lugares para esquiar o ir de excursión cerca de tu ciudad o pueblo? ¿Cuáles?
5. ¿Qué lugares del centro de tu ciudad son interesantes para visitar?
6. ¿Cuántos mensajes electrónicos escribes aproximadamente durante el día? ¿Y cuántos lees?

8 SUGGESTION Before beginning the activity, review the forms **me gusta(n)** and **te gusta(n).**

8 EXPANSION Using the lesson vocabulary, have students add at least two of their own questions to the list.

9 **¿Quién soy?** Using **yo** forms, describe a famous athlete to the class, mentioning the athlete's initials **(iniciales)**. The class will guess the person you described.   *Answers will vary.*   **9** **Communication** Interpersonal Communication

modelo

Estudiante: Practico el tenis. Soy una jugadora profesional. Mi hermana practica el tenis también (*too*). Mis iniciales son V. W. ¿Quién soy?
Clase: ¿Eres Venus Williams?
Estudiante: ¡Sí!

ACTIVITY PACK For additional activities, go to the **Activity Pack** in the **Resources** section of the Supersite.

I CAN talk about my favorite pastimes.

Pronunciación

 Tutorial

INSTRUCTIONAL RESOURCES

Supersite: Pronunciation Tutorial; WebSAM

SAM: Lab Manual p. 252

Word stress and accent marks

SUGGESTION Model pronunciation having students repeat after you. Explain that **¿Cómo?** (**Práctica** item 6) has an accent because it is a question word.

EXPANSION Write a list of words on the board. In small groups, have students come up with the stress rule that applies to each word. Ex: **Inés, lápiz, equipo, pluma, Javier, chicas, francés, comer, mujer, tenis, hombre, libros, papel, Álex, excursión, deportes, pasear, esquí, mensaje.** Then have the class pronounce each word, paying particular attention to the word stress.

SUGGESTION You may want to explain that all words in which the spoken stress falls on the antepenultimate syllable (**película, vóleibol**) or preantepenultimate syllable (**específicamente**) will carry a written accent, regardless of the word's final letter.

pe-lí-cu-la   **e-di-fi-cio**   **ver**   **yo**

Every Spanish syllable contains at least one vowel. When two vowels are joined in the same syllable, they form a **diphthong***. A **monosyllable** is a word formed by a single syllable.

bi-blio-te-ca   **vi-si-tar**   **par-que**   **fút-bol**

The syllable of a Spanish word that is pronounced most emphatically is the "stressed" syllable.

pe-lo-ta   **pis-ci-na**   **ra-tos**   **ha-blan**

Words that end in **n, s,** or a **vowel** are usually stressed on the next-to-last syllable.

na-ta-ción   **pa-pá**   **in-glés**   **Jo-sé**

If words that end in **n, s,** or a **vowel** are stressed on the last syllable, they must carry an accent mark on the stressed syllable.

bai-lar   **es-pa-ñol**   **u-ni-ver-si-dad**   **tra-ba-ja-dor**

Words that do **not** end in **n, s,** or a **vowel** are usually stressed on the last syllable.

béis-bol   **lá-piz**   **ár-bol**   **Gó-mez**

If words that do **not** end in **n, s,** or a **vowel** are stressed on the next-to-last syllable, they must carry an accent mark on the stressed syllable.

*The two vowels that form a diphthong are either both weak or one is weak and the other is strong.

Práctica Pronounce each word, stressing the correct syllable. Then give the word stress rule for each word.

1. profesor
2. Puebla
3. ¿Cuántos?
4. Mazatlán
5. examen
6. ¿Cómo?
7. niños
8. Guadalajara
9. programador
10. México
11. están
12. geografía

Oraciones Read the conversation aloud to practice word stress.

MARINA Hola, Carlos. ¿Qué tal?

CARLOS Bien. Oye, ¿a qué hora es el partido de fútbol?

MARINA Creo que es a las siete.

CARLOS ¿Quieres ir?

MARINA Lo siento, pero no puedo. Tengo que estudiar biología.

Refranes Read these sayings aloud to practice word stress.

En la unión está la fuerza.²

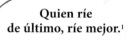

Quien ríe de último, ríe mejor.¹

INSTRUCTIONAL RESOURCES
Supersite: WebSAM
SAM: Video Manual pp. 175–176

Communicative Goal |
Talk about pastimes and make plans

¿Dónde están las entradas?

Olga Lucía, Valentina, Sara, Daniel, Juanjo y Manuel van a un partido de fútbol.

 Video

Antes de ver

Scan the captions for vocabulary related to sports.

VIDEO RECAP Before showing this **Aventuras** episode, review the previous episode with these questions: 1. ¿Cuántos parientes de Valentina vienen a Madrid? (cuatro) 2. ¿Quién es venezolano/a? (Olga Lucía) 3. ¿Qué día es? (domingo) 4. ¿Quién describe a Juanjo y Manuel como inteligentes? (Valentina)

VIDEO SYNOPSIS Valentina checks Olga Lucía's cell phone and sees a message from Manuel and Juanjo with a photo of the two boys in their **Real Madrid** gear. Daniel arrives at the building in his **Real Madrid** scarf and greets don Paco, who tells him that Sara and the rest of the family support **Atlético de Madrid**. Juanjo and Manuel arrive at the girls' apartment with tickets to the soccer game between the two teams. Manuel loses the tickets in the subway on the way to the stadium. The friends end up watching the game on TV at a restaurant.

SUGGESTION Tell students about the local soccer rivalry between **El Atlético de Madrid** and **Real Madrid**. Fans of **El Atlético** wear red and white striped jerseys; **Real Madrid** fans wear blue and white gear.

PERSONAJES

OLGA LUCÍA

VALENTINA

DANIEL

DON PACO

MANUEL

JUANJO

SARA

(1)

OLGA LUCÍA ¿Puedes ver mi celular? Ahora no puedo.

VALENTINA Es un mensaje de los chicos.

OLGA LUCÍA ¡Ja! ¡Piensan que van a ganar!

(2)

DON PACO Daniel. ¿Adónde vas?

DANIEL Voy a buscar a Sara para ir al partido de fútbol.

DON PACO ¿Y quién crees que va a ganar?

DANIEL Pues, supongo que el mejor, ¿no? Yo no entiendo mucho de fútbol. Mi deporte favorito es andar en patineta.

DON PACO Yo prefiero el fútbol. El Atlético es mi equipo favorito, el de mi hija y el de toda mi familia. ¡Y no nos gusta perder!

(3)

MANUEL ¡Aquí están las entradas!

OLGA LUCÍA ¡Termino el videojuego y salimos!

MANUEL ¡El metro va a estar lleno de gente! No quiero llegar tarde al partido.

VALENTINA ¡Daniel y Sara ya están aquí!

MANUEL ¿Lista?

OLGA LUCÍA Lista.

 ACTIVIDADES

1 ¿Cierto o falso? Indicate if each statement is **cierto** or **falso**. Correct the false statements.

1 Communication Interpretive Communication

	Cierto	Falso
1. El equipo favorito de Valentina es el Real Madrid. *El equipo favorito de Valentina es el Atlético de Madrid.*	○	✓
2. Olga Lucía recibe un mensaje de Sara. *Olga Lucía recibe un mensaje de los chicos.*	○	✓
3. El mensaje es una foto de Manuel y Juanjo.	✓	○
4. Daniel prefiere andar en patineta.	✓	○
5. Los chicos ven el partido en el estadio. *Ellos ven el partido en un restaurante.*	○	✓

2 Ordenar Put the events in order.

2 Communication Interpretive Communication

___4___ a. Manuel busca las entradas.

___1___ b. Valentina ve el mensaje.

___3___ c. Olga Lucía termina el videojuego.

___2___ d. Daniel habla con don Paco.

___5___ e. Los chicos ven el partido en la televisión.

SUGGESTION Preview the grammatical structures taught in this lesson. Point out forms of the verb **ir**: **van** in caption 1, **vas** in caption 2, **voy** in caption 2, **va** in captions 2 and 3, and **vamos** in caption 5. Identify some examples of stem-changing verbs: **puedes/puedo** and **piensan** in caption 1, **entiendo** and **prefiero** in caption 2, **quiero** in caption 3, **pierdes** and **puedo** in caption 4, **empieza** and **pido** in caption 5, and **juegan** in caption 6. Point out verbs with irregular **yo** forms like **supongo** (caption 2) and **hago** (caption 4).

MANUEL ¡Las entradas!

VALENTINA ¿Qué dices?

MANUEL ¡No tengo las entradas!
¡¿Qué hago?!

OLGA LUCÍA ¿Dónde están?

JUANJO ¡¿Cómo pierdes las entradas?!

VALENTINA ¡No puedo creerlo!

DANIEL ¡El partido empieza en diez minutos!

SARA ¿Qué hacemos?

OLGA LUCÍA ¿Vamos a ver el partido en
un restaurante?

DANIEL Bueno...

MANUEL Lo siento, pido perdón.

OLGA LUCÍA ¡Hola!

CHICO DEL OTRO EQUIPO ¡Hala Madrid!

OLGA LUCÍA Qué bien juegan, ¿no?

VALENTINA ¿Qué haces? ¡Es del
otro equipo!

OLGA LUCÍA ¿Y?

SARA ¡Ay no! No. ¡Un contragolpe!

Expresiones útiles

andar en patineta *to skateboard*
aquí *here*
el celular *cell phone*
el contragolpe *counterattack*
la entrada *ticket (to an event)*
hala *come on (used to show support in Spain)*
lleno/a *full*
el/la mejor *the best*
el videojuego *video game*

---

el andén *platform*
la bufanda *scarf*
el güiro *percussion instrument*

El fútbol

En Madrid, hay mucha pasión por el fútbol. Los días del partido del **Derbi Madrileño**, entre el **Real Madrid** y el **Atlético de Madrid**, los bares y los restaurantes cerca del estadio están llenos de aficionados. Después, los aficionados al **Real** celebran en la **fuente** *(fountain)* de Cibeles; los aficionados al **Atlético** celebran en la **fuente de Neptuno**.

¿Dónde celebran los aficionados a los deportes en tu comunidad?

3 **Conversación** With a partner, talk about pastimes and plan an activity together. Use these expressions.

▸ ¿Eres aficionado/a a...?

▸ ¿Te gusta...?

▸ ¿Por qué no...?

I CAN talk about pastimes and make plans.

Real Madrid y Barça:
rivalidad total

Soccer in Spain is a force to be reckoned with, and no two teams draw more attention than **Real Madrid Club de Fútbol** and the **Fútbol Club Barcelona.** Whether the venue is Madrid's **Santiago Bernabéu** stadium or Barcelona's **Camp Nou,** both cities shut down for the game, paralyzed by **fútbol** fever. A ticket to the game is always the hottest ticket in town.

Rivalidades del fútbol

Argentina: Boca Juniors vs. River Plate

México: Águilas del América vs. Chivas del Guadalajara

Chile: Colo Colo vs. Universidad de Chile

Guatemala: Comunicaciones vs. Municipal

Uruguay: Peñarol vs. Nacional

Colombia: Millonarios vs. Independiente Santa Fe

The rivalry between **Real Madrid** and **Barça** is about more than soccer. As the two biggest, most important cities in Spain, Barcelona and Madrid are constantly compared to each other and there is a natural rivalry. There is also a political component to the dynamic. Barcelona, with its distinct language and culture, has long struggled for increased political autonomy. Under Francisco Franco's rule (1939–1975), when the repression of Catalan identity was strongest, a game between **Real Madrid** and FC **Barcelona** also symbolized the regime versus the resistance, even though both teams and both

regions suffered casualties in Spain's civil war and the subsequent dictatorship.

Although the dictatorship is long over, the rivalry still sends the inhabitants of both cities into a state of anxiety in the hours leading up to the game. Once the final score is announced, one of those cities is transformed again, this time into the best party in the country.

ASÍ SE DICE
Los deportes

el/la árbitro/a	referee	empatar	to tie
el/la atleta	athlete	entrenar	to train
el campeón/la campeona	champion	el/la mejor	the best
		mundial	worldwide
la cancha (de fútbol)	soccer field	la rivalidad	rivalry
la carrera	race	el torneo	tournament
competir	to compete		

INSTRUCTIONAL RESOURCES
Supersite: Video (Flash cultura); WebSAM
SAM: Video Manual pp. 207–208

ACTIVIDADES

 1 **¿Cierto o falso?** Indicate whether each statement is **cierto** or **falso**. Correct the false statements.

1. Madrid and Barcelona are the most important cities in Spain. *Cierto.*

2. Santiago Bernabéu is a stadium in Barcelona. *Falso. It is a stadium in Madrid.*

3. The rivalry between Real Madrid and FC Barcelona is restricted to athletic competition. *Falso. The rivalry goes beyond soccer.*

4. Barcelona has struggled for increased political autonomy. *Cierto.*

5. During Franco's regime, the Catalan culture thrived. *Falso. Catalan culture was repressed during Franco's regime.*

6. There are many famous rivalries between soccer teams in the Spanish-speaking world. *Cierto.*

2 **Preguntas** Answer the questions.

1. What is the name of Barcelona's soccer stadium? *Camp Nou*

2. When did the dictatorship of Francisco Franco end? *1975*

3. Where is the **Peñarol-Nacional** soccer rivalry? *Uruguay*

4. What is Colo Colo? *a Chilean soccer team*

5. Which two Guatemalan soccer teams are big rivals? *Comunicaciones and Municipal*

3 **Comparación** What are some famous sports rivalries in the United States? Compare one of them with the **Real Madrid-Barça** rivalry. **3** Comparisons Cultural Comparisons

4 **Perspectivas** Discuss with a partner why you think the **Real Madrid-Barça** rivalry continues to be so strong.

Communicative Goal
Recognize cultural practices in a video about soccer in Spain

 Video

¡Fútbol en España!

1 **Preparación** What is the most popular sport at your school? What team is your rival? How do students celebrate winning?

2 **El video** Watch this **Flash cultura** episode about soccer in Spain.

Vocabulario		
afición *fans*		preferido *favorite*
perder *to lose*		se junta con *it's tied up with*

Hay mucha afición al fútbol en España.

3 **Escoger** Select the correct answer. **3** Communication Interpretive Communication

1. Un partido entre el Barça y el Real Madrid es ___un evento___ (un deporte/un evento) importante en toda España.

2. Los aficionados ___celebran___ (miran/celebran) las victorias de sus equipos en las calles (*streets*).

3. La rivalidad entre el Real Madrid y el Barça está relacionada con la ___política___ (religión/política).

4 **Aficionados** With a partner, role-play a conversation between a **Barça** fan and a **Real Madrid** fan. **4** Communication Interpersonal Communication

---

I CAN identify sports rivalries in my own and other cultures.

I CAN recognize cultural practices in a video about soccer in Spain.

Communicative Goal
Ask and answer questions about plans

4.1 The present tense of **ir**

▶ The verb **ir** (*to go*) is irregular in the present tense.

ir (to go)			
Singular forms		**Plural forms**	
yo	voy	nosotros/as	vamos
tú	vas	vosotros/as	vais
Ud./él/ella	va	Uds./ellos/ellas	van

▶ **Ir** is often used with the preposition **a** (*to*). When **a** is followed by the article **el,** the words form the contraction **al.** There is no contraction when **a** is followed by **la, las,** and **los.**

$$a + el = al$$

Voy al cine con María.
I'm going to the movies with María.

Ellos **van a** las montañas.
They are going to the mountains.

▶ The construction **ir a** + [*infinitive*] expresses actions that are going to happen in the future. It is equivalent to the English *to be going to* + [*infinitive*].

Voy a buscar a Sara para ir al partido de fútbol.

¿Vamos a ver el partido en un restaurante?

▶ **Vamos a** + [*infinitive*] can also express the idea of *let's (do something).*

Vamos a pasear.
Let's take a walk.

¡Vamos a ver!
Let's see!

¡ojo! Use **adónde** instead of **dónde** when asking a question with **ir.**

¿Adónde vas?
Where are you going?

¿Dónde estás?
Where are you?

SUGGESTION Bring in pictures of people dressed for a particular activity. Show the pictures to the class and describe them using **ir a** + [*a place*]. Ex: Show a picture of a basketball player and say: **Va al gimnasio.**

¡Manos a la obra!

Provide the present tense forms of **ir.**

1. Ellos <u>van</u>.
2. Yo <u>voy</u>.
3. Tu novio <u>va</u>.
4. Adela <u>va</u>.
5. Mi prima y yo <u>vamos</u>.
6. Tú <u>vas</u>.
7. Ustedes <u>van</u>.
8. Nosotros <u>vamos</u>.
9. Usted <u>va</u>.
10. Nosotras <u>vamos</u>.
11. Miguel <u>va</u>.
12. Ellas <u>van</u>.

INSTRUCTIONAL RESOURCES
Supersite: Grammar Tutorial; WebSAM
SAM: Workbook pp. 33–34; Lab Manual p. 253

Práctica

1 **Adivina** Roberto has gone to see doña Imelda, a fortune teller. Using **ir a** + [*infinitive*], say what doña Imelda predicts.

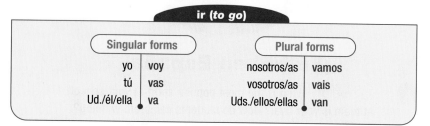

modelo

Tu hermano Gabriel <u>va a</u> ir a Europa.

1. Tú <u>vas a</u> correr en el Maratón de Boston.
2. Tú y tu familia <u>van a</u> escalar el monte Everest.
3. Tu primo Pablo <u>va a</u> visitar las ruinas mayas.
4. Tu hermana Tina <u>va a</u> recibir una carta misteriosa.
5. Tu hermana Rosario <u>va a</u> patinar en los Juegos Olímpicos.
6. Tus padres <u>van a</u> tomar el sol en Acapulco.
7. Tú <u>vas a</u> ver las pinturas (*paintings*) de tu amiga en el Museo Nacional de Arte.
8. ¡Y yo <u>voy a</u> ser muy, muy rica!

2 **¿Adónde vas?** You are visiting Madrid with some friends. Work with a partner and ask each other which sites you will visit today. *Answers will vary.*

2 **Communication** Interpersonal Communication

modelo

Estudiante 1: ¿Adónde vamos nosotros?
Estudiante 2: Nosotros vamos a la Plaza de Santo Domingo.

Conversación

3 Situaciones With a partner, say where you and your friends go in these situations. *Answers will vary.*

3 Communication Interpersonal Communication

modelo Tienes ganas de tomar el sol.

Estudiante 1: *Tienes ganas de tomar el sol. ¿Adónde vas?*
Estudiante 2: *Voy a la piscina.*

1. Deseas descansar.
2. Tu novio/a tiene que estudiar.
3. Tus amigos/as necesitan practicar el español.
4. Tienes ganas de practicar deportes.
5. Tú y tus amigos/as tienen hambre.
6. Tienes tiempo libre.
7. Tus amigos/as desean esquiar.
8. Deseas leer.

4 Encuesta Ask classmates if they will do these activities today. Try to find at least two people for each item and record their names. Report your findings to the class.

4 Communication Interpersonal Communication   *Answers will vary.*

Actividades	Nombres
1. comer en un restaurante	_____
2. mirar la televisión	_____
3. leer una revista	_____
4. escribir un mensaje electrónico	_____
5. correr	_____
6. ver una película	_____
7. pasear en bicicleta	_____
8. estudiar en la biblioteca	_____

5 Entrevista Talk with two classmates and find out what they are going to do this weekend. Are any of you doing the same thing? *Answers will vary.*

5 Communication Interpersonal Communication

modelo

Estudiante 1: *¿Adónde vas este (this) fin de semana?*
Estudiante 2: *Voy a Guadalajara con mis amigos.*
Estudiante 3: *¿Y qué van a hacer (to do) ustedes en Guadalajara?*
Estudiante 2: *Vamos a visitar unos museos. ¿Y ustedes?...* ACTIVITY PACK For additional activities, go to the **Activity Pack** in the **Resources** section of the Supersite.

Communicative Goal
Recognize familiar words in a simple ad

Español en vivo

Esta familia siempre va a estar unida

porque el **Banco Nacional** siempre va a estar con ellos.

Luis va a trabajar lejos de su familia, pero ellos van a estar tranquilos. Luis va a depositar su sueldo en el Banco Nacional y así él va a ayudar a su familia.

Banco Nacional
Estamos siempre con usted

1 Identificar Scan the advertisement and identify where the **ir a** + [infinitive] construction is used. *va a estar unida; va a estar con ellos; va a trabajar; van a estar tranquilos; va a depositar su sueldo; va a ayudar a su familia*

2 Preguntas Answer the questions. *Answers will vary.*   **2 Communication** Interpretive Communication

1. ¿Quiénes son las personas de la familia?
2. ¿Cómo va a estar la familia?
3. ¿Qué va a hacer (to do) el hijo?
4. ¿Por qué el hijo escoge (chooses) el Banco Nacional?

I CAN ask and answer questions about plans.

I CAN recognize familiar words in a simple ad.

INSTRUCTIONAL RESOURCES
Supersite: Grammar Tutorial; WebSAM
SAM: Workbook pp. 35–36; Lab Manual p. 254

Communicative Goal |
Ask and answer questions about activity preferences and habits

4.2 Stem-changing verbs: e → ie, o → ue

Práctica

▶ In stem-changing verbs, the stressed vowel of the stem has a change when the verb is conjugated.

INFINITIVE	VERB STEM	STEM CHANGE	CONJUGATED FORM
empezar	empez-	empiez-	empiezo
volver	volv-	vuelv-	vuelvo

▶ In many verbs, such as **empezar** (*to begin*), the stem vowel changes from **e** to **ie**. Note that the **nosotros/as** and **vosotros/as** forms don't have a stem change.

empezar (e:ie)

Singular forms		Plural forms	
yo	empiezo	nosotros/as	empezamos
tú	empiezas	vosotros/as	empezáis
Ud./él/ella	empieza	Uds./ellos/ellas	empiezan

¡El partido empieza en diez minutos!

¡¿Cómo pierdes las entradas?!

▶ In many other verbs, such as **volver** (*to return*), the stem vowel changes from **o** to **ue**. The **nosotros/as** and **vosotros/as** forms do not have a stem change.

volver (o:ue)

Singular forms		Plural forms	
yo	vuelvo	nosotros/as	volvemos
tú	vuelves	vosotros/as	volvéis
Ud./él/ella	vuelve	Uds./ellos/ellas	vuelven

▶ **Jugar** (*to play* a sport or a game) is the only Spanish verb that has a **u:ue** stem change. **Jugar** is followed by **a** + [*definite article*] when the name of a sport or game is mentioned.

▶ Stem-changing verbs are identified like this throughout the text:

empezar (e:ie) volver (o:ue)

SUGGESTION Practice using the structure **jugar al** + [*sport*] by asking students about the sports they play. Students should answer in complete sentences.

1 **El día del partido** Complete the conversation with the appropriate verb forms.

> **modelo** PABLO Óscar, voy al centro ahora.
> ¿ _Quieres_ [querer] venir?

ÓSCAR No, yo los fines de semana (1) _prefiero_ [preferir] descansar un poco y mirar la televisión.

PABLO ¡Qué perezoso (*how lazy*) eres!

ÓSCAR No, hombre. Es que yo no (2) _duermo_ [dormir] mucho de lunes a viernes. (3) _Vuelvo_ [volver] a casa a la medianoche.

PABLO Lo siento. ¿Y (4) _piensas_ [pensar] ver el partido de fútbol hoy? (5) _Empieza_ [empezar] a las cuatro.

ÓSCAR ¡Por supuesto! ¿Y tú?

PABLO Yo también. ¿(6) _Piensas_ [pensar] que (*that*) que nuestro equipo (7) _puede_ [poder] ganar?

ÓSCAR Claro que sí. ¡Los Pumas (8) _pierden_ [perder] hoy! Nuestro equipo (9) _juega_ [jugar] mucho mejor (*much better*).

2 **Preferencias** With a partner, take turns asking and answering questions about what these people want to do.

> **modelo** Guillermo: estudiar / pasear en bicicleta
> Estudiante 1: ¿Quiere estudiar Guillermo?
> Estudiante 2: No, prefiere pasear en bicicleta.

1. **tú**: trabajar / dormir
   E1: ¿Quieres trabajar? E2: No, prefiero dormir.

2. **ustedes**: mirar la televisión / ir al cine
   E1: ¿Quieren ustedes mirar la televisión? E2: No, preferimos ir al cine.

3. **tus amigos**: ir de excursión / descansar
   E1: ¿Quieren ir de excursión tus amigos? E2: No, mis amigos prefieren descansar.

4. **tú**: comer en la cafetería / ir a un restaurante
   E1: ¿Quieres comer en la cafetería? E2: No, prefiero ir a un restaurante.

5. **Elisa**: ver una película / leer una revista
   E1: ¿Quiere ver una película Elisa? E2: No, (Elisa) prefiere leer una revista.

6. **María y su prima**: tomar el sol / esquiar
   E1: ¿Quieren tomar el sol María y su prima?

   E2: No, (María y su prima) prefieren esquiar.

Conversación

3 **En la televisión** In pairs, read this weekend's TV listing of sporting events. Discuss what sports you want to watch on TV and try to agree on one game you will watch together each day. *Answers will vary.*

3 Communication Interpersonal Communication

modelo

E1: ¿Qué quieres ver el sábado?
E2: Quiero ver el partido de fútbol americano.
E1: ¿A qué hora empieza?
E2: Empieza a las 4:30 de la tarde. ¿Quieres ver el partido conmigo (*with me*)?
E1: No, yo prefiero ver el partido de fútbol nacional...

🔒 www.tv.prom

☰ TV.prom

SÁBADO

13:30 NATACIÓN
1 Copa Mundial (*World Cup*) de Natación

15:00 TENIS
8 Abierto (*Open*) Mexicano de Tenis: Cecilia Montero (México) vs. Sandra de la Paz (España). Semifinales

16:00 FÚTBOL NACIONAL
3 Chivas vs. Monterrey

16:30 FÚTBOL AMERICANO
21 Jaguares vs. Costeños

20:00 BALONCESTO PROFESIONAL
16 Knicks de Nueva York vs. Toros de Chicago

DOMINGO

13:00 GOLF
40 Campeonato (*Championship*) CME: Sei Young Kim, Nelly Korda, Brooke Henderson

14:30 VÓLEIBOL
1 Campeonato Nacional de México

16:00 BALONCESTO
3 Campeonato de Cimeba: Correcaminos de Tampico vs. Santos de San Luis. Final

17:00 ESQUÍ ALPINO
19 Eslálom

18:30 FÚTBOL INTERNACIONAL
30 Copa América: México vs. Argentina. Ronda final

20:00 PATINAJE ARTÍSTICO
16 Exhibición mundial

4 **Encuesta** Ask five classmates about each of these topics. Then, count the number of classmates who answered affirmatively to each question and report the information to the class. *Answers will vary.* **4 Communication** Interpersonal Communication

1. Entender las reglas (*rules*) del fútbol americano.
2. Preferir descansar en casa en el tiempo libre.
3. Jugar al hockey.
4. Dormir más de ocho horas el fin de semana.
5. Perder las cosas frecuentemente.
6. Pensar ver una película este (*this*) fin de semana.
7. Jugar al baloncesto.
8. Volver a casa después (*after*) de las ocho de la noche.

ACTIVITY PACK For additional activities, go to the **Activity Pack** in the **Resources** section of the Supersite.

I CAN ask and answer questions about activity preferences and habits.

Common stem-changing verbs

e:ie		o:ue	
cerrar	to close	dormir	to sleep
comenzar	to begin	encontrar	to find
empezar	to begin	jugar*	to play
entender	to understand	mostrar	to show
pensar	to think	poder	to be able to; can
perder	to lose; to miss	recordar	to remember
preferir	to prefer	volver	to return
querer	to want; to love		

*__Jugar__ is grouped with the **o:ue** verbs because it follows a similar pattern to these verbs.

Qué bien juegan, ¿no?

▶ **Comenzar** and **empezar** require the preposition **a** when they are followed by an infinitive.

Comenzamos a jugar a las siete.
We begin playing at seven.

Ana **empieza a** trabajar hoy.
Ana starts working today.

▶ **Pensar** + [*infinitive*] means *to plan* or *to intend to do something*. **Pensar en** means *to think about someone or something*.

—¿**Piensan** ir al gimnasio?
Are you planning to go to the gym?

—Sí, **pensamos** ir al mediodía.
Yes, we are planning to go at noon.

—¿**En** qué **piensas**?
What are you thinking about?

—**Pienso en** el examen final.
I'm thinking about the final exam.

¡Manos a la obra!

Provide the correct forms.

cerrar (e:ie)

1. Ustedes __cierran__.
2. Tú __cierras__.
3. Nosotras __cerramos__.
4. Mi hermano __cierra__.
5. Yo __cierro__.
6. Usted __cierra__.
7. Los chicos __cierran__.
8. Ella __cierra__.

dormir (o:ue)

1. Mi abuela no __duerme__.
2. Yo no __duermo__.
3. Tú no __duermes__.
4. Mis hijos no __duermen__.
5. Usted no __duerme__.
6. Nosotros no __dormimos__.
7. Él no __duerme__.
8. Ustedes no __duermen__.

Communicative Goal
Talk about movies

4.3 Stem-changing verbs: e → i

▶ In some verbs, such as **pedir** (*to ask for; to request*), the stressed vowel in the stem changes from **e** to **i**.

INFINITIVE	VERB STEM	STEM CHANGE	CONJUGATED FORM
pedir	ped-	pid-	pido

▶ As with other stem-changing verbs, there is no stem change in the **nosotros/as** or **vosotros/as** forms in the present tense.

pedir (e:i)

Singular forms		Plural forms	
yo	pido	nosotros/as	pedimos
tú	pides	vosotros/as	pedís
Ud./él/ella	pide	Uds./ellos/ellas	piden

▶ Stem-changing verbs with the **e:i** stem change appear like this throughout the text:

pedir (e:i)

▶ Here are the most common **e:i** stem-changing verbs:

conseguir (e:i)	repetir (e:i)	seguir (e:i)
to get; to obtain	*to repeat*	*to follow; to continue; to keep (doing something)*

Pide favores todo el tiempo.
He asks for favors all the time.

Consiguen ver buenas películas.
They get to see good movies.

Repito la pregunta.
I repeat the question.

Sigue una dieta especial.
He is on a special diet.

SUGGESTION Ask for volunteers to answer questions using the common stem-changing verbs **pedir**, **repetir**, **seguir**, and **conseguir**.

¡ojo! The **yo** forms of **seguir** and **conseguir** have a spelling change as well as a stem change.

Sigo su plan.
I'm following their plan.

Consigo revistas en la biblioteca.
I get magazines at the library.

¡Manos a la obra!

Provide the correct forms of the verbs.

repetir (e:i)
1. Arturo y Eva _repiten_.
2. Yo _repito_.
3. Nosotros _repetimos_.
4. Julia _repite_.
5. Sofía y yo _repetimos_.
6. Tú _repites_.

pedir (e:i)
1. Yo _pido_.
2. Él _pide_.
3. Tú _pides_.
4. Usted _pide_.
5. Ellas _piden_.
6. Nosotros _pedimos_.

seguir (e:i)
1. Yo _sigo_.
2. Nosotros _seguimos_.
3. Tú _sigues_.
4. Los chicos _siguen_.
5. Usted _sigue_.
6. Anita _sigue_.

INSTRUCTIONAL RESOURCES
Supersite: Grammar Tutorial; WebSAM
SAM: Workbook pp. 37–38; Lab Manual p. 255

Práctica

1 **Por la ciudad** Complete the sentences with the correct form of the verb.

modelo Mis tíos _siguen_ [seguir] el partido de fútbol por televisión.

1. Mi madre va a un café y _pide_ [pedir] un capuchino.
2. Mi padre va a la biblioteca y _consigue_ [conseguir] buenas películas.
3. Mi hermano menor (*younger*) _sigue_ [seguir] mis instrucciones.
4. Mis padres _repiten_ [repetir] la misma pregunta: "¿Dónde está tu hermana?".
5. Mi hermana y yo _pedimos_ [pedir] permiso para volver a casa un poco más tarde (*a little later*).
6. ¿_Sigues_ [seguir] tú la misma rutina todos los fines de semana?

2 **Combinar** Combine words from the columns to create sentences about yourself and people you know. *Answers will vary.*

modelo Mis padres consiguen libros en Internet.

yo	pedir muchos favores
mi compañero/a de cuarto	nunca (*never*) pedir perdón
mi mejor (*best*) amigo/a	nunca seguir las instrucciones del profesor
mi familia	siempre (*always*) seguir las instrucciones del profesor
mis amigos/as	
mis amigos/as y yo	conseguir libros en Internet
mis padres	repetir el vocabulario de la lección en voz alta (*out loud*)
mi hermano/a	conseguir viajar a lugares exóticos
mi profesor(a) de español	nunca repetir los cursos

Conversación

3 **¿Quién?** Talk to your classmates until you find one person who does each of these activities. Then, ask him/her a follow-up question. Use **e:ie**, **o:ue**, and **e:i** stem-changing verbs. *Answers will vary.*

3 Communication Interpersonal Communication

modelo

Tú: ¿Pides consejos con frecuencia?
Maite: No, no pido consejos con frecuencia.
Tú: ¿Pides consejos con frecuencia?
Lucas: Sí, pido consejos con frecuencia.
Tú: ¿Sigues los consejos?
Lucas: Sí, sigo los consejos. (No, no sigo los consejos).

Actividades	¿Quién?
1. Conseguir entradas gratis (*free tickets*) para conciertos o partidos de la universidad. (Preferir ir a conciertos o [*or*] a partidos de la universidad).	_____
2. Pedir consejos (*advice*) con frecuencia. (Seguir los consejos).	_____
3. Volver a casa por la noche. (A qué hora volver).	_____
4. Seguir las instrucciones de los manuales. (Encontrar las intrucciones fáciles de seguir).	_____
5. Perder la tarea frecuentemente. (Recordar traer [*to bring*] la tarea la clase siguiente [*next*]).	_____
6. Repetir las actividades de la clase de español en casa. (Entender mejor [*better*] la lección).	_____

4 **Las películas** Use these questions to interview a classmate. Do you have any answers in common?

4 Communication Interpersonal Communication *Answers will vary.*

1. ¿Dónde consigues información sobre (*about*) cine y televisión?

2. ¿Prefieres las películas románticas, las películas de acción o las películas de terror? ¿Por qué?

3. ¿Dónde consigues las entradas (*tickets*) para ver una película?

4. Para decidir qué películas vas a ver, ¿sigues las recomendaciones de los críticos de cine?

5. ¿Qué cines en tu comunidad muestran las mejores (*best*) películas?

6. ¿Vas a ver una película esta semana? ¿A qué hora empieza la película?

ACTIVITY PACK For additional activities, go to the **Activity Pack** in the **Resources** section of the Supersite.

Communicative Goal
Recognize familiar words in a movie poster

Español en vivo

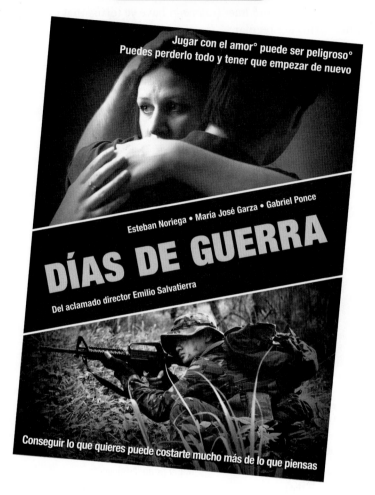

Jugar con el amor° puede ser peligroso°
Puedes perderlo todo y tener que empezar de nuevo

Esteban Noriega • María José Garza • Gabriel Ponce

DÍAS DE GUERRA

Del aclamado director Emilio Salvatierra

Conseguir lo que quieres puede costarte mucho más de lo que piensas

amor *love* **peligroso** *dangerous*

1 **Identificar** Scan the movie poster and identify the stem-changing verbs. *jugar, poder, perder, empezar, conseguir, querer, pensar, (costar)*

2 **Preguntas** Answer the questions. *Answers will vary.* **2 Communication** Interpretive Communication

1. ¿Qué palabras indican que *Días de guerra* es una película dramática?

2. ¿Cuántas personas hay en el póster? ¿Cómo son? ¿Qué relación tienen?

3. ¿Cuál de los personajes (*characters*) juega con el amor? ¿Por qué lo crees?

4. ¿Te gustan las películas como ésta (*this one*)? ¿Por qué?

I CAN talk about movies.

I CAN recognize familiar words in a movie poster.

INSTRUCTIONAL RESOURCES
Supersite: Grammar Tutorial; WebSAM
SAM: Workbook pp. 39–40; Lab Manual p. 256

Communicative Goal
Ask and answer questions about daily activities

4.4 Verbs with irregular yo forms

▸ In Spanish, several verbs have irregular **yo** forms in the present tense.

▸ The verbs **hacer** (*to do, to make*), **poner** (*to put, to place*), **salir** (*to leave*), **suponer** (*to suppose*), and **traer** (*to bring*) have **yo** forms that end in **-go**. The other forms are regular.

Verbs with irregular yo forms

	hacer	poner	salir	suponer	traer
	to do; to make	to put; to place	to leave	to suppose	to bring
yo	ha**go**	pon**go**	sal**go**	supon**go**	trai**go**
tú	haces	pones	sales	supones	traes
Ud./él/ella	hace	pone	sale	supone	trae
nosotros/as	hacemos	ponemos	salimos	suponemos	traemos
vosotros/as	hacéis	ponéis	salís	suponéis	traéis
Uds./ellos/ellas	hacen	ponen	salen	suponen	traen

Pues, supongo que el mejor, ¿no?

¡¿Qué hago?!

SUGGESTION Have students work in pairs to role-play a perfect date or a night out with friends.

▸ **Poner** can also mean *to turn on* a household appliance.

Carlos **pone** la radio.
Carlos turns on the radio.

María **pone** la televisión.
María turns on the television.

▸ **Salir de** is used to indicate that someone is leaving a particular place.

Salgo de casa muy temprano.
I leave home very early.

El tren **sale de** la estación a las dos.
The train leaves the station at two.

▸ **Salir para** is used to indicate someone's destination.

Mañana **salgo para** México.
Tomorrow I leave for Mexico.

Hoy **salen para** España.
Today they leave for Spain.

▸ **Salir con** means *to leave with someone or something*, or *to date someone.*

Alberto **sale con** su amigo.
Alberto is leaving with his friend.

Hoy voy a **salir con** mi hermana.
Today I'm going out with my sister.

Margarita **sale con** su mochila.
Margarita is leaving with her backpack.

Raúl **sale con** una chica muy bonita.
Raúl is going out with a very pretty girl.

Práctica

1 Completar Complete the conversation with the appropriate verb forms.

 modelo   ERNESTO David, ¿qué _haces_ [hacer] por la noche?

DAVID (1) _Salgo_ [salir] con Luisa. Vamos al cine. Queremos (2) _ver_ [ver] la nueva (*new*) película de Almodóvar.

ERNESTO ¿Y Diana? ¿Qué (3) _hace_ [hacer] ella?

DAVID (4) _Sale_ [salir] a comer con sus padres.

ERNESTO ¿Qué (5) _hacen_ [hacer] Andrés y Javier?

DAVID Tienen que (6) _hacer_ [hacer] las maletas. (7) _Salen_ [salir] para Monterrey mañana.

ERNESTO ¿Qué (8) _hago_ [hacer] yo entonces (*then*)?

DAVID (9) _Supongo_ [suponer] que puedes estudiar o (10) _ver_ [ver] la televisión.

ERNESTO No quiero estudiar. Prefiero (11) _poner_ [poner] la televisión.

2 Oraciones Form sentences with the cues given.

modelo   Tú / ? / los libros / debajo de / escritorio
Tú *pones los libros debajo del escritorio.*

1. Nosotros / ? / mucha / tarea *Nosotros hacemos/tenemos mucha tarea.*
2. ¿Tú / ? / la radio? *¿Tú oyes/pones la radio?*
3. Yo / no / ? / el problema *Yo no veo el problema.*
4. Marta / ? / un cuaderno / clase *Marta trae un cuaderno a clase.*
5. Los señores Marín / ? / su casa / siete *Los señores Marín vuelven a/salen de/para su casa a las siete.*
6. Yo / ? / que (*that*) / tú / ir / cine / ¿no? *Yo supongo que tú vas al cine, ¿no?*

3 Describir In pairs, say complete sentences with the cues provided. *Answers will vary.*

1. Fernán/poner

2. Yo/traer

3. Nosotras/salir

4. El estudiante/hacer

Conversación

 4 **Preguntas** Ask and answer these questions with a classmate. Are any of your habits the same? *Answers will vary.*

 ④ Communication Interpersonal Communication

1. ¿A qué hora sales de tu residencia o de tu casa por la mañana? ¿A qué hora llegas a la universidad?

2. ¿Traes un diccionario a la clase de español? ¿Por qué? ¿Qué más traes?

3. ¿A qué hora salimos de la clase de español?

4. Cuando vuelves a casa, ¿dónde pones tus libros? ¿Siempre (*always*) pones tus cosas en su lugar?

5. ¿Oyes la radio o prefieres ver la televisión?

6. ¿Pones la radio o la televisión en cuanto (*as soon as*) llegas a casa?

7. ¿Cuándo estudias? ¿Haces la tarea cada (*each*) noche o esperas hasta el último (*last*) día?

8. ¿Qué haces los fines de semana? ¿Adónde vas?

5 **Charadas** Play a game of charades. Each person should think of a phrase using **hacer, poner, salir, oír, traer,** or **ver** and act out the phrase. The first person to guess correctly acts out the next charade. *Answers will vary.*

6 **Típico fin de semana** Interview a classmate about what he or she does on a typical weekend. Do you have any activities in common? **⑥ Communication** Interpersonal Communication

> **modelo**
>
> **Estudiante 1:** ¿A qué hora sales de tu casa los fines de semana?
> **Estudiante 2:** Salgo a la una de la tarde.
> **Estudiante 1:** ¿Qué haces?
> **Estudiante 2:** Voy al gimnasio...

- What time does he/she leave the house on the weekend?

- What does he/she do in the afternoon?

- What TV shows does he/she watch?

- Does he/she go out with friends?... *Answers will vary.*

ACTIVITY PACK For additional activities, go to the **Activity Pack** in the **Resources** section of the Supersite.

The verbs **ver** and **oír**

▶ The verb **ver** (*to see*) has an irregular **yo** form. The other forms of **ver** are regular but note that the **vosotros/as** form does not carry an accent.

	ver (to see)		
Singular forms		**Plural forms**	
yo	veo	nosotros/as	vemos
tú	ves	vosotros/as	veis
Ud./él/ella	ve	Uds./ellos/ellas	ven

Ve a su abuela todos los domingos.
He sees his grandmother every Sunday.

No **veo** el problema.
I don't see the problem.

▶ The verb **ver** also means *to watch*.

¿Cuando **vemos** la película?
When are we watching the movie?

Veo las noticias por la mañana.
I watch the news in the morning.

Quiero **ver** el partido de béisbol.
I want to watch the baseball game.

Veo a los niños jugar en el parque.
I'm watching the kids play in the park.

▶ The verb **oír** (*to hear*) has an irregular **yo** form and a spelling change in the **tú, usted/él/ella,** and **ustedes/ellos/ellas** forms. The **nosotros/as** and **vosotros/as** forms have an accent mark.

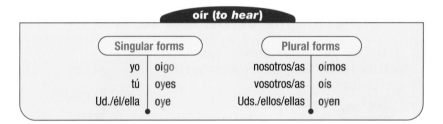

	oír (to hear)		
Singular forms		**Plural forms**	
yo	oigo	nosotros/as	oímos
tú	oyes	vosotros/as	oís
Ud./él/ella	oye	Uds./ellos/ellas	oyen

Oigo a unas personas en la otra sala.
I hear some people in the other room.

¿**Oyes** la música?
Do you hear the music?

> **¡Manos a la obra!**
>
> Provide the correct forms of the verbs.
>
> 1. **salir** Isabel __sale__. Nosotros __salimos__. Yo __salgo__.
> 2. **ver** Yo __veo__. Ustedes __ven__. Tú __ves__.
> 3. **poner** Rita y yo __ponemos__. Yo __pongo__. Los niños __ponen__.
> 4. **hacer** Yo __hago__. Tú __haces__. Usted __hace__.
> 5. **oír** Él __oye__. Nosotros __oímos__. Yo __oigo__.
> 6. **traer** Ellas __traen__. Yo __traigo__. Tú __traes__.
> 7. **suponer** Yo __supongo__. Mi amigo __supone__. Nosotras __suponemos__.

I CAN ask and answer questions about daily activities.

A repasar

4.1 The present tense of **ir**

1 **¿Qué hacemos?** You are bored today. With a partner, take turns suggesting various places to go or things to do.

Answers will vary.

modelo **1** Communication Interpersonal Communication

Estudiante 1: Estoy aburrido/a (*bored*).
Estudiante 2: ¡Vamos al parque!
Estudiante 1: No, no tengo ganas de ir al parque ahora. Vamos . . .

2 **Agenda para la semana** Make a schedule listing your activities for this week. Write at least two activities for each day. Then in groups of three compare what you are going to do.

Answers will vary.

modelo **2** Communication Interpersonal Communication

domingo: jugar al tenis, terminar la tarea
Estudiante 1: El domingo voy a jugar al tenis. ¿Van ustedes a jugar al tenis también (*too*)?
Estudiante 2: No, no voy a jugar al tenis el domingo. Voy a terminar la tarea.
Estudiante 3: Sí, voy a jugar al tenis también. . .

4.2 Stem-changing verbs: e → ie, o → ue

3 **Describir** It's Saturday afternoon. Describe what the Ramírez family is doing based on the cues provided.

modelo papá / jugar / golf
Papá juega al golf.

1. los niños / preferir / nadar / piscina
   Los niños prefieren nadar en la piscina.

2. yo / pensar / jugar / béisbol
   Yo pienso jugar al béisbol.

3. mamá / querer / leer / revista
   Mamá quiere leer una revista.

4. las gatas Lupe y Cleo / dormir / casa
   Las gatas Lupe y Cleo duermen en la casa.

5. el perro Kiko / encontrar / pelota
   El perro Kiko encuentra una/la pelota.

6. la abuela / volver / casa
   La abuela vuelve a casa.

4 **Entrevista** Use these questions to interview a classmate.
4 Communication Interpersonal Communication *Answers will vary.*

1. ¿A qué hora vuelves a casa o a la residencia hoy?
2. ¿Recuerdas la dirección de correo electrónico del/de la profesor(a)? ¿Cuál es?
3. ¿Prefieres escribir un mensaje al/a la profesor(a) o hablar con él/ella en persona?
4. ¿A qué hora empiezas a estudiar por la noche?
5. ¿Duermes mucho? ¿Cuántas horas duermes?
6. ¿Pierdes tus cosas constantemente (*constantly*)?

5 **Mis pasatiempos** Write a brief paragraph about one of your favorite pastimes. Use at least four of the verbs provided.

empezar jugar pensar poder preferir querer

4.3 Stem-changing verbs: e → i

6 **Completar** Complete the sentences with the appropriate forms of the verbs.

modelo Tu _pides_ [pedir] dinero prestado (*borrowed money*) a tus padres.

1. Elena no ___consigue___ [conseguir] entradas (*tickets*) para el partido de mañana.
2. Los estudiantes ___repiten___ [repetir] las palabras que presenta el profesor.
3. Mis amigos y yo ___seguimos___ [seguir] todos los partidos de béisbol de los Rockies.
4. Yo ___sigo___ [seguir] el camino (*path*) para llegar a la cima (*summit*) de la montaña.
5. Mi hermana siempre ___pide___ [pedir] ayuda (*help*) para hacer su tarea.

7 **Los videojuegos (*video games*)** Use these questions to interview a classmate. Do you have any answers in common?
7 Communication Interpersonal Communication *Answers will vary.*

1. ¿Te gusta jugar a los videojuegos? ¿Con qué frecuencia juegas?
2. ¿Qué piensas de los videojuegos en línea (*online*)? En tu opinión, ¿la gente pasa mucho tiempo en línea?
3. ¿Prefieres los videojuegos de deportes o los de acción?
4. ¿Sigues las aventuras de Super Mario?
5. ¿Cómo consigues videojuegos?
6. Antes de (*Before*) comprar un videojuego, ¿pides recomendaciones a tus amigos?

4.4 Verbs with irregular **yo** forms

 Las diversiones Complete Jorge's description with the appropriate forms of the verbs.

> **modelo**
> Mis amigos y yo *hacemos* [hacer] cosas juntos todo el tiempo.

Los sábados por la noche, yo generalmente (1) *salgo* [salir] con ellos a la discoteca. A veces, también nos juntamos (*get together*) en una casa: (2) *traemos* [traer] algo para comer y (3) *vemos* [ver] una película, o yo (4) *pongo* [poner] música y bailamos. Y tú, ¿qué (5) *haces* [hacer] con tus amigos?

 Los ratos libres You are doing some market research on lifestyles. Interview a classmate to find out when he/she goes out with his/her friends and what they do for fun. *Answers will vary.* **⑨ Communication** Interpersonal Communication

> **modelo**

Estudiante 1: ¿Cuándo sales con tu familia?
Estudiante 2: Salgo con mi familia los domingos por la tarde.
Estudiante 1: ¿Qué hacen?
Estudiante 2: Vamos a comer a un restaurante.
Estudiante 1: ¿Cuándo sales con tus amigos/as (tu novio/a)?...

Síntesis

⑩ Situación With a partner, role-play a conversation between two roommates. *Answers will vary.* **⑩ Communication** Interpersonal Communication

Estudiante 1

1. Ask your partner what he or she is doing.
2. Ask what he or she is watching.
3. Say no, because you are going out with friends.
4. Say what you are going to do, and ask your partner whether he or she wants to come along.

Estudiante 2

1. Say that you are watching TV.
2. Say what show you are watching. Ask if he or she wants to join you.
3. Ask what your partner and his/her friends are going to do.
4. Say no and tell your partner what you prefer to do instead.

ACTIVITY PACK For additional activities, go to the **Activity Pack** in the **Resources** section of the Supersite.

Communicative Goal
Understand the main idea and some familiar words in an authentic video

 Video

Videoclip

① Preparación What role do sports play in your life? Which sports do you enjoy? Why?

② El clip Watch a segment of the documentary *Ejes* about extreme sports in Spain.

Vocabulario	
andar *to go*	campeonato *championship*
callejón *alley*	molar *to be cool*

Patino por pasión más que por otra cosa.

③ Comprensión Indicate whether each statement is **cierto** or **falso**.
③ Communication Interpretive Communication

1. A Diego le gusta la bici. *falso*
2. Sarini cree que patinar es un arte. *cierto*
3. Pequesaurio prefiere la patineta. *falso*
4. A Pequesaurio le gusta la rampa. *cierto*

④ Conversación With a partner, discuss these questions.
④ Communication Interpersonal Communication

1. ¿Qué deportes se pueden practicar fácilmente en tu comunidad? ¿Qué deportes son fomentados (*encouraged*) en tu comunidad?
2. ¿Cuál es la diferencia entre un deporte y un juego? ¿Cuál es la diferencia entre un deporte y un deporte extremo?

I CAN understand the main idea and some familiar words in an authentic video.

I CAN discuss sports and recreation in my community.

Ampliación

1 Escuchar

A Read the sentences and then listen as first José and then Anabela talk about themselves. Indicate who each statement describes. **1 Communication** Interpretive Communication

TIP **Listen for gist.** When you listen for the gist, try to capture the general meaning of what you hear without focusing on individual words. You will be surprised at how much you can understand!

Descripción	José	Anabela
1. Es muy aficionado/a a los deportes.	☐	☑
2. Pasa el tiempo con sus amigos.	☑	☐
3. Va mucho al cine.	☑	☐
4. Es una persona muy activa.	☐	☑
5. Le gusta descansar por la tarde.	☑	☐
6. Es una persona estudiosa.	☐	☑
7. Su deporte favorito es el ciclismo.	☐	☑
8. A veces va a ver partidos de béisbol.	☑	☐

B ¿Tienes más cosas en común (*more in common*) con José o con Anabela? Explica tu respuesta. *Answers will vary.*

2 Conversar

You and your friend, who lives in a different town, plan to meet in a nearby city. Role-play a phone conversation to discuss your plans. Include this information. *Answers will vary.* **2 Communication** Interpersonal Communication

- *When you are planning to arrive and go home*
- *What places you want to visit*
- *A few activities you can do together*

I CAN identify the favorite activities of two people in a recorded conversation.

I CAN discuss my plans.

Ampliación

3 Escribir

Create a short article for your school's student website. Describe at least six leisure activities that students enjoy on campus. Include information about where and when these activities take place. *Answers will vary.*

3 Communication Presentational Communication   **3 Communities** School and Global Communities

TIP **Use bilingual dictionaries carefully.** Use a Spanish-English dictionary to look up words you don't know. Consider whether the first option given is really what you are trying to say.

Organizar	List the activities you could include in the article. Use an idea map to organize them.
Escribir	Using your idea map, write the first draft of your article.
Corregir	Exchange drafts with a classmate and comment on the organization, style, and grammatical accuracy of each other's work. Then revise your first draft, keeping your classmate's comments in mind.
Compartir	Exchange drafts with a different partner. Note any words that are new to you, so you can look them up later. Then turn your final draft in to your instructor.

4 Un paso más

You work for a radio station that caters to the Spanish-speaking community in your town. Prepare a radio spot that announces the sporting events taking place this week. Include the following information in your broadcast: *Answers will vary.*

- An introduction of yourself and your program
- A list of local sports events
- The location and time of each event
- A brief sign-off   **4 Communication** Presentational Communication
  4 Communities School and Global Communities

5 Cultura

Research one of the soccer teams mentioned in this lesson, and write a short report that answers these questions.   **5 Communication** Presentational Communication

- How old is the team?
- Has it won any championships? If so, which one(s)?
- Who is its biggest rival?

I CAN create an informative text about leisure activities at my university to post online.

I CAN prepare a radio broadcast about local sporting events.

Communicative Goals
Create an informative text with the help of a dictionary, and prepare a radio broadcast

3 EXPANSION Write a few dictionary entries on the board and explain the abbreviations. Ex: gymnastics *n.* **gimnasia,** *f.*; bowling *n.* **bolos,** *m. pl.* (game); pitch *n.* **lanzamiento,** *m.* (in baseball). Point out that when multiple Spanish translations are given without clarification, they should look up the words in the Spanish section of the dictionary to verify the English meaning.

3 EVALUATION

Criteria	Scale
Appropriate details	1 2 3 4
Organization	1 2 3 4
Use of vocabulary	1 2 3 4
Grammatical accuracy	1 2 3 4
Style	1 2 3 4

Scoring

Excellent	18–20 points
Good	14–17 points
Satisfactory	10–13 points
Unsatisfactory	< 10 points

4 SUGGESTION Provide students with opening and closing phrases for their broadcasts. Opening: **Buenas tardes, estimados radioyentes. Hoy es domingo, el ____, y su reportero(a) es ____.** Closing: **Y por ahora, estimados radioyentes, eso es todo. Hasta el próximo domingo.** Also remind students to address their audience as **ustedes**.

4 SUGGESTION Have students record their broadcasts on the Supersite using Forums so they can receive your feedback.

ACTIVITY PACK For additional activities, go to the **Activity Pack** in the **Resources** section of the Supersite.

Audio: Reading

Antes de leer

This article appeared on the website of one of Mexico City's newspapers.

TIP **Predict content from visuals.**
When you are reading in Spanish, look for visual clues that will orient you to the content. Photos and illustrations, for example, will often give you a good idea of the main points.

Examina el texto

Take a quick look at the visual elements of the article. What do they tell you about the content?

Cognados

Can you guess the meaning of these cognates from the article?

baladas	*ballads*
concierto	*concert*
contemporáneo/a	*contemporary*
creativo/a	*creative*
festival	*festival*
fotógrafo/a	*photographer*
origen	*origin*
pasión	*passion*
recomendar	*to recommend*
romántico/a	*romantic*

GUÍA para el fin de semana

CINE
Festival de cine latinoamericano

Para los aficionados al cine, este fin de semana comienza el Festival de Cine Latinoamericano en el cine Plaza. Se muestran las últimas° producciones de Juan Pablo Reátegui, Lorena Suárez, Álvaro del Carpio y Diego Bianchi. Recomendamos especialmente *Un día sin° fútbol* del director Juan Pablo Reátegui. *Un día sin fútbol* cuenta la historia° de un grupo de aficionados al fútbol y su enorme pasión por este deporte.

Fechas: 10–14 de marzo
Hora: 8:00 p.m.
Lugar: Cine Plaza
Dirección: Calle Principal #152

CONCIERTO
Canta Maribel Puértolas

Si quiere escuchar buena música, la cantante° Maribel Puértolas va a ofrecer° un concierto en el café La Gloria. De origen puertorriqueño, esta joven cantante ha conquistado° a los románticos con *Cuando tú no estás*, su último CD de baladas. "Va a ser un concierto para recordar", dice Puértolas.

Fecha: 11 de marzo
Hora: 7:00 p.m.
Lugar: Café La Gloria
Dirección: Avenida Bolívar #345

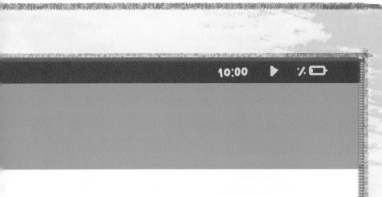

EXPOSICIÓN

Lucía Velasco:
Cuarenta años de fotografía

Este fin de semana se va a inaugurar la exposición° de la fotógrafa uruguaya Lucía Velasco en el Museo de Arte Contemporáneo. Las cien fotografías que forman parte de la exposición muestran el desarrollo° creativo de Velasco durante sus 40 años de carrera.

Fechas: 10 de marzo – 8 de abril
Lugar: Museo de Arte Contemporáneo
Dirección: Avenida Juárez #248

Después de leer

¿Comprendiste? Communication Interpretive Communication

Based on the reading, indicate whether each statement is **cierto** or **falso**.

Cierto	Falso	
	✓	1. La guía presenta noticias sobre eventos deportivos.
	✓	2. *Un día sin fútbol* cuenta la historia de un equipo de fútbol.
✓		3. Maribel Puértolas es una cantante de baladas.
	✓	4. Las fotografías de Juan Pablo Reátegui se exhiben en el cine Plaza.
✓		5. Lucía Velasco es una fotógrafa uruguaya.
	✓	6. En el café La Gloria hay una exposición de arte.

Preguntas Communication Interpretive Communication

Answer these questions.

1. ¿De dónde es Maribel Puértolas?
   Es de Puerto Rico.

2. ¿Qué clase de canciones (*songs*) canta ella?
   Canta baladas.

3. ¿Cuántas fotografías de Lucía Velasco hay en la exposición?
   Hay cien fotografías.

4. ¿Dónde está la exposición de Lucía Velasco?
   Está en el Museo de Arte Contemporáneo, en la avenida Juárez #248.

5. ¿Qué película recomienda la guía?
   Recomienda Un día sin fútbol.

6. ¿Dónde es el festival de cine?
   Es en el cine Plaza, en la calle Principal #152.

Coméntalo Communication Interpretive Communication

In small groups, discuss which of the activities in the article you would each prefer to do on a weekend and why.

I CAN predict and understand content in a reading supported by visuals.

últimas *latest* **sin** *without* **cuenta la historia** *tells the story*
cantante *singer* **ofrecer** *offer* **ha conquistado** *has won over*
inaugurar la exposición *to open the exhibit* **desarrollo** *development*

 **Vocabulary Tools**

Las actividades y las distracciones

bucear *to scuba dive*
escalar montañas *to go mountain climbing*
escribir una carta *to write a letter*
escribir un mensaje electrónico *to write an e-mail*
escribir una (tarjeta) postal *to write a postcard*
esquiar *to ski*
ir de excursión (a las montañas) *to go for a hike (in the mountains)*
leer el correo electrónico *to read e-mail*
leer el periódico *to read the newspaper*
leer una revista *to read a magazine*
nadar en la piscina *to swim in the pool*
pasar el tiempo *to spend time*
pasear en bicicleta *to ride a bicycle*
pasear por la ciudad/el pueblo *to walk around the city/town*
patinar *to skate*
practicar deportes *to play sports*
tomar el sol *to sunbathe*
ver películas *to watch movies*
visitar un monumento *to visit a monument*

Otras palabras y expresiones

la diversión *entertainment; fun activity*
el/la excursionista *hiker*
el fin de semana *weekend*
el lugar *place*
el pasatiempo *pastime; hobby*
los ratos libres *spare time*
el tiempo libre *free time*

Los deportes

el baloncesto *basketball*
el béisbol *baseball*
el ciclismo *cycling*
el equipo *team*
el esquí (acuático) *(water) skiing*
el fútbol *soccer*
el fútbol americano *football*
el golf *golf*
el hockey *hockey*
el/la jugador(a) *player*
a natación *swimming*
el partido *game*
la pelota *ball*
el tenis *tennis*
el vóleibol *volleyball*

———

ganar *to win*
ser aficionado/a (a) *to be a fan (of)*

Los lugares

el café *café*
la casa *house*
el centro *downtown*
el cine *movie theater*
el gimnasio *gym*
la iglesia *church*
el museo *museum*
el parque *park*
el restaurante *restaurant*

Adjetivos

deportivo/a *sports-related*
favorito/a *favorite*

Verbos

cerrar (e:ie) *to close*
comenzar (e:ie) *to begin*
conseguir (e:i) *to get; to obtain*
dormir (o:ue) *to sleep*
empezar (e:ie) *to begin*
encontrar (o:ue) *to find*
entender (e:ie) *to understand*
hacer *to do; to make*
ir *to go*
ir a (+ inf.) *to be going to do something*
jugar (u:ue) *to play*
mostrar (o:ue) *to show*
oír *to hear*
pedir (e:i) *to ask for; to request*
pensar (e:ie) *to think*
pensar (+ inf.) *to intend; to plan*
pensar en *to think about*
perder (e:ie) *to lose; to miss*
poder (o:ue) *to be able to, can*
poner *to put; to place*
preferir (e:ie) *to prefer*
querer (e:ie) *to want; to love*
recordar (o:ue) *to remember*
repetir (e:i) *to repeat*
salir *to leave*
seguir (e:i) *to follow; to continue; to keep (doing something)*
suponer *to suppose*
traer *to bring*
ver *to see; to watch*
volver (o:ue) *to return*

As students finish the lesson, encourage them to explore the **Repaso** section on the Supersite. There they will find quizzes for practicing vocabulary, grammar, and oral language.

Communicative Goals: Review

I CAN talk about pastimes and sports.
• Describe your favorite sport or game.

I CAN make plans and invitations.
• Make plans with a classmate.

I CAN say what I am going to do.
• Say what you are going to do tomorrow.

I CAN investigate the popularity of soccer in the Spanish-speaking world.
• Explain soccer's popularity in Spanish-speaking countries.

AVENTURAS
EN LOS
PAÍSES
HISPANOS

En Acapulco, un clavadista *(diver)* salta desde un acantilado *(cliff)* frente al océano Pacífico. El lugar se llama La Quebrada y miles de turistas lo visitan cada *(each)* día.

¿Te gustaría *(would you like)* visitar Acapulco algún *(some)* día?

MÉXICO

MÉXICO

Área: 1.972.550 km² (761.603 millas²)
Población: 127.600.000
Capital: Ciudad de México – 21.672.000
Ciudades importantes: Guadalajara, Monterrey, Puebla
Moneda: peso mexicano

SOURCE: Population Division, UN Secretariat

INSTRUCTIONAL RESOURCES
Supersite: Video (Panorama cultural); WebSAM
SAM: Workbook pp. 41–42

Celebraciones

La independencia de México

El 16 de septiembre los mexicanos celebran la independencia de su país. En todas las ciudades se ponen decoraciones con los colores de la bandera *(flag)* mexicana y se hacen fiestas con mariachis, comida típica y bailes *(dances)* tradicionales. A estas celebraciones se les llaman las fiestas patrias.

¿Qué otras celebraciones mexicanas conoces? ¿Qué características tienen?

ESTADOS UNIDOS

Golfo de California

Baja California

Historia

Los mayas

La civilización maya construyó *(built)* impresionantes ciudades con templos religiosos en forma de pirámide, que hoy en día visitan millones de turistas. Los descendientes de esta civilización siguen las tradiciones de sus antepasados *(ancestors)* y muchos aún *(still)* viven en esa misma área: el sur *(south)* de México y partes de Centroamérica.

El Castillo, Chichén Itzá

¿Sigues alguna *(any)* tradición de tus antepasados? ¿Cuál(es)?

Océano Pacífico

Economía

La plata ▶

México es el mayor *(largest)* productor de plata *(silver)* del mundo *(world)*. Estados como Zacatecas y Durango tienen ciudades fundadas cerca de los más grandes yacimientos *(deposits)* de plata del país. Estas ciudades fueron *(were)* en la época colonial unas de las más ricas e importantes. Hoy en día, aún *(still)* conservan mucho de su encanto *(charm)* y esplendor.

¿Cuál es la actividad económica más *(more)* importante de tu ciudad o estado: la agricultura, la minería, la industria, el turismo, los servicios o el comercio *(trade)*?

Diego Rivera y Frida Kahlo

Frida Kahlo y Diego Rivera son los pintores mexicanos más famosos. Se casaron *(They got married)* en 1929. Los dos se interesaron *(became interested)* por las condiciones sociales de los indígenas y de los campesinos *(farm workers)* de su país. Puedes ver algunas de sus obras *(works of art)* en el Museo de Arte Moderno de la Ciudad de México.

¿Por qué crees que Frida Kahlo y Diego Rivera son los pintores más famosos de México? ¿Qué características tienen sus obras?

Detalle de un mural de Diego Rivera

Ciudad Juárez

Río Bravo del Norte

Río Grande

MÉXICO

Monterrey

Golfo de México

Península de Yucatán

Puerto Vallarta

Guadalajara

⭐ **Ciudad de México**

Uxmal

Cancún

Puebla

Bahía de Campeche

Veracruz

Acapulco

Istmo de Tehuantepec

BELICE

GUATEMALA

♪

La norteña

Como su nombre lo indica, la música norteña viene del norte *(north)* de México. Es popular en el suroeste *(southwest)* de los Estados Unidos y en países como Colombia y Chile. Sus instrumentos musicales tradicionales son el acordeón y el bajo *(bass)* sexto. Entre los artistas de música norteña más conocidos *(well-known)* son Ramón Ayala, Los Tucanes de Tijuana y Los Tigres del Norte.

¿Conoces la música norteña?

Los Tigres del Norte

¿Qué aprendiste?

1 **¿Cierto o falso?** Indicate whether each statement is **cierto** or **falso.** **1** Communication Interpretive Communication

	Cierto	Falso
1. La Quebrada está en la Ciudad de México.		✓
2. Frida Kahlo es una pintora mexicana.	✓	
3. El 16 de septiembre en México organizan una celebración religiosa.		✓
4. Los mexicanos celebran la independencia con las fiestas patrias.	✓	
5. En México no hay ciudades cerca de los yacimientos de plata.		✓
6. Diego Rivera fue *(was)* el esposo de Frida Kahlo.	✓	
7. Puebla es la capital de México.		✓
8. La moneda mexicana es el dólar mexicano.		✓

2 **Preguntas** Answer the questions. **2** Communication Interpretive Communication

1. ¿Cuándo celebran la independencia los mexicanos? *el 16 de septiembre*

2. ¿Dónde viven los descendientes de los mayas? *el sur de México y partes de Centroamérica*

3. ¿Quién es Ramón Ayala? *un artista de música norteña*

4. ¿Dónde puedes ver algunas de las obras de Frida Kahlo y Diego Rivera? *el Museo de Arte Moderno de la Ciudad de México*

5. ¿Qué estados mexicanos tienen ciudades fundadas cerca de los yacimientos más grandes de plata? *Zacatecas y Durango*

6. ¿Cuáles son tres ciudades importantes de México? *Guadalajara, Monterrey y Puebla*

3 **¿Qué piensas?** In pairs, take turns answering the following questions. Use complete sentences.
3 Cultures Relating Cultural Practices to Perspectives **3** Connections Making Connections

1. ¿Por qué crees que la música norteña es popular en Colombia, Chile y el suroeste de los Estados Unidos?

2. ¿Por qué piensas que muchos descendientes de los mayas siguen las tradiciones de sus ancestros?

3. ¿Qué piensas del estilo artístico de Diego Rivera? ¿Prefieres el arte realista o el abstracto?

4. ¿Qué otras actividades económicas crees que son fundamentales en un país como México? ¿Qué productos típicos mexicanos conoces?

5. ¿Qué piensas de las fiestas patrias en México? ¿Te gustaría ver estas celebraciones?

4 **Comparación** Compare the independence celebrations of Mexico and the United States. Include food and music. **4** Comparisons Cultural Comparisons

---

I CAN identify basic facts about Mexico by reading short informational texts with visuals.

5 Las vacaciones

PARA EMPEZAR Here are some additional questions:
¿Dónde te gusta pasar las vacaciones? ¿Prefieres ir
con tu familia o con amigos? ¿Qué te gusta hacer?

Communicative Goals
You will learn how to:
- discuss and plan vacations
- talk about seasons and the weather
- talk about how you feel
- investigate travel destinations in the Spanish-speaking world

✎ PARA EMPEZAR

- ¿Dónde están los chicos?
- ¿Qué tiene el chico en las manos?
- ¿Hacen turismo o practican deportes?

Vocabulary Tools

INSTRUCTIONAL RESOURCES
Supersite: Vocabulary Tutorials; WebSAM
SAM: Workbook pp. 45–46; Lab Manual p. 257

Communicative Goal
Discuss and plan vacations

LAS VACACIONES

el pasaporte

el viajero

LAS VACACIONES Y LOS VIAJES

el aeropuerto *airport*
la cabaña *cabin*
el campo *countryside*
la estación de autobuses *bus station*
la estación del metro *subway station*
el/la inspector(a) de aduanas
     customs officer
la llegada *arrival*
el mar *sea*
el pasaje (de ida y vuelta)
     (round-trip) ticket
la salida *departure; exit*
la tienda de campaña *tent*

¿QUÉ TIEMPO HACE?

¿Qué tiempo hace? *How's the weather?*
Está despejado. *It's clear.*
Está (muy) nublado. *It's (very) cloudy.*
Hace buen/mal tiempo.
     The weather is nice/bad.
Hace (mucho) calor. *It's (very) hot.*
Hace fresco. *It's cool.*
Hace (mucho) frío. *It's (very) cold.*
Hace (mucho) sol. *It's (very) sunny.*
Hace (mucho) viento. *It's (very) windy.*
Hay (mucha) niebla. *It's (very) foggy.*
Llueve. *It's raining.*
Nieva. *It's snowing.*

llover (o:ue) *to rain*
nevar (e:ie) *to snow*

la estación del tren

SUGGESTION Ask: ¿A quién le gusta mucho viajar?
¿Cómo prefieres viajar? ¿Te gusta viajar en tren? ¿En auto?
¿Cómo prefiere viajar _____? Y a ti, ¿adónde te gusta viajar?
¿Cómo puedes llegar a _____?

EN EL HOTEL

el alojamiento *lodging*
el ascensor *elevator*
la cama *bed*
el/la empleado/a *employee*
el equipaje *luggage*
la habitación individual *single room*
la habitación doble *double room*
el hotel *hotel*
el/la huésped *guest*
la pensión *boarding house*
el piso *floor (of a building)*
la planta baja *ground floor*

la llave

sacar fotos (f. pl.)

LAS ACTIVIDADES

acampar *to camp*

confirmar una reservación
to confirm a reservation

estar de vacaciones *to be on vacation*

hacer las maletas
to pack (one's suitcase)

hacer turismo *to go sightseeing*

hacer un viaje *to take a trip*

hacer una excursión
to go on a hike; to go on a tour

ir a la playa *to go to the beach*

ir de pesca *to go fishing*

ir de vacaciones *to go on vacation*

ir en autobús (m.) *to go by bus*

ir en auto(móvil) (m.) *to go by car*

ir en avión (m.) *to go by plane*

ir en barco *to go by boat*

ir en taxi (m.) *to go by taxi*

pasar por la aduana
to go through customs

pescar *to fish*

montar a caballo

VOCABULARIO ADICIONAL For additional vocabulary on this theme, go to **Vocabulario adicional** in the **Resources** section of the Supersite.

ir en motocicleta

LOS NÚMEROS ORDINALES

primer, primero/a *first*

segundo/a *second*

tercer, tercero/a *third*

cuarto/a *fourth*

quinto/a *fifth*

sexto/a *sixth*

séptimo/a *seventh*

octavo/a *eighth*

noveno/a *ninth*

décimo/a *tenth*

SUGGESTION Point out the use of **primero** for the first day of the month.

SUGGESTION Point out that Spanish speakers label the ground floor of buildings **la planta baja** (first floor in the United States).

OTRAS PALABRAS Y EXPRESIONES

ahora mismo *right now*

todavía *yet; still*

¿Cuál es la fecha de hoy?
What is today's date?

Hoy es el primero de marzo.
Today is March first.

Hoy es el dos (tres, cuatro...) de marzo. *Today is March second (third, fourth...).*

EXPANSION Have students associate months with seasons and weather. Ask: **¿Cuáles son los meses de _____?**

LAS ESTACIONES Y LOS MESES

el invierno *winter*

la primavera *spring*

el verano *summer*

el otoño *autumn*

---

el año *year*

la estación *season*

el mes *month*

| enero |
| febrero |
| marzo |
| abril |
| mayo |
| junio |
| julio |
| agosto |
| septiembre |
| octubre |
| noviembre |
| diciembre |

ASÍ SE DICE

el automóvil ⟷ el coche (*Esp., Arg.*), el carro (*Amér. L.*)
el autobús ⟷ el camión (*Méx.*), la guagua (*P. Rico*)
la motocicleta ⟷ la moto (*colloquial*)
sacar fotos ⟷ tomar fotos

A escuchar

1 **Escuchar** Check **aeropuerto**, **hotel**, or **playa** to indicate where you would find each thing you hear.

1 Communication Interpretive Communication

	Aeropuerto	Hotel	Playa
1.		✓	
2.	✓		
3.		✓	
4.			✓
5.		✓	
6.			✓
7.	✓		
8.	✓		

1 SCRIPT
1. la cama
2. el avión
3. la huésped
4. el barco
5. la habitación doble
6. el mar
7. el inspector de aduanas
8. el pasaje

1 SUGGESTION You may want to do this activity as a TPR exercise. Have students write the words **aeropuerto**, **hotel**, and **playa** on separate sheets of paper and hold up the appropriate sheet for each item.

2 **¿Cierto o falso?** Listen to each sentence and indicate whether it is **cierto** or **falso**. Correct the false statements.

2 Communication Interpretive Communication   *Suggested answers*

Cierto	Falso	
	✓	1. *Abrimos la puerta con una llave.*
✓		2. _____
	✓	3. *Necesitas el pasaporte para pasar por la aduana.*
	✓	4. *En el hotel duermes en una habitación.*
✓		5. _____
✓		6. _____
	✓	7. *Debes pasar por la aduana en el aeropuerto.*
✓		8. _____

2 SCRIPT
1. Abrimos la puerta con una cabaña.
2. Tomas el ascensor al décimo piso del hotel.
3. Necesitas el pasaporte para ir a la playa.
4. En el hotel duermes en una tienda de campaña.
5. Tomamos el avión en el aeropuerto.
6. En una habitación individual hay una cama.
7. Debes pasar por la aduana en la estación del metro.
8. Hacemos las maletas para ir de vacaciones.

A practicar

3 Analogías Complete the analogies.

equipaje	huésped	sacar
inspector	habitación	mar
febrero	llover	viajar
otoño	mayo	piso

1. primero ⟶ segundo ⊜ enero ⟶ _____ *febrero*
2. aeropuerto ⟶ viajero ⊜ hotel ⟶ _____ *huésped*
3. invierno ⟶ nevar ⊜ primavera ⟶ _____ *llover*
4. mes ⟶ año ⊜ maleta ⟶ _____ *equipaje*
5. hotel ⟶ empleado ⊜ aduana ⟶ _____ *inspector*
6. pasaje ⟶ avión ⊜ llave ⟶ _____ *habitación*
7. acampar ⟶ campo ⊜ pescar ⟶ _____ *mar*
8. agosto ⟶ verano ⊜ noviembre ⟶ _____ *otoño*
9. llave ⟶ abrir ⊜ pasaje ⟶ _____ *viajar*
10. maleta ⟶ hacer ⊜ foto ⟶ _____ *sacar*

4 Describir With a partner, take turns describing what these people are doing.

1. Enrique y Gustavo
Enrique y Gustavo pescan/van de pesca.

2. Yo
Yo monto a caballo.

3. Tú
Tú vas en motocicleta.

4. Don Luis
Don Luis va a su habitación.

5. Marcela
Marcela saca/toma fotos.

6. Juan Martín y yo
Juan Martín y yo hacemos las maletas.

A conversar

5 **Contestar** With a classmate, take turns asking each other these questions. Do you have any answers in common?

5 Communication Interpersonal Communication   *Answers will vary.*

modelo

¿Cuál es el primer mes de la primavera?
Estudiante 1: *¿Cuál es el primer mes de la primavera?*
Estudiante 2: *Es marzo.*

1. ¿Cuál es la fecha de hoy?

2. ¿Qué estación es? ¿Te gusta esta (*this*) estación?

3. ¿Prefieres el otoño o la primavera? ¿Por qué?

4. ¿Prefieres el mar o las montañas? ¿Por qué?

5. ¿Te gusta más el campo o la ciudad? ¿Por qué?

6. Cuando vas de vacaciones, ¿qué haces?

7. ¿Piensas ir de vacaciones este año?
   ¿Adónde quieres ir? ¿Por qué?

8. ¿Cómo prefieres viajar: en barco, en motocicleta…?

FEBRERO

					1	2
3	4	5	6	7	8	9
10	11	12	13	14	15	16
17	18	19	20	21	22	23
24	25	26	27	28		

5 EXPANSION Ask individuals to share their answers for items 3–8. Ex: _____, **cuando vas de vacaciones, ¿qué haces?** Ask other students to report on the preferences of their classmates. Ex: _____, **¿qué hace _____ cuando va de vacaciones?** Students must use complete sentences.

6 **La reservación** In pairs, role-play a conversation between a receptionist at a hotel and a tourist calling to make a reservation. Read only the information that pertains to you. **6** Communication Interpersonal Communication

Turista	Empleado/a
Vas a viajar a la península de Yucatán con un amigo. Piensan llegar a Cancún el 23 de febrero y necesitan una habitación para cuatro noches. Ustedes quieren descansar en la playa, pero también quieren hacer una excursión a las ruinas mayas en Chichén Itzá. Llama (*Call*) al Hotel Oceanía y averigua (*find out*) toda la información que necesitas. Luego decide si (*if*) quieres hacer la reservación o no.	Trabajas en la recepción del Hotel Oceanía, en Cancún. Sólo quedan (*remain*) dos habitaciones en febrero: una habitación individual en el primer piso ($175 por noche) y una habitación doble en el quinto piso que tiene descuento (*discount*) porque no hay ascensor ($165 por noche). El hotel no ofrece excursiones a Chichén Itzá, pero hay una estación de autobuses cerca del hotel.

6 SUGGESTION Have students sit back-to-back to better simulate a phone conversation.

7 EXPANSION Have students judge the scenes in categories such as most original, funniest, most realistic, etc.

7 **Minidrama** With two or three classmates, act out a scene of people on vacation or planning a vacation. The scene should take place in one of these locations. **7** Communication Interpersonal Communication

• la playa   • una casa   • un aeropuerto   • una estación del tren   • un hotel   • una cabaña

ACTIVITY PACK For additional activities, go to the **Activity Pack** in the **Resources** section of the Supersite.

I CAN discuss and plan vacations.

Pronunciación

 Tutorial

INSTRUCTIONAL RESOURCES

Supersite: Pronunciation Tutorial; WebSAM

SAM: Lab Manual p. 258

Spanish b and v

SUGGESTION Emphasize that **b** and **v** are pronounced identically, but that, depending on the letter's position in a word, each letter can be pronounced two ways. Model both sounds and ask students to repeat after you. Take special care to model the soft **b** sound and note that it has no equivalent in English.

SUGGESTION Model the pronunciation of each word, sentence, and **refrán**, having students repeat after you.

EXTRA PRACTICE Write some additional proverbs for students to practice pronunciation. Ex: **Más vale que sobre y no que falte.** (*Better to have too much than too little.*) **No sólo de pan vive el hombre.** (*Man does not live by bread alone.*) **A caballo regalado no se le ve el colmillo.** (*Don't look a gift horse in the mouth.*)

bueno	**v**ólei**b**ol	**bi**blioteca	**v**i**v**ir

There is no difference in pronunciation between the Spanish letters **b** and **v**. However, each letter can be pronounced two different ways, depending on which letters appear next to them.

bonito	**v**iajar	tam**b**ién	in**v**estigar

B and **v** are pronounced like the English hard *b* when they appear either as the first letter of a word, at the beginning of a phrase, or after **m** or **n**.

de**b**er	no**v**io	a**b**ril	cer**v**eza

In all other positions, **b** and **v** have a softer pronunciation, which has no equivalent in English. Unlike the hard **b**, which is produced by tightly closing the lips and stopping the flow of air, the soft **b** is produced by keeping the lips slightly open.

bola	**v**ela	Cari**b**e	decli**v**e

In both pronunciations, there is no difference between **b** and **v**. The English *v* sound, produced by friction between the upper teeth and lower lip, does not exist in Spanish. Instead, the soft **b** comes from friction between the two lips.

Verónica y su esposo cantan boleros.

When **b** or **v** begins a word, its pronunciation depends on the previous word. At the beginning of a phrase or after a word that ends in **m** or **n**, it is pronounced as a hard **b**.

Benito es de Boquerón pero vive en Victoria.

Words that begin with **b** or **v** are pronounced with a soft **b** if they appear immediately after a word that ends in a vowel or any consonant other than **m** or **n**.

Práctica Read these words aloud to practice the **b** and the **v**.

1. hablamos	4. van	7. doble	10. cabaña
2. trabajar	5. contabilidad	8. novia	11. llave
3. viajero	6. bien	9. béisbol	12. invierno

Oraciones Read these sentences aloud to practice the **b** and the **v**.

1. Vamos a Guaynabo en autobús.
2. Voy de vacaciones a la Isla Culebra.
3. Tengo una habitación individual en el octavo piso.
4. Víctor y Eva van en avión al Caribe.
5. La planta baja es bonita también.

Refranes Read these sayings aloud to practice the **b** and the **v**.

No hay mal que
por bien no venga.[1]

Hombre prevenido
vale por dos.[2]

De viaje en Toledo

Manuel, Juanjo, Valentina, Olga Lucía y Sara pasan el fin de semana en Toledo.

Communicative Goal
Ask and respond to questions for checking in to a hotel

INSTRUCTIONAL RESOURCES
Supersite: WebSAM
SAM: Video Manual pp. 177–178

 Video

Antes de ver

Predict what you will see and hear in an episode in which the characters take a trip.

VIDEO RECAP Before showing this **Aventuras** episode, review the previous episode with these questions: 1. ¿Quién quiere terminar su videojuego? (Olga Lucía) 2. ¿Cuáles son los dos equipos de fútbol que juegan? (el Real Madrid y el Atlético de Madrid) 3. ¿Quién pide perdón cuando pierde las entradas? (Manuel) 4. ¿Adónde van los chicos cuando no encuentran las entradas? (Van a un restaurante.)

VIDEO SYNOPSIS Olga Lucía, Valentina, Sara, Juanjo, and Manuel take a weekend trip to Toledo and arrive at the train station. Juanjo says that he prefers the beach. They check in to their **hostal** before going sightseeing. Everyone is impressed by the **Alcázar** except for Juanjo, who is bored and goes off on his own. The others visit the **Barrio de la Judería** and go the cathedral plaza to eat **mazapanes**. They see Juanjo approaching. Olga Lucía is going to take his picture, and she and the others keep telling him to step back until he falls into a pool of water.

PERSONAJES

SARA

JUANJO

OLGA LUCÍA

VALENTINA

MANUEL

EMPLEADA

SARA ¡Un fin de semana en Toledo!
JUANJO Pues yo prefiero la playa.
OLGA LUCÍA ¿Vas a seguir hablando de la playa todo el viaje?
VALENTINA ¡La playa está muy lejos de aquí!
MANUEL Podemos ir a la playa las próximas vacaciones.
JUANJO ¡¿Las próximas vacaciones?!

OLGA LUCÍA ¡Toledo es muy bonito!
VALENTINA Mira. Ése es el Alcázar.
MANUEL ¡Y ése, el puente de Alcántara!
SARA ¡La vista es espectacular!
JUANJO Pero no es la playa.

OLGA LUCÍA Buenos días. Tenemos una reservación.
EMPLEADA ¿A nombre de quién?
VALENTINA Valentina Herrera Torres.
EMPLEADA ¡Venís en buen tiempo! Todavía no está haciendo mucho calor.
JUANJO ¡Está perfecto para ir a la playa!

A C T I V I D A D E S

1 **¿Cierto o falso?** Indicate if each statement is **cierto** or **falso**. Correct the false statements.

1 Communication Interpretive Communication

	Cierto	Falso
1. Juanjo prefiere el campo. *Juanjo prefiere la playa.*	○	✓
2. Los chicos llegan al aeropuerto de Toledo. *Los chicos llegan a la estación del tren de Toledo.*	○	✓
3. Van a pasar un fin de semana en Toledo.	✓	○
4. Juanjo tiene una habitación individual. *Juanjo comparte una habitación doble con Manuel.*	○	✓
5. Toledo es la ciudad de las tres culturas: la cristiana, la musulmana y la judía.	✓	○

2 **Identificar** Identify the person who made each statement.

1. ¡Toledo es muy bonito! *Olga Lucía*
2. Yo los espero aquí. *Juanjo*
3. Está bien. La llevo yo. *Manuel*
4. ¡Pues nosotros estamos bien aquí! *Sara*
5. ¿Y tú estás de mal humor? *Olga Lucía*
6. ¡Ya no tienes que ir a la playa! *Sara*

Expresiones útiles

la campana *bell*
caribeño/a *from the Caribbean*
cristiano/a *Christian*
el desayuno *breakfast*
Disculpa. *Forgive me.*
dulce *sweet*
estar de buen/mal humor *to be in a good/bad mood*
extrañar *to miss*
igual *just the same*
judío/a *Jewish*
musulmán, musulmana *Islamic*
el nombre *name*
próximo/a *next*
el puente *bridge*
sonar *to ring*

EMPLEADA Aquí está. Habitación con tres camas en el primer piso. Ahora los chicos.

MANUEL Manuel Vázquez Quevedo.

EMPLEADA Manuel Vázquez, habitación doble en el segundo piso.

SARA ¡Llevamos las mochilas a la habitación y salimos!

JUANJO Yo los espero aquí.

MANUEL Está bien. La llevo yo.

VALENTINA Estoy leyendo que en el Alcázar está el Museo del Ejército.

MANUEL ¡Este lugar es extraordinario!

JUANJO Sí, pero igual estoy aburrido.

OLGA LUCÍA ¡Juanjo! ¡Estamos de vacaciones! ¿Y tú estás de mal humor?

JUANJO ¡Soy caribeño! Quiero estar de vacaciones en el mar.

SARA Pues nosotros estamos bien aquí.

VALENTINA ¡Está sonando la Gorda!

LOS DEMÁS ¡¿La qué?!

VALENTINA ¡La campana! La llaman la Gorda porque es la más grande de España.

SARA ¡Chicos! ¡Allí está Juanjo! ¿Ya estás de buen humor?

JUANJO Sí, ya. Disculpa, es que extraño el mar.

OLGA LUCÍA Bueno, tengo que tomar una foto de Juanjo feliz en Toledo.

Toledo

Toledo es conocida como la ciudad de las tres culturas porque los cristianos, los musulmanes y los judíos vivían juntos (*lived together*) allí. Hay iglesias, mezquitas (*mosques*) y sinagogas. La ciudad es considerada Patrimonio de la Humanidad por la UNESCO.

¿Conoces (*Do you know*) una ciudad con tantas influencias como Toledo?

 En un hotel de Toledo Role-play a conversation between a hotel employee and a guest checking in. ③ **Communication** Interpersonal Communication

Huésped Greet the employee and ask for your reservation, say that the reservation is in your name, and ask questions about the hotel and/or Toledo.

Empleado/a Welcome the guest and ask under whose name the reservation was made, say that the reservation is for a double room and the room is on the third floor, and answer questions.

I CAN ask and respond to questions for checking in to a hotel.

I CAN interact on a survival level in some familiar everyday contexts.

El Camino Inca

Early in the morning, Larry rises, packs up his campsite, fills his water bottle in a stream, eats a quick breakfast, and begins his day. Yesterday, Larry and his group hiked seven miles to a height of 9,700 feet. By tonight, that hike will seem easy. Today the hikers will cover seven miles to a height of 14,000 feet, all the while carrying fifty-pound backpacks.

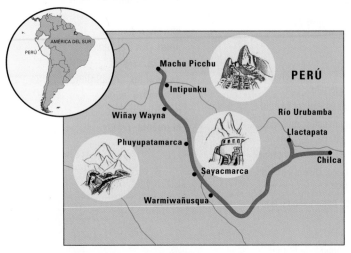

Ruta de cuatro días

While not everyone is cut out for such a rigorous trip, Larry is on the journey of a lifetime: **el Camino Inca.** Between 1438 and 1533, when the vast and powerful **Imperio Incaico** (*Incan Empire*) was at its height, the Incas built an elaborate network of **caminos** (*trails*) that traversed the Andes Mountains and converged on the empire's capital, Cuzco. Today, hundreds of thousands of tourists come to Peru

Sitios en el Camino Inca

Highlights of a four-day hike along the Inca Trail:

Warmiwañusqua (*Dead Woman's Pass*), at 13,800 feet, a hiker's first taste of the Andes' extreme sun and wind

Sayacmarca (*Inaccessible Town*), fortress ruins set on a sheer cliff

Phuyupatamarca (*Town in the Clouds*), an ancient town with stone baths, probably used for water worship

Wiñay Wayna (*Forever Young*), a town named for the pink orchid native to the area, famous for its innovative agricultural terraces which transformed the mountainside into arable land

annually to walk the surviving **caminos** and enjoy the spectacular landscapes. The most popular trail, **el Camino Inca,** leads from Cuzco to the ancient mountain city of Machu Picchu. Many trekkers opt for a guided four-day itinerary, starting at a suspension bridge over the Urubamba River, and ending at **Intipunku** (*Sun Gate*), the entrance to Machu Picchu. Guides organize campsites and meals for travelers, as well as one night in a hostel en route.

To preserve **el Camino Inca,** the National Cultural Institute of Peru limits the number of people to five hundred per day. Hikers that make the trip must book in advance and should be in good physical condition in order to endure the high altitude and difficult terrain.

ASÍ SE DICE

Viajes y turismo

el albergue (juvenil)	(youth) hostel
alojarse	to stay
el asiento del medio, del pasillo, de la ventanilla	center, aisle, window seat
la media pensión	breakfast and one meal included
el/la mochilero/a	backpacker
la pensión completa	all meals included
el puente	long weekend (lit., bridge)

Wiñay Wayna

INSTRUCTIONAL RESOURCES
Supersite: Video (Flash cultura); WebSAM
SAM: Video Manual pp. 209–210

ACTIVIDADES

 1 **¿Cierto o falso?** Indicate whether each statement is **cierto** or **falso**. Correct the false statements.

1. Lima was the capital of the Incan Empire.
   Falso. Cuzco was the capital of the Incan Empire.
2. Hikers on **el Camino Inca** must camp out every night. *Falso. Hikers camp out and also stay in hostels.*
3. Along **el Camino Inca**, one can see village ruins, native orchids, and agricultural terraces. *Cierto.*
4. High altitude is one of the challenges faced by hikers on **el Camino Inca**. *Cierto.*
5. Travelers can complete **el Camino Inca** on their own at any time. *Falso. Travelers hike with a guide and must reserve in advance.*

 2 **Preguntas** Answer the questions.

1. When did the Incan Empire reach its height?
   between 1438 and 1533
2. Where does **el Camino Inca** start and end?
   starts in Cuzco, ends at Machu Picchu
3. What is **Intipunku**?
   the Sun Gate/entrance to Macchu Picchu
4. Why do hikers on **el Camino Inca** have to be in good physical condition?
   to endure the high altitude and mountainous terrain
5. What is **Wiñay Wayna** known for?
   its agricultural terraces

3 **Comparación** Compare **el Camino Inca** with a famous trail in the United States.
③ Comparisons Cultural Comparisons

4 **Perspectivas** Why do you think that **el Camino Inca** is so popular? Do you agree with the National Cultural Institute of Peru's limit on the number of people allowed on the trail?

5 **De vacaciones** You want to hike **el Camino Inca** with some friends. In groups, decide how you will get there, where you prefer to stay and for how long, and what each of you will do during your free time.
⑤ Communication Interpersonal Communication

I CAN identify and discuss popular travel destinations in my own and other cultures.

Communicative Goal
Identify some basic facts about a historic site and understand people's reasons for going there

  Video

¡Vacaciones en Perú!

1 **Preparación** Have you ever visited an archeological or historic site? Where? Why did you go there?

2 **El video** Watch this **Flash cultura** episode about Machu Picchu in Peru.

Vocabulario			
ciudadela	citadel	quechua	Quechua (indigenous Peruvian)
el/la guía	guide	sector (urbano)	(urban) sector

Machu Picchu se salvó° de la invasión española […] se encuentra aislada sobre° esta montaña…

se salvó *was saved*   se encuentra aislada sobre *it is isolated on*

3 **Completar** Complete these sentences with the words from **Vocabulario**. Make any necessary changes.

1. Las ruinas de Machu Picchu son una antigua ___ciudadela___ inca.
2. La ciudadela estaba (*was*) dividida en tres sectores: ___urbano___, religioso y de cultivo (*farming*).
3. Cada año los ___guías___ reciben a cientos (*hundreds*) de turistas de diferentes países.
4. Hoy en día, la cultura ___quechua___ está presente en las comunidades andinas (*Andean*) de Perú.

4 **Entrevista** In pairs, role-play an interview between a Peruvian journalist and a Latin American tourist at Machu Picchu.
④ Communication Interpersonal Communication

I CAN identify some basic facts about Machu Picchu and understand people's reasons for going there.

Communicative Goal
Describe how I and other people feel

5.1 Estar with conditions and emotions

▶ In Spanish, the verb **estar** is used to talk about how people feel and to say where people, places, and things are located. (See page 42.)

Estoy bien, gracias.
I'm fine, thanks.

Juan **está** en la biblioteca.
Juan is at the library.

▶ **Estar** is used with adjectives to describe the physical condition of things.

La puerta **está** cerrada.
The door is closed.

Todo **está** muy limpio.
Everything is very clean.

▶ Use **estar** with adjectives to describe how people feel.

Estoy aburrido.

¿Estás feliz?

Adjectives that describe emotions and conditions

abierto/a	open	equivocado/a	wrong
aburrido/a	bored	feliz	happy
alegre	happy	limpio/a	clean
avergonzado/a	embarrassed	listo/a	ready
cansado/a	tired	nervioso/a	nervous
cerrado/a	closed	ocupado/a	busy
cómodo/a	comfortable	ordenado/a	orderly
contento/a	content	preocupado/a (por)	worried (about)
desordenado/a	disorderly	seguro/a	sure; safe; confident
enamorado/a (de)	in love (with)	sucio/a	dirty
enojado/a	angry	triste	sad

¡ojo! Note that the plural of **feliz** is **felices**.

SUGGESTION Show the **Aventuras fotonovela** again, then ask comprehension questions using **estar** and adjectives expressing conditions or emotions. Ex: ¿Cómo está Juanjo en el Alcázar? (Está aburrido.)

¡Manos a la obra!

Provide the correct forms of **estar**.

1. La biblioteca __está__ cerrada los domingos por la noche.
2. Nosotros __estamos__ muy ocupados todos los lunes.
3. Ellas __están__ contentas porque tienen tiempo libre.
4. Javier __está__ enamorado de Maribel.
5. La habitación del hotel __está__ ordenada y limpia.
6. Ustedes __están__ equivocados.

INSTRUCTIONAL RESOURCES
Supersite: Grammar Tutorial; WebSAM
SAM: Workbook pp. 47–48; Lab Manual p. 259

Práctica

1 Un viaje Claudia is going on a trip. Say how she, her family, and her friends are feeling. In the first blank, fill in the correct form of **estar**. In the second blank, fill in the adjective that best fits the context. Make any necessary changes. *Some answers may vary.*

contento	nervioso	preocupado
enojado	ocupado	triste

modelo

¡Qué bueno! Hoy yo __estoy__ muy __contenta__ porque mañana voy a hacer un viaje a Chicago.

1. ¡Qué nervios! También __estoy__ un poco __nerviosa__ porque voy en avión y no me gusta mucho volar (*to fly*).
2. Mis papás __están__ __preocupados__ porque voy sola (*alone*).
3. Mi amiga Patricia y yo __estamos__ muy __tristes__ porque ella no puede ir. Ella tiene que estudiar para un examen.
4. Es que Patricia __está__ muy __ocupada__ porque este semestre toma muchas clases.
5. Mi novio César __está__ muy __enojado__ porque él piensa que yo voy a ir a bailar todas las noches.

2 ¿Cómo están? Describe these people and places.

La habitación de Teresa
1. __Está ordenada/limpia.__

La habitación de César
2. __Está desordenada/sucia.__

Yo
3. __Yo estoy cansado/a.__

El profesor Olmos
4. *El profesor Olmos está enojado.*

Conversación

3 Situaciones With a partner, use **estar** to talk about how you feel in these situations. *Answers will vary.*

3 Communication
Interpersonal Communication

1. Durante las vacaciones...
2. En un examen...
3. Con mi familia...
4. En la clase de español...
5. En días nublados...
6. En un funeral...
7. En una cita a ciegas (*blind date*)...
8. En el invierno...

4 Describir With a partner, say how these people are and explain why. Use your imagination.

4 Communication
Interpersonal Communication

1. María Laura

2. Juan y Luisa

3. Sebastián

4. Olivia y Marco

5 Preguntas Use these questions to interview your partner. *Answers will vary.*

5 Communication
Interpersonal Communication

1. ¿Estás ocupado/a este fin de semana? ¿Qué vas a hacer?
2. ¿Estás enamorado/a? ¿De quién?
3. ¿Qué haces cuando estás preocupado/a por algo (*something*)?
4. ¿Qué haces cuando estás aburrido/a?
5. ¿Cómo estás ahora? ¿Por qué?

ACTIVITY PACK For additional activities, go to the **Activity Pack** in the **Resources** section of the Supersite.

I CAN describe how I and other people feel.

Communicative Goal
Recognize familiar words in a simple ad

Español en vivo

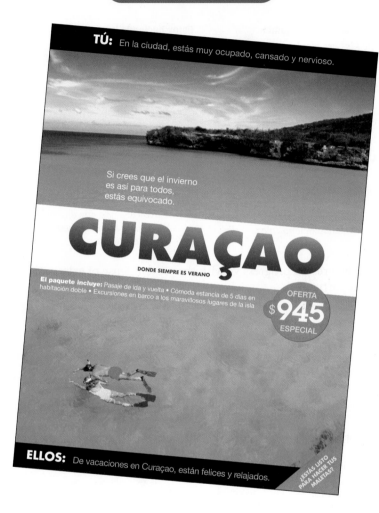

TÚ: En la ciudad, estás muy ocupado, cansado y nervioso.

Si crees que el invierno es así para todos, estás equivocado.

CURAÇAO
DONDE SIEMPRE ES VERANO

El paquete incluye: Pasaje de ida y vuelta • Cómoda estancia de 5 días en habitación doble • Excursiones en barco a los maravillosos lugares de la isla

OFERTA
$**945**
ESPECIAL

ELLOS: De vacaciones en Curaçao, están felices y relajados.

¿ESTÁS LISTO PARA HACER TUS MALETAS?

1 Identificar Scan the advertisement and identify the adjectives that take the verb **estar**.

2 Preguntas Answer the questions. **2 Communication** Interpretive Communication

1. ¿Dónde están las personas del anuncio (*ad*)?
2. ¿Cómo están ellos?
3. ¿Te identificas (*do you identify*) con la descripción de la vida (*life*) en la ciudad? ¿Por qué?

I CAN recognize familiar words in a simple ad.

5.2 The present progressive

▶ Both Spanish and English use the present progressive, which consists of the present tense of the verb *to be* and the present participle (the *-ing* form in English).

Los chicos **están jugando.**
The kids are playing.

Los turistas **están acampando.**
The tourists are camping.

Estoy **haciendo** las maletas.
I am packing.

¿**Estás mirando** la televisión?
Are you watching TV?

Todavía no está haciendo mucho calor.

Estoy leyendo que en el Alcázar está el Museo del Ejército.

▶ Form the present progressive with the present tense of **estar** and a present participle.

ESTAR + PRESENT PARTICIPLE

Están cantando.
They are singing.

Estamos esperando.
We are waiting.

ESTAR + PRESENT PARTICIPLE

Estoy comiendo.
I am eating.

Ella **está trabajando.**
She is working.

▶ The present participle of regular verbs is formed as follows:

INFINITIVE	STEM	ENDING	PRESENT PARTICIPLE
hablar	habl-	-ando	hablando
comer	com-	-iendo	comiendo
escribir	escrib-	-iendo	escribiendo

▶ When the stem of an **–er** or **–ir** verb ends in a vowel, the present participle ends in **–yendo**.

INFINITIVE	STEM	ENDING	PRESENT PARTICIPLE
leer	le-	-yendo	leyendo
oír	o-	-yendo	oyendo
traer	tra-	-yendo	trayendo

SUGGESTION Mime an action and ask students to use the present progressive to say what you are doing. Ex: Pick up a newspaper and pretend to read it. Ask: _____, ¿qué estoy haciendo? (Usted está leyendo el periódico.) Also ask leading questions that require either affirmative or negative answers depending on what you pantomime. Ex: Y ahora, ¿estoy haciendo la maleta? (No, usted está sacando fotos.)

1 De vacaciones Mauricio and his family are vacationing in Mazatlán, Mexico. Complete his description of what everyone is doing right now.

modelo

Yo estoy tomando el sol. 1. Mi mamá está sacando/tomando fotos.

2. Mi hermana Elena está nadando.

3. Mis hermanos están jugando al vóleibol.

4. Mi papá está montando a caballo.

5. Mi prima Paula está patinando.

2 Un amigo preguntón You are on summer vacation. A nosy friend calls you at all hours to see what you are doing. Look at the clocks and tell him. *Answers will vary.*

modelo

Estoy descansando.

1. _____ 2. _____

3. _____ 4. _____

Conversación

3 **Describir** With a partner, use the present progressive to describe what is going on in this beach scene. *Answers will vary.*
3 **Communication** Interpersonal Communication

4 **¿Qué están haciendo?** In pairs, take turns asking questions and giving answers about what these celebrities are doing right now. Be creative! **4** **Communication** Interpersonal Communication

modelo

Estudiante 1: ¿Qué está haciendo Shakira?
Estudiante 2: Shakira está cantando ahora mismo.

1. LeBron James
2. Sonia Sotomayor
3. Drake
4. Zendaya
5. Stephen King
6. Venus y Serena Williams

5 **Conversar** You and a classmate are each babysitting a group of children. In pairs, role-play a phone conversation using these cues. Be creative! *Answers will vary.*
5 **Communication** Interpersonal Communication

Estudiante 1	Estudiante 2
1. Ask what the kids are doing.	2. Tell your partner that two of your kids are doing their homework. Then ask what the kids at his/her house are doing.
3. Tell your partner that two of your kids are running and dancing in the house.	
5. Tell your partner that you are tired and that two of your kids are watching TV and eating pizza.	4. Tell your partner that one of the kids is reading.
	6. Tell your partner that one of the kids is sleeping.
7. Tell your partner you have to go; the kids are playing soccer in the house.	8. Say goodbye and good luck (**¡Buena suerte!**).

ACTIVITY PACK For additional activities, go to the **Activity Pack** in the **Resources** section of the Supersite.

I CAN say what people are doing right now.

Irregular present participles

▶ The verbs **ir, poder,** and **venir** have irregular present participles (**yendo, pudiendo, viniendo**). Several other verbs have irregular present participles.

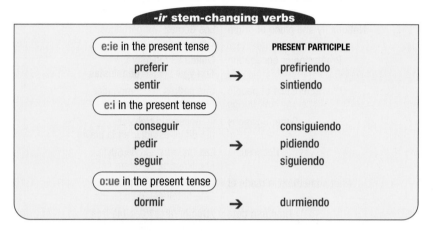

-ir stem-changing verbs

e:ie in the present tense	PRESENT PARTICIPLE
preferir →	prefiriendo
sentir	sintiendo

e:i in the present tense	
conseguir	consiguiendo
pedir →	pidiendo
seguir	siguiendo

o:ue in the present tense	
dormir →	durmiendo

Using the present progressive

▶ The present progressive is used less in Spanish than in English. In Spanish, the present progressive emphasizes that an action is *in progress*.

Ella todavía **está escuchando** música.
She is still listening to music.

Javier **está estudiando** ahora mismo.
Javier is studying right now.

▶ In English, the present progressive is used with actions that occur over time or in the future. In Spanish, the simple present tense is used.

Tomo inglés este semestre.
I'm taking English this semester.

Salgo hoy a las tres.
I'm leaving today at three.

¡Manos a la obra!

Create complete sentences using the present progressive.

1. Mis amigos / descansar en la playa *Mis amigos están descansando en la playa.*
2. Nosotros / practicar deportes *Nosotros estamos practicando deportes.*
3. Carmen / comer en casa *Carmen está comiendo en casa.*
4. Nuestro equipo / ganar el partido *Nuestro equipo está ganando el partido.*
5. Yo / traer el periódico *Yo estoy trayendo el periódico.*
6. Él / pensar en comprar una bicicleta *Él está pensando en comprar una bicicleta.*
7. Ustedes / explicar la lección *Ustedes están explicando la lección.*
8. José y Francisco / pedir café *José y Francisco están pidiendo café.*
9. Marisa / leer el correo electrónico *Marisa está leyendo el correo electrónico.*
10. Yo / preparar sándwiches *Yo estoy preparando sándwiches.*
11. Carlos / sacar fotos *Carlos está sacando fotos.*
12. ¿Tú / dormir? *¿Estás durmiendo?*

INSTRUCTIONAL RESOURCES
Supersite: Grammar Tutorial; WebSAM
SAM: Workbook pp. 50–51; Lab Manual p. 261

Communicative Goal
Describe people

5.3 Comparing ser and estar

▶ **Ser** and **estar** both mean *to be,* but are used for different purposes.

Uses of *ser*

Nationality and place of origin	Los Gómez son peruanos. Luisa es de Cuzco.
Profession or occupation	Liliana es ingeniera. Ana y yo somos periodistas.
Characteristics of people and things	Sus padres son simpáticos. El hotel es muy grande.
Generalizations	Es necesario trabajar. ¡Es difícil estudiar en la playa!
Possession	Las maletas son de Silvia. El pasaporte es de mi amigo.
What something is made of	Las llaves son de metal. Esta botella es de plástico.
Time and date	¿Qué hora es? Son las tres. ¿Qué día es hoy? Hoy es lunes. Hoy es el dos de abril.
Where or when an event occurs	La fiesta es en mi casa. El concierto es a las ocho.

¡Estamos de vacaciones! ¿Y tú estás de mal humor?

El desayuno es de siete a nueve en la planta baja.

Uses of *estar*

Location or spatial relationships	El hotel no está lejos. Adrián está en el cine.
Health	¿Cómo estás? Estoy enfermo.
Physical states and conditions	El conductor está cansado. Las puertas están cerradas.
Emotional states	Ignacio está aburrido. Estoy contenta con el viaje.
Certain weather expressions	Está despejado. Está nublado.
Ongoing actions (progressive tenses)	Estamos buscando el museo. Catalina está durmiendo.

SUGGESTION Call out sentences containing forms of **ser** or **estar**.
Ask students to identify the use of the verb.

Práctica

1 **Completar** Complete this conversation with the correct forms of **ser** and **estar**.

CAMILA ¡Hola, Ricardo! ¿Cómo (1) _estás_ ?

RICARDO Bien, gracias. Oye... ¡Qué guapa (2) _estás_ hoy!

CAMILA Gracias. (3) _Eres_ muy amable. Oye, ¿qué (4) _estás_ haciendo? (5) ¿ _Estás_ ocupado?

RICARDO No, sólo (6) _estoy_ escribiendo un mensaje electrónico a mi amigo David.

CAMILA ¿De dónde (7) _es_ él?

RICARDO David (8) _es_ de Ponce, pero ahora él y su familia (9) _están_ de vacaciones en Miami.

CAMILA Y... ¿cómo (10) _es_ David?

RICARDO (11) _Es_ moreno y un poco bajo. También (12) _es_ muy listo. ¿Lo quieres conocer?

2 **En el aeropuerto** Use **ser** and **estar** to describe this scene at an airport in Spain. Say what these people look like, how they are feeling, and what they are doing. *Answers will vary.*

modelo

Anita es una niña pequeña, delgada y morena. Ella está triste y ahora está llorando *(crying).*

Conversación

3 **Describir** With a partner, take turns describing the people in the drawing without saying their names. Use these questions to guide your descriptions. Your partner has to guess who the person is. *Answers will vary.*

3 Communication
Interpersonal Communication

- ¿Dónde está(n)?
- ¿Cómo es?/¿Cómo son?
- ¿Cómo está(n)?
- ¿Qué está(n) haciendo?

4 **Adivinar** Using these questions as a guide, describe one classmate and one celebrity to your partner. Don't mention their names. Your partner will guess whom you are describing. *Answers will vary.* **4** Communication
Interpersonal Communication

- ¿Cómo es?
- ¿Cómo está?
- ¿De dónde es?
- ¿Dónde está?
- ¿Qué está haciendo?

ACTIVITY PACK For additional activities, go to the **Activity Pack** in the **Resources** section of the Supersite.

I CAN describe people.

Ser and estar with adjectives

▸ With many adjectives, both **ser** and **estar** can be used, but the meaning changes. Statements with **ser** describe inherent qualities. **Estar** describes temporary and changeable conditions.

Juan **es** nervioso.	Juan **está** nervioso hoy.
Juan is a nervous person.	*Juan is nervous today.*
Ana **es** elegante.	Ana **está** elegante hoy.
Ana is an elegant person.	*Ana looks elegant today.*

▸ The meaning of some adjectives changes completely depending on whether they are used with **ser** or **estar**.

With *ser*	With *estar*
El chico **es listo.**	El chico **está listo.**
The boy is smart.	*The boy is ready.*
La profesora **es mala.**	La profesora **está mala.**
The professor is bad.	*The professor is sick.*
Jaime **es aburrido.**	Jaime **está aburrido.**
Jaime is boring.	*Jaime is bored.*
Las peras **son verdes.**	Las peras **están verdes.**
The pears are green.	*The pears are not ripe.*
El gato **es muy vivo.**	El gato **está vivo.**
The cat is very clever.	*The cat is alive.*
Él **es seguro.**	Él no **está seguro.**
He's a confident person.	*He's not sure.*

¡ojo! Note that when referring to an object, **ser seguro** means *to be safe*: **El ascensor es seguro.** (*The elevator is safe.*)

¡Manos a la obra!

Form sentences with **ser** or **estar**. Make any necessary changes.

1. Alejandra / cansado
   Alejandra está cansada.
2. ellos / guapo hoy
   Ellos están guapos hoy.
3. Carmen / alto
   Carmen es alta.
4. yo / la clase de español
   Yo estoy en la clase de español.
5. película / a las once
   La película es a las once.
6. hoy / viernes
   Hoy es viernes.
7. nosotras / enojado
   Nosotras estamos enojadas.
8. Antonio / médico
   Antonio es médico.
9. Romeo y Julieta / enamorado
   Romeo y Julieta están enamorados.
10. libros / de María Eugenia
    Los libros son de María Eugenia.
11. Marisa y Juan / estudiando
    Marisa y Juan están estudiando.
12. fiesta / gimnasio
    La fiesta es en el gimnasio.

INSTRUCTIONAL RESOURCES
Supersite: Grammar Tutorial; WebSAM
SAM: Workbook p. 52; Lab Manual p. 262

Communicative Goal
Ask and answer questions about activities

5.4 Direct object nouns and pronouns

Práctica

▶ A direct object noun receives the action of the verb directly and generally follows the verb. In this example, the direct object noun answers the question *What is Valentina reading?*

SUBJECT	VERB	DIRECT OBJECT NOUN
Valentina	está leyendo	un libro.
Valentina	*is reading*	*a book.*

Yo los
espero aquí.

La llevo yo.

▶ When a direct object noun is a person or a pet, it is preceded by the word **a**. This is called the "personal **a**" and it has no English equivalent.

Marta busca **a** su perro Lucas.
Marta is looking for her dog, Lucas.

Escucho **al** profesor.
I am listening to the professor.

▶ Direct object pronouns replace direct object nouns. Like English, Spanish sometimes uses a direct object pronoun to avoid repetition.

DIRECT OBJECT	DIRECT OBJECT PRONOUN
Maribel hace las maletas.	**Maribel** las **hace.** *Maribel packs them.*
Felipe compra el pasaje.	**Felipe** lo **compra.** *Felipe buys it.*
Vicky tiene la llave.	**Vicky** la **tiene.** *Vicky has it.*

Direct object pronouns

Singular forms		Plural forms	
me	*me*	nos	*us*
te	*you (fam.)*	os	*you (fam.)*
lo	*you (m., form.); him; it (m.)*	los	*you (m.); them (m.)*
la	*you (f., form.); her; it (f.)*	las	*you (f.); them (f.)*

SUGGESTION Point out that the direct object pronoun **los** refers to masculine and mixed groups. **Las** refers to feminine groups only.

1 **Sustitución** Professor Vega's class is planning a trip to Costa Rica. Describe their preparations by changing the direct object nouns to direct object pronouns.

modelo

La profesora Vega tiene su pasaporte.
La profesora Vega lo tiene.

1. Gustavo y Héctor confirman las reservaciones.
   Gustavo y Héctor las confirman.
2. Nosotros leemos los folletos (*brochures*).
   Nosotros los leemos.
3. Ana María estudia el mapa. *Ana María lo estudia.*
4. Yo aprendo los nombres de los monumentos de San José. *Yo los aprendo.*
5. Alicia escucha a la profesora. *Alicia la escucha.*
6. Miguel escribe las instrucciones para llegar al hotel. *Miguel las escribe.*

2 **Vacaciones** Ramón is going to San Juan, Puerto Rico, with friends. Express his thoughts more succinctly using direct object pronouns.

modelo

Quiero hacer una excursión.
Quiero hacerla./La quiero hacer.

1. Voy a hacer mi maleta. *Voy a hacerla./La voy a hacer.*
2. No necesitamos llevar los pasaportes. *No necesitamos llevarlos./No los necesitamos llevar.*
3. Marcos está pidiendo el folleto turístico. *Marcos está pidiéndolo./Marcos lo está pidiendo.*
4. Javier debe llamar (*call*) a sus padres. *Javier debe llamarlos./Javier los debe llamar.*
5. Ellos esperan visitar las playas. *Ellos esperan visitarlas./Ellos las esperan visitar.*
6. No puedo llamar a Javier ahora mismo. *No puedo llamarlo./No lo puedo llamar.*

3 **¿Qué estás haciendo?** A classmate has called to find out what you are doing to prepare for your trip to Cancún. Answer your partner's questions. Follow the model.

modelo

preparar el itinerario de viaje
Estudiante 1: ¿Estás preparando el itinerario de viaje?
Estudiante 2: No, no lo estoy preparando.
Estudiante 1: ¿Cuándo lo vas a preparar?
Estudiante 2: Voy a prepararlo mañana (el lunes, a las dos, etc.).

1. preparar los documentos de viaje
2. buscar información de hoteles en Internet
3. practicar español
4. pensar en actividades para hacer
5. hacer las maletas

Conversación

4 **En un café** Get together with a partner and take turns asking each other questions about the drawing. *Answers will vary.*

4 Communication Interpersonal Communication

modelo

Estudiante 1: ¿Quién está leyendo el mapa?
Estudiante 2: El Sr. Torres está leyéndolo.

Ana
Santiago
Sra. Torres
Sr. Torres
Mario

5 **Entrevista** Use these questions to interview a classmate. Your partner should respond using direct object pronouns.

Answers will vary.

modelo **5 Communication** Interpersonal Communication

Estudiante 1: ¿Quién lee el periódico en tu casa?
Estudiante 2: Mi papá lo lee.

1. ¿Quién prepara la comida (*food*) en tu casa?
2. ¿Visitas a tus parientes con frecuencia (*frequently*)?
3. ¿Cuándo ves a tus amigos/as?
4. ¿Estudias español todos los días?
5. ¿Traes tu libro a clase? ¿Y tu cuaderno?
6. ¿Cuándo vas a hacer la tarea de la clase de español?
7. ¿Ves mucho la televisión? ¿Cuándo vas a ver tu programa favorito?
8. ¿Piensas hacer un viaje pronto (*soon*)? ¿Necesitas tu pasaporte?

ACTIVITY PACK For additional activities, go to the **Activity Pack** in the **Resources** section of the Supersite.

I CAN ask and answer questions about activities.

▸ It is common to use the direct object pronoun when the direct object noun has been mentioned before.

—¿Quieres a tu madre?
Do you love your mother?

—Sí, la quiero mucho.
Yes, I love her very much.

▸ In affirmative sentences and affirmative questions, direct object pronouns generally appear before the conjugated verb. In negative sentences and negative questions, the pronoun is placed between the word **no** and the verb.

Armando me escucha.	Armando no me escucha.
Katia las tiene.	Katia no las tiene.
¿Lo quieres?	¿No lo quieres?

▸ In the present progressive and infinitive constructions, such as **ir a** + [*infinitive*], the direct object pronoun can be placed before the conjugated form or attached to the present participle or infinitive.

Laura las está escribiendo.	Laura está escribiéndolas.
Lo vamos a hacer.	Vamos a hacerlo.
Las va a confirmar.	Va a confirmarlas.

¡ojo! When a pronoun is attached to the present participle, an accent mark is added to maintain the proper stress: **Laura está escribiéndolas. José está escuchándote.**

¡Manos a la obra!

Choose the correct response.

1. ¿Me puedes llevar al partido de fútbol?
   a. Sí, los puedo llevar.
   b. Sí, te puedo llevar.

2. ¿Quién tiene los pasajes?
   a. Yo lo tengo.
   b. Mónica los tiene.

3. ¿Vas a llevar a tu hermana a la playa?
   a. No, no voy a llevarla.
   b. No, no voy a llevarte.

4. ¿Vas a hacer las maletas?
   a. Sí, voy a hacerla.
   b. Sí, voy a hacerlas.

5. ¿Quién tiene la llave de nuestra habitación?
   a. Yo no la tengo.
   b. Yo lo tengo.

6. ¿Quién revisa los documentos?
   a. El inspector te revisa.
   b. El inspector los revisa.

7. ¿Vamos a confirmar los pasajes?
   a. Sí, la vamos a confirmar.
   b. No, no los vamos a confirmar.

A repasar

5.1 Estar with conditions and emotions

 **1 Cuando...** Describe how you feel in these situations. *Answers will vary.*

1. Hace sol.
2. Tienes mucho trabajo.
3. Viajas en avión.
4. Vas al partido de tu equipo favorito.
5. Tu habitación está desordenada.
6. Pierdes las llaves de tu auto.

2 Describir In pairs, take turns describing these people. Say where they are from, what they are like, and how they are feeling. *Answers will vary.*

1. tu mejor (*best*) amigo/a
2. tus padres
3. tu profesor(a) favorito/a
4. tu compañero/a de cuarto
5. tu primo/a favorito/a
6. tus abuelos

5.2 The present progressive

3 De vacaciones Gabriela and her family are on a Caribbean cruise and the ship has stopped in San Juan. Complete her e-mail with the correct forms of the present progressive.

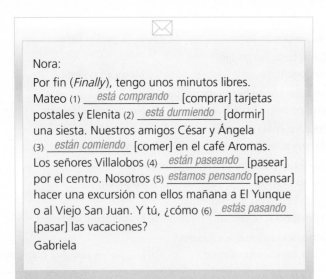

Nora:

Por fin (*Finally*), tengo unos minutos libres.
Mateo (1) _está comprando_ [comprar] tarjetas
postales y Elenita (2) _está durmiendo_ [dormir]
una siesta. Nuestros amigos César y Ángela
(3) _están comiendo_ [comer] en el café Aromas.
Los señores Villalobos (4) _están paseando_ [pasear]
por el centro. Nosotros (5) _estamos pensando_ [pensar]
hacer una excursión con ellos mañana a El Yunque
o al Viejo San Juan. Y tú, ¿cómo (6) _estás pasando_
[pasar] las vacaciones?

Gabriela

4 Situaciones With a partner, describe what these people are doing in these situations. Write at least two activities for each item. Then get together with another pair and compare your ideas. *Answers will vary.*

modelo

yo / en las montañas
Yo estoy acampando en las montañas. Yo estoy durmiendo en una tienda de campaña.

1. el inspector de aduanas / en el aeropuerto
2. mi familia / en el parque
3. los turistas / en el hotel
4. los pasajeros / en un crucero (*cruise ship*)
5. mis padres / en la estación de autobuses
6. yo / en la playa
7. mis amigos y yo / en el campo
8. mi compañero/a de cuarto / en la habitación

5.3 Comparing ser and estar

5 Completar Complete each sentence with the correct form of **ser** o **estar**.

1. Carolina __es__ mala. Ella no me quiere ayudar con la tarea.
2. El ascensor __es__ seguro.
3. Nosotros _estamos_ listos para ir de pesca.
4. Las bananas __están__ verdes. Necesitan dos días para madurar (*to ripen*).
5. Ellos _están_ aburridos porque el programa __es__ aburrido.
6. Ernesto __es__ muy listo. Él saca buenas notas (*grades*) en los exámenes.

6 Combinar Combine elements from each column to form sentences about a hotel and the people there. *Answers will vary.*

modelo   **Mi amiga es simpática.**

A	B	C
yo	(no) ser	bonito/a
tú	(no) estar	grande
mi amigo/a		norteamericano/a
el hotel		ocupado/a
el empleado		trabajador(a)
nosotros/as		de vacaciones
los huéspedes		en el tercer piso
las habitaciones		en la habitación
el equipaje		cómodo/a
		simpático/a

5.4 Direct object nouns and pronouns

7 **Emparejar** Match the video characters with the direct object pronouns in the sentences. Then form the questions that correspond to these answers.

A	B	C	D
OLGA LUCÍA Y SARA	**JUANJO**	**MANUEL Y VALENTINA**	**EMPLEADA**

1. Sí, la veo. __d__ *¿Ves a la empleada?*

2. Sí, los vemos. __c__ *¿Ven ustedes a Manuel y a Valentina?*

3. Sí, las vemos. __a__ *¿Ven ustedes a Olga Lucía y a Sara?*

4. Sí, lo veo. __b__ *¿Ves a Juanjo?*

8 **Entrevista** Use these questions to interview a classmate. Your partner should respond using direct object pronouns. *Answers will vary.* **8** Communication
Interpersonal Communication

1. ¿Te vienen a visitar tus padres este fin de semana?

2. ¿Ves a tus abuelos con frecuencia?

3. ¿Ahora mismo te están esperando tus amigos/as? ¿Dónde?

4. ¿Por qué estudias español?

5. Cuando vienes a la universidad, ¿dónde llevas los libros?

6. ¿Traes tu computadora a clase?

7. ¿Nos está mirando el/la profesor(a)?

8. ¿Me estás escuchando?

Síntesis

9 **Nuestras vacaciones** You are spending your vacation at one of these places: **un centro turístico** (*resort*) **en las montañas o cerca del mar, un campamento** (*campground*), or **una ciudad.** Describe your vacation to two classmates. What do your vacations have in common? *Answers will vary.* **9** Communication
Interpersonal Communication

- Describe the location and who is with you.
- Describe the weather.
- Describe your accommodations.
- Describe what activities you are doing during your vacation, using the present progressive.

ACTIVITY PACK For additional activities, go to the **Activity Pack** in the **Resources** section of the Supersite.

Communicative Goal
Watch a report and talk about tourist destinations

 Video

Videoclip

1 **Preparación** Have you ever visited a historic site in your country? Would you rather be in a place with a lot of history or in a brand-new city that is always changing?

2 **El clip** Watch the report *Xochimilco: una joya de la herencia prehispánica en México.*

Vocabulario					
adornadas	*decorated*	joya	*jewel*	navegar	*to sail*
herencia	*heritage*	lagos	*lakes*	vestigios	*remains*

Antes del arribo° de los colonos españoles, los pueblos náhuatl ya vivían° en la zona de Xochimilco.

arribo *arrival* vivían *lived*

3 **¿Cierto o falso?** Indicate whether these statements are **cierto** or **falso. Correct the false statements.** **3** Communication Interpretive Communication

1. Xochimilco está al sur de la Ciudad de México. *Cierto.*

2. Las trajineras son barcas adornadas con muchas flores. *Cierto.*

3. La Ciudad de México está construida sobre un sistema de lagos. *Cierto.*

4. Xochimilco no es una zona turística actualmente. *Falso. Muchos turistas visitan Xochimilco cada año.*

4 **Viaje a la historia** With a partner, act out a dialogue at a tourist information booth. The tourist should ask for information about national parks or historic sites to visit in the area. **4** Communication
Interpersonal Communication

I CAN understand some information in a report.

I CAN talk about tourist destinations.

Ampliación

Communicative Goals
Listen to a weather report, and chat with a former classmate

1 SCRIPT
Buenos días, queridos televidentes, les saluda el meteorólogo Hernán Jiménez, con el pronóstico del tiempo para nuestra bella isla.
Hoy, 17 de octubre, a las diez de la mañana, la temperatura en Santo Domingo es de 26 grados. Hace sol con viento del este a 10 kilómetros por hora. En la tarde, va a estar un poco nublado con la posibilidad de lluvia. La temperatura máxima del día va a ser de 30 grados. Es una buena mañana para ir a la playa.
En las montañas hace bastante frío ahora y hay niebla, especialmente en el área de San Francisco de Macorís. La temperatura mínima de estas 24 horas va a ser de 18 grados. Va a llover casi todo el día. ¡No es buen día para excursiones a las montañas! Hasta el noticiero del mediodía, me despido de ustedes. ¡Qué les vaya bien!

2 SUGGESTION Have students list the interrogative words they will use. Then have them list the uses of **ser** and **estar** they could use with each interrogative word.

1 Escuchar

A Listen to the weather report by Hernán Jiménez and indicate which of these phrases are correct.

1 Communication Interpretive Communication

TIP **Listen for key words.** Listening for key words and phrases will help you identify the subject and main ideas of what you hear, as well as some of the details.

Santo Domingo

✓ 1. hace sol
___ 2. va a hacer frío
___ 3. una mañana de mal tiempo
✓ 4. va a estar nublado
___ 5. buena tarde para tomar el sol
✓ 6. buena mañana para ir a la playa

San Francisco de Macorís

✓ 1. hace frío
___ 2. hace sol
___ 3. va a nevar
✓ 4. va a llover
✓ 5. hay niebla
___ 6. buen día para excursiones

B ¿Qué tiempo hace en tu ciudad?

2 Conversar

While you're on summer vacation, you run into a classmate from last year. With a partner, role-play a conversation that includes these topics. *Answers will vary.* **2 Communication** Interpersonal Communication

• Las clases	• Las vacaciones
• La familia	• Los deportes
• Los amigos	• El tiempo
• Los pasatiempos	• Los compañeros de clase

I CAN identify the main idea and key details of a weather report in a short audio recording.

I CAN chat with a former classmate.

Ampliación

3 Escribir

Write a tourist brochure for a hotel or resort. *Answers will vary.*
3 Communication Presentational Communication

TIP Make an outline. Identify topics and subtopics in order to provide a framework for the information you want to present.

Descripción del sitio (con foto)
A. Playa Grande
1. Playas seguras y limpias
2. Ideal para tomar el sol y descansar
B. El hotel
1. Abierto los 365 días del año
2. Piscina grande

Organizar — Jot down the most attractive aspects of your hotel or resort. Then, organize your ideas into an outline.

Escribir — Using your outline, write the first draft of your brochure.

Corregir — Exchange papers with a classmate and comment on the brochure's completeness, organization, grammatical accuracy, and level of interest. Then revise your first draft, keeping your classmate's comments in mind.

Compartir — Swap brochures with a classmate. After you have read the brochure, name the three aspects of the hotel or resort that appeal to you most or least.

4 Un paso más

Create a real or simulated website to promote a travel package to a resort in a Spanish-speaking country. Include images whenever possible. Your website should include these pages: *Answers will vary.*
4 Communication Presentational Communication   **4 Communities** School and Global Communities

- A home page with a general description of the tour and links to the other pages, including images related to the culture of the Spanish-speaking country you chose
- A page describing the means of transportation
- A page describing hotels and accommodations
- A page describing typical food
- A page about the nearby sites to visit
- A page showing some recent history and interesting facts about the country you chose
- A page detailing activities available to travelers

www.puertorico.com

+
EXCURSIÓN POR
PUERTO RICO
LA ISLA DEL ENCANTO

Excursión de 4 días   Excursión de 7 días

Agencia de viajes El Morro

Tel: 787-234-5678
Fax: 787-876-5432

5 Cultura

Pick one of the travel destinations from this lesson (Toledo, Machu Picchu, etc.) that you would like to visit and explain why you want to go there. What makes it special? Is it historic? Does it have good weather? Are there a lot of things to do?

I CAN use an outline to write a brochure with information about a hotel.

I CAN create a website promoting a travel package.

Communicative Goals
Use an outline to write a tourist brochure, and create a website promoting a travel package

3 SUGGESTION Explain that outlines are a great way to think about and organize ideas before spending a lot of time and effort on writing. Outlines also allow the writer to focus attention on specific parts without losing sight of the project as a whole.

3 EVALUATION

Criteria	Scale
Appropriate details	1 2 3 4 5
Organization	1 2 3 4 5
Use of vocabulary	1 2 3 4 5
Grammar	1 2 3 4 5

Scoring

Excellent	18–20 points
Good	14–17 points
Satisfactory	10–13 points
Unsatisfactory	< 10 points

4 SUGGESTION You may want to teach terms related to the Internet: **página principal** (home page), **hacer clic** (click), **pasar a la próxima página** (go to the next page).

4 EVALUATION

Criteria	Scale
Content	1 2 3 4 5
Organization	1 2 3 4 5
Accuracy	1 2 3 4 5
Creativity	1 2 3 4 5

If an oral presentation is required, it will be a fifth criterion and the scale should be modified to 4 points per item.

Scoring

Excellent	18–20 points
Good	14–17 points
Satisfactory	10–13 points
Unsatisfactory	< 10 points

ACTIVITY PACK For additional activities, go to the **Activity Pack** in the **Resources** section of the Supersite.

Audio: Reading

SUGGESTION Explain to students that a good way to get an idea of what an article or other text is about is to scan it before reading.

Communicative Goal
Scan, read, and understand key details in a hotel brochure

Antes de leer

Scanning involves glancing over a document in search of specific information.

TIP Scan. You can scan a document to identify its format, to find cognates, to locate visual cues about its content, and to find specific facts. Scanning allows you to learn a great deal about a text without having to read it word for word.

Examinar el texto

Scan the reading selection for cognates and write a few of them down. *Answers will vary.*

1. _____
2. _____
3. _____
4. _____
5. _____

Based on the cognates you found, what do you think this document is about?

_____

_____

Preguntas

Read these questions. Then scan the document again to look for answers to the questions. *Answers will vary.*

1. What is the format of the reading?

_____

2. What place is the document about?

_____

3. What are some of the visual cues this document provides? What do they tell you about the content of the document?

_____

_____

4. Who produced the document, and what do you think it is for?

_____

_____

Turismo ecológico en Puerto Rico

Hotel Vistahermosa ~ Lajas, Puerto Rico

- 40 habitaciones individuales
- 15 habitaciones dobles
- Teléfono/TV por cable/Internet
- Aire acondicionado
- Restaurante (Bar)
- Piscina
- Área de juegos
- Cajero automático°

El hotel está situado en Playa Grande, un pequeño pueblo de pescadores del mar Caribe. Es el lugar perfecto para el viajero que viene de vacaciones. Las playas son seguras y limpias, ideales para tomar el sol, descansar, tomar fotografías y nadar. Está abierto los 365 días del año. Hay una rebaja° especial para estudiantes universitarios.

DIRECCIÓN: Playa Grande 406, Lajas, PR 00667, cerca del Parque Nacional Foresta.

Atracciones cercanas

Playa Grande ¿Busca la playa perfecta? Playa Grande es el lugar que está buscando. Usted puede pescar, sacar fotos, nadar y pasear en bicicleta. Playa Grande es un paraíso para el turista que quiere practicar deportes acuáticos. El lugar es bonito e interesante y usted va a tener muchas oportunidades para descansar y disfrutar en familia.

Valle Niebla Ir de excursión, tomar café, montar a caballo, caminar, hacer picnics. Más de cien lugares para acampar.

Bahía Fosforescente Sacar fotos, salidas de noche, excursión en barco. Una maravillosa experiencia llena de luz°.

Arrecifes de Coral Sacar fotos, bucear, explorar. Es un lugar único en el Caribe.

Playa Vieja Tomar el sol, pasear en bicicleta, jugar a las cartas, escuchar música. Ideal para la familia.

Parque Nacional Foresta Sacar fotos, visitar el Museo de Arte Nativo. Reserva Mundial de la Biosfera.

Santuario de las Aves Sacar fotos, observar aves°, seguir rutas de excursión.

Después de leer

¿Comprendiste? Communication Interpretive Communication

Indicate whether each statement is **cierto** or **falso**.

Cierto	Falso	
✓		1. El hotel Vistahermosa tiene 55 habitaciones.
	✓	2. Playa Grande es un lugar ideal para montar a caballo.
✓		3. Hay muchos lugares para acampar en Valle Niebla.
	✓	4. El hotel Vistahermosa está cerrado en invierno.
✓		5. Es posible sacar fotos de las aves en el Santuario de las aves.
	✓	6. No hay museos cerca del hotel.

Preguntas Communication Interpretive Communication

Answer these questions.

1. ¿Dónde está el hotel Vistahermosa?
   El hotel Vistahermosa está en Lajas, Puerto Rico.

2. ¿Cómo son las playas cerca del hotel?
   Las playas son seguras y limpias.

3. ¿Dónde podemos hacer picnics?
   Podemos hacer picnics en Valle Niebla.

4. ¿Qué lugar es único en el Caribe?
   Arrecifes de Coral es un lugar único en el Caribe.

5. ¿Dónde podemos ir de pesca?
   Podemos ir de pesca a Playa Grande.

Coméntalo Communication Interpretive Communication

Vas de vacaciones a Lajas. ¿En qué mes del año deseas ir? ¿Por qué? ¿Cómo prefieres viajar: en avión o en barco? ¿Quieres visitar los lugares mencionados aquí? ¿Por qué? *Answers will vary.*

Cajero automático *ATM* **rebaja** *discount* **llena de luz** *full of light* **aves** *birds*

I CAN scan, then read and understand key details in a hotel brochure.

Vocabulary Tools

Las vacaciones y los viajes

el aeropuerto *airport*
la cabaña *cabin*
el campo *countryside*
la estación de autobuses *bus station*
la estación del metro *subway station*
la estación del tren *train station*
el/la inspector(a) de aduanas *customs inspector*
la llegada *arrival*
el mar *sea*
el pasaje (de ida y vuelta) *(round-trip) ticket*
el pasaporte *passport*
la salida *departure; exit*
la tienda de campaña *tent*
el/la viajero/a *traveler*

Las actividades

acampar *to camp*
confirmar una reservación *to confirm a reservation*
estar de vacaciones *to be on vacation*
hacer las maletas *to pack (one's suitcases)*
hacer turismo *to go sightseeing*
hacer un viaje *to take a trip*
hacer una excursión *to go on a hike; to go on a tour*
ir a la playa *to go to the beach*
ir de pesca *to go fishing*
ir de vacaciones *to go on vacation*
ir en autobús (m.) *to go by bus*
ir en auto(móvil) (m.) *to go by car*
ir en avión (m.) *to go by plane*
ir en barco *to go by boat*
ir en motocicleta *to go by motorcycle*
ir en taxi (m.) *to go by taxi*
montar a caballo *to ride a horse*
pasar por la aduana *to go through customs*
pescar *to fish*
sacar fotos (f. pl.) *to take pictures*

En el hotel

el alojamiento *lodging*
el ascensor *elevator*
la cama *bed*
el/la empleado/a *employee*
el equipaje *luggage*
la habitación individual *single room*
la habitación doble *double room*
el hotel *hotel*
el/la huésped *guest*
la llave *key*
la pensión *boarding house*
el piso *floor (of a building)*
la planta baja *ground floor*

Adjetivos

abierto/a *open*
aburrido/a *bored; boring*
alegre *happy*
avergonzado/a *embarrassed*
cansado/a *tired*
cerrado/a *closed*
cómodo/a *comfortable*
contento/a *content*
desordenado/a *disorderly*
enamorado/a (de) *in love (with)*
enojado/a *angry*
equivocado/a *wrong*
feliz *happy*
limpio/a *clean*
listo/a *ready; smart*
malo/a *bad; sick*
nervioso/a *nervous*
ocupado/a *busy*
ordenado/a *orderly*
preocupado/a (por) *worried (about)*
seguro/a *sure; safe; confident*
sucio/a *dirty*
triste *sad*
verde *green; not ripe*
vivo/a *clever; alive*

¿Qué tiempo hace?

¿Qué tiempo hace? *How's the weather?*
Está despejado. *It's clear.*
Está (muy) nublado. *It's (very) cloudy.*
Hace buen/mal tiempo. *The weather is nice/bad.*
Hace (mucho) calor. *It's (very) hot.*
Hace fresco. *It's cool.*
Hace (mucho) frío. *It's (very) cold.*
Hace (mucho) sol. *It's (very) sunny.*
Hace (mucho) viento. *It's (very) windy.*
Hay (mucha) niebla. *It's (very) foggy.*
Llueve. *It's raining.*
Nieva. *It's snowing.*

———

llover (o:ue) *to rain*
nevar (e:ie) *to snow*

Otras palabras y expresiones

ahora mismo *right now*
todavía *yet; still*

———

¿Cuál es la fecha de hoy? *What is today's date?*
Hoy es el primero (dos, tres,...) de marzo. *Today is March first (second, third,...).*

Las estaciones y los meses *See page 115.*
Los números ordinales *See page 115.*
Direct object pronouns *See page 130.*

As students finish the lesson, encourage them to explore the **Repaso** section on the Supersite.
There they will find quizzes for practicing vocabulary, grammar, and oral language.

Communicative Goals: Review

I CAN discuss and plan vacations.
• Talk about your next vacation.

I CAN talk about seasons and the weather.
• Say what the weather is like today.

I CAN talk about how I feel.
• Say how you feel right now.

I CAN investigate travel destinations in the Spanish-speaking world.
• Explain why Machu Picchu and Toledo are important travel destinations.

6 ¡De compras!

PARA EMPEZAR Here are some additional questions:
¿Te gusta ir de compras? ¿Por qué? ¿Estás pensando ir de compras este fin de semana? ¿Qué vas a comprar?

Communicative Goals
You will learn how to:
- talk about clothes
- negotiate and pay for items
- express preferences while shopping
- investigate markets in the Spanish-speaking world

⬡ PARA EMPEZAR

- ¿Dónde están los chicos, en el centro o en el campo?
- ¿Qué están haciendo: comprando o trabajando?
- ¿Hace calor o hace frío?

Vocabulary Tools

INSTRUCTIONAL RESOURCES
Supersite: Vocabulary Tutorials; WebSAM
SAM: Workbook pp. 53–54; Lab Manual p. 263

Communicative Goal
Ask and answer questions about clothes

¡DE COMPRAS!

SUGGESTION Have students look at the money from various countries and compare it with that of the U.S. Point out that in 2002 Spain stopped using the **peseta** and adopted the **euro**, the currency of the European Union.

EXPANSION Have students do a mini fashion show, using adjectives and colors. Ex: **Éste es mi compañero de clase Miguel. Hoy lleva unos bluejeans viejos, una camiseta gris y zapatos de tenis blancos y rojos.**

DE COMPRAS

el almacén *department store*
la caja *cash register*
el centro comercial *shopping mall*
el/la cliente/a *client*
el/la dependiente/a *clerk*
el mercado (al aire libre) *(open-air) market*
la rebaja *sale*
el regalo *gift*
la tarjeta de débito *debit card*
la tienda *store*
el/la vendedor(a) *salesperson*

comprar en línea *to buy online*
costar (o:ue) *to cost*
gastar *to spend (money)*
hacer juego (con) *to match*
llevar *to wear; to take*
pagar (con) *to pay (with)*
prestar *to lend*
regatear *to bargain*
usar *to wear; to use*
vender *to sell*

el precio (fijo)
(fixed) price

el dinero

SUGGESTION Ask students about their shopping habits. Write terms on the board as you say them. Ex: **¿A quién le gusta ir de compras? ¿Qué te gusta comprar? ¿Regalos? ¿Ropa?** (Point to your own clothing.) **¿Adónde vas para comprar estas cosas? ¿Cuánto dinero gastas?** (Pantomime paying.) **¿Te gusta regatear?** (Then, to another student:) **¿Adónde va _____? ¿Qué compra allí? ¿Cuánto gasta? Y a ti, ¿qué te gusta comprar?**

la tarjeta de crédito
credit card

SUGGESTION Name a vacation spot and ask students what clothing they need to take. Make it a continuing narration whereby the next student must repeat all the items before adding one. Ex: (you say:) **Vas a la playa. ¿Qué vas a llevar?** (S1:) **Voy a llevar un traje de baño.** (S2:) **Voy a llevar un traje de baño y gafas de sol.**

las gafas (de sol)

ADJETIVOS

barato/a *cheap*

bueno/a *good*

cada *each*

caro/a *expensive*

corto/a *short (in length)*

elegante *elegant*

hermoso/a *beautiful*

largo/a *long*

loco/a *crazy*

nuevo/a *new*

otro/a *other; another*

pobre *poor*

rico/a *rich*

la corbata

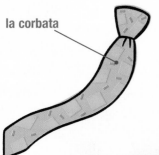

el par de zapatos
pair of shoes

LA ROPA Y LOS ACCESORIOS

el abrigo *coat*

los bluejeans *jeans*

la blusa *blouse*

la bolsa *bag; purse*

las botas *boots*

los calcetines *socks*

la camisa *shirt*

la camiseta *t-shirt*

la cartera *wallet*

la chaqueta *jacket*

el cinturón *belt*

la falda *skirt*

los guantes *gloves*

el impermeable *raincoat*

las medias *pantyhose; stockings*

los pantalones *pants*

los pantalones cortos *shorts*

la ropa *clothing*

la ropa interior *underwear*

las sandalias *sandals*

el sombrero *hat*

el suéter *sweater*

el traje *suit*

el traje de baño *bathing suit*

el vestido *dress*

los zapatos de tenis *sneakers*

VOCABULARIO ADICIONAL For additional vocabulary on this theme, go to **Vocabulario adicional** in the **Resources** section of the Supersite.

LOS COLORES

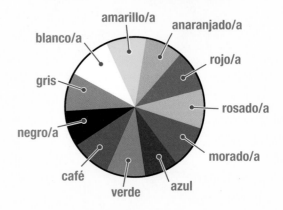

amarillo/a
anaranjado/a
blanco/a
rojo/a
gris
rosado/a
negro/a
morado/a
café
verde
azul

ir de compras
to go shopping

Comparisons Language Comparisons

ASÍ SE DICE

los calcetines ⟷ las medias (*Amér. L.*)
el cinturón ⟷ la correa (*Col., Venez.*)
las gafas de sol ⟷ los lentes oscuros,
los lentes negros (*Amér. L.*)
los zapatos de tenis ⟷ las zapatillas de
deporte (*Esp.*), las zapatillas (*Arg., Perú*)

▶ What do you call athletic shoes?

A escuchar

1 **Indicar** Check **invierno** or **verano** to indicate when someone would be most likely to wear each item you hear.

1 Communication Interpretive Communication

	Invierno	Verano
1.	✓	
2.	✓	
3.		✓
4.	✓	
5.		✓
6.		✓
7.	✓	
8.		✓

2 **¿Lógico o ilógico?** Indicate whether each statement you hear is **lógico** or **ilógico**.

2 Communication Interpretive Communication

	Lógico	Ilógico
1.		✓
2.	✓	
3.		✓
4.		✓
5.	✓	
6.	✓	
7.		✓
8.	✓	

3 **Escuchar** Listen to Juanita and Vicente talk about what they're packing for their vacations. Indicate who is packing each item. If neither is packing an item, write an **X**. **3** Communication Interpretive Communication

	Juanita	Vicente			Juanita	Vicente
1. abrigo		✓		7. gafas de sol		✓
2. zapatos de tenis	✓	✓		8. camisetas	✓	✓
3. impermeable	X	X		9. traje de baño	✓	
4. chaqueta		✓		10. botas		✓
5. sandalias	✓			11. pantalones cortos	✓	
6. bluejeans	✓	✓		12. suéter		✓

1 SCRIPT

1. el abrigo
2. los guantes
3. las sandalias
4. las botas
5. los pantalones cortos
6. el traje de baño
7. el suéter
8. la camiseta

2 SCRIPT

1. Necesito comprar un abrigo y unas botas para tomar el sol en la playa.
2. Llevo un impermeable porque va a llover.
3. Uso el traje de baño y las sandalias para esquiar en las montañas.
4. Vendo mucho cuando voy de compras.
5. Gasto dinero cuando compro ropa.
6. Todo cuesta más cuando no hay rebajas.
7. Regateo cuando hay precios fijos.
8. Pago con una tarjeta de débito.

3 SCRIPT

Juanita: Hola. Me llamo Juanita. Mi familia y yo salimos de vacaciones mañana y estoy haciendo mis maletas. Para nuestra excursión al campo ya tengo bluejeans, camisetas y zapatos de tenis. También vamos a la playa… Para ir a la playa necesito un traje de baño, pantalones cortos y sandalias. ¿Qué más necesito? Creo que es todo.

Vicente: Buenos días. Soy Vicente. Estoy haciendo mis maletas porque mi familia y yo vamos a las montañas a esquiar. Los primeros dos días vamos a hacer una excursión por las montañas. Necesito zapatos de tenis, camisetas, una chaqueta y bluejeans. El tercer día vamos a esquiar. Necesito un abrigo, un suéter y botas… y gafas de sol.

A practicar

4 EXPANSION Go over the answers quickly in class. After each answer, indicate why a particular item does not belong. Ex: 1. **La bolsa: La bolsa no se lleva en el cuerpo.**

4 Escoger Indicate the item in each group that does not belong.

1. (bolsa) • camiseta • blusa • suéter
2. medias • calcetines • (sombrero) • zapatos de tenis
3. chaqueta • (falda) • abrigo • impermeable
4. almacén • (vendedora) • tienda • mercado
5. regatear • gastar • (llevar) • costar
6. (vestido) • dinero • caja • tarjeta de crédito

5 EXPANSION Have students bring in pictures with people in different types of clothing. In pairs, have students take turns making false statements about the clothing. The other student should correct the statements.

5 Anita la contraria Your friend Anita always contradicts you. Indicate how she would respond to each sentence.

> **modelo**
>
> El suéter nuevo de Liliana es muy grande.
>
> **No, su suéter es muy pequeño.**

1. El cinturón de Natalia es caro. _No, su cinturón es barato._
2. El impermeable de don José es muy feo. _No, su impermeable es hermoso._
3. La corbata del señor Ramos es larga. _No, su corbata es corta._
4. Los zapatos de tenis de Noelia son viejos. _No, sus zapatos de tenis son nuevos._
5. Los trajes de Mauricio son baratos. _No, sus trajes son caros._
6. Las botas de Marta están sucias. _No, sus botas están limpias._

6 EXPANSION Have pairs spend a few minutes creating a description of a well-known TV or cartoon character and then read it aloud as the class guesses the identity. Ex: **Soy bajo. Llevo pantalones cortos rojos, zapatos amarillos y guantes blancos. ¿Quién soy?** (El ratón Mickey)

6 Preguntas Answer these questions with a classmate.

> **modelo**

Estudiante 1: ¿De qué color es el suéter?
Estudiante 2: El suéter es gris.

1. ¿De qué color es la corbata?
La corbata es roja y azul.

2. ¿De qué color es la planta?
La planta es verde.

3. ¿De qué color es la rosa de Texas?
La rosa de Texas es amarilla.

4. ¿De qué color es la casa donde vive el presidente de EE.UU.?
La casa donde vive el presidente de EE.UU. es blanca.

5. ¿De qué color es la cebra?
La cebra es blanca y negra.

A conversar

7 **Marta y el señor Vega** With a classmate, answer the questions about the drawing.

7 **Communication** Interpersonal Communication

7 SUGGESTION Remind students to answer the questions in complete sentences.

7 EXPANSION Have volunteers describe in detail one article of clothing or a complete outfit worn by a classmate without identifying who it is. The class should guess the identity of the person.

Marta   **el señor Vega**

modelo   ¿Qué lleva Marta?
Marta lleva un vestido, un sombrero, unas gafas de sol, una bolsa,
un par de zapatos y unos guantes.

1. ¿De qué color es su vestido? *Su vestido es rojo.*

2. ¿De qué color son sus zapatos? *Sus zapatos son negros.*

3. ¿De qué color son su sombrero, su bolsa y sus guantes? *Su sombrero, su bolsa y sus guantes son blancos.*

4. ¿Qué lleva el señor Vega? *Él lleva una chaqueta, una camisa, una corbata, un cinturón, unos pantalones, calcetines y zapatos de tenis.*

5. ¿De qué color es su camisa? *Su camisa es anaranjada.*

6. ¿De qué color son sus pantalones? *Sus pantalones son rosados.*

8   **Entrevista** Use these questions to interview a classmate. Then report your findings to the class. *Answers will vary.*

8 **Communication** Interpersonal Communication

1. ¿Cuál es tu artículo de ropa favorito? ¿Cuándo lo usas?

2. ¿Con qué colores de ropa te gusta hacer juego?

3. ¿Qué ropa llevas en los días de sol? ¿Y en los días de frío?

4. ¿Cuál es tu marca (*brand*) de ropa preferida? ¿Es cara o barata?

5. ¿Adónde vas para (*in order to*) comprar ropa? ¿Por qué?

6. ¿Cuánto dinero gastas en ropa cada mes? ¿Cada año?

7. Cuando vas de compras, ¿buscas rebajas? ¿Regateas?

8. ¿Cómo pagas tu ropa nueva, con dinero o con tarjeta de crédito/débito?

8 EXPANSION As students are reporting, have the class jot down preferences and any other important information. After all presentations are finished, have students discuss and prepare a summary of the class preferences.

ACTIVITY PACK For additional activities, go to the **Activity Pack** in the **Resources** section of the Supersite.

I CAN ask and answer questions about clothes.

Pronunciación

 Tutorial

INSTRUCTIONAL RESOURCES

Supersite: Pronunciation Tutorial; WebSAM

SAM: Lab Manual p. 264

The consonants d and t

¿Dónde? **vender** **nadar** **verdad**

Like **b** and **v**, the Spanish **d** can also have a hard sound or a soft sound, depending on which letters appear next to it.

Don **dinero** **tienda** **falda**

At the beginning of a phrase and after **n** or **l**, the letter **d** is pronounced with a hard sound. This sound is similar to the English *d* in *dog,* but a little softer and duller. The tongue should touch the back of the upper teeth, not the roof of the mouth.

medias **verde** **vestido** **huésped**

In all other positions, **d** has a soft sound. It is similar to the English *th* in *there,* but a little softer.

Don Diego no tiene el diccionario.

When **d** begins a word, its pronunciation depends on the previous word. At the beginning of a phrase or after a word that ends in **n** or **l**, it is pronounced as a hard **d**.

Doña Dolores es de la capital.

Words that begin with **d** are pronounced with a soft **d** if they appear immediately after a word that ends in a vowel or any consonant other than **n** or **l**.

traje **pantalones** **tarjeta** **tienda**

When pronouncing the Spanish **t,** the tongue should touch the back of the upper teeth, not the roof of the mouth. Unlike the English *t,* no air is expelled from the mouth.

Práctica Read these phrases aloud to practice the **d** and the **t**.

1. Hasta pronto.
2. De nada.
3. Mucho gusto.
4. Lo siento.
5. No hay de qué.
6. ¿De dónde es usted?
7. ¡Todos a bordo!
8. No puedo.
9. Es estupendo.
10. No tengo computadora.
11. ¿Cuándo vienen?
12. Son las tres y media.

Oraciones Read these sentences aloud to practice the **d** and the **t**.

1. Don Teodoro tiene una tienda en un almacén en La Habana.
2. Don Teodoro vende muchos trajes, vestidos y zapatos todos los días.
3. Un día un turista, Federico Machado, entra en la tienda para comprar un par de botas.
4. Federico regatea con don Teodoro y compra las botas y también un par de sandalias.

En la variedad está el gusto.[1]

Refranes Read these sayings aloud to practice the **d** and the **t**.

Aunque la mona se vista de seda, mona se queda.[2]

[1] *Variety is the spice of life.*
[2] *You can't make a silk purse out of a sow's ear.*

INSTRUCTIONAL RESOURCES

Supersite: WebSAM
SAM: Video Manual
pp. 179–180

Video

Antes de ver

Scan the captions for vocabulary related to shopping.

VIDEO RECAP Before showing this **Aventuras** episode, review the previous episode with these questions:
1. ¿Qué ciudad visitan los amigos? (Toledo)
2. ¿Quién está aburrido en el Alcázar? (Juanjo)
3. ¿Adónde quiere ir Juanjo? (a la playa)
4. ¿Cuántas habitaciones tienen los cinco amigos? (dos)

VIDEO SYNOPSIS Sara and Valentina go to a flamenco store to look for a dress, while Juanjo and Manuel go to an open-air market to look for sunglasses. Sara tries on several dresses. At the sunglasses stall Manuel bargains the price down from 30 to 20 euros. Sara spends 380 euros on a red dress and a pair of shoes. Juanjo and Manuel run into Daniel, who has the same sunglasses that Juanjo just bought. However, Daniel paid only 10 euros for them last week at the market.

PERSONAJES

SARA

VALENTINA

DEPENDIENTA

JUANJO

MANUEL

VENDEDOR

DANIEL

¡Eso sí es una ganga!

Sara busca un vestido en una tienda y Juanjo busca gafas de sol en el mercado.

DEPENDIENTA Buenas tardes. ¿Cómo os puedo ayudar?

VALENTINA Buscamos un vestido.

DEPENDIENTA Tenemos vestidos largos y cortos. Tenemos ésos en rebaja, y también os podemos hacer un vestido a la medida.

SARA ¿Qué colores tiene?

DEPENDIENTA En su talla tenemos... rojo, verde, azul, blanco, amarillo y negro.

JUANJO ¡Ya pasamos por aquí dos veces y no está el puesto de las gafas! ¡Si no lo encontramos en cinco minutos, vamos al centro comercial!

MANUEL ¡Estamos en el mercado porque es más barato, Juanjo! Mira, esa camisa tiene muy buen precio. Y hace juego con estos pantalones.

JUANJO ¡Manuel, no busco una camisa, busco unas gafas de sol!

SARA ¡Ya decidí! ¡El rojo!

VALENTINA ¡Por fin!

SARA ¡Ahora, un par de zapatos y listo!

1 **¿Cierto o falso?** Indicate if each statement is **cierto** or **falso**. Correct the false statements.

1 Communication Interpretive Communication

	Cierto	Falso
1. Manuel quiere ir al centro comercial.	○	⦿
Manuel quiere ir al mercado.		
2. Juanjo busca gafas de sol.	⦿	○
3. Sara compra el vestido amarillo.	○	⦿
Sara compra el vestido rojo.		
4. Sara gasta mucho dinero en la tienda.	⦿	○
5. Manuel y Juanjo encuentran a Daniel en el almacén. *Manuel y Juanjo encuentran a Daniel en el mercado/en la calle.*	○	⦿

2 **Identificar** Identify which person says the equivalent of each statement. **2** Communication
Interpretive Communication

1. ¿Cuánto cuestan estas gafas? *Juanjo*
2. Esa camisa no es cara. *Manuel*
3. ¿Dónde compraste esas gafas? *Juanjo*
4. Ese vestido es muy hermoso, ¿verdad? *Sara*
5. ¡Las compré regateando! *Daniel*

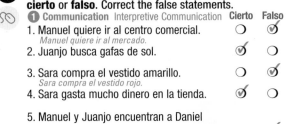

JUANJO ¿Qué precio tienen estas gafas?

VENDEDOR Treinta euros. ¿No leíste?

JUANJO ¿Me puede hacer un descuento?

MANUEL Le damos quince euros.

VENDEDOR Te vendo las gafas en veinticinco.

MANUEL ¡Veinte!

VENDEDOR ¡Vale! Veinte.

SARA ¡Mi papá me va a matar! ¡Gasté trescientos ochenta euros!

VALENTINA El vestido que compraste es hermoso, y los zapatos son muy elegantes.

SARA Ese vestido es muy bonito, ¿no? ¡Y los zapatos!

VALENTINA ¿Vas a cambiar el vestido y los zapatos que acabas de comprar?

SARA ¡No!

MANUEL ¿Aquel chico no es Daniel? ¡Daniel!

DANIEL Hola, ¿qué tal?

JUANJO ¿Dónde conseguiste esas gafas?

DANIEL Pues, las compré aquí la semana pasada.

MANUEL ¡Seguro pagaste treinta euros!

Expresiones útiles

a la medida *custom-made*
ayudar *to help*
cambiar *to exchange*
el descuento *discount*
la estrella *star*
la ganga *bargain*
parecer *to look like*
por fin *finally*
el puesto *stall*
la talla *size (in clothes)*
vale *OK (in Spain)*
─────────
de lunares/rayas *polka-dotted/striped*
el probador *dressing room*

El Rastro

El mercado al aire libre más popular de Madrid es **El Rastro**. Es uno de los íconos de la capital. Puedes ir de compras en El Rastro los domingos y los días de fiesta entre las nueve de la mañana y las tres de la tarde. Allí venden de todo: ropa, libros, música, arte, maletas.

¿Dónde puede regatear la gente en tu comunidad?

 3 **¡A regatear!** With a partner, role-play a conversation between a clothes vendor and a customer at an open-air market. Use some of these words in your conversation. **3 Communication**
Interpersonal Communication

barato	costar	hermoso	precio
caro	dinero	pagar	vender

I CAN participate in a conversation at an open-air market and negotiate a price.

Communicative Goal
Identify some features of open-air markets
in Spanish-speaking countries

Los mercados al aire libre

CULTURAL STRATEGY Ask the class for ideas about how to bargain at a market. Students might suggest tips such as walking around and asking for prices or listening to the prices that vendors give other tourists at several stalls before bargaining with a particular vendor.

Mercados al aire libre are an integral part of commerce and culture in the Spanish-speaking world. Whether they take place daily or weekly, these markets are an important forum where tourists, locals, and vendors interact. People come to the marketplace to shop, socialize, taste local foods, and watch street performers. Wandering from one **puesto** (*stand*) to the next, one can browse fresh fruits and vegetables, clothing, CDs and DVDs, **artesanías** (*crafts*), and more. Some markets offer a mix of products, while others specialize in food, fashion, or used merchandise, such as antiques and books.

Mercado de Otavalo

Otros mercados famosos

Mercado	Lugar	Productos
Feria Artesanal de Recoleta	Buenos Aires, Argentina	artesanías
Mercado Central	Santiago, Chile	mariscos°, pescado°, frutas, verduras°
Tianguis Cultural del Chopo	Ciudad de México, México	ropa, música, revistas, libros, arte, artesanías
El mercado de Chichicastenango	Chichicastenango, Guatemala	frutas y verduras, flores°, cerámica, textiles

every Saturday since pre-Incan times. This market is well-known for the colorful textiles woven by the **otavaleños**, the indigenous people of the area. One can also find leather goods and wood carvings from nearby towns. Another popular market is **El Rastro**, held every Sunday in Madrid, Spain. Sellers set up **puestos** along the streets to display their wares, which range from local artwork and antiques to inexpensive clothing and electronics.

mariscos *seafood* pescado *fish* verduras *vegetables* flores *flowers*

When shoppers see an item they like, they can bargain with the vendor. Friendly bargaining is an expected ritual and may result in a significantly lower price. When selling food, vendors may give the customer a little extra of what they purchase; this free addition is known as **la ñapa**.

Many open-air markets are also tourist attractions. The market in Otavalo, Ecuador, is world-famous and has taken place

El Rastro

INSTRUCTIONAL RESOURCES
Supersite: Video (Flash cultura); WebSAM
SAM: Video Manual pp. 211–212

 ACTIVIDADES

1 ¿Cierto o falso? Indicate whether each statement is **cierto** or **falso**. Correct the false statements.

1. In the Spanish-speaking world, markets are vital centers of commerce and culture. *Cierto.*

2. Generally, open-air markets specialize in one type of goods. *Falso. A variety of goods are sold at open-air markets.*

3. Bargaining is commonplace at outdoor markets. *Cierto.*

4. Only new goods can be found at open-air markets. *Falso. They sell both new and used goods.*

5. A **ñapa** is a tax on open-air market goods. *Falso. A ñapa is a free addition sometimes given to customers.*

6. The **otavaleños** weave colorful textiles to sell on Saturdays. *Cierto.*

2 Preguntas Answer the questions.

1. What is the little extra of a purchase given by food vendors called? *la ñapa*

2. How long has the market at Otavalo taken place? *since pre-Incan times*

3. Where is the market known for seafood, fish, fruits, and vegetables? *Santiago, Chile*

4. Which market is known for flowers, ceramics, and textiles? *Chichicastenango*

5. Where does the **Feria Artesanal de Recoleta** take place? *Buenos Aires, Argentina*

3 Comparación Compare a market in the Spanish-speaking world with a market where you live. How popular are markets? What items can you typically find there? How do customers negotiate prices? **③ Comparisons** Cultural Comparisons

4 Preguntas personales Answer these questions.

1. Which of these markets would you like to visit? Why?

2. Have you ever bargained for something? If so, what happened?

3. Do you know of a U.S. tradition similar to **la ñapa**?

I CAN identify some features of open-air markets in Spanish-speaking countries.

Communicative Goal
Identify some basic facts about markets in Costa Rica

 Video

Comprar en los mercados

1 Preparación Have you ever been to an open-air market? What did you buy? Have you ever negotiated a price? What did you say?

2 El video Watch this **Flash cultura** episode about markets in Costa Rica.

Vocabulario	
colones (pl.) *currency of Costa Rica*	descuento *discount*
¿Cuánto vale? ¿Cuánto cuesta?	el regateo *bargaining*

¿Qué compran en el Mercado Central?

3 ¿Cierto o falso? Indicate whether each statement is **cierto** or **falso**. **③ Communication** Interpretive Communication

1. Randy lleva una camiseta. *cierto*

2. El Mercado de Guadalupe está abierto cada domingo. *falso*

3. Randy regatea cuando compra papayas. *cierto*

4. El Mercado Central es un mercado al aire libre. *falso*

5. Venden zapatos en el Mercado Central. *cierto*

4 Conversación Role-play a conversation between Randy and a vendor at one the markets in Costa Rica. **④ Communication** Interpersonal Communication

I CAN identify some basic facts about markets in Costa Rica.

INSTRUCTIONAL RESOURCES
Supersite: Grammar Tutorial; WebSAM
SAM: Workbook pp. 55–56; Lab Manual p. 265

Communicative Goal
Ask and answer questions about prices and dates

6.1 Numbers 101 and higher

▶ Spanish uses a period, rather than a comma, to indicate thousands and millions.

Numbers 101 and higher

101	ciento uno	1.000	mil
200	doscientos/as	1.100	mil cien
300	trescientos/as	2.000	dos mil
400	cuatrocientos/as	5.000	cinco mil
500	quinientos/as	100.000	cien mil
600	seiscientos/as	200.000	doscientos mil
700	setecientos/as	550.000	quinientos cincuenta mil
800	ochocientos/as	1.000.000	un millón (de)
900	novecientos/as	8.000.000	ocho millones (de)

¡Gasté trescientos ochenta euros!

▶ Use **ciento uno** for counting. Use **ciento un(a)** when describing quantity.

cien, ciento uno, ciento dos...   **ciento una noches**

▶ The numbers **200** through **999** agree in gender with the nouns they modify.

324 tiendas	605 clientes
trescient**as** veinticuatro tiendas	seiscient**os** cinco clientes
873 habitaciones	990 euros
ochocient**as** setenta y tres habitaciones	novecient**os** noventa euros
500 mujeres	257 estudiantes
quinient**as** mujeres	doscient**os** cincuenta y siete estudiantes

▶ **Mil** can mean *a thousand* or *one thousand*. The plural form of **un millón** (*a million* or *one million*) is **millones**, which has no accent.

1.000 dólares	2.000.000 de pesos
mil dólares	**dos millones** de pesos
5.000 bicicletas	1.000.000 de aficionados
cinco mil bicicletas	**un millón** de aficionados

SUGGESTION Write several years in numerals on the board and ask volunteers to read them aloud in Spanish.

Práctica

1 **Completar** Complete these sequences in Spanish.

1. 100, 120, 140, … 200
cien, ciento veinte, ciento cuarenta, ciento sesenta, ciento ochenta, doscientos

2. 5.000, 10.000, 15.000, … 30.000
cinco mil, diez mil, quince mil, veinte mil, veinticinco mil, treinta mil

3. 50.000, 100.000, 150.000, … 300.000
cincuenta mil, cien mil, ciento cincuenta mil, doscientos mil, doscientos cincuenta mil, trescientos mil

4. 100.000.000, 200.000.000, 300.000.000, … 900.000.000
cien millones, doscientos millones, trescientos millones, cuatrocientos millones, quinientos millones, seiscientos millones, setecientos millones, ochocientos millones, novecientos millones

2 **Resolver** Read these math problems aloud and solve them.

modelo

$$\begin{array}{r} 300 \\ +400 \\ \hline 700 \end{array}$$

Trescientos más cuatrocientos son setecientos.

+ más   – menos   = es (singular)/son (plural)

1.
$$\begin{array}{r} 150 \\ +150 \end{array}$$
Ciento cincuenta más ciento cincuenta son trescientos.

2.
$$\begin{array}{r} 3.000 \\ + 753 \end{array}$$
Tres mil más setecientos cincuenta y tres son tres mil setecientos cincuenta y tres.

3.
$$\begin{array}{r} 43.000 \\ -10.000 \end{array}$$
Cuarenta y tres mil menos diez mil son treinta y tres mil.

4.
$$\begin{array}{r} 200.000 \\ +350.000 \end{array}$$
Doscientos mil más trescientos cincuenta mil son quinientos cincuenta mil.

5.
$$\begin{array}{r} 20.000 \\ + 555 \end{array}$$
Veinte mil más quinientos cincuenta y cinco son veinte mil quinientos cincuenta y cinco.

6.
$$\begin{array}{r} 1.000.000 \\ - 75.000 \end{array}$$
Un millón menos setenta y cinco mil son novecientos veinticinco mil.

7.
$$\begin{array}{r} 32.000 \\ -30.000 \end{array}$$
Treinta y dos mil menos treinta mil son dos mil.

8.
$$\begin{array}{r} 800.000 \\ + 175.000 \end{array}$$
Ochocientos mil más ciento setenta y cinco mil son novecientos setenta y cinco mil.

Conversación

3 **Communication** Interpersonal Communication

3 **¿Cuánto cuesta?** Ask your partner how much each item costs.

modelo

Estudiante 1: ¿Cuánto cuestan las gafas de sol?
Estudiante 2: Cuarenta mil pesos.

1.

210.000 pesos

E1: ¿Cuánto cuesta el vestido?
E2: Doscientos diez mil pesos.

2.

61.500 pesos

E1: ¿Cuánto cuestan los
   pantalones cortos?
E2: Sesenta y un mil quinientos pesos.

3.

160.150 pesos

E1: ¿Cuánto cuesta el traje de baño?
E2: Ciento sesenta mil ciento
   cincuenta pesos.

4.

84.450 pesos

E1: ¿Cuánto cuestan los bluejeans?
E2: Ochenta y cuatro mil cuatrocientos
   cincuenta pesos.

5.

48.200 pesos

E1: ¿Cuánto cuesta la camiseta?
E2: Cuarenta y ocho mil
   doscientos pesos.

6.

22.790 pesos

E1: ¿Cuánto cuestan los calcetines?
E2: Veintidós mil setecientos
   noventa pesos.

4 **¿En qué año?** Take turns with a classmate asking and answering these questions. Follow the model.

4 **Communication** Interpersonal Communication

modelo

Estudiante 1: ¿En qué año terminaste (*did you finish*)
       la escuela secundaria?
Estudiante 2: En el año 2017.

1. ¿En qué año llegó (*arrived*) tu familia a los Estados Unidos?

2. ¿Cuál es el año de tu nacimiento (*birth*)?

3. ¿En qué año empezaste (*started*) a estudiar en la universidad?

4. ¿En qué año vas a terminar la universidad?

ACTIVITY PACK For additional activities, go to the **Activity Pack** in the **Resources** section of the Supersite.

I CAN ask and answer questions about prices and dates.

▸ The plural forms **cientos** and **miles (de)** refer to *hundreds* or *thousands of* (*people or things*).

    cientos de personas   **miles de** dólares
    hundreds of people   *thousands of dollars*

▸ In Spanish, years are never expressed as pairs of 2-digit numbers as they sometimes are in English (*1979, nineteen seventy-nine*).

1945	**2005**
mil novecientos cuarenta y cinco	dos mil cinco
1898	**1220**
mil ochocientos noventa y ocho	mil doscientos veinte

▸ In Spanish, street numbers follow the same pattern.

    ¿Cuál es tu dirección?   Mi dirección es Balcarce mil doscientos ochenta y tres.
    What's your address?   *My address is Balcarce twelve hundred eighty-three.*

▸ When **millón** or **millones** is used before a noun, place **de** between the two.

    1.000.000 **de** hombres = un **millón de** hombres
    12.000.000 **de** aviones = doce **millones de** aviones
    15.000.000 **de** personas = quince **millones de** personas

¡ojo! Note this difference between Spanish and English:

mil millones   **un billón**
a billion (1.000.000.000)   *a trillion (1.000.000.000.000)*

Hay **mil millones** de personas en China. Hay un **billón** de planetas en el universo.
There are a billion people in China.   *There are a trillion planets in the universe.*

¡Manos a la obra!

Give the Spanish equivalent of each number.

a. 102   *ciento dos*

b. 935   *novecientos treinta y cinco*

c. 5.000.000   *cinco millones*

d. 2001   *dos mil uno*

e. 1776   *mil setecientos setenta y seis*

f. 345   *trescientos cuarenta y cinco*

g. 550.300   *quinientos cincuenta mil trescientos*

h. 232   *doscientos treinta y dos*

i. 1999   *mil novecientos noventa y nueve*

j. 113   *ciento trece*

k. 204   *doscientos cuatro*

l. 2.108   *dos mil ciento ocho*

m. 17.123   *diecisiete mil ciento veintitrés*

n. 497   *cuatrocientos noventa y siete*

o. 30.201   *treinta mil doscientos uno*

p. 57.507   *cincuenta y siete mil quinientos siete*

Communicative Goal
Talk about what I did

6.2 The preterite tense of regular verbs

▶ In order to talk about events in the past, Spanish uses two simple tenses: the preterite and the imperfect. In this lesson, you will learn about the preterite tense.

▶ The preterite is used to talk about actions or states completed in the past.

Preterite of regular –ar, –er, and –ir verbs

	comprar	vender	escribir
yo	compré *I bought*	vendí *I sold*	escribí *I wrote*
tú	compraste	vendiste	escribiste
Ud./él/ella	compró	vendió	escribió
nosotros/as	compramos	vendimos	escribimos
vosotros/as	comprasteis	vendisteis	escribisteis
Uds./ellos/ellas	compraron	vendieron	escribieron

▶ The preterite endings for regular **–er** and **–ir** verbs are identical. Also, note that the **yo** and **Ud./él/ella** forms of all three conjugations have written accents on the last syllable.

¡Ya decidí!
¡El rojo!

Las compré aquí la semana pasada.

▶ Note that the **nosotros/as** forms of regular **–ar** and **–ir** verbs in the preterite are identical to the present-tense forms. Context will help you determine which tense is being used.

En invierno **compramos** suéteres.
In the winter we buy sweaters.

Anoche **compramos** unas sandalias.
Last night we bought some sandals.

Escribimos poemas en clase.
We write poems in class.

Ya **escribimos** dos veces al presidente.
We already wrote to the president twice.

▶ **–Ar** and **–er** verbs that have a stem change in the present tense do *not* have a stem change in the preterite.

INFINITIVE	PRESENT	PRETERITE
cerrar (e:ie)	Ana cierra la puerta.	Ana cerró la puerta.
volver (o:ue)	Juan vuelve a las dos.	Juan volvió a las dos.
jugar (u:ue)	Él juega al fútbol.	Él jugó al fútbol.
pensar (e:ie)	Pienso mucho.	Pensé mucho.

INSTRUCTIONAL RESOURCES
Supersite: Grammar Tutorial; WebSAM
SAM: Workbook pp. 57–58; Lab Manual p. 266

Práctica

1 **Fin de semana** Complete what Isabel says about her weekend with the appropriate verb forms.

(1) ___Pasé___ [pasar] un fin de semana fantástico. El sábado (2) ___estudié___ [estudiar] por la mañana y luego (3) ___salí___ [salir] de compras con mis amigas al nuevo centro comercial. (4) ___Compré___ [comprar] un vestido y un suéter muy baratos porque el vendedor me hizo un buen descuento. ¡(5) ___Gasté___ [gastar] sólo 40 dólares! Más tarde, nosotras (6) ___comimos___ [comer] en un restaurante mexicano. Mi amiga Estela (7) ___gastó___ [gastar] mucho dinero porque pidió platos (*dishes*) muy caros. Por la noche, nosotras (8) ___salimos___ [salir] a bailar a una discoteca y (9) ___regresamos___ [regresar] muy tarde. Hoy me levanté *(I got up)* muy temprano porque tengo que estudiar para la clase de español. ¡Uy! ¡Qué cansada estoy!

2 **¿Qué hicieron?** Combine words from each list to talk about things you and others did. *Answers will vary.*

modelo

Yo leí un buen libro la semana pasada.

¿Quién?	¿Qué?	¿Cuándo?
yo	ver la televisión	anoche
mi compañero/a de cuarto	hablar con un(a) chico/a guapo/a	anteayer
mis amigos/as y yo	estudiar español	ayer
mis padres	comprar ropa nueva	la semana pasada
mi abuelo/a	leer un buen libro	el año pasado
el/la profesor(a) de español	bailar en una discoteca latina	una vez
el presidente de los Estados Unidos	viajar a la Luna (*moon*)	dos veces
mi perro	llegar tarde (*late*) a clase	
	viajar a Europa	
	escribir una carta	
	llevar ropa muy fea	
	comer siete hamburguesas	

SUGGESTION Use ¡Manos a la obra! to practice the preterite of regular verbs. For further practice, change the infinitives.

Conversación

3 **Encuesta** Find out if your partner just did these activities today before coming to class. Report the results to the class.
Answers will vary.

3 Communication Interpersonal Communication

 modelo

tomar el desayuno (*breakfast*)
Estudiante 1: ¿Tomaste el desayuno?
Estudiante 2: Sí, acabo de tomar el desayuno./
No, no tomé el desayuno.

Actividades	Sí/No
1. ver la televisión	_____
2. escuchar la radio	_____
3. hablar con un(a) compañero/a de clase	_____
4. leer para una clase	_____
5. comprar un café (*coffee*)	_____
6. recibir una buena noticia (*news*)	_____

4 **Nuestras vacaciones** Imagine that you took these photos on a vacation with friends. Use the pictures to tell your partner about the trip. *Answers will vary.*

4 Communication Interpersonal Communication

1.

2.

3.

4.

5 **¿Qué hiciste?** Get together with a partner and take turns asking each other what you did yesterday, the day before yesterday, and last week. *Answers will vary.*

5 Communication Interpersonal Communication

I CAN talk about what I did in the past. **ACTIVITY PACK** For additional activities, go to the **Activity Pack** in the **Resources** section of the Supersite.

Verbs with spelling changes

▶ Verbs that end in **–car**, **–gar**, and **–zar** have a spelling change in the **yo** form of the preterite. All the other forms are regular.

> buscar → busqué   llegar → llegué   empezar → empecé

▶ **Creer**, **leer**, and **oír** have spelling changes in the preterite.

creer	creí, creíste, creyó, creímos, creísteis, creyeron
leer	leí, leíste, leyó, leímos, leísteis, leyeron
oír	oí, oíste, oyó, oímos, oísteis, oyeron

▶ **Ver** is regular in the preterite, but none of its forms has an accent.

> ver → vi, viste, vio, vimos, visteis, vieron

Words commonly used with the preterite			
anoche	*last night*	desde... hasta...	*from... until...*
anteayer	*the day before yesterday*	pasado/a	*(adj.) last; past*
		la semana pasada	*last week*
el año pasado	*last year*	una vez	*once*
ayer	*yesterday*	dos veces	*twice*
de repente	*suddenly*	ya	*already*

Ayer compré una camisa.
Yesterday I bought a shirt.

Miré la televisión **anoche**.
I watched TV last night.

Useful phrases	
¿Qué hiciste?	*What did you (fam., sing.) do?*
¿Qué hizo usted?	*What did you (form., sing.) do?*
¿Qué hicieron ustedes?	*What did you (pl.) do?*
¿Qué hizo él/ella?	*What did he/she do?*
¿Qué hicieron ellos/ellas?	*What did they do?*

¡ojo! Use **acabar de** + [*infinitive*] to say that something *has just occurred*. Note that **acabar** is in the present tense in this construction.

Acabo de comprar un suéter.
I just bought a sweater.

Acabas de ir de compras.
You just went shopping.

¡Manos a la obra!

Give the preterite form of each verb.

1. Elena ___celebró___ [celebrar].
2. Ellos ___oyeron___ [oír].
3. Emilio y yo ___compramos___ [comprar].
4. Los niños ___comieron___ [comer].
5. Usted ___salió___ [salir].
6. Yo ___llegué___ [llegar].
7. Yo ___empecé___ [empezar].
8. Tú ___vendiste___ [vender].
9. Ustedes ___escribieron___ [escribir].
10. Juan ___vio___ [ver].

Communicative Goal
Say for whom I do things

6.3 Indirect object pronouns

▶ An indirect object is the noun or pronoun that answers the question *to whom* or *for whom* an action is done. In this example, the indirect object answers this question: **¿A quién le prestó Roberto cien pesos?** *To whom did Roberto loan 100 pesos?*

SUBJECT	INDIRECT OBJECT PRONOUN	VERB	DIRECT OBJECT	INDIRECT OBJECT
Roberto	le	prestó	cien pesos	a Luisa.
Roberto		*loaned*	*100 pesos*	*to Luisa.*

Indirect object pronouns

Singular forms		Plural forms	
me	*(to, for) me*	nos	*(to, for) us*
te	*(to, for) you (fam.)*	os	*(to, for) you (fam.)*
le	*(to, for) you (form.);*	les	*(to, for) you;*
	(to, for) him; (to, for) her		*(to, for) them*

Le damos
quince euros.

Te vendo
las gafas en
veinticinco.

▶ Spanish speakers often use the object pronoun and the noun to which it refers in the same sentence to emphasize or clarify *to whom* the pronoun refers. The indirect object pronoun is often used without the indirect object noun when the person for whom the action is being done is known.

Iván **le** prestó un lápiz **a Juan**.
Iván loaned a pencil to Juan.

También **le** prestó papel.
He also loaned him paper.

Sabrina **le** compró un café **a Valeria**.
Sabrina bought Valeria a coffee.

También **le** compró un sándwich.
She also bought her a sandwich.

¡ojo! Since **le** and **les** have multiple meanings, **a** + [*noun*] or **a** + [*pronoun*] is often used to clarify to whom the pronouns refer.

Unclear	Clearer
Ella **les** vendió ropa.	Ella **les** vendió ropa **a ellos**.
She sold clothing (to them or to you all).	*She sold clothing to them.*
Yo **le** presté una camisa.	Yo **le** presté una camisa **a Luis**.
I loaned a shirt (to you or to him or to her).	*I loaned a shirt to Luis.*

INSTRUCTIONAL RESOURCES
Supersite: Grammar Tutorial; WebSAM
SAM: Workbook pp. 59–60; Lab Manual p. 267

Práctica

1 **Completar** Fill in the correct indirect object pronouns to complete Emilio's description of his family's holiday shopping.

modelo Yo ___le___ compré una cartera a mi padre.

1. Mi tía ___me___ compró una corbata muy fea (a mí).
2. Mis dos hermanos ___les___ compraron a mis padres dos pares de pantalones.
3. Yo ___le___ compré un suéter azul a mi mamá.
4. Mi abuelo ___nos___ compró muchos regalos a nosotros.
5. Y yo ___le___ compré una camiseta bonita a mi novia.

2 **Describir** Describe what happened in these photos. Use indirect object pronouns and the preterite tense.

modelo hacer/pregunta

Juanjo le hizo una
pregunta a Daniel.

1. describir/mercado
Manuel le describió el mercado a Juanjo.

2. preguntar/precio de las gafas *Juanjo le preguntó el precio de las gafas al vendedor.*

3. mostrar/vestidos
La dependienta les mostró los vestidos a Sara y a Valentina.

4. vender/gafas
El vendedor le vendió las gafas a Juanjo.

Conversación

 Conversación Take turns with a classmate asking and answering questions using the cues. *Answers will vary.*

3 Communication Interpersonal Communication

modelo

escribir mensajes electrónicos

Estudiante 1: *¿A quién le escribes mensajes electrónicos?*
Estudiante 2: *Le escribo mensajes electrónicos a mi hermano.*

---

1. cantar canciones de amor (*love songs*)

2. dar besos

3. decir mentiras

4. invitar a comer

5. hablar por teléfono

6. mostrar fotos de un viaje

---

4 **Entrevista** Use these questions to interview a classmate.

4 Communication Interpersonal Communication *Answers will vary.*

1. Cuando vas de compras, ¿te dan tus padres su tarjeta de crédito?

2. Si tu amigo te pide dinero para ir de compras, ¿cuánto dinero le prestas?

3. ¿Pagas el dinero que les debes (*money you owe*) a tus amigos?

4. ¿A quiénes les compras regalos?

5. ¿Qué vas a darles a tus padres este año?

6. ¿Les dices mentiras a tus padres o a tus amigos? ¿Cuándo?

5 **¡Somos ricos!** You and your classmates won the lottery! Now you want to spend money on your loved ones. In groups of three, discuss what each person is buying. *Answers will vary.*

modelo **5** Communication Interpersonal Communication

Estudiante 1: *Quiero comprarle un vestido nuevo a mi mamá y una camiseta a mi novio.*

Estudiante 2: *Y yo voy a darles un auto nuevo a mis padres. A mis compañeras de cuarto les voy a comprar blusas y faldas nuevas.*

Estudiante 3: *Voy a comprarles una casa a mis padres, pero a mis amigos no les voy a dar nada (nothing).*

ACTIVITY PACK For additional activities, go to the **Activity Pack** in the **Resources** section of the Supersite.

I CAN say for whom I do things.

Using indirect object pronouns

▶ Indirect object pronouns usually precede the conjugated verb. In negative sentences, place the pronoun between **no** and the conjugated verb.

Te compré un abrigo.	**No te compré** nada.
I bought you a coat.	*I didn't buy you anything.*

▶ When an infinitive or present participle is used, there are two options for indirect object pronoun placement: before the conjugated verb, or attached to the infinitive or present participle. When a pronoun is attached to a present participle, an accent mark is added.

¿Vas a compra**rle** un regalo a Carla?	Estoy mostrándo**les** las fotos a ellos.
¿**Le** vas a comprar un regalo a Carla?	**Les** estoy mostrando las fotos a ellos.
Are you going to buy a gift for Carla?	*I'm showing them the photos.*

▶ The irregular verbs **dar** (*to give*) and **decir** (*to say; to tell*) are often used with indirect object pronouns.

Dar and decir

	dar	decir
yo	doy	digo
tú	das	dices
Ud./él/ella	da	dice
nosotros/as	damos	decimos
vosotros/as	dais	decís
Uds./ellos/ellas	dan	dicen
Present participle	dando	diciendo

Mi abuela **me da** muchos regalos.	**Te digo** la verdad.
My grandmother gives me lots of gifts.	*I'm telling you the truth.*
Voy a **darle** un beso.	No **les estoy diciendo** mentiras a mis padres.
I'm going to give her a kiss.	*I am not telling lies to my parents.*

▶ You will learn how to use these pronouns with direct object pronouns in Lesson 8.

SUGGESTION Write sentences like these on the board: **Le presté dinero a Luisa.** Ask students to come to the board to underline the direct objects and circle the indirect objects.

¡Manos a la obra!

Use the cues to provide the indirect object pronoun for the sentence. The first item has been done for you.

1. Martha ___le___ quiere dar un regalo. (*to Elena*)

2. Alfonso ___nos___ prepara un café. (*for us*)

3. Guillermo y Alejandra ___me___ escriben desde Cuba. (*to me*)

4. Francisco y yo ___les___ compramos unos guantes. (*for them*)

5. Los vendedores ___te___ venden ropa. (*to you, fam. sing.*)

Communicative Goal
Talk about things located around me

6.4 Demonstrative adjectives and pronouns

Demonstrative adjectives

▶ Demonstrative adjectives demonstrate or point out nouns. They precede the nouns they modify and agree with them in gender and number.

este vestido   **esos** zapatos   **aquella** tienda
this dress   *those shoes*   *that store (over there)*

Demonstrative adjectives				
Singular forms		**Plural forms**		
MASCULINE	FEMININE	MASCULINE	FEMININE	
este	esta	estos	estas	*this; these*
ese	esa	esos	esas	*that; those*
aquel	aquella	aquellos	aquellas	*that; those (over there)*

▶ The demonstrative adjectives **este**, **esta**, **estos**, and **estas** are used to point out things that are close to the speaker and the listener.

Me gustan
estos zapatos.

▶ The demonstrative adjectives **ese**, **esa**, **esos**, and **esas** are used to point out things that are not close in space and time to the speaker. They may, however, be close to the listener.

Prefiero
esos zapatos.

▶ The demonstrative adjectives **aquel**, **aquella**, **aquellos**, and **aquellas** are used to point out things that are far away from the speaker and the listener.

SUGGESTION Hold up one or two items of clothing or classroom objects. Have students write all three forms of the demonstrative pronouns that would apply. Ex: **estos** zapatos, **esos** zapatos, **aquellos** zapatos.

Aquel auto es
de mi hermana.

INSTRUCTIONAL RESOURCES
Supersite: Grammar Tutorial; WebSAM
SAM: Workbook pp. 61–62; Lab Manual p. 268

Práctica

1 En un almacén Gabriel and María are shopping. Complete their conversation with the appropriate demonstrative adjectives and pronouns.

MARÍA No me gustan (1) ___esos___ (*those*) pantalones. Voy a comprar (2) _éstos/estos_ (*these*).

GABRIEL Yo prefiero (3) _aquéllos/_ (*those over there*).
aquellos

MARÍA Sí, a mí también me gustan. ¿Qué piensas de (4) ___estos___ (*these*) cinturones?

GABRIEL (5) _Éstos/Estos_ (*these*) cuestan demasiado.

MARÍA También busco un vestido elegante. ¿Te gusta (6) _éste/este_ (*this one*)?

GABRIEL No, es muy feo. ¿Necesitas una falda nueva? (7) _Ésta/Esta_ (*this one*) es bonita.

MARÍA No, no necesito una falda. Vamos, Gabriel. Me gusta (8) ___este___ (*this*) almacén, pero (9) _aquél/aquel_ (*that one over there*) es mejor (*better*).

2 Oraciones Form sentences using the words provided and the appropriate forms of the preterite. Make all the necessary changes. *Answers will vary slightly.*

modelo

este / clientes / gastar / mucho dinero
Estos clientes gastaron mucho dinero.

1. aquel / mujer / comprar / chaqueta *Aquella mujer compró una chaqueta.*
2. cliente / pagar / ese / abrigos / con tarjeta de crédito *El cliente pagó esos abrigos con tarjeta de crédito.*
3. tú / salir/ de compras / ese / centro comercial *Tú saliste de compras a ese centro comercial.*
4. yo / buscar / aquel / sombreros / por mucho tiempo *Yo busqué aquellos sombreros por mucho tiempo.*
5. empleados / vender / este / corbatas / en rebaja *Los empleados vendieron estas corbatas en rebaja.*

Conversación

3 **¿De qué color es?** In pairs, use demonstrative adjectives and pronouns to discuss the colors of items in your classroom. *Answers will vary.*

3 Communication Interpersonal Communication

modelo

Estudiante 1: ¿Esos zapatos son azules?
Estudiante 2: No, ésos son verdes. Aquéllos son azules.
Estudiante 1: Y esa mochila, ¿es roja?
Estudiante 2: No, ésa es blanca. Aquélla es roja.

rojo/a	amarillo/a	azul	verde
anaranjado/a	blanco/a	café	negro/a

4 **En una tienda** You and a classmate are in a small clothing store. Look at the illustration, then talk about what you see around you. *Answers will vary.*

4 Communication Interpersonal Communication

modelo

Estudiante 1: ¿Te gusta esa chaqueta de mujer que está debajo de las camisas?
Estudiante 2: No, prefiero aquélla que está al lado de los pantalones. ¿Dónde están los zapatos?
Estudiante 1: Están en el centro de la tienda.

ACTIVITY PACK For additional activities, go to the **Activity Pack** in the **Resources** section of the Supersite.

I CAN talk about things located around me.

Demonstrative pronouns

SUGGESTION Point out that in 2010 the **Real Academia** recommended omitting the accent mark on demonstrative pronouns. However, many Spanish speakers continue to use the accent mark to avoid ambiguity.

▸ Demonstrative pronouns are identical to demonstrative adjectives, except that they traditionally carry an accent mark on the stressed vowel. They agree in number and gender with the corresponding noun.

No me gusta **este** suéter.
Prefiero **ése**.
I don't like this sweater.
I prefer that one.

Ella quiere comprar **esa** bolsa,
no **aquélla**.
She wants to buy that purse,
not that one over there.

No voy a comprar **estos** zapatos.
Quiero **aquéllos**.
I'm not going to buy these shoes.
I want those over there.

¿Qué precio tienen **esos** pantalones?
Ésos cuestan quince dólares.
How much do those pants cost?
Those cost fifteen dollars.

Demonstrative pronouns

Singular forms		Plural forms		
MASCULINE	**FEMININE**	**MASCULINE**	**FEMININE**	
éste	ésta	éstos	éstas	*this one; these*
ése	ésa	ésos	ésas	*that one; those*
aquél	aquélla	aquéllos	aquéllas	*that one; those (over there)*

▸ There are three neuter forms: **esto**, **eso**, and **aquello**. These forms refer to unidentified or unspecified things, situations, and ideas. They do not change in gender or number and never carry an accent mark.

¿Qué es **esto**?
What's this?

Eso es interesante.
That's interesting.

Aquello es bonito.
That's pretty.

¡Manos a la obra!

Provide the correct form of the demonstrative adjective and demonstrative pronoun for these nouns.

1. la falda / este
   esta falda; ésta/esta
2. los estudiantes / este
   estos estudiantes; éstos/estos
3. los países / aquel
   aquellos países; aquéllos/aquellos
4. la ventana / ese
   esa ventana; ésa/esa
5. los periodistas / ese
   esos periodistas; ésos/esos
6. las empleadas / ese
   esas empleadas; ésas/esas
7. el chico / aquel
   aquel chico; aquél/aquel
8. las sandalias / este
   estas sandalias; éstas/estas
9. el autobús / ese
   ese autobús; ése/ese
10. las chicas / aquel
    aquellas chicas; aquéllas/aquellas
11. el abrigo / aquel
    aquel abrigo; aquél/aquel
12. los pantalones / este
    estos pantalones; éstos/estos
13. las medias / ese
    esas medias; ésas/esas
14. la bolsa / aquel
    aquella bolsa; aquélla/aquella

A repasar

6.1 Numbers 101 and higher

1 **La tienda** You and a partner are store employees taking inventory. Take turns asking and telling how many items there are.

modelo cinturones: 274

Estudiante 1: ¿Cuántos cinturones hay?
Estudiante 2: Hay *doscientos setenta y cuatro* cinturones.

1. abrigos: 190
E2: Hay ciento noventa abrigos.
2. chaquetas: 351
E2: Hay trescientas cincuenta y una chaquetas.
3. pares de botas: 436
E2: Hay cuatrocientos treinta y seis pares de botas.
4. camisas: 912
E2: Hay novecientas doce camisas.

5. faldas: 685
E2: Hay seiscientas ochenta y cinco faldas.
6. vestidos: 562
E2: Hay quinientos sesenta y dos vestidos.
7. suéteres: 829
E2: Hay ochocientos veintinueve suéteres.
8. corbatas: 743
E2: Hay setecientas cuarenta y tres corbatas.

2 **Estadísticas** With a partner, take turns asking each other what the populations of these countries are.

modelo Argentina: 44.800.000

Estudiante 1: ¿Cuál es la población *(population)* de Argentina?
Estudiante 2: Argentina tiene cuarenta y cuatro millones ochocientos mil habitantes *(inhabitants)*.

Poblaciones

1. México: 127.600.000
E2: México tiene ciento veintisiete millones seiscientos mil habitantes.
2. Costa Rica: 5.100.000
E2: Costa Rica tiene cinco millones cien mil habitantes.
3. Venezuela: 28.500.000
E2: Venezuela tiene veintiocho millones quinientos mil habitantes.
4. Cuba: 11.300.000
E2: Cuba tiene once millones trescientos mil habitantes.
5. República Dominicana: 10.700.000
E2: La República Dominicana tiene diez millones setecientos mil habitantes.
6. Puerto Rico: 2.900.000
E2: Puerto Rico tiene dos millones novecientos mil habitantes.

6.2 The preterite tense of regular verbs

3 **Completar** Fill in each blank with the appropriate preterite form of the verb.

OMAR Pedro, ¿(1) _____asististe_____ [asistir] al partido de fútbol anoche? Yo te (2) _____llamé_____ [llamar], pero tú no (3) _____contestaste_____ [contestar].

PEDRO Dora y yo (4) _____decidimos_____ [decidir] no ir. (Nosotros) (5) _____Miramos_____ [mirar] un video.

OMAR Entonces, (6) ¿_____oíste_____ [oír] (tú) que *(that)* los Dorados (7) _____ganaron_____ [ganar]? (Tú) Te (8) _____perdiste_____ [perder] un partido fenomenal. Todos (9) _____jugaron_____ [jugar] muy bien y Álvarez hizo dos goles *(goals)*. Después *(Afterward)*, nosotros (10) _____celebramos_____ [celebrar] en El Reloj hasta la medianoche.

4 **Entrevista** Interview a partner about the last time he or she went out. Then switch roles. *Answers will vary.* **4 Communication** Interpersonal Communication

- Find out when and where your partner went out, with whom, and at what time.
- Ask what he/she wore.
- Find out what your partner did and what time he/she returned home.

6.3 Indirect object pronouns

5 **Combinar** Create sentences by combining elements from each column. Add indirect object pronouns and make any necessary changes. *Answers will vary.*

modelo El profesor *les explicó* la tarea a ellos.

yo	(no) explicar la tarea	mí
tú	(no) pedir ayuda (*help*)	ti
mi amigo/a	(no) mostrar la foto	el/la novio/a
mi hermano/a	(no) enseñar español	mi compañero/a
el/la profesor(a)	(no) buscar un libro	nosotros/as
él/ella	(no) explicar el problema	los padres
nosotros/as	(no) vender la motocicleta	ellos/as
mis padres	(no) prestar 20 dólares	el/la profesor(a)
los/las chicos/as	(no) comprar un abrigo	tu primo/a

6 **Encuesta** Find out to or for whom your partner usually does these things. Use indirect object pronouns. *Answers will vary.*
6 Communication Interpersonal Communication

modelo abrir la puerta

Estudiante 1: ¿A quién le abres la puerta?
Estudiante 2: Les abro la puerta a mis abuelos.

Actividades	¿A quiénes?
1. dar regalos	_____
2. mostrar las compras	_____
3. prestar ropa	_____
4. pedir un descuento	_____
5. dar un beso	_____
6. decir mentiras	_____
7. hablar en español	_____

6.4 Demonstrative adjectives and pronouns

7 **¿De quién es?** You and a classmate are on a tour bus and some passengers left these items behind. Take turns asking each other what belongs to whom, using the cues.

modelo Daniel

Estudiante 1: ¿De quién es esta chaqueta?
Estudiante 2: ¿Ésa? Es de Daniel.

1. Raquel

E1: ¿De quién es este sombrero?
E2: ¿Ése? Es de Raquel.

2. Miguel

E1: ¿De quién son estas sandalias?
E2: ¿Ésas? Son de Miguel.

3. Señor Romero

E1: ¿De quién es este suéter?
E2: ¿Ése? Es del señor Romero.

4. Señora Espinosa

E1: ¿De quién es esta bolsa?
E2: ¿Ésa? Es de la señora Espinosa.

5. yo

E1: ¿De quién son estas gafas (de sol)?
E2: ¿Ésas? Son mis gafas (de sol).

6. Señora Domínguez

E1: ¿De quién es esta cartera?
E2: ¿Ésa? Es de la señora Domínguez.

Síntesis

8 **Las compras en Internet** In groups of three, discuss online shopping. *Answers will vary.*
8 Communication Interpersonal Communication
- Explain why you like or don't like to shop online.
- Describe the items you bought online in the past year, for whom you bought each item, how much each item cost, and where you bought it. If you have one or more of the items with you, show it to the group as you talk about it.
- Explain how you paid for your purchases.

Communicative Goal
Discuss the importance of imagination in people's lives

 Video

Videoclip

1 **Preparación** Answer these questions in Spanish.

1. ¿Cómo eres? Escribe tres adjetivos que te describan.

2. ¿Qué actividades ilustran tu personalidad?

2 **El clip** Watch the ad for **Juguettos** from Spain.

Vocabulario		
copionas *copycats*		sean *they may be*
despistado/a *absentminded*		pidan *they may ask for*

Me pido éste, éste.

3 **Emparejar** Match the personality trait with its visual representation in the ad. **3** Communication Interpretive Communication

1. valiente *e*   a. Tienen una batalla (*battle*) imaginaria.
2. galáctico/a *c*   b. Le compra juguetes (*toys*) a su perro.
3. artista *d*   c. Está en un cartón con forma de nave espacial (*spaceship*).
4. generoso/a *b*   d. Hacen música con parte de una basurera (*trashcan*).
5. intrépido *a*   e. Imagina que puede volar (*fly*).

4 **Conversación** Answer these questions with a classmate.
4 Communication Interpersonal Communication
1. ¿Por qué es importante la imaginación en la vida de los niños?

2. ¿Qué importancia tiene la imaginación en la vida de los adultos?

ACTIVITY PACK For additional activities, go to the **Activity Pack** in the **Resources** section of the Supersite.

I CAN discuss the importance of imagination in people's lives.

Ampliación

Communicative Goals
Listen to a recorded conversation focusing on linguistic cues, and role-play an exchange in a clothing store

① SCRIPT

Marisol: Oye, Alicia, ¿qué estás haciendo?

Alicia: Estudiando no más. Y tú, ¿qué haces?

Marisol: Acabo de comprarme estos pantalones. Mira, ¿te gustan?

Alicia: ¡Qué bonitos! ¿Los encontraste en el centro comercial? ¿Y cuánto te costaron?

Marisol: Los compré en la Tienda Melo. Como estaban baratos me compré una blusa también. Es roja y creo que hace juego con los pantalones. ¿Qué piensas?

Alicia: La verdad es que te ves muy bien con esos colores. ¿No encontraste unos zapatos y un cinturón para hacer el juego?

Marisol: No, mi tarjeta de crédito está que no aguanta más. Y trabajé poco la semana pasada. ¡Acabo de gastar todo el dinero para la semana!

Alicia: ¡Ay, chica! Fui al centro comercial el mes pasado y encontré unos zapatos muy, pero muy de moda. Muy caros… pero buenos. No me los compré porque bueno... soy estudiante y no tengo mucho dinero.

Marisol: Puedes ir a la Tienda Melo. ¡En esa tienda hay muchas rebajas todo el año!

② SUGGESTION Review the vocabulary for clothing, colors, and adjectives.

① Escuchar

A Listen to Marisol and Alicia's conversation. Make a list of the clothing items that each person mentions, then note if she actually purchased it. ① **Communication** Interpretive Communication

TIP **Listen for linguistic cues.** By listening for the endings of conjugated verbs, you can identify whether an event already took place, is taking place now, or will take place in the future. Verb endings also give clues about who is participating in the action.

Marisol		Alicia	
1. _pantalones_	✓	1. _zapatos_	
2. _blusa_	✓	2. _cinturón_	
3. _____		3. _____	
4. _____		4. _____	

B ¿Crees que la moda es importante para Alicia? ¿Y para Marisol? ¿Por qué? En tu opinión, ¿es importante estar a la moda? *Answers will vary.*

② Conversar

With a classmate, take turns playing the roles of a shopper and a clerk in a clothing store. Use these guidelines. *Answers will vary.* ② **Communication** Interpersonal Communication

- *The shopper talks about the clothing he/she is looking for as a gift, mentions for whom the clothes are intended, and says what he/she bought for the same person last year*
- *The clerk recommends items, based on the shopper's descriptions*
- *The shopper asks how much items cost, and the clerk answers*

I CAN identify the main idea and key details in a recorded conversation, focusing on linguistic cues.

I CAN role-play an exchange in a clothing store.

Ampliación

③ Escribir

Write a report for the school newspaper about an interview you conducted with a student concerning his or her opinion on the latest fashion trends at your school. *Answers will vary.* ③ **Communication** Presentational Communication
③ **Communities** School and Global Communities

TIP **Reporting an interview.** You may transcribe the interview verbatim, or simply summarize it with occasional quotes from the speaker. Your report should begin with an interesting title and a brief introduction, include some examples or a brief quote, and end with a conclusion.

Organizar	Use an idea map to organize the interview questions and develop an outline for your report. Then brainstorm a title for the report.
Escribir	Using your outline as a guide, write the first draft of your report.
Corregir	Exchange papers with a classmate and comment on the report's title, introduction, organization, level of interest, grammatical accuracy, and conclusion. Then revise your first draft, with your classmate's comments in mind.
Compartir	Exchange reports in groups of four. Give a superlative title to each report on the basis of its strongest points, for example, "best use of Spanish" or "most interesting questions."

④ Un paso más

Develop a business plan to open a clothing store in a Spanish-speaking country. *Answers will vary.*
④ **Communication** Presentational Communication   ④ **Communities** School and Global Communities

- Choose a location for your store
- Decide which products you are going to sell and select an appealing name for your store
- Include a visual presentation of your products
- Itemize your prices and your expected profits
- Explain why you think your store will be successful (**va a tener éxito**)

⑤ Cultura

You are going shopping in Spain or Latin America. Do you want to go to an open-air market, a department store, or a specialty shop? Explain what you are looking for and why you want to go to that shopping destination (quality of products, prices, convenience, etc.).

I CAN write a report based on an interview with a classmate.

I CAN create a business plan.

Communicative Goals
Write a report based on an interview with a classmate, and create a business plan

③ **EVALUATION**

Criteria	Scale
Content	1 2 3 4
Organization	1 2 3 4
Accuracy	1 2 3 4
Oral Presentation	1 2 3 4
Creativity	1 2 3 4

Scoring

Excellent	18–20 points
Good	14–17 points
Satisfactory	10–13 points
Unsatisfactory	< 10 points

④ **EXPANSION** Have students work in pairs to create a mini drama of a meeting with the banker whose financial backing is critical. Remind students that the meeting should reflect a formal, business-like atmosphere. Would the class as a whole back the business plan? Why or why not?

④ **EVALUATION**

Criteria	Scale
Content	1 2 3 4 5
Organization	1 2 3 4 5
Accuracy	1 2 3 4 5
Creativity	1 2 3 4 5

Scoring

Excellent	18–20 points
Good	14–17 points
Satisfactory	10–13 points
Unsatisfactory	< 10 points

ACTIVITY PACK For additional activities, go to the **Activity Pack** in the **Resources** section of the Supersite.

Communicative Goal
Find general information by skimming a reading selection

Audio: Reading

Antes de leer

Skimming involves quickly reading through a document to absorb its general meaning.

TIP Skim. When you skim a text, you might want to look at its title and subtitles. You might also want to read the first sentence of each paragraph. Skimming allows you to understand the main ideas of a text without having to read word for word.

Examinar el texto

Look at the format of the reading selection. How is it organized? What does the organization of the document tell you about its content?

Buscar cognados

Scan the reading selection to locate at least five cognates. Based on the cognates, what do you think the reading selection is about? *Answers will vary.*
Suggested answers for 1–5: colores, blusas, accesorios, pantalones, precios.

1. _____
2. _____
3. _____
4. _____
5. _____

6. The reading selection is about ___*a sale in a store*___.

Impresiones generales

Now skim the reading selection to understand its general meaning. Jot down your impressions. What new information did you learn about the document by skimming it? Based on all the information you now have, answer these questions in Spanish.

1. Who created this document? *una tienda/un almacén*

2. What is its purpose? *vender ropa*

3. Who is its intended audience? *gente que quiere comprar ropa*

GAME Write down items of clothing on slips of paper. Divide the class into two teams. Have a member of one team draw a slip from a hat. That team member mimes putting on the item of clothing while the other team guesses what it is. The team with the most correct answers wins.

Corona

http://corona.cl

Corona
¡Corona tiene las ofertas más locas del verano!

La tienda más elegante de la ciudad con precios increíbles

niños **mujeres** casa | baño | equipaje

Faldas largas
Algodón°.
De distintos colores
Talla mediana
Precio especial: 30.000 pesos

Blusas de seda°
De cuadros° y de lunares
Ahora: 31.000 pesos
40% de rebaja

Vestido de algodón
Colores blanco,
azul y verde
Ahora: 58.000 pesos
30% de rebaja

Accesorios
Cinturones, gafas de sol,
sombreros, medias
Diversos estilos
Todos con un 40% de rebaja

Carteras
Colores anaranjado,
blanco, rosado y amarillo
Ahora: 40.000 pesos
50% de rebaja

Sandalias de playa
Números° del 35 al 38
A sólo 25.000 pesos
50% de descuento

Lunes a sábado de 9 a 21 horas.
Domingo de 10 a 14 horas.

Real° Liquidación°
¡La rebaja está de moda en Corona! **¡Grandes rebajas!**

y con la tarjeta de crédito más conveniente del mercado.

bebé | **hombres** | jardín | joyas | electrónica

Chaquetas
Microfibra. Colores negro, café y gris
Tallas: P, M, G, XG
Ahora: 72.500 pesos

Traje inglés
Modelos originales
Ahora: 105.000 pesos
30% de rebaja

Pantalones
Colores negro, gris y café
Ahora: 68.000 pesos
30% de rebaja

Accesorios
Gafas de sol, corbatas, cinturones, calcetines
Diversos estilos
Todos con un 40% de rebaja

Zapatos
Italianos y franceses
Números del 40 al 45
A sólo 60.000 pesos

Ropa interior
Tallas: P, M, G
Colores blanco, negro y gris
40% de rebaja

Real *Royal* Liquidación *Clearance sale* Algodón *Cotton*
seda *silk* De cuadros *Plaid* Números *Shoe sizes*

Por la compra de 40.000 pesos, puede llevar un regalo de nuestra tienda:
- Un cinturón de mujer
- Un par de calcetines
- Una corbata de seda
- Una bolsa para la playa
- Una mochila
- Unas medias

Después de leer

¿Comprendiste? Communication Interpretive Communication

Indicate whether each statement is **cierto** or **falso**. Correct the false statements.

Cierto	Falso	
✓		1. Hay sandalias de playa.
✓		2. El almacén Corona tiene un departamento de zapatos.
	✓	3. Corona abre a las nueve de la mañana los domingos. *Abre a las diez de la mañana.*
✓		4. Una elegante chaqueta café cuesta 72.500 pesos.
	✓	5. Las corbatas para hombre tienen una rebaja del 25%. *Tienen una rebaja del 40%.*
	✓	6. Normalmente las sandalias cuestan 25.000 pesos. *Normalmente cuestan 50.000 pesos.*
✓		7. El almacén Corona acepta tarjetas de crédito.
	✓	8. Cuando gastas 30.000 pesos en la tienda, llevas un regalo. *Cuando gastas 40.000 pesos en la tienda, llevas un regalo gratis.*

Preguntas

Answer these questions. Communication Interpretive Communication

1. ¿Cuánto cuestan los zapatos de hombre?
   Los zapatos de hombre cuestan 60.000 pesos.

2. ¿Hay rebaja de blusas de algodón?
   No, hay rebaja de blusas de seda.

3. ¿Hay rebaja de ropa para niños?
   No, no hay rebaja de ropa para niños.

4. ¿Hay rebaja de minifaldas? *No, hay rebaja de faldas largas.*

Coméntalo Communication Interpretive Communication

Imagina que vas a ir a Corona. ¿Qué ropa vas a comprar? ¿Hay tiendas similares a Corona en tu comunidad? ¿Cómo se llaman? ¿Tienen muchas rebajas? *Answers will vary.*

I CAN skim a reading selection and find general and specific information in it.

Vocabulary Tools

La ropa y los accesorios

el abrigo *coat*
los bluejeans *jeans*
la blusa *blouse*
la bolsa *bag; purse*
las botas *boots*
los calcetines *socks*
la camisa *shirt*
la camiseta *t-shirt*
la cartera *wallet*
la chaqueta *jacket*
el cinturón *belt*
la corbata *tie*
la falda *skirt*
las gafas (de sol) *(sun)glasses*
los guantes *gloves*
el impermeable *raincoat*
las medias *pantyhose; stockings*
los pantalones *pants*
los pantalones cortos *shorts*
el par de zapatos *pair of shoes*
la ropa *clothing*
la ropa interior *underwear*
las sandalias *sandals*
el sombrero *hat*
el suéter *sweater*
el traje *suit*
el traje de baño *bathing suit*
el vestido *dress*
los zapatos de tenis *sneakers*

Adjetivos

barato/a *cheap*
bueno/a *good*
cada *each*
caro/a *expensive*
corto/a *short (in length)*
elegante *elegant*
hermoso/a *beautiful*
largo/a *long*
loco/a *crazy*
nuevo/a *new*
otro/a *other; another*
pobre *poor*
rico/a *rich*

De compras

el almacén *department store*
la caja *cash register*
el centro comercial *shopping mall*
el/la cliente/a *client*
el/la dependiente/a *clerk*
el dinero *money*
el mercado (al aire libre) *(open-air) market*
el precio (fijo) *(fixed) price*
la rebaja *sale*
el regalo *gift*
la tarjeta de crédito *credit card*
la tarjeta de débito *debit card*
la tienda *store*
el/la vendedor(a) *salesperson*

———

comprar en línea *to buy online*
costar (o:ue) *to cost*
gastar *to spend (money)*
hacer juego (con) *to match*
ir de compras *to go shopping*
llevar *to wear; to take*
pagar (con) *to pay (with)*
prestar *to lend*
regatear *to bargain*
usar *to wear; to use*
vender *to sell*

Palabras y expresiones

anoche *last night*
anteayer *the day before yesterday*
el año pasado *last year*
ayer *yesterday*
de repente *suddenly*
desde *from*
hasta *until*
pasado/a *(adj.) last; past*
la semana pasada *last week*
una vez *once*
dos veces *twice*
ya *already*

———

el beso *kiss*
la mentira *lie*
la verdad *truth*

———

¿Qué hicieron ellos/ellas? *What did they do?*
¿Qué hicieron ustedes? *What did you (pl.) do?*
¿Qué hiciste? *What did you (fam., sing.) do?*
¿Qué hizo él/ella? *What did he/she do?*
¿Qué hizo usted? *What did you (form., sing.) do?*

———

acabar de (+ *inf.*) *to have just done something*
dar *to give*
decir *to say; to tell*

Los colores *See page 141.*
Numbers 101 and higher *See page 150.*
Indirect object pronouns *See page 154.*
Demonstrative adjectives and pronouns *See pages 156–157.*

As students finish the lesson, encourage them to explore the **Repaso** section on the Supersite. There they will find quizzes for practicing vocabulary, grammar, and oral language.

Communicative Goals: Review

I CAN talk about clothes.
• Describe what you are wearing.

I CAN negotiate and pay for items.
• Explain how to bargain in a market.

I CAN express preferences while shopping.
• Say which colors and articles of clothing you prefer.

I CAN investigate markets in the Spanish-speaking world.
• Describe one of the open-air markets from this lesson.

AVENTURAS EN LOS PAÍSES HISPANOS

Cada año miles de personas de todo el mundo *(world)* llegan al Caribe para disfrutar *(to enjoy)* de sus encantos. De aguas cálidas *(warm)* y transparentes, el mar caribeño rodea *(surrounds)* las costas *(coasts)* de Cuba, Puerto Rico y la República Dominicana. Además de sus increíbles playas, el Caribe goza de *(enjoys)* un clima tropical todo el año y posee una enorme variedad de plantas y animales exóticos.

¿Te gustaría *(Would you like)* ir al Caribe algún *(some)* día?

EL CARIBE

Puerto Rico

Área: 8.870 km² (3.425 millas²)
Población: 2.900.000
Capital: San Juan – 2.451.000
Ciudades principales: Caguas, Mayagüez, Ponce
Moneda: dólar estadounidense

SOURCE: Population Division, UN Secretariat & CIA World Factbook

Cuba

Área: 109.890 km² (42.429 millas²)
Población: 11.300.000
Capital: La Habana – 2.138.000
Ciudades principales: Santiago de Cuba, Camagüey, Holguín, Guantánamo
Moneda: peso cubano

SOURCE: Population Division, UN Secretariat & CIA World Factbook

República Dominicana

Área: 48.670 km² (18.790 millas²)
Población: 10.700.000
Capital: Santo Domingo – 3.245.000
Ciudades principales: Santiago de los Caballeros, La Vega
Moneda: peso dominicano

SOURCE: Population Division, UN Secretariat & CIA World Factbook

Video

ESTADOS UNIDOS

INSTRUCTIONAL RESOURCES
Supersite: Video (Panorama cultural); WebSAM
SAM: Workbook pp. 63–64

Lugares

La Habana Vieja

La Habana Vieja es uno de los lugares más maravillosos de Cuba. Este distrito fue declarado *(was declared)* Patrimonio *(Heritage)* Cultural de la Humanidad por la UNESCO en 1982. En la Plaza de Armas, se puede visitar el majestuoso Palacio de Capitanes Generales, que ahora es un museo. En la calle *(street)* Obispo, frecuentada por el escritor Ernest Hemingway, hay hermosos cafés, clubes nocturnos y tiendas elegantes.

¿Por qué crees que la Habana Vieja fue declarada Patrimonio Cultural de la Humanidad?

Plaza de la Catedral en La Habana

Estrecho de la Florida

⭐ **La Habana**

Cordillera de Guaniguanico

Océano Atlántico

Isla de la Juventud

CUBA

Mar de las Antillas

Camagüey •

Holguín •

Deportes

El béisbol

Para algunos latinoamericanos, el béisbol es más que un deporte. Los primeros países hispanos en tener una liga fueron *(were)* Cuba y México, donde se empezó a jugar al béisbol en el siglo *(century)* XIX. Hoy día este deporte es una afición nacional en la República Dominicana. Albert Pujols, Juan Soto, Pedro Martínez y David Ortiz son sólo cuatro de los muchísimos beisbolistas dominicanos que han alcanzado *(have reached)* gran éxito e inmensa popularidad entre los aficionados.

¿Practicas béisbol? ¿Qué equipos de béisbol conoces *(do you know)*? ¿Cuál es tu equipo favorito?

Sierra Maestra
Santiago de Cuba

Guantánamo

Albert Pujols

Juan Soto

La salsa y el merengue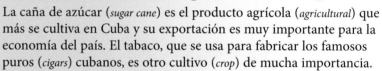

Hoy día Puerto Rico es el centro internacional de la salsa. El Gran Combo de Puerto Rico, por ejemplo, es una de las orquestas de salsa más famosas del mundo. Sin embargo *(Nevertheless)*, este género musical, que comúnmente *(commonly)* se asocia con el Caribe, nació *(was born)* en barrios latinos de Nueva York como resultado de una mezcla *(mix)* de influencias puertorriqueñas, cubanas, africanas, españolas y de los Estados Unidos.

El merengue, un ritmo de la República Dominicana, tiene sus raíces *(roots)* en el campo. Tradicionalmente las canciones hablaban de los problemas sociales de los campesinos *(farmers)*. Entre 1930 y 1960, el merengue se popularizó en las ciudades y adoptó un tono más urbano. Uno de los cantantes y compositores de merengue más famosos es Juan Luis Guerra.

¿Te gustan la salsa y el merengue? ¿Conoces grupos o artistas famosos de estos géneros musicales?

Economía

La caña de azúcar y el tabaco ▶

La caña de azúcar *(sugar cane)* es el producto agrícola *(agricultural)* que más se cultiva en Cuba y su exportación es muy importante para la economía del país. El tabaco, que se usa para fabricar los famosos puros *(cigars)* cubanos, es otro cultivo *(crop)* de mucha importancia.

¿Cuáles son los productos agrícolas más importantes de tu estado o región?

Monumentos

El Morro

El Morro, el gran tesoro *(treasure)* de Puerto Rico, es un fuerte *(fort)* que está en la bahía *(bay)* de San Juan. Lo construyeron *(built)* los españoles en el siglo *(century)* XVI para defenderse de los piratas. Desde 1961, El Morro es un museo que atrae *(attracts)* a miles de turistas. También es el sitio más fotografiado de Puerto Rico. La arquitectura del fuerte es impresionante: tiene túneles misteriosos, mazmorras *(dungeons)* y vistas *(views)* fabulosas de la bahía.

¿Cuál es el sitio más fotografiado de tu comunidad? ¿Por qué?

Puerto Plata ·

Santiago ·

Río Yuna

HAITÍ

LA REPÚBLICA DOMINICANA

San Juan ★

Arecibo ·

Fajardo

Sierra de Neiba

· San Pedro de Macorís

Mayagüez

Isla Culebra

Sierra de Baoruco

Santo Domingo ★

Ponce ·

Isla de Vieques

PUERTO RICO

¿Qué aprendiste?

1 **¿Cierto o falso?** Indicate whether each statement is **cierto** or **falso**. **1** Communication Interpretive Communication

	Cierto	Falso
1. San Juan es la capital de Puerto Rico.	✓	
2. La Habana Vieja es la parte nueva de la capital de Cuba.		✓
3. Los primeros países hispanos en tener una liga de béisbol fueron Cuba y Puerto Rico.		✓
4. El béisbol es el deporte de afición nacional de la República Dominicana.	✓	
5. La salsa nació en Nueva York.	✓	
6. El merengue tiene sus raíces en la ciudad.		✓
7. Juan Luis Guerra es un cantante de merengue.	✓	
8. El Morro fue construido por (*was built by*) piratas en el siglo XVI.		✓

2 **Preguntas** Answer the questions. **2** Communication Interpretive Communication

1. ¿Cuál es el producto agícola que más se cultiva en Cuba? *la caña de azúcar*
2. ¿Qué género musical tiene influencias puertorriqueñas, cubanas, africanas y españolas? *la salsa*
3. ¿Quién es Juan Soto? *un beisbolista dominicano*
4. ¿Dónde está El Morro? *en la bahía de San Juan, Puerto Rico*
5. ¿Qué hay en la calle Obispo en la Habana Vieja? *cafés, clubes nocturnos y tiendas*

3 **Presentación** In pairs, prepare a presentation about a Caribbean country. Your presentation should answer the following questions. **3** Communication Presentational Communication   **3** Connections Making Connections

- ¿Qué atracciones hay en este país?
- ¿Cuáles son sus artistas más célebres?
- ¿Cuál es su comida más representativa?

4 **Comparaciones** Compare the flags of Puerto Rico and Cuba. Then compare them with the flag of the United States. **4** Comparisons Cultural Comparisons

5 **¿Qué piensas?** Reflect on these questions. **5** Cultures Relating Cultural Practices/Products to Perspectives
5 Connections Making Connections

1. ¿Por qué piensas que el béisbol es tan (*so*) popular en el Caribe?
2. ¿Por qué crees que el merengue adoptó un tono más urbano?
3. ¿Por qué piensas que la salsa tiene una mezcla de influencias?

I CAN identify basic facts about the geography and culture of Puerto Rico, Cuba, and the Dominican Republic by reading short informational texts with visuals.

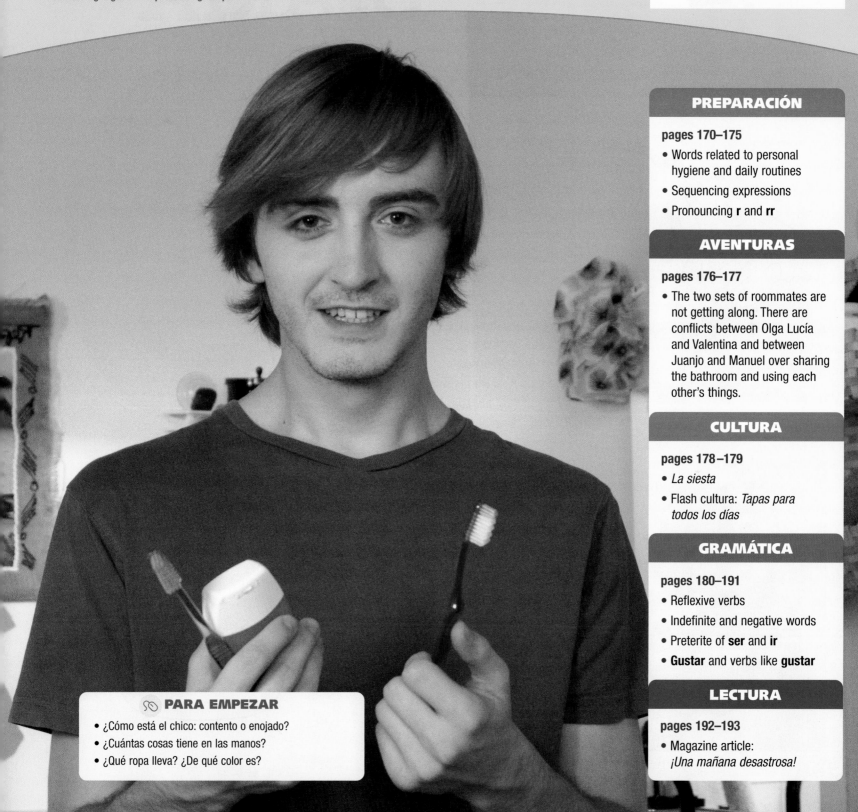

7 # La vida diaria

PARA EMPEZAR Here are some additional questions:
¿Con quién vives? ¿Qué actividades diarias compartes
con él o ella? ¿Te gusta esa persona? ¿Por qué?

PARA EMPEZAR
- ¿Cómo está el chico: contento o enojado?
- ¿Cuántas cosas tiene en las manos?
- ¿Qué ropa lleva? ¿De qué color es?

LA VIDA DIARIA

INSTRUCTIONAL RESOURCES
Supersite: Vocabulary Tutorials; WebSAM
SAM: Workbook pp. 65–66; Lab Manual p. 269

LA HIGIENE PERSONAL

afeitarse *to shave*

bañarse *to take a bath*

cepillarse el pelo *to brush one's hair*

cepillarse los dientes
to brush one's teeth

ducharse *to shower*

lavarse la cara *to wash one's face*

lavarse las manos
to wash one's hands

maquillarse *to put on makeup*

peinarse *to comb one's hair*

---

el baño *bathroom*

el champú *shampoo*

la crema de afeitar *shaving cream*

el maquillaje *makeup*

la toalla *towel*

Raúl se ducha.

Isabel se lava las manos.

el jabón

Paula se cepilla los dientes.

Daniel se afeita.

Adriana se baña.

Vocabulary Tools

EXPANSION Divide the class into small groups. Have students take turns miming actions associated with daily routines. The other group members should guess the verb or verb phrase. You may want to have students use only infinitive forms at this point. Ex: A student mimes washing his or her hands (**lavarse las manos**).

SUGGESTION Point out the pronoun **se** that accompanies the infinitives on this spread. Explain that the **se** indicates that these are reflexive verbs, which students will learn more about in 7.1. For now, show them the correlation between the infinitive and the third-person conjugation. **Acostarse: Él/Ella se acuesta.**

Sofía se duerme.

OTRAS PALABRAS Y EXPRESIONES

la rutina diaria *daily routine*

antes (de) *before*
después *afterward; then*
después de *after*
durante *during*
entonces *then*
luego *afterward; then*
más tarde *later (on)*
por la mañana *in the morning*
por la noche *at night*
por la tarde *in the afternoon; in the (early) evening*
por último *finally*
siempre *always*
también *also; too*
temprano *early*

POR LA MAÑANA Y POR LA NOCHE

acostarse (o:ue)
  to lie down; to go to bed
despertarse (e:ie) *to wake up*
dormirse (o:ue)
  to go to sleep; to fall asleep
levantarse *to get up*
vestirse (e:i) *to get dressed*

Jorge se levanta.

el despertador

TEACHING OPTION Have students write out the four most important daily routine activities. With a partner, have them organize those activities in the most logical order using adverbs of time. Go over answers as a class. Ex: **Ducharse después de levantarse.**

el espejo

VOCABULARIO ADICIONAL For additional vocabulary on this theme, go to **Vocabulario adicional** in the **Resources** section of the Supersite.

ASÍ SE DICE
afeitarse ⟷ rasurarse (*Méx., Amér. C.*)
la ducha ⟷ la regadera (*Col., Méx., Venez.*)
ducharse ⟷ bañarse (*Amér. L.*)

A escuchar

1 **Escuchar** Indica si, en general, las personas hacen las acciones que vas a escuchar por la mañana o por la noche. **1 Communication** Interpretive Communication

	Por la mañana	Por la noche
1.		✓
2.	✓	
3.	✓	
4.		✓
5.	✓	
6.	✓	
7.	✓	
8.	✓	

2 **¿Lógico o ilógico?** Escucha las oraciones e indica si cada oración es **lógica** o **ilógica**.

2 Communication Interpretive Communication

	Lógico	Ilógico
1.		✓
2.	✓	
3.		✓
4.	✓	
5.	✓	
6.		✓

1 SCRIPT

1. acostarse
2. vestirse
3. levantarse
4. dormirse
5. afeitarse
6. despertarse
7. maquillarse
8. peinarse

1 SUGGESTION You may want to do this activity as a TPR exercise. Have students raise their left hand for **por la mañana** and their right hand for **por la noche**.

2 SCRIPT

1. Alberto se baña por la mañana y entonces se despierta.
2. Lola se despierta antes de levantarse.
3. Andrés se lava las manos y después se baña.
4. Marina se ducha antes de vestirse.
5. Pablo se despierta y entonces se afeita.
6. Jaime se levanta, se peina y por último se despierta.

2 SUGGESTION Have students rephrase the illogical sentences so that they are logical.

A practicar

3 EXPANSION Ask students if Francisco's schedule is typical for a student at their school. Ask: **¿Se despierta un estudiante típico a las seis y media de la mañana?**

3 **Ordenar** Ordena la rutina de Francisco de manera lógica.

    _3_   a. Después de afeitarse, cepillarse los dientes y vestirse, sale para las clases.

    _6_   b. Por último, se acuesta a las once y media de la noche.

    _2_   c. Se ducha y luego se afeita.

    _5_   d. Por la noche come un poco. Luego estudia antes de acostarse.

    _4_   e. Asiste a todas sus clases y vuelve a casa por la tarde.

    _1_   f. Por la mañana, Francisco se despierta a las seis y media.

4 EXPANSION Ask follow-up questions about each item. Ex: **¿Qué más necesita Miguel para vestirse? (zapatos de tenis) ¿Qué hace Diego antes de acostarse? (Se cepilla los dientes.)**

TEACHING OPTION Name daily routine activities and have students make a list of the words that they associate with each one. Ex: **lavarse las manos: el jabón, el baño, el agua, la toalla.**

4 **Identificar** Con un(a) compañero/a, indica qué necesitan estas personas para realizar *(to perform)* estas acciones.

modelo

Miguel / vestirse
Estudiante 1: ¿Qué necesita Miguel para *(in order to)* vestirse?
Estudiante 2: Necesita una camiseta y unos pantalones.

1. Diego / acostarse
E1: ¿Qué necesita Diego para acostarse?
E2: Necesita una cama.

2. Raúl / despertarse
E1: ¿Qué necesita Raúl para despertarse?
E2: Necesita un despertador.

3. Mercedes / lavarse la cara
E1: ¿Qué necesita Mercedes para lavarse la cara?
E2: Necesita jabón y una toalla.

4. Leonardo / afeitarse
E1: ¿Qué necesita Leonardo para afeitarse?
E2: Necesita crema de afeitar.

5. Sofía / lavarse el pelo
E1: ¿Qué necesita Sofía para lavarse el pelo?
E2: Necesita champú.

6. Yolanda / maquillarse
E1: ¿Qué necesita Yolanda para maquillarse?
E2: Necesita un espejo y maquillaje.

A conversar

5 **La rutina diaria** Con un(a) compañero/a, mira las fotos y describe qué hace cada persona.

5 **Communication** Interpersonal Communication

modelo

Estudiante 1: ¿Qué hace Alejandro?
Estudiante 2: Se afeita.

Alejandro

1.
Rosa
E1: ¿Qué hace Rosa?
E2: Se maquilla.

2.
Natalia
E1: ¿Qué hace Natalia?
E2: Se baña.

3.
Carlos
E1: ¿Qué hace Carlos?
E2: Se lava las manos.

4.
Julia
E1: ¿Qué hace Julia?
E2: Se cepilla el pelo.

5.
María Elena
E1: ¿Qué hace María Elena?
E2: Se cepilla los dientes.

6.
Nicolás
E1: ¿Qué hace Nicolás
E2: Se ducha.

6 **Preguntas** En parejas, túrnense para hacerse estas preguntas. ¿Qué respuestas tienen en común?

6 **Communication** Interpersonal Communication   *Answers will vary.*

1. ¿Cómo es tu baño?

2. ¿Cuántas personas comparten tu baño?

3. ¿De qué color es tu toalla?

4. ¿Cuánto cuesta tu jabón?

5. ¿Qué champú usas?

6. ¿Cuándo estudias? ¿Por la mañana, por la tarde, por la noche?

I CAN describe daily routines and talk about personal hygiene products.

Pronunciación

 Tutorial

INSTRUCTIONAL RESOURCES

Supersite: Pronunciation Tutorial; WebSAM

SAM: Lab Manual p. 270

The consonant r

ropa	**r**utina	**r**ico	**R**amón

In Spanish, **r** has a strong trilled sound at the beginning of a word. No English words have a trill, but English speakers often produce a trill when they imitate the sound of a motor.

gusta**r**	du**r**ante	prime**r**o	c**r**ema

In any other position, **r** has a weak sound similar to the English *tt* in *better* or the English *dd* in *ladder*.
In contrast to English, the tongue touches the roof of the mouth behind the teeth.

piza**rr**a	co**rr**o	ma**rr**ón	abu**rr**ido

The letter combination **rr**, which only appears between vowels, always has a strong trilled sound.

ca**r**o	ca**rr**o	pe**r**o	pe**rr**o

Between vowels, the difference between the strong trilled **rr** and the weak **r** is very important, as a mispronunciation could lead to confusion between two different words.

Práctica Lee las palabras en voz alta, prestando (*paying*) atención a la pronunciación de la **r** y la **rr**.

1. Perú
2. Rosa
3. borrador
4. madre
5. comprar
6. favor
7. rubio
8. reloj
9. Arequipa
10. tarde
11. cerrar
12. despertador

Oraciones Lee las oraciones en voz alta, prestando atención a la pronunciación de la **r** y la **rr**.

1. Ramón Robles Ruiz es programador. Su esposa Rosaura es artista.
2. A Rosaura Robles le encanta regatear en el mercado.
3. Ramón nunca regatea… le aburre regatear.
4. Rosaura siempre compra cosas baratas.
5. Ramón no es rico, pero prefiere comprar cosas muy caras.
6. ¡El martes Ramón compró un carro nuevo!

Refranes Lee en voz alta los refranes, prestando atención a la **r** y a la **rr**.

Perro que ladra no muerde. [1]

No se ganó Zamora en una hora. [2]

[1] *The dog's bark is worse than its bite.*
[2] *Rome wasn't built in a day.*

SUGGESTION Model the pronunciation of each word or sentence, having students repeat after you.

EXPANSION Have students close their books. To help students discriminate between **r** and **rr**, pronounce the pairs **caro/carro** and **pero/perro**. Write each word on the board as you pronounce it. Then say them in random order and have students identify which word you said.

EXPANSION To practice the **r** and **rr** sounds, give students this sentence: **El carro corre por la carretera, pero el tren corre por el ferrocarril**.

INSTRUCTIONAL RESOURCES
Supersite: WebSAM
SAM: Video Manual
pp. 181–182

Video

Antes de ver

Mira las imágenes y haz predicciones sobre los conflictos entre los compañeros de cuarto.

SUGGESTION Ask students to share their predictions with the class.

VIDEO RECAP Before showing this **Aventuras** episode, review the previous episode with these questions: **1.** ¿Dónde **buscaron un vestido Valentina y Sara?** (en una tienda) **2.** ¿Qué buscó **Juanjo en el mercado?** (unas gafas de sol) **3.** ¿Quién gastó trescientos ochenta euros? (Sara) **4.** ¿A quién le dio veinte euros Juanjo? (al vendedor)

VIDEO SYNOPSIS Olga Lucía asks Valentina where her hairbrush is. Manuel tells Juanjo that someone is calling him. Juanjo leaves the bathroom to check and discovers that it was Manuel calling. Manuel takes advantage of the empty bathroom to brush his teeth. Manuel hands Juanjo a blue toothbrush and toothpaste through the bathroom door. Juanjo tells Manuel that the blue toothbrush is Manuel's; the red one that Manuel is using is Juanjo's. Olga Lucía sees a spider; Valentina takes Olga Lucía's hairbrush out of her purse to kill it.

Communicative Goal
Participate in a conversation between two roommates

¡Tengo que arreglarme!

Hay conflictos entre los compañeros de cuarto.

PERSONAJES

OLGA LUCÍA

VALENTINA

MANUEL

JUANJO

OLGA LUCÍA ¿Dónde está mi cepillo?
VALENTINA ¡Buenos días!
OLGA LUCÍA ¡Mi cepillo rojo! ¿Lo tienes tú?
VALENTINA ¿No está en el baño?
OLGA LUCÍA ¡No! ¡No está en el baño, ni en el cuarto, ni en ninguna parte!

MANUEL ¡Juanjo!
JUANJO ¿Qué quieres?
MANUEL ¡Alguien te está llamando!

JUANJO ¡Manuel! ¡Fuiste tú! ¡Muy gracioso!... ¡Tengo clase a las nueve en punto!

A C T I V I D A D E S

1 **¿Cierto o falso?** Indica si lo que dicen estas oraciones es **cierto** o **falso**. Corrige las oraciones falsas.
1 Communication Interpretive Communication

	Cierto	Falso
1. Olga Lucía no encuentra su cepillo azul.	○	✓
Olga Lucía no encuentra su cepillo rojo.		
2. Juanjo tiene que cepillarse los dientes.	✓	○
3. Manuel usa el cepillo de dientes de Juanjo.	✓	○
4. Valentina tiene en su bolsa el maquillaje de Olga Lucía. *Valentina tiene en su bolsa el cepillo de Olga Lucía.*	○	✓
5. Manuel lleva las pantuflas de Juanjo.	✓	○

2 **Preguntas** Contesta estas preguntas.
2 Communication Interpretive Communication

1. ¿A qué hora se levanta Olga Lucía? *a las siete y media de la mañana*
2. ¿Quién hace yoga? *Valentina*
3. ¿De qué color es el cepillo de dientes de Juanjo? *rojo*
4. ¿Quién tiene clase a las nueve en punto? *Juanjo*
5. ¿Por qué tiene miedo Olga Lucía? *hay una araña*
6. ¿Dónde encuentra Valentina el cepillo de Olga Lucía? *en su bolsa*

SUGGESTION Identify reflexive verb forms such as **cepillarme** in caption 4, **te pones** in caption 5, and **lavarte** and **afeitarte** in caption 6. Point out the indefinite word **alguien** (caption 2) as well as the negative words **ni** and **ninguna** (caption 1), **nunca** (caption 5), and **jamás** and **tampoco** (caption 6). Identify **fuiste** in caption 3 and **fuimos** in caption 5 as preterite forms of **ser** and **ir**. Point out these forms of verbs like **gustar**: **me molesta** and **me encantan** in caption 6.

SUGGESTION Have students get together in groups of four to act out the episode. Encourage students to ad-lib when possible. Then ask one or two groups to present their version of the episode to the class.

JUANJO ¡Manuel!
MANUEL Está ocupado.
JUANJO ¡Tengo que cepillarme los dientes!... ¡Ése es tu cepillo!
MANUEL ¿En serio? ¿Mi cepillo no es el rojo?
JUANJO ¡No!
MANUEL ¡Yo siempre uso éste!

VALENTINA ¿Encontraste el cepillo?
OLGA LUCÍA ¡Todavía no! ¡¿Estás usando mis calcetines?! ¿Por qué siempre te pones mis cosas?
VALENTINA ¿Son tus calcetines?
OLGA LUCÍA ¡Claro! ¡Los tienes desde hace dos meses, cuando fuimos a Toledo! ¡Por eso nunca encuentro mis cosas!
VALENTINA ¡No es por eso! ¡Pierdes todo en ese desorden!

JUANJO ¡No puedes lavarte el pelo con mi champú! ¡Me molesta! ¡Y no puedes afeitarte con mi crema de afeitar! ¡Y no puedes secarte con mi toalla! ¡Jamás! ¡Gracias!
MANUEL ¿Y tus pantuflas?
JUANJO ¡Tampoco!
MANUEL ¡Me encantan sus pantuflas!

Expresiones útiles

la araña spider
la ayuda help
el cepillo brush
cuando when
desde hace for (a period of time)
el desorden mess
¿En serio? Really?
gracioso/a funny
llamar to call
las pantuflas slippers
por eso that's why
secarse to dry (oneself)

---

la alarma alarm
gritar to scream

Los madrileños

Los habitantes de Madrid desayunan (*have breakfast*) entre las siete y las nueve de la mañana, almuerzan (*have lunch*) entre las dos y las cuatro de la tarde y cenan (*have dinner*) entre las nueve y las doce de la noche. Una teoría dice que a los madrileños se les llama gatos (*cats*) porque les gusta salir por la noche.

¿Te gustar cenar tarde y salir por la noche?

3 **Compañeros de cuarto** En parejas, representen una de estas situaciones entre dos compañeros/as de cuarto. **3** Communication Interpersonal Communication

▶ Los/Las dos compañeros/as de cuarto quieren usar el baño al mismo tiempo.
▶ Un(a) compañero/a usa las cosas del/de la otro/a.
▶ Un(a) compañero/a no quiere prestar una cosa al/a la otro/a.
▶ Un(a) compañero/a no encuentra el champú/cepillo.

I CAN participate in a conversation between two roommates.

Communicative Goal
Identify a custom in the Spanish-speaking world

CULTURAL STRATEGY Ask students how they would adjust their itinerary if they were in a small Spanish town that shuts down for **la siesta**. Students might suggest walking around, going to the beach, postponing any errands or shopping, or taking a nap themselves.

La siesta

¿Sientes cansancio° después de comer?

¿Te cuesta° volver al trabajo° o a clase después del almuerzo°? Estas sensaciones son normales. A muchas personas les gusta relajarse° después de almorzar°. Este momento de descanso es **la siesta**. La siesta es popular en los países hispanos y viene de una antigua costumbre° del área del Mediterráneo. La palabra *siesta* viene del latín y significa "sexta hora". La sexta hora del día es después del mediodía, el momento de más calor. Debido al° calor y al cansancio, los habitantes de España, Italia, Grecia y Portugal tienen la costumbre de dormir la siesta desde hace° más de° dos mil años. Los españoles y los portugueses llevaron la costumbre a los países americanos.

¿Dónde duermen la siesta?

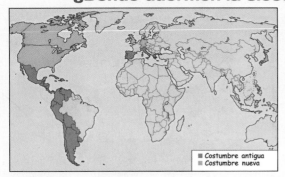

En los lugares donde la siesta es una costumbre antigua, las personas la duermen en su casa. En los países donde la siesta es una costumbre nueva, la gente duerme en sus lugares de trabajo o en centros de siesta.

■ Costumbre antigua
■ Costumbre nueva

Aunque° hoy día esta costumbre está desapareciendo° en las grandes ciudades, la siesta todavía es importante en la cultura hispana. En pueblos pequeños, por ejemplo, muchas oficinas° y tiendas tienen la costumbre de cerrar por dos o tres horas después del mediodía. Los empleados van a su casa, almuerzan con sus familias, duermen la siesta o hacen actividades, como ir al gimnasio, y luego regresan al trabajo entre las 2:30 y las 4:30 de la tarde.

Algunos estudios científicos explican que una siesta corta después de almorzar ayuda° a trabajar más y mejor° durante la tarde. Pero ¡cuidado! Esta siesta debe durar° sólo entre veinte y cuarenta minutos. Si dormimos más, entramos en la fase de sueño profundo y es difícil despertarse.

Hoy, algunas empresas° de los EE.UU., Canadá, Japón, Inglaterra y Alemania tienen salas° especiales donde los empleados pueden dormir la siesta.

Sientes cansancio *Do you feel tired* **Te cuesta** *Is it hard for you* **trabajo** *work* **almuerzo** *lunch* **relajarse** *to relax* **almorzar** *to have lunch* **antigua costumbre** *old custom* **Debido al** *Due to the* **desde hace** *for* **más de** *more than* **Aunque** *Although* **está desapareciendo** *is disappearing* **oficinas** *offices* **ayuda** *helps* **mejor** *better* **durar** *last* **algunas empresas** *some businesses* **salas** *rooms*

ASÍ SE DICE

El cuidado personal

el acondicionador la crema de enjuage	*conditioner*
el aseo el excusado el servicio el váter (Esp.)	*el baño*
la crema humectante	*moisturizer*
el cortaúñas	*nail clippers*
el desodorante	*deodorant*
el enjuague bucal	*mouthwash*
el hilo dental la seda dental	*dental floss*
la máquina de afeitar la máquina de rasurar (Méx.)	*electric razor*

INSTRUCTIONAL RESOURCES
Supersite: Video (Flash cultura); WebSAM
SAM: Video Manual pp. 213–214

ACTIVIDADES

1 **¿Cierto o falso?** Indica si lo que dicen las oraciones es **cierto** o **falso**. Corrige la información falsa. **①** Communication
Interpretive Communication

1. La costumbre de la siesta empezó en Asia.
Falso. La costumbre de la siesta empezó en el área del Mediterráneo.
2. La palabra *siesta* está relacionada con la sexta hora del día. *Cierto.*
3. Los españoles y los portugueses llevaron la costumbre de la siesta a Latinoamérica. *Cierto.*
4. Los horarios de trabajo de las grandes ciudades hispanas son los mismos que los de los pueblos pequeños. *Falso. En las grandes ciudades hispanas la costumbre de la siesta está desapareciendo.*
5. En los Estados Unidos, los empleados de algunas empresas pueden dormir la siesta en el trabajo. *Cierto.*

2 **Preguntas** Contesta las preguntas. **②** Communication *Interpretive Communication*
1. ¿Cuándo es la sexta hora? *después del mediodía, el momento de más calor*
2. ¿Qué países europeos tienen la costumbre de la siesta? *España, Italia, Grecia y Portugal*
3. ¿Dónde cierran muchas oficinas y tiendas por dos o tres horas después del mediodía? *en los pueblos pequeños*
4. ¿Cuántos minutos debe durar una siesta? *entre veinte y cuarenta minutos*
5. ¿Dónde duermen la siesta los españoles? *en su casa*

3 **Comparación** Compara la siesta en los lugares donde la siesta es una costumbre antigua con la siesta en los lugares donde es una costumbre nueva. **③** Comparisons *Cultural Comparisons*

4 **Una nueva costumbre** Con un(a) compañero/a, imagina que las tiendas y comercios en donde vives deciden adoptar la costumbre de la hora de la siesta. ¿Es una buena idea? ¿Cómo afecta esta nueva costumbre tu vida diaria? ¿Qué debes hacer para adaptarte? **④** Communication *Interpersonal Communication*

5 **Perspectivas** Responde a estas preguntas. **⑤** Culture *Relating Cultural Practices to Perspectives*
1. ¿Por qué piensas que la siesta es tan importante en la cultura hispana?
2. ¿Por qué crees que la costumbre de la siesta está desapareciendo en las grandes ciudades?
3. ¿Por qué piensas que la siesta es una costumbre nueva en los Estados Unidos y Canadá?

I CAN identify customs in my own and other cultures.

Communicative Goal
Identify a popular after-work activity in Spain

Tapas para todos los días

1 **Preparación** En el área donde vives, ¿qué hacen las personas normalmente después del trabajo (*work*)? ¿Van a sus casas? ¿Salen con amigos? ¿Comen?

2 **El video** Mira el episodio de **Flash cultura** sobre las tapas en España.

Vocabulario
económicas *inexpensive*
montaditos *bread slices with assorted toppings*
pagar propinas *to tip*
tapar el hambre *to take the edge off (lit. putting the lid on one's hunger)*

Éstos son los montaditos, o también llamados pinchos. ¿Te gustan?

3 **Ordenar** Ordena estos eventos. **③** Communication *Interpretive Communication*

__5__ 1. El empleado cuenta los palillos (*counts the toothpicks*) de los montaditos que Mari Carmen comió.
__2__ 2. Mari Carmen va al barrio de la Ribera.
__1__ 3. Un hombre en un bar explica cuándo sale a tomar tapas.
__3__ 4. Un hombre explica la tradición de los montaditos o pinchos.
__4__ 5. Mari Carmen le pregunta a la chica si los montaditos son buenos para la salud.

4 **Las tapas** Con un(a) compañero/a, responde a estas preguntas sobre las tapas. **④** Communication *Interpersonal Communication* **④** Cultures *Relating Cultural Practices to Perspectives*
1. ¿Qué piensas de la costumbre de ir de tapas?
2. ¿Qué dice sobre la cultura española la costumbre?
3. ¿Quieres ir de tapas después de las clases? ¿Por qué?
4. ¿Hay restaurantes de tapas en tu comunidad?

I CAN identify a popular after-work activity in Spain.

7.1 Reflexive verbs

Communicative Goal
Describe daily routines

▶ A reflexive verb is used to indicate that the subject does something to or for himself or herself. Reflexive verbs always use reflexive pronouns.

SUBJECT	REFLEXIVE VERB	
Carlos	**se afeita** todos los días.	

Reflexive verbs

lavarse

yo	me lavo	I wash (myself)
tú	te lavas	you wash (yourself)
usted	se lava	you wash (yourself)
él/ella	se lava	he/she washes (himself/herself)
nosotros/as	nos lavamos	we wash (ourselves)
vosotros/as	os laváis	you wash (yourselves)
ustedes	se lavan	you wash (yourselves)
ellos/ellas	se lavan	they wash (themselves)

▶ When a reflexive verb is conjugated, the reflexive pronoun agrees with the subject: **Me peino**.

¿Por qué siempre te pones mis cosas?

¡No puedes lavarte el pelo con mi champú!

▶ Reflexive pronouns follow the same rules for placement as object pronouns. They are placed before the conjugated verb, or attached to the infinitive or present participle. When a pronoun is attached to the participle, an accent mark is added.

José **se** levanta temprano.
José gets up early.

José **se** va a levantar temprano.
José va a levantar**se** temprano.
José is going to get up early.

Carlos **se** afeita.
Carlos shaves.

Carlos está afeitándo**se**.
Carlos **se** está afeitando.
Carlos is shaving.

¡ojo! Unlike English, Spanish uses the definite article, not a possessive adjective, when referring to clothing or parts of the body.

La niña se quitó **los** zapatos.
*The girl took off **her** shoes.*

Me cepillé **los** dientes.
*I brushed **my** teeth.*

INSTRUCTIONAL RESOURCES
Supersite: Grammar Tutorial; WebSAM
SAM: Workbook pp. 67–68; Lab Manual p. 271

Práctica

1 **Conversaciones** Completa las conversaciones con la forma apropiada de los verbos.

MARIO Tú (1) ___lavaste___ [lavar / lavarse] los platos ayer, ¿no?

TOMÁS Sí, los (2) ___lavé___ [lavar / lavarse] después de las clases.

• • •

BEATRIZ ¿Normalmente (tú) (3) ___te duchas___ [duchar / ducharse] antes de ir a clase?

DAVID Sí, (4) ___me ducho___ [duchar / ducharse] por la mañana.

• • •

MAMÁ Niños, ¿a qué hora (5) ___se acostaron___ [acostar / acostarse] ustedes anoche?

PABLO Daniela (6) ___se acostó___ [acostar / acostarse] a las nueve, pero nosotros (7) ___nos acostamos___ [acostar / acostarse] a las ocho.

• • •

ANA Yo (8) ___me siento___ [sentir / sentirse] nerviosa hoy.

PATRICIA Bueno… tú siempre (9) ___te sientes___ [sentir / sentirse] nerviosa antes de un examen.

2 **Emparejar** Empareja cada foto con la oración correspondiente. Luego, indica qué oraciones tienen verbos reflexivos.

1.

2.

3.

4.

5.

6.

¿Reflexivo?

__2__	a. Julia se enoja.	✓
__6__	b. Verónica se maquilla.	✓
__1__	c. Manuela baña a su hija.	
__4__	d. Estela se pone los calcetines.	✓
__5__	e. El abuelo despierta a sus nietas.	
__3__	f. Ramón se cepilla los dientes.	✓

Conversación

3 Preguntas En parejas, túrnense para hacerse estas preguntas. ¿Qué respuestas tienen en común? *Answers will vary.*
3 Communication Interpersonal Communication

1. ¿Cuándo te enojas?
2. ¿Cuándo te sientes feliz?
3. ¿A qué hora te despertaste ayer?
4. ¿A qué hora te levantaste hoy?
5. ¿Te cepillaste los dientes esta mañana?
6. ¿Te lavas las manos antes de comer?
7. ¿Te duermes antes o después de la medianoche?
8. ¿A qué hora te vas a acostar esta noche?

4 Charadas En grupos, jueguen a las charadas. Cada persona debe pensar en dos oraciones con verbos reflexivos. La primera persona que adivina la charada dramatiza la siguiente (*next one*). *Answers will vary.*
4 Communication Interpersonal Communication

5 Entrevista Primero, prepara una lista con las actividades que hiciste anoche. Luego, compara con un(a) compañero/a las actividades y toma apuntes (*notes*) de lo que hizo él/ella. Sigue el modelo para el primer paso (*step*). *Answers will vary.*
5 Communication Interpersonal Communication

6:00 p.m.	En el Centro Comercial. Me probé un vestido.
7:30 p.m.	Cine con Javier. Muy aburrido. Casi (*Almost*) me dormí.
9:00 p.m.	En el restaurante Cangrejo. Me enojé con Ana.
11:00 p.m.	Fiesta en casa de Antonio. Me acosté tarde.

Common reflexive verbs

Common reflexive verbs

acordarse (de) (o:ue)	to remember	levantarse	to get up
acostarse (o:ue)	to go to bed	llamarse	to be named
afeitarse	to shave	maquillarse	to put on makeup
bañarse	to take a bath	peinarse	to comb one's hair
cepillarse	to brush	ponerse	to put on
despertarse (e:ie)	to wake up	ponerse (+ *adj.*)	to become (+ *adj.*)
dormirse (o:ue)	to go to sleep	preocuparse (por)	to worry (about)
ducharse	to shower	probarse (o:ue)	to try on
enojarse (con)	to get angry (with)	quedarse	to stay
irse	to go away;	quitarse	to take off
	to leave	sentarse (e:ie)	to sit down
lavarse	to wash oneself	sentirse (e:ie)	to feel
		vestirse (e:i)	to get dressed

▸ Many Spanish verbs can be reflexive. If the verb acts upon the subject, use the reflexive form. If the verb acts upon something else, use the non-reflexive form.

Lola **lava** los platos.

Isabel **se lava** la cara.

¡ojo! Reflexive verbs and their non-reflexive counterparts sometimes have different meanings.

acordar *to agree*
levantar *to lift*

acordarse *to remember*
levantarse *to get up*

¡Manos a la obra!

Indica el presente de estos verbos reflexivos.

despertarse
1. Ellos __se despiertan__ tarde.
2. Tú __te despiertas__ tarde.
3. Nosotros __nos despertamos__ tarde.
4. Antonio __se despierta__ tarde.
5. Yo __me despierto__ tarde.
6. Ustedes __se despiertan__ tarde.

ponerse
1. Ella __se pone__ los pantalones.
2. Yo __me pongo__ los pantalones.
3. Usted __se pone__ los pantalones.
4. Nosotros __nos ponemos__ los pantalones.
5. Las niñas __se ponen__ los pantalones.
6. Tú __te pones__ los pantalones.

I CAN describe daily routines.

Communicative Goal
Talk about some places in my community

7.2 Indefinite and negative words

▸ Indefinite words, such as *someone* or *something*, refer to people and things that are not specific. Negative words, like *no one* or *nothing*, deny the existence of people and things or contradict statements.

Indefinite and negative words

Indefinite words		Negative words	
algo	*something; anything*	nada	*nothing; not anything*
alguien	*someone; somebody; anyone*	nadie	*no one; nobody; not anyone*
alguno/a(s), algún	*some; any*	ninguno/a, ningún	*no; none; not any*
o... o	*either... or*	ni... ni	*neither... nor*
		nunca, jamás	*never, not ever*
		tampoco	*neither; not either*

▸ There are two ways to form negative sentences in Spanish. You can place the negative word before the verb, or you can place **no** before the verb and the negative word after the verb.

Nadie piensa en mí.
No piensa **nadie** en mí.
Nobody thinks of me.

Ellos **nunca** se enojan.
Ellos **no** se enojan **nunca**.
They never get angry.

Ninguno me gusta.
No me gusta **ninguno**.
I don't like any.

Nada me despierta.
No me despierta **nada**.
Nothing wakes me up.

¡Alguien te está llamando!

¡No está en el baño, ni en el cuarto, ni en ninguna parte!

▸ In Spanish, sentences frequently contain two or more negative words. Once a sentence is negative, all indefinite ideas must be expressed in the negative.

Ella **no** tiene **ninguna** idea.
She doesn't have any idea.

Nunca te pido **nada**.
I never ask you for anything.

Jamás me preocupo por **nada**.
I never worry about anything.

Tampoco me acuerdo de **nadie**.
I don't remember anyone either.

SUGGESTION To provide oral practice with indefinite and negative words, create prompts that follow the pattern of the sentences in the explanations. Say the first part of the sentence, have students repeat it, then finish the sentence. Ex: **Latisha no se viste de azul hoy, sino ____ (de verde).**

INSTRUCTIONAL RESOURCES
Supersite: Grammar Tutorial; WebSAM
SAM: Workbook pp. 69–70; Lab Manual p. 272

Práctica

1 **La familia de Claudia** Completa las oraciones con **pero** o **sino**.

 modelo

Mi abuela es aburrida, ____pero____ amable.

1. No me ducho por la mañana, ____sino____ por la noche.

2. A mí no me gusta nadar, ____sino____ correr.

3. Mi hermana María Luisa es alta, ____pero____ delgada.

4. Mi hermano Emilio no es moreno, ____sino____ rubio.

5. Mis padres no se acuestan temprano, ____sino____ tarde.

6. Mi primo Manuel es inteligente, ____pero____ no es interesante.

7. Mi madre y yo siempre nos despertamos temprano, ____pero____ nunca estamos cansadas.

8. Mi amiga Mariana es pequeña, ____pero____ fuerte (*strong*).

2 **Completar** Completa esta conversación con oraciones que tengan (*have*) palabras negativas.

ALFONSO Ana María, ¿encontraste algún regalo para Elena?
ANA MARÍA (1) *No, no encontré ningún regalo/nada para Elena.*

ALFONSO ¿Viste a alguna amiga en el centro comercial?
ANA MARÍA (2) *No, no vi a ninguna amiga/nadie en el centro comercial.*

ALFONSO Ana María, ¿quieres ir al teatro o al cine esta noche?
ANA MARÍA (3) *No, no quiero ir ni al teatro ni al cine.*

ALFONSO ¿Quieres salir a comer?
ANA MARÍA (4) *No, no quiero salir a comer (tampoco).*

ALFONSO ¿Hay algo interesante en la televisión esta noche?
ANA MARÍA (5) *No, no hay nada interesante en la televisión.*

ALFONSO ¿Tienes algún problema?
ANA MARÍA (6) *No, no tengo ningún problema/ninguno.*

ALFONSO ¿Eres siempre antipática?
ANA MARÍA (7) *No, nunca soy antipática.*

Conversación

3 **Quejas** Con un(a) compañero/a, prepara una lista de cinco quejas (*complaints*) comunes que tienen los estudiantes universitarios. Usa expresiones negativas.

3 **Communication** Interpersonal Communication *Answers will vary.*

modelo
Nadie me entiende.
¡Jamás puedo levantarme tarde!

4 **¿Qué hay?** En parejas, háganse preguntas sobre qué hay en su ciudad o pueblo: tiendas interesantes, almacenes, cines, una biblioteca, un museo, un aeropuerto, una estación del tren, etc. Sigan el modelo. **4** **Communication** Interpersonal Communication

modelo
Estudiante 1: ¿Hay tiendas interesantes?
Estudiante 2: Sí, hay una/algunas. Está(n) en el centro.
Estudiante 1: ¿Hay un museo?
Estudiante 2: No, no hay ninguno.

5 **Anuncios** Con un(a) compañero/a, lee el anuncio (*ad*) y prepara otro similar sobre cualquier tipo de producto. Usa expresiones indefinidas y negativas. *Answers will vary.*
5 **Communication** Interpersonal Communication

¿Buscas algún producto especial?

¡No vas a poder resistirte jamás a las **ofertas** de las tiendas **García**!

I CAN talk about some places in my community.

Using indefinite words

▶ **Alguien** and **nadie** are often used with the personal **a**. The personal **a** is also used before **alguno/a**, **algunos/as**, and **ninguno/a** when these words refer to people and are the direct object of a verb.

—Carlos, ¿ves **a alguien** allí?
—No, no veo **a nadie**.

—¿Oyes **a alguno** de los chicos?
—No, no oigo **a ninguno**.

¡ojo! Before a masculine singular noun, **alguno** and **ninguno** are shortened to **algún** and **ningún**. Note that the personal **a** is not used with these words when they function as adjectives.

—¿Tienen ustedes **algún** amigo peruano?
—No, no tenemos **ningún** amigo peruano.

—¿Visitaste **algún** museo?
—No, no visité **ningún** museo.

Pero and sino

▶ Although the conjunctions **pero** and **sino** both mean *but*, they are not interchangeable. **Sino** is used when the first part of a sentence is negative and the second part contradicts it. In this context, **sino** means *but rather* or *on the contrary*. In all other cases, **pero** is used to mean *but*.

No se acuesta temprano, **sino** tarde.
*He doesn't go to bed early, **but rather** late.*

Canto, **pero** nunca en público.
*I sing, **but** never in public.*

No queremos irnos, **sino** quedarnos.
*We don't want to leave, **but rather** stay.*

Me desperté a las once, **pero** estoy cansada.
*I woke up at eleven, **but** I'm tired.*

¡Manos a la obra!

Cambia las oraciones para que sean (*they are*) negativas.

1. Siempre se viste bien. <u>Nunca</u> se viste bien.
2. Alguien se ducha. <u>No</u> se ducha <u>nadie</u>.
3. Ellas van también. Ellas <u>tampoco</u> van.
4. Juan también se afeita. Juan <u>tampoco</u> se afeita.
5. Alguien se pone nervioso. <u>No</u> se pone nervioso <u>nadie</u>.
6. Tú siempre te lavas las manos. Tú <u>nunca/jamás</u> te lavas las manos.
7. Voy a traer algo. <u>No</u> voy a traer <u>nada</u>.
8. La profesora hace algo en su escritorio. La profesora <u>no</u> hace <u>nada</u> en su escritorio.
9. Mis amigos viven en una residencia o en una casa. Mis amigos <u>no</u> viven <u>ni</u> en una residencia <u>ni</u> en una casa.
10. Tú y yo vamos al mercado. <u>Ni</u> tú <u>ni</u> yo vamos al mercado.
11. Tienen un espejo en su casa. <u>No</u> tienen <u>ningún</u> espejo en su casa.
12. Algunos niños se ponen el abrigo. <u>Ningún</u> niño se pone el abrigo.

ACTIVITY PACK For additional activities, go to the **Activity Pack** in the **Resources** section of the Supersite.

Communicative Goal
Talk about actions and states in the past

7.3 Preterite of **ser** and **ir**

EXPANSION To challenge students, have them identify which verb (**ser** or **ir**) they are using for each blank.

▸ The preterite forms of **ser** (*to be*) and **ir** (*to go*) are irregular, so you will need to memorize them. None of these forms has an accent mark.

Preterite of *ser* and *ir*

	ser to be	ir to go
yo	fui	fui
tú	fuiste	fuiste
Ud./él/ella	fue	fue
nosotros/as	fuimos	fuimos
vosotros/as	fuisteis	fuisteis
Uds./ellos/ellas	fueron	fueron

▸ Since the preterite forms of **ser** and **ir** are identical, the context clarifies which verb is being used.

Lucía **fue** a ver una película.
Lucía went to see a film.

La película **fue** muy interesante.
The film was very interesting.

Fui a Barcelona el año pasado.
I went to Barcelona last year.

Fue un viaje maravilloso.
It was a wonderful trip.

¡Manuel! ¡Fuiste tú!

¡Los tienes desde hace dos meses, cuando fuimos a Toledo!

¡Manos a la obra!

Completa las oraciones usando el pretérito de **ir** y **ser**.

ir
1. Los viajeros <u>fueron</u> a Perú.
2. Patricia <u>fue</u> a Cuzco.
3. Tú <u>fuiste</u> a Iquitos.
4. Gregorio y yo <u>fuimos</u> a Lima.
5. Yo <u>fui</u> a Trujillo.
6. Ustedes <u>fueron</u> a Arequipa.
7. Mi padre <u>fue</u> a Lima.
8. Nosotras <u>fuimos</u> a Cuzco.

ser
1. Usted <u>fue</u> muy amable.
2. Yo <u>fui</u> muy cordial.
3. Ellos <u>fueron</u> muy buenos.
4. Nosotros <u>fuimos</u> muy impacientes.
5. Ella <u>fue</u> muy antipática.
6. Tú <u>fuiste</u> muy listo.
7. Ustedes <u>fueron</u> muy cordiales.
8. La gente <u>fue</u> muy paciente.

SUGGESTION Play the **Aventuras fotonovela** video module and have students listen for preterite forms of **ser** and **ir**. Stop the video with each example to illustrate how context makes the meaning of the verb clear.

Práctica

INSTRUCTIONAL RESOURCES
Supersite: Grammar Tutorial; WebSAM
SAM: Workbook p. 71; Lab Manual p. 273

1 **Conversación** Completa esta conversación con la forma correcta del pretérito de **ser** o **ir**.

ANDRÉS Cristina y Vicente (1) <u>fueron</u> novios, ¿no?

LAURA Sí, pero ahora Cristina sale con Luis. Anoche ella (2) <u>fue</u> a comer con él y la semana pasada ellos (3) <u>fueron</u> al partido de fútbol.

ANDRÉS ¿Ah, sí? Mercedes y yo (4) <u>fuimos</u> al partido y no los vimos.

LAURA ¿(5) <u>Fuiste</u> tú con Mercedes? Y, ¿cómo (6) <u>fue</u> el partido?

ANDRÉS (7) <u>Fue</u> muy divertido. ¡Lo pasamos genial! Pero... ¡qué extraño! Nosotros (8) <u>fuimos</u> al café Paraíso y vimos a Vicente con la hermana de Cristina.

LAURA ¿Él (9) <u>fue</u> al café Paraíso con su hermana? ¡Qué horror!

2 **Oraciones** Forma oraciones con los siguientes elementos. Usa el pretérito. *Answers will vary.*

modelo
Ustedes no fueron en autobús a Nueva York.

Sujetos	Verbos	Actividades
yo	(no) ir	a un restaurante
tú	(no) ser	en autobús a Nueva York
mis amigos/as		estudiante(s)
nosotros/as		a una discoteca en Buenos Aires
ustedes		muy amable
Lin-Manuel Miranda		a casa muy tarde
Awkwafina		a la playa con su novio/a
		dependiente/a en una tienda

Conversación

3 Preguntas Túrnate con un(a) compañero/a para hacerse las preguntas. *Answers will vary.* **3 Communication** Interpersonal Communication

1. ¿Adónde fuiste de vacaciones el año pasado?
2. ¿Con quién fuiste?
3. ¿Cómo fueron tus vacaciones?
4. ¿Fuiste de compras esta semana? ¿Qué compraste?
5. ¿Cómo se llama la última película que viste?
6. ¿Cuándo fuiste a ver la película?
7. ¿Cómo fue la película?
8. ¿Adónde fuiste durante el fin de semana? ¿Por qué?

4 El fin de semana pasado Con un(a) compañero/a, habla de lo que hiciste el fin de semana pasado por la mañana, por la tarde y por la noche. Luego comparte la información con la clase. *Answers will vary.*
4 Communication Interpersonal Communication

	Yo	Mi compañero/a
Por la mañana		
Por la tarde		
Por la noche		

5 Veinte preguntas En grupos pequeños, jueguen a las veinte preguntas. Una persona elige un personaje (*personality*) famoso. El resto del grupo hace preguntas hasta adivinar quién es. Los estudiantes deben hacer preguntas afirmativas o negativas con los verbos que conocen en el pretérito.

Answers will vary.
5 Communication Interpersonal Communication

- Barack Obama
- Ariana Grande
- Alejandro González Iñárritu
- Simone Biles
- Tom Holland

ACTIVITY PACK For additional activities, go to the **Activity Pack** in the **Resources** section of the Supersite.

I CAN talk about actions and states in the past.

Communicative Goal
Recognize familiar words in a simple ad

Español en vivo

olvidé *I forgot* **despedirme de** *to say goodbye to* **descubrir** *to discover*
agua *water* **cansancio** *fatigue*

1 Identificar Lee el anuncio (*advertisement*) y busca ejemplos del pretérito de los verbos **ser** e **ir**.

2 Preguntas Contesta las preguntas. **2 Communication** Interpretive Communication

1. ¿Cómo se siente el hombre del anuncio?
2. ¿Por qué fue a Solario? ¿Cómo fue su visita?
3. En tu opinión, ¿se acuerda este hombre de sus responsabilidades diarias mientras (*while*) está en Solario?
4. En tu opinión, ¿este hombre va a volver a Solario? ¿Por qué?

I CAN recognize familiar words in a simple ad.

Communicative Goal

Talk about my likes and preferences

7.4 Gustar and verbs like gustar

▶ **Me gusta(n)** and **te gusta(n)** express the concepts of *I like* and *you* (fam.) *like*. The literal meaning of **gustar** is *to be pleasing to* (*someone*).

Me gusta ese champú.
That shampoo is pleasing to me.
I like that shampoo.

¿**Te gustan** los deportes?
Are sports pleasing to you?
Do you like sports?

▶ **Me gusta(n)** and similar constructions require an indirect object pronoun. In Spanish, the object or thing being liked (**el champú**) is the subject of the sentence. The person who likes the object is an indirect object that answers the question *to whom is the object pleasing?*

I.O. PRONOUN	SUBJECT	SUBJECT	DIRECT OBJECT
Me gusta	ese champú.	I like	that shampoo.

¡Me molesta!

¡Me encantan sus pantuflas!

▶ **Gustar** and similar verbs are usually used in the third-person singular and plural. When the object or person liked is singular, the form **gusta** is used. When two or more objects or persons are liked, **gustan** is used.

Me gustan el mar y la montaña.
I like the ocean and the mountains.

¿**Les gusta** la ciudad?
Do you/they like the city?

SINGULAR	me, te, le	gusta / gustó	la película / el concierto
PLURAL	nos, os, les	gustan / gustaron	las computadoras / los libros

▶ To express what someone likes or does not like to do, the singular form **gusta** is used, followed by one or more infinitives.

Me gusta levantarme tarde.
I like to get up late.

Me gusta comer y **dormir.**
I like to eat and sleep.

▶ To express the English equivalent of *would like* (*something* or *to do something*), use the construction [*i.o. pronoun*] + **gustaría(n)**.

¿**Te gustaría** ver esa película?
Would you like to see that movie?

Me gustarían unos días sin clases.
I would like a few days without class.

SUGGESTION Have pairs prepare short TV commercials in which they use the target verbs presented in **Gramática 7.4** to sell a particular product. Group three pairs together so that each pair presents their skit to four other students.

INSTRUCTIONAL RESOURCES
Supersite: Grammar Tutorial; WebSAM
SAM: Workbook pp. 72–74; Lab Manual p. 274

Práctica

1 **Completar** Completa estas oraciones con los elementos necesarios.

> **modelo**
> ___A___ Ana *le encantan* [encantar] las canciones (*songs*) de Enrique Iglesias.

1. A ___mí___ me ___gusta___ [gustar] más la música de Luis Fonsi.

2. A mis amigos *les molesta* [molestar] la música de esa cantante.

3. ___A___ Juan y ___a___ Rafael les ___fascina___ [fascinar] la música de Shakira.

4. ___A___ nosotros *nos importan* [importar] los grupos de pop latino.

5. Creo que al señor Gómez *le interesa* [interesar] más la música clásica.

6. A ___mí___ me ___aburre___ [aburrir] la música clásica.

7. ¿A ___ti___ te ___falta___ [faltar] dinero para el concierto de Jennifer López?

8. Sí. Sólo *me quedan* [quedar] cinco dólares.

9. ¿Cuánto dinero te ___queda___ [quedar] a ___ti___?

2 **Describir** Describe los dibujos con uno de los siguientes verbos.

aburrir	interesar
encantar	molestar
faltar	quedar

1. A Mauricio / libros
A Mauricio le interesan/encantan los libros.

2. A Lorena / despertador
A Lorena le molesta el despertador.

3. A nosotros / bailar
A nosotros nos encanta bailar.

4. A ti / camisa
A ti te queda grande la camisa.

Conversación

3 Preguntas Con un(a) compañero/a, túrnate para hacer y contestar estas preguntas. *Answers will vary.*

3 Communication Interpersonal Communication

1. ¿Te gusta levantarte temprano o tarde? ¿Por qué?
2. ¿Te molesta cuando tu compañero/a de cuarto usa tus cosas? ¿Por qué?
3. ¿Te gustaría poder dormir la siesta todos los días? ¿Por qué?
4. ¿Te gusta ducharte por la mañana o por la noche?
5. ¿Qué cosas te encantan?
6. ¿Qué cosas te aburren?
7. ¿Qué te gusta de esta universidad? ¿Qué te molesta?
8. ¿Te interesan más las ciencias o las humanidades? ¿Por qué?

4 Conversar Con un(a) compañero/a, representa una conversación entre un(a) cliente/a y un(a) dependiente/a en una tienda de ropa. Sigue las instrucciones. *Answers will vary.*

4 Communication Interpersonal Communication

Dependiente/a	Cliente/a
1. Saluda al/a la cliente/a y pregúntale en qué le puedes servir.	2. Saluda al/a la dependiente/a y dile (*tell him/her*) qué quieres comprar.
3. Pregúntale qué estilos le interesan y empieza a mostrarle la ropa.	4. Explícale que te interesan los estilos modernos. Escoge las cosas que te interesan.
5. Habla de las preferencias de la temporada (*trends*).	6. Habla de la ropa (me queda(n) bien/mal, me encanta(n)…).
7. Da opiniones favorables al/a la cliente/a (las botas te quedan fantásticas…).	8. Decide qué cosas te gustan y qué vas a comprar.

ACTIVITY PACK For additional activities, go to the **Activity Pack** in the **Resources** section of the Supersite.

I CAN talk about my likes and preferences.

Using the verb gustar

▶ The construction **a** + [*personal pronoun*] (**a mí, a ti, a usted, a él, a ella, a nosotros/as, a vosotros/as, a ellos, a ellas, a ustedes**) clarifies or emphasizes the people who are pleased. **A** + [*noun*] can also be used.

A mí me gusta levantarme temprano. ¿Y **a ti**?
I like to get up early. How about you?

Al profesor le gustó el libro.
The teacher liked the book.

▶ Here is a list of common verbs used in the same way as **gustar**.

Verbs like *gustar*

aburrir	to bore	importar	to be important to; to matter
encantar	to like very much; to love (objects)		
		interesar	to be interesting to; to interest
faltar	to lack; to need		
fascinar	to fascinate; to like very much	molestar	to bother; to annoy
		quedar	to be left over; to fit (clothing)

▶ **Faltar** expresses what is lacking or missing. **Quedar** expresses how much of something is left. Also, **quedar** is used to talk about how clothing fits or looks on someone.

Le falta dinero.
He/she is short of money.

Me faltan dos pesos.
I need two more pesos.

Nos quedan cinco libros.
We have five books left.

La falda **te queda** bien.
The skirt looks good on you.

¡Manos a la obra!

 Indica el pronombre de objeto indirecto y la forma del tiempo presente adecuados en cada oración.

gustar

1. A él _le gusta_ la música pop.
2. A mí _me gusta_ bailar.
3. A nosotras _nos gusta_ cantar.
4. A ustedes _les gusta_ el dibujo.
5. A ti _te gusta_ correr, ¿no?
6. A Elena _le gusta_ bucear.
7. A mis padres _les gustan_ los chocolates.
8. A usted _le gusta_ jugar al tenis.
9. A mi esposo y a mí _nos gustan_ las novelas de terror.
10. A Pedro _le gusta_ estudiar.
11. A nosotros _nos gusta_ la clase.
12. A Paula no _le gustan_ los exámenes.

aburrir

1. A ellos _les aburren_ los deportes.
2. A ti _te aburren_ las películas, ¿no?
3. A usted _le aburren_ los viajes.
4. A mí _me aburren_ las revistas de celebridades de Hollywood.
5. A ellas _les aburren_ los deportes.
6. A nosotros _nos aburren_ las clases.
7. A ustedes _les aburren_ las fiestas.
8. A Marcela _le aburre_ leer y correr.
9. A ellos _les aburren_ los museos.
10. A ella _le aburre_ la televisión.
11. A Pedro _le aburre_ ir de compras.
12. A ti y a mí _nos aburre_ bailar.

A repasar

7.1 Reflexive verbs

 1 De vacaciones Estás de vacaciones con tus amigos en la playa. Forma oraciones en tiempo presente con estos elementos.

1. Martín y Mónica / sentarse / en la cafetería del hotel
   Martín y Mónica se sientan en la cafetería del hotel.

2. yo / ponerse / bloqueador *(sun block)* / antes de tomar el sol *Yo me pongo bloqueador antes de tomar el sol.*

3. ustedes / quedarse / en el cuarto del hotel / durante la noche *Ustedes se quedan en el cuarto del hotel durante la noche.*

4. Josefina y yo / probarse / trajes de baño / en la tienda
   Josefina y yo nos probamos trajes de baño en la tienda.

5. tú / ducharse / después / nadar en el mar
   Tú te duchas después de nadar en el mar./Te duchas y después nadas en el mar.

6. Lucía / quitarse / las sandalias / antes / entrar en la piscina *Lucía se quita las sandalias antes de entrar en la piscina.*

 2 Una pareja singular Angélica y Mauricio son una pareja muy estructurada *(methodical)* que siempre sigue la misma rutina antes de ir al trabajo. Lee el horario de cada uno y contesta las preguntas.

modelo
¿Qué hace Mauricio a las seis de la mañana?
Mauricio se afeita a las seis de la mañana.

Hora	Angélica	Mauricio
5:50 a.m.	levantarse	levantarse
6:00 a.m.	bañarse	afeitarse
6:30 a.m.	peinarse	ducharse
7:00 a.m.	maquillarse	peinarse
7:30 a.m.	vestirse	vestirse
8:00 a.m.	irse al trabajo	irse al trabajo

1. ¿A qué hora se levantan Angélica y Mauricio?
   Angélica y Mauricio se levantan a las seis menos diez de la mañana.
2. ¿Qué hace Mauricio después de levantarse?
   Mauricio se afeita después de levantarse.
3. ¿Qué hace Angélica antes de maquillarse?
   Angélica se peina antes de maquillarse.
4. ¿Qué hacen Angélica y Mauricio a las siete de la mañana?
   A las siete de la mañana, Angélica se maquilla y Mauricio se peina.
5. ¿Qué hace Mauricio después de afeitarse?
   Mauricio se ducha después de afeitarse.
6. ¿Qué hace Angélica antes de peinarse?
   Angélica se baña antes de peinarse.
7. ¿Qué hacen Mauricio y Angélica a las siete y media?
   Mauricio y Angélica se visten a las siete y media.
8. ¿Qué hacen Angélica y Mauricio a las ocho de la mañana?
   Angélica y Mauricio se van al trabajo a las ocho de la mañana.

7.2 Indefinite and negative words

 3 La rutina diaria Cambia las oraciones para que sean negativas.

 modelo
Algunas personas se duchan por la noche.
Ninguna persona se ducha por la noche.

1. Siempre nos acostamos a las diez en punto.
   Nunca/Jamás nos acostamos a las diez en punto./No nos acostamos a las diez en punto nunca/jamás.
2. Mis padres se levantan a las seis o a las seis y media.
   Mis padres no se levantan ni a las seis ni a las seis y media.
3. Alguien se baña antes de ir a la escuela.
   Nadie se baña antes de ir a la escuela./No se baña nadie antes de ir a la escuela.
4. Yo también trabajo por la tarde.
   Yo tampoco trabajo por la tarde./Yo no trabajo por la tarde tampoco.
5. Ustedes comen algo. *Ustedes no comen nada.*
6. Tú te lavas el pelo con algún champú caro.
   Tú no te lavas el pelo con ningún champú caro.

 4 Tu novio/a ideal Con un(a) compañero/a, describe a tu novio/a ideal. Usa expresiones indefinidas o negativas. *Answers will vary.*

modelo
Es alguien que siempre dice la verdad.

7.3 Preterite of ser and ir

 5 Un mensaje Completa el mensaje con el pretérito de **ser** o **ir**.

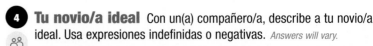

Hola, Laura:

Perdón por no escribirte antes. Ayer (1) *fue* un día con muchas cosas. Mi hermano y yo nos levantamos muy temprano y (2) *fuimos* a correr al parque. Después me duché y (3) *fui* a trabajar. Por la tarde, mis primos (4) *fueron* a buscarme al trabajo *(work)* para ir a comer unas tapas. Quiero decirte que tú (5) *fuiste* muy amable en contestar mi mensaje rápidamente y que tu familia y tú (6) *fueron* muy cordiales conmigo cuando los visité en Chile.

A propósito, ¿cuándo vienes a España?
Esteban

 6 Ayer Con un(a) compañero/a, describe las actividades que hiciste ayer. Usa el pretérito de **ir** y **ser**. *Answers will vary.*

 modelo
Por la mañana, yo fui al gimnasio.

1. Por la mañana, . . .   3. Por la noche, . . .
2. Por la tarde, . . .   4. Antes de acostarme, . . .

7.4 **Gustar** and verbs like **gustar**

7 **Combinar** Combina elementos de cada columna para formar oraciones lógicas. *Answers will vary.*

> **modelo** A ti te molesta ducharte con agua fría.

A	B	C
al empleado del hotel	aburrir	ducharse con agua fría
a mí	encantar	despertarse temprano
a nosotros	faltar	ponerse ropa de invierno
a Elena y a ti	fascinar	escuchar el despertador por la mañana
a ti	importar	la ropa de marca (*brand-name*)
a los estudiantes	molestar	mirarse al espejo con mucha frecuencia

8 **Encuesta** Pregúntales a dos o tres compañeros/as qué cosas o actividades les encantan, les aburren o les molestan. *Answers will vary.* **8** Communication Interpersonal Communication

Nombre	Le encanta(n)	Le aburre(n)	Le molesta(n)
___	___	___	___
___	___	___	___
___	___	___	___
___	___	___	___
___	___	___	___
___	___	___	___
___	___	___	___

Síntesis

9 **Un día típico** Con un(a) compañero/a, describe la rutina diaria de dos o tres de estas personas. Usa como mínimo tres verbos reflexivos, una expresión negativa y dos expresiones con verbos como **gustar**. *Answers will vary.*
9 Communication Interpersonal Communication

- Shakira
- Patrick Mahomes
- Brie Larson
- Dos de tus profesores
- Lionel Messi

ACTIVITY PACK For additional activities, go to the **Activity Pack** in the **Resources** section of the Supersite.

Communicative Goal
Watch a report and talk about image consulting

 Video

Videoclip

1 **Preparación** ¿Cuidar tu apariencia personal es una prioridad para ti? ¿Cuidas tu apariencia por ti o por lo que pueden pensar los demás? Comparte tus respuestas con la clase.

2 **El clip** Mira el reportaje *Esperando el rescate* de Chile.

> **Vocabulario**
>
> | | | | |
> |---|---|---|---|
> | arreglarse | *to get ready* | mejorar | *to improve* |
> | despreocuparse | *to stop worrying* | pareja | *partner* |
> | embellecerse | *to make oneself beautiful* | teñir | *to dye* |

Voy a estar bien vestida y alegre.

3 **¿Cierto o falso?** Indica si las oraciones son **ciertas** o **falsas**. Corrige las oraciones falsas. **3** Communication Interpretive Communication

1. Los mineros llevan un año sin poder salir de la mina.
   Falso. Los mineros llevan dos meses en la mina.
2. Cristina es la pareja de Claudio, uno de los treinta y tres mineros.
   Cierto.
3. Cristina es la única persona del campamento que se preocupa por su aspecto personal.
   Falso. Los familiares de los mineros se preocupan por su aspecto personal.
4. Las mujeres están nerviosas por el inminente regreso de los mineros.
   Cierto.
5. Elizabeth Segovia descuidó (*neglected*) su aspecto durante esa larga espera.
   Cierto.
6. A la gente de Copiapó no le importa la salida de los mineros.
   Falso. Los habitantes de Copiapó están emocionados por la salida de los mineros.

4 **Ayuda** Con un(a) compañero/a, representa una conversación entre un(a) asesor(a) de moda (*image consultant*) y su cliente. El/la asesor(a) da consejos para tener un mejor aspecto en una entrevista laboral, una audición para una película, una cita romántica, etc.
4 Communication Interpersonal Communication

I CAN understand information in a report.

I CAN talk about image consulting.

Ampliación

 Escuchar

 A Escucha la entrevista entre Carolina y Julián, teniendo en cuenta (*taking into account*) tus conocimientos sobre este tipo de situación. Elige la opción que completa correctamente cada oración. *Answers will vary.*

1 **Communication** Interpretive Communication

TIP **Use background information.** Use what you already know about a topic to help you guess the meaning of unknown words or linguistic structures.

1. Julián es...
   a. político.   b. deportista profesional.
   c. artista de cine.

2. El público (*audience*) de Julián quiere saber de...
   a. sus películas.   b. su vida (*life*).
   c. su novia.

3. Julián habla de...
   a. sus viajes y sus rutinas.   b. sus parientes y amigos.
   c. sus comidas (*foods*) favoritas.

4. Julián...
   a. se levanta y se acuesta a horas diferentes todos los días.
   b. tiene una rutina diaria.   c. no quiere hablar de su vida.

B ¿Crees que Julián siempre fue rico? ¿Por qué? ¿Qué piensas de Julián como persona?

 Conversar

 Conversa con un(a) compañero/a sobre lo que hiciste ayer. Sigue estas preguntas. *Answers will vary.*

2 **Communication** Interpersonal Communication

- ¿A qué hora te levantaste ayer? ¿Usaste un despertador?
- ¿Te bañaste o te duchaste? ¿Cuánto tiempo te tomó?
- ¿Qué ropa te pusiste?
- ¿Cuántas veces te cepillaste los dientes ayer?
- ¿Adónde fuiste ayer después de las clases?
- ¿A qué hora te acostaste anoche?
- ¿Te gusta mirar la televisión antes de acostarte?

I CAN understand the content of an interview, using background information.

I CAN say what I did yesterday.

Ampliación

3 Escribir

Escribe una composición en la que describes tu rutina diaria en algún lugar interesante (una isla desierta, el Polo Norte, el desierto, etc.). Considera cómo pueden cambiar los elementos básicos de tu rutina: ¿Dónde te acuestas? ¿Cómo te bañas? *Answers will vary.* **3 Communication** Presentational Communication

> **TIP** **Use adverbs to sequence events.** You can use adverbs and adverbial phrases as transitions between the introduction, the body, and the conclusion of a narrative.

Organizar | Utiliza estos adverbios para organizar la secuencia de tu composición: **primero, después, luego, más tarde** y **al final.** Anota ideas que respondan a estas preguntas: **¿qué?, ¿quién?, ¿cuándo?, ¿dónde?, ¿cómo?** y **¿por qué?**

Escribir | Utiliza tus notas para escribir el primer borrador (*draft*) de la composición.

Corregir | Intercambia tu composición con un(a) compañero/a. Comenta sobre la introducción, la secuencia de eventos, el nivel (*level*) de interés y los errores de gramática o de ortografía. Revisa el primer borrador según las indicaciones de tu compañero/a.

Compartir | Intercambia tu composición con otro/a compañero/a. Lee su trabajo y comparte con la clase tres ideas que te gustaron de su composición.

4 Un paso más

Planea un viaje a un lugar famoso del mundo hispano. Haz un folleto (*brochure*) con elementos visuales y esta información:
4 Communication Presentational Communication *Answers will vary.*

- Presenta el itinerario de cada día del viaje e indica la hora para cada actividad.
- Describe el país, una breve (*brief*) historia del lugar y también las actividades programadas para el viaje.
- Comenta sobre los restaurantes, el transporte y los hoteles.
- Describe la rutina diaria de un viajero típico.

5 Cultura

Estás en un pueblo pequeño donde muchas oficinas y tiendas cierran por dos o tres horas después del mediodía. ¿Qué vas a hacer? ¿Vas a dormir la siesta? ¿Por qué?

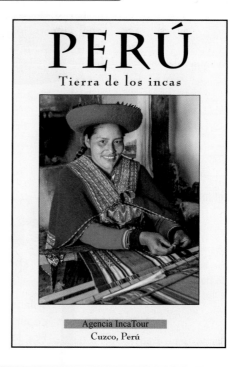

PERÚ
Tierra de los incas

Agencia IncaTour
Cuzco, Perú

I CAN write a detailed description about my daily routine in an exotic location.

I CAN create a brochure about a trip.

Communicative Goals
Describe my daily routine in an exotic location, and create a brochure about a trip

J: Bueno, no puedo negar que me encanta viajar. ¡Y la elegancia de algunos hoteles es increíble! Estuve en un hotel en Londres que tiene una ducha del tamaño de un cuarto normal.
C: Ya vemos que tu vida no es nada aburrida. Qué gusto hablar contigo hoy.
J: El placer es mío. Gracias por la invitación, Carolina.

3 SUGGESTION Have students who have chosen the same location get together to brainstorm how their daily routines would change in that place.

3 EVALUATION

Criteria	Scale
Content	1 2 3 4 5
Organization	1 2 3 4 5
Use of vocabulary	1 2 3 4 5
Grammatical accuracy	1 2 3 4 5

Scoring

Excellent	18–20 points
Good	14–17 points
Satisfactory	10–13 points
Unsatisfactory	< 10 points

4 SUGGESTION Students may search for information on the Internet. They can also gather maps, magazines, or tourism information from the local library or travel agencies. Encourage them to use visuals to illustrate their brochures.

4 EXPANSION Have students research typical foods and local restaurants, transportation, tourist attractions and their hours of operation, local customs, shopping for typical crafts of the region, etc.

ACTIVITY PACK For additional activities, go to the **Activity Pack** in the **Resources** section of the Supersite.

 **Audio: Reading**

Antes de leer

Prediction is an invaluable strategy in reading for comprehension.

> **TIP** **Predict content from the title.**
> You can use the title of a text to help you predict the content. For example, readers can predict the content of a news article from its headline. Predicting content from the title will help you increase your reading comprehension in Spanish.

Examinar el texto

Lee el título de la lectura y haz tres predicciones sobre el contenido. Escribe tus predicciones en una hoja de papel. *Answers will vary.*

Compartir

Comparte tus ideas con un(a) compañero/a.
Answers will vary.

Cognados

Escribe una lista de cuatro cognados que encuentres en la lectura. *Answers will vary.*

1. _____
2. _____
3. _____
4. _____

¿Qué te dicen los cognados sobre el tema de la lectura?

SUGGESTION Possible cognates: **desastrosa, autobús, televisión, cereales, sándwiches, botas, teléfono, automóvil, clases.** Discuss how scanning a text for cognates can help predict the content.

EXPANSION In groups, have students rewrite the story from the perspective of Yolanda and Dolores.

SUGGESTION In pairs, have students write their own version of **¡Una mañana desastrosa!** based on their own experiences.

15 de octubre
¡Una mañana desastrosa!

—Me levanté de la cama a las seis y media.

Esta mañana me levanté de la cama a las seis y media y corrí a despertar a mis dos hijas. —Yolanda, Dolores, van a perder el autobús de la escuela, —les grité°. Pero ellas no se despertaron. Jamás se despiertan temprano. Siempre se sientan a ver la televisión por la noche y se acuestan muy tarde.

—Corrimos para llegar a la parada del autobús.

Yolanda y Dolores salieron de la casa sin° cepillarse los dientes, pero eso no importa. Por lo menos se acordaron de ponerse las botas y el abrigo antes de irse. Corrimos para llegar a la parada° del autobús de la escuela, que pasa a las siete de la mañana.

—Nunca llegó el autobús.

Esperamos media hora, pero nunca llegó el autobús. Regresamos a casa. Llamamos por teléfono° a la escuela, pero nadie contestó. Tomamos el automóvil y salimos de casa.

—¡Por fin se despertaron mis hijas!

¡Por fin se despertaron! Medio dormidas y medio enojadas°, ellas entraron al baño para lavarse la cara y peinarse. Luego volvieron a su habitación para vestirse. Yo fui a la cocina para prepararles el desayuno°. A mis hijas les encanta comer un buen desayuno, pero hoy les di° cereales y les preparé dos sándwiches para el almuerzo°.

—¡Hoy es sábado!

Llegamos a la escuela antes de las ocho y entonces me di cuenta de que° hoy es sábado. ¡Y los sábados no hay clases!

grité I shouted **medio dormidas y medio enojadas** half asleep and half angry **desayuno** breakfast
di I gave **almuerzo** lunch **sin** without **parada** stop **llamamos por teléfono** we called on the phone
me di cuenta de que I realized that

Después de leer

∽ ¿Comprendiste? Communication Interpretive Communication

Selecciona la respuesta correcta.

1. ¿Quién es el/la narrador(a)?
   (a.) el padre de las chicas   b. Yolanda
   c. Dolores

2. ¿A qué hora se despertó el papá?
   a. a las seis de la mañana   (b.) a las seis y media
   c. a las siete y media

3. ¿Qué comieron las chicas antes de salir de la casa?
   a. un sándwich   (b.) cereales
   c. dos sándwiches

4. ¿Cómo fueron las chicas a la escuela?
   a. Corrieron.   b. Fueron en autobús.
   (c.) Fueron en automóvil.

∽ Preguntas Communication Interpretive Communication

Responde estas preguntas con oraciones completas.

1. ¿Por qué nunca se despiertan temprano las chicas?
   Las chicas nunca se despiertan temprano porque siempre se acuestan muy tarde.

2. ¿Se bañaron las chicas esta mañana?
   No, no se bañaron.

3. ¿A qué hora llega generalmente el autobús?
   Llega a las siete de la mañana.

4. ¿A qué hora llegó el autobús hoy?
   El autobús nunca llegó.

5. ¿Por qué no contestó nadie cuando llamaron a la escuela?
   No contestó nadie porque no hay clases los sábados.

∽ Coméntalo Communication Interpretive Communication

¿Qué crees que le dicen Yolanda y Dolores a su papá después de volver de la escuela? Imagina que eres el papá, ¿cómo responderías (*would you respond*) a lo que te dicen las chicas? *Answers will vary.*

I CAN use the title and cognates to predict the content of a text.

Vocabulary Tools

La higiene personal

el baño *bathroom*
el champú *shampoo*
la crema de afeitar *shaving cream*
el espejo *mirror*
el jabón *soap*
el maquillaje *makeup*
la toalla *towel*

Los verbos reflexivos

acordarse (de) (o:ue) *to remember*
acostarse (o:ue) *to lie down; to go to bed*
afeitarse *to shave*
bañarse *to take a bath*
cepillarse el pelo *to brush one's hair*
cepillarse los dientes *to brush one's teeth*
despertarse (e:ie) *to wake up*
dormirse (o:ue) *to go to sleep; to fall asleep*
ducharse *to shower*
enojarse (con) *to get angry (with)*
irse *to go away; to leave*
lavarse la cara *to wash one's face*
lavarse las manos *to wash one's hands*
levantarse *to get up*
llamarse *to be named*
maquillarse *to put on makeup*
peinarse *to comb one's hair*
ponerse *to put on*
ponerse (+ adj.) *to become (+ adj.)*
preocuparse (por) *to worry (about)*
probarse (o:ue) *to try on*
quedarse *to stay*
quitarse *to take off*
sentarse (e:ie) *to sit down*
sentirse (e:ie) *to feel*
vestirse (e:i) *to get dressed*

Otras palabras y expresiones

el despertador *alarm clock*
la rutina diaria *daily routine*

———

antes (de) *before*
después *afterward; then*
después de *after*
durante *during*
entonces *then*
luego *afterward; then*
más tarde *later (on)*
por la mañana *in the morning*
por la noche *at night*
por la tarde *in the afternoon; in the (early) evening*
por último *finally*
siempre *always*
también *also; too*
temprano *early*

Verbos como *gustar*

aburrir *to bore*
encantar *to like very much; to love (objects)*
faltar *to lack; to need*
fascinar *to fascinate; to like very much*
gustar *to be pleasing to; to like*
importar *to be important to; to matter*
interesar *to be interesting to; to interest*
me gustaría(n)... *I would like...*
molestar *to bother; to annoy*
quedar *to be left over; to fit (clothing)*

Pero and sino *See page 183.*

Palabras indefinidas y negativas

algo *something; anything*
alguien *someone; somebody; anyone*
alguno/a(s), algún *some; any*
jamás *never; not ever*
nada *nothing; not anything*
nadie *no one; nobody; not anyone*
ni... ni *neither... nor*
ninguno/a, ningún *no; none; not any*
nunca *never; not ever*
o... o *either... or*
tampoco *neither; not either*

As students finish the lesson, encourage them to explore the **Repaso** section on the Supersite. There they will find quizzes for practicing vocabulary, grammar, and oral language.

Communicative Goals: Review

I CAN describe daily routines.
• Describe your daily routine to a partner.

I CAN talk about personal hygiene.
• Say what personal hygiene products you use.

I CAN tell where I went.
• Say where you went yesterday.

I CAN investigate sleep and food customs in the Spanish-speaking world.
• Describe the customs of **la siesta** and **ir de tapas**.

8 ¡A comer!

PARA EMPEZAR Here are some additional questions:
¿Sales a comer con frecuencia? ¿Por qué? ¿Adónde vas?

PARA EMPEZAR

- ¿El hombre es cliente o vendedor?
- ¿Qué está haciendo el hombre?
- ¿Tiene hambre o sueño el chico?
- ¿Qué va a hacer el chico?

INSTRUCTIONAL RESOURCES
Supersite: Vocabulary Tutorials; WebSAM
SAM: Workbook pp. 75–76; Lab Manual p. 275

¡A COMER!

Communicative Goal
Talk about food

SUGGESTION Mention some well-known dishes and have students list the necessary ingredients. Ex: **una ensalada verde, una ensalada de frutas, un sándwich, una hamburguesa.**

el camarero

EN UN RESTAURANTE

el/la dueño/a *owner*
el plato (principal) *(main) dish*

el almuerzo *lunch*
la cena *dinner*
la comida *food; meal*
el desayuno *breakfast*

almorzar (o:ue) *to have lunch*
cenar *to have dinner*
desayunar *to have breakfast*
pedir (e:i) *to order (food)*
probar (o:ue) *to taste; to try*
recomendar (e:ie) *to recommend*
servir (e:i) *to serve*

el bistec

EL GUSTO Y LOS SABORES

agrio/a *sour*
amargo/a *bitter*
delicioso/a *delicious*
dulce *sweet*
picante *spicy*
rico/a *tasty*
sabroso/a *delicious*
salado/a *salty*

los entremeses *appetizers*

el pollo (asado) *(roast) chicken*

LAS CARNES, LOS PESCADOS Y LOS MARISCOS

el atún *tuna*
los camarones *shrimp*
la carne *meat*
la carne de res *beef*
la chuleta de cerdo *pork chop*
la hamburguesa (vegetariana)
  (veggie) hamburger
el jamón *ham*
la langosta *lobster*
el pavo *turkey*
el pescado *fish*
la salchicha *sausage*
el salmón *salmon*

los mariscos *seafood*

 Vocabulary Tools

EXPANSION Have students review colors by associating them with foods. Ex: **las bananas (amarillas), los tomates (rojos).**

VOCABULARIO ADICIONAL For additional vocabulary on this theme, go to **Vocabulario adicional** in the **Resources** section of the Supersite.

el sándwich
sandwich

LAS FRUTAS

la banana *banana*
el limón *lemon*
la manzana *apple*
la naranja *orange*
las uvas *grapes*

las frutas

LOS GRANOS Y LAS VERDURAS

el ajo *garlic*
el arroz *rice*
las arvejas *peas*
la cebolla *onion*
los cereales *cereal; grain*
los frijoles *beans*
la lechuga *lettuce*
el maíz *corn*
la papa/patata *potato*
el tomate *tomato*
las verduras *vegetables*
la zanahoria *carrot*

la ensalada

los champiñones

la pimienta

LAS BEBIDAS

la bebida *drink; beverage*
la cerveza *beer*
el jugo (de fruta) *(fruit) juice*
la leche *milk*
el refresco *soft drink*
el té (helado) *(iced) tea*
el vino (blanco/tinto) *(white/red) wine*

el menú

LOS CONDIMENTOS Y OTRAS COMIDAS

el aceite *oil*
el azúcar *sugar*
el huevo *egg*
la mantequilla *butter*
la margarina *margarine*
la mayonesa *mayonnaise*
el pan (tostado) *(toasted) bread*
las papas/patatas fritas *French fries*
el queso *cheese*
la sal *salt*
la sopa *soup*
el vinagre *vinegar*

el agua (f.) (mineral)

el café

EXPANSION Play Twenty Questions. Ask a volunteer to think of a food item. The other students ask yes/no questions until someone guesses the item correctly. Ex: **¿Es una fruta? ¿Es roja?**

EXPANSION Point out that masculine or feminine articles, adjectives, and direct object pronouns can be used with **azúcar.**

Comparisons Language Comparisons

ASÍ SE DICE

los camarones ⟷ las gambas (*Esp.*)
el refresco ⟷ la gaseosa (*Amér. L.*)
el sándwich ⟷ el bocadillo (*Esp.*), la torta (*Méx.*)
la arveja ⟷ el guisante (*Esp.*), el chícharo (*Méx.*)
la papa ⟷ la patata (*Esp.*)

▸ ¿Qué palabras hay para decir **refrescos** en inglés?

A escuchar

1 **¿Lógico o ilógico?** Escucha las oraciones e indica si son **lógicas** o **ilógicas**. **❶ Communication** Interpretive Communication

	Lógico	Ilógico
1.		✓
2.		✓
3.	✓	
4.		✓
5.	✓	
6.	✓	
7.		✓
8.		✓

2 **¿Qué pide Nora?** Lee las opciones de comidas y después escucha la conversación entre Nora y el camarero en un restaurante. Luego, indica las comidas y las bebidas que Nora pide. **❷ Communication** Interpretive Communication

RESTAURANTE **LAS FUENTES**
• Avenida Las Lomas 22 •

ENTREMESES

___ papas fritas
✓ cóctel de frutas con queso
___ sopa de verduras
___ sopa de pollo
✓ pan con mantequilla

PLATOS PRINCIPALES

___ sándwich de jamón y queso
___ pollo asado
___ hamburguesa
___ hamburguesa con queso
✓ enchiladas de res
___ enchiladas de queso

BEBIDAS

✓ agua mineral
___ té helado
___ leche
___ café
___ jugo de naranja

A practicar

3 **La comida** Indica la palabra que no está relacionada.

1. (sabroso) • manzana • banana • naranja
2. salmón • (cereales) • camarones • mariscos
3. frijoles • champiñón • (naranja) • cebolla
4. (mantequilla) • salchicha • carne de res • jamón
5. arvejas • lechuga • zanahoria • (dulce)
6. refresco • (sopa) • agua mineral • leche

4 **Completar** Completa las oraciones.

1. La persona que sirve la comida en un restaurante es _el/la camarero/a_
2. Camarero, ¿puedo ver ___el menú___, por favor?
3. El bistec y el jamón son dos tipos de ___carne___.
4. El té helado, el café y los refrescos son ___bebidas___.
5. Algo de color blanco que pongo en el café es _el azúcar/ la leche_
6. Las tres comidas principales del día son _el desayuno_, _el almuerzo_ y ___la cena___.

5 **¿Qué es?** Describe cada uno de estos alimentos con alguna característica. Puedes decir de qué color es, qué sabor tiene o cuándo lo comes o lo tomas. *Answers will vary.*

 modelo

El limón es una fruta de color amarillo./Es una fruta agria./Le pongo limón a la ensalada.

1. _El pollo es una carne blanca/sabrosa./ Lo como en el almuerzo o en la cena._

2. _La papa es una verdura marrón/salada./ La como en la cena._

3. _La lechuga es una verdura verde/ amarga./La como en las ensaladas._

4. _La sal es un condimento blanco, y la pimienta es un condimento negro y picante./ Se las pongo a todas las comidas._

5. _El jugo de naranja es una bebida anaranjada/ dulce. /Tomo jugo de naranja en el desayuno._

6. _El bistec es salado/una carne roja./ Lo como en la cena._

7. _La zanahoria es una verdura anaranjada/ deliciosa./La como en las ensaladas._

8. _Las uvas son dulces/frutas moradas./ Las como en los entremeses._

A conversar

6 **¿Te gusta?** Lee la lista e indica si te gusta o no cada comida o bebida. *Answers will vary.*

6 Communication
Interpersonal Communication

¿Te gusta(n)?	Me gusta(n)	No me gusta(n)
1. la langosta	_____	_____
2. la chuleta de cerdo	_____	_____
3. el queso	_____	_____
4. los camarones	_____	_____
5. el tomate	_____	_____
6. los champiñones	_____	_____
7. los huevos	_____	_____
8. los limones	_____	_____

Ahora compara tus opiniones con las de un(a) compañero/a.

la carne de res

Estudiante 1: A mí me gusta mucho la carne de res.
Estudiante 2: A mí no. Prefiero el pollo./A mí me encanta la carne de res.

7 **Conversación** Con un(a) compañero/a, contesta las preguntas. *Answers will vary.*

7 Communication
Interpersonal Communication

1. ¿Desayunas? ¿Qué comes y bebes por la mañana?
2. ¿Qué comes generalmente a la hora del almuerzo?
3. ¿Qué comidas prefieres para la cena?
4. ¿Qué tipos de comidas te gustan más: las dulces o las saladas?
5. ¿Te gusta preparar la comida? ¿Qué comidas preparas para tus amigos? ¿Y para tu familia?
6. ¿Qué comida les recomiendas a tus amigos? ¿Por qué?
7. ¿Qué comidas quieres probar?
8. ¿Eres vegetariano/a? ¿Crees que ser vegetariano/a es una buena idea? ¿Por qué?

8 **Una cena muy especial** Trabaja con un(a) compañero/a para planear una cena sorpresa. Recuerda incluir la siguiente información. *Answers will vary.* **8 Communication** Interpersonal Communication

- Qué tipo de cena es
- Dónde y cuándo va a ser
- Cuál es el motivo de la cena sorpresa
- A quiénes vas a invitar
- Qué comidas vas a preparar para el entremés, el plato principal y el postre

I CAN talk about food.

Pronunciación

 Tutorial

INSTRUCTIONAL RESOURCES

Supersite: Pronunciation Tutorial; WebSAM

SAM: Lab Manual p. 276

ll, ñ, c, and z

po**ll**o	**ll**ave	e**ll**a	cebo**ll**a

Most Spanish speakers pronounce **ll** like the *y* in *yes*.

ma**ñ**ana	se**ñ**or	ba**ñ**o	ni**ñ**a

The letter **ñ** is pronounced much like the *ny* in *canyon*.

café	**c**olombiano	**c**uando	ri**c**o

Before **a, o,** or **u,** the Spanish **c** is pronounced like the *c* in *car*.

cereales	deli**c**ioso	condu**c**ir	cono**c**er

Before **e** or **i,** the Spanish **c** is pronounced like the *s* in *sit*. (In parts of Spain, **c** before **e** or **i** is pronounced like the *th* in *think.)*

zeta	**z**anahoria	almuer**z**o	cerve**z**a

The Spanish **z** is pronounced like the *s* in *sit*. (In parts of Spain, **z** is pronounced like the *th* in *think*.)

Práctica Lee las palabras en voz alta.

1. mantequilla	5. español	9. quince
2. cuñado	6. cepillo	10. compañera
3. aceite	7. zapato	11. almorzar
4. manzana	8. azúcar	12. calle

Oraciones Lee las oraciones en voz alta.

1. Mi compañero de cuarto se llama Toño Núñez. Su familia es de la Ciudad de Guatemala y de Quetzaltenango.

2. Dice que la comida de su mamá es deliciosa, especialmente su pollo al champiñón y sus tortillas de maíz.

3. Creo que Toño tiene razón porque hoy cené en su casa y quiero volver mañana para cenar allí otra vez.

Refranes Lee los refranes en voz alta.

Panza llena, corazón contento.[2]

Las apariencias engañan.[1]

[1] *Looks can be deceiving.*
[2] *The way to a man's heart is through his stomach.*

INSTRUCTIONAL RESOURCES
Supersite: WebSAM
SAM: Video Manual
pp. 183–184

Communicative Goal |
Order food |

¡Vamos a comer tapas!

Manuel, Sara y Daniel van al Mercado de San Miguel para comer tapas.

S Video

Antes de ver

Ojea los pies de foto (*Scan the captions*) y busca vocabulario relacionado con la comida.

VIDEO RECAP Before showing this **Aventuras** episode, review the previous episode with these questions: **1. ¿Quién necesita cepillarse el pelo? (Olga Lucía necesita cepillarse el pelo.) 2. ¿Por qué se enoja Olga Lucía? (Olga Lucía se enoja porque Valentina usa sus cosas.) 3. ¿Cuándo tomó Valentina los calcetines de Olga Lucía? (Valentina tomó los calcetines de Olga Lucía hace dos meses/cuando fueron a Toledo.) 4. ¿Qué le encanta a Manuel? (A Manuel le encantan las pantuflas de Juanjo.)**

VIDEO SYNOPSIS Manuel, Sara, and Daniel go to the **Mercado de San Miguel**. First, they order croquettes. Later, Daniel throws pieces of fried squid and sardine for Manuel to catch with his mouth. One piece lands in Sara's container of fruit, to her annoyance. They go to another food stall for potato omelets, Manchego cheese, and olives. The vendor recommends paella and gazpacho; Sara orders the paella. Manuel and Daniel both reach for the last olive; Manuel grabs it first. He chokes on it and ends up needing the Heimlich maneuver.

PERSONAJES

SARA

DANIEL

MANUEL

VENDEDORA

VENDEDOR

GUITARRISTA

SARA Manuel, ¡vas a conocer el mejor mercado de Madrid!

DANIEL El de San Miguel. (*rapeando*) En el Mercado San Miguel de todo hay de comer. Si no te gusta el champiñón, tenemos el jamón. Si no te gusta el jamón, tenemos boquerón...

DANIEL Y SARA (*rapeando*) De merienda, pan tostado, y para almuerzo, pollo asado.

MANUEL ¡Chicos! ¡Chicos! ¡¿Podemos ir a comer ya?!

MANUEL, SARA Y DANIEL ¡Croquetas!

DANIEL ¡Quiero de... jamón! ¡Las de jamón son las mejores!

SARA Seis croquetas de jamón, por favor.

VENDEDORA ¿Qué más?

MANUEL ¡Uy! Me gustan las de pollo tanto como las de pescado.

SARA ¿Nos sirve seis de pollo y seis de pescado, por favor?

SARA ¿Cuánto es?

VENDEDORA Son dieciocho euros.

SARA Son seis euros cada uno.

VENDEDORA ¿Se las pongo con alioli?

SARA Sí, por favor.

A C T I V I D A D E S

1 **Identificar** Indica quién dice las oraciones equivalentes.
1 Communication Interpretive Communication

1. ¿Te gusta la comida del mercado? *Sara*

2. Prefiero las croquetas de jamón. *Daniel*

3. Me gustan las croquetas de pollo y las croquetas de pescado. *Manuel*

4. Nos sirvieron unas croquetas sabrosas. *Manuel*

5. Me gusta la paella más que el gazpacho. *Sara*

6. ¡El mercado es muy divertido! *Manuel*

2 **Ordenar** Indica el orden correcto de los eventos.
2 Communication Interpretive Communication

6 a. Manuel se ahoga.

2 b. Los chicos pagan dieciocho euros.

1 c. Sara y Daniel rapean delante del mercado.

3 d. Los chicos comen croquetas.

5 e. Los chicos comen tortilla de patatas y paella.

4 f. Manuel y Daniel juegan con la comida.

SUGGESTION Point out forms of stem-changing verbs in the preterite: **sirvieron**, **pedimos**, and **prefirió** in caption 5. Indicate the double object pronouns **se las** in caption 3 and **te lo** in caption 4. Point out forms of the verbs **saber** and **conocer** (captions 1, 4, and 6). Indicate the comparatives in captions 2, 4, and 6 and the superlatives in captions 1 and 2. Point out **tontísimo** (caption 4) and **riquísima** (caption 5) as examples of the absolute superlative.

SUGGESTION Have students make a list of all the foods mentioned in the episode and rank them in the order that they would like to try them, from the most to the least.

DANIEL ¡Aquí va un calamar!

MANUEL ¡Los calamares me gustan más que las croquetas!

SARA Sabéis que este juego es tontísimo, ¿no?

DANIEL ¿Qué quieres ahora?

MANUEL ¡Uno de boquerón! *(a Sara)* Te lo recomiendo.

SARA Manuel, ¿qué te parece la comida del mercado?

MANUEL Hasta ahora ¡riquísima! Nos sirvieron unas croquetas deliciosas.

DANIEL ¡Pedimos probarlas todas, y al final Manuel prefirió los calamares!

MANUEL Y ahora...

DANIEL Y MANUEL ¡Más tapas!

VENDEDOR Tortilla de patatas. Queso manchego y aceitunas.

MANUEL ¿Qué otro plato nos recomienda?

VENDEDOR La paella de marisco está muy buena y el gazpacho también.

SARA La paella está más rica que el gazpacho. Paella, por favor.

DANIEL No sé por dónde empezar.

MANUEL ¡Yo tampoco sé por dónde empezar!

VENDEDOR ¡Buen provecho!

Expresiones útiles

las aceitunas *olives*
el alioli *aioli (garlic mayonnaise)*
el boquerón *anchovy*
¡Buen provecho! *Enjoy your meal!*
el calamar *calamari (squid)*
la croqueta *croquette*
el gazpacho *cold tomato soup*
la paella *Spanish rice dish*
la tortilla *omelet (in Spain)*

---

ahogarse *to choke*
la maniobra de Heimlich *Heimlich maneuver*
tirar *to throw*
la vitrina *display case/window*

Mercado de San Miguel

Muy cerca de la Plaza Mayor de Madrid, se encuentra el Mercado de San Miguel. Abrió sus puertas en 1916 como un mercado de abastos (*wholesale food market*). Hoy en día los visitantes pueden probar en sus puestos los mejores jamones, arroces y quesos de toda España.

¿Hay lugares como este mercado en tu comunidad? ¿Qué venden?

 En el mercado de comida En parejas, representen una conversación entre un(a) vendedor(a) y su cliente/a en un mercado de comida. ③ **Communication** Interpersonal Communication

Vendedor(a): Saludas al/a la cliente/a, preguntas qué quiere beber, preguntas qué quiere comer, le das recomendaciones y pides su opinión sobre la comida.

Cliente/a: Saludas al/a la vendedor(a), pides una bebida, pides una de las recomendaciones y das tu opinión sobre la comida.

I CAN order food.

Comparisons Cultural Comparisons

Communicative Goal
Identify breakfast foods and beverages in
the Spanish-speaking world

Desayunos **exquisitos**

¿Hay algo más rico que un delicioso desayuno?
Desde España hasta el Caribe, desde México a
Argentina, existe una gran oferta para elegir a la hora
de comenzar el día. Café, chocolate, mate, huevos,
frutas, queso y hasta arroz y caldo° forman parte de
la oferta gastronómica para esta comida.

Las bebidas

el atole

Como en buena parte del
mundo, el **café** es el rey° de
las bebidas para acompañar
la primera comida del día y
se consume en casi todos los
países de habla hispana, como
en España, Colombia, Costa Rica y Cuba, donde se
prepara muy dulce, con mucho azúcar. El **chocolate** es
otra bebida muy popular en estos países; está presente
en las mesas de México, Colombia y Guatemala, y
puede ser oscuro° o con leche. Muchos argentinos,
paraguayos y uruguayos optan por el **mate**, una infusión
similar al té. En México es muy popular el **atole**, una
bebida de origen prehispánico a base de una masa° de
maíz cocida° en agua a la que se le adicionan especias
como cacao, canela° o vainilla.

La harina

Si el café es el rey, la harina° es la reina° del desayuno.
De trigo° o de maíz, está siempre presente en los

las pupusas

los tamales

desayunos de los
hispanoamericanos. Además
del universal **pan**, la **arepa** es
indispensable en países como
Colombia y Venezuela, y
consiste en una torta° de maíz
con mantequilla o queso, o
bien rellena° de diversos
ingredientes. En Centroamérica
y México, las **pupusas** y
gorditas son similares a la
arepa. Hablando de México,
es la cuna° de los famosos
tamales, una masa de maíz

rellena y envuelta° en hojas° de maíz o banana. Los
tamales pueden ser dulces o salados. Son también
populares en Centroamérica, el Caribe, algunos países
de Suramérica y hasta en ciudades estadounidenses
como Miami.

el caldo de costilla

Otras opciones

Hay otras opciones muy
diversas en los diferentes
países de habla hispana.
En las zonas costeras de
Ecuador, por ejemplo, son
típicos los desayunos a base
de **pescados** y **mariscos**. En El Salvador es muy común
desayunar con **frijoles** molidos° y fritos, así como en
Nicaragua y Costa Rica no puede faltar el **gallo pinto**
(una mezcla de arroz y frijoles). Algunos colombianos
(sobre todo en las zonas frías) comienzan el día con
un **caldo de costilla**° o una **changua** (un caldo a base
de leche, huevo, queso y cilantro).

caldo *broth* **rey** *king* **oscuro** *dark* **masa** *dough* **cocida** *boiled* **canela** *cinnamon*
harina *flour* **reina** *queen* **trigo** *wheat* **torta** *cake* **rellena** *stuffed* **cuna** *cradle*
envuelta *wrapped* **hojas** *leaves* **molidos** *ground* **costilla** *rib*

Comparisons Language Comparisons

ASÍ SE DICE

La comida

el banano (Col.) el cambur (Ven.) el guineo (Nic.) el plátano (Amér. L., Esp.)	la banana
el choclo (Amér. S.) el elote (Méx.) el jojoto (Ven.) la mazorca (Esp.)	corncob
las caraotas (Ven.) los porotos (Amér. S.) las habichuelas	los frijoles
el jitomate (Méx.)	el tomate

▶ ¿Cuáles son algunas comidas que tienen varios
nombres distintos en inglés?

INSTRUCTIONAL RESOURCES
Supersite: Video (Flash cultura); WebSAM
SAM: Video Manual pp. 215–216

ACTIVIDADES

1 **¿Cierto o falso?** Indica si las oraciones son ciertas o falsas. Corrige la información falsa.
① Communication Interpretive Communication

1. Los argentinos, paraguayos y uruguayos beben mate. *Cierto.*
2. El atole es una bebida de origen español.
Falso. Es de origen prehispánico/mexicano.
3. Los colombianos y los venezolanos comen arepas. *Cierto.*
4. Las pupusas son muy populares en Cuba.
Falso. Las pupusas son muy populares en Centroamérica.
5. El gallo pinto es una mezcla de arroz y frijoles.
Cierto.

2 **Preguntas** Contesta las preguntas.
② Communication Interpretive Communication

1. ¿En qué país se prepara el café con mucho azúcar? *en Cuba*
2. ¿Qué bebida es popular en México, Colombia y Guatemala? *el chocolate*
3. ¿Cuál de los platos se come con mantequilla o queso? *la arepa*
4. ¿En qué países comen el gallo pinto?
en Nicaragua y en Costa Rica
5. ¿Cuáles son los ingredientes de la changua?
leche, huevo, queso y cilantro

3 **Comparaciones** Haz una de estas comparaciones. **③ Comparisons** Cultural Comparisons

- las arepas con las pupusas
- el caldo de costilla con la changua
- uno de estos platos con el desayuno que tomas todos los días

④ Culture Relating Cultural Practices/Products to Perspectives

4 **¿Qué piensas?** Con un(a) compañero/a, responde a estas preguntas. **④ Communication** Interpersonal Communication

1. ¿Cuál de estas comidas y bebidas te gustaría probar? ¿Por qué?
2. ¿Por qué piensas que el café es el rey de las bebidas en países como Colombia?
3. ¿Por qué crees que se toma el mate en Argentina, Uruguay y Paraguay?
4. ¿Por qué piensas que el maíz es un ingrediente tan importante?
5. ¿Por qué crees que algunos colombianos toman caldo para el desayuno?

I CAN identify breakfast foods and beverages in the Spanish-speaking world.

Communicative Goal
Identify some characteristics of Latin food

 Video

La comida latina

1 **Preparación** ¿Probaste alguna vez comida latina? ¿Qué plato? ¿La compraste en un supermercado o fuiste a un restaurante? ¿Te gustó?

2 **El video** Mira el episodio de **Flash cultura** sobre la comida latina en Los Ángeles.

Vocabulario	
cocinar *to cook*	**¿Está lista para ordenar?**
condimentar *to season*	*Are you ready to order?*
	pruébala *try it, taste it*

Marta nos mostrará° algunos de los platos de la comida mexicana.

mostrará *will show*

3 **¿Cierto o falso?** Indica si las oraciones son **ciertas** o **falsas**. Corrige la información falsa. **③ Communication** Interpretive Communication

1. En Los Ángeles hay comida de países latinoamericanos y de España.
Cierto.
2. Leticia explica que la tortilla del taco americano es blanda *(soft)* y la del taco mexicano es dura *(hard)*.
Falso. La tortilla del taco americano es dura y la del taco mexicano es blanda.
3. Las ventas *(sales)* de salsa son bajas en los Estados Unidos.
Falso. Las ventas de salsa en los Estados Unidos han superado a las de kétchup.
4. Leticia fue a un restaurante ecuatoriano.
Falso. Leticia fue a un restaurante cubano.
5. Leticia probó Inca Kola en un supermercado.
Cierto.

4 **¡A comer!** En parejas, representen una conversación entre un(a) cliente/a y un(a) camarero/a en la taquería o en el restaurante cubano del video. **④ Communication** Interpersonal Communication

---

I CAN identify characteristics of Latin food.

I CAN identify the influence of Latin food in the United States.

Communicative Goal
Talk about the past

8.1 Preterite of stem-changing verbs

- As you know, **-ar** and **-er** stem-changing verbs have no stem change in the preterite. **-Ir** stem-changing verbs, however, do have a stem change.

Preterite of *-ir* stem-changing verbs

	servir (e→i)	morir (*to die*) (o→u)
yo	serví *I served*	morí *I died*
tú	serviste	moriste
Ud./él/ella	sirvió	murió
nosotros/as	servimos	morimos
vosotros/as	servisteis	moristeis
Uds./ellos/ellas	sirvieron	murieron

- In the preterite, stem-changing **-ir** verbs have an **e** to **i** or **o** to **u** stem change in the **Ud./él/ella** and **Uds./ellos/ellas** forms.

INFINITIVE	VERB STEM	STEM CHANGE	PRETERITE
pedir	ped-	pid-	pidió, pidieron
dormir	dor-	dur-	durmió, durmieron

Nos sirvieron unas croquetas deliciosas.

¡Pedimos probarlas todas, y al final Manuel prefirió los calamares!

SUGGESTION List on the board other **-ir** verbs with vowel changes in the preterite: **conseguir, dormir, pedir, preferir, repetir, seguir, sentirse, vestirse.**

¡Manos a la obra!

Cambia los infinitivos al pretérito.

1. yo [servir, dormir, pedir, preferir, repetir, seguir]
   serví, dormí, pedí, preferí, repetí, seguí
2. usted [morir, conseguir, pedir, sentirse, vestirse]
   murió, consiguió, pidió, se sintió, se vistió
3. tú [conseguir, servir, morir, pedir, dormir, repetir]
   conseguiste, serviste, moriste, pediste, dormiste, repetiste
4. ellas [repetir, dormir, seguir, preferir, morir, servir]
   repitieron, durmieron, siguieron, prefirieron, murieron, sirvieron
5. nosotros [seguir, preferir, servir, vestirse, dormirse]
   seguimos, preferimos, servimos, nos vestimos, nos dormimos
6. ustedes [sentirse, vestirse, conseguir, pedir, dormirse]
   se sintieron, se vistieron, consiguieron, pidieron, se durmieron

Práctica

INSTRUCTIONAL RESOURCES
Supersite: Grammar Tutorial; WebSAM
SAM: Workbook pp. 77–78; Lab Manual p. 277

1 ¡Pobre señor Suárez! Completa las oraciones con el pretérito de los verbos.

modelo
Los señores Suárez *cenaron* [cenar] hoy en un restaurante.

1. Los señores Suárez llegaron al restaurante a las ocho y *siguieron* [seguir] al camarero a una mesa.
2. El señor Suárez *pidió* [pedir] una chuleta de cerdo. La señora Suárez decidió probar los camarones.
3. Para tomar, los dos *pidieron* [pedir] vino.
4. El camarero *repitió* [repetir] el pedido (*order*) para confirmarlo.
5. La comida tardó mucho (*took a long time*) en llegar y los señores Suárez casi (*almost*) *se durmieron* [dormirse] esperándola.
6. A las nueve, el camarero les *sirvió* [servir] la comida.
7. Después de comer la chuleta de cerdo, el señor Suárez *se sintió* [sentirse] muy mal.
8. ¡Pobre señor Suárez! ¿Por qué no *pidió* [pedir] los camarones?

2 El camarero Indica lo que los clientes pidieron y lo que un camarero les sirvió por error.

modelo
Claudia / hamburguesa
Claudia pidió una hamburguesa, pero el camarero le sirvió zanahorias.

1. Juan y Rafael / té helado
   Juan y Rafael pidieron té helado, pero el camarero les sirvió vino tinto.

2. Laura / arroz
   Laura pidió arroz, pero el camarero le sirvió camarones.

3. Nosotros / papas fritas
   Nosotros pedimos papas fritas, pero el camarero nos sirvió maíz/mazorca/choclo/elote/jojoto.

4. Tú / salmón
   Tú pediste salmón, pero el camarero te sirvió uvas.

Conversación

3 **¿Qué hiciste?** Averigua *(find out)* si tu compañero/a hizo estas actividades la semana pasada. Comparte los resultados con la clase. *Answers will vary.*

3 Communication
Interpersonal Communication

¿ Pediste una pizza con salami?

No, pedí una pizza con carne.

Actividades	Respuestas
1. pedir una pizza con salami	_____
2. dormir más de diez horas	_____
3. quedarse dormido en clase	_____
4. pedir un plato muy caro en un restaurante elegante	_____
5. preferir quedarse en casa en lugar de *(instead of)* salir con amigos	_____
6. ir a una fiesta y vestirse con ropa muy formal	_____

4 **Una cena romántica** En grupos, describan la cena de Eduardo y Rosa. Usen la foto y las preguntas como guía *(as a guide)*. *Answers will vary.* **4 Communication**
Interpersonal Communication

- ¿Adónde salieron a cenar?
- ¿Qué pidieron?
- ¿Les sirvieron la comida rápidamente *(quickly)*?
- ¿Les gustó la comida? ¿Qué comida prefirieron?
- ¿Cuánto costó? ¿Quién pagó?
- ¿Van a volver a ese restaurante en el futuro? ¿Van a salir juntos otra vez? ¿Por qué?

Communicative Goal
Recognize familiar words in a simple ad

ya *now* **cualquier** *any* **arepas** *a dish made of ground corn dough* **cachapas** *grilled pancakes made from fresh corn dough*

1 **Identificar** Lee el anuncio *(advertisement)* e identifica los verbos que tienen cambios en la raíz *(stem)* en el pretérito.

2 **Preguntas** Contesta las preguntas. **2 Communication** Interpretive Communication

1. ¿Qué promociona *(promotes)* el anuncio?
2. ¿Cuáles son algunos de los platos que prepara Tu_cocina.com?
3. ¿Cómo son los comentarios de los clientes?

ACTIVITY PACK For additional activities, go to the **Activity Pack** in the **Resources** section of the Supersite.

I CAN talk about the past.

I CAN recognize familiar words in a simple ad.

Communicative Goal
Say who does a determined action and when

8.2 Double object pronouns

▶ You have already learned that direct and indirect object pronouns replace nouns. You'll now learn how to use these pronouns together.

INDIRECT OBJECT PRONOUNS

me te le (se) nos os les (se)

+

DIRECT OBJECT PRONOUNS

lo la los las

> **SUGGESTION** Write six sentences on the board and have students rewrite them using double object pronouns. Ex: **Rita les sirvió la cena a los viajeros. (Rita se la sirvió.)**

▶ When object pronouns are used together, the indirect object pronoun precedes the direct object pronoun.

I.O.	D.O.		DOUBLE OBJECT PRONOUNS
El camarero me muestra el menú.		▶	**El camarero me lo muestra.**
The waiter shows me the menu.			*The waiter shows it to me.*
Nos sirven los platos.		▶	**Nos los sirven.**
They serve us the dishes.			*They serve them to us.*
Maribel te pidió una hamburguesa.		▶	**Maribel te la pidió.**
Maribel ordered a hamburger for you.			*Maribel ordered it for you.*

¿Se las pongo con alioli?

Te lo recomiendo.

▶ The indirect object pronouns **le** and **les** always change to **se** when they precede **lo, los, la,** and **las**.

I.O.	D.O.		DOUBLE OBJECT PRONOUNS
Le escribí la carta.		▶	**Se la escribí.**
I wrote him/her the letter.			*I wrote it to him/her.*
Les sirvió los entremeses.		▶	**Se los sirvió.**
He served them the appetizers.			*He served them to them.*
Le pedimos un café.		▶	**Se lo pedimos.**
We ordered him/her a coffee.			*We ordered it for him/her.*

INSTRUCTIONAL RESOURCES
Supersite: Grammar Tutorial; WebSAM
SAM: Workbook pp. 79–80; Lab Manual p. 278

Práctica

1 **¿Quién?** Cambia los sustantivos subrayados (*underlined nouns*) por pronombres de objeto directo.

> **modelo** ¿Quién va a traerme la carne del supermercado? [Mi esposo]
> **Mi *esposo* va a traérmela./Mi *esposo* me la va a traer.**

1. ¿Quién les mandó <u>las invitaciones</u> a los invitados (*guests*)? [Mi hija] *Mi hija se las mandó.*

2. ¿Quién me puede comprar <u>el pan</u>? [Mi hijo]
Mi hijo puede comprármelo./Mi hijo me lo puede comprar.

3. ¿Quién puede prestarme <u>los platos</u> que necesito? [Mi mamá] *Mi mamá puede prestármelos./Mi mamá me los puede prestar.*

4. Nos falta mantequilla. ¿Quién nos trae <u>la mantequilla</u>? [Mi cuñada] *Mi cuñada nos la trae.*

5. ¡Los postres (*desserts*)! ¿Quién está preparándonos <u>los postres</u>? [Silvia y Renata] *Silvia y Renata están preparándonoslos./Silvia y Renata nos los están preparando.*

6. ¿Quién puede pedirle <u>la pimienta</u> a Mónica? [Mi hijo] *Mi hijo puede pedírsela./Mi hijo se la puede pedir.*

2 **En un restaurante** Con un(a) compañero/a, representa las conversaciones entre un(a) camarero/a y unos clientes.
Answers will vary.

> **modelo**

señora Guzmán:
Una hamburguesa, por favor.
camarero/a:
Enseguida (*right away*) se la traigo.

señora Guzmán

1. tus compañeros/as de cuarto   2. tus padres

3. tu profesor(a) de español   4. señorita Salas

5. tú   6. doctor Cifuentes

Conversación

3 Contestar Con un(a) compañero/a, haz preguntas usando las palabras interrogativas **¿Quién?** o **¿Cuándo?**

Answers will vary.

modelo ③ Communication Interpersonal Communication

nos enseña español
Estudiante 1: ¿Quién nos enseña español?
Estudiante 2: La profesora Castro nos lo enseña.

Preguntas	Respuestas
1. te escribe mensajes electrónicos	_____
2. me vas a prestar tu computadora	_____
3. les vende los libros de texto a los estudiantes	_____
4. le enseñó español al/a la profesor(a)	_____
5. te compró esa camiseta	_____
6. me vas a mostrar tu casa o apartamento	_____

4 Preguntas Con un(a) compañero/a, haz estas preguntas e incluye pronombres de objeto directo e indirecto en cada respuesta. *Answers will vary.*

④ Communication Interpersonal Communication

modelo

Estudiante 1: ¿Quién te va a preparar el desayuno esta mañana?
Estudiante 2: Yo me lo voy a preparar.

1. ¿Quién te presta dinero cuando lo necesitas?
2. ¿Les prestas dinero a tus amigos? ¿Por qué?
3. ¿Les prestas tu casa o apartamento a tus amigos? ¿Por qué?
4. ¿Nos compras el almuerzo a mí y a los otros compañeros de clase?
5. ¿Les das regalos a tus amigos? ¿Cuándo?
6. ¿Quién te va a preparar la cena esta noche?

ACTIVITY PACK For additional activities, go to the **Activity Pack** in the **Resources** section of the Supersite.

I CAN say who does a determined action and when.

▶ Because **se** has multiple meanings, you can clarify to whom the pronoun refers by adding **a usted, a él, a ella, a ustedes, a ellos,** or **a ellas.**

¿El sombrero? Carlos **se** lo vendió **a ella.** ¿Las llaves? Yo **se** las di **a ella.**
The hat? Carlos sold it to her.   *The keys? I gave them to her.*

▶ Double object pronouns are placed before a conjugated verb. With infinitives and present participles, double object pronouns may be placed before the conjugated verb or attached to the end of the infinitive or present participle.

▶ When double object pronouns are attached to an infinitive or a present participle, an accent mark is added to maintain the original stress.

DOUBLE OBJECT PRONOUNS	DOUBLE OBJECT PRONOUNS
Te lo voy a mostrar.	Voy a mostrártelo.
Nos las están sirviendo.	Están sirviéndonoslas.

Me lo estoy poniendo
Estoy poniéndo**melo.**
I am putting it on.

Se las van a traer.
Van a traér**selas.**
They are going to bring them to you.

La vendedora está sirviéndoselas.

Está haciéndosela.

¡Manos a la obra!

Escribe el pronombre que falta en cada oración.

Objeto directo

1. ¿La ensalada? El camarero nos __la__ sirvió.
2. ¿El salmón? La dueña me __lo__ recomienda.
3. ¿La comida? Voy a preparárte__la__.
4. ¿Las bebidas? Estamos pidiéndose __las__.
5. ¿Los refrescos? Te __los__ puedo traer ahora.
6. ¿Los platos de arroz? Van a servírnos__los__ después.

Objeto indirecto

1. ¿Puedes traerme tu plato? No, no __te__ lo puedo traer.
2. ¿Quieres mostrarle la carta? Sí, voy a mostrár__se__ la ahora.
3. ¿Les serviste la carne? No, no __se__ la serví.
4. ¿Vas a leerle el menú? No, no __se__ lo voy a leer.
5. ¿Me recomiendas la langosta? Sí, __te__ la recomiendo.
6. ¿Cuándo vas a prepararnos la cena? __Se__ la voy a preparar en una hora.

8.3 Saber and conocer

▶ Spanish has two verbs that mean *to know*, **saber** and **conocer**, but they are used differently. Note that only the **yo** forms of **saber** and **conocer** are irregular in the present tense.

Saber and conocer

	saber	conocer
yo	sé	cono**zco**
tú	sabes	conoces
Ud./él/ella	sabe	conoce
nosotros/as	sabemos	conocemos
vosotros/as	sabéis	conocéis
Uds./ellos/ellas	saben	conocen

▶ **Saber** means *to know a fact or piece(s) of information* or *to know how to do something*.

No **sé** tu número de teléfono.
I don't know your phone number.

Mi hermana **sabe** hablar francés.
My sister knows how to speak French.

▶ **Conocer** means *to know or be familiar/acquainted with a person, place, or thing*.

¿**Conoces** la ciudad de Nueva York?
Do you know New York City?

No **conozco** a tu amigo Esteban.
I don't know your friend Esteban.

▶ As you learned in 5.4, when the direct object of **conocer** is a person or pet, the personal **a** is used. Compare these sentences.

¿**Conoces a** Rigoberta Menchú?   ¿**Conoces** ese restaurante?

¡ojo! These verbs are conjugated like **conocer** in the **yo** form in the present. You will learn how to use **saber**, **conocer**, and related verbs in the preterite in Lesson 9.

ofrecer (*to offer*)	ofre**zco**, ofreces, ofrece, etc.
parecer (*to seem*)	pare**zco**, pareces, parece, etc.
conducir (*to drive*)	condu**zco**, conduces, conduce, conducimos, conducís, conducen
traducir (*to translate*)	tradu**zco**, traduces, traduce, traducimos, traducís, traducen

¡ojo! **Conducir** and **traducir** are **-ir** verbs, so they differ from **conocer** in their **nosotros/as** and **vosotros/as** forms.

¡Manos a la obra!

Escribe las formas apropiadas de **saber** y **conocer**.

saber
1. José no _____*sabe*_____ la hora.
2. Mis padres _____*saben*_____ hablar japonés.
3. ¿Por qué no _____*sabes*_____ tú estos verbos?
4. Yo _____*sé*_____ qué hora es.

conocer
5. Usted y yo _____*conocemos*_____ bien Miami.
6. Nadie me _____*conoce*_____ bien.
7. ¿_____*Conoces*_____ tú a la tía de Eduardo?
8. ¿_____*Conoce*_____ usted a Sara?

INSTRUCTIONAL RESOURCES
Supersite: Grammar Tutorial; WebSAM
SAM: Workbook p. 81; Lab Manual p. 279

Práctica

1 **Completar** Completa las oraciones con la forma apropiada de **saber** o **conocer**.

modelo

Mi madre ___*conoce*___ la ciudad maya de Tikal. Dice que es hermosa.

1. —Nosotros no ___*conocemos*___ Guatemala.
   —Ah, ¿no? Pues yo ___*conozco*___ bien las ciudades de Escuintla, Quetzaltenango y Antigua.
2. —¿___*Saben*___ ustedes dónde vive Pilar?
   —No, nosotras no ___*sabemos*___.
3. Mi amiga Carla ___*sabe*___ conducir, pero yo no ___*sé*___.
4. —¿___*Conoces*___ tú a Mateo, mi hermano mayor?
   —No, no lo ___*conozco*___.
5. —Yo todavía no ___*conozco*___ a tu novio.
   —Sí, ya lo ___*conoces*___.
6. Tú ___*sabes*___ esquiar, pero Tino y Luis son pequeños y no ___*saben*___.
7. Roberto ___*conoce*___ bien el *Popol Vuh*, el libro sagrado de los mayas; también ___*sabe*___ leer los jeroglíficos de los templos mayas.

2 **Oraciones** Combina las palabras de las tres columnas para formar oraciones. *Answers will vary.*

modelo

No conozco a Jennifer Lawrence. Yo conozco a Rami Malek.

Sujetos	Verbos	Objetos directos
Taylor Swift		Jennifer Lawrence
Lady Gaga		Rami Malek
Bruno Mars		cantar
Brad Pitt		la ciudad de Montreal en Canadá
Saoirse Ronan	(no) conocer	hablar dos lenguas extranjeras
Alfonso Cuarón	(no) saber	hacer reír (*laugh*) a la gente
yo		actuar (*perform*) muy bien
tú		escribir novelas de terror
tu compañero/a		programar computadoras
tu profesor(a)		muchas personas importantes

Conversación

Communicative Goal
Recognize familiar words in a simple ad

3 Deportes Pregúntale a un(a) compañero/a qué deportes practica y por qué. Usa los verbos **saber** y **conocer**.

Answers will vary.

modelo

Estudiante 1: ¿Sabes esquiar?
Estudiante 2: Sí, sé esquiar./
No, no sé esquiar.
Estudiante 1: ¿Por qué?
Estudiante 2: Porque me interesa
el esquí./Porque no me gusta
el invierno.

3 Communication
Interpersonal Communication

1.   2.   3.

4.   5.   6.

4 Contestar Con un(a) compañero/a, contesta las preguntas. *Answers will vary.*

4 Communication
Interpersonal Communication

1. ¿Qué restaurantes buenos conoces? ¿Cenas en los restaurantes frecuentemente (*frequently*)?

2. En tu familia, ¿quién sabe cocinar mejor (*best*)? ¿Por qué?

3. ¿Conoces recetas de comidas latinas? ¿Cuáles?

4. ¿Conoces a algún/alguna chef famoso/a? ¿Qué tipo de comida prepara?

5. ¿Sabes preparar algún plato especial? ¿Cuál es?

6. ¿Sabes que el ajo es bueno para la salud (*health*)? ¿Qué otras comidas o condimentos saludables conoces?

ACTIVITY PACK For additional activities, go to the **Activity Pack** in the **Resources** section of the Supersite.

I CAN ask and answer questions about familiar people, places, and things.

Español en vivo

Él sabe dónde **comer** lo que más le gusta.

Él sabe cómo **jugar** cuatro horas seguidas.

Él sabe dónde está su **regalo** de cumpleaños°.

Él sabe dónde **divertirse°** ...

... y usted sabe dónde puede encontrar un poco de todo°.
¿Conoce algún otro lugar como éste?

CENTRO COMERCIAL MÁLAGA
Sabe lo que te gusta.

cumpleaños *birthday* **divertirse** *to have fun* **un poco de todo** *a little bit of everything*

1 Identificar Lee el anuncio (*advertisement*) y busca ejemplos de los verbos **saber** y **conocer**.

2 Preguntas Contesta las preguntas. **2 Communication** Interpretive Communication

1. Después de leer el anuncio, ¿qué sabes del Centro Comercial Málaga?

2. ¿Qué puedes hacer en el Centro Comercial Málaga?

3. ¿A quién está dirigido (*directed*) el anuncio?

4. ¿Conoces un centro comercial como éste? ¿Cómo se llama? ¿En qué ciudad está?

SUGGESTION Ask students to write brief paragraphs in which they use the verbs presented in this section. Then have them exchange papers with a partner.

I CAN recognize familiar words in a simple ad.

Communicative Goal
Compare people and things

8.4 Comparatives and superlatives

Comparisons of inequality

▸ Comparisons of inequality are formed by placing **más** (*more*) or **menos** (*less*) before adjectives, adverbs, and nouns and **que** (*than*) after them. When the comparison involves a numerical expression, use **de** before the number.

> ¡Los calamares me gustan más que las croquetas!

> La paella está más rica que el gazpacho.

El té es **más caro que** el jugo.
Tea is more expensive than juice.

Susana es **menos generosa que** su prima.
Susana is less generous than her cousin.

Luis se despierta **más temprano que** yo.
Luis gets up earlier than I (do).

Tomo **más clases que** Enrique.
I take more classes than Enrique.

▸ With verbs, use this construction to make comparisons of inequality: [*verb*] + **más/menos que**.

Mis hermanos **comen más que** yo.
My brothers eat more than I (do).

Antonio **viaja más que** tú.
Antonio travels more than you (do).

Arturo **duerme menos que** su padre.
Arturo sleeps less than his father (does).

Ana **habla menos que** yo.
Ana talks less than I (do).

Comparisons of equality

▸ The constructions **tan** + [*adverb, adjective*] + **como** and **tanto/a(s)** + [*singular noun, plural noun*] + **como** are used to make comparisons of equality.

Este plato es **tan delicioso como** aquél.
This dish is as delicious as that one.

Yo comí **tanta comida como** tú.
I ate as much food as you (did).

Tu amigo es **tan simpático como** tú.
Your friend is as nice as you (are).

Ustedes probaron **tantos platos como** ellos.
You tried as many dishes as they (did).

▸ Comparisons of equality with verbs are formed by placing **tanto como** after the verb. Note that **tanto** does not change in number or gender.

No **duermo tanto como** mi tía.
I don't sleep as much as my aunt (does).

Estudiamos tanto como ustedes.
We study as much as you (do).

SUGGESTION Dictate 6–10 comparative and superlative sentences to the class to practice listening comprehension. After each sentence, give students about 30 seconds to write the sentence's direct opposite. Ask volunteers to present their sentences. Ex: **Ernesto mira más televisión que Alberto. (Alberto mira menos televisión que Ernesto.)**

INSTRUCTIONAL RESOURCES
Supersite: Grammar Tutorial; WebSAM
SAM: Workbook pp. 82–84; Lab Manual p. 280

Práctica

1 **Lucila y Teresa** Selecciona la palabra correcta para comparar a dos hermanas muy diferentes.

Lucila   Teresa

1. Lucila es más alta y más atractiva ____que____ [de, más, menos, que] Teresa.

2. Teresa es más delgada porque practica ____más____ [de, más, menos, que] deportes que su hermana.

3. Lucila es ____más____ [más, menos de, más que] simpática que Teresa porque es alegre.

4. A Teresa le gusta quedarse en casa. Va a ____menos____ [de, más, menos, que] fiestas que su hermana.

5. Teresa estudia más que Lucila. Ahora está tomando cinco clases más ____que____ [más, menos, que, más de] su hermana.

6. Lucila se preocupa ____menos____ [de, más, menos, que] que Teresa por estudiar. ¡Son ____tan____ [como, tan, tanto] diferentes!

2 **Mario y Luis** Completa las oraciones para formar comparaciones de igualdad sobre Mario y Luis, los novios de Lucila y Teresa.

> tan
> tanto(s)
> tanta(s)

Mario   Luis

1. Mario es ____tan____ interesante como Luis.

2. Mario viaja ____tanto____ como Luis.

3. Luis habla ____tantas____ lenguas extranjeras como Mario.

4. Luis cocina carnes ____tan____ bien como Mario.

5. Mario tiene ____tantos____ amigos como Luis.

6. ¡Qué casualidad (*coincidence*)! Mario y Luis también son hermanos, pero no hay ____tanta____ diferencia entre ellos como entre Lucila y Teresa.

Conversación

3 **La familia García** En grupos, túrnense (*take turns*)
para hacer comparaciones entre Rafael, Eva, Esteban y
Lourdes García. *Answers will vary.*

3 **Communication** Interpersonal Communication

modelo

Estudiante 1: Esteban es el más activo de la familia.
Estudiante 2: Pues yo creo que Rafael es tan activo
como Esteban.
Estudiante 1: Mmm, pero Esteban es mucho
más delgado.

4 **Comparaciones** Con un(a) compañero/a, conversa
sobre estos temas y luego comparte tres datos interesantes
con la clase. *Answers will vary.*

4 **Communication**
Interpersonal Communication

modelo artistas de moda

Estudiante 1: Creo que Adele es la mejor artista de
estos tiempos.
Estudiante 2: ¡Pero qué dices! Esa artista es malísima.
Rihanna y Snoop son los mejores.
Además, Adele no se viste tan bien como
Rihanna.
Estudiante 1: Estás loco. Adele siempre está a la moda.
Además, te repito que es la mejor. Por
ejemplo, ya tiene más de treinta millones
de copias vendidas (*sold copies*).

cafés y restaurantes	podcasts
comidas favoritas	los profesores
los cursos que toman	música de moda
libros favoritos	ropa favorita
personas famosas	tiendas en tu comunidad

ACTIVITY PACK For additional activities, go to the **Activity Pack**
in the **Resources** section of the Supersite.

I CAN compare people and things.

Superlatives

▶ Use this construction to form the superlative. Note that the noun is
preceded by a definite article. **De** is equivalent to the English *in* or *of*.

> el/la/los/las + [*noun*] + más/menos + [*adjective*] + de

Es **el café más rico del** país.
*It's the most delicious coffee
in the country.*

Son **las tiendas menos caras de** la ciudad.
*They are the least expensive stores in
the city.*

▶ The noun in a superlative construction can be omitted if it is clear to
whom or what the superlative refers.

¿El restaurante El Cráter?
Es **el más elegante de** la ciudad.
*The El Cráter restaurant?
It's the most elegant (one) in the city.*

Recomiendo la ensalada de papa.
Es **la más sabrosa del** menú.
*I recommend the potato salad.
It's the most delicious one on the menu.*

¡ojo! The absolute superlative, which ends in **–ísimo/a(s)**, is equivalent
to the English *extremely/very* + [*adjective/adverb*]. For example:
muchísimo/a(s) (*very much*), **malísimo/a(s)** (*very bad*), **facilísimo/a(s)**
(*extremely easy*).

▶ Note these spelling changes.

rico → ri**quí**simo   largo → lar**guí**simo   fácil → fa**cilí**simo
joven → jove**ncí**simo   trabajador → trabajador**cí**simo   feliz → feli**cí**simo

Irregular comparatives and superlatives

Irregular comparative and superlative forms

Adjective		Comparative form		Superlative form	
bueno/a	good	mejor	*better*	el/la mejor	*(the) best*
malo/a	bad	peor	*worse*	el/la peor	*(the) worst*
grande	big; old	mayor	*older*	el/la mayor	*(the) oldest*
pequeño/a	small; young	menor	*younger*	el/la menor	*(the) youngest*
joven	young	menor	*younger*	el/la menor	*(the) youngest*
viejo/a	old	mayor	*older*	el/la mayor	*(the) oldest*

▶ When **grande** and **pequeño/a** refer to age, use the irregular comparative
and superlative forms, **mayor/menor**. However, when **grande** and
pequeño/a refer to size, use the regular forms, **más grande/más pequeño/a**.

Isabel es **la mayor**.
Isabel is the oldest.

Tu ensalada es **más grande que** ésa.
Your salad is bigger than that one.

▶ **Bien** and **mal** have the same comparative forms as **bueno/a** and **malo/a**.

Julio nada **mejor que** los otros chicos.
Julio swims better than the other boys.

Ellas cantan **peor que** las otras chicas.
They sing worse than the other girls.

A repasar

8.1 Preterite of stem-changing verbs

1 **Manuel y sus tíos** Manuel y sus tíos fueron a cenar a un restaurante. Indica las diferencias entre las acciones de Manuel y las de sus tíos. Sigue el modelo.

modelo
vestirse con ropa informal / ropa elegante

Manuel se vistió con ropa informal. Sus tíos se vistieron con ropa elegante.

1. pedir dos refrescos / vino tinto
   Manuel pidió dos refrescos. Sus tíos pidieron vino tinto.
2. preferir la carne de res con papas / el pescado con ajo
   Manuel prefirió la carne de res con papas. Sus tíos prefirieron el pescado con ajo.
3. servirse entremeses picantes / ensalada de verduras
   Manuel se sirvió entremeses picantes. Sus tíos se sirvieron ensalada de verduras.
4. repetir el plato principal / (no) repetir el plato principal.
   Manuel repitió el plato principal. Sus tíos no repitieron el plato principal.
5. sentirse mal en la noche / bien en la noche
   Manuel se sintió mal en la noche. Sus tíos se sintieron bien en la noche.
6. dormirse tarde / temprano
   Manuel se durmió tarde. Sus tíos se durmieron temprano.

2 **¿Qué desayunaron?** Con un(a) compañero/a, describe el desayuno de las personas de los dibujos. Usa el pretérito de los verbos **pedir, servir, repetir** y **sentirse**. *Answers will vary.*

1. Elisa y Ana

2. Marcos y Olga

8.2 Double object pronouns

3 **En la cafetería** Cambia los sustantivos *(nouns)* por pronombres de objeto directo e indirecto. Sigue el modelo.

modelo
Me están sirviendo café.
Me lo están sirviendo. Están sirviéndomelo.

1. Nos van a dar las patatas fritas. *Nos las van a dar. Van a dárnoslas.*
2. Te van a servir los refrescos. *Te los van a servir. Van a servírtelos.*
3. Le están preparando la ensalada. *Se la están preparando. Están preparándosela.*
4. Les voy a recomendar unos postres. *Se los voy a recomendar. Voy a recomendárselos.*
5. Te están pidiendo las bebidas. *Te las están pidiendo. Están pidiéndotelas.*
6. Me voy a comer los champiñones. *Me los voy a comer. Voy a comérmelos.*

4 **Camareros** Gabriel y Valeria son camareros en un restaurante. Completa la conversación que tienen con su jefe con los pronombres apropiados.

modelo
JEFE Valeria, ¿le ofreciste agua fría al cliente de la mesa 22?
VALERIA Sí, ___se la ofrecí___ de inmediato.

JEFE Gabriel, ¿los clientes de la mesa 5 te pidieron ensaladas?
GABRIEL Sí, (1) ___me las pidieron___.
JEFE Valeria, ¿le llevaste el pan a la señora de la mesa 10?
VALERIA Sí, (2) ___se lo llevé___ hace cinco minutos.
VALERIA Gabriel, ¿recuerdas si ya me mostraste los vinos nuevos?
GABRIEL Sí, ya (3) ___te los mostré/ se los mostré___.
JEFE Gabriel, ¿van a pagarte la cuenta *(bill)* los clientes de la mesa 5?
GABRIEL Sí, (4) ___van a pagármela/ me la van a pagar___ ahora mismo.
JEFE ¿Les dieron los clientes buenas propinas *(tips)*?
VALERIA Sí, (5) ___nos las dieron___. ¡Estamos muy contentos!

8.3 Saber and conocer

5 **Completar** Completa las oraciones con la forma correcta de los verbos.

modelo
Mi amigo Juan ___traduce___ [traducir] los libros para esa editorial.

1. Mis amigos y yo vamos a ir a Perú porque no ___conocemos___ [conocer] ese país.
2. En Lima, tengo un amigo que ___conduce___ [conducir] un taxi y él nos ___ofrece___ [ofrecer] llevarnos a pasear por toda la ciudad.
3. Antonio y yo no ___sabemos___ [saber] dónde vive nuestro amigo taxista Carlos.
4. Mis amigos ___parecen___ [parecer] preocupados porque no hablan bien español.
5. Yo no estoy preocupado porque yo sí ___sé___ [saber] hablar español.

6 **¿Quién soy?** Imagina que eres una persona famosa. Escribe tres oraciones con los verbos **saber** y **conocer** para dar pistas *(clues)* sobre quién eres. Luego, en grupos de tres, cada persona lee sus oraciones y los demás miembros del grupo adivinan *(guess)* quién es. *Answers will vary.*

modelo
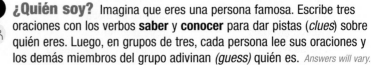
Estudiante 1: *Sé cantar canciones románticas en inglés y en español. Sé bailar muy bien. Conozco a Julio Iglesias porque es mi padre.*
Estudiante 2: *¡Enrique Iglesias!*

8.4 Comparatives and superlatives

7 **En el restaurante del señor Chávez** Cambia las oraciones omitiendo *(omitting)* el sujeto y usando los superlativos.

modelo
Jorge es mal camarero. (el restaurante)
Es *el peor camarero del* restaurante.

1. La leche es nutritiva. (las bebidas)
   Es la más nutritiva de las bebidas.
2. El restaurante del señor Chávez no es elegante. (la ciudad) *Es el menos elegante de la ciudad.*
3. Esta taquería es muy cara. (las taquerías)
   Es la más cara de las taquerías.
4. El arroz con pollo es un buen plato. (el menú)
   Es el mejor plato del menú.
5. Juliana es una camarera simpática. (las camareras)
   Es la más simpática de las camareras.
6. El arroz con leche es sabroso. (los postres)
   Es el más sabroso de los postres.

8 **El almuerzo familiar** La familia Solís está almorzando. Con un(a) compañero/a, escribe comparaciones usando las formas superlativas y comparativas. *Answers will vary.*

Sandra · Roberto · Abuela Beatriz · Julián

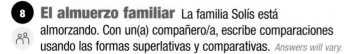**modelo**
El sándwich de Sandra es grandísimo. La abuela Beatriz es la mayor de la familia.

Síntesis

9 **¡Su restaurante es malísimo!** Fuiste con un(a) amigo/a a comer a un restaurante y la comida resultó no ser muy rica. Con un(a) compañero/a, escribe una carta al dueño del restaurante. Sigue la guía. *Answers will vary.*

- Mencionen lo que ustedes pidieron y lo que les sirvieron.
- Expliquen que ustedes saben cocinar muy bien y que la comida fue muy mala.
- Digan que conocen otros restaurantes mejores.
- Comparen el restaurante con otros restaurantes.

ACTIVITY PACK For additional activities, go to the **Activity Pack** in the **Resources** section of the Supersite.

Communicative Goal
Present a recipe

 Video

Videoclip

1 **Preparación** ¿Te encantan los programas de cocina? ¿Te gustaría preparar las recetas *(recipes)* de estos programas?

2 **El clip** Mira **Receta de churros** del programa de cocina *Gipsy Chef* de España.

Vocabulario	
calentar *to heat*	**mezclar** *to mix*
hervir *to boil*	**remover** *to stir*

Y ahora con el aceite muy caliente° vas apretando° la manga° y ves que te va saliendo un churro perfecto.

caliente *hot* **apretando** *squeezing* **manga (pastelera)** *pastry bag*

3 **Ordenar** Ordena estos pasos de la receta. ❸ **Communication** Interpretive Communication

____8____ a. poner los churros en el azúcar
____3____ b. aromatizar *(to flavor)* el agua
____5____ c. remover la masa *(dough)*
____2____ d. añadir *(to add)* la sal
____1____ e. calentar el agua
____6____ f. añadir el queso
____7____ g. poner la masa en el aceite
____4____ h. añadir la harina *(flour)*

4 **Mi receta** Escribe la receta de uno de tus platos favoritos. Presenta la receta a la clase. Si es posible, prepara el plato durante tu presentación.
❹ **Communication** Presentational Communication

Tell students that Pablo Albuerne, whose alter ego is Gipsy Chef, chose the name because of its contradictions. He considers the Romani (Gypsies) as people who are free, without rules, and chefs as people who are strict and formal.

I CAN present a recipe.

Ampliación

Communicative Goals
Understand a
conversation with the
help of notes, and
talk about a recent
restaurant visit

 SCRIPT

CAMARERA: Buenas noches
y bienvenidos a El Chaltén.
Aquí les traigo el menú y
también les cuento cuáles son
los especiales del día. Para
empezar, hay entremeses
de salmón y langosta. Los
especiales para plato principal
son: arroz con pollo, cerdo
con salsa de champiñones
acompañado de papas y,
finalmente, bistec a la criolla,
que es carne con una salsa
de tomates y cebollas.
ROBERTO: Sí, muy rico. ¿Qué
nos recomiendas tú?
CAMARERA: Definitivamente,
recomiendo los entremeses
de salmón y langosta. ¡Son
deliciosos! Como plato
principal, el especial de arroz
con pollo es muy bueno. El
especial de carne es también
uno de los mejores platos de
este restaurante.
ROSA: Bueno, yo voy a pedir
el especial de arroz con pollo.
Y tú, Roberto, ¿sabes lo que
vas a pedir?
ROBERTO: Voy a pedir el
cerdo con salsa de
champiñones y papas.
CAMARERA: Muy bien.
¿Y para tomar?
ROBERTO: Yo quiero una
Inca Kola.
ROSA: Y yo quiero jugo
de naranja.
CAMARERA: Muy bien.
Ya les traigo el pedido.
ROSA: Ah, por favor,
¿nos puede traer un poco
de pan con mantequilla?
CAMARERA: Sí, claro, enseguida.

1 Escuchar

A Rosa y Roberto están en un restaurante. Escucha la conversación entre ellos y la camarera y toma nota de cuáles son los especiales del día. **1 Communication** Interpretive Communication

TIP **Jot down notes as you listen.** Jotting down notes while you listen can help you keep track of the important points or details. Focus actively on comprehension rather than on remembering what you have heard.

> **Los especiales del día**
>
> cerdo con salsa
> de champiñones
> arroz con pollo   y papas   bistec a la criolla

B Usa tus notas para completar las oraciones con la opción correcta.

1. La camarera les dio información sobre _____ (dos /(tres)/ cuatro) especiales para plato principal.

2. Rosa pidió _____ ((arroz con pollo) / bistec a la criolla / cerdo con salsa de champiñones y papas).

3. Roberto pidió _____ (los entremeses / bistec a la criolla / (cerdo con salsa de champiñones y papas)).

4. Roberto va a comer _____ (más platos que / menos platos que / (tantos platos como)) Rosa.

2 Conversar

Con un(a) compañero/a, conversa sobre la última vez (*the last time*) que fuiste a un restaurante. Utiliza las preguntas como guía. *Answers will vary.* **2 Communication** Interpersonal Communication

> • ¿Cuándo fue la última vez que fuiste a un restaurante?
>
> • ¿Con quién comiste?
>
> • ¿A qué restaurante fueron?
>
> • ¿Qué pidieron? ¿Les gustó la comida?
>
> • ¿Se la sirvieron rápidamente (quickly)?
>
> • ¿Fue mejor o peor que la comida que comes en casa? ¿Fue muy cara?
>
> • ¿Van a volver a ese restaurante en el futuro?

I CAN take notes to help me understand the details of a conversation.

I CAN talk about the last time I went to a restaurant.

Ampliación

3 Escribir

Escribe una crítica sobre un restaurante local. *Answers will vary.* **3 Communication** Presentational Communication

TIP **Expressing and supporting opinions** Use details, facts, examples, and other forms of evidence to convince your readers to take your opinions seriously.

Organizar	Usa un mapa de ideas para organizar comentarios sobre la comida, el servicio, el ambiente (*atmosphere*) y otros datos sobre el restaurante.
Escribir	Utiliza tus notas para escribir el primer borrador de la crítica.
Corregir	Intercambia (*exchange*) tu composición con la de un(a) compañero/a. Comenta sobre el título, la organización, los detalles específicos y los errores de gramática o de ortografía.
Compartir	Revisa el primer borrador teniendo en cuenta los comentarios de tu compañero/a. Incorpora nuevas ideas o más información para reforzar (*support*) tu opinión. Luego, entrégale (*hand in*) la crítica a tu profesor(a).

4 Un paso más

Imagina que abres un nuevo restaurante en la capital de un país hispano. Sigue estos pasos para diseñar el menú.
Answers will vary. **4 Communication** Presentational Communication

- Decide en qué país y en qué ciudad vas a abrir el restaurante.
- Investiga cuáles son las comidas típicas y los platos más populares del país.
- Investiga cómo son los restaurantes típicos del país que elegiste y qué características tienen en común.
- Elige el nombre del restaurante.
- Diseña el menú. Piensa en el estilo y en los colores que representan la cultura del país.
- Haz una lista de los entremeses, los platos principales, las ensaladas, los postres y las bebidas que quieres incluir en el menú.
- Piensa en un plato único de tu restaurante e inclúyelo en el menú. El plato debe tener un ingrediente típico del país y representar su cultura.
- Busca información sobre los precios de los platos en la moneda del país. Indica estos precios al lado de cada plato que seleccionaste.
- Intercambia tu menú con los de tres o cuatro compañeros/as y comparen los platos que escogieron.

El Tamalito
Especialidades guatemaltecas

5.ª calle (Los Próceres)
Zona 4, Guatemala
Tel: (502) 345 89 76
Fax: (502) 243 56 34

5 Cultura

ACTIVITY PACK For additional activities, go to the **Activity Pack** in the **Resources** section of the Supersite.

¿Adónde quieres ir para comer: el Mercado de San Miguel, el restaurante cubano, la taquería...? ¿Por qué? ¿Qué vas a pedir?

I CAN write a restaurant review.

I CAN design a menu.

Communicative Goals
Write a restaurant review, and design a menu

3 SUGGESTION Guide students with these questions: **¿Qué tipo de comida sirven? ¿Cuál es el mejor plato? ¿Y el peor? ¿Hay que esperar mucho? ¿Es el ambiente informal o elegante? ¿Cómo son los precios? ¿Cuál es la dirección y el número de teléfono?**

3 SUGGESTION Have students write the review after they read the **Lectura** reading on p. 218.

3 EVALUATION

Criteria	Scale
Content	1 2 3 4 5
Organization	1 2 3 4 5
Accuracy	1 2 3 4 5
Creativity	1 2 3 4 5

Scoring

Excellent	18–20 points
Good	14–17 points
Satisfactory	10–13 points
Unsatisfactory	< 10 points

4 SUGGESTION Provide students with several menus written in Spanish and English. Ask them to discuss the design of each and integrate what they like into their own menus.

4 SUGGESTION Have students work in groups to design their menus. Assign different countries to different groups and have them share their projects with the class.

4 EVALUATION

Criteria	Scale
Content	1 2 3 4 5
Organization	1 2 3 4 5
Accuracy	1 2 3 4 5
Creativity	1 2 3 4 5

Scoring

Excellent	18–20 points
Good	14–17 points
Satisfactory	10–13 points
Unsatisfactory	< 10 points

Audio: Reading

Antes de leer

As you know, you can learn a great deal about a text by looking at the format and looking for cognates, titles, and subtitles. You can skim for the gist and scan for specific information. Reading for the main idea is another useful strategy.

> **TIP** **Read for the main idea.** Reading for the main idea involves locating the topic sentence of each paragraph to determine the author's purpose for writing. Topic sentences can provide clues about the content of each paragraph, as well as the general organization of the text.

Examinar el texto

Aquí se presentan dos textos distintos. ¿Qué estrategias puedes usar para leer la crítica? ¿Cuáles son las estrategias apropiadas para familiarizarte con el menú? Utiliza las más eficaces para cada texto. Luego, identifica las estrategias similares que se aplican en los dos textos.

Identificar la idea principal

Lee la primera oración de cada párrafo de la crítica del restaurante **El Palmito**. Apunta el tema principal de cada párrafo. Luego lee el primer párrafo. ¿Crees que el restaurante le gustó a la autora? ¿Por qué? Ahora lee la crítica entera. En tu opinión, ¿cuál es la idea principal de la crítica? ¿Por qué la escribió la autora? Compara tus opiniones con las de un(a) compañero/a.

SUGGESTION Ask students to scan the menu and give the English equivalents of **Entremeses** (Appetizers), **Sopas** (Soups), **Platos principales** (Entrees), **Postres** (Desserts), and **Bebidas** (Beverages).

EXPANSION To further check comprehension, ask **¿Cómo es el servicio en el restaurante? ¿Cuál fue la opinión de la crítica respecto a la comida? ¿Cómo son los precios en El Palmito? ¿Cuándo está abierto El Palmito?** You may want to discuss the classification of 1 star (*) to 5 stars (*****).

TEACHING OPTION Divide the class into small groups and have them take turns ordering from the El Palmito menu. They should take turns being the server and the customers.

37E

El Tiempo de Guatemala

Restaurantes

Domingo 9 de mayo, Boston, Massachusetts

Cinco estrellas para El Palmito

Margarita Galán, crítica de restaurantes

El viernes pasado me sorprendí° cuando encontré un restaurante fantástico en el barrio donde vivo. Cené en el restaurante **El Palmito,** donde se mezclan° de una manera extraordinaria la comida tradicional de Centroamérica y la belleza arquitectónica de nuestra ciudad. Su propietario, Héctor Suárez, es uno de los chefs más respetados de Guatemala.

El exterior del restaurante refleja el estilo colonial de Nueva Inglaterra. Por dentro°, la decoración rústica crea un ambiente cálido°. Hay que° mencionar también el hermoso patio, lleno° de plantas y flores, donde muchas personas se reúnen para tomar un café en un ambiente° relajado° y cordial. Uno no se puede quejar° del servicio

de **El Palmito.** El personal del restaurante es muy amable y atento, desde los cocineros que preparan la comida hasta los camareros que la sirven.

La comida del restaurante es exquisita. Las tortillas, que se sirven con ajiaceite, son deliciosas. La sopa de pollo y huevo es excelente, y los frijoles enchilados, ricos. También recomiendo el tomaticán, cocinado con una gran variedad de verduras muy ricas. De postre°, don Héctor me preparó su especialidad, un rico pastel de yogur.

Les recomiendo que visiten **El Palmito** cuando tengan ocasión°.

El Palmito, Boston
de lunes a sábado 10:00a.m.-11:00p.m.
domingo 11:00a.m.-10:00p.m.

Comida *****
Servicio *****
Ambiente *****
Precio ****

MENÚ

Entremeses

Pan tostado con
- Queso frito
- Huevos revueltos°

Tortillas con
- Ajicomino (chile, comino°)
- Ajiaceite (chile, aceite)

Sopas
- Cebolla
- Verduras
- Pollo y huevo
- Mariscos

Platos Principales

Chilaquil
(tortilla de maíz, queso y chile)

Tomaticán
(tomate, papas, maíz, chile, arvejas y zanahorias)

Tamales
(maíz, azúcar, ajo, cebolla)

Frijoles enchilados
(frijoles negros, carne de cerdo o de res, arroz, chile)

Postres
- Helado° de limón
- Plátanos° caribeños
- Uvate (uvas, azúcar y ron°)
- Pastel de yogur

Bebidas
- Té helado
- Vino tinto
- Vino blanco
- Agua mineral
- Jugos
- Chilate (maíz, chile y cacao)

sorprendí *was surprised* **mezclan** *mix* **Por dentro** *Inside* **cálido** *warm* **Hay que** *One must* **lleno** *full* **ambiente** *atmosphere* **relajado** *relaxed* **Uno no se puede quejar** *One can't complain* **postre** *dessert* **cuando tengan ocasión** *when you have the opportunity* **huevos revueltos** *scrambled eggs* **comino** *cumin* **Helado** *Ice cream* **Plátanos** *Plantains* **ron** *rum*

Después de leer

¿Comprendiste? Communication Interpretive Communication

Completa cada oración con la opción correcta.

1. La arquitectura del restaurante es ___colonial___ [moderna, colonial, fea].

2. A muchos clientes les gusta tomar el café en ___el patio___ [las mesas, el bar, el patio].

3. El dueño del restaurante es uno de los ___mejores___ [peores, menores, mejores] chefs de Guatemala.

4. La comida en este restaurante, según la autora, es ___muy buena___ [muy buena, mala, regular].

5. La crítica ___habla bien___ [no da información, habla bien, se queja] del restaurante.

Preguntas Communication Interpretive Communication

Responde estas preguntas con oraciones completas.

1. ¿Cómo se llama el dueño del restaurante?
Se llama Héctor Suárez.

2. ¿Qué tipo de comida se sirve en El Palmito?
Se sirve comida tradicional de Centroamérica.

3. ¿Cómo es el ambiente del restaurante?
El ambiente del restaurante es cálido, relajado y cordial.

4. ¿Quién escribió este artículo?
Margarita Galán escribió este artículo.

5. ¿Cuál es la profesión de la autora del artículo?
Ella es crítica de restaurantes.

6. ¿Cuántos platos probó la autora del artículo?
La autora probó cinco platos.

Coméntalo Communication Interpretive Communication

¿Te interesan las comidas y bebidas que sirven en El Palmito? ¿Cuáles te parecen más interesantes? ¿Por qué? ¿Se sirven platos y bebidas similares a éstos en donde vives? *Answers will vary.*

I CAN identify the main idea of a text and of each paragraph.

 Vocabulary Tools

En un restaurante

el/la camarero/a *waiter*
el/la dueño/a *owner*
el menú *menu*
———
el almuerzo *lunch*
la cena *dinner*
la comida *food; meal*
el desayuno *breakfast*
los entremeses *appetizers*
el plato (principal) *(main) dish*
———
almorzar (o:ue) *to have lunch*
cenar *to have dinner*
desayunar *to have breakfast*
pedir (e:i) *to order (food)*
probar (o:ue) *to taste; to try*
recomendar (e:ie) *to recommend*
servir (e:i) *to serve*

El gusto y los sabores

agrio/a *sour*
amargo/a *bitter*
delicioso/a *delicious*
dulce *sweet*
picante *spicy*
rico/a *tasty*
sabroso/a *delicious*
salado/a *salty*

Las bebidas

el agua (f.) (mineral) *(mineral) water*
la bebida *drink; beverage*
el café *coffee*
la cerveza *beer*
el jugo (de fruta) *(fruit) juice*
la leche *milk*
el refresco *soft drink*
el té (helado) *(iced) tea*
el vino (blanco/tinto) *(white/red) wine*

Los granos y las verduras

el ajo *garlic*
el arroz *rice*
las arvejas *peas*
la cebolla *onion*
los cereales *cereals; grains*
el champiñón *mushroom*
la ensalada *salad*
los frijoles *beans*
la lechuga *lettuce*
el maíz *corn*
la papa/patata *potato*
el tomate *tomato*
las verduras *vegetables*
la zanahoria *carrot*

Las carnes, los pescados y los mariscos

el atún *tuna*
el bistec *steak*
los camarones *shrimp*
la carne *meat*
la carne de res *beef*
la chuleta de cerdo *pork chop*
la hamburguesa (vegetariana) *(veggie) hamburger*
el jamón *ham*
la langosta *lobster*
los mariscos *seafood*
el pavo *turkey*
el pescado *fish*
el pollo (asado) *(roast) chicken*
la salchicha *sausage*
el salmón *salmon*

Las frutas

la banana *banana*
las frutas *fruit*
el limón *lemon*
la manzana *apple*
la naranja *orange*
las uvas *grapes*

Los condimentos y otras comidas

el aceite *oil*
el azúcar *sugar*
el huevo *egg*
la mantequilla *butter*
la margarina *margarine*
la mayonesa *mayonnaise*
el pan (tostado) *(toasted) bread*
las papas/patatas fritas *French fries*
la pimienta *pepper*
el queso *cheese*
la sal *salt*
el sándwich *sandwich*
la sopa *soup*
el vinagre *vinegar*

Verbos

conducir *to drive*
conocer *to know; to be acquainted with*
morir (o:ue) *to die*
ofrecer *to offer*
parecer *to seem*
saber *to know; to know how*
traducir *to translate*

Comparatives and superlatives *See pages 212–213.*

As students finish the lesson, encourage them to explore the **Repaso** section on the Supersite. There they will find quizzes for practicing vocabulary, grammar, and oral language.

⟲ Communicative Goals: Review

I CAN talk about food.
• Describe your favorite food.

I CAN order at a restaurant.
• Say how you would order food in a restaurant.

I CAN discuss familiar people and places.
• Say the names of two people and two places you know well.

I CAN investigate foods in the Spanish-speaking world.
• Describe one of the foods you learned about in this lesson.

AVENTURAS
EN LOS
PAÍSES
HISPANOS

Communicative Goal
Identify aspects of the geography and culture of Venezuela, Colombia, Ecuador, and Peru

El Amazonas es el río más caudaloso *(the most vast)* del mundo. Por ser muy profundo *(deep)* y ancho *(wide)*, tiene otro nombre: "río océano". Desde barcos muy grandes hasta barcos pequeños, como la canoa que vemos en la foto, navegan en él. Alrededor *(around)* del río Amazonas hay una gran selva *(jungle)* y muy poca gente vive allí.

¿Te gustaría navegar en el río Amazonas? ¿Por qué?

SURAMÉRICA I

Venezuela

Área: 912.050 km^2 (352.144 millas^2)
Población: 28.500.000
Capital: Caracas–2.936.000
Ciudades principales: Maracaibo, Valencia, Maracay, Barquisimeto
Moneda: bolívar

SOURCE: Population Division, UN Secretariat & CIA World Factbook

Colombia

Área: 1.138.910 km^2 (439.734 millas^2)
Población: 50.300.000
Capital: Bogotá–10.779.000
Ciudades principales: Medellín, Cali, Barranquilla, Cartagena
Moneda: peso colombiano

SOURCE: Population Division, UN Secretariat & CIA World Factbook

Ecuador

Área: 283.560 km^2 (109.483 millas^2)
Población: 17.400.000
Capital: Quito–1.848.000
Ciudades principales: Guayaquil, Cuenca, Machala, Portoviejo
Moneda: dólar estadounidense

SOURCE: Population Division, UN Secretariat & CIA World Factbook

Perú

Área: 1.285.220 km^2 (496.224 millas^2)
Población: 32.500.000
Capital: Lima–10.555.000
Ciudades principales: Arequipa, Trujillo, Chiclayo, Iquitos
Moneda: nuevo sol

SOURCE: Population Division, UN Secretariat & CIA World Factbook

Video

INSTRUCTIONAL RESOURCES
Supersite: Video (Panorama cultural); WebSAM
SAM: Workbook pp. 85–86

Mar Caribe

Barranquilla

Maracaibo

Gente

Indígenas de Ecuador

Ecuador tiene una gran población indígena *(native)*. La lengua oficial de Ecuador es el español, pero hoy día también se hablan *(are spoken)* otras lenguas. Aproximadamente unos 4.000.000 de ecuatorianos hablan lenguas indígenas; la mayoría de ellos habla quechua. Las comunidades indígenas de Ecuador son excelentes tejedoras *(weavers)*; sus tejidos son famosos en todo el mundo por sus colores vivos y sus hermosos diseños *(designs)*. En el mercado de Otavalo se venden mantas *(blankets)*, ropas tradicionales y tapices *(tapestries)* hechos por estas comunidades.

¿Qué te gustaría comprar en el mercado de Otavalo?

Medellín

Bogotá

Cali

R. Magdalena

Pasto

COLOMBIA

Quito

ECUADOR

Guayaquil

Iquitos

PERÚ

Cordillera de los Andes

Lugares

El Salto Ángel

El Salto Ángel, en el sureste de Venezuela, es la catarata *(waterfall)* más alta del mundo. Tiene 979 m (3.212 pies) de altura *(height)*. Es diecisiete veces más alta que las cataratas del Niágara. James C. Angel "descubrió" esta catarata en 1937 y por eso lleva su nombre. Está en el Parque Nacional Canaima y los indígenas la llaman *Kerepakupai Merú,* que significa catarata.

¿Conoces alguna catarata similar a la de Salto Ángel? ¿Dónde está? ¿Cómo es comparada con la de Salto Ángel?

Lima

Cuzco

Lago Titicaca

Arequipa

Océano Pacífico

Puerto España
TRINIDAD
★

★ **Caracas**
VENEZUELA

R. Orinoco

GUAYANA

BRASIL

Literatura

Gabriel García Márquez

Publicó su primer cuento *(short story)* en 1947, cuando era estudiante universitario. Su libro más conocido, *Cien años de soledad*, está escrito en el estilo *(style)* literario llamado "realismo mágico", un estilo que mezcla *(mixes)* la realidad con lo irreal y lo mítico *(mythical)*. García Márquez recibió el Premio Nobel de Literatura en 1982. Tras su muerte es recordado *(remembered)* como uno los escritores contemporáneos más importantes del mundo.

¿Leíste alguna obra de García Márquez? ¿Cuál? Si no, ¿crees que te gustaría leer algo de él?

Música 🎵

La música afroperuana

La música afroperuana es el resultado de la combinación de varias tradiciones musicales: la española del siglo XIX y las de las poblaciones africanas que fueron llevadas *(taken)* a Perú durante la Colonia. Entre los instrumentos tradicionales de la música afroperuana se encuentran la guitarra flamenca, el cajón y el cencerro *(cowbell)*. Susana Baca, Porfirio Vásquez, la familia Ballumbrosio y Perú Negro son destacados artistas y grupos de música afroperuana.

¿Conoces la música afroperuana?

Costumbres

El Carnaval de Barranquilla ▶

Durante el Carnaval de Barranquilla, la ciudad colombiana vive para esta fiesta. Este festival es una fusión de las culturas que han llegado *(have arrived)* a las costas caribeñas de Colombia y de sus grupos autóctonos *(indigenous)*. El evento más importante es la Batalla de Flores *(Battle of the Flowers)*, un desfile *(parade)* de carrozas *(floats)* decoradas con flores. En 2003, la UNESCO declaró este carnaval como Patrimonio de la Humanidad.

¿Conoces una celebración como ésta en los Estados Unidos? ¿Dónde?

Susana Baca

¿Qué aprendiste?

1 **¿Cierto o falso?** Indica si las oraciones son **ciertas** o **falsas**. **1** Communication Interpretive Communication

	Cierto	Falso
1. El río Amazonas es el más caudaloso del mundo.	✓	
2. La moneda de Ecuador es el dólar estadounidense.	✓	
3. Arequipa es una de las ciudades principales de Venezuela.		✓
4. La lengua oficial de Ecuador es el quechua.		✓
5. Las cataratas del Niágara son más altas que el Salto Ángel.		✓
6. García Márquez ganó el Premio Nobel en 1982.	✓	
7. La guitarra flamenca y el cencerro son instrumentos tradicionales de la música afroperuana.	✓	
8. Celebran el Carnaval de Barranquilla en las montañas de Colombia.		✓

2 **Preguntas** Contesta las preguntas. **2** Communication Interpretive Communication

1. ¿Qué es el cajón? *un instrumento tradicional de la música afroperuana*

2. ¿Quién es Susana Baca? *una artista de música afroperuana*

3. ¿Cuál es el evento más importante del Carnaval de Barranquilla? *la Batalla de Flores*

4. ¿Qué catarata está en el Parque Nacional Canaima? *el Salto Ángel*

5. ¿Cuál es el libro más famoso de García Márquez? *Cien años de soledad*

6. ¿Por qué son famosos los tejidos de las comunidades indígenas de Ecuador? *por sus colores vivos y sus hermosos diseños*

3 **Comparaciones** Haz una de estas comparaciones. **3** Comparisons Cultural Comparisons

1. Compara las banderas de Venezuela, Colombia y Ecuador.

2. Compara las influencias culturales en la música afroperuana y en el Carnaval de Barranquilla.

4 **¿Qué piensas?** Con un(a) compañero/a, responde a las preguntas. **4** Connections Making Connections
4 Cultures Relating Cultural Practices/Products to Perspectives

1. ¿Cuáles crees que son las tradiciones españolas y africanas en la música afroperuana?

2. ¿Qué importancia crees que tiene el quechua en Ecuador?

3. ¿Por qué piensas que el Carnaval de Barranquilla es una fusión de culturas?

4. ¿Qué sabes del realismo mágico? ¿Conoces otros ejemplos?

I CAN identify basic facts about the geography and culture of Venezuela, Colombia, Ecuador, and Peru by reading short informational texts with visuals.

9 Las celebraciones

PARA EMPEZAR Here are some additional questions:
¿Fuiste a una fiesta importante el año pasado?
¿Cuál fue la ocasión? ¿Sirvieron buena comida?
En tu opinión, ¿qué fiestas son las más divertidas?

Communicative Goals
You will learn how to:
- talk about celebrations
- describe personal relationships
- talk about the past
- investigate holidays in the Spanish-speaking world

⬡ PARA EMPEZAR

- ¿Cómo se sienten estas personas, alegres o tristes?
- ¿Qué hay en la mesa?
- ¿Quién es la persona menor de la foto?

LAS CELEBRACIONES

SUGGESTION Write **divertirse** and **pasarlo bien** on the board and explain their meanings. Then ask students about a recent party they attended. Ex: ¿Te divertiste? ¿Lo pasaste bien?

SUGGESTION Point out to students that while **quinceañera** is used to refer only to the woman, in the U.S., **quinceañera** means both the woman and the event. In Spanish, the event is called **fiesta de quince años**.

INSTRUCTIONAL RESOURCES
Supersite: Vocabulary Tutorials; WebSAM
SAM: Workbook pp. 89–90; Lab Manual p. 281

graduarse (de)
to graduate (from)

la boda
wedding

LAS FIESTAS

el aniversario (de bodas) *(wedding) anniversary*

el día de fiesta *holiday*

la fiesta *party*

el/la invitado/a *guest*

la Navidad *Christmas*

la quinceañera *young woman celebrating her fifteenth birthday*

la sorpresa *surprise*

---

celebrar *to celebrate*

cumplir años *to have a birthday*

dejar una propina *to leave a tip*

divertirse (e:ie) *to have fun*

invitar *to invite; to treat*

pagar la cuenta *to pay the bill*

pasarlo bien/mal *to have a good/bad time*

regalar *to give (a gift)*

reírse (e:i) *to laugh*

relajarse *to relax*

sonreír (e:i) *to smile*

sorprender *to surprise*

el cumpleaños
birthday

el flan

el champán

brindar
to toast

LOS POSTRES Y OTRAS COMIDAS

la botella de vino *bottle of wine*

los dulces *sweets; candy*

el helado *ice cream*

el pastel *cake*

el pastel de cumpleaños *birthday cake*

los postres *desserts*

las galletas *cookies*

SUGGESTION Introduce vocabulary by asking students if they went to a party recently. Ex: ¿Quiénes fueron a una fiesta el fin de semana pasado? ¿Qué tipo de fiesta? ¿Qué comiste y qué tomaste? ¿Bailaste?

Vocabulary Tools

VOCABULARIO ADICIONAL For additional vocabulary on this theme, go to **Vocabulario adicional** in the **Resources** section of the Supersite.

la niñez
childhood

la adolescencia
adolescence

LAS ETAPAS DE LA VIDA

la etapa *stage*
la juventud *youth*
el nacimiento *birth*
la vida *life*
_____
jubilarse *to retire (from work)*
nacer *to be born*

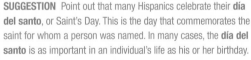

la madurez
maturity; middle age

SUGGESTION Point out that many Hispanics celebrate their **día del santo**, or Saint's Day. This is the day that commemorates the saint for whom a person was named. In many cases, the **día del santo** is as important in an individual's life as his or her birthday.

la vejez
old age

OTRAS PALABRAS

el apellido *last name*
el consejo *advice*
la respuesta *answer*

la muerte
death

LAS RELACIONES PERSONALES

la alegría *happiness*
la amistad *friendship*
el amor *love*
el divorcio *divorce*
el estado civil *marital status*
el matrimonio *marriage; married couple*
la pareja *couple; partner*
el/la recién casado/a *newlywed*
_____
casado/a *married*
divorciado/a *divorced*
juntos/as *together*
separado/a *separated*
soltero/a *single*
viudo/a *widowed*
_____
cambiar (de) *to change*
casarse (con) *to get married (to)*
comprometerse (con)
   to get engaged (to)
divorciarse (de) *to get divorced (from)*
enamorarse (de) *to fall in love (with)*
llevarse bien/mal (con)
   to get along well/badly (with)
odiar *to hate*
romper (con) *to break up (with)*
salir (con) *to go out (with); to date*
separarse (de) *to separate (from)*
tener una cita *to have a date;*
   to have an appointment

SUGGESTION To review new vocabulary and check comprehension, ask: **¿Tiene esposa un hombre soltero? ¿Cuándo es tu cumpleaños? ¿Qué tipo de pastel te gusta para tu cumpleaños? ¿Estás casado/a? ¿Cuándo es tu aniversario? ¿Ocurre la vejez antes o después de la niñez?**

ASÍ SE DICE
comprometerse ⟷ prometerse (*Esp.*)
el pastel ⟷ la torta (*Arg., Venez.*), el queque (*C. Rica*)

A escuchar

1 **Connotaciones** Indica si las palabras que vas a escuchar tienen connotaciones **positivas** o **negativas**.

1 **Communication** Interpretive Communication

	Positivo	Negativo
1.		✓
2.	✓	
3.	✓	
4.	✓	
5.		✓
6.	✓	
7.	✓	
8.		✓

2 **¿Lógico o ilógico?** Escucha las oraciones e indica si son **lógicas** o **ilógicas**.

2 **Communication** Interpretive Communication

	Lógico	Ilógico
1.	✓	
2.		✓
3.	✓	
4.		✓
5.	✓	
6.	✓	

3 **¡Feliz cumpleaños!** Los amigos de Silvia están preparándole una fiesta de cumpleaños. Escucha la conversación y contesta las preguntas. **3** **Communication** Interpretive Communication

1. ¿Sabe Silvia que sus amigos le van a organizar una fiesta? *No, es una sorpresa.*
2. ¿Qué van a comer los amigos en la fiesta? *Van a comer pastel de chocolate y helado.*
3. ¿A Silvia le gusta el chocolate? *Sí, le encanta el chocolate.*
4. ¿Dónde compraron el helado? *Compraron el helado en la tienda que está al lado de la residencia estudiantil.*
5. ¿Por qué no quieren comer el helado de la cafetería? *Porque el helado de la tienda es mejor.*
6. ¿Qué pasa cuando llega Silvia? *Silvia se sorprende con la fiesta.*
7. ¿Cuántos años cumple Silvia? *Silvia cumple dieciocho años.*

1 **SCRIPT**
1. el divorcio
2. la amistad
3. la boda
4. la alegría
5. odiar
6. divertirse
7. celebrar
8. separarse

1 **SUGGESTION** You may want to do this activity as a TPR exercise. Have students give a thumbs-up for **positivo** and a thumbs-down for **negativo**.

2 **SCRIPT**
1. El flan y el helado son postres.
2. Después de divorciarse, una persona está casada.
3. En una fiesta los invitados se ríen y se relajan.
4. Alicia acaba de romper con su novio. Va a casarse con él.
5. Después de cenar en un restaurante es importante pagar la cuenta.
6. Amalia Ferrero y su esposo no se llevan bien. Van a separarse.

3 **SCRIPT**
A1: ¿Estamos listos, amigos?
A2: Creo que sí. Aquí tenemos el pastel y el helado…
A3: De chocolate, espero. Ustedes saben cómo le encanta a Silvia el chocolate…
A2: Por supuesto, el chocolate para Silvia. Bueno, un pastel de chocolate, el helado…
A3: ¿El helado es de la cafetería o lo compraste cerca de la residencia estudiantil?
A2: Lo compré en la tienda que está al lado de nuestra residencia. Es mejor que el helado de la cafetería.
A1: Psstt… aquí viene Silvia…
A1, A2, A3: ¡Sorpresa! ¡Sorpesa, Silvia! ¡Felicidades!
SILVIA: ¡Qué sorpresa!
A3: ¿Y cuántos años cumples?
SILVIA: Dieciocho. ¡Gracias, amigos, muchas gracias!

A practicar

④ SUGGESTION If the activity was assigned as homework, quickly go over the answers in class.

④ Completar Completa las oraciones.

dejó una propina	**se jubiló**
nació	**se llevan bien**
nos divertimos	**sonrió**
lo pasaron mal	**tenemos una cita**
se casaron	**pagaron la cuenta**

1. Nelson y Mónica _se casaron_ en septiembre. La boda fue maravillosa.
2. Mi tía le _dejó una propina_ muy grande al camarero.
3. Mi padrastro _se jubiló_ el año pasado.
4. A Alejandra le gustan las galletas. Ella se puso contenta y _sonrió_ después de comérselas todas.
5. Luis y yo _nos divertimos_ en la fiesta. Bailamos y comimos mucho.
6. ¡Tengo una nueva sobrina! Ella _nació_ ayer por la mañana y se llama Sofía.
7. Irene y su esposo _se llevan bien_. Ellos casi nunca se pelean y disfrutan haciendo actividades juntos.
8. Isabel y yo _tenemos una cita_ esta noche. Vamos a ir a un restaurante muy elegante.

⑤ EXPANSION In pairs, have students tell each other about celebrations in their own families. Remind them to use as many expressions as possible from the lesson vocabulary. Follow up by having volunteers describe the celebrations in their partner's families.

⑤ La fiesta de Susana Completa las oraciones con las palabras y expresiones de la lección. Haz los cambios necesarios.

1. Susana siempre _celebra_ su cumpleaños con su familia y sus amigos.
2. Su mamá invitó a mucha gente; todos los _invitados_ llegaron tarde.
3. Su papá contó chistes (*told jokes*) y todos _se rieron/se divirtieron_ porque eran (*were*) muy graciosos.
4. A Susana le _regalaron_ muchos regalos.
5. Su amiga Anabela trajo una botella de _champán/vino_ para brindar después de comer el pastel.
6. El hermano de Susana comió muchos trozos (*pieces*) de _pastel_ de chocolate.
7. Susana está un poco triste porque ayer _rompió con/se separó de_ su novio y él no vino a su fiesta de cumpleaños.
8. Pero Susana _tiene una cita_ el próximo viernes con Jorge.

⑥ Cambiar Con un(a) compañero/a, túrnate para decir que las afirmaciones son falsas y corrígelas (*correct them*) cambiando las expresiones subrayadas. *Answers will vary.*

modelo

Nuestros amigos <u>lo pasaron mal</u> en la playa.
Estudiante 1: Nuestros amigos lo pasaron mal en la playa.
Estudiante 2: No, te equivocas (*you're wrong*). Ellos lo pasaron bien.

1. <u>El nacimiento</u> es el fin de la vida.
   E1: El nacimiento es el fin de la vida. E2: No, te equivocas. La muerte es el fin de la vida.
2. A los sesenta y cinco años muchas personas <u>comienzan a trabajar.</u>
   E1: A los sesenta y cinco años muchas personas comienzan a trabajar. E2: No, te equivocas. A los sesenta y cinco años muchas personas se jubilan.
3. Francisco y Gloria <u>se divorcian</u> mañana.
   E1: Francisco y Gloria se divorcian mañana. E2: No, te equivocas. Ellos se casan mañana.
4. Pancho <u>se comprometió</u> con Yolanda.
   E1: Pancho se comprometió con Yolanda. E2: No, te equivocas. Pancho rompió con Yolanda.
5. Marcela <u>lo pasa bien con</u> Ramón.
   E1: Marcela lo pasa bien con Ramón. E2: No, te equivocas. Marcela odia a Ramón.
6. El abuelo murió, por eso, la abuela es <u>separada</u>.
   E1: El abuelo murió, por eso, la abuela es separada. E2: No, te equivocas. El abuelo murió, por eso, la abuela es viuda.

A conversar

7 Planes para una fiesta Trabaja con un(a) compañero/a para planear una fiesta. Recuerda incluir la siguiente información. *Answers will vary.* **7 Communication** Interpersonal Communication

1. ¿Qué tipo de fiesta es?
2. ¿Dónde va a ser? ¿Cuándo va a ser?
3. ¿A quiénes van a invitar?
4. ¿Qué van a comer? ¿Quiénes van a llevar o a preparar la comida?
5. ¿Qué van a beber? ¿Quiénes van a traer las bebidas?
6. ¿Cómo planean entretener a los invitados? ¿Van a bailar o a jugar algún juego?
7. Después de la fiesta, ¿quiénes van a limpiar (*clean*)?

7 SUGGESTION Give students five to seven minutes to plan the party. Ask volunteers to describe their party plans to the class.

7 EXPANSION Have students make invitations for their party. They may also make a shopping list and a "to do" list.

8 Encuesta Entrevista a dos o tres compañeros/as para saber qué actitudes (*attitudes*) tienen en sus relaciones personales. Comparte los resultados con la clase. *Answers will vary.* **8 Communication** Interpersonal Communication

8 EXPANSION Take a class survey of the attitudes toward friendship and relationships. Write the questions on the board and ask for a show of hands. Then tally the results.

Preguntas	Nombres	Actitudes
1. ¿Te importa la amistad? ¿Por qué?	_____	_____
2. ¿Es mejor tener un(a) buen(a) amigo/a o muchos amigos?	_____	_____
3. ¿Cuáles son las características que buscas en tus amigos/as?	_____	_____
4. ¿Tienes novio/a? ¿A qué edad (*age*) es posible enamorarse?	_____	_____
5. ¿Deben las parejas hacer todo juntos?	_____	_____
6. ¿Deben las parejas compartir las mismas opiniones? ¿Por qué?	_____	_____

9 Una fiesta inolvidable Cuéntale a un(a) compañero/a cómo fue la fiesta más divertida a la que fuiste. Usa estas preguntas como guía. *Answers will vary.* **9 Communication** Interpersonal Communication

1. ¿Quién organizó la fiesta?
2. ¿Qué se celebró?
3. ¿Qué día se celebró? ¿Y a qué hora?
4. ¿Dónde fue?
5. ¿Quiénes fueron los invitados?
6. ¿Qué hicieron durante la fiesta?
7. ¿Por qué fue la fiesta más divertida?

9 EXPANSION Ask volunteers to talk about their unforgettable party experiences. Ask others comprehension questions about what was said.

ACTIVITY PACK For additional activities, go to the **Activity Pack** in the **Resources** section of the Supersite.

I CAN plan a party.

Pronunciación

 Tutorial

INSTRUCTIONAL RESOURCES

Supersite: Pronunciation Tutorial; WebSAM

SAM: Lab Manual p. 282

The letters **h, j,** and **g**

helado   **h**ombre   **h**ola   **h**ermosa

The Spanish **h** is always silent.

José   **j**ubilarse   de**j**ar   pare**j**a

The letter **j** is pronounced much like the English *h* in *his*.

a**g**encia   **g**eneral   **G**il   **G**isela

The letter **g** can be pronounced three different ways. Before **e** or **i**, the letter **g** is pronounced much like the English *h*.

Gustavo, **g**racias por llamar el domi**ng**o.

At the beginning of a phrase or after the letter **n**, the Spanish **g** is pronounced like the English *g* in *girl*.

Me **g**radué en a**g**osto.

In any other position, the Spanish **g** has a somewhat softer sound.

gue**rra**   conse**g**uir   **g**ua**ntes**   a**g**ua

In the combinations **gue** and **gui**, the **g** has a hard sound and the **u** is silent. In the combination **gua**, the **g** has a hard sound and the **u** is pronounced like the English *w*.

Práctica Lee las palabras en voz alta, prestando atención a la **h**, la **j** y la **g**.

1. hamburguesa	5. geografía	9. seguir	13. Jorge
2. jugar	6. magnífico	10. gracias	14. tengo
3. oreja	7. espejo	11. hijo	15. ahora
4. guapa	8. hago	12. galleta	16. guantes

Oraciones Lee las oraciones en voz alta, prestando atención a la **h**, la **j** y la **g**.

1. Hola. Me llamo Gustavo Hinojosa Lugones y vivo en Santiago de Chile.
2. Tengo una familia grande; somos tres hermanos y tres hermanas.
3. Voy a graduarme en mayo.
4. Para celebrar mi graduación mis padres van a regalarme un viaje a Egipto.
5. ¡Qué generosos son!

El hábito no hace al monje.[2]

Refranes Lee los refranes en voz alta, prestando atención a la **h**, la **j** y la **g**.

A la larga, lo más dulce amarga.[1]

[1] *Too much of a good thing.*
[2] *The clothes don't make the man.*

INSTRUCTIONAL
RESOURCES
Supersite: WebSAM
SAM: Video Manual
pp. 185–186

Communicative Goal
Talk about celebrations

¡Es mi cumpleaños!

Todos celebran el cumpleaños de Valentina.

Video

Antes de ver

Mira las imágenes y
haz predicciones sobre
lo que va a pasar en
el video.

VIDEO RECAP Before
showing this **Aventuras**
episode, review the previous
episode with these questions:
1. ¿Qué croquetas pidió
Sara? (Sara pidió croquetas
de jamón, pollo y pescado.)
2. ¿Quién piensa que las
croquetas de jamón son las
mejores? (Daniel.) 3. ¿Qué
platos les recomendó el
vendedor a los chicos? (El
vendedor les recomendó
la paella y el gazpacho.)
4. ¿Quién piensa que la
paella está más rica que
el gazpacho? (Sara.)

VIDEO SYNOPSIS It is
Valentina's twentieth
birthday, and friends and
family are attending her
party. Manuel makes a
phone call because his gift
has not been delivered. He
and the others play musical
chairs. A messenger arrives
with flowers and balloons
for Valentina, from Manuel.
Juanjo tries to take the
flowers from the messenger,
who says that he has to
deliver them personally
to Valentina. Juanjo and
the messenger get into a
scuffle. Olga Lucía, Sara,
Valentina, and Manuel come
to see what the commotion
is about. The messenger
gives what's left of the
flowers to Valentina.

PERSONAJES

FELIPE
JUANJO
VALENTINA
GLORIA
MANUEL
OLGA LUCÍA
SARA
MENSAJERO

JUANJO ¿No sabes jugar a la brisca?
VALENTINA ¡Parad de reíros, me vais
a hacer perder!
GLORIA ¡Por fin!
MANUEL Y FELIPE (a Valentina)
¡Perdiste! ¡Perdiste!
VALENTINA ¡Chicos! Es *mi* cumpleaños.
TODOS ¡Felicidades!

MANUEL ¡La fiesta de cumpleaños ya
comenzó! Quiero saber cuándo van
a llegar las flores que pedí.
SARA Primo, ¿quieres un pincho
de tortilla?
MANUEL ¿A qué hora? Eso no fue lo que
me dijo la persona con quien hablé esta
mañana. ¡No, no me importa si tuvo
muchos pedidos!

SARA ¿No le trajiste un regalo a Valentina?
¡Así nunca va a enamorarse de ti!
MANUEL ¡Sí, tengo un regalo para ella!
SARA ¿Y cuál es? ¡Yo sólo veo el oso
gigante que le dio Juanjo!
MANUEL Entre tú y yo... ¡es feísimo!

A C T I V I D A D E S

1 **¿Cierto o falso?** Indica si lo que dicen estas
oraciones es **cierto** o **falso**. Corrige las oraciones falsas.
① Communication Interpretive Communication

	Cierto	Falso
1. Valentina juega muy bien a las cartas. *Valentina juega mal a las cartas.*	○	☑
2. Manuel está enojado porque no llega su regalo todavía.	☑	○
3. Daniel le regala a Valentina un oso gigante. *Juanjo le regala a Valentina un oso gigante.*	○	☑
4. Manuel dice que el regalo de Juanjo es hermoso. *Manuel dice que el regalo de* *Juanjo es feísimo.*	○	☑
5. Gloria gana en el juego de las sillas.	☑	○

2 **Completar** Completa las oraciones.
② Communication Interpretive Communication

1. Hoy Valentina celebra su __cumpleaños__.

2. Entre los __invitados__, están Juanjo y Manuel.

3. Manuel quiere __sorprender__ a Valentina con
su regalo.

4. La tarjeta para Valentina es una nota de __amor__.

5. Juanjo y Manuel están __enamorados__ de Valentina.

SUGGESTION Point out the irregular preterite forms **dijo** and **tuvo** in caption 2, **trajiste** and **dio** in caption 3, **supe** in caption 5, and **quise** in caption 6. Identify **conocí** and **supe** in caption 5 and **quise** in caption 6 as forms of the verbs **conocer**, **saber**, and **querer**, which change meaning in the preterite. Point out the relative pronouns **que**, **quien**, and **lo que** in captions 2 and 3. Indicate questions with **qué** and **cuál** in captions 2, 3, 5, and 6.

4

JUANJO ¿Sí?

MENSAJERO Flores para Valentina Herrera.

JUANJO ¿Quién las envía?

MENSAJERO Son de parte de Manuel.

JUANJO Aquí no es.

5

JUANJO Valentina no está. Puedes entregarme las flores a mí.

MENSAJERO Lo siento, tengo que dárselas a Valentina. Son para ella.

JUANJO ¿Qué dice en la tarjeta?

MENSAJERO (*leyendo la tarjeta*) Para Valentina. Con amor, de Manuel: cuando te conocí, supe que eras muy especial. ¡Feliz cumpleaños!

6

MANUEL ¡¿Qué pasa?!

MENSAJERO (*a los chicos en la puerta*) ¿Quién es Valentina?

OLGA LUCÍA Y SARA (*señalando a Valentina*) ¡Ella!

MENSAJERO (*a Valentina*) Las flores son para ti. Quise entregártelas pero...

VALENTINA ¿Pero?

Expresiones útiles

entregar *to hand over; to deliver*
enviar *to send*
eras *you were*
¡Felicidades! *Congratulations!*
la flor *flower*
el pedido *order*
el pincho *appetizer (in Spain)*
sólo *only*
tropezarse con *to run into*

---

el globo *balloon*
el juego de las sillas *musical chairs*
el/la mensajero/a *messenger*

La brisca

La brisca es un juego de cartas español. Se juega entre dos o más jugadores; lo más común son dos o cuatro. Cuando hay cuatro jugadores, es posible jugar en parejas. Se usa una baraja (*deck*) de cuarenta cartas.

¿Te gusta jugar a las cartas? ¿Qué juegos de cartas conoces?

---

3 **Preguntas personales** En parejas, túrnense para hacerse estas preguntas. ¿Tienen respuestas en común? **3** Communication Interpersonal Communication

1. ¿Qué fiestas celebras con tu familia?

2. De las celebraciones, ¿cuál es tu favorita? ¿Por qué?

3. ¿Cómo celebras tu cumpleaños?

4. ¿Qué te gusta comer en tu cumpleaños?

5. ¿Te gusta dar y recibir regalos? ¿Por qué?

I CAN talk about celebrations.

Video

Communicative Goal
Identify holiday traditions in the
Spanish-speaking world

Año Nuevo: una sola fiesta con muchas variaciones

"Año nuevo, vida nueva, más alegres los días serán°. Año nuevo, vida nueva, con salud° y con prosperidad".

Así dice una canción° popular que se canta en varios países en los primeros minutos del primero de enero, con la esperanza° de que el nuevo año va a ser mucho mejor que el viejo. Mientras bailan y cantan esta canción, los parientes y amigos se dan abrazos° y besos, deseando lo mejor para el año que comienza.

En todo el mundo hispano se recibe el año nuevo con diversas tradiciones. Éstas son tres de las más populares:

Las doce uvas

Esta tradición española está extendida por muchos países de Latinoamérica. Consiste en que exactamente a la medianoche se deben comer doce uvas para tener buena suerte en los doce meses del año nuevo. Pero ¡ojo!, se debe comer una uva con cada campanada del reloj°. Es una tradición tan extendida que se comen unos ¡500 millones de uvas cada fin de año en todo el mundo!

El muñeco de año viejo

En países como Ecuador, Colombia, Venezuela, Panamá, México, Perú y Chile, es común elaborar un muñeco de trapo°, relleno° con ropa vieja, cartón o papel, como representación del año viejo. La tradición consiste en prender fuego° al muñeco a la medianoche, para alejar° la mala suerte y las malas

energías del año que termina. En algunas partes, la gente hace los muñecos como figuras políticas, como una forma de protesta, y esperando que la situación política y social mejore° en el año nuevo.

La ropa de colores

En varios países se cree que usar ropa de ciertos colores en la Nochevieja° trae suerte para el año nuevo. Los más comunes son: ropa amarilla para la prosperidad, ropa roja para el amor y ropa verde para la salud. También se llevan ropa anaranjada para la alegría y ropa azul para la serenidad.

serán *will be* **salud** *health* **canción** *song* **esperanza** *hope* **abrazos** *hugs* **campanada del reloj** *clock chime* **muñeco de trapo** *rag doll* **relleno** *stuffed* **prender fuego** *to burn* **alejar** *to ward off* **mejore** *get better* **Nochevieja** *New Year's Eve*

Comparisons Language Comparisons

ASÍ SE DICE

Fiestas y celebraciones

la despedida de soltero/a	*bachelor(ette) party*
el día feriado/festivo	el día de fiesta
disfrutar	*to enjoy*
festejar	celebrar
los fuegos artificiales	*fireworks*
pasarlo en grande	divertirse mucho
salir de parranda rumbear (Col., Ven.)	*to go out and have fun*

▸ ¿Cuáles son algunas maneras de decir **divertirse** en inglés?

INSTRUCTIONAL RESOURCES
Supersite: Video (Flash cultura); WebSAM
SAM: Video Manual pp. 217–218

ACTIVIDADES

1 **¿Cierto o falso?** Indica si lo que dicen las oraciones es **cierto** o **falso**. Corrige las falsas.
1 Communication Interpretive Communication

1. Comer doce uvas para recibir el año nuevo es una tradición mexicana. *Falso. Comer doce uvas en una tradición española.*

2. Las uvas representan doce días de buena suerte en el año nuevo. *Falso. Las uvas representan doce meses de buena suerte.*

3. La gente tiene que comer una uva con cada campanada del reloj. *Cierto.*

4. En algunos países, la gente hace muñecos de trapo y les prenden fuego. *Cierto.*

5. Se cree que llevar ropa de colores específicos trae buena suerte. *Cierto.*

2 **Preguntas** Contesta las preguntas.
2 Communication Interpretive Communication

1. ¿Dónde comen doce uvas a la medianoche? *en España y en muchos países de Latinoamérica*

2. ¿Qué representan los muñecos de trapo? *el año viejo*

3. ¿Qué hacen algunas personas como una forma de protesta? *hacen los muñecos como figuras políticas*

4. ¿Por qué se lleva ropa roja en la Nochevieja? *para tener suerte en el amor*

5. ¿Qué color de ropa se usa para la prosperidad? *la ropa amarilla*

3 **Comparación** Compara una de estas tradiciones con una tradición de la Nochevieja en los Estados Unidos. **3** Comparisons
Cultural Comparisons

4 **Feliz Año Nuevo** Con un(a) compañero/a, representa una conversación entre dos amigos/as o parientes en una celebración de Año Nuevo en España. **4** Communication
Interpersonal Communication

5 **¿Qué piensas?** Responde a las preguntas.
5 Culture Relating Cultural Products/Practices to Perspectives

1. ¿Por qué crees que la tradición de comer doce uvas es tan popular?

2. ¿Qué piensas de la costumbre de prender fuego a los muñecos?

3. ¿Por qué crees que se hacen los muñecos como figuras políticas en algunos países?

4. Estás en un país hispano en la Nochevieja. ¿Qué color vas a llevar? ¿Por qué?

Communicative Goal
Identify the characteristics of a celebration in Puerto Rico

 Video

Las fiestas

1 **Preparación** ¿Se celebra la Navidad en tu país? ¿Qué otras fiestas importantes se celebran? ¿Cuánto tiempo duran? ¿Cuáles son las tradiciones y actividades típicas?

2 **El video** Mira el episodio de **Flash cultura** sobre una celebración en Puerto Rico.

Vocabulario

las artesanías *handicrafts*
los cabezudos *carnival figures with large heads*
los carteles *posters*
fiesta de pueblo *small town celebration*
máscaras *masks*
santos de palo *wooden sculptures of saints*

Los cabezudos son una tradición [...] de España.

3 **¿Cierto o falso?** Indica si cada oración es **cierta** o **falsa**.
3 Communication Interpretive Communication

1. En Puerto Rico se celebra la Navidad hasta febrero. *falso*

2. San Sebastián fue un soldado romano que ayudó a los cristianos. *cierto*

3. Los cabezudos son unas máscaras que vienen de las fiestas españolas. *cierto*

4. Diego Palacio compra un helado de chocolate. *falso*

5. El güiro y el pandero son comidas puertorriqueñas. *falso*

4 **Conversación** Estás en Puerto Rico durante las fiestas de la Calle San Sebastián. Conversa con un(a) compañero/a sobre lo que quieren hacer. **4** Communication Interpersonal Communication

---

I CAN identify holiday traditions in my own and other cultures.

I CAN identify the characteristics of a celebration in Puerto Rico.

Communicative Goal
Talk about the past

9.1 Irregular preterites

▶ You already know that **ir** and **ser** are irregular in the preterite. Here are some other verbs that are irregular in the preterite.

Preterite of *tener, venir,* and *decir*

	tener (u-stem)	venir (i-stem)	decir (j-stem)
yo	tuve	vine	dije
tú	tuviste	viniste	dijiste
Ud./él/ella	tuvo	vino	dijo
nosotros/as	tuvimos	vinimos	dijimos
vosotros/as	tuvisteis	vinisteis	dijisteis
Uds./ellos/ellas	tuvieron	vinieron	dijeron

▶ Observe the stem changes in the chart: the **e** in **tener** changes to **u**, and the **e** in **venir** and **decir** changes to **i**. Note also that the **c** in **decir** changes to **j**. None of these verbs have written accents in the **yo** or **usted/él/ella** forms.

▶ These verbs have similar stem changes to **tener**, **venir**, and **decir**.

INFINITIVE	U-STEM	PRETERITE FORMS
poder	pud-	pude, pudiste, pudo, pudimos, pudisteis, pudieron
poner	pus-	puse, pusiste, puso, pusimos, pusisteis, pusieron
saber	sup-	supe, supiste, supo, supimos, supisteis, supieron
estar	estuv-	estuve, estuviste, estuvo, estuvimos, estuvisteis, estuvieron

INFINITIVE	I-STEM	PRETERITE FORMS
querer	quis-	quise, quisiste, quiso, quisimos, quisisteis, quisieron
hacer	hic-	hice, hiciste, hizo, hicimos, hicisteis, hicieron

INFINITIVE	J-STEM	PRETERITE FORMS
traer	traj-	traje, trajiste, trajo, trajimos, trajisteis, trajeron
conducir	conduj-	conduje, condujiste, condujo, condujimos, condujisteis, condujeron
traducir	traduj-	traduje, tradujiste, tradujo, tradujimos, tradujisteis tradujeron

¡ojo! Verbs with **j**-stems omit the letter **i** in the **ustedes/ellos/ellas** endings. For example, **tener → tuvieron**, but **decir → dijeron**.

▶ Most verbs that end in **–cir** are **j**-stem verbs in the preterite. For example, **producir → produje, produjiste,** etc.

SUGGESTION Do a pattern practice drill. Give an infinitive and ask individual students to provide conjugations for the different subject pronouns and/or names you suggest.

INSTRUCTIONAL RESOURCES
Supersite: Grammar Tutorial; WebSAM
SAM: Workbook pp. 91–92; Lab Manual p. 283

Práctica

1 **Una fiesta sorpresa** Completa estas oraciones con el pretérito de los verbos indicados.

> **modelo**
> El sábado ___hubo___ [haber] una fiesta sorpresa para Elsa en mi casa.

1. Sofía ___hizo___ [hacer] un pastel para la fiesta y Miguel ___trajo___ [traer] un flan.
2. Los amigos y parientes de Elsa ___vinieron___ [venir] y ___trajeron___ [traer] regalos.
3. El hermano de Elsa no ___vino___ [venir] porque ___tuvo___ [tener] que trabajar.
4. Su tía María tampoco ___pudo___ [poder] venir.
5. Cuando Elsa abrió la puerta, todos gritaron (*shouted*): "¡Feliz cumpleaños!" y su esposo le ___dio___ [dar] un beso.
6. Al final de la fiesta, todos ___dijeron___ [decir] que se divirtieron mucho.
7. La fiesta le ___dio___ [dar] a Elsa tanta alegría que no ___pudo___ [poder] dormir esa noche.

2 **¿Qué hicieron?** Usa los verbos para describir lo que hicieron estas personas. *Answers may vary.*

dar	tener
estar	traer
poner	venir

1. El señor López/dinero
El señor López le dio/ trajo dinero a su hijo.

2. Nosotros/fiesta
Nosotros tuvimos/dimos una fiesta./ Nosotros estuvimos en una fiesta.

3. Norma/pavo
Norma puso el pavo en la mesa./ Norma trajo el pavo a la mesa.

4. Roberto y Elena/regalo
Roberto y Elena le trajeron/ dieron un regalo a su amigo.

Conversación

3 **Preguntas** Con un(a) compañero/a, túrnate para contestar estas preguntas. *Answers will vary.*

3 **Communication** Interpersonal Communication

1. ¿Qué hiciste anoche?
2. ¿Quiénes no estuvieron en clase la semana pasada?
3. ¿Hiciste la tarea esta mañana? ¿Cuándo? ¿Se la diste al/a la profesor(a)?
4. ¿Qué trajiste a clase hoy?
5. ¿Tuviste que asistir a alguna boda el año pasado? ¿De quién?
6. ¿Alguien dio una fiesta por tu cumpleaños el año pasado? ¿Quién?
7. ¿Cuándo fue la última (*last*) vez que tus parientes vinieron a visitarte?
8. ¿Les diste a tus padres un regalo para su aniversario de bodas? ¿Qué les regalaste?

4 **Encuesta** Averigua (*Find out*) quién de tus compañeros/as hizo cada una de estas actividades. Luego, comparte los resultados con la clase. *Answers will vary.*

4 **Communication** Interpersonal Communication

modelo

Fue a una fiesta la semana pasada.

Estudiante 1: ¿Fuiste a una fiesta la semana pasada?
Estudiante 2: No, no fui a ninguna fiesta.
Estudiante 1: ¿Fuiste a una fiesta la semana pasada?
Estudiante 3: Sí, fui a una fiesta muy buena.

Descripciones	Nombres
1. Tuvo un examen ayer.	_____
2. Trajo dulces a clase.	_____
3. Condujo su auto a clase.	_____
4. Estuvo en la biblioteca ayer.	_____
5. Le dio consejos a alguien ayer.	_____
6. Tuvo que levantarse temprano ayer.	_____
7. Hizo un viaje por más de dos semanas el verano pasado.	_____
8. Tuvo una cita anoche.	_____
9. Dijo una mentira ayer.	_____
10. Tuvo que trabajar el sábado pasado.	_____

ACTIVITY PACK For additional activities, go to the **Activity Pack** in the **Resources** section of the Supersite.

The preterite of *dar*

The preterite of *dar*			
yo	di	nosotros/as	dimos
tú	diste	vosotros/as	disteis
Ud./él/ella	dio	Uds./ellos/ellas	dieron

▶ The endings for **dar** are the same as the regular preterite endings for **–er** and **–ir** verbs, but there are no written accent marks.

La camarera me **dio** el menú.
The waitress gave me the menu.

Le **di** a Juan algunos consejos.
I gave Juan some advice.

Los invitados le **dieron** un regalo.
The guests gave him/her a gift.

Nosotros **dimos** una gran fiesta.
We gave a great party.

▶ The preterite of **hay** (*inf.* **haber**) is **hubo** (*there was/were*).

Hubo una fiesta el sábado pasado.
There was a party last Saturday.

Hubo muchos invitados.
There were a lot of guests.

Hubo una sorpresa especial para mi hermana.
There was a special surprise for my sister.

También **hubo** muchos regalos y champán.
There were also a lot of gifts and champagne.

¡No me importa si tuvo muchos pedidos!

¿No le trajiste un regalo a Valentina?

¡Manos a la obra!

Escribe la forma correcta del pretérito de cada verbo.

1. Tú ___quisiste___ [querer].
2. Usted ___dijo___ [decir].
3. Nosotras ___hicimos___ [hacer].
4. Yo ___traje___ [traer].
5. Ellas ___condujeron___ [conducir].
6. Ella ___estuvo___ [estar].
7. Tú ___tuviste___ [tener].
8. Ella y yo ___dimos___ [dar].
9. Yo ___traduje___ [traducir].
10. ___Hubo___ [haber] muchos invitados.
11. Usted ___supo___ [saber].
12. Ellos ___pusieron___ [poner].
13. Yo ___vine___ [venir].
14. Tú ___pudiste___ [poder].
15. Ustedes ___quisieron___ [querer].
16. Nosotras ___estuvimos___ [estar].
17. Tú ___dijiste___ [decir].
18. Ellos ___supieron___ [saber].
19. Él ___hizo___ [hacer].
20. Yo ___puse___ [poner].
21. Nosotras ___trajimos___ [traer].
22. Yo ___tuve___ [tener].
23. Tú ___diste___ [dar].
24. Usted ___condujo___ [conducir].

I CAN talk about the past.

Communicative Goal
Say what I did last weekend

INSTRUCTIONAL RESOURCES
Supersite: Grammar Tutorial; WebSAM
SAM: Workbook p. 93; Lab Manual p. 284

9.2 Verbs that change meaning in the preterite

▶ **Conocer, saber, poder,** and **querer** change meanings in the preterite.

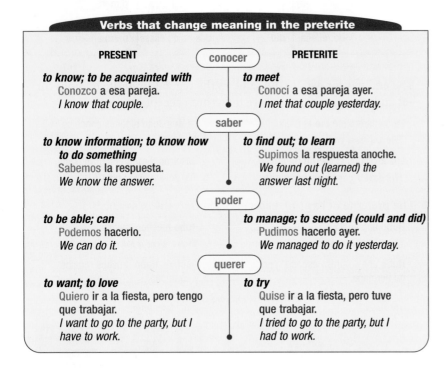

Verbs that change meaning in the preterite

PRESENT	conocer	PRETERITE
to know; to be acquainted with		**to meet**
Conozco a esa pareja.		Conocí a esa pareja ayer.
I know that couple.		*I met that couple yesterday.*

saber
to know information; to know how to do something		**to find out; to learn**
Sabemos la respuesta.		Supimos la respuesta anoche.
We know the answer.		*We found out (learned) the answer last night.*

poder
to be able; can		**to manage; to succeed (could and did)**
Podemos hacerlo.		Pudimos hacerlo ayer.
We can do it.		*We managed to do it yesterday.*

querer
to want; to love		**to try**
Quiero ir a la fiesta, pero tengo que trabajar.		Quise ir a la fiesta, pero tuve que trabajar.
I want to go to the party, but I have to work.		*I tried to go to the party, but I had to work.*

▶ In the preterite, **poder** and **querer** have different meanings, depending on whether they are used in affirmative or negative sentences.

Affirmative		**Negative**	
pude	*I was able (to)/succeeded*	no pude	*I failed (to)*
quise	*I tried (to)*	no quise	*I refused (to)*

¡Manos a la obra!

Cambia los verbos del presente al pretérito.

1. No quiero hacerlo. No _____quise_____ hacerlo.
2. ¿Sabes la respuesta? ¿ _____Supiste_____ la respuesta?
3. Las chicas pueden divertirse. Las chicas _____pudieron_____ divertirse.
4. ¿Conoces a los recién casados? ¿ _____Conociste_____ a los recién casados?
5. No puedo encontrar a Patricia. No _____pude_____ encontrar a Patricia.
6. Josefina quiere descansar. Josefina _____quiso_____ descansar.
7. Conocemos a Julio. _____Conocimos_____ a Julio el año pasado.
8. Ella no puede venir a la fiesta. Ella no _____pudo_____ venir a la fiesta.
9. Queremos pasarlo bien. _____Quisimos_____ pasarlo bien.
10. Ustedes saben del problema, ¿verdad? Ustedes _____supieron_____ del problema, ¿verdad?
11. No queremos ir a la fiesta. No _____quisimos_____ ir a la fiesta.
12. Puedes venir conmigo. _____Pudiste_____ venir conmigo.

Práctica

1 Oraciones Forma oraciones con estos elementos. Usa el pretérito.

modelo

Mis padres / no querer / venir / fiesta
Mis padres no quisieron venir a la fiesta.

1. Anoche / nosotros / saber / del divorcio / Carlos y Eva *Anoche supimos del divorcio de Carlos y Eva.*

2. Tú / conocer / Nora / clase / historia / ¿no?
Tú conociste a Nora en la clase de historia, ¿no?

3. ¿Poder / ustedes / visitar / la Isla de Pascua?
¿Pudieron ustedes visitar la Isla de Pascua?

4. Pedro / querer / romper / Olivia
Pedro quiso romper con Olivia.

5. Irma / saber / de la fiesta sorpresa
Irma supo de la fiesta sorpresa.

6. Gustavo y Elena / conocer / mi esposo / fiesta de Ana *Gustavo y Elena conocieron a mi esposo en la fiesta de Ana.*

7. Yolanda / no poder / dormir / anoche
Yolanda no pudo dormir anoche.

8. El señor Navarro / querer / jubilarse / pero / no poder *El señor Navarro quiso jubilarse, pero no pudo.*

9. Ayer / yo / no poder / ir / partido
Ayer no pude ir al partido.

10. Nosotros / querer / pagar la cuenta
Nosotros quisimos pagar la cuenta.

2 Completar Completa estas oraciones de manera lógica.
Answers will vary.

1. La semana pasada yo supe…
2. Ayer mi compañero/a de cuarto supo…
3. Esta mañana no pude…
4. El fin de semana pasado mis amigos/as y yo no pudimos…
5. Conocí a mi mejor amigo/a en…
6. Mis padres no quisieron…
7. Mi mejor amigo/a no pudo…
8. Mi novio/a y yo nos conocimos en…
9. El mes pasado quise…
10. Ayer mis amigos/as quisieron…
11. Mis abuelos pudieron…

Conversación

3 **El fin de semana** Prepara dos listas: una con las actividades que hiciste el fin de semana pasado y la otra lista con las actividades que quisiste hacer, pero no pudiste hacer. Luego, compara tu lista con la de un(a) compañero/a, y explica por qué no pudiste hacer esas cosas. *Answers will vary.*

3 Communication Interpersonal Communication

Cosas que hice	Cosas que quise hacer
1. _____	1. _____
2. _____	2. _____
3. _____	3. _____
4. _____	4. _____
5. _____	5. _____
6. _____	6. _____
7. _____	7. _____
8. _____	8. _____
9. _____	9. _____
10. _____	10. _____

4 **Telenovela** En grupos de tres, escriban el guion (*script*) de una escena amorosa entre los tres personajes de la telenovela (*soap opera*) llamada **La mujer doble**. Usen el pretérito de **conocer, poder, querer** y **saber**. ¡Sean creativos!

4 Communication Presentational Communication *Answers will vary.*

Daniel

Mirta

Raúl

La mujer doble

ⓦ Pasión   ⓦ Aventura   ⓦ Hechicería   ⓦ Venganza

ACTIVITY PACK For additional activities, go to the **Activity Pack** in the **Resources** section of the Supersite.

Communicative Goal
Recognize familiar words in a simple ad

Español en vivo

Hubo un día en el que la humanidad quiso ir más allá de sus límites.
Pudo conocer un mundo° increíble.
Supo asegurar° su futuro.

BANCO COLÓN
El banco de Puerto Rico

Ahora todos lo pueden hacer.

mundo *world*   **asegurar** *to ensure*

1 **Identificar** Lee el anuncio e identifica los verbos en el pretérito.

2 **Preguntas** Contesta las preguntas.   **2 Communication** Interpretive Communication

1. ¿Qué quiso hacer la humanidad? ¿Qué pudo conocer?
2. ¿Cuándo llegó Cristóbal Colón a América?
3. ¿Qué tipo de compañía es la del anuncio?
4. ¿Es eficaz (*effective*) la conexión entre el viaje de Colón y los servicios bancarios?

Suggestion Show the **Aventuras fotonovela** video to give students more input containing verbs that change meaning in the preterite. Stop the video where appropriate to discuss how certain verbs were used and to ask comprehension questions.

I CAN say what I did last weekend.

I CAN recognize familiar words in a simple ad.

Communicative Goal
Talk about celebrations and relationships

9.3 Relative pronouns

▶ Relative pronouns are used to combine two sentences or clauses that share a common element, such as a noun or pronoun. Study these diagrams.

> Éste es el flan.
> *This is the flan.*

> Manuela preparó el flan.
> *Manuela made the flan.*

> Éste es el flan que Manuela preparó.
> *This is the flan that Manuela made.*

> Lourdes es muy inteligente.
> *Lourdes is very intelligent.*

> Lourdes estudia español.
> *Lourdes studies Spanish.*

> Lourdes, quien estudia español, es muy inteligente.
> *Lourdes, who studies Spanish, is very intelligent.*

> El pastel que compraron fue muy rico.

> Quiero saber cuándo van a llegar las flores que pedí.

▶ Spanish has three commonly used relative pronouns. Note that relative pronouns never carry an accent, unlike interrogative words (**qué, quién,** etc.).

Common relative pronouns	
que	*that; which; who*
quien(es)	*who; whom; that*
lo que	*that which; what*

▶ **Que,** the most frequently used relative pronoun, can refer to things or to people. Unlike the English *that,* **que** is never omitted.

¿Dónde está el pastel **que** pedí?
Where is the cake (that) I ordered?

El hombre **que** sirve la comida se llama Diego.
The man who serves the food is named Diego.

SUGGESTION Show the class four or five magazine pictures. Ask questions about the pictures using relative pronouns, or elicit relative pronouns in student responses.
Ex: —¿Quién sabe lo que hace esta muchacha?
—Lo que hace esta muchacha es estudiar español.

INSTRUCTIONAL RESOURCES
Supersite: Grammar Tutorial; WebSAM
SAM: Workbook pp. 94–95; Lab Manual p. 285

Práctica

1 Una fiesta de aniversario Amparo está hablando de la fiesta de aniversario de sus abuelos. Completa las oraciones con las expresiones de la lista.

a quien conozco muy bien	que se graduó
de quienes te hablé	quien es la novia
que saqué	quien se jubiló

1. El sábado fui a la fiesta de aniversario de mis abuelos, _de quienes te hablé_ la semana pasada.
2. Éstas son las fotos _que saqué_ durante la fiesta.
3. Éste es Ramón, mi primo. Es el chico _que se graduó_ de la universidad en junio.
4. Éste es mi abuelo, _quien se jubiló_ el año pasado.
5. Esta mujer, _a quien conozco muy bien_, se llama Ana.
6. Y ésta es Lucía, _quien es la novia_ de Ramón.

2 Una fiesta de cumpleaños Describe la fiesta sorpresa que van a dar Jaime y Laura, usando los pronombres relativos **que, quien, quienes** y **lo que**.

modelo

Jaime y Laura son los amigos _que_ planean la fiesta.

1. Manuela, _que/quien_ cumple veintiún años mañana, no sabe que sus amigos están planeando una fiesta.
2. Éstas son las personas _que_ van a invitar.
3. Juan y Luz, _que/quienes_ son los hermanos de Manuela, van a venir.
4. Marco, _que/quien_ es el novio de Manuela, va a venir también.
5. _Lo que_ Jaime y Laura van a servir de postre es un pastel.
6. Todos van a bailar salsa y rock hasta la una de la mañana, _lo que_ va a ser muy divertido.

Conversación

3 **Entrevista** Con un(a) compañero/a, túrnate para contestar las preguntas. *Answers will vary.*

🔗
👥

3 **Communication** Interpersonal Communication

1. ¿Qué es lo que más te gusta de las fiestas familiares? ¿Por qué?

2. ¿Qué es lo que menos te gusta de las fiestas familiares? ¿Por qué?

3. ¿Quiénes son las personas con quienes celebras tu cumpleaños?

4. ¿Quién es el/la pariente o amigo/a a quien más le gustan los cumpleaños? ¿Por qué le gustan tanto?

5. ¿Dónde compras los regalos que le regalas a tu mejor amigo/a?

6. ¿Tienes hermanos/as o amigos/as que están casados/as? ¿Dónde viven?

7. ¿Quién es la persona que más te importa?

8. ¿Quiénes son las personas con quienes te diviertes más? ¿Por qué lo pasas bien con ellos/ellas?

4 **Definiciones** Con un(a) compañero/a, túrnate para definir estas palabras, usando **que, quien(es)** y **lo que**. Luego, comparte las definiciones con la clase. *Answers will vary.*

4 **Communication** Interpersonal Communication

modelo

un pastel de cumpleaños

Estudiante 1: ¿Qué es un pastel de cumpleaños?
Estudiante 2: Es un postre que comes en tu cumpleaños./Es lo que comes en tu cumpleaños.

1. el helado
2. el champán
3. una propina
4. una boda
5. un invitado
6. la Navidad
7. una recién casada
8. los dulces
9. una viuda
10. una fiesta de quince años

ACTIVITY PACK For additional activities, go to the **Activity Pack** in the **Resources** section of the Supersite.

I CAN talk about celebrations and relationships.

Uses of **quien(es)** and **lo que**

▶ **Quien** (singular) and **quienes** (plural) refer only to people and are often used after a preposition or the personal **a**.

Eva, **a quien** vi anoche, cumple veinticinco años hoy.
Eva, whom I saw last night, turns twenty-five today.

¿Son ésas las chicas **de quienes** me hablaste la semana pasada?
Are those the girls you told me about last week?

▶ **Quien(es)** is occasionally used instead of **que** in clauses set off by commas.

Lola, **quien** es cubana, es médica.
Lola, who is Cuban, is a doctor.

Mi hermana, **quien** vive en Madrid, me llamó por teléfono.
My sister, who lives in Madrid, called me on the phone.

Su tía, **que** es alemana, ya llegó.
Her aunt, who is German, already arrived.

Juan, **que** estuvo muy contento, brindó conmigo.
Juan, who was very happy, toasted with me.

▶ **Lo que** refers to an idea, a situation, or a past event and means *what* or *the thing that.*

Juana tiene todo **lo que** necesitamos.
Juana has everything we need.

Lo que quiero es verte.
What I want is to see you.

Lo que me molesta es el calor.
The thing that bothers me is the heat.

Lo que más te gusta es divertirte.
What you like most is to have fun.

Yo sólo veo el oso gigante que le dio Juanjo!

Eso no fue lo que me dijo la persona con quien hablé esta mañana.

¡Manos a la obra!

🔗 Completa las oraciones con pronombres relativos.

1. La chica ___*que*___ me invitó a la fiesta se llama Anabel.
2. Ese mercado tiene todo ___*lo que*___ necesitamos.
3. Úrsula, ___*que/quien*___ es la dueña del restaurante, es de Uruguay.
4. Donaldo, a ___*quien*___ viste en la fiesta, es chileno.
5. A Cecilia no le gusta el regalo ___*que*___ le compré.
6. No me gusta hablar con personas a ___*quienes*___ no conozco.
7. Rosana es la chica de ___*quien*___ te hablé.
8. El chico ___*que*___ está a la izquierda es mi primo.
9. Ana, con ___*quien*___ voy a la fiesta, es muy simpática.
10. ___*Lo que*___ me sorprendió fue ver a tantos invitados.

Communicative Goal
Ask and answer questions about a wedding

9.4 ¿Qué? and ¿cuál?

▶ As you know, **¿qué?** and **¿cuál?** or **¿cuáles?** mean *what?* or *which?* However, they are not interchangeable.

▶ **¿Qué?** is used to ask for a definition or explanation.

¿Qué es el flan?
What is flan?

¿Qué estudias?
What do you study?

▶ **¿Cuál(es)?** is used when there is a choice between two or more possibilities.

¿Cuáles quieres, éstos o ésos?

Which (ones) do you want, these or those?

¿Cuál es tu apellido, Martínez o Vásquez?

What is your last name, Martínez or Vásquez?

▶ **¿Cuál(es)?** should not be used before a noun; **¿qué?** is used instead.

¿Cuál es tu color favorito?
What is your favorite color?

¿Qué colores te gustan?
What colors do you like?

▶ **¿Qué?** used before a noun has the same meaning as **¿cuál?**

Qué + noun
¿Qué regalo te gusta?
¿Qué dulces quieren ustedes?

Cuál + verb
¿Cuál te gusta?
¿Cuáles quieren ustedes?

Review of interrogative words and phrases

¿a qué hora?	at what time?	¿cuántos/as?	how many?
¿adónde?	(to) where?	¿de dónde?	from where?
¿cómo?	how?	¿dónde?	where?
¿cuál(es)?	what?; which?	¿por qué?	why?
¿cuándo?	when?	¿qué?	what?; which?
¿cuánto/a?	how much?	¿quién(es)?	who?

¡Manos a la obra!

 Completa las preguntas con **¿qué?** o **¿cuál(es)?**, según el contexto.

1. ¿ _Cuál_ te gusta más?
2. ¿ _Cuál_ es tu teléfono?
3. ¿ _Qué_ tipo de pastel pediste?
4. ¿ _Qué_ es una boda?
5. ¿ _Qué_ haces ahora?
6. ¿ _Cuáles_ son tus platos favoritos?
7. ¿ _Qué_ bebidas te gustan más?
8. ¿ _Qué_ es esto?
9. ¿ _Cuál_ es el mejor?
10. ¿ _Cuál_ es tu opinión?
11. ¿ _Qué_ fiestas celebras tú?
12. ¿ _Qué_ jugo prefieres?
13. ¿ _Cuál_ es tu clase favorita?
14. ¿ _Qué_ pones en la mesa?
15. ¿ _Qué_ restaurante prefieres?
16. ¿ _Cuál_ es tu dirección?
17. ¿ _Qué_ quieres comer ahora?
18. ¿ _Cuál_ es la tarea para mañana?
19. ¿ _Qué_ color prefieres?
20. ¿ _Qué_ opinas?

SUGGESTION Have students write one question using each of the interrogative words or phrases from the chart. Then have them ask those questions of a partner, who must answer in complete sentences.

INSTRUCTIONAL RESOURCES
Supersite: Grammar Tutorial; WebSAM
SAM: Workbook pp. 96–97; Lab Manual p. 286

Práctica

1 **Minidiálogos** Completa los minidiálogos con las palabras interrogativas correctas.

modelo   SILVIA   ¿ _Cuándo_ es la fiesta de aniversario de tus padres?
ERNESTO   El sábado por la noche.

• • •

MARCELA   ¿ (1) _Dónde_ va a ser la fiesta de cumpleaños?
DIEGO   En casa de mi primo.

• • •

CAMILA   ¿ (2) _Cuál_ es tu clase favorita?
CARLOS   La clase de arte es mi favorita.

• • •

TOMÁS   ¿ (3) _Cuánto_ dinero te van a dar tus abuelos para tu graduación de la universidad?
MERCEDES   Dicen que van a darme cien dólares.

• • •

LIDIA   ¿ (4) _Qué_ compraste para tu sobrino?
MARTA   Una raqueta de tenis.

• • •

IGNACIO   ¿ (5) _Adónde_ vas después de la boda?
GABRIEL   Mi novia y yo vamos al cine.

2 **Completar** Completa estas preguntas con una palabra interrogativa. En algunos casos se puede usar más de una palabra interrogativa.

modelo   ¿En _qué_ país nacieron tus padres?

1. ¿ _Cuál_ es la fecha de tu cumpleaños?
2. ¿ _A qué hora/Dónde/Cuándo_ naciste?
3. ¿ _Cuál_ es tu estado civil?
4. ¿ _Cuándo/Cómo/Dónde_ te relajas?
5. ¿ _Cuáles/A qué hora_ son tus programas de televisión favoritos?
6. ¿ _Quién/Cómo/De dónde_ es tu mejor amigo?
7. ¿ _Adónde_ van tus amigos para divertirse?
8. ¿ _Qué_ postres te gustan? ¿ _Cuál_ te gusta más?
9. ¿ _Qué/Cuántos_ problemas tuviste el primer día de clase?
10. ¿ _Cuántos_ primos tienes?

Conversación

③ Una invitación Con un(a) compañero/a, lee esta invitación. Luego, cada estudiante debe pensar en tres preguntas que su compañero/a debe responder sobre el texto. *Answers will vary.* **③ Communication** Interpersonal Communication

modelo

Estudiante 1: ¿Quiénes se casan?
Estudiante 2: María Luisa y José Antonio

FERNANDO SANDOVAL VALERA   LORENZO VÁSQUEZ AMARAL

ISABEL ARZIPE DE SANDOVAL   ELENA SOTO DE VÁSQUEZ

TIENEN EL AGRADO DE INVITARLOS

A LA BODA DE SUS HIJOS

MARÍA LUISA Y JOSÉ ANTONIO

LA CEREMONIA RELIGIOSA TENDRÁ LUGAR

EL SÁBADO 10 DE JUNIO A LAS DOS DE LA TARDE

EN EL TEMPLO DE SANTO DOMINGO

(CALLE SANTO DOMINGO, 961).

DESPUÉS DE LA CEREMONIA, SÍRVANSE PASAR A LA RECEPCIÓN EN EL SALÓN
DE BAILE DEL HOTEL METRÓPOLI (SOTERO DEL RÍO, 465).

④ Fotos Con un(a) compañero/a, haz preguntas sobre estas personas. *Answers will vary.*
④ Communication Interpersonal Communication

modelo

Estudiante 1: ¿Quién es esta mujer?
Estudiante 2: Es estudiante.
Estudiante 1: ¿Dónde está?
Estudiante 2: Está en la biblioteca.
Estudiante 1: ¿Qué está haciendo?
Estudiante 2: Está estudiando para un examen.

1.   2.

3.   4.

ACTIVITY PACK For additional activities, go to the **Activity Pack** in the **Resources** section of the Supersite.

I CAN ask and answer questions about a wedding.

Communicative Goal
Recognize familiar words in a simple ad

Español en vivo

¿Con quién quieres compartir momentos mágicos?
¿Qué prioridades° tienes en la vida?
¿Qué es para ti la libertad?
Tú eliges° cómo vivir.

VIAJES LIBERTAD
¿Te gusta viajar en crucero°?

prioridades *priorities*   **eliges** *choose*   **crucero** *cruise ship*

① Identificar Lee el anuncio e identifica las palabras interrogativas. ¿Cuál de las tres preguntas puede escribirse con otra palabra interrogativa sin cambiar el significado de la pregunta? ¿Con qué palabra interrogativa se puede escribir?

② Preguntas Contesta las preguntas.

1. ¿Te gustaría viajar en un crucero? ¿Adónde?
2. ¿Por qué te gustaría viajar a ese lugar?
3. ¿Con quién te gustaría viajar?
4. ¿Te gusta este anuncio? ¿Por qué?

I CAN recognize familiar words in a simple ad.

A repasar

9.1 Irregular preterites

1 La graduación El fin de semana pasado fue tu fiesta de graduación y tus parientes de Colombia vinieron a la celebración. Usa estas frases para describir qué pasó en la fiesta. *Answers will vary.*

conducir el automóvil	traducir del inglés
decir el discurso (*speech*)	traer un regalo
producir un video	venir desde Colombia

2 Una fiesta importante Con un(a) compañero/a, túrnate para describir una fiesta importante que celebraron el año pasado. Comenta qué regalos diste y qué regalos te dieron. También comenta qué hubo de cenar, de beber y de postre. *Answers will vary.*
2 Communication Interpersonal Communication

modelo

Estudiante 1: ¿Cuál fue la fiesta más importante para ti el año pasado?
Estudiante 2: Para mi, fue la Navidad. Celebré esta fiesta con toda mi familia. Mis padres me dieron una computadora. De beber, hubo vino tinto, champán y refrescos...

9.2 Verbs that change meaning in the preterite

3 ¡Qué mala suerte! Completa el párrafo del diario de Romeo con el pretérito de los verbos **conocer, saber, poder** y **querer.**

Querido diario:

Julieta y yo nos (1) _conocimos_ en una fiesta el año pasado. Al día siguiente, yo (2) _quise_ invitarla a salir. La llamé por teléfono, pero no (3) _pude_ encontrarla. Julieta (4) _supo_ que yo la llamé. Ella (5) _quiso_ escribirme un mensaje electrónico, ¡pero yo no tengo correo electrónico! Julieta y yo nunca (6) _pudimos_ tener una cita. ¡Qué mala suerte (*luck*)!

Romeo

4 De joven... En grupos de tres, imaginen que tienen ochenta años de edad. Escriban un párrafo diciendo las cosas que quisieron hacer de jóvenes, las cosas que no quisieron hacer, las actividades que pudieron hacer y las que no pudieron hacer. *Answers will vary.*

modelo

De joven, siempre quise tener una cita con una actriz de cine, pero no pude conocer a ninguna.

9.3 Relative pronouns

5 Combinar Combina las oraciones para formar una sola oración con los pronombres relativos **que, quien(es)** y **lo que.**

modelo

Mi hermano y mi novia se llevan bien. Ellos planearon una fiesta sorpresa para mí.
Mi hermano y mi novia, quienes se llevan bien, planearon una fiesta sorpresa para mí.

1. La fiesta fue en un restaurante peruano. Mi novia lo eligió (*chose*). *La fiesta fue en un restaurante peruano que mi novia eligió.*
2. Mi amigo Hernán es colombiano. Él vino desde Bogotá. *Mi amigo Hernán, quien/que es colombiano, vino desde Bogotá.*
3. Los camareros trajeron un pastel de cumpleaños. El pastel fue de chocolate. *Los camareros trajeron un pastel de cumpleaños que fue de chocolate.*
4. Mis tíos fueron a la fiesta. La situación fue incómoda (*uncomfortable*) porque están separados. *Mis tíos fueron a la fiesta, lo que fue incómodo porque están separados.*
5. Mis hermanos son mayores que yo. Ellos le dejaron una propina al camarero. *Mis hermanos, quienes/que son mayores que yo, le dejaron una propina al camarero.*
6. Los invitados bailaron mucho. Fue bueno porque se divirtieron. *Los invitados bailaron mucho, lo que fue bueno porque se divirtieron.*

6 Anuncio Con un(a) compañero/a, escribe un anuncio de un salón para celebrar bodas. Usa pronombres relativos y los verbos **creer, pensar, decir** y **suponer.** *Answers will vary.*
6 Communication Presentational Communication

modelo

¡Creemos que este salón es perfecto para su boda! Suponemos que usted quiere una boda divertidísima.

9.4 ¿Qué? and ¿cuál?

7 **Las etapas de la vida** Completa las preguntas con **qué** o **cuál(es)**. Después, responde las preguntas.

> **modelo** ¿__Qué__ etapa de la vida ocurre después de la niñez?
>
> La etapa de la vida que ocurre después de la niñez es la adolescencia.

1. ¿__Cuál__ es la etapa en la que nos jubilamos?
   La etapa en la que nos jubilamos es la vejez/madurez.
2. ¿__Cuáles__ son las mejores etapas de la vida?
   Answers will vary.
3. ¿__Cuáles__ son las etapas que ocurren antes de la vejez? *Las etapas que ocurren antes de la vejez son la niñez, la adolescencia y la madurez.*
4. ¿__Cuál__ es la etapa de la vida después de la madurez? *La etapa de la vida después de la madurez es la vejez.*
5. ¿__Qué__ celebraciones son las favoritas de los niños? *Answers will vary.*

8 **La quinceañera** Con un(a) compañero/a, escribe preguntas para entrevistar a Ana, quien celebró su fiesta de quince años. Usa todas las palabras interrogativas. Después, túrnate con tu compañero/a para hacer y responder las preguntas. *Answers will vary.*
8 Communication Interpersonal Communication

Síntesis

9 **Conversar** Tu amigo y tú están conversando sobre la vida de artistas famosos. Con un(a) compañero/a, comenta los últimos chismes (*gossip*) de estas celebridades. *Answers will vary.*
9 Communication Interpersonal Communication

> **modelo**
>
> **Estudiante 1:** ¿Supiste que Sofía Vergara rompió con su novio?
> **Estudiante 2:** Sí, lo supe. Creo que él se enamoró de una modelo.
> **Estudiante 1:** ¿Quién te dijo eso?
> **Estudiante 2:** Lo dijeron en el programa de entrevistas de las seis de la tarde. ¿No lo viste?
> **Estudiante 1:** No. Estuve en la biblioteca.

ACTIVITY PACK For additional activities, go to the **Activity Pack** in the **Resources** section of the Supersite.

Communicative Goal
Watch a video about a traditional celebration in Mexico and use it to create my own video

 Video

Videoclip

1 **Preparación** ¿Cuál es la fiesta popular más importante de tu comunidad? ¿Cómo se celebra? ¿Cuál es la fiesta popular que más recuerdas? ¿Qué fue lo que más te llamó la atención?

2 **El clip** Mira el episodio **Guelaguetza en Oaxaca** del programa *Sin postal* de México.

Vocabulario

artesanías *crafts*	ofrenda *offering*
diosa *goddess*	vestimentas *clothing*

La fiesta étnica y folclórica más importante de todo el continente: ¡la Guelaguetza!

3 **Preguntas** Contesta las preguntas. **3 Communication** Interpretive Communication

1. ¿En qué mes se celebra la Guelaguetza? *en julio*
2. ¿Cuántas regiones tiene el estado de Oaxaca? *ocho*
3. ¿Cuál es el espectáculo principal de esta celebración? *los bailes tradicionales*
4. ¿Qué significa la palabra *guelaguetza*? *ofrenda*
5. La celebración es una mezcla de dos tradiciones. ¿Cuáles son?
   prehispánicas y católicas

4 **Otra fiesta tradicional** Con un(a) compañero/a, graba (*record*) un video de dos a tres minutos para presentar una fiesta tradicional de su comunidad, estado o país. Suban (*Upload*) el video y compártanlo con compañeros de su universidad y personas de otras comunidades.

4 Communication Presentational Communication
4 Communities School and Global Communities

I CAN understand information in a video about a traditional celebration in Mexico.

I CAN create a short video about a traditional celebration in my own culture.

Ampliación

① SCRIPT

Josefina: Rosa, ¿te divertiste anoche en la fiesta? **Rosa:** Sí, me divertí más en el aniversario que en la boda. ¡La fiesta estuvo fenomenal! Fue buena idea festejar el aniversario en un restaurante. Así todos pudieron relajarse. **J:** Qué dicha que estén tan enamorados después de dos años de matrimonio. Me gustaría tener una relación como la de ellos. Y también saberlo celebrar con tanta alegría. ¡Pero qué cantidad de comida y bebida! ¡Te imaginas cómo va a ser la fiesta de bautizo del primer hijo? **R:** Es verdad que Margarita y Roberto exageran un poco con sus fiestas, pero son de la clase de gente que le gusta celebrar los eventos de la vida. Y como tienen tantas amistades y dos familias tan grandes... **J:** Oye, Rosa, hablando de familia, ¿llegaste a conocer al cuñado de Magali? Es soltero, ¿no? Quise bailar con él, pero no me sacó a bailar. **R:** Hablas de Rafael. Es muy bien parecido; ¡ese pelo...! Estuve hablando con él después del brindis. Me dijo que no le gustan ni el champán ni el vino; él finge tomar cuando brindan porque no lo soporta. No te sacó a bailar porque él y Susana estaban juntos en la fiesta. **J:** De todos modos, aun sin Rafael, bailé toda la noche. Lo pasé muy, pero muy bien.

① Escuchar

A Escucha la conversación entre Josefina y Rosa. Cuando oigas una de las palabras de la **columna A**, usa el contexto para identificar un sinónimo en la **columna B**. **① Communication** Interpretive Communication

TIP **Guess the meaning of the words through context.** Listen to the words and phrases around an unfamiliar word to guess its meaning.

A
_____ 1. festejar
_____ 2. te divertiste
_____ 3. dicha
_____ 4. bien parecido
_____ 5. finge (fingir)
_____ 6. soporta (soportar)

B
a. conmemoración religiosa de una muerte
b. tolera
c. suerte
d. celebrar
e. lo pasaste bien
f. horror
g. pretende ser algo que no es
h. guapo

B ¿Son solteras Rosa y Josefina? ¿Cómo lo sabes?
Answers will vary.

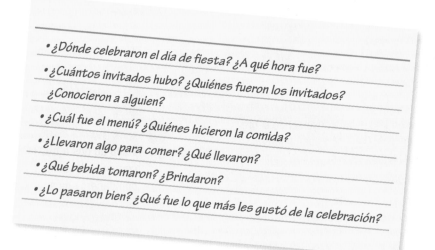

Margarita Robles de García y Roberto García Olmos

Piden su presencia en la celebración del segundo aniversario de bodas el día 13 de marzo de 2018 con una misa en la Iglesia Virgen del Coromoto a las 6:30 p.m.

Seguida por cena y baile en el restaurante El Campanero, Calle Principal, Las Mercedes a las 8:30 p.m.

② Conversar

Con un(a) compañero/a, conversa sobre cómo celebraron el Día de Acción de Gracias (*Thanksgiving*) el año pasado. Incluye esta información. *Answers will vary.* **② Communication** Interpersonal Communication

- ¿Dónde celebraron el día de fiesta? ¿A qué hora fue?
- ¿Cuántos invitados hubo? ¿Quiénes fueron los invitados? ¿Conocieron a alguien?
- ¿Cuál fue el menú? ¿Quiénes hicieron la comida?
- ¿Llevaron algo para comer? ¿Qué llevaron?
- ¿Qué bebida tomaron? ¿Brindaron?
- ¿Lo pasaron bien? ¿Qué fue lo que más les gustó de la celebración?

I CAN use context to understand unfamiliar words in a conversation.

I CAN talk about a holiday celebration.

Ampliación

③ Escribir

En una composición, compara dos celebraciones a las que tú asististe recientemente. *Answers will vary.*

③ **Communication** Presentational Communication

TIP **Use Venn diagrams.** Use Venn diagrams to organize your ideas visually before comparing and contrasting people, places, objects, events, or issues. Differences are listed in the outer rings of the two circles; similarities appear where the circles overlap.

Boda de Silvia Reyes y Carlos Espinoza

Diferencias:
1. Primero hay una celebración religiosa.
2. Se celebra el matrimonio de dos personas.

Similitudes:
1. Las dos fiestas se celebran por la noche.
2. Hay música y baile.

Fiesta de quince años de Ana Ester Larenas Vera

Diferencias:
1. Se celebra en un club.
2. Vienen invitados especiales.

Organizar	Utiliza un diagrama de Venn para anotar las similitudes y las diferencias entre las dos celebraciones.
Escribir	Utiliza tus notas para escribir el primer borrador de la composición.
Corregir	Intercambia tu composición con la de un(a) compañero/a. Dale sugerencias para mejorar su borrador y si ves errores gramaticales u ortográficos, coméntaselos.
Compartir	Revisa el primer borrador según las indicaciones de tu compañero/a. Incorpora nuevas ideas o más información para ampliar la comparación. Luego, comparte tu composición con otro/a compañero/a.

④ Un paso más

Imagina que eres periodista en un país hispano. Escribe un artículo sobre un día de fiesta o una celebración que viste. *Answers will vary.*

④ **Communication** Presentational Communication
④ **Connections** Making Connections

- Investiga las fiestas, las celebraciones y los festivales de ese país.
- Explica el nombre de la celebración que escogiste, cuándo fue y cómo la celebraron.
- Incluye información sobre la ropa especial que llevaron, la comida, la música y el baile.
- Indica qué hiciste tú durante la celebración.
- Presenta el artículo a la clase. Explica los detalles y muestra fotos.

⑤ Cultura

Puedes asistir a una de las celebraciones mencionadas en esta lección. ¿A cuál quieres ir? ¿Por qué?

I CAN write a composition in which I compare two celebrations.

I CAN write an article about a holiday or celebration in a Spanish-speaking country.

Audio: Reading

Antes de leer

Analyzing words will help you understand a text.

TIP **Recognize word families.** Recognizing root words and word families can help you guess the meaning of words in context, ensuring better comprehension of a reading selection. Using this strategy will enrich your Spanish vocabulary as well.

Examinar el texto

Familiarízate con el texto usando las estrategias de lectura más efectivas para ti. ¿Qué tipo de documento es? ¿De qué tratan las cuatro secciones del documento? Explica tus respuestas.

Raíces

Completa el cuadro para ampliar tu vocabulario. Usa palabras de la lectura de esta lección y vocabulario de las lecciones anteriores. ¿Qué significan las palabras que escribiste?

Answers may vary. Suggested answers:

Verbs	Nouns	Other forms
1. agradecer *to thank, to be grateful for*	agradecimiento/ gracias *gratitude/thanks*	agradecido *grateful, thankful*
2. estudiar	estudiante *student*	estudiado *studied*
3. celebrar *to celebrate*	celebración *celebration*	celebrado
4. bailar *to dance*	baile	bailable *danceable*
5. bautizar	bautismo *baptism*	bautizado *baptized*

EL INFORMANTE

Actualidad | Opinión | Vida social | Entretenimiento

Matrimonio

Espinoza Álvarez- Reyes Salazar

El día sábado 17 de junio a las 19 horas, se celebró el matrimonio de Silvia Reyes y Carlos Espinoza en la catedral de Santiago. La ceremonia fue oficiada por el pastor Federico Salas y participaron los padres de los novios, el señor Jorge Espinoza y señora y el señor José Alfredo Reyes y señora. Después de la ceremonia, los padres de los recién casados ofrecieron una fiesta bailable en el restaurante La Misión.

Bautismo

José María recibió el bautismo el 26 de junio.

Sus padres, don Roberto Lagos Moreno y doña María Angélica Sánchez, compartieron la alegría de la fiesta con todos sus parientes y amigos. La ceremonia religiosa tuvo lugar° en la catedral de Aguas Blancas. Después de la ceremonia, padres, parientes y amigos celebraron una fiesta en la residencia de la familia Lagos.

10:00 ▶ ⅝ 🔋

Lunes, 30 de junio de 2018

| Tecnología | Deportes | Economía |

Fiesta de quince años *Señorita Ana Ester*

El doctor don Amador Larenas Fernández y la señora Felisa Vera de Larenas celebraron los quince años de su hija Ana Ester junto a sus parientes y amigos. La quinceañera reside en la ciudad de Valparaíso y es estudiante del Colegio Francés. La fiesta de presentación en sociedad de la señorita Ana Ester fue el día viernes 2 de junio a las 19 horas en el Club Español. Entre los invitados especiales asistieron el alcalde° de la ciudad, don Pedro Castedo, y su esposa. La música estuvo a cargo de la Orquesta Americana. ¡Feliz cumpleaños, le deseamos a la señorita Ana Ester en su fiesta bailable!

Expresión de gracias *Carmen Godoy Tapia*

Agradecemos° sinceramente a todas las personas que nos acompañaron en el último adiós a nuestra apreciada esposa, madre, abuela y tía, la señora Carmen Godoy Tapia. El funeral tuvo lugar el día 28 de junio en la ciudad de Viña del Mar. La vida de Carmen Godoy fue un ejemplo de trabajo, amistad, alegría y amor para todos nosotros. Su esposo, hijos y familia agradecen de todo corazón° su asistencia° al funeral a todos los parientes y amigos.

Después de leer

¿Comprendiste?   Communication Interpretive Communication

Indica si lo que dice cada oración es **cierto** o **falso**. Corrige las oraciones falsas.

Cierto	Falso	
_____	✓	1. El alcalde y su esposa asistieron a la boda de Silvia y Carlos. *Ellos asistieron a la fiesta de quince años de Ana Ester.*
_____	✓	2. Todos los anuncios (*announcements*) describen eventos felices. *Tres describen eventos felices y uno trata de la muerte.*
✓	_____	3. Ana Ester Larenas cumple quince años.
_____	✓	4. Roberto Lagos y María Angélica Sánchez son hermanos. *Ellos están casados.*
✓	_____	5. La familia de Carmen Godoy Tapia les dio las gracias a las personas que asistieron al funeral.

Preguntas   Communication Interpretive Communication

Responde estas preguntas con oraciones completas.

1. ¿Quién murió en junio?
   Carmen Godoy Tapia murió en junio.

2. ¿Dónde tuvo lugar el funeral?
   El funeral tuvo lugar en la ciudad de Viña del Mar.

3. ¿Dónde fue la fiesta de bautismo de José María?
   La fiesta fue en la residencia de la familia Lagos.

4. ¿Qué hicieron los recién casados y sus invitados después de la ceremonia?
   Fueron a la fiesta bailable en el restaurante La Misión.

5. ¿Quién estuvo a cargo de la música en la fiesta de quince años de Ana Ester?
   La música estuvo a cargo de la Orquesta Americana.

Coméntalo

¿Hay una sección de notas sociales en el periódico de tu universidad, comunidad o región? ¿Qué tipo de información encuentras en la sección de notas sociales? ¿La lees normalmente? ¿Por qué? *Answers will vary.*

I CAN use word families to understand a text.

tuvo lugar *took place* **alcalde** *mayor* **Agradecemos** *We thank* **de todo corazón** *sincerely*
asistencia *attendance*

Vocabulary Tools

Las fiestas

el aniversario (de bodas) *(wedding) anniversary*
la boda *wedding*
el cumpleaños *birthday*
el día de fiesta *holiday*
la fiesta *party*
el/la invitado/a *guest*
la Navidad *Christmas*
la quinceañera *young woman celebrating her fifteenth birthday*
la sorpresa *surprise*

———

brindar *to toast (drink)*
celebrar *to celebrate*
cumplir años *to have a birthday*
dejar una propina *to leave a tip*
divertirse (e:ie) *to have fun*
graduarse (de) *to graduate (from)*
invitar *to invite; to treat*
pagar la cuenta *to pay the bill*
pasarlo bien/mal *to have a good/bad time*
regalar *to give (a gift)*
reírse (e:i) *to laugh*
relajarse *to relax*
sonreír (e:i) *to smile*
sorprender *to surprise*

Los postres y otras comidas

la botella de vino *bottle of wine*
el champán *champagne*
los dulces *sweets; candy*
el flan *baked custard*
las galletas *cookies*
el helado *ice cream*
el pastel *cake*
el pastel de cumpleaños *birthday cake*
los postres *desserts*

Las relaciones personales

la alegría *happiness*
la amistad *friendship*
el amor *love*
el divorcio *divorce*
el estado civil *marital status*
el matrimonio *marriage; married couple*
la pareja *couple; partner*
el/la recién casado/a *newlywed*

———

casado/a *married*
divorciado/a *divorced*
juntos/as *together*
separado/a *separated*
soltero/a *single*
viudo/a *widowed*

———

cambiar (de) *to change*
casarse (con) *to get married (to)*
comprometerse (con) *to get engaged (to)*
divorciarse (de) *to get divorced (from)*
enamorarse (de) *to fall in love (with)*
llevarse bien/mal (con) *to get along well/badly (with)*
odiar *to hate*
romper (con) *to break up (with)*
salir (con) *to go out (with); to date*
separarse (de) *to separate (from)*
tener una cita *to have a date; to have an appointment*

Otras palabras

el apellido *last name*
el consejo *advice*
la respuesta *answer*

Las etapas de la vida

la adolescencia *adolescence*
la etapa *stage*
la juventud *youth*
la madurez *maturity; middle age*
la muerte *death*
el nacimiento *birth*
la niñez *childhood*
la vejez *old age*
la vida *life*

———

jubilarse *to retire (from work)*
nacer *to be born*

Relative pronouns *See page 240.*
Interrogative words and phrases *See page 242.*

As students finish the lesson, encourage them to explore the **Repaso** section on the Supersite. There they will find quizzes for practicing vocabulary, grammar, and oral language.

📎 Communicative Goals: Review

I CAN talk about celebrations.
• Describe an annual celebration you attend.

I CAN describe personal relationships.
• Talk about the marital status of three people you know.

I CAN talk about the past.
• Say what you did yesterday. Did you meet anyone? Did you learn anything? Did you drive somewhere?

I CAN investigate holidays in the Spanish-speaking world.
• Describe one of the holidays you learned about in this lesson.

10 En el consultorio

PARA EMPEZAR Here are some additional questions:
¿Tienes un(a) médico/a? ¿Vas mucho a verlo/la?
¿Lo/La viste la semana pasada? ¿El mes pasado?
¿El año pasado?

Communicative Goals
You will learn how to:
- talk about health
- discuss medical conditions and symptoms
- describe the past
- investigate health systems in the Spanish-speaking world

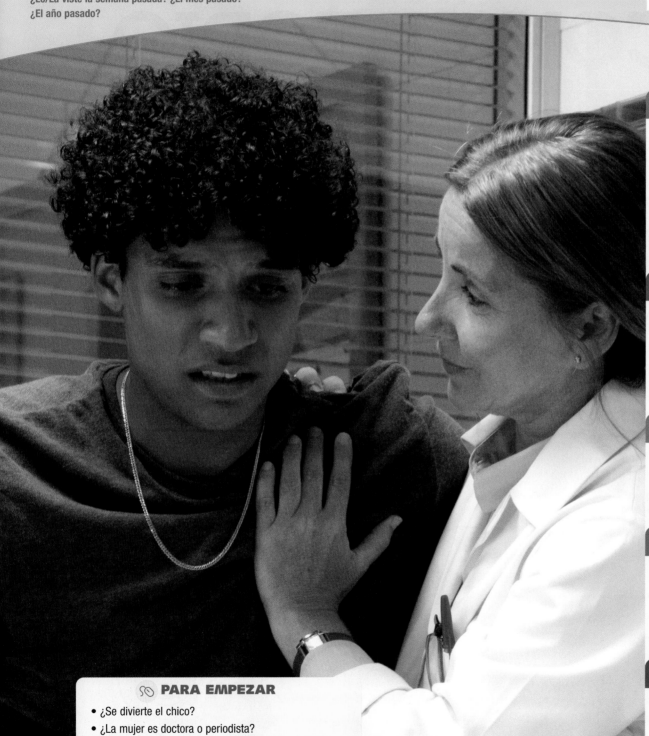

PREPARACIÓN

AVENTURAS

CULTURA

GRAMÁTICA

LECTURA

PARA EMPEZAR

- ¿Se divierte el chico?
- ¿La mujer es doctora o periodista?
- ¿Están en un almacén o en un hospital?
- ¿Cómo es la mujer?

INSTRUCTIONAL RESOURCES
Supersite: Vocabulary Tutorials; WebSAM
SAM: Workbook pp. 99–100; Lab Manual p. 287

Communicative Goal |
Discuss medical conditions and symptoms

TEACHING OPTION Play a game of **Simón dice**. Write **señalen** on the board and explain that it means *point*. Start by saying **Simón dice**… **señalen la nariz, la cabeza**, and so forth.

EN EL CONSULTORIO

SUGGESTION Introduce active vocabulary by using the Digital Image Bank.

la oreja

el ojo

la nariz

la boca

SUGGESTION Remind students that body parts are referred to with the article and not the possessive: **Me duelen los pies.**

EL CUERPO

el corazón *heart*
el cuerpo *body*
el estómago *stomach*
el hueso *bone*
la rodilla *knee*
el tobillo *ankle*

la pierna
leg

el pie
foot

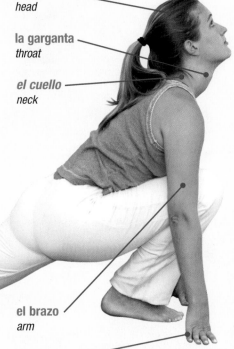

la cabeza
head

la garganta
throat

el cuello
neck

el brazo
arm

el dedo
finger

LA SALUD

el accidente *accident*
la clínica *clinic*
el consultorio *doctor's office*
el/la doctor(a) *doctor*
el/la enfermero/a *nurse*
el examen médico *physical exam*
el hospital *hospital*
la operación *operation*
el/la paciente *patient*
la radiografía *X-ray*
la sala de emergencia(s)
     emergency room
la salud *health*

la farmacia

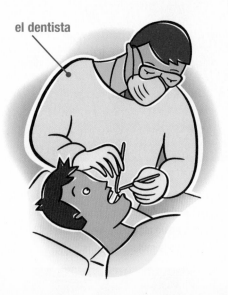

el dentista

 **Vocabulary Tools**

tomar(le) la temperatura (a alguien)
to take (someone's) temperature

LOS MEDICAMENTOS

el antibiótico *antibiotic*
el medicamento *medication*
la medicina *medicine*
las pastillas *pills*
la receta *prescription*

ADJETIVOS

embarazada *pregnant*
grave *grave; serious*
médico/a *medical*
saludable *healthy*
sano/a *healthy*

SUGGESTION Point out that **embarazada** means *pregnant*, not *embarrassed*. Also, explain that in Spain **constipado/a** means *congested* or *stuffed up*, not *constipated*.

VOCABULARIO ADICIONAL For additional vocabulary on this theme, go to **Vocabulario adicional** in the **Resources** section of the Supersite.

LAS ENFERMEDADES Y LOS SÍNTOMAS

el dolor (de cabeza) *(head)ache; pain*
la enfermedad *illness*
la gripe *flu*
la infección *infection*
el resfriado *cold*
el síntoma *symptom*
la tos *cough*

---

congestionado/a *congested*
mareado/a *dizzy; nauseated*

la aspirina

ASPIRINA©
ÁCIDO ACETILSALICÍLICO
100 cápsulas
para adultos
¡Adiós a los dolores!

SUGGESTION To check comprehension, ask: **¿Cuáles son los síntomas de un resfriado? ¿De la gripe? ¿Qué necesita hacer una persona cuando tiene un resfriado? ¿Y gripe?**

VERBOS

caerse *to fall*
doler (o:ue) *to hurt*
enfermarse *to get sick*
estar enfermo/a *to be sick*
lastimarse (el pie) *to injure (one's foot)*
poner una inyección
    to give an injection
recetar *to prescribe*
romperse (la pierna)
    to break (one's leg)
sacar(se) una muela
    to have a tooth pulled
ser alérgico/a (a) *to be allergic (to)*
tener fiebre (f.) *to have a fever*
torcerse (o:ue) (el tobillo)
    to sprain (one's ankle)
toser *to cough*

estornudar
to sneeze

ASÍ SE DICE
el resfriado ⟷ el resfrío (*Cono Sur*), el catarro (*Méx.*)
la sala de emergencia(s) ⟷ la sala de urgencias
romperse ⟷ quebrarse (*Amér. L.*)

A escuchar

1 **Escuchar** Escucha las preguntas y selecciona la respuesta más adecuada. **①** Communication
Interpretive Communication

1. ___c___
2. ___e___
3. ___g___
4. ___d___
5. ___f___
6. ___h___
7. ___a___
8. ___b___

a. Tengo dolor de cabeza y fiebre.

b. No fui a la clase porque estaba (*I was*) enfermo.

c. Me caí ayer jugando al tenis.

d. Debes ir a la farmacia.

e. Porque tengo gripe.

f. Sí, tengo mucha tos por las noches.

g. Lo llevaron directamente a la sala de emergencia.

h. No sé. Todavía tienen que tomarme la temperatura.

2 **Me duele** Escucha la conversación entre Virginia Castillo y el doctor Dávila. Luego, indica si (*if*) las oraciones que resumen (*sum up*) la conversación son correctas. **②** Communication Interpretive Communication

1. Virginia le dice a la enfermera que le duelen las rodillas.

✓ 2. Virginia dice que tomó una aspirina anoche.

✓ 3. El médico le pregunta a Virginia si se cayó o tuvo un accidente.

4. Virginia dice que ayer corrió cinco kilómetros con un amigo.

5. El doctor Dávila le receta un antibiótico a Virginia.

6. El médico le dice a Virginia que puede correr mañana si se toma las pastillas.

✓ 7. El médico le recomienda tomar dos pastillas al día.

✓ 8. El doctor Dávila le dice a Virginia que no debe correr por siete días.

① SCRIPT

1. ¿Cuándo te caíste?

2. ¿Por qué vas al médico?

3. ¿Adónde llevaron a Juan después del accidente?

4. ¿Adónde debo ir para conseguir estas pastillas?

5. ¿Tienes mucha tos?

6. ¿Tienes fiebre?

7. ¿Cuáles son sus síntomas, señor?

8. Ayer no te vi en la clase de biología. ¿Por qué?

② SCRIPT

Doctor: Hola. Soy el doctor Dávila.
Virginia: Buenas tardes, doctor. Me llamo Virginia.
Doctor: ¿Cuál es el problema, señorita?
Virginia: Es que me duelen las rodillas. Tomé una aspirina anoche, pero todavía me duelen muchísimo.
Doctor: ¿Se cayó o tuvo algún accidente?
Virginia: No, pero el lunes corrí cinco kilómetros con mi compañera de cuarto.
Doctor: ¿Corre usted mucho?
Virginia: Yo no, pero mi compañera, sí.
Doctor: Ah, ahora veo el problema. Es que usted puso mucho estrés en las rodillas corriendo. Su compañera corre mucho pero usted no… y las rodillas no estaban listas. Ahora están un poco inflamadas. Voy a recetarle unas pastillas. Tome dos pastillas al día. Y no debe correr durante una semana, ¿eh?
Virginia: Sí, doctor. Muchísimas gracias.

A practicar

3 **Actividades** Con un(a) compañero/a, identifica las partes del cuerpo asociadas con estas actividades.

Answers will vary.

modelo

nadar
Estudiante 1: Usamos los brazos para nadar.
Estudiante 2: También usamos las piernas.

1. conducir
2. caminar
3. toser
4. comer arroz con pollo
5. comprar un perfume
6. ver una película
7. hablar por teléfono
8. correr en el parque
9. jugar al fútbol
10. escuchar música
11. levantar pesas (*weights*)
12. tomar unas pastillas

4 **Cuestionario** Selecciona las respuestas que mejor reflejen tu estado de salud. Suma (*add*) los puntos de cada respuesta y anota el resultado. Después, compara los resultados con el resto de la clase. *Answers will vary.*

¿Tienes buena salud?

27-30 puntos	Salud y hábitos excelentes
23-26 puntos	Salud y hábitos buenos
22 puntos o menos	Salud y hábitos problemáticos

1. ¿Con qué frecuencia te enfermas (resfriados, gripe, etc.)?
   • Cuatro veces por año o más. (1 punto)
   • Dos o tres veces por año. (2 puntos)
   • Casi nunca. (3 puntos)

2. ¿Con qué frecuencia tienes dolor de estómago o problemas digestivos?
   • Con mucha frecuencia. (1 punto)
   • A veces. (2 puntos)
   • Casi nunca. (3 puntos)

3. ¿Con qué frecuencia tienes dolor de cabeza?
   • Frecuentemente. (1 punto)
   • A veces. (2 puntos)
   • Casi nunca. (3 puntos)

4. ¿Comes verduras y frutas?
   • No, casi nunca. (1 punto)
   • Sí, a veces. (2 puntos)
   • Sí, todos los días. (3 puntos)

5. ¿Eres alérgico/a a algo?
   • Sí, a muchas cosas. (1 punto)
   • Sí, a algunas cosas. (2 puntos)
   • No. (3 puntos)

6. ¿Haces ejercicios aeróbicos?
   • No, casi nunca hago ejercicios aeróbicos. (1 punto)
   • Sí, a veces. (2 puntos)
   • Sí, con frecuencia. (3 puntos)

7. ¿Con qué frecuencia te haces un examen médico?
   • Nunca o casi nunca. (1 punto)
   • Cada dos años. (2 puntos)
   • Cada año o antes de practicar un deporte. (3 puntos)

8. ¿Con qué frecuencia vas al dentista?
   • Nunca voy al dentista. (1 punto)
   • Sólo cuando me duele una muela. (2 puntos)
   • Por lo menos una vez por año. (3 puntos)

9. ¿Qué desayunas normalmente por la mañana?
   • No como nada. (1 punto)
   • Tomo una bebida dietética. (2 puntos)
   • Como cereales y fruta. (3 puntos)

10. ¿Con qué frecuencia te sientes mareado/a?
    • Frecuentemente. (1 punto)
    • A veces. (2 puntos)
    • Casi nunca. (3 puntos)

A conversar

5 **¿Qué le pasó?** En un grupo de tres, hablen de lo que les pasó y de cómo se sienten estas personas.

5 Communication Interpersonal Communication   *Answers will vary.*

1. Víctor

2. La señora Núñez

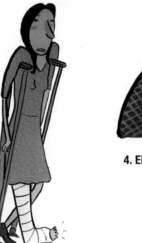

3. Gabriela

4. El señor Álvarez

5 EXPANSION Have students bring in magazine pictures related to illness, injury, or medicine. Have students describe what is happening in each picture.

6 **¿Cuáles son sus síntomas?** Con un(a) compañero/a, túrnate para representar los papeles (*roles*) de un(a) médico/a y su paciente. *Answers will vary.* **6 Communication** Interpersonal Communication

> **modelo**
>
> **Estudiante 1:** ¿Cuáles son sus síntomas?
> **Estudiante 2:** Me duele la garganta y toso.
> **Estudiante 1:** Creo que usted tiene una infección en la garganta.
> Voy a recetarle un antibiótico.

6 SUGGESTION Point out that the doctor/patient relationship calls for the **usted** form.

6 SUGGESTION Before doing the activity, have students brainstorm a list of symptoms they might have.

7 **Un accidente** Con un(a) compañero/a, conversa sobre un accidente que ustedes, un(a) amigo/a o un miembro de la familia tuvo. Usa estas preguntas como guía. *Answers will vary.* **7 Communication** Interpersonal Communication

- ¿Qué ocurrió?
- ¿Dónde y cuándo ocurrió?
- ¿Te lastimaste?
- ¿Fuiste al médico?
- ¿Cómo ocurrió?
- ¿Quién te ayudó y cómo?
- ¿Tomaste medicamentos para sentirte mejor?
- ¿Fuiste a trabajar?

7 SUGGESTION Model this activity by describing an accident you or a friend of yours had.

7 SUGGESTION After students complete the oral activity, you may want to assign this as written homework.

ACTIVITY PACK For additional activities, go to the **Activity Pack** in the **Resources** section of the Supersite.

I CAN discuss medical conditions and symptoms.

Ortografía

 Tutorial

El acento y las sílabas fuertes

INSTRUCTIONAL RESOURCES
Supersite: Spelling Tutorial; WebSAM
SAM: Lab Manual p. 288

In Spanish, written accent marks are used on many words. Here is a review of some of the principles governing word stress and the use of written accents.

. . . .

as-pi-ri-na   **gri-pe**   **to-man**   **an-tes**

In Spanish, when a word ends in a vowel, **-n**, or **-s**, the spoken stress usually falls on the next-to-last syllable. Words of this type are very common and do not need a written accent.

. . . .

a-sí   **in-glés**   **in-fec-ción**   **hé-ro-e**

When a word ends in a vowel, **-n**, or **-s**, and the spoken stress does *not* fall on the next-to-last syllable, then a written accent is needed.

. . . .

hos-pi-tal   **na-riz**   **re-ce-tar**   **to-ser**

When a word ends in any consonant *other* than **-n** or **-s**, the spoken stress usually falls on the last syllable. Words of this type are very common and do not need a written accent.

. . . .

lá-piz   **fút-bol**   **hués-ped**   **sué-ter**

When a word ends in any consonant *other* than **-n** or **-s,** and the spoken stress does *not* fall on the last syllable, then a written accent is needed.

. . . .

far-ma-cia   **bio-lo-gí-a**   **su-cio**   **frí-o**

Diphthongs (two weak vowels or a strong and weak vowel together) are normally pronounced as a single syllable. A written accent is needed when a diphthong is broken into two syllables.

. . . .

sol   **pan**   **mar**   **tos**

Spanish words of only one syllable do not usually carry a written accent.

. . . .

Práctica Busca las palabras que necesitan acento y escribe su forma correcta.

1. sal-mon *salmón*
2. ins-pec-tor
3. nu-me-ro *número*
4. fa-cil *fácil*
5. ju-go
6. a-bri-go
7. ra-pi-do *rápido*
8. sa-ba-do *sábado*
9. vez
10. me-nu *menú*
11. o-pe-ra-cion *operación*
12. im-per-me-a-ble
13. a-de-mas *además*
14. re-ga-te-ar
15. an-ti-pa-ti-co *antipático*
16. far-ma-cia
17. es-qui *esquí*
18. pen-sion *pensión*
19. pa-is *país*
20. per-don *perdón*

El ahorcado Juega al ahorcado (*hangman*) para adivinar las palabras.

1. __ l __ __ __ __ a   Vas allí cuando estás enfermo. *clínica*
2. __ __ __ __ e __ c __ __ n   Se usa para poner una vacuna (*vaccination*). *inyección*
3. __ __ __ d __ o __ __ __ __ __ a   Se usa para ver los huesos. *radiografía*
4. __ __ __ __ i __ o   Trabaja en un hospital. *médico*
5. a __ __ __ b __ __ __ __ __ __ __   Es una medicina. *antibiótico*

INSTRUCTIONAL RESOURCES

Supersite: WebSAM

SAM: Video Manual pp. 187–188

 Video

¡Necesitas un médico!

Juanjo se lastima el tobillo y no quiere ir al hospital.

Antes de ver

Mira el título del episodio. Con base en el título y las imágenes que ves, describe lo que piensas que va a pasar en el video.

VIDEO RECAP Before showing this **Aventuras** episode, review the previous episode with these questions: 1. ¿Qué celebración hubo en el patio? (una fiesta de cumpleaños) 2. ¿Quién le dio un oso gigante a Valentina? (Juanjo) 3. ¿Qué postre comió Felipe? (galletas) 4. ¿Quién quiso entregarle las flores a Valentina? (el mensajero)

VIDEO SYNOPSIS While posing for a picture, Juanjo falls and hurts his ankle. Everyone else wants him to go to the emergency room, but he refuses. He sits down in a chair in the plaza without realizing that it's for people who want their caricature done. When Valentina asks him if he is having his picture done, he tries to tell the caricaturist that he was distracted and didn't know that he was being drawn. He says he wants to go to a pharmacy but then admits that he'd better go to the hospital. The doctor tells him that the ankle isn't broken, but then Juanjo reinjures it when he hops down from the examination table.

PERSONAJES

VALENTINA

MANUEL

OLGA LUCÍA

JUANJO

DANIEL

SARA

CARICATURISTA

DOCTORA

VALENTINA (*a Olga Lucía*) ¿Puedes tomar la foto rápido?

MANUEL ¡Ya me duele la boca!

OLGA LUCÍA ¡Tres, dos, uno!

JUANJO ¡Ay! ¡Mi tobillo!

DANIEL ¿Te duele?

JUANJO No, no es nada...

MANUEL A lo mejor se te rompió el tobillo.

OLGA LUCÍA ¡Tenemos que llevarte a la sala de emergencias!

DANIEL Seguramente te tienen que hacer una radiografía.

JUANJO ¡Ya, por favor! ¡Sólo me lastimé un poco!

VALENTINA ¿Te puedo ayudar?

JUANJO ¡Por favor!

JUANJO La verdad es que me duele bastante.

VALENTINA ¡Pobrecito!

OLGA LUCÍA ¡Chicos! ¡Valentina, Juanjo! ¡Estamos aquí!

VALENTINA ¿Vamos?

JUANJO No, mejor espero aquí. Me duele.

VALENTINA Ya vuelvo.

ACTIVIDADES

1 **¿Cierto o falso?** Indica si lo que dicen estas oraciones es **cierto** o **falso**. Corrige las oraciones falsas.

1 Communication Interpretive Communication

	Cierto	Falso
1. Manuel dice que le duele la garganta. *Manuel dice que le duele la boca.*	○	☑
2. Juanjo se cae y se tuerce el tobillo.	☑	○
3. Los chicos van a la farmacia. *Los chicos van al hospital/a la sala de emergencias.*	○	☑
4. La doctora mira una radiografía.	☑	○
5. Al final, Juanjo se siente muy bien. *Al final, Juanjo todavía tiene dolor.*	○	☑

2 **Identificar** Identifica quién dice las oraciones equivalentes. **2** Communication Interpretive Communication

1. ¡Necesitamos ir a la sala de emergencias! *Olga Lucía*

2. ¿Tienes dolor? *Daniel*

3. Tengo que ir a una farmacia. *Juanjo*

4. ¡Necesitas un doctor! *Sara*

5. ¿Va a darme una receta? *Juanjo*

SUGGESTION Identify forms of the imperfect tense: **estaba** (caption 4), **sabía** (captions 4 and 6), and **tenía** (caption 6). Point out these constructions with **se**: **se te rompió el tobill**o (caption 2) and **el dolor se me pasa** (caption 5). Indicate adverbs such as **seguramente** in caption 2, **bastante** in caption 3, **rápidamente** in caption 5, and **apenas** in caption 6.

SUGGESTION Have students list the vocabulary related to parts of the body, injuries, and medical care in this episode.

VALENTINA ¿Te estás haciendo un dibujo?

JUANJO ¿Qué?

VALENTINA ¡Él te está dibujando!

JUANJO ¿Quién?

VALENTINA (*apuntando al caricaturista*) ¡Él!

JUANJO (*al caricaturista*) ¡No, no, no, no, no! Lo siento, señor, estaba distraído, no sabía que...

CARICATURISTA Son diez euros.

JUANJO Necesito ir a una farmacia.

SARA ¡Necesitas un médico!

JUANJO ¡Me torcí el tobillo, eso es todo! Con una aspirina el dolor se me pasa rápidamente... ¡Ay! Bueno, mejor vamos al hospital, ¿no?

DOCTORA Aquí no veo nada roto. ¿Cómo te caíste?

JUANJO Me caí en la Plaza Mayor y apenas me levanté me empezó el dolor.

DOCTORA ¿Y todavía te duele?

JUANJO Sí, un poco. ¿Me va a recetar algún medicamento?

DOCTORA No, no hace falta.

JUANJO ¡Sabía que no tenía que venir al hospital! ¡Gracias, doctora!

Expresiones útiles

a lo mejor	*maybe*
distraído/a	*distracted*
menos mal	*it's a good thing*
no hace falta	*there's no need*
pobrecito/a	*poor thing*
roto/a	*broken*

el brinco	*leap*
cojear	*to limp*
la cojera	*limp*

Plaza Mayor de Madrid

La Playa Mayor de Madrid es la plaza principal de la ciudad. Esta plaza, que tiene ya 400 años, es de forma rectangular y tiene diez accesos (*entrances*). Uno de ellos es el Arco de Cuchilleros, donde Juanjo se cae. En la plaza, se pueden encontrar artistas callejeros (*street performers*), probar platos deliciosos en sus restaurantes y, cada diciembre, se puede visitar el mercado de Navidad.

¿Qué lugares históricos hay en tu ciudad o pueblo?

 3 **En el consultorio** En parejas, representen una conversación entre un(a) médico/a y su paciente. **3** Communication Interpersonal Communication

- ▶ El/La médico/a le pregunta al/a la paciente qué le pasó.
- ▶ El/La paciente se cayó en la casa y se lastimó.
- ▶ El/La médico/a le pregunta al/a la paciente si le duele.
- ▶ El/La paciente describe el dolor.
- ▶ El/La médico/a le recomienda un tratamiento (*treatment*).

I CAN participate in a medical consultation.

Servicios de **salud**

¿Sabías que en algunos países hispanos no necesitas pagar por los servicios de salud? Ésta es una de las diferencias que hay entre países como los Estados Unidos y los países hispanos.

En la mayor parte de estos países, el gobierno ofrece servicios médicos muy baratos o gratuitos° a sus ciudadanos°. Los turistas y extranjeros también pueden tener acceso a los servicios médicos a bajo° costo. La Seguridad Social y organizaciones similares son las responsables de gestionar° estos servicios.

Las farmacias

Farmacia de guardia: Las farmacias generalmente tienen un horario comercial. Sin embargo°, en cada barrio° hay una farmacia de guardia que abre las veinticuatro horas del día.

Productos farmacéuticos: Hay muchas farmacias especializadas en medicinas y productos farmacéuticos. No venden productos de otro tipo.

Recetas: Muchos medicamentos se venden sin receta. Los farmacéuticos aconsejan° a las personas sobre problemas de salud y les dan las medicinas.

Cruz° verde: En muchos países, las farmacias tienen el signo de una cruz verde. Cuando la cruz verde está encendida°, la farmacia está abierta.

Cruz verde de farmacia en Madrid, España

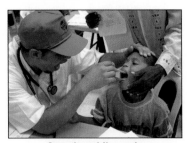

Consulta médica en la República Dominicana

Naturalmente, esto no funciona igual° en todos los países. En Ecuador, México y Perú, la situación varía según las regiones. Los habitantes de las ciudades y pueblos grandes tienen acceso a más servicios médicos, mientras que quienes viven en pueblos remotos sólo cuentan con° pequeñas clínicas.

Por su parte, Costa Rica, Colombia, Cuba y España tienen sistemas de salud muy desarrollados°. En España, por ejemplo, la mayoría de la gente tiene acceso a ellos y en muchos casos son completamente gratuitos. Según un informe de la Organización Mundial de la Salud, el sistema de salud español ocupa uno de los primeros diez lugares del mundo. Esto se debe no sólo al buen funcionamiento° del sistema, sino también al nivel de salud general de la población. Impresionante, ¿no?

gratuitos *free (of charge)* ciudadanos *citizens* bajo *low* gestionar *to manage* igual *in the same way* cuentan con *have* desarrollados *developed* funcionamiento *operation* Sin embargo *However* barrio *neighborhood* aconsejan *advise* Cruz *Cross* encendida *lit (up)*

ASÍ SE DICE

La salud

la ambulancia	*ambulance*
el chequeo (Esp., Méx.)	el examen médico
la cirugía	*surgery*
la droguería (Col.)	la farmacia
la herida	*injury; wound*
el jarabe para la tos	*cough syrup*
los primeros auxilios	*first aid*
la sala de espera	*waiting room*
la sangre	*blood*

INSTRUCTIONAL RESOURCES
Supersite: Video (Flash cultura); WebSAM
SAM: Video Manual pp. 219–220

 **ACTIVIDADES**

 1

¿Cierto o falso? Indica si lo que dicen las oraciones es **cierto** o **falso**. Corrige la información falsa. **1** Communication
Interpretive Communication

1. En los países hispanos los gobiernos ofrecen servicios de salud accesibles a sus ciudadanos. *Cierto.*

2. En los países hispanos los extranjeros tienen que pagar mucho dinero por los servicios médicos. *Falso. Los extranjeros tienen acceso a los servicios médicos a bajo costo.*

3. El sistema de salud español es uno de los mejores del mundo. *Cierto.*

4. Los farmacéuticos de los países hispanos venden algunas medicinas sin necesidad de receta. *Cierto.*

5. En México y otros países, los pueblos remotos cuentan con grandes centros médicos. *Falso. Cuentan con pequeñas clínicas.*

6. Muchas farmacias usan una cruz verde como símbolo. *Cierto.*

 2

Preguntas Contesta las preguntas.
2 Communication Interpretive Communication

1. ¿Qué países hispanos tienen sistemas de salud muy desarrollados? *Costa Rica, Colombia, Cuba y España*

2. ¿Cuándo están abiertas las farmacias de guardia? *las veinticuatro horas del día*

3. ¿Cómo sabes que una farmacia está abierta? *la cruz verde está encendida*

4. ¿Por qué no venden jabón y champú las farmacias? *no venden productos de otro tipo*

 3

Comparación Con un(a) compañero/a, compara el sistema de salud de los países hispanos con el de tu país. ¿En qué se parecen? ¿En qué se diferencian? ¿Cuál prefieres? ¿Por qué? **3** Comparisons
Cultural Comparisons

 4

¿Qué piensas? Responde a estas preguntas.
4 Culture Relating Cultural Practices to Perspectives

1. ¿Por qué crees que los servicios médicos son muy baratos o gratuitos en algunos países hispanos?

2. ¿Piensas que los medicamentos deben venderse sin receta? ¿Por qué?

I CAN identify characteristics of the health systems in my own country and in Spanish-speaking countries.

Communicative Goal
Identify characteristics of the health system in Argentina

 Video

 **Flash CULTURA**

La salud

1 **Preparación** ¿Qué haces si tienes un pequeño accidente o quieres hacer una consulta? ¿Visitas a tu médico general o vas al hospital? ¿Debes pedir un turno (*appointment*)?

2 **El video** Mira el episodio de **Flash cultura** sobre el sistema de salud en Argentina.

Vocabulario	
la cita previa *previous appointment*	**Me di un golpe.** *I hurt myself.*
la guardia *emergency room*	**la práctica** *rotation (hands-on medical experience)*

¿Le podría° pedir que me explique qué es la guardia?

podría *could*

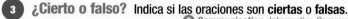 **3**

¿Cierto o falso? Indica si las oraciones son **ciertas** o **falsas**.
3 Communication Interpretive Communication

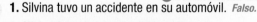
1. Silvina tuvo un accidente en su automóvil. *Falso.*

2. Silvina fue a la guardia del hospital. *Cierto.*

3. La guardia del hospital está abierta sólo durante el día y es necesario tener cita previa. *Falso.*

4. Los entrevistados (*interviewees*) tienen enfermedades graves. *Falso.*

5. En Argentina, los médicos reciben la certificación cuando terminan la práctica. *Cierto.*

 **4**

Los sistemas de salud Escribe una comparación entre el sistema de salud en Argentina y el sistema de salud en los Estados Unidos. **4** Communication Presentational Communication
4 Comparisons Cultural Comparisons

I CAN identify characteristics of the health system in Argentina.

Communicative Goal |
Describe the past

10.1 The imperfect tense

▶ In Lessons 6–9, you learned the preterite tense. Now you will learn the imperfect tense, which describes past activities in a different way.

The imperfect of regular verbs

	cantar	beber	escribir
yo	cantaba	bebía	escribía
tú	cantabas	bebías	escribías
Ud./él/ella	cantaba	bebía	escribía
nosotros/as	cantábamos	bebíamos	escribíamos
vosotros/as	cantabais	bebíais	escribíais
Uds./ellos/ellas	cantaban	bebían	escribían

¡ojo! The imperfect endings of **–er** and **–ir** verbs are the same. The **nosotros** form of **–ar** verbs has an accent on the first **a** of the ending. **–Er** and **–ir** verb forms carry an accent on the first **i** of the ending.

Lo siento, señor, estaba distraído, no sabía que...

¡Sabía que no tenía que venir al hospital!

▶ There are no stem changes in the imperfect tense.

Me **duelen** los pies.	Me **dolían** los pies.
My feet hurt.	*My feet were hurting.*

▶ The imperfect form of **hay** is **había** (*there was/were/used to be*).

Había sólo un médico.	**Había** dos pacientes allí.
There was only one doctor.	*There were two patients there.*

¡ojo! **Ir, ser,** and **ver** are the only irregular verbs in the imperfect.

Irregular verbs in the imperfect

	ir	ser	ver
yo	iba	era	veía
tú	ibas	eras	veías
Ud./él/ella	iba	era	veía
nosotros/as	íbamos	éramos	veíamos
vosotros/as	ibais	erais	veíais
Uds./ellos/ellas	iban	eran	veían

SUGGESTION Have students bring in video clips from popular movies. Choose three or four clips and have the students describe the events after viewing.

INSTRUCTIONAL RESOURCES
Supersite: Grammar Tutorial; WebSAM
SAM: Workbook pp. 101–102; Lab Manual p. 289

Práctica

1 **La salud** Completa las oraciones con el imperfecto de los verbos de la lista. Algunos verbos se repiten.

caerse	esperar	mirar	sentirse
doler	estar	poder	tener
enfermarse	estornudar	querer	toser

modelo Después de correr, a Dora le ___dolían___ los pies.

1. Ana ___miraba___ el termómetro; con tanta fiebre no ___podía/quería___ leerlo.

2. El paciente ___esperaba___, mientras la enfermera ___estaba___ muy ocupada atendiendo a otros pacientes.

3. Lorenzo ___tenía___ dolor de muelas, pero no ___quería/podía___ ir al dentista porque tenía miedo.

4. Paco y Luis ___tenían___ dolor de estómago y ___querían/esperaban___ unas pastillas para el dolor.

5. Le ___dolía___ la cabeza y ___estaba/se sentía___ mareado.

6. Luisa ___estornudaba___ siempre porque era alérgica al polen.

7. Antes de la operación, le ___dolía___ todo el cuerpo y se sentía muy débil (*weak*).

8. Juan Carlos siempre ___se caía___ de la bicicleta cuando era pequeño.

9. De niño, Julio ___se enfermaba/estornudaba/tosía___ todos los inviernos. Siempre ___tenía___ resfriados y fiebre. ___Tosía___ muchas veces por la noche. ¡Pobre su garganta!

2 **¡Pobre Miguelito!** Completa las oraciones con el imperfecto de los verbos. Luego, ponlas en orden lógico.

___7___ a. Finalmente, Miguelito no tenía ganas de jugar más. Ahora ___quería___ [querer] ir a casa a descansar.

___6___ b. El doctor dijo que la inflamación no ___era___ [ser] nada grave.

___4___ c. El niño le dijo a la enfermera que ___le dolía___ [dolerle] la nariz.

___1___ d. ___Eran___ [ser] las dos de la tarde y los niños ___jugaban___ [jugar] en el patio.

___2___ e. Su mamá ___estaba___ [estar] dibujando cuando Miguelito entró llorando.

___3___ f. Miguelito ___tenía___ [tener] mucho dolor. Fueron a la sala de emergencias.

___5___ g. El doctor examinó la nariz del niño y le dijo que ___veía___ [ver] una pequeña inflamación (*swelling*).

Conversación

 Entrevista Sigue las preguntas como guía y entrevista a un(a) compañero/a. Luego, comparte los resultados con la clase. *Answers will vary.* **3** Communication
Interpersonal Communication

1. ¿Cuántos años tenías en 2010?

2. ¿Veías mucha televisión cuando eras niño/a?

3. Cuando eras niño/a, ¿qué hacía tu familia durante las vacaciones?

4. Cuando eras estudiante de primaria, ¿te gustaban tus profesores/as?

5. Cuando tenías diez años, ¿cuál era tu programa de televisión favorito?

6. Cuando tenías once años, ¿cuál era tu grupo musical favorito?

7. Cuando estabas en el quinto año escolar, ¿qué hacías con tus amigos/as?

8. Antes de tomar esta clase, ¿sabías hablar español?

 Describir Con un(a) compañero/a, túrnate para describir lo que hacías de niño/a. Elige una de estas preguntas guía y comparte la anécdota con tu compañero/a. *Answers will vary.*
4 Communication Interpersonal Communication

 modelo

De niña, mi familia y yo siempre íbamos a Tortuguero. Tomábamos un barco desde Limón, y por las noches mirábamos las tortugas (turtles) en la playa. Algunas veces teníamos suerte, porque las tortugas venían a poner (lay) huevos. Otras veces, volvíamos al hotel sin ver ninguna tortuga.

- ¿Qué hacías durante las vacaciones cuando eras niño/a?

- ¿Qué hacían en ocasiones especiales?

- ¿Cómo eran las celebraciones con tus amigos/as o familia?

- ¿Cómo era tu escuela? ¿Te gustaban tus profesores/as y compañeros/as?

- ¿Cómo eran tus amigos/as? ¿A qué jugabas con ellos/as?

- ¿Cuáles eran sus comidas favoritas?

- ¿Qué deportes practicaban? ¿Con qué frecuencia?

ACTIVITY PACK For additional activities, go to the **Activity Pack** in the **Resources** section of the Supersite.

Uses of the imperfect

▶ The imperfect is used to describe past events in a different way than the preterite. Generally, the imperfect describes actions that are seen by the speaker as incomplete or continuing, while the preterite describes actions that have been completed. The imperfect expresses what was happening at a certain time or how things used to be.

—¿Qué te **pasó**?
What happened to you?

—Me **torcí** el tobillo.
I sprained my ankle.

—¿Dónde **vivías** de niño?
Where did you live as a child?

—**Vivía** en San José.
I lived in San José.

▶ Use these expressions with the imperfect to express habitual or repeated actions: **de niño/a** (*as a child*), **todos los días** (*every day*), **mientras** (*while*).

Uses of the imperfect	
Habitual or repeated actions	Íbamos al parque los domingos. *We used to go to the park on Sundays.*
Events or actions that were in progress	Yo leía mientras él estudiaba. *I was reading while he was studying.*
Telling time	Eran las tres y media. *It was 3:30.*
Age	Los niños tenían seis años. *The children were six years old.*
Physical characteristics	Era alto y guapo. *He was tall and handsome.*
Mental or emotional states	Quería mucho a su familia. *He loved his family very much.*

¡Manos a la obra!

Escribe la forma correcta de cada verbo en el imperfecto.

1. Yo [hablar, bailar, descansar, correr, comer, decidir, vivir]
   hablaba, bailaba, descansaba, corría, comía, decidía, vivía

2. Tú [nadar, encontrar, comprender, venir, ir, ser, ver]
   nadabas, encontrabas, comprendías, venías, ibas, eras, veías

3. Usted [hacer, regatear, asistir, ser, pasear, poder, ir]
   hacía, regateaba, asistía, era, paseaba, podía, iba

4. Nosotras [ser, tomar, ir, poner, seguir, ver, pensar]
   éramos, tomábamos, íbamos, poníamos, seguíamos, veíamos, pensábamos

5. Ellos [salir, viajar, ir, querer, ser, pedir, empezar]
   salían, viajaban, iban, querían, eran, pedían, empezaban

6. Yo [ver, estornudar, sufrir, ir, dar, ser, toser]
   veía, estornudaba, sufría, iba, daba, era, tosía

I CAN describe the past.

Communicative Goal
Explain what happened

10.2 Constructions with se

Impersonal constructions with se

▶ As you know, **se** can be used as a reflexive pronoun (**Él se despierta.**). **Se** is also used in other ways.

▶ Non-reflexive verbs can be used with **se** to form impersonal constructions. In impersonal constructions, the person performing the action is not defined. In English, the passive voice or indefinite subjects (*you, they, one*) are used.

Se habla español en Costa Rica.	**Se puede leer** en la sala de espera.
Spanish is spoken in Costa Rica.	*You can read in the waiting room.*

¡ojo! The third person singular verb form is used with singular nouns and the third person plural form is used with plural nouns.

Se vende ropa.	**Se venden camisas.**

▶ You often see the impersonal **se** in signs and advertisements.

SE PROHÍBE NADAR

Se necesitan programadores

GRUPO TECNO
Tel. 778-34-34

ENTRADA

Se entra por la izquierda

Se for unplanned events

▶ **Se** can also be used to de-emphasize the person who performs an action, implying that the accident or event is not his or her direct responsibility. Use this construction:

se	+	INDIRECT OBJECT PRONOUN	+	VERB	+	SUBJECT
Se		me		cayó		la pluma.

I dropped the pen.

▶ In this construction, what would normally be the direct object of the sentence becomes the subject and agrees with the verb.

	I.O. PRONOUN	VERB	SUBJECT
Se	me		
	te	perdieron	las llaves.
	le	cayó	la pelota.
	nos	dañó	el radio.
	os	rompieron	las botellas.
	les	olvidaron	las pastillas.

INSTRUCTIONAL RESOURCES
Supersite: Grammar Tutorial; WebSAM
SAM: Workbook pp. 103–104; Lab Manual p. 290

Práctica

1 **¿Cierto o falso?** Lee estas oraciones sobre la vida en 1901. Indica si lo que dice cada oración es **cierto** o **falso**. Luego, corrige las oraciones falsas.

Cierto   Falso

____   ✔ 1. Se veía mucha televisión.
No se veía la televisión.

✔   ____ 2. Se escribían muchos libros.

✔   ____ 3. Se viajaba mucho en tren.

✔   ____ 4. Se montaba a caballo.

____   ✔ 5. Se mandaban mensajes electrónicos.
No se mandaban mensajes electrónicos. Se mandaban cartas y postales.

✔   ____ 6. Se preparaban comidas en casa.

____   ✔ 7. Se llevaban minifaldas.
No se llevaban minifaldas. Se llevaban faldas largas.

✔   ____ 8. Se pasaba mucho tiempo con la familia.

2 **Letreros** Reescribe los letreros (*signs*) con el **se** impersonal.

modelo
Buscamos vendedores con experiencia
Se buscan vendedores con experiencia

1. Necesitamos profesores de matemáticas
Se necesitan profesores de matemáticas
2. Hablamos español
Se habla español
3. Aceptamos tarjetas de crédito
Se aceptan tarjetas de crédito
4. Está prohibido hablar por teléfono
Se prohíbe hablar por teléfono
5. Vendemos libros
Se venden libros
6. Buscamos dentista con experiencia
Se busca dentista con experiencia

3 **¿Qué pasó?** Forma oraciones con estos elementos para indicar qué pasó. Sigue el modelo.

modelo
Luis / caer / pastel
A Luis se le cayó el pastel.

1. Gabriel / dañar / computadora
A Gabriel se le dañó la computadora.
2. Carla y Lupe / romper / botellas
A Carla y a Lupe se les rompieron las botellas.
3. Julia / quedar / bolsa
A Julia se le quedó la bolsa.
4. Antonio / olvidar / huevos
A Antonio se le olvidaron los huevos.
5. Rosa / perder / llaves
A Rosa se le perdieron las llaves.

Conversación

4 **Preguntas** Usa estas preguntas para entrevistar a un(a) compañero/a. *Answers will vary.*

4 Communication
Interpersonal Communication

1. ¿Qué comidas se sirven en tu restaurante favorito?

2. ¿Se te olvidó invitar a alguien a tu última fiesta o cena? ¿A quién?

3. ¿A qué hora se abre la cafetería de tu universidad?

4. ¿Alguna vez se te perdió algo importante durante un viaje? ¿Qué?

5. ¿Qué se vende en la librería de la universidad?

6. ¿Alguna vez se te rompió algo caro? ¿Qué?

5 **Minidiálogos** Con un(a) compañero/a, representa uno de estos minidiálogos. *Answers will vary.*

5 Communication
Interpersonal Communication

1. Un(a) profesor(a) de español le pide a un(a) estudiante su cuaderno de práctica (*workbook*). El/La estudiante le explica por qué él/ella no lo tiene.

2. Un(a) turista le pregunta al/a la empleado/a dónde se sirve la mejor comida en la ciudad. El/La empleado/a hace varias sugerencias.

3. Un(a) paciente le dice al/a la doctor(a) que él/ella no puede caminar. El/La doctor(a) examina al/a la paciente y le explica el problema.

4. Un padre/una madre le pregunta a su hijo/a qué le pasó al plato que está roto (*broken*) en el piso. El/La hijo/a le explica lo que sucedió.

6 **Anuncios** En grupos, preparen dos anuncios (*ads*) de televisión para presentar a la clase. Deben usar el imperfecto y dos construcciones con **se**.

6 Communication
Presentational Communication

modelo

Se me cayeron unos libros sobre el pie. Me dolía mucho. Pero ahora no, gracias a Superaspirina 500. ¡Tomé dos pastillas y se me fue el dolor! Se puede comprar Superaspirina 500 en todas las farmacias Recetamax.

ACTIVITY PACK For additional activities, go to the **Activity Pack** in the **Resources** section of the Supersite.

I CAN explain what happened.

▶ These verbs are often used with **se** to describe unplanned events.

caer	to fall; to drop	perder (e:ie)	to lose
dañar	to damage; to break down	quedar	to be left behind
		romper	to break
olvidar	to forget		

¡ojo! **Dejar caer** (*to let fall*) is often used to mean *to drop.*

Elena **dejó caer** el libro.
Elena dropped the book.

El médico **dejó caer** la aspirina.
The doctor dropped the aspirin.

A lo mejor se te rompió el tobillo.

Con una aspirina el dolor se me pasa rápidamente.

▶ **A** + [*noun*] or **a** + [*prepositional pronoun*] is frequently used to clarify or emphasize who is involved in the action.

Al estudiante se le perdió la tarea.
The student lost his homework.

A mí se me olvidó ir a clase ayer.
I forgot to go to class yesterday.

¡Manos a la obra!

Completa las oraciones de la primera columna con **se** impersonal y verbos en presente. Completa las oraciones de la segunda columna con **se** para sucesos imprevistos (*unplanned events*) y verbos en pretérito.

Presente

1. <u>Se enseñan</u> [enseñar] cinco lenguas en esta universidad.
2. <u>Se come</u> [comer] muy bien en El Cráter.
3. <u>Se venden</u> [vender] muchas camisetas allí.
4. <u>Se sirven</u> [servir] platos exquisitos cada noche.
5. <u>Se necesita</u> [necesitar] mucho dinero.
6. <u>Se busca</u> [buscar] secretaria.

Pretérito

1. <u>Se me rompieron</u> [*I broke*] las gafas.
2. <u>Se te cayeron</u> [*you* (fam.) *dropped*] las pastillas.
3. <u>Se les perdió</u> [*they lost*] la receta.
4. <u>Se le quedó</u> [*you* (form.) *left*] aquí la radiografía.
5. <u>Se nos olvidó</u> [*we forgot*] pagar la medicina.
6. <u>Se les quedaron</u> [*they left*] los cuadernos en casa.

SUGGESTION Have students bring in examples of common icons or international signs. They can find these on the Internet. Then have pairs of students write directions using **se** for each of the icons and signs. Ex: **Se prohíbe entrar. Se prohíbe pasar. Se habla español.**

INSTRUCTIONAL RESOURCES
Supersite: Grammar Tutorial; WebSAM
SAM: Workbook pp. 105–106; Lab Manual p. 291

Communicative Goal
Say how often I do things

10.3 Adverbs

▸ Adverbs describe how, when, and where actions take place. They modify verbs, adjectives, and even other adverbs. This list contains some adverbs you have already learned.

SUGGESTION Point out that adjectives with an accent keep it when the suffix **-mente** is added.

bien	nunca	temprano
mal	hoy	ayer
muy	siempre	ya

▸ Most adverbs end in **–mente**. These are equivalent to the English adverbs that end in *-ly.*

lentamente │ *slowly*	**generalmente** │ *generally*
verdaderamente │ *truly, really*	**simplemente** │ *simply*

▸ To form adverbs that end in **–mente**, add **–mente** to the feminine form of the adjective. If the adjective does not have a feminine form, just add **–mente** to the standard form.

ADJECTIVE	FEMININE FORM	SUFFIX	ADVERB
lento	lenta	-mente	lent**amente**
fabuloso	fabulosa	-mente	fabulos**amente**
enorme		-mente	enorme**mente**
feliz		-mente	feliz**mente**

▸ Adverbs that end in **–mente** generally follow the verb, while adverbs that modify an adjective or another adverb precede the word they modify.

Javier dibuja **maravillosamente**.
Javier draws wonderfully.

Inés está **casi siempre** ocupada.
Inés is almost always busy.

Common adverbs and adverbial expressions

a menudo	*often*	así	*like this; so*	menos	*less*
a tiempo	*on time*	bastante	*enough; quite*	muchas veces	*a lot; many times*
a veces	*sometimes*	casi	*almost*	poco	*little*
además (de)	*furthermore; besides*	con frecuencia	*frequently*	por lo menos	*at least*
apenas	*hardly; scarcely*	de vez en cuando	*from time to time*	pronto	*soon*

¡Manos a la obra!

Transforma los adjetivos en adverbios.

1. alegre ___alegremente___
2. constante ___constantemente___
3. gradual ___gradualmente___
4. perfecto ___perfectamente___
5. real ___realmente___
6. frecuente ___frecuentemente___
7. tranquilo ___tranquilamente___
8. regular ___regularmente___
9. maravilloso ___maravillosamente___
10. normal ___normalmente___
11. básico ___básicamente___
12. afortunado ___afortunadamente___

Práctica

1 **En la clínica** Completa las oraciones con los adverbios adecuados.

1. La cita era a las nueve, pero llegamos ___tarde___ [de vez en cuando, nunca, tarde].

2. El problema fue que ___ayer___ [alegremente, ayer, así] se nos rompió el despertador.

3. La recepcionista no se enojó porque sabía que normalmente llegamos ___a tiempo___ [a veces, a tiempo, poco].

4. ___Por lo menos___ [Por lo menos, Muchas veces, Poco] el doctor estaba listo.

5. ___Apenas___ [Lentamente, Además, Apenas] tuvimos que esperar cinco minutos.

6. El doctor dijo que nuestra hija Irene necesitaba una operación ___inmediatamente___ [casi, a veces, inmediatamente].

7. Cuando Irene salió de la operación, le preguntamos ___nerviosamente___ [con frecuencia, nerviosamente, muchas veces] al doctor cómo estaba nuestra hija.

8. ___Afortunadamente___ [Bastante, Afortunadamente, A menudo], el médico nos contestó que Irene estaba bien.

2 **Oraciones** Combina palabras de las tres columnas para formar oraciones completas. *Answers will vary.*

modelo

Mi mejor amigo se enferma frecuentemente.

Sujetos	Verbos	Adverbios
mi mejor amigo/a	caerse	bien
mi(s) padre(s)	casarse	fabulosamente
el/la profesor(a) de español	conducir	felizmente
yo	divertirse	mal
los jóvenes	enfermarse	frecuentemente
Donald Glover	estornudar	muchas veces
Jennifer López	ir	poco
las celebridades	levantarse	rápidamente
todos nosotros	llevarse	pronto
	vestirse	tarde
		temprano
		ya

Conversación

3 Preguntas Usa estas preguntas para entrevistar a un(a) compañero/a. ¿Tienen respuestas en común? *Answers will vary.*

3 Communication
Interpersonal Communication

1. ¿Qué sabes hacer muy bien?

2. ¿Qué estudias además de español?

3. ¿Hay compañeros/as de clase a quienes apenas conoces?

4. ¿Qué gustos (*treats*) te das de vez en cuando?

5. ¿Cenas bastante en restaurantes?

6. ¿Te enfermas a menudo?

7. ¿Con qué frecuencia vas al doctor?

8. ¿Qué haces si te sientes congestionado/a y estornudas muchas veces?

4 ¿Con qué frecuencia? Averigua (*Find out*) con qué frecuencia tus compañeros/as hacen estas actividades. Comparte los resultados con la clase. *Answers will vary.*

4 Communication
Interpersonal Communication

modelo pasear en bicicleta

Estudiante 1: ¿Paseas en bicicleta con mucha frecuencia?

Estudiante 2: Sí, paseo en bicicleta con mucha frecuencia./No, casi nunca paseo en bicicleta.

Actividades	con mucha frecuencia	de vez en cuando	casi nunca	nunca
1. Nadar	___	___	___	___
2. Jugar al tenis	___	___	___	___
3. Hacer la tarea	___	___	___	___
4. Salir a bailar	___	___	___	___
5. Mirar la televisión	___	___	___	___
6. Dormir en clase	___	___	___	___
7. Perder las gafas	___	___	___	___
8. Tomar medicina	___	___	___	___
9. Ir al dentista	___	___	___	___
10. Comer ensalada	___	___	___	___

ACTIVITY PACK For additional activities, go to the **Activity Pack** in the **Resources** section of the Supersite.

I CAN say how often I do things.

Communicative Goal
Identify adverbs in an ad

Español en vivo

No hay tiempo para el dolor de cabeza.

Si tienes prisa, o simplemente quieres que tu dolor de cabeza se vaya muy pronto, piensa en Aspirina. Se asimila mejor y actúa rápidamente. Ya no se puede perder tiempo por un dolor de cabeza.

1 Identificar Lee el anuncio e identifica los adverbios.

2 Preguntas Contesta las preguntas. **2 Communication** Interpretive Communication

1. ¿Cuáles son las ventajas (*advantages*) de este medicamento?

2. ¿Qué tan a menudo te duele la cabeza? ¿Qué tomas cuando te duele la cabeza?

3. ¿Necesitas una receta del médico para comprar ese medicamento?

I CAN identify adverbs in an ad.

A repasar

10.1 The imperfect tense

1 **Cuando éramos niños...** Usa estas oraciones para contar los sucesos que le ocurrían a ti y a tus amigos cuando eran niños. Sigue el modelo.

modelo
Rosalinda (estar enferma) / su mamá (llevarla al doctor)
Cuando Rosalinda estaba enferma, su mamá la llevaba al doctor.

1. Rosalinda (ir a la clínica) / ella (llorar (*cry*) mucho)
   Cuando Rosalinda iba a la clínica, (ella) lloraba mucho.
2. Gustavito (tener dolor de cabeza) / su abuela (no darle una aspirina) *Cuando Gustavito tenía dolor de cabeza, su abuela no le daba una aspirina.*
3. Gustavito (tener temperatura alta) / él (sentirse mareado)
   Cuando Gustavito tenía temperatura alta, (él) se sentía mareado.
4. la enfermera (ponerle una inyección a Rosalinda) / ella (sentir mucho dolor) *Cuando la enfermera le ponía una inyección a Rosalinda, ella sentía mucho dolor.*
5. Rosalinda y Gustavito (no tomarse las medicinas) / sus padres (enojarse) *Cuando Rosalinda y Gustavito no se tomaban las medicinas, sus padres se enojaban.*
6. nosotros (no hacer la tarea) / nuestros padres (no dejarnos ver la televisión) *Cuando nosotros no hacíamos la tarea, nuestros padres no nos dejaban ver la televisión.*

2 **El doctor Rodríguez** Completa el párrafo con el imperfecto de los verbos **ir**, **ver** y **ser**.

Cuando nosotros (1) __éramos__ niños, mi hermano y yo (2) __veíamos__ al doctor Rodríguez. Nosotros (3) __íbamos__ a su consultorio después de las clases. Mi madre (4) __iba__ con nosotros. El doctor Rodríguez (5) __era__ muy simpático. El doctor y la enfermera (6) __eran__ muy amables con nosotros. ¿Ustedes (7) __iban__ al consultorio del doctor Rodríguez?

3 **El dentista** Describe a un(a) compañero/a cómo eran tus visitas al dentista cuando eras niño/a. Usa el imperfecto. *Answers will vary.*

modelo
Iba al dentista cuando me dolía alguna muela. Siempre había muchos pacientes en el consultorio del dentista.

10.2 Constructions with se

4 **Oraciones** Forma oraciones con estos elementos. Usa **se** para sucesos imprevistos (*unplanned events*) y los verbos en pretérito.

modelo
A Cecilia / olvidar / la medicina en la farmacia.
A Cecilia se le olvidó la medicina en la farmacia.

1. A ti / romper / el brazo y la pierna
   A ti se te rompieron el brazo y la pierna.
2. A los enfermeros / dañar / las radiografías
   A los enfermeros se les dañaron las radiografías.
3. Al paciente / perder / los antibióticos
   Al paciente se le perdieron los antibióticos.
4. A mí / quedar / la receta en el consultorio
   A mí se me quedó la receta en el consultorio.
5. A Hugo y a ti / caer / la bicicleta en los pies
   A Hugo y a ti se les cayó la bicicleta en los pies.
6. A nosotros / olvidar / el teléfono del doctor Gómez
   A nosotros se nos olvidó el teléfono del doctor Gómez.

5 **El enfermero** La doctora Suárez tiene un enfermero nuevo. Escribe las preguntas que el enfermero le hace. Usa **se** y **cómo**, **dónde**, **cuándo**. *Answers will vary. Sample answers.*

modelo
Vamos a tomar la temperatura del paciente.
¿Cómo se toma la temperatura del paciente?

1. Vamos a poner una inyección.
   ¿Dónde se pone una inyección?
2. Vamos a llevar a un enfermo a la sala de emergencia.
   ¿Cómo se lleva a un enfermo a la sala de emergencia?
3. Vamos a sacar las radiografías.
   ¿Cuándo se sacan las radiografías?
4. Vamos a recetar dos medicamentos.
   ¿Cómo se recetan dos medicamentos?
5. Vamos a hacer un examen médico.
   ¿Cuándo se hace un examen médico?
6. Vamos a buscar un antibiótico nuevo.
   ¿Dónde se busca un antibiótico nuevo?

6 **¿Qué se debe hacer?** Con un(a) compañero/a, escribe qué se debe hacer en estas situaciones. Después, comparte tus respuestas con la clase. *Answers will vary.*

modelo
Para estar sanos
Se debe hacer ejercicio. No se debe fumar.

1. Para curarse de un resfriado
2. Para relajarse
3. Para curarse de la gripe
4. Para tener dientes sanos
5. Para ser saludable
6. Para ser médico/a

10.3 Adverbs

7 **¡Tristemente!** Escribe seis oraciones para describir lo que le pasó a Héctor. Usa los adverbios necesarios. *Answers will vary.*

modelo
Héctor paseaba felizmente
en su bicicleta.

1.

2.

3.

8 **Consejos** Tu amiga Elsa está embarazada. En grupos de tres, escriban consejos para Elsa usando los adverbios adecuados. *Answers will vary.*

además (de)	a veces	poco
a menudo	con frecuencia	por lo menos
así	muchas veces	pronto

modelo
Debes caminar por lo menos durante
media hora cada día.
Si te sientes mal, debes ir pronto
al doctor.

Síntesis

9 **La primera vez** Cuéntale a un(a) compañero/a cómo fue la primera vez que te pusieron una inyección, te rompiste un hueso, pasaste la noche en un hospital, estuviste mareado/a, etc. Incluye estos puntos en la conversación.
9 Communication Interpretive Communication *Answers will vary.*
- una descripción del tiempo que hacía
- cuántos años tenías
- qué pasó
- cómo te sentías

Communicative Goal
Create an ad campaign for an organization

 Video

Videoclip

1 **Preparación** ¿Conoces alguna ONG (organización no gubernamental)? ¿Cuál? ¿Qué cosas se hacen en esa organización para ayudar a los demás?

2 **El clip** Mira el anuncio de la **Asociación Parkinson Alicante** de España.

Vocabulario	
aullar *to howl*	manada *pack (of wolves)*
hombre lobo *werewolf*	subvenciones *subsidies*

Queremos que la gente conozca la asociación y nos ayude en esta lucha°.

lucha *fight*

3 **Escoger** Elige la opción correcta. **3 Communication** Interpretive Communication

1. Las ____a____ a la asociación estaban fallando.
   a. subvenciones   b. peticiones

2. La asociación decidió inventar una ____b____ para el Parkinson.
   a. pastilla   b. causa

3. Michael J. Fox hizo el papel de un ____a____ y tiene Parkinson.
   a. hombre lobo   b. hombre araña

4. La forma para llegar a todo el mundo es ____b____ lo más fuerte (*loud*) posible.
   a. cantar   b. aullar

4 **Una campaña** Con un(a) compañero/a, crea una campaña para transformar una organización, real o ficticia. Luego, compartan su campaña con el resto de la clase. **4 Communication** Presentational Communication

---

I CAN create an ad campaign for an organization.

Ampliación

Communicative Goals
Understand a
conversation by
listening for specific
information, and
discuss medical
conditions and
symptoms

1 SCRIPT

Srta. Méndez: Consultorio del doctor Aguilar. Buenos días.

Carlos Peña: Buenos días, señorita. Habla Carlos Peña. Mire, no me siento nada bien.

S: ¿Qué tiene?

C: Tengo mucha tos. Apenas me deja dormir. Estoy muy congestionado y tengo un tremendo dolor de cabeza.

S: ¿Cuánto tiempo hace que se siente así?

C: Bueno, hace cinco días que me empezó a doler la garganta. Fue de mal en peor.

S: ¿Tiene fiebre?

C: Pues, en realidad, no lo sé. No me tomé la temperatura, pero creo que sí tengo fiebre porque tengo mucho frío y me duelen los huesos.

S: Pienso que usted tiene la gripe. Primero hay que verificar que no tiene una infección, pero creo que el doctor le va a recetar algo que va a ayudarlo. Le puedo dar una cita con el médico hoy a las tres de la tarde.

C: Excelente.

S: ¿Cómo me dijo que se llama?

C: Carlos Peña, señorita.

S: ¿Y su fecha de nacimiento y su teléfono, por favor?

C: 4 de octubre de 1983, y mi teléfono... seis cuarenta y tres, veinticinco, cincuenta y dos.

S: Muy bien. Hasta las tres.

C: Sí. Muchas gracias, señorita, y hasta luego.

1 Escuchar

A Escucha la conversación de la señorita Méndez y Carlos Peña. Marca las oraciones donde se mencionan los síntomas de Carlos. **1 Communication** Interpretive Communication

TIP **Listen for specific information.** Identify the subject of a conversation and use your background knowledge to predict what kinds of information you might hear. For example, what would you expect to hear in a conversation between a sick person and a doctor's receptionist?

_____ 1. Tiene infección en los ojos.

_____ 2. Se lastimó el dedo.

✓ 3. Tiene tos.

✓ 4. Está congestionado.

_____ 5. Está mareado.

✓ 6. Le duele la cabeza.

_____ 7. Le duele el estómago.

✓ 8. No puede dormir.

_____ 9. Es alérgico a la aspirina.

✓ 10. Le duele la garganta.

✓ 11. Tiene frío.

_____ 12. Se rompió la pierna.

_____ 13. Le duele la rodilla.

✓ 14. Siente dolor en los huesos.

B En tu opinión, ¿qué tiene Carlos? ¿Gripe? ¿Un resfriado? ¿Alergia? Explica tu opinión. _Answers will vary._

2 Conversar

Con un(a) compañero/a, representa una conversación entre un(a) estudiante hipocondríaco/a y un(a) enfermero/a.
2 Communication Interpersonal Communication   _Answers will vary._

• Decidan qué síntomas tiene el/la estudiante y con qué frecuencia los tiene.

• Decidan qué preguntas le va a hacer el/la enfermero/a.
Por ejemplo: ¿Cuánto tiempo hace que comenzaron los síntomas? ¿Tenía el mismo problema cuando era niño/a? ¿Lo tenía la semana pasada?

• Decidan qué consejos le va a dar el/la enfermero/a.

I CAN understand a conversation by listening for specific information.

I CAN discuss medical conditions and symptoms.

Ampliación

③ Escribir

Imagina que eres enfermero/a en la sala de emergencias de un hospital. Tienes que escribir cada día un parte (*report*) médico para tu supervisor(a). *Answers will vary.*

③ Communication Presentational Communication

> **TIP** **Avoid redundancies.** To avoid repetition of verbs and nouns, consult a Spanish-language thesaurus. You can also use direct object pronouns, possessive adjectives, demonstrative adjectives and pronouns, and prepositional pronouns to streamline your writing.

Susana se lastimó la rodilla ayer. ~~Susana~~ Ella estaba corriendo por el parque cuando se cayó y se lastimó la ~~la~~ rodilla.

Organizar	Utiliza un mapa de ideas para organizar tu parte médico. Incluye información sobre los pacientes, sus síntomas y el resultado de los tratamientos.
Escribir	Utiliza tus apuntes para escribir el primer borrador del parte médico.
Corregir	Intercambia tu composición con un(a) compañero/a. Lee su borrador y anota los aspectos mejor escritos (*written*). Ofrécele sugerencias para evitar (*avoid*) redundancias, y si ves algunos errores gramaticales u ortográficos, coméntaselos.
Compartir	Revisa el primer borrador según las indicaciones de tu compañero/a. Incorpora nuevas ideas o más información si es necesario antes de escribir la versión final del parte médico.

④ Un paso más

Prepara una presentación sobre el sistema de servicios médicos de un país hispano. Tu presentación debe contestar estas preguntas. *Answers will vary.*

④ Communication Presentational Communication   **④ Connections** Making Connections

- ¿Qué servicios médicos públicos hay en el país?
- ¿Cuál es el papel (*role*) de las clínicas y los hospitales privados?
- ¿Cómo son los servicios médicos en las ciudades y en las áreas rurales?
- ¿Son populares los tratamientos alternativos?
- ¿Hay personas reconocidas por sus contribuciones a la medicina?

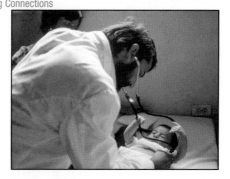

⑤ Cultura

Estás en un país hispano y te lastimas o te enfermas. ¿Qué haces? ¿Adónde vas? ¿A la farmacia? ¿A la sala de emergencias?

I CAN write a medical report.

I CAN create a presentation about the health system of a Spanish-speaking country.

 **Audio: Reading**

Antes de leer

Using what you already know about a particular subject will often help you better understand a reading selection.

TIP **Activate background knowledge.** Think about what you already know. For example, if you read an article about a recent medical discovery, you might think about what you already know about health in order to understand unfamiliar words or concepts.

Examinar el texto

1. A primera vista, ¿cuál es el tema de esta lectura?
Answers will vary.

_____

_____

2. ¿Qué tipo de documento es? ¿Cómo lo sabes?
Answers will vary.

_____

_____

3. Basándote en documentos similares que conoces, ¿qué tipo de información esperas encontrar en esta lectura? *Answers will vary.*

_____

_____

SUGGESTION Have students share their observations about the text. Then ask: **¿Qué tipo de texto es?** (una columna de consejos médicos) **¿Dónde se publicó?** (en un blog en Internet) **¿Quién es la doctora Fernanda Jiménez Ocaña?** (la doctora que da los consejos)

SUGGESTION To check comprehension, ask students to summarize the medical problems in each entry.

EXPANSION Show samples of health advice columns. Have students compare the format, the questions, and the style of the responses.

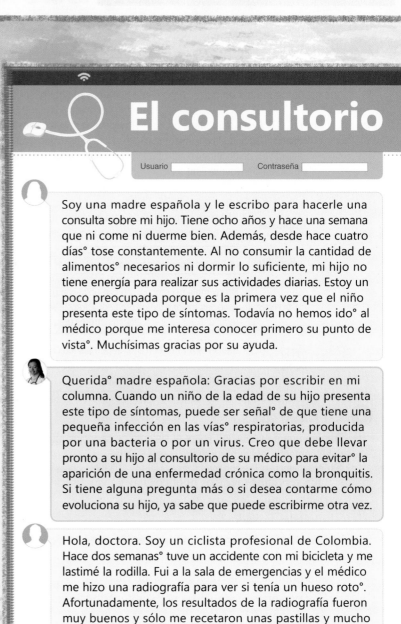

El consultorio

Usuario [   ]   Contraseña [   ]

Soy una madre española y le escribo para hacerle una consulta sobre mi hijo. Tiene ocho años y hace una semana que ni come ni duerme bien. Además, desde hace cuatro días° tose constantemente. Al no consumir la cantidad de alimentos° necesarios ni dormir lo suficiente, mi hijo no tiene energía para realizar sus actividades diarias. Estoy un poco preocupada porque es la primera vez que el niño presenta este tipo de síntomas. Todavía no hemos ido° al médico porque me interesa conocer primero su punto de vista°. Muchísimas gracias por su ayuda.

Querida° madre española: Gracias por escribir en mi columna. Cuando un niño de la edad de su hijo presenta este tipo de síntomas, puede ser señal° de que tiene una pequeña infección en las vías° respiratorias, producida por una bacteria o por un virus. Creo que debe llevar pronto a su hijo al consultorio de su médico para evitar° la aparición de una enfermedad crónica como la bronquitis. Si tiene alguna pregunta más o si desea contarme cómo evoluciona su hijo, ya sabe que puede escribirme otra vez.

Hola, doctora. Soy un ciclista profesional de Colombia. Hace dos semanas° tuve un accidente con mi bicicleta y me lastimé la rodilla. Fui a la sala de emergencias y el médico me hizo una radiografía para ver si tenía un hueso roto°. Afortunadamente, los resultados de la radiografía fueron muy buenos y sólo me recetaron unas pastillas y mucho reposo. Le escribo porque, después de este tiempo, sigo sintiendo dolor en la zona de la rodilla. ¿Qué puedo hacer?

www.elconsultorio.com

10:00 ▶ ⚡▭

Dra. Fernanda Jiménez Ocaña

Querido amigo ciclista: Creo que, en su caso, necesita tener más paciencia. Hay que° comprender que algunas veces el cuerpo requiere más tiempo para recuperarse. Pienso que tiene que esperar dos semanas más para ver si el dolor va desapareciendo o no. Si sigue las indicaciones de su médico y no nota ningún cambio, debe volver al hospital. En mi opinión, no debe hacer ningún movimiento con la pierna y debe seguir tomándose las pastillas que le recetaron.

Le escribo desde Puerto Rico para pedirle su opinión. Desde hace un mes tengo los síntomas de un resfriado que no desaparece nunca. Toso, estoy congestionado y tengo la garganta y los ojos irritados. Mi novia opina que puedo ser alérgico a algo. ¿Cree usted que eso es posible?

Estimado° amigo puertorriqueño: Debe empezar por observar dónde y cuándo aparecen sus síntomas. El otoño y la primavera son las épocas del año en que suele haber° más reacciones alérgicas del tipo que usted presenta. Creo que debe ir al médico y esperar los resultados de las pruebas. Si le diagnostican un tipo de alergia, no debe preocuparse. En la actualidad, existen tratamientos excelentes, incluyendo antihistamínicos e inyecciones que calman los efectos de las reacciones alérgicas y lo ayudan a llevar una vida normal.

¡Salud! *Dra. Fernanda Jiménez Ocaña*

Después de leer

¿Comprendiste? Communication Interpretive Communication

Indica si cada oración es **cierta** o **falsa**. Corrige las oraciones falsas.

Cierto	Falso	
___	✓	1. La madre española no come bien. *Su hijo no come bien.*
✓	___	2. La doctora piensa que el hijo de la española puede tener una infección.
___	✓	3. La doctora piensa que el ciclista debe practicar más el ciclismo. *La doctora piensa que él no debe hacer ningún movimiento con la pierna.*
___	✓	4. La radiografía indica que el ciclista colombiano tiene algunos huesos rotos. *Los resultados de la radiografía fueron buenos.*
✓	___	5. La doctora cree que el chico puertorriqueño puede tener alergias.
✓	___	6. Hace un mes que el puertorriqueño tiene los síntomas de un resfriado.

Preguntas Communication Interpretive Communication

Responde estas preguntas con oraciones completas.

1. ¿Con qué frecuencia tose el hijo de la madre española? *Tose constantemente.*
2. ¿Por qué fue a la sala de emergencias el colombiano? *Fue a la sala de emergencias porque tuvo un accidente con su bicicleta y se lastimó la rodilla.*
3. ¿Qué debe hacer la madre española? *Debe llevar pronto a su hijo al consultorio de su médico.*
4. ¿Qué hizo el médico cuando el ciclista fue a la sala de emergencias? *El médico le hizo una radiografía para ver si tenía un hueso roto.*
5. ¿Por qué debe ser paciente el ciclista? *Debe ser paciente porque el cuerpo necesita tiempo para recuperarse.*
6. Según (*According to*) la doctora, ¿cuándo ocurren más frecuentemente las reacciones alérgicas? *Según la doctora, las reacciones alérgicas ocurren más frecuentemente durante el otoño y la primavera.*

Coméntalo Communication Interpretive Communication

¿Conoces alguna columna de consejos médicos en Internet? ¿La lees frecuentemente? ¿Por qué sí o por qué no? Imagina que tú escribes las respuestas de esta columna, ¿qué deben hacer las tres personas que pidieron consejos? *Answers will vary.*

I CAN use my background knowledge to understand a text.

desde hace cuatro días *for four days* **alimentos** *foods* **hemos ido** *have been* **punto de vista** *point of view*
Querido/a *Dear* **señal** *sign* **vías** *passages* **evitar** *avoid* **Hace dos semanas** *Two weeks ago* **roto** *broken*
Hay que *It is necessary to* **Estimado/a** *Dear* **suele haber** *there tend to be*

Vocabulary Tools

El cuerpo

la boca *mouth*
el brazo *arm*
la cabeza *head*
el corazón *heart*
el cuello *neck*
el cuerpo *body*
el dedo *finger*
el estómago *stomach*
la garganta *throat*
el hueso *bone*
la nariz *nose*
el ojo *eye*
la oreja *(outer) ear*
el pie *foot*
la pierna *leg*
la rodilla *knee*
el tobillo *ankle*

Las enfermedades y los síntomas

el dolor (de cabeza) *(head)ache; pain*
la enfermedad *illness*
la gripe *flu*
la infección *infection*
el resfriado *cold*
el síntoma *symptom*
la tos *cough*

————

congestionado/a *congested*
mareado/a *dizzy; nauseated*

Verbos

caer *to fall, to drop*
caerse *to fall*
dañar *to damage; to break down*
doler (o:ue) *to hurt*
enfermarse *to get sick*
estar enfermo/a *to be sick*
estornudar *to sneeze*
lastimarse (el pie) *to injure (one's foot)*
olvidar *to forget*
perder (e:ie) *to lose*
poner una inyección *to give an injection*
prohibir *to prohibit*
quedar *to be left behind*
recetar *to prescribe*
romper *to break*
romperse (la pierna) *to break (one's leg)*
sacar(se) una muela *to have a tooth pulled*
ser alérgico/a (a) *to be allergic (to)*
tener fiebre (f.) *to have a fever*
tomar(le) la temperatura (a alguien) *to take (someone's) temperature*
torcerse (o:ue) (el tobillo) *to sprain (one's ankle)*
toser *to cough*

La salud

el accidente *accident*
la clínica *clinic*
el consultorio *doctor's office*
el/la dentista *dentist*
el/la doctor(a) *doctor*
el/la enfermero/a *nurse*
el examen médico *physical exam*
la farmacia *pharmacy*
el hospital *hospital*
la operación *operation*
el/la paciente *patient*
la radiografía *X-ray*
la sala de emergencia(s) *emergency room*
la salud *health*

Los medicamentos

el antibiótico *antibiotic*
la aspirina *aspirin*
el medicamento *medication*
la medicina *medicine*
las pastillas *pills*
la receta *prescription*

Adjetivos

embarazada *pregnant*
grave *grave; serious*
médico/a *medical*
saludable *healthy*
sano/a *healthy*

Otras palabras y expresiones

de niño/a *as a child*
mientras *while*
todos los días *every day*

Adverbs *See page 266.*

As students finish the lesson, encourage them to explore the **Repaso** section on the Supersite. There they will find quizzes for practicing vocabulary, grammar, and oral language.

Communicative Goals: Review

I CAN talk about health.
• Say how you feel today.

I CAN discuss medical conditions and symptoms.
• Describe your last injury or illness to a partner.

I CAN describe the past.
• Talk about something you used to do as a child.

I CAN investigate health systems in the Spanish-speaking world.
• Describe the health system of a Spanish-speaking country.

Un *snowboarder* salta *(jumps)* en el centro de esquí Portillo, uno de los más famosos y antiguos *(old)* de Chile. El esquí y el *snowboard* se pueden practicar en las montañas nevadas *(snow-capped)* de la cordillera de los Andes, que se extiende por todo el país. Gente de todo el mundo va a Chile a practicar los deportes de invierno.

¿Te gustaría esquiar en Chile?

SURAMÉRICA II

Argentina

Área: 2.780.400 km^2 (1.074.000 millas^2)

Población: 44.800.000

Capital: Buenos Aires – 15.057.000

Ciudades principales: Córdoba, Rosario, Mendoza

Moneda: peso argentino

SOURCE: Population Division, UN Secretariat & CIA World Factbook

Chile

Área: 756.100 km^2 (292.000 millas^2)

Población: 19.000.000

Capital: Santiago de Chile – 6.724.000

Ciudades principales: Valparaíso, Concepción, Viña del Mar, Temuco

Moneda: peso chileno

SOURCE: Population Division, UN Secretariat & CIA World Factbook

Uruguay

Área: 176.220 km^2 (68.039 millas^2)

Población: 3.500.000

Capital: Montevideo – 1.745.000

Ciudades principales: Salto, Paysandú, Las Piedras, Rivera

Moneda: peso uruguayo

SOURCE: Population Division, UN Secretariat & CIA World Factbook

Paraguay

Área: 406.750 km^2 (157.046 millas^2)

Población: 7.000.000

Capital: Asunción – 3.279.000

Ciudades principales: Ciudad del Este, San Lorenzo, Lambaré, Fernando de la Mora

Moneda: guaraní

SOURCE: Population Division, UN Secretariat & CIA World Factbook

Bolivia

Área: 1.098.580 km^2 (424.171 millas^2)

Población: 11.500.000

Capital: La Paz, sede del gobierno *(seat of government)*, capital administrativa – 1.835.000; **Sucre,** capital constitucional y judicial

Ciudades principales: Santa Cruz de la Sierra, Cochabamba, Oruro, Potosí

Moneda: peso boliviano

SOURCE: Population Division, UN Secretariat & CIA World Factbook

INSTRUCTIONAL RESOURCES
Supersite: Video (Panorama cultural); WebSAM
SAM: Workbook pp. 107–108

Artes

El tango argentino ▶

El tango es un símbolo cultural muy importante de Argentina. Este género *(genre)* musical es una mezcla de ritmos de origen africano, italiano y español, y surgió a finales del siglo XIX entre los porteños *(people of Buenos Aires)*. Poco después se hizo popular entre el resto de los argentinos y su fama llegó hasta París. Como baile, el tango en un principio *(at first)* era provocativo y violento, pero se hizo más romántico durante los años treinta. Hoy en día, este estilo musical es popular en muchas partes del mundo *(world)*.

¿Sabes bailar tango? ¿Te gusta ese tipo de baile? ¿Por qué?

Lugares

El lago Titicaca ▶

Situado en los Andes de Bolivia y Perú, éste es el lago navegable más alto del mundo, a una altitud de 3.812 metros (12.506 pies). Con un área de más de 8.000 kilómetros² (3.000 millas²), también es el segundo lago más grande de Suramérica, después del lago de Maracaibo en Venezuela. La mitología inca cuenta que los hijos del dios *(god)* Sol emergieron de las profundas aguas del lago Titicaca para fundar su imperio *(empire)*.

¿Qué otros lagos navegables conoces? ¿Cuál te gustaría visitar?

PERÚ

Océano Pacífico

BOLIVIA

La Paz

Arica

Iquique

Sucre

Antofagasta

Salta

CHILE

Córdoba

Valparaíso

Mendoza

Santiago

ARGENTINA

Concepción

Cordillera de los Andes

Puerto Montt

Estrecho de Magallanes

Punta Arenas

Tierra del Fuego

BRASIL

PARAGUAY

⭐ **Asunción**

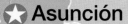
Río Paraná

URUGUAY

● Rosario
⭐

⭐ **Montevideo**

Buenos Aires

La música andina

La música andina incluye numerosos estilos musicales típicos de las culturas indígenas de los Andes. Los ritmos actuales de la música andina tienen influencias españolas y africanas. Varios tipos de flauta (*flute*), entre ellos la quena y la zampoña, caracterizan esta música. Algunos de los grupos de música andina más importantes son Los Kjarkas (Bolivia), Illapu (Chile), Los Chaskis (Argentina), Inti-Illimani (Chile) y Chila Jatun (Bolivia).

¿Conoces la música andina? ¿Te gusta?

Islas Malvinas

Costumbres

La carne y el mate ▶

En Chile, Uruguay y Argentina, la carne de res es un elemento esencial de la dieta diaria. Los platos más representativos de estas naciones son el asado (*barbecue*) y la parrillada (*grilled meat*).

El mate, una infusión similar al té, también es típico de la región. Esta bebida de origen indígena se bebe a diario y reemplaza al café. Tradicionalmente se toma en una calabaza (*gourd*) con una bombilla (*straw*) de metal.

¿Probaste alguna vez el mate? ¿Te gustaría probarlo? ¿Qué otras comidas y bebidas típicas de estos países conoces?

Naturaleza

Los ríos Paraguay y Paraná

Los ríos Paraguay y Paraná sirven de frontera (*border*) natural entre Argentina y Paraguay, y son las principales rutas de transporte de este último (*last*) país. El río Paraguay divide el Gran Chaco de la meseta (*plateau*) Paraná, donde vive la mayoría de los paraguayos. El Paraná tiene unos 3.200 kilómetros navegables, y por esta ruta pasan barcos de más de 5.000 toneladas, los cuales viajan desde el estuario (*estuary*) del Río de la Plata hasta la ciudad de Asunción. El río Paraná confluye (*meets*) con el río Iguazú en la frontera entre Brasil, Argentina y Paraguay. Allí forman las cataratas (*waterfalls*) del Iguazú, uno de los sitios turísticos más visitados en Suramérica. Estas extensas cataratas miden unos 70 metros (230 pies) de altura (*height*).

¿Qué otras cataratas conoces? ¿Qué río(s) afecta(n)?

¿Qué aprendiste?

1 **¿Cierto o falso?** Decide si lo que dicen las oraciones es **cierto** o **falso**.

1 Communication Interpretive Communication

	Cierto	Falso
1. Viña del Mar y Concepción son dos de las ciudades principales de Chile.	✓	
2. Asunción es la capital de Uruguay.		✓
3. El tango es uno de los símbolos culturales más importantes de Argentina.	✓	
4. El lago Titicaca es el más bajo del mundo.		✓
5. La carne de res forma parte de la dieta diaria de Argentina y de Uruguay.	✓	
6. El mate es una bebida similar al té.	✓	
7. En la meseta Paraná vive muy poca gente.		✓
8. Las cataratas del Iguazú están en la frontera entre Brasil, Paraguay y Argentina.	✓	

2 **Preguntas** Contesta las preguntas. **2 Communication** Interpretive Communication

1. ¿Qué es Portillo? *un centro de esquí en Chile*
2. ¿Cómo era el tango en un principio? *provocativo y violento*
3. ¿Dónde está el lago Titicaca? *en los Andes de Bolivia y Perú*
4. ¿Qué país tiene dos capitales? *Bolivia*
5. ¿Cuál es la moneda de Paraguay? *el guaraní*
6. ¿Qué es Inti-Illimani? *un grupo de música andina*

3 **¿Qué piensas?** Responde a estas preguntas.

3 Cultures Relating Cultural Products to Perspectives
3 Connections Making Connections

1. ¿Por qué crees que hay una mezcla de influencias culturales en el tango y en la música andina?
2. ¿Por qué piensas que el tango y la música andina son tan populares?
3. ¿Qué piensas que dice el tango sobre la cultura de Argentina?
4. ¿Por qué crees que el lago Titicaca era importante en la mitología inca?

4 **Comparación** Haz una de estas comparaciones. **4 Comparisons** Cultural Comparisons

- el mate y otra bebida
- el tango y la música andina
- el tango y otro baile

I CAN identify basic facts about the geography and culture of Argentina, Chile, Uruguay, Paraguay, and Bolivia by reading short informational texts with visuals.

PARA EMPEZAR Here are some additional questions: ¿Te gustan las computadoras? ¿Para qué usas el correo electrónico? ¿Cómo se escribían tus abuelos cuando no existía el correo electrónico? ¿Cuánto tiempo hace que sabes conducir? ¿Tienes auto?

Communicative Goals

You will learn how to:
- talk about cars
- describe your use of technology
- talk about the past
- investigate technology use in the Spanish-speaking world

PARA EMPEZAR

- ¿Está feliz o triste la persona de la foto?
- ¿Qué está mostrando?
- ¿De qué color es?
- ¿Qué tiempo hace?

INSTRUCTIONAL RESOURCES
Supersite: Vocabulary Tutorials; WebSAM
SAM: Workbook pp. 109–110;
Lab Manual p. 293

Communicative Goal
Talk about cars and technology

EL CARRO Y LA TECNOLOGÍA

LAS PARTES DEL CARRO

el carro *car*
el coche *car*
los frenos *brakes*

SUGGESTION Ask pairs of students to role-play these situations. 1. A driver takes his car to the mechanic. 2. One driver crashes into another. 3. A police officer gives a driver a ticket for going through a light and/or speeding (**exceder la velocidad máxima**).

el semáforo

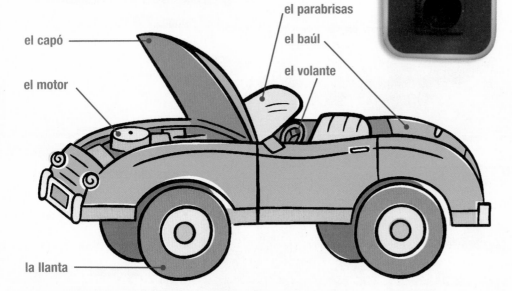

el parabrisas
el baúl
el volante
el capó
el motor
la llanta

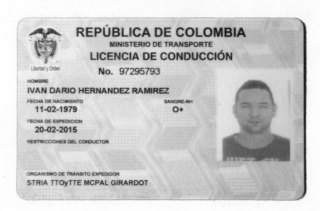

la licencia de conducir

REPÚBLICA DE COLOMBIA
MINISTERIO DE TRANSPORTE
LICENCIA DE CONDUCCIÓN
No. 97295793
NOMBRE
IVAN DARIO HERNANDEZ RAMIREZ
FECHA DE NACIMIENTO
11-02-1979
SANGRE-RH
O+
FECHA DE EXPEDICION
20-02-2015
RESTRICCIONES DEL CONDUCTOR
ORGANISMO DE TRÁNSITO EXPEDIDOR
STRIA TTOyTTE MCPAL GIRARDOT

EN LA CALLE

la calle *street*
el camino *route*
el garaje
  garage; (mechanic's) repair shop
la gasolina *gasoline*
la gasolinera *gas station*
el kilómetro *kilometer*
el/la mecánico/a *mechanic*
la milla *mile*
la multa *fine; ticket*
el policía/la mujer policía *police officer*
la policía *police (force)*
el taller (mecánico)
  (mechanic's) repair shop
el tráfico *traffic*
la velocidad máxima *speed limit*

arrancar *to start*
arreglar *to fix; to arrange*
bajar *to go down*
bajar(se) de *to get out of (a vehicle)*
chocar (con) *to run into; to crash into*
conducir *to drive*
estacionar *to park*
llenar (el tanque) *to fill (the tank)*
manejar *to drive*
parar *to stop*
revisar (el aceite) *to check (the oil)*
subir *to go up*
subir(se) a *to get into (a vehicle)*

SUGGESTION Draw a picture of a car on the board that includes identifiable parts from the active vocabulary. Make cards with the Spanish names for the parts and place tape on the back. Have students place the cards on the relevant parts of the drawing.

 **Vocabulary Tools**

VOCABULARIO ADICIONAL For additional vocabulary on this theme, go to **Vocabulario adicional** in the **Resources** section of the Supersite.

INTERNET Y LA COMPUTADORA

el archivo *file*

la computadora portátil *laptop*

la conexión inalámbrica *wireless (connection)*

Internet *Internet*

la página principal *home page*

el programa de computación *software*

la red *network; Web*

el sitio web *website*

la tableta *tablet (computer)*

cargar *to charge; to upload*

chatear *to chat*

conectarse a Internet *to get connected to the Internet*

descargar *to download*

escanear *to scan*

guardar *to save*

imprimir *to print*

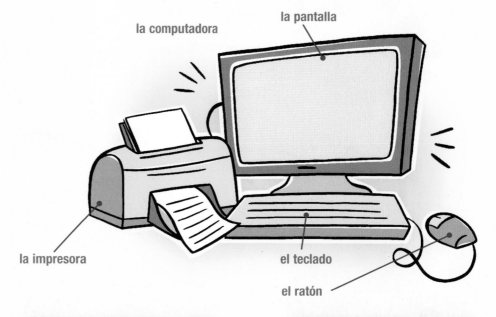

la computadora · la pantalla

la impresora · el teclado · el ratón

la calculadora

el televisor

LA TECNOLOGÍA

la aplicación *app*

el buzón de voz *voicemail*

el cargador *charger*

el control remoto *remote control*

el mensaje de texto *text message*

el navegador GPS *GPS*

el puerto USB *USB port*

el radio *radio (set)*

el teléfono celular *cell phone*

apagar *to turn off*

funcionar *to work*

grabar *to record*

llamar *to call*

poner *to turn on*

prender *to turn on*

sonar (o:ue) *to ring*

textear *to text*

SUGGESTION Mention that many English computer-related words, such as **software**, **antivirus**, **joystick,** and **Internet**, have become part of the Spanish language.

ADJETIVOS

descompuesto/a *not working; out of order*

lento/a *slow*

lleno/a *full*

la cámara digital

ASÍ SE DICE

el baúl ⟷ la cajuela (*Méx.*), la maletera (*Perú*)
la computadora ⟷ el ordenador (*Esp.*)
la gasolinera ⟷ la bencinera (*Chile*)
el radio ⟷ la radio (*Esp., Cono Sur*)
el teléfono celular ⟷ el móvil (*Esp.*)

A escuchar

1 **¿Lógico o ilógico?** Indica si las situaciones que vas a escuchar son **lógicas** o **ilógicas**. **1** Communication
Interpretive Communication

	Lógico	Ilógico
1.		✓
2.		✓
3.	✓	
4.	✓	
5.		✓
6.	✓	
7.		✓
8.	✓	

2 **En una gasolinera** Escucha la conversación entre un joven y el empleado de una gasolinera. Después, completa las oraciones. **2** Communication Interpretive Communication

1. El empleado de la gasolinera llena el tanque, revisa el aceite y
   a. estaciona el carro. b.) limpia el parabrisas. c. usa el navegador.

2. La próxima semana el joven tiene que
   a.) manejar hasta Córdoba. b. llenar el tanque. c. revisar las llantas.

3. El joven va a volver mañana porque el empleado
   a. va a llenar el tanque. b.) va a revisar los frenos. c. va a darle una multa.

4. Para revisar los frenos, el empleado necesita
   a. un par de minutos. b. un par de días. c.) un par de horas.

5. Hoy el joven va
   a. a Córdoba. b. a las montañas. c.) a la playa.

6. La gasolina cuesta
   a.) 22 pesos. b. 32 pesos. c. 24 pesos.

A practicar

3 **Problemas con la computadora** Completa la conversación.

el archivo	la impresora	la pantalla
arreglar	imprimir	prendiste
descompuesto	llamar	el ratón
funciona	llenar	el teléfono celular

JUAN CARLOS Mariana, la computadora no (1) _funciona_. No veo nada en (2) _la pantalla_.

MARIANA Pues, ¿la (3) _prendiste_?

JUAN CARLOS Ah sí, tienes razón; no estaba prendida. Mariana, ahora no puedo conectarme a Internet. Parece que el sistema de conexión inalámbrica está (4) _descompuesto_. ¿Sabes cómo lo puedo (5) _arreglar_?

MARIANA ¡Ay, mi amor! Si (*If*) quieres, puedo (6) _llamar_ a la compañía de Internet para ver qué pasa. Mientras tanto, creo que es mejor que uses (7) _el teléfono celular_ para conectarte.

JUAN CARLOS Sí, gracias… Bueno, ahora sí estoy conectado. Voy a (8) _imprimir_ el trabajo para mi clase de historia… Pero... ¡Mariana! ¿dónde está (9) _la impresora_?

MARIANA Lo siento, ésa sí que está descompuesta. Pablo la está arreglando. No sé cómo vas a imprimir tu trabajo ahora.

JUAN CARLOS No te preocupes. Voy a guardar (10) _el archivo_ para imprimirlo en la universidad.

MARIANA ¡Qué buena idea!

4 **Oraciones** Escribe oraciones usando los siguientes elementos. Usa el pretérito y añade (*add*) las palabras necesarias.

modelo
Juan Diego / guardar / archivo / su / computadora
Juan Diego guardó el archivo en su computadora.

1. Jaime / comprar / televisor / nuevo
   Jaime compró un televisor nuevo.
2. Yo / apagar / radio / diez / noche
   Yo apagué el radio a las diez de la noche.
3. teléfono / sonar / pero / yo / no contestar
   El teléfono sonó pero yo no contesté.
4. Luis y yo / ir / gasolinera / para / llenar / tanque
   Luis y yo fuimos a la gasolinera para llenar el tanque.
5. Sandra / perder / tableta
   Sandra perdió la tableta.
6. Marisa / poner / su / maletas / baúl
   Marisa puso sus maletas en el baúl.

A conversar

5 **Preguntas** Con un(a) compañero/a, contesta las preguntas. Después, comparte las respuestas con la clase.

Answers will vary.

1. ¿Tienes carro? ¿Cómo es? ¿Para qué lo usas?

5 **Communication** Interpersonal Communication

2. ¿Siempre paras cuando ves la luz amarilla del semáforo? ¿Manejas rápidamente? ¿A veces excedes la velocidad máxima?

3. ¿Cuáles de estas actividades haces tú normalmente: llenar el tanque, limpiar el parabrisas, lavar el coche, revisar el aceite, cambiar el aceite, revisar las llantas?

4. ¿Cómo miras tus programas favoritos?

5. ¿Cómo escuchas música: por radio, por teléfono celular o en Internet?

6. ¿Cómo te comunicas más: llamas por teléfono, escribes mensajes electrónicos, texteas o chateas? ¿Cuáles son las ventajas (*advantages*) y desventajas de los diferentes modos de comunicación?

7. ¿Cómo usas la tecnología para divertirte? ¿Y para comunicarte? ¿Y para trabajar?

6 **En el taller** Con un(a) compañero/a, representa una conversación entre un(a) mecánico/a y un(a) cliente/a cuyo (*whose*) coche se dañó en un accidente. El/La cliente/a le dice al/a la mecánico/a qué ocurrió en el accidente y los dos hablan de las partes dañadas. *Answers will vary.* **6** **Communication** Interpersonal Communication

7 **Situación** Con un(a) compañero/a de clase, elige un(a) cliente/a de la lista y representa una conversación entre el/la director(a) de ventas (*sales*) de una tienda de computadoras y esta persona. El/La director(a) de ventas pregunta lo que el/la cliente/a desea hacer con la computadora y le muestra la computadora que éste/a necesita.

7 **Communication** Interpersonal Communication   *Answers will vary.*

- *El padre o la madre de un niño de seis años*

- *Una jubilada (retired woman) que quiere aprender a conectarse a Internet*

- *Una mujer que va a crear una nueva empresa (business) en su casa*

- *Un estudiante que no sabe nada de computadoras*

- *Un hombre de negocios (businessman) que viaja mucho*

- *Un programador que necesita comprar una computadora buena y rápida*

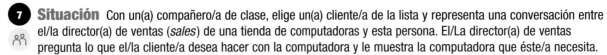

I CAN talk about cars and technology.

I CAN interact at a survival level in some familiar everyday contexts.

5 **EXPANSION** Stage a debate about the role of technology in today's world: **La tecnología: ¿beneficia o no?** Divide groups (or the whole class) in half, assigning each a position. Allow students time to plan their arguments before staging the debate.

6 **EXPANSION** Have students present their conversations to the class. Students can vote on the most original, the funniest, etc.

7 **SUGGESTION** Have students read the directions, and ask volunteers to read the list of customers aloud. Give pairs about five minutes to complete their conversations.

7 **SUGGESTION** Point out that students may use this activity to rehearse language they might use in shopping situations.

7 **EXPANSION** Have students present their conversations to the class.

ACTIVITY PACK For additional activities, go to the **Activity Pack** in the **Resources** section of the Supersite.

Ortografía

 Tutorial

La acentuación de palabras similares

INSTRUCTIONAL RESOURCES
Supersite: Spelling Tutorial; WebSAM
SAM: Lab Manual p. 294

Although accent marks usually indicate which syllable in a word is stressed, they are also used to distinguish between words that have the same or similar spellings.

· ·

Él maneja **el** coche.   **Sí,** voy **si** quieres.

Although one-syllable words do not usually carry written accents, some *do* have accent marks to distinguish them from words that have the same spelling but different meanings.

· ·

Sé cocinar.   **Se** baña.   **¿Tomas té?**   **Te** duermes.

Sé (*I know*) and **té** (*tea*) have accent marks to distinguish them from the pronouns **se** and **te**.

· ·

para mí   **mi** cámara   **Tú** lees.   **tu** estéreo

Mí (*me*) and **tú** (*you*) have accent marks to distinguish them from the possessive pronouns **mi** and **tu**.

· ·

¿Por qué vas?   **Voy porque quiero.**

Several words of more than one syllable also have accent marks to distinguish them from words that have the same or similar spellings.

· ·

Éste es rápido.   **Este** tren es rápido.

Demonstrative pronouns may have accent marks to distinguish them from demonstrative adjectives.

· ·

¿Cuándo fuiste?   **Fui cuando me llamó.**

¿Dónde trabajas?   **Voy al taller donde trabajo.**

Adverbs have accent marks when they are used to convey a question.

· ·

Práctica Marca los acentos en las palabras que los necesitan.

ANA   Hola, soy Ana. ¿Que tal? *¿Qué?*
JUAN Hola, pero… ¿por que me llamas tan tarde? *¿por qué?*
ANA   Porque mañana tienes que llevarme a la universidad. Mi auto esta dañado. *está*
JUAN ¿Como se daño? *¿Cómo?/dañó*
ANA   Se daño el sabado. Un vecino (*neighbor*) choco con el. *dañó/sábado/chocó/él*

Crucigrama Utiliza las siguientes pistas (*clues*) para completar el crucigrama. ¡Ojo con los acentos!

Horizontales

1. Él _____ levanta.
4. No voy _____ no puedo.
7. Tú _____ acuestas.
9. ¿_____ es el examen?
10. Quiero este video y _____.

Verticales

2. ¿Cómo _____ usted?
3. Eres _____ mi hermano.
5. ¿_____ tal?
6. Me gusta _____ suéter.
8. Pongo las maletas _____ el baúl.

¹S		²E			³C			
S		S		⁴P	O	R	⁵Q	U	⁶E
		⁷T	⁸E	M	U	S
⁹C	U	Á	N	D	O		¹⁰É	S	E

SUGGESTION Read the examples aloud and have volunteers write them on the board.

SUGGESTION Model the pronunciation of each word, sentence, and **refrán**, and have students repeat after you.

EXPANSION Write these sentences on the board without accent marks. Have volunteers come to the board to correct them.
1. ¿Esta es tu camara?
2. Si, papa la trajo de Japon para mi.
3. ¿Donde encontraste mi mochila?
4. ¡Pues, donde la dejaste, claro!
5. ¿Cuando visito Buenos Aires Mario?
6. Yo se que Lourdes fue alli el año pasado, pero ¿cuando fue el?
7. ¿Me explicas por que llegas tarde?
8. Porque mi coche esta descompuesto.

INSTRUCTIONAL RESOURCES
Supersite: WebSAM
SAM: Video Manual
pp. 189–190

 Video

Communicative Goal
Ask and answer questions about cars and technology

Un carro... ¿nuevo?

Manuel acaba de comprar un coche.

Antes de ver

Mira los pies de foto (*captions*) y haz una lista de los cognados.

PERSONAJES

SARA

JUANJO

MANUEL

VALENTINA

POLICÍA

VIDEO RECAP Before showing this **Aventuras** episode, review the previous episode with these questions: 1. ¿Qué hacía Olga Lucía cuando Juanjo se lastimó? (Sacaba fotos.) 2. ¿Qué le dolía a Juanjo? (A Juanjo le dolía el tobillo.) 3. ¿Adónde quería ir Juanjo primero? (Quería ir a una farmacia.) 4. ¿Qué se prohíbe en el hospital? (Se prohíbe fumar en el hospital.)

VIDEO SYNOPSIS Manuel has just bought a car. It is old; it doesn't have GPS or a USB port, and the radio doesn't work. Juanjo suggests going for a ride. Sara, Valentina, and Juanjo have to push the car to get it to start. Manuel scares the others with his driving. He is pulled over by the police and gets a ticket for speeding. When he suggests splitting the fine, Valentina says that it's his to pay. Manuel has to get out and push the car to get it started again.

SARA ¡Chicos! ¡Ahí viene!
JUANJO ¡¿Ése es el carro que se compró Manuel?!
MANUEL ¿Qué te parece?
SARA ¡Éste es!

VALENTINA Manuel, ¿no tiene puerto USB para cargar el móvil?
JUANJO Es un carro viejo, Valentina. No tiene puerto USB, ni navegador GPS.
VALENTINA Por lo menos tiene radio, ¿no?
MANUEL No funciona.
SARA ¿Qué te parece el coche de Manuel?
VALENTINA Aunque no es muy moderno, y no tiene nada de tecnología, es bonito.
JUANJO ¿Damos un paseo para probarlo?

SARA Ten cuidado. ¡Vas muy rápido!
VALENTINA ¡No estamos en la autopista, Manuel!
MANUEL ¡Sé conducir!
VALENTINA ¡Vamos a chocar!
JUANJO ¡Nos va a parar la policía!

A C T I V I D A D E S

1 **¿Cierto o falso?** Indica si lo que dicen estas oraciones es **cierto** o **falso**. Corrige las oraciones falsas.
1 **Communication** Interpretive Communication

	Cierto	Falso
1. Manuel se compró un coche moderno. *Manuel se compró un coche viejo.*	○	☑
2. El radio del carro no funciona.	☑	○
3. Manuel tiene problemas con la policía porque olvidó su licencia de conducir. *Manuel tiene problemas con la policía por sobrepasar la velocidad máxima.*	○	☑
4. Manuel tiene que pagar una multa.	☑	○
5. Al final, el coche arranca sin problemas. *Al final, el coche no arranca y Manuel tiene que empujarlo.*	○	☑

2 **Preguntas** Answer the questions.
2 **Communication** Interpretive Communication

1. ¿Cómo es el coche que se compró Manuel? *El coche que se compró Manuel es viejo y sin tecnología.*
2. ¿Qué cosas no tiene el coche? *El coche no tiene puerto USB ni navegador GPS.*
3. ¿Es posible escuchar música en el coche? ¿Por qué? *No es posible escuchar música en el coche porque el radio no funciona.*
4. ¿Cómo se sienten los pasajeros mientras Manuel conduce? *Los pasajeros tienen mucho miedo.*
5. ¿Cómo se puede pagar la multa? *Se puede pasar por la oficina de tráfico o hacerlo por teléfono o Internet.*

SUGGESTION Point out examples of the preterite and the imperfect in captions 1, 4, and 5. Indicate examples of **por** and **para** in captions 2, 4, and 5. Point out the stressed possessive adjectives and pronouns **vuestra** (caption 4), **mío** (caption 5), and **tuya** (caption 6).

SUGGESTION Have the class read through the entire episode, with volunteers playing the roles of **Manuel**, **Valentina**, **Juanjo**, **Sara**, and the police officer.

POLICÍA Buenas tardes.

MANUEL ¿Cómo le va?

POLICÍA Su licencia de conducir, por favor.

MANUEL ¿Por qué nos paró, señor policía?

POLICÍA Por sobrepasar la velocidad máxima. Iba a cincuenta y cinco kilómetros por hora y la velocidad permitida es cincuenta.

MANUEL ¡¿En serio?! (*a los chicos*) ¡La culpa es vuestra! ¡Os lo dije! ¡Nos van a parar por ir tan rápido!

POLICÍA ¿De quién es el coche?

MANUEL Mío, acabo de comprarlo. Lo estábamos probando y ellos pidieron ir más rápido.

POLICÍA Tiene veinte días para pagar la multa. Puede pasar por la oficina de tráfico o hacerlo por teléfono o Internet. Buenas tardes.

MANUEL Gracias.

MANUEL Pagamos la multa entre todos, ¿no? Son cien euros. Los amigos se ayudan.

VALENTINA Nos ayudamos, Manuel, ¡pero la multa es tuya!

MANUEL ¡La próxima vez os vais a pasear en taxi!

Expresiones útiles

aunque *although*
la autopista *highway*
ayudarse *to help each other*
la culpa *blame; fault*
dar un paseo *to go for a ride*
empujar *to push*
sobrepasar *to exceed*

el asiento delantero *front seat*
el asiento trasero *back seat*
el cinturón de seguridad *seat belt*
la sirena *siren*

Puerta de Alcalá

La Puerta de Alcalá está en la Plaza de la Independencia en Madrid. Este monumento neoclásico se inauguró en 1778. Se inspiró en los arcos triunfales romanos. Cada lado del monumento tiene un diseño distinto.

¿Hay un monumento famoso en tu ciudad o pueblo? ¿Cómo es?

3 **Preguntas personales** En parejas, túrnense para hacerse estas preguntas. ¿Tienen respuestas en común? **3** Communication Interpersonal Communication

1. ¿Qué piensas del coche de Manuel?
2. ¿Te gustan los coches con toda la tecnología? ¿Por qué?
3. ¿Qué marca (*brand*) de coche es tu favorita? ¿Por qué?
4. ¿Prefieres conducir o ser pasajero/a? ¿Por qué?
5. ¿Con qué frecuencia usas tu teléfono celular?
6. ¿Te gusta grabar videos y ponerlos en Internet? ¿Por qué?

I CAN ask and answer questions about cars and technology.

Las **redes sociales**

¿Cómo te comunicas con tu familia y con tus amigos? Al igual que° en los Estados Unidos, en los países hispanohablantes las redes sociales han tenido° un gran impacto en los últimos años. Los usos básicos de los teléfonos celulares ya no son las llamadas°, sino el contacto entre amigos y parientes por medio de° redes sociales y de aplicaciones como Facebook, Twitter, WhatsApp, Instagram o Snapchat.

Mensajes de texto en español

Al igual que otros idiomas, el chateo está cambiando la forma en que la gente escribe el español. Ésta es una lista de expresiones comunes al chatear.

¿K TL?	¿Qué tal?	CONT, XFA	Contesta, por favor.
Toy cansada	Estoy cansada.	TB	también
TQ MXO	Te quiero mucho.	1 BSO	Un beso.
A2	Adiós.	¿Q T PARECE?	¿Qué te parece?
¿XQ?	¿Por qué?	T MANDO 1 MSG DSPS	Te mando un mensaje después.
GNL	genial		

La mayoría de hispanos tiene un perfil° en Facebook o en Twitter, pero el método de comunicación más popular en los países hispanohablantes es WhatsApp. Por medio de esta aplicación de mensajería los usuarios° pueden crear grupos y enviarse° un número ilimitado de imágenes, videos y mensajes de texto y de audio. Su popularidad se debe a que es una forma rápida y prácticamente gratuita° de comunicarse.

Hoy en día, los teléfonos inteligentes y los contratos telefónicos son más asequibles°, por lo que la mayoría de los hispanos disfruta de estos celulares y de sus ventajas tecnológicas. Gracias a las redes sociales y a las aplicaciones, las personas pueden estar en constante comunicación con sus seres queridos° más lejanos°. La inevitable pregunta es: ¿qué ocurre con los seres queridos que están cerca? La influencia que tienen las redes sociales en las relaciones humanas es un tema cada vez más polémico.

Al igual que *Like* han tenido *have had* llamadas *calls* por medio de *through* perfil *profile* usuarios *users* enviarse *send each other* gratuita *free* asequibles *affordable* seres queridos *loved ones* lejanos *distant*

ASÍ SE DICE

La tecnología

los audífonos (Méx., Col.) los auriculares (Arg.) los cascos (Esp.)	*headset; earphones*
el manos libres (Amér. S.)	*hands-free system*
mensajear (Mex.)	textear

INSTRUCTIONAL RESOURCES
Supersite: Video (Flash cultura); WebSAM
SAM: Video Manual pp. 221–222

ACTIVIDADES

1 **¿Cierto o falso?** Indica si lo que dicen estas oraciones es **cierto** o **falso**. Corrige la información falsa. **1** Communication
Interpretive Communication

1. Los hispanos prefieren las llamadas para comunicarse con sus parientes y con sus amigos. *Falso. Los hispanos prefieren comunicarse por medio de redes sociales y de aplicaciones.*

2. Twitter no se usa en Latinoamérica. *Falso. La mayoría de los hispanos tiene un perfil en Facebook o en Twitter.*

3. WhatsApp es un método de comunicación muy común en los países hispanos. *Cierto.*

4. WhatsApp permite enviar fotos a los contactos del celular. *Cierto.*

5. TB significa "también". *Cierto.*

2 **Preguntas** Contesta las preguntas.
2 Communication Interpretive Communication

1. ¿Dónde tiene un perfil la mayoría de los hispanos? *en Facebook o en Twitter*

2. ¿Cuál es el método de comunicación más popular en los países hispanos? *WhatsApp*

3. ¿Qué se puede hace por medio de WhatsApp? *crear grupos y enviar imágenes, videos y mensajes de texto y audio*

4. ¿Por qué es tan popular WhatsApp? *es una forma rápida y prácticamente gratuita de comunicarse*

5. ¿Qué significa A2? *Adiós.*

3 **¿Cómo te comunicas?** Escribe un párrafo breve para explicar qué utilizas para comunicarte con tus amigos/as (correo electrónico, teléfono, chat, etc.). Luego, haz comparaciones con la forma como los hispanos se comunican. **3** Comparisons
Cultural Comparisons

4 **¿Qué piensas?** Con un(a) compañero/a, responde a estas preguntas. **4** Cultures Relating Cultural Practices to Perspectives

1. ¿Cuáles son los aspectos positivos y negativos de las redes sociales?

2. ¿Qué influencia piensas que tienen las redes sociales en las relaciones personales en los países hispanos?

Communicative Goal
Recognize the use and importance of technology in Peru

Video

Maravillas de la tecnología

1 **Preparación** ¿Con qué frecuencia te conectas a Internet? ¿Dónde lo haces: en tu casa o en un lugar público?

2 **El video** Mira el episodio de **Flash cultura** sobre la tecnología en Perú.

Vocabulario	
comunidad indígena	**romper con la barrera de la distancia**
indigenous community	*to break the distance barrier*
localizados *located*	**usuarios** *users*

… el primer *hotspot* de Cuzco, que permite a los usuarios navegar de manera inalámbrica…

3 **¿Cierto o falso?** Indica si lo que dice cada oración es **cierto** o **falso**.
3 Communication Interpretive Communication

1. A Omar lo llama su tía. *falso*

2. Omar entrevista a varios habitantes de Cuzco. *cierto*

3. No hay cibercafés en la ciudad de Cuzco. *falso*

4. Los peruanos no van a los cibercafés. *falso*

5. Algunos peruanos utilizan Internet para vender sus productos. *cierto*

4 **Entrevista** En parejas, dramaticen una entrevista con Omar sobre su uso de la tecnología. **4** Communication Interpersonal Communication

---

I CAN compare the use of social networks in my community with their use in the Spanish-speaking world.

I CAN recognize the use and importance of technology in Peru.

11.1 The preterite and the imperfect

Communicative Goal
Talk about the past

▶ The preterite and the imperfect are not interchangeable. The choice between these two tenses depends on the context and on the point of view of the speaker.

¡¿Ése es el carro que se compró Manuel?!

Lo estábamos probando y ellos pidieron ir más rápido.

Uses of the preterite

To express actions that are viewed by the speaker as completed	Manuel estacionó el coche. *Manuel parked the car.* Fueron a Valparaíso ayer. *They went to Valparaíso yesterday.*
To express the beginning or end of a past action	La película empezó a las nueve. *The movie began at nine o'clock.* Ayer terminé el proyecto. *Yesterday I finished the project.*
To narrate a series of past actions or events	Manuel paró el coche, abrió la ventanilla y saludó a Sara. *Manuel stopped the car, opened the window, and greeted Sara.*

Uses of the imperfect

To describe an ongoing past action with no reference to its beginning or end	Manuel conducía muy rápido en Madrid. *Manuel was driving very fast in Madrid.* Sara esperaba en el apartamento. *Sara was waiting in the apartment.*
To express habitual past actions and events	Cuando era joven, jugaba al tenis. *When I was young, I used to play tennis.* Juanjo siempre revisaba su correo electrónico a las tres. *Juanjo always checked his e-mail messages at three o'clock.*
To describe physical and emotional states or characteristics	La chica quería descansar. Se sentía mal y tenía dolor de cabeza. *The girl wanted to rest. She felt ill and had a headache.* Ellos eran altos y tenían ojos verdes. *They were tall and had green eyes.* Estábamos felices de ver a la familia. *We were happy to see the family.*

SUGGESTION Ask students to describe the most interesting, embarrassing, exciting, or annoying thing that has happened to them recently. Have them use preterite and imperfect verbs to talk about what happened and how they felt.

INSTRUCTIONAL RESOURCES
Supersite: Grammar Tutorial; WebSAM
SAM: Workbook pp. 111–114; Lab Manual p. 295

Práctica

1 **Un accidente** Completa este artículo de periódico con las formas correctas del pretérito o del imperfecto.

Un trágico accidente

Ayer en la mañana (1) _____hubo_____ [haber] un trágico accidente en el centro de Lima, cuando un autobús (2) _____chocó_____ [chocar] con un carro. La mujer que (3) _____manejaba_____ [manejar] el carro (4) _____murió_____ [morir] al instante. Los paramédicos llevaron al conductor del autobús al hospital porque (5) _____tenía_____ [tener] varias fracturas. Su estado de salud es todavía muy grave. El conductor del autobús (6) _____dijo_____ [decir] que no (7) _____vio_____ [ver] el carro hasta el último momento porque (8) _____había_____ [haber] mucha niebla y (9) _____llovía_____ [llover]. Él (10) _____intentó_____ [intentar] (*to attempt*) dar un viraje brusco (*to swerve*), pero (11) _____perdió_____ [perder] el control del autobús y no (12) _____pudo_____ [poder] evitar (*to avoid*) el accidente. Según nos informaron, no (13) _____se lastimó_____ [lastimarse] ninguno de los pasajeros que (14) _____viajaban_____ [viajar] en el autobús.

2 **Combinar** Combina elementos de las tres columnas para hablar de lo que hicieron y lo que hacían las personas de la primera columna. Usa el imperfecto o el pretérito para formar las oraciones. *Answers will vary.*

Sujetos	Verbos	Adverbios
el mecánico	arreglar	ayer
Rafael Nadal	caerse	bien
la mujer policía	chocar	con frecuencia
Timothée Chalamet	conducir	de vez en cuando
mis padres	decir	fácilmente
mis amigos y yo	enamorarse	lentamente
Rihanna	lastimarse	mal
yo	llamar	siempre
	mirar	todos los días
	olvidar	la semana pasada

Conversación

3 **Oraciones** Con un(a) compañero/a, completa las oraciones usando el pretérito o el imperfecto. Luego, compara tus respuestas. *Answers will vary.*

3 Communication Interpersonal Communication

modelo De niño/a, yo...

Estudiante 1: De niña, yo vivía con mis abuelos en un apartamento cerca de la escuela.

Estudiante 2: Pues mi mamá, mis hermanos y yo vivíamos en una casita con un jardín.

Estudiante 1: De niña, me lastimé una vez la rodilla. Mientras corría, me caí.

Estudiante 2: En cambio, yo nunca me lastimé la rodilla, pero me torcía constantemente el tobillo.

1. El verano pasado…
2. Yo manejaba el coche mientras…
3. Anoche mi novio/a…
4. Ayer el/la profesor(a)…
5. La semana pasada un(a) amigo/a…
6. A menudo mi madre…
7. Esta mañana en la cafetería…
8. Chateábamos cuando…

4 **Tu primer(a) novio/a** Entrevista a un(a) compañero/a acerca de su primer(a) novio/a. Si quieres, puedes añadir (*add*) otras preguntas. *Answers will vary.*

4 Communication Interpersonal Communication

1. ¿Quién fue tu primer(a) novio/a?
2. ¿Cuántos años tenías cuando lo/la conociste?
3. ¿Cómo era él/ella?
4. ¿Qué le gustaba hacer? ¿Tenían ustedes los mismos pasatiempos?
5. ¿Por cuánto tiempo salieron ustedes?
6. ¿Adónde iban ustedes cuando salían?
7. ¿Pensaban casarse?
8. ¿Cuándo y por qué rompieron ustedes?

5 **Un robo misterioso** Anoche alguien robó (*stole*) el examen de la Lección 11 de la oficina de tu profesor(a) y tú tienes que averiguar (*to find out*) quién lo hizo. Pregúntales a varios compañeros dónde estaban, con quién estaban y qué hicieron entre las ocho y las doce de la noche. Luego, decide quién robó el examen. *Answers will vary.*

5 Communication Interpersonal Communication

ACTIVITY PACK For additional activities, go to the **Activity Pack** in the **Resources** section of the Supersite.

I CAN talk about the past.

▶ When the preterite and the imperfect appear in the same sentence, the imperfect describes what was happening, while the preterite describes the action that "interrupted" the ongoing activity.

Escuchaba música cuando **sonó** el teléfono.
I was listening to music when the phone rang.

Sara **leía** una revista cuando **llegó** Daniel.
Sara was reading a magazine when Daniel arrived.

▶ You will see the preterite and the imperfect together in narratives such as fiction, news, and retelling of events. The imperfect provides background information, such as time, weather, and location. The preterite indicates the specific events that occurred.

Eran las dos de la mañana y el detective ya no **podía** mantenerse despierto. **Se bajó** lentamente del coche, **estiró** las piernas y **levantó** los brazos hacia el cielo oscuro.

It was two in the morning, and the detective could no longer stay awake. He slowly stepped out of the car, stretched his legs, and raised his arms toward the dark sky.

La luna **estaba** llena y no **había** en el cielo ni una sola nube. De repente, el detective **escuchó** un grito espeluznante proveniente del parque.

The moon was full and there wasn't a single cloud in the sky. Suddenly, the detective heard a terrifying scream coming from the park.

NASA· La sonda se estrelló° antes de orbitar

Mars cayó en Marte

La agencia espacial estadounidense perdió la comunicación con la sonda *Mars Climate Orbiter*, justo en el momento en que se ponía en órbita alrededor° de Marte. La nave se estrelló por un error de navegación importante. Se habían invertido° 25 millones de dólares e iba a ser la primera estación meteorológica interplanetaria.

se estrelló *crashed* **alrededor** *around* **Se habían invertido** *had been invested*

¡Manos a la obra!

Escribe la forma correcta de los verbos.

Pretérito
1. Tomás y yo __fuimos__ [ir] al parque ayer.
2. __Nadamos__ [nadar] por la tarde.
3. Después __tomamos__ [tomar] el sol.
4. __Regresamos__ [regresar] a casa a las cinco.
5. Tomás preparó la cena. Yo __leí__ [leer] una revista.
6. Mientras Tomás veía una película, yo __me dormí__ [dormirse].

Imperfecto
1. __Eran__ [ser] las doce.
2. __Había__ [haber] mucha gente en la calle.
3. Los novios __estaban__ [estar] en el café.
4. Todos los días ellos __almorzaban__ [almorzar] juntos.
5. El camarero siempre les __servía__ [servir] ensaladas.
6. Cuando los novios salieron del café, __llovía__ [llover].

Communicative Goal
Participate in an auction

11.2 Por and para

▶ Both **por** and **para** mean *for*, but they are not interchangeable. Study their uses in the charts.

Manuel, ¿no tiene puerto USB para cargar el móvil?

Iba a cincuenta y cinco kilómetros por hora.

Uses of *por*

Motion or a general location (around, through, along, by)	La excursión nos llevó por el centro. *The tour took us through downtown.*
	Pasamos por el parque y por el río. *We passed by the park and along the river.*
Duration of an action (for, during, in)	Estuve en Montevideo por un mes. *I was in Montevideo for a month.*
	Juanjo estudió por la noche. *Juanjo studied during the night.*
Object of a search (for, in search of)	Vengo por ti a las ocho. *I'm coming for you at eight.*
	Olga Lucía fue por su cámara. *Olga Lucía went in search of her camera.*
Means by which something is done (by, by way of, by means of)	Ellos viajan por la autopista. *They travel by (by way of) the highway.*
	¿Hablaste con la policía por teléfono? *Did you talk to the police by (on the) phone?*
Exchange or substitution (for, in exchange for)	Le di dinero por el cargador. *I gave him money for the charger.*
	Cambiamos este carro por uno nuevo. *We exchanged this car for a new one.*
Unit of measure (per, by)	Manuel manejaba a 55 kilómetros por hora. *Manuel was driving 55 kilometers per hour.*

▶ **Por** is used in several idiomatic expressions.

por aquí	*around here*	por eso	*that's why; therefore*
por ejemplo	*for example*	por fin	*finally*

¡ojo! When giving an exact time, **de** is used instead of **por** before **la mañana, la tarde,** and **la noche.**

Llegué a las diez **de la noche.**
I arrived at ten p.m.

Me gusta estudiar **por la noche.**
I like to study at night.

SUGGESTION Complete the **¡Manos a la obra!** activity with the class to check comprehension after your presentation.

INSTRUCTIONAL RESOURCES
Supersite: Grammar Tutorial; WebSAM
SAM: Workbook pp. 115–116; Lab Manual p. 296

Práctica

1 Un viaje a Buenos Aires Completa este párrafo con las preposiciones **por** o **para**.

El mes pasado, mi esposo y yo hicimos un viaje a Buenos Aires y sólo pagamos dos mil dólares (1) _por_ los pasajes. Estuvimos en Buenos Aires (2) _por_ una semana y exploramos toda la ciudad. Durante el día caminamos (3) _por_ la Plaza San Martín, el microcentro y el barrio de La Boca, donde viven muchos artistas. (4) _Por_ la noche fuimos a una tanguería, que es un tipo de teatro, (5) _para_ ver a la gente bailar tango. Dos días después decidimos hacer una excursión (6) _por_ las Pampas (7) _para_ ver el paisaje y un rodeo con gauchos. (8) _Por_ eso, alquilamos (*we rented*) un carro y pasamos unos días muy agradables. El último día fuimos a Galerías Pacífico (9) _para_ comprar recuerdos (*souvenirs*) (10) _para_ nuestros hijos y nietos. Compramos tantos regalos que, al regresar, tuvimos que pagar impuestos (*duties*) cuando pasamos (11) _por_ la aduana.

2 ¿Qué pasa aquí? Usa **por** o **para** y el tiempo presente para describir estos dibujos. *Answers will vary. Suggested answers below.*

modelo
Él trabaja para el Taller Juárez. / Él abre el taller por la mañana.

1. Él va al parque para leer. / Él camina por el parque.

2. Él va para el trabajo. / Él habla por su teléfono celular.

3. Ella tiene un regalo para su amiga. / Ella le da las gracias por el regalo.

4. Él va para su casa. / Él maneja a cien kilómetros por hora.

5. Ella va para Salamanca. / Ella viaja por tren.

Conversación

3 **Encuesta** Averigua (*Find out*) a cuáles de tus compañeros/as corresponde cada descripción. Luego, presenta los resultados a la clase. *Answers will vary.*

3 Communication Interpersonal Communication

modelo
Usa el celular para ver películas.

Estudiante 1: ¿Usas el celular para ver películas?
Estudiante 2: No, no uso el celular para ver películas.

	Nombres
1. Trabaja para la universidad.	_____
2. Ayer no durmió por la noche.	_____
3. Viajó por Europa.	_____
4. Hoy pasó por la gasolinera.	_____
5. Se preocupa por sus amigos.	_____
6. Habla por teléfono celular.	_____
7. Quiere estudiar para médico/a.	_____
8. Las clases son fáciles para él/ella.	_____

4 **Completar** Habla con un(a) compañero/a para completar estas oraciones sobre él/ella. Usa **por** y **para** en las respuestas.

4 Communication Interpersonal Communication *Answers will vary.*

1. El año pasado compró un regalo…
2. Ayer fue al taller…
3. Necesita hacer la tarea…
4. En casa, habla con sus amigos/as…
5. Los miércoles tiene clases…
6. A veces va a la biblioteca…
7. Necesita… dólares…
8. Su mejor amigo/a estudia…

5 **Una subasta** En grupos, dramaticen una subasta (*auction*). Cada estudiante debe traer a la clase un objeto o una foto del objeto para vender. Luego, un(a) estudiante es el/la vendedor(a) y los otros son los postores (*bidders*).

Answers will vary.

modelo
5 Communication Interpersonal Communication

Vendedor(a): Aquí tengo una cámara digital. ¿Quién ofrece $400 por ella?

Postor(a) 1: Te doy $175.

ACTIVITY PACK For additional activities, go to the **Activity Pack** in the **Resources** section of the Supersite.

I CAN participate in an auction.

Uses of *para*

Destination *(toward, in the direction of)*	Salimos para Mérida el sábado. *We are leaving for Mérida on Saturday.*
	Voy para el banco. *I'm going to the bank.*
Deadline or a specific time in the future *(by, for)*	Él va a arreglar el carro para el viernes. *He will fix the car by Friday.*
Purpose or goal + [*infinitive*] *(in order to)*	Roberto estudia para (ser) mecánico. *Roberto is studying to be a mechanic.*
Purpose + [*noun/verb*] *(for, used for)*	Es una llanta para el carro. *It's a tire for the car.*
	Uso mi celular para ver mi correo electrónico. *I use my cell phone to read my e-mail.*
The recipient of something *(for)*	Compré una calculadora para mi hijo. *I bought a calculator for my son.*
Comparisons or opinions *(for, considering)*	Para ser joven, es demasiado serio. *For a young person, he is too serious.*
	Para mí, esta lección no es difícil. *For me, this lesson isn't difficult.*
Employment *(for)*	Ana trabaja para Telecom. *Ana works for Telecom.*

▸ Often, either **por** or **para** can be used in a sentence. The meaning of the sentence changes, depending on which one is used.

Caminé **por** el parque.
I walked through (around) the park.

Caminé **para** el parque.
I walked to (toward) the park.

Trabajó **por** su padre.
He worked for (in place of) his father.

Trabajó **para** su padre.
He worked for his father('s business).

Se exhibió **por** todo el pueblo.
It was shown throughout (around) the whole town.

Se exhibió **para** todo el pueblo.
It was shown for the whole town.

¡Manos a la obra!

Completa las oraciones con **por** o **para**.

1. Dormimos __por__ la mañana.
2. Necesitas conexión inalámbrica __para__ conectarte a Internet.
3. Entraron __por__ la puerta.
4. Es un pasaje __para__ Buenos Aires.
5. __Para__ arrancar el carro, necesito la llave.
6. Arreglé el televisor __para__ ti.
7. Estuvieron nerviosos __por__ el examen.
8. ¿Hay una gasolinera __por__ aquí?
9. Esta computadora es __para__ usted.
10. Juan está enfermo. Tengo que trabajar __por__ él.
11. Estuvimos en Cancún __por__ dos meses.
12. __Para__ mí, el español es difícil.
13. Tengo que estudiar la lección __para__ el lunes.
14. Voy a ir __por__ ese camino.
15. Compré un radio __para__ mi novia.
16. Lo compró __por__ un buen precio.

INSTRUCTIONAL RESOURCES
Supersite: Grammar Tutorial; WebSAM
SAM: Workbook pp. 117–118; Lab Manual p. 297

Communicative Goal
Talk about my belongings

11.3 Stressed possessive adjectives and pronouns

▶ Spanish has two types of possessive adjectives: the unstressed (short) forms you learned in Lesson 3 and the stressed (long) forms. The stressed possessive adjectives are used for emphasis or to express *(of) mine, (of) yours, (of) his,* and so on.

Stressed possessive adjectives

Singular forms		Plural forms		
MASCULINE	FEMININE	MASCULINE	FEMININE	
mío	mía	míos	mías	*my; (of) mine*
tuyo	tuya	tuyos	tuyas	*your; (of) yours (fam.)*
suyo	suya	suyos	suyas	*your; (of) yours (form.); his; (of) his; her; (of) hers; its*
nuestro	nuestra	nuestros	nuestras	*our; (of) ours*
vuestro	vuestra	vuestros	vuestras	*your; (of) yours (fam.)*
suyo	suya	suyos	suyas	*your; (of) yours; their; (of) theirs*

▶ Stressed possessive adjectives must agree in gender and number with the nouns they modify.

mi **impresora**	la **impresora** mía
my printer	*my printer*
nuestros **televisores**	los **televisores** nuestros
our television sets	*our television sets*

▶ Stressed possessive adjectives are placed after the nouns they modify. Unstressed possessive adjectives are placed before the noun.

Son **mis** llaves.	Son las llaves **mías.**
They are my keys.	*They are my keys.*

▶ A definite article, an indefinite article, or a demonstrative adjective usually precedes a noun modified by a stressed possessive adjective.

	unos discos **tuyos.**	*Alberto had some disks of yours.*
Alberto tenía	**los** discos **tuyos.**	*Alberto had your disks.*
	estos discos **tuyos.**	*Alberto had these disks of yours.*

▶ Since **suyo, suya, suyos,** and **suyas** have more than one meaning, you can avoid confusion by using the construction: [*article*] + [*noun*] + **de** + [*subject pronoun or noun*].

	el teclado **de él/ella**	*his/her keyboard*
el teclado **suyo**	el teclado **de Ud./Uds.**	*your keyboard*
	el teclado **de ellos/ellas**	*their keyboard*
	el teclado **de Ramón**	*Ramón's keyboard*

▶ **El** and **la** are usually omitted when a stressed possessive adjective follows the verb **ser.**

¿**Es suya** esta cámara?	No, no **es mía.**

Práctica

1 Oraciones Forma oraciones con estos elementos. Usa el presente y haz todos los cambios necesarios.

1. yo / necesitar / usar / impresora / de Miguel / porque / mío / no / funcionar
   Yo necesito usar la impresora de Miguel porque la mía no funciona.
2. pero / él / no poder / ayudarme / porque / suyo / tampoco / funcionar
   Pero él no puede ayudarme porque la suya tampoco funciona.
3. me gustaría / pedirle / a Juana / su ratón, / pero / suyo / estar / descompuesto
   Me gustaría pedirle a Juana su ratón, pero el suyo está descompuesto.
4. yo / no poder / usar / teclado / de Valeria / porque / suyo / también / estar descompuesto
   Yo no puedo usar el teclado de Valeria porque el suyo también está descompuesto.
5. si / yo / pedirte / computadora, / estar / seguro/a / de que / ir / decirme / que / no poder / usar / tuyo
   Si yo te pido tu computadora, estoy seguro/a de que vas a decirme que no puedo usar la tuya.

2 ¿Es suyo? Un policía ha capturado (*has captured*) al hombre que robó (*robbed*) en tu casa. Ahora quiere saber qué cosas son tuyas. Túrnate con un(a) compañero/a para hacer el papel del policía y usa las pistas (*clues*) para contestar las preguntas.

modelo	No / pequeño

Policía: Esta computadora, ¿es suya?
Estudiante: No, no es mía. La mía es más pequeña.

1. Sí
E1: Esta calculadora, ¿es suya?
E2: Sí, es mía.

2. No / viejo
E1: Esta cámara digital, ¿es suya?
E2: No, no es mía. La mía es más vieja.

3. Sí
E1: Estas tabletas, ¿son suyas?
E2: Sí, son mías.

4. Sí
E1: Este radio, ¿es suyo?
E2: Sí, es mío.

5. No / nuevo
E1: Este televisor, ¿es suyo?
E2: No, no es mío. El mío es más nuevo.

6. No / caro
E1: Estos teléfonos celulares, ¿son suyos?
E2: No, no son míos. Los míos son más caros.

Conversación

3 **Identificar** Trabajen en grupos. Cada estudiante trae tres objetos. Pongan todos los objetos juntos. Luego, un(a) estudiante escoge uno o dos objetos y le pregunta a otro/a si esos objetos son suyos. Usen adjetivos posesivos.

Answers will vary.
3 Communication Interpersonal Communication

modelo

Estudiante 1: *José Luis, ¿son tuyos estos ratones?*
Estudiante 2: *Sí, son míos. / No, no son míos. Son los ratones de Felipe.*

4 **Anuncios** Lee este anuncio con un(a) compañero/a. Luego, preparen su propio (*own*) anuncio usando adjetivos o pronombres posesivos. Después, conviértanlo en un anuncio de televisión y preséntenlo a la clase.

Answers will vary.
4 Communication Presentational Communication

Esta **computadora** y esta **impresora** pueden ser suyas **por sólo**

$699

Características de la computadora

- Procesador: Intel Dual Core a 3000 MHz
- 4GB DDR3 de memoria
- Disco duro de 250 GB
- Sistema operativo: Linux

Impresora

- Impresora, fotocopiadora y escáner
- Velocidad: 40 páginas por minuto a color

El precio incluye un año de servicio de Internet gratis. Para más información, llame al 3 62 19 90 o visite nuestro sitio web www.tecnolibre.com

ACTIVITY PACK For additional activities, go to the **Activity Pack** in the **Resources** section of the Supersite.

I CAN talk about my belongings.

Possessive pronouns

▶ Possessive pronouns are used to replace [*noun*] + [*possessive adjective*]. In Spanish, possessive pronouns have the same forms as stressed possessive adjectives, and they are preceded by a definite article.

la **calculadora** nuestra	la nuestra
el **radio** tuyo	el tuyo
los **archivos** suyos	los suyos

¿De quién es el coche?

Mío, acabo de comprarlo.

Nos ayudamos, Manuel, ¡pero la multa es tuya!

▶ Possessive pronouns agree in number and gender with the nouns they replace.

—Aquí está **mi coche.** ¿Dónde está **el tuyo**?
Here's my car. Where is yours?

—**El mío** está en el taller de mi hermano Armando.
Mine is at my brother Armando's garage.

—¿Tienes **los archivos** de Carlos?
Do you have Carlos's files?

—No, pero tengo **los nuestros**.
No, but I have ours.

SUGGESTION Refer students to the chart of stressed possessive adjectives. Call out a noun and subject pronoun, then ask students to tell you which adjective they would use. Ex: **cargadores, ustedes (suyos)**

¡Manos a la obra!

Indica las formas tónicas *(stressed)* de estos adjetivos posesivos y los pronombres posesivos correspondientes.

	adjetivos	**pronombres**
1. su navegador GPS	el navegador GPS suyo	el suyo
2. mi televisor	el televisor mío	el mío
3. nuestras tabletas	las tabletas nuestras	las nuestras
4. tus teléfonos	los teléfonos tuyos	los tuyos
5. su pantalla	la pantalla suya	la suya
6. mis videos	los videos míos	los míos
7. nuestra impresora	la impresora nuestra	la nuestra
8. tu calculadora	la calculadora tuya	la tuya
9. nuestro carro	el carro nuestro	el nuestro
10. mi computadora	la computadora mía	la mía

A repasar

11.1 The preterite and the imperfect

1 Seleccionar Utiliza el tiempo verbal adecuado, según el contexto.

1. La semana pasada, Manuel y Andrea _querían_ [querer] dar una fiesta. _Decidieron_ [decidir] invitar a seis amigos y servirles mucha comida.

2. Manuel y Andrea _estaban_ [estar] preparando la comida cuando Elena _llamó_ [llamar]. Como siempre, _tenía_ [tener] que estudiar para un examen.

3. A las seis, _volvió_ [volver] a sonar el teléfono. Su amigo Francisco tampoco _podía_ [poder] ir a la fiesta, porque _tenía_ [tener] fiebre. Manuel y Andrea _se pusieron_ [ponerse] muy tristes.

4. Después de otros quince minutos _sonó_ [sonar] el teléfono. Sus amigos, los señores Vega, _estaban_ [estar] en camino al hospital: a su hijo le _dolía_ [doler] mucho el estómago. Sólo dos de los amigos _podían_ [poder] ir a la cena.

5. Por supuesto, _iban_ [ir] a tener demasiada comida. Finalmente, cinco minutos antes de las ocho, _llamaron_ [llamar] Ramón y Javier. Ellos _pensaban_ [pensar] que la fiesta _era_ [ser] la próxima semana.

6. Tristes, Manuel y Andrea _se sentaron_ [sentarse] a comer solos. Mientras _comían_ [comer], pronto _llegaron_ [llegar] a la conclusión de que _era_ [ser] mejor estar solos. ¡La comida _estaba_ [estar] feísima!

2 La sala de emergencia Con un(a) compañero/a, mira la lista e inventa qué les pasó a estas personas que están en la sala de emergencia. *Answers will vary.*

modelo
Eran las tres de la tarde. Como todos los días, Pablo jugaba al fútbol con sus amigos. Estaba muy contento. De repente, se cayó y se rompió el brazo. Después fue a la sala de emergencia.

Paciente	Edad	Hora	Condición
1. Pablo	9 años	15:20	hueso roto (el brazo)
2. Estela	45 años	15:25	tobillo torcido
3. Lucía	29 años	15:37	embarazada, dolores
4. Marta	3 años	16:00	temperatura muy alta
5. Roberto	32 años	16:06	dolor de muelas
6. Ana	66 años	16:29	reacción alérgica

3 La multa Sergio Reyes tuvo un accidente y le dieron esta multa. Con un(a) compañero/a, escribe un párrafo que explique cómo sucedió el accidente, usando el pretérito y el imperfecto. *Answers will vary.*

Multa

Fecha: 05/01/13　　　　**Conductor:** Sergio Reyes
Hora: 8:25 p.m.　　　　**N° de licencia:** 483 699
Lugar: Calle Paz #12
Infracciones
　• Pasar el semáforo en rojo
　• Exceder la velocidad máxima
　• Chocar con un carro estacionado
Multa: 120 pesos

11.2 Por and para

4 Para arreglar computadoras Gerardo está hablando de su trabajo. Completa las oraciones.

de la mañana	para mañana	por aquí	por eso
de la noche	para mi padre	por ejemplo	por la tarde

Yo trabajo (1) _para mi padre_. Él tiene un taller para arreglar computadoras. ¡Trabajamos mucho! (2) _Por ejemplo/Por eso_, entro a las siete (3) _de la mañana_ y salgo a las ocho (4) _de la noche_. (5) _Por la tarde_, tomo un descanso (*break*) de una hora. (6) _Por aquí_ no hay muchos talleres para arreglar computadoras. ¡(7) _Por eso_ tenemos tanto trabajo! (8) _Para mañana_ debemos tener listas once computadoras.

5 Oraciones Crea oraciones originales con los elementos de las columnas. Une los elementos usando **por** y **para**.

modelo
Fuimos a Mar del Plata por razones de salud, para visitar a una especialista en alergias.

(No) fuimos a la tienda	por/para	comprar tabletas	por/para	¿?
(No) fuimos a las montañas	por/para	tres días	por/para	¿?
(No) fuiste a Medellín	por/para	razones de trabajo	por/para	¿?
(No) fueron a Buenos Aires	por/para	tomar el sol	por/para	¿?

6 Lista de regalos Imagina que es Navidad y quieres regalarles a tus amigos aparatos electrónicos. En parejas, escriban los nombres de cinco amigos y decidan qué regalo es el mejor para cada uno. Expliquen sus razones usando **por** y **para**. *Answers will vary.*

modelo
El mejor regalo para Olga es una cámara digital. Puede usarla en todas las celebraciones para sacar fotos.

11.3 Stressed possessive adjectives and pronouns

7 **Computación** Completa estas conversaciones con las formas adecuadas de los pronombres posesivos.

1. —Éste es mi sitio web. ¿Cómo es el de ustedes?
   — _El nuestro_ tiene música y fotografías.

2. —Tu radio no funciona. ¿Necesitas uno nuevo?
   —Sí, mi papá me va a prestar _el suyo_.

3. —Mi tableta está descompuesta. ¿Cómo funciona _la tuya_?
   — _La mía_ funciona bien.

4. —¿Cómo es la pantalla de tu computadora?
   — _La mía_ es pequeña y plana (*flat*).

5. —Las computadoras de nuestra escuela son lentísimas. ¿Y las de tu escuela?
   — _Las nuestras_ son muy rápidas.

8 **No es así** Contesta cada oración diciendo que las cosas no son como te dicen. Sigue el modelo.

> **modelo**
> Mi impresora es lenta. (yo, rápida)
> La impresora mía no es así.
> La mía es rápida.

1. El carro de Julio es viejo. (tú, nuevo)
   El carro tuyo no es así. El tuyo es nuevo.
2. Nuestras cámaras son caras. (ellas, baratas)
   Las cámaras suyas/de ellas no son así. Las suyas son baratas.
3. Su buzón de voz está descompuesto. (yo, no descompuesto) *El buzón de voz mío no está así. El mío no está descompuesto.*
4. Tu control remoto es grande. (ustedes, pequeño)
   El control remoto suyo/de ustedes no es así. El suyo es pequeño.
5. El navegador GPS de Antonio es fácil de usar. (nosotros, difícil de usar) *El navegador GPS nuestro no es así. El nuestro es difícil de usar.*

Síntesis

9 **¡No puedo imprimir!** Tu impresora está descompuesta. Vas a hablarle por teléfono a tu hermano/a para pedirle ayuda. Con un(a) compañero/a, representa la conversación.
9 Communication Interpersonal Communication *Answers will vary.*

- Expliquen qué pasaba con su impresora.
- Expliquen cuántas veces rompió alguna hoja (*sheet*) o cuántas veces no funcionó.
- Expliquen para qué clase es el trabajo que tienen que imprimir.
- Indiquen adónde pueden llevar la impresora a arreglar, dónde pueden imprimir el trabajo y cómo pueden llegar a esos lugares.

ACTIVITY PACK For additional activities, go to the **Activity Pack** in the **Resources** section of the Supersite.

Communicative Goal
Watch a short TV ad and talk about annoying actions

 Video

Videoclip

1 **Preparación** ¿Cuáles son las cosas que más te molestan de los demás (por ejemplo, cuando te interrumpen o te cuentan el final de una película)? Haz una lista y compárala con la de un(a) compañero/a.

2 **El clip** Mira el anuncio **Autocine** para Banco Galicia de Argentina.

Vocabulario	
está bueno *it's cool*	**¡Cuidado el tapizado!** *Be careful*
el tipo *dude*	*with the upholstery!*
	¡Basta! *Enough!*

Está bueno venir al autocine.

3 **¿Cierto o falso?** Indica si las oraciones son **ciertas** o **falsas**. Corrige las oraciones falsas. **3** Communication Interpretive Communication

1. Los pasajeros prefieren no comer en el taxi.
   Falso. Los pasajeros están comiendo.
2. Van al autocine en taxi porque no tienen auto.
   Cierto.
3. El taxista interrumpe y comenta la película.
   Cierto.
4. La pareja se ríe de la situación.
   Falso. La pareja se molesta.
5. El cielo está despejado y es una noche perfecta para estar en el autocine.
   Falso. Comienza a llover cuando están viendo la película.
6. La mujer quiere tener un auto.
   Cierto.

4 **¡Basta!** En parejas, dramaticen una situación en la que uno/a de ustedes hace algo que molesta al otro, por ejemplo, colarse en la fila (*skipping the line*). Uno/a trata de explicarle al/a la otro/a qué le molestó. El/La otro/a no entiende, y la discusión continúa. **4** Communication Interpersonal Communication

---

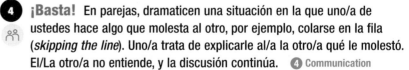

I CAN understand some information in a short TV ad.

I CAN talk about annoying actions.

Ampliación

Communicative Goals
Identify the genre of a
spoken discourse, and
talk about driving

1 SCRIPT
¡Por fin! Un teléfono celular
que sirve para todas sus
necesidades. Basta con tener
este modernísimo aparato y
poder acceder a una conexión
inalámbrica de Internet para
tener al alcance el infinito
mundo de la comunicación y el
entretenimiento. Usted puede
leer sus periódicos, revistas y
libros preferidos, escuchar sus
canciones favoritas, y además
mirar las películas y series de
televisión que tanto le gustan.
Por el mismo precio, usted
también recibe un teclado
portátil. Esta gran oportunidad
sólo se ofrece este mes. Venga
inmediatamente a *Mundo de
Computación* en Paseo Las
Américas para aprovechar esta
ganga, o visite el siguiente sitio
web: www.mundodecom.ar.

2 SUGGESTION Before
beginning the conversation,
have students list information
they plan to include, such
as age, date, weather, time
of day, and companions. Next,
have students review how
they will place the events of
the day in order, and which
past tense will be used to
express the various ideas in
their conversation.

2 EXPANSION Ask volunteers
to present their conversation
to the class. Follow with a
discussion on aspects of this life
experience that students found
they had in common, or during
which they had something
interesting or unusual happen.

1 Escuchar

A Escucha a Ricardo Moreno y luego contesta las preguntas.   **1 Communication** Interpretive Communication

TIP Recognize the genre of spoken discourse. Identifying the genre (for example: political speech, radio interview, news broadcast) of what you hear can help you figure out what kinds of things you are likely to hear. It will also help you identify the speaker's motives and intentions.

1. ¿Qué tipo de género es?
   a. noticias (*news*) por radio o televisión   (b.) un anuncio comercial
   c. una reseña (*review*) de una película
2. ¿De qué habla?
   a. de su vida   (b.) de un producto o servicio   c. de algo que oyó o vio
3. ¿Cuál es el propósito (*purpose*)?
   a. relacionarse con alguien   b. informar   (c.) vender

B ¿Qué pistas (*clues*) te ayudaron a identificar el género de la grabación (*recording*)?   *Answers will vary.*

2 Conversar

Con un(a) compañero/a, representa una conversación sobre la primera vez que manejaste un carro o el día en que fuiste al Departamento de Tráfico para conseguir tu licencia de conducir. Incluye la siguiente información:

2 Communication Interpersonal Communication   *Answers will vary.*

- ¿Cuántos años tenías?
- ¿A qué hora fue?
- ¿Cómo estaba el tiempo?
- ¿Quién fue contigo (with you)?
- ¿Cómo te sentías antes de hacerlo? ¿Y cómo te sentiste después?
- ¿Fue una experiencia agradable? ¿Te gustaría repetirla? ¿Por qué?

I CAN listen to a short message and identify the genre, theme, and purpose.

I CAN talk about driving.

Ampliación

3 Escribir

Escribe una historia acerca de una experiencia tuya con una máquina electrónica o con un carro. *Answers will vary.*

3 Communication Presentational Communication

TIP **Master the simple past tenses.** To write about events that occurred in the past, you will need to know when to use the preterite and the imperfect. The box on this page contains a summary of their uses.

Preterite
• Past actions viewed as completed
• Beginning or end of past actions
• Series of past actions
Imperfect
• Ongoing past actions
• Habitual past actions
• Physical and emotional states in the past

Organizar	Prepara una lista de todos los detalles que quieres narrar (*narrate*). Identifica qué acciones fueron completadas (pretérito) y cuáles están incompletas (imperfecto).
Escribir	Utiliza tu lista para escribir el primer borrador de tu historia.
Corregir	Intercambia tu historia con un(a) compañero/a. Lee su borrador y reflexiona sobre las partes mejor escritas. Da sugerencias sobre los detalles, la lógica de la secuencia de eventos y el uso del pretérito y del imperfecto.
Compartir	Revisa el primer borrador según las indicaciones de tu compañero/a. Incorpora las nuevas ideas y prepara la versión final. Luego, comparte la historia con la clase.

4 Un paso más

Crea un anuncio para promocionar un producto electrónico o un carro. El anuncio debe incluir estos elementos:

4 Communication Presentational Communication   *Answers will vary.*

- Nombre del producto o carro
- Una descripción del producto o carro
- Una descripción de la tecnología y de los servicios que se ofrecen a los clientes
- Fotos o dibujos
- Por qué este producto o carro es mejor que otros
- El precio

5 Cultura

Describe el uso de las redes sociales en los países hispanos.

ACTIVITY PACK For additional activities, go to the **Activity Pack** in the **Resources** section of the Supersite.

I CAN write about an experience with electronics or a car.

I CAN create an ad for a technology product or a car.

Communicative Goals
Write about an experience with electronics or a car, and create an ad for a technology product or a car

3 SUGGESTION Review the summary box of uses of the preterite vs. imperfect. Write a few sentences on the board and ask volunteers to explain why the preterite or imperfect was chosen in each case. Ex.: **1. Gloria paró para contestar su teléfono celular. 2. Cuando mi papá era joven, no había computadoras portátiles. 3. Fue a comprar una computadora la semana pasada. 4. Mis abuelos estaban felices de ver la foto de su nieto en su correo electrónico.**

3 EVALUATION

Criteria	Scale
Content	1 2 3 4
Organization	1 2 3 4
Use of preterite and imperfect	1 2 3 4
Use of vocabulary	1 2 3 4
Accuracy, mechanics	1 2 3 4

Scoring

Excellent	18–20 points
Good	14–17 points
Satisfactory	10–13 points
Unsatisfactory	< 10 points

4 SUGGESTION Show examples of advertisements for technology products and cars for students to examine.

4 EVALUATION

Criteria	Scale
Content	1 2 3 4 5
Organization	1 2 3 4 5
Accuracy	1 2 3 4 5
Creativity	1 2 3 4 5

Scoring

Excellent	18–20 points
Good	14–17 points
Satisfactory	10–13 points
Unsatisfactory	< 10 points

 **Audio: Reading**

Antes de leer

One way languages grow is by borrowing words from each other.

TIP **Recognize borrowed words.** English words that relate to technology are often borrowed by Spanish and other languages throughout the world. Sometimes the words are modified slightly to fit the sounds of the languages that borrow them. When reading in Spanish, you can often increase your understanding by looking for words borrowed from English or other languages you know.

Examinar el texto

Observa la tira cómica (*comic strip*). ¿De qué trata (*is it about*)? ¿Cómo lo sabes? *Answers will vary.*

Buscar

Esta lectura contiene una palabra tomada (*taken*) del inglés. Trabaja con un(a) compañero/a para encontrarla.

————— El celular —————

Repasa (*Review*) las nuevas palabras relacionadas con la tecnología que aprendiste en **Preparación** y expande la lista de palabras tomadas del inglés.

———————— ————————

———————— ————————

———————— ————————

Juan Matías Loiseau (1974–). Más conocido como *Tute*, este artista nació en Buenos Aires, Argentina. Estudió diseño gráfico, humorismo y cine. Sus tiras cómicas se publican en los Estados Unidos, Francia y toda Latinoamérica.

SUGGESTION Have students skim the text briefly and guess if the comic will say something positive or negative about cell phones. They should support their guesses with specific visuals from the comic.

EXPANSION In groups, have students think of other technological devices and design a comic about one of them. Tell them to use the reading as a model.

te viene *comes with* **tipo** *guy, dude* **te avisa** *alerts you* **escuchás** *hear (Arg.)* **distraídos** *careless* **piso** *floor* **bolsa de dormir** *sleeping bag* **darle de baja** *to cancel* **harto** *fed up* **revolear** *throw away forcefully (S. America)* **bien hecho** *well done* **llamada perdida** *missed call*

El celular

Communicative Goal
Understand a comic strip in Spanish

Después de leer

¿Comprendiste?   Communication Interpretive Communication

Indica si las oraciones son **ciertas** o **falsas**. Corrige las falsas.

Cierto	Falso	
✓	_____	1. Hay tres personajes en la tira cómica: un usuario de teléfono, un amigo y un empleado de la empresa (*company*) telefónica.
_____	✓	2. El nuevo servicio de teléfono incluye las llamadas telefónicas únicamente. *También viene con un tipo que te sigue a todos lados.*
_____	✓	3. El empleado duerme en su casa. *Duerme al lado de la cama del usuario.*
✓	_____	4. El contrato de teléfono dura (*lasts*) un año.
_____	✓	5. El usuario y el amigo están trabajando (*working*). *Están de vacaciones.*

Preguntas   Communication Interpretive Communication

Responde estas preguntas con oraciones completas. Usa el pretérito y el imperfecto.

1. ¿Al usuario le gustaba usar el teléfono celular todo el tiempo?
   No, al usuario le molestaba usar el celular todo el tiempo.

2. ¿Por qué el usuario decidió tirar el teléfono al mar?
   Porque el celular y el tipo lo tenían harto.

3. Según el amigo, ¿para qué tenía el usuario que tirar el teléfono celular al mar?
   El usuario tenía que tirar el teléfono al mar para recuperar su libertad.

4. ¿Qué ocurrió cuando el usuario tiró el teléfono?
   El empleado fue a buscar el teléfono.

5. ¿Qué le dijo el empleado al usuario cuando salió del mar?
   El empleado le dijo que tenía una llamada perdida.

Coméntalo   Communication Interpretive Communication

¿Cuáles son los aspectos positivos y los negativos de tener teléfono celular? ¿Te sientes identificado/a con el usuario del teléfono? ¿Por qué? *Answers will vary.*

I CAN read and understand a comic strip in Spanish.

I CAN express my opinions about the use of technology.

En la calle

la calle *street*
el camino *route*
el garaje *garage; (mechanic's) repair shop*
la gasolina *gasoline*
la gasolinera *gas station*
el kilómetro *kilometer*
la licencia de conducir *driver's license*
el/la mecánico/a *mechanic*
la milla *mile*
la multa *fine; ticket*
el policía/la mujer policía *police officer*
la policía *police (force)*
el semáforo *traffic light*
el taller (mecánico) *(mechanic's) repair shop*
el tráfico *traffic*
la velocidad máxima *speed limit*

arrancar *to start*
arreglar *to fix; to arrange*
bajar *to go down*
bajar(se) de *to get out of (a vehicle)*
chocar (con) *to run into; to crash*
conducir *to drive*
estacionar *to park*
llenar (el tanque) *to fill (the tank)*
manejar *to drive*
parar *to stop*
revisar (el aceite) *to check (the oil)*
subir *to go up*
subir(se) a *to get into (a vehicle)*

Las partes del carro

el baúl *trunk*
el capó *(car) hood*
el carro *car*
el coche *car*
los frenos *brakes*
la llanta *tire*
el motor *motor*
el parabrisas *windshield*
el volante *steering wheel*

La tecnología

la aplicación *app*
el buzón de voz *voicemail*
la calculadora *calculator*
la cámara digital *digital camera*
el cargador *charger*
el control remoto *remote control*
el mensaje de texto *text message*
el navegador GPS *GPS*
el puerto USB *USB port*
el radio *radio (set)*
el teléfono celular *cell phone*
el televisor *television set*

apagar *to turn off*
funcionar *to work*
grabar *to record*
llamar *to call*
poner *to turn on*
prender *to turn on*
sonar (o:ue) *to ring*
textear *to text*

descompuesto/a *not working; out of order*
lento/a *slow*
lleno/a *full*

Internet y la computadora

el archivo *file*
la computadora *computer*
la computadora portátil *laptop*
la conexión inalámbrica *wireless (connection)*
la impresora *printer*
Internet *Internet*
la página principal *home page*
la pantalla *screen*
el programa de computación *software*
el ratón *mouse*
la red *network, Web*
el sitio web *website*
la tableta *tablet (computer)*
el teclado *keyboard*

cargar *to charge; to upload*
chatear *to chat*
conectarse a Internet *to get connected to the Internet*
descargar *to download*
escanear *to scan*
guardar *to save*
imprimir *to print*

Otras palabras y expresiones

para *toward; in the direction of; by; for; in order to; used for; considering*
por *around; through; along; by; for; during; in; in search of; by way of; by means of; in exchange for; per*
por aquí *around here*
por ejemplo *for example*
por eso *that's why; therefore*
por fin *finally*

Stressed possessive adjectives and pronouns *See pages 294–295.*

As students finish the lesson, encourage them to explore the **Repaso** section on the Supersite. There they will find quizzes for practicing vocabulary, grammar, and oral language.

Communicative Goals: Review

I CAN talk about cars.
• Describe your car or the car of someone you know.

I CAN describe my use of technology.
• Tell how you use your cell phone or computer.

I CAN talk about the past.
• Describe a car trip you took or an experience with technology you had.

I CAN investigate technology use in the Spanish-speaking world.
• Describe an aspect of technology use in Spanish-speaking countries.

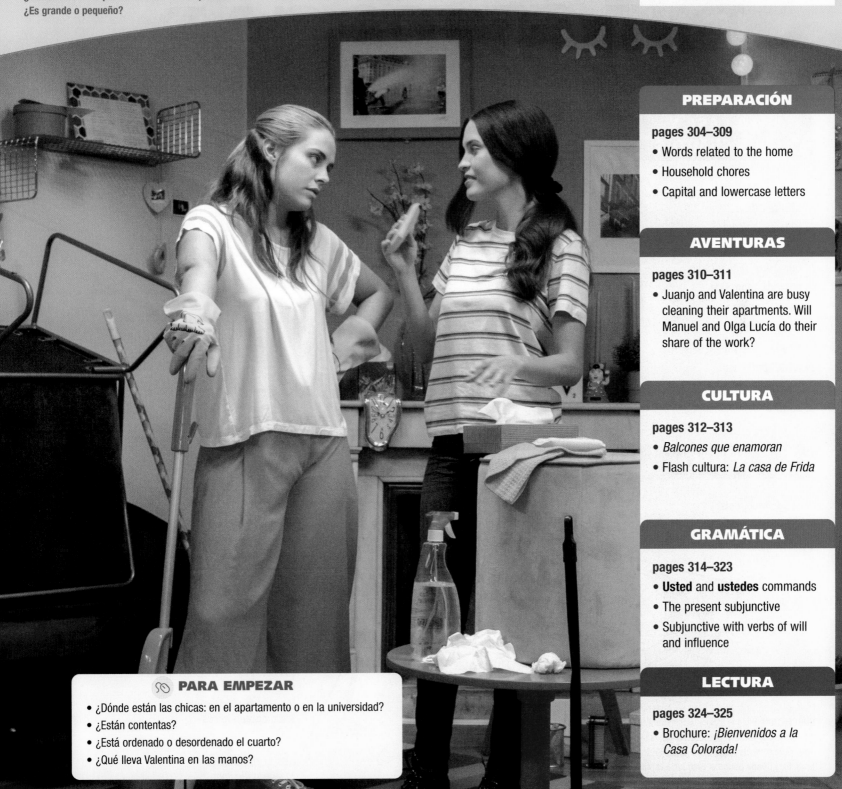

12 Hogar, dulce hogar

PARA EMPEZAR Here are some additional questions:
¿Vives en una casa o en un apartamento? ¿Cómo es?
¿Tienes un cuarto para ti solo/a o lo compartes?
¿Es grande o pequeño?

Communicative Goals
You will learn how to:
• describe homes
• talk about household chores
• give advice
• investigate architectural features in the Spanish-speaking world

⬥ PARA EMPEZAR

• ¿Dónde están las chicas: en el apartamento o en la universidad?
• ¿Están contentas?
• ¿Está ordenado o desordenado el cuarto?
• ¿Qué lleva Valentina en las manos?

INSTRUCTIONAL RESOURCES
Supersite: Vocabulary Tutorials; WebSAM
SAM: Workbook pp. 119–120; Lab Manual p. 299

Communicative Goal
Describe homes

EXPANSION Ask students about their living arrangements. Ex: ¿**Vives en una residencia, en una casa o en un apartamento? ¿Cuántos cuartos hay? ¿Tiene un altillo? ¿Tiene jardín?**

SUGGESTION Use magazine photos, real estate ads, or other visuals to present the vocabulary related to houses.

HOGAR, DULCE HOGAR

LA CASA Y SUS CUARTOS

la alcoba *bedroom*
el altillo *attic*
el balcón *balcony*
la cocina *kitchen*
el comedor *dining room*
la entrada *entrance*
el garaje *garage*
la oficina *office*
el pasillo *hallway*
el patio *patio; yard*
la sala *living room*
el sótano *basement*

el jardín
garden; yard

LA MESA

la copa *wineglass*
la taza *cup; mug*
el vaso *glass*

la escalera
stairs

LOS ELECTRODOMÉSTICOS

la estufa *stove*
el horno *oven*
la lavadora *washing machine*
el lavaplatos *dishwasher*
el microondas *microwave*
el refrigerador *refrigerator*
la secadora *clothes dryer*

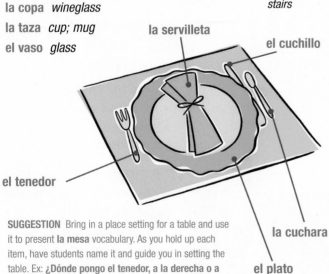

la servilleta

el cuchillo

el tenedor

la cuchara

el plato

los electrodomésticos
electrical appliances

barrer el suelo
to sweep the floor

SUGGESTION Bring in a place setting for a table and use it to present **la mesa** vocabulary. As you hold up each item, have students name it and guide you in setting the table. Ex: ¿**Dónde pongo el tenedor, a la derecha o a la izquierda del plato?**

Vocabulary Tools

LOS MUEBLES Y OTRAS COSAS

la alfombra *carpet; rug*

la almohada *pillow*

el armario *closet*

la cómoda *chest of drawers*

las cortinas *curtains*

el cuadro *picture*

el estante *bookcase; bookshelf*

la lámpara *lamp*

la luz *light; electricity*

la manta *blanket*

la mesita *end table*

la mesita de noche *nightstand*

la pared *wall*

la pintura *painting*

el sillón *armchair*

el sofá *sofa*

los muebles
furniture

LOS QUEHACERES DOMÉSTICOS

arreglar *to straighten up*

cocinar *to cook*

hacer los quehaceres domésticos
to do household chores

lavar (el suelo, los platos)
to wash (the floor, the dishes)

limpiar la casa *to clean the house*

pasar la aspiradora *to vacuum*

poner la mesa *to set the table*

quitar la mesa *to clear the table*

sacar la basura *to take out the trash*

sacudir los muebles
to dust the furniture

OTRAS PALABRAS

las afueras *suburbs; outskirts*

la agencia de bienes raíces
real estate agency

el alquiler *rent (payment)*

el amo/a (m., f.) de casa *homemaker*

el barrio *neighborhood*

el edificio de apartamentos
apartment building

el hogar *home*

el/la vecino/a *neighbor*

la vivienda *housing*

---

alquilar *to rent*

ensuciar *to get (something) dirty*

mudarse *to move (residences)*

hacer la cama
to make the bed

SUGGESTION Take a class survey on household chores. Have students raise their hands if they do these chores: **cocinar, lavar el suelo, poner la mesa,** and so forth.

VOCABULARIO ADICIONAL For additional vocabulary on this theme, go to **Vocabulario adicional** in the **Resources** section of the Supersite.

planchar la ropa
to iron clothes

ASÍ SE DICE
la alcoba ⟷ el aposento (*Rep. Dom.*), la recámara (*Méx.*),
la habitación, el dormitorio (*Esp.*), el cuarto (*Amér. L.*), la pieza (*Col., Arg.*)
el apartamento ⟷ el departamento (*Amér. L.*), el piso (*Esp.*)
lavar los platos ⟷ fregar los trastes (*Amér. C.*)

A escuchar

1 **Escoger** Escucha las preguntas e indica la respuesta correcta. **①** Communication Interpretive Communication

1. _____ Al pasillo.
   __✓__ Al balcón.

2. _____ En el lavaplatos.
   __✓__ En la mesita de noche.

3. _____ Al edificio.
   __✓__ A las afueras.

4. __✓__ En la secadora.
   _____ En la basura.

5. _____ El balcón.
   __✓__ La escalera.

6. __✓__ En las paredes.
   _____ En el horno.

7. __✓__ La estufa.
   _____ La aspiradora.

8. _____ En la alfombra.
   __✓__ En la alcoba.

2 **Escuchar** Escucha la conversación y completa las oraciones con las palabras o expresiones adecuadas.

② Communication Interpretive Communication

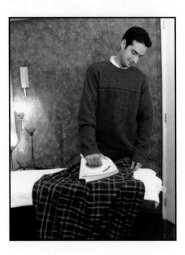 

1. Paula va a comenzar por ___la cocina___.
2. Pedro va a limpiar ___la sala___ primero.
3. Pedro también va a limpiar ___la oficina___.
4. Pedro le dice a Paula que debe ___hacer la cama___ en la alcoba de huéspedes.
5. Pedro va a ___planchar la ropa___ en el sótano.
6. Ellos están limpiando la casa porque ___la madre de Pedro___ va a visitarlos.

① SCRIPT

1. Cuando quieres salir al aire libre y estás en el tercer piso, ¿adónde vas?

2. Cuando quieres tener una lámpara y un despertador cerca de tu cama, ¿dónde los pones?

3. Si no quieres vivir en el centro de la ciudad, ¿adónde te mudas?

4. ¿Dónde pones la ropa después de lavarla?

5. ¿Qué usas para subir de la planta baja al primer piso?

6. Si tienes cuadros o pinturas, ¿dónde los pones?

7. Si vas a cocinar, ¿qué electrodoméstico necesitas?

8. Cuando haces la cama, ¿dónde estás?

② SCRIPT

Pedro: Paula, tenemos que limpiar toda la casa esta mañana. ¿Por dónde podemos empezar?

Paula: Pienso empezar por la cocina. Voy a lavar los platos, sacar la basura y barrer el suelo.

PE: Pues, primero voy a limpiar la sala. Necesito pasar la aspiradora y sacudir los muebles.

PA: Después de la sala, ¿qué cuarto quieres limpiar?

PE: Después quiero limpiar la oficina.

PA: Entonces yo voy a limpiar la alcoba de huéspedes.

PE: Bueno. Debes hacer la cama en esa alcoba también.

PA: Ya lo sé. Ah, ¿puedes planchar la ropa en el sótano, Pedro?

PE: Sí… Espero que todo vaya bien durante la visita de mi madre.

PA: Sí. Pues yo espero que ella no venga hasta que todo esté limpio. ¡No nos queda mucho tiempo para terminar!

A practicar

3 **Emparejar** Empareja cada dibujo con su descripción. Luego, nombra los dibujos.

___e___ 1. Lo usas para tomar agua.

___b___ 2. Lo necesitas para comer un bistec.

___f___ 3. Necesitas este objeto para la sopa.

___c___ 4. La necesitas para tomar café.

___a___ 5. La necesitas para tomar vino.

___d___ 6. Necesitas este objeto para limpiarte la boca después de comer.

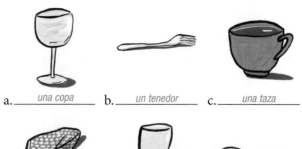

a. ___una copa___ b. ___un tenedor___ c. ___una taza___

d. ___una servilleta___ e. ___un vaso___ f. ___una cuchara___

4 **Definiciones** Con un(a) compañero/a, túrnate para identificar cada elemento que se describe. Luego, cada uno/a debe agregar dos descripciones propias de palabras y expresiones de **Preparación**.

modelo

Es lo que pagan cada mes las personas que viven en un apartamento.
Estudiante 1: *Es lo que pagan cada mes las personas que viven en un apartamento.*
Estudiante 2: *el alquiler*
Estudiante 1: *Estacionas el carro en este lugar. Pones...*

1. Pones la cabeza en este objeto cuando duermes. *la almohada*

2. Es el quehacer doméstico que haces después de comer. *quitar la mesa/lavar los platos*

3. Cubren (*they cover*) las ventanas y decoran la sala a la vez (*at the same time*). *las cortinas*

4. Algunos ejemplos son las cómodas, las mesitas y los sillones. *los muebles*

5. Son las personas que viven en tu barrio. *los vecinos*

5 **Los quehaceres domésticos** Trabajen en grupos para indicar quién hace los siguientes quehaceres domésticos en sus casas. Luego contesten las preguntas. *Answers will vary.*

barrer el suelo	lavar la ropa	planchar la ropa
cocinar	lavar los platos	sacar la basura
hacer las camas	pasar la aspiradora	sacudir los muebles

• ¿Quién es la persona de mi grupo que hace más quehaceres?

• ¿Cúales son los quehaceres que más te molestan y los que más te gustan? ¿Por qué?

• ¿Piensas que debes hacer más quehaceres? ¿Por qué?

A conversar

6 **Dos habitaciones** Con un(a) compañero/a, describe las habitaciones que se ven en las fotos. Identifica cuatro muebles o adornos (*adornments*) de cada foto e indica tres quehaceres que se pueden hacer en cada habitación. *Answers will vary.* **6** **Communication** Interpersonal Communication

1. 2.

7 **¿Una casa o un apartamento?** Con un(a) compañero/a, compara las ventajas y desventajas de vivir en una casa o en un apartamento. Considera el espacio, la comodidad, el precio del alquiler, las reglas para las visitas, la organización de fiestas, etc. *Answers will vary.* **7** **Communication** Interpersonal Communication

8 **Un(a) agente de bienes raíces** Trabajen en grupos para representar a un(a) agente de bienes raíces y a sus clientes. El/La agente tiene varias casas para vender; debe mostrarlas y hablar de los muebles y del barrio que más les convienen (*suit*) a estos clientes. *Answers will vary.* **8** **Communication** Interpersonal Communication

> • *Una pareja que está esperando su segundo hijo*
>
> • *Un grupo de estudiantes universitarios que quiere vivir fuera del campus (off-campus)*
>
> • *Una familia con cinco niños*
>
> • *Una pareja con tres mascotas (pets)*
>
> • *Un joven profesional dedicado (devoted) a la agricultura y a los deportes acuáticos*

6 **SUGGESTION** Model the activity by using a magazine picture.

6 **SUGGESTION** Give students two minutes to look at the pictures in the book and brainstorm possible answers.

8 **SUGGESTION** Before forming groups, brainstorm the topic as a class. Suggest that students use an idea map to organize their ideas.

8 **SUGGESTION** Have students bring in real estate ads with photos, if possible, to use as a basis for this activity.

8 **EXPANSION** Ask different groups to describe one of the houses they invented. Have the class guess which client it was designed for.

ACTIVITY PACK For additional activities, go to the **Activity Pack** in the **Resources** section of the Supersite.

I CAN describe homes.

Ortografía

 Tutorial

Las mayúsculas y las minúsculas

INSTRUCTIONAL RESOURCES
Supersite: Spelling Tutorial; WebSAM
SAM: Lab Manual p. 300

Here are some of the rules that govern the use of capital letters (**mayúsculas**) and lowercase letters (**minúsculas**) in Spanish.

Los estudiantes llegaron al aeropuerto a las dos. Luego fueron al hotel.

In both Spanish and English, the first letter of every sentence is capitalized.

Rubén Blades   **Panamá**   **Colón**   **los Andes**

The first letter of all proper nouns (names of people, countries, cities, geographical features, etc.) is capitalized.

Cien años de soledad   *Don Quijote de la Mancha*   *El País*   *Muy Interesante*

The first letter of the first word in titles of books, films, and works of art is generally capitalized, as well as the first letter of any proper names. In newspaper and magazine titles, as well as other short titles, the initial letter of each word is often capitalized.

la señora Ramos   **don Francisco**   **el presidente**   **Sra. Vives**

Titles associated with people are *not* capitalized unless they appear as the first word in a sentence. Note, however, that the first letter of an abbreviated title is capitalized.

Último   **Álex**   **MENÚ**   **PERDÓN**

Accent marks should be retained on capital letters. In practice, however, this rule is often ignored.

lunes   **viernes**   **marzo**   **primavera**

The first letter of days, months, and seasons is *not* capitalized.

español   **estadounidense**   **japonés**   **panameños**

The first letter of nationalities and languages is *not* capitalized.

Práctica Corrige las mayúsculas y minúsculas incorrectas.

1. soy lourdes romero. Soy Colombiana.
   Soy Lourdes Romero. Soy colombiana.
2. éste Es mi Hermano álex.
   Éste es mi hermano Álex.
3. somos De panamá.
   Somos de Panamá.

4. ¿es ud. La sra. benavides?
   ¿Es Ud. la Sra. Benavides?
5. ud. Llegó el Lunes, ¿no?
   Ud. llegó el lunes, ¿no?

Oraciones Lee el diálogo de las serpientes. Ordena las letras para saber de qué palabras se trata. Después, escribe las letras indicadas para descubrir por qué llora Pepito.

Profesor Herrera, ¿es cierto que somos venenosas°?

Sí, Pepito. ¿Por qué lloras?

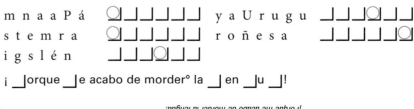

m n a a P á   ◯ _ _ _ _ _   y a U r u g u   _ _ _ ◯ _ _

s t e m r a   ◯ _ _ _ _ _   r o ñ e s a   _ _ _ _ _ ◯

i g s l é n   _ _ _ ◯ _ _

¡ _orque _e acabo de morder° la _ _ en _u _ !

venenosas *venomous*
morder *to bite*

Communicative Goal
Say how often I do chores

¡A limpiar!

Juanjo y Valentina están limpiando.

INSTRUCTIONAL
RESOURCES
Supersite: WebSAM
SAM: Video Manual
pp. 191–192

 Video

Antes de ver

Mira la primera imagen y describe lo que piensas que está pasando.

VIDEO RECAP Before showing this **Aventuras** episode, review the previous episode with these questions: 1. ¿Quién se compró un coche? (Manuel) 2. ¿Por qué paró el coche el policía? (por sobrepasar la velocidad máxima) 3. ¿A qué velocidad iba Manuel? (iba a 55 kilómetros por hora) 4. ¿Cómo puede pagar la multa Manuel? (pasar por la oficina de tráfico o pagarla por teléfono o Internet)

VIDEO SYNOPSIS Juanjo is cleaning the living room when Manuel enters their apartment with groceries. Juanjo doesn't want Manuel to move because the floor has just been washed. Valentina is vacuuming the living room in her apartment; Olga Lucía is upset that everything is such a mess. Juanjo wants Manuel to clean the kitchen. Daniel runs into Don Paco on the stairs. Don Paco gives Daniel and Sara the trash to take out. Olga Lucía sees that the living room is now very clean and says that she owes an apology to Valentina, who is sleeping on the couch. Manuel knocks at the door in an attempt to get away from Juanjo.

PERSONAJES

 JUANJO

 MANUEL

 VALENTINA

 OLGA LUCÍA

 DON PACO

 DANIEL

 SARA

JUANJO ¡Detente! ¡Es mejor que no des ni un paso más!
MANUEL ¿Qué pasa?
JUANJO ¡¿No ves?!
MANUEL ¿Qué?
JUANJO ¡Estoy limpiando!
MANUEL ¡Está limpiando!

VALENTINA ¡La aspiradora que te compraste funciona muy bien!
OLGA LUCÍA ¿Qué haces?
VALENTINA ¡Estoy limpiando!
OLGA LUCÍA ¡Cuando yo limpio, no hago tanto desorden! Me voy a estudiar a mi cuarto. ¡En un rato espero que esté todo ordenado!
VALENTINA ¡No me puede prohibir que limpie!

MANUEL Juanjo, ¿es necesario que me quede aquí?
JUANJO ¡No, ven a la cocina! A ti te gusta mucho cocinar, ¿no?
MANUEL ¿Quieres que cocine?
JUANJO No. ¡Lo que quiero es que limpies!
MANUEL Que limpie ¿qué?
JUANJO ¡El microondas donde explotó tu pizza! La estufa, el horno, la cafetera, ¡y todo lo que ensucias!

A C T I V I D A D E S

1 **¿Cierto o falso?** Indica si lo que dicen las oraciones es **cierto** o **falso**. Corrige las oraciones falsas.
1 Communication Interpretive Communication

	Cierto	Falso
1. Manuel pasa la aspiradora. *Valentina pasa la aspiradora.*	○	⦿
2. Valentina está en la sala de su apartamento.	⦿	○
3. A Olga Lucía no le gusta el desorden que hace Valentina.	⦿	○
4. Juanjo hace la cama. *Juanjo limpia el apartamento.*	○	⦿
5. Daniel y Sara sacan la basura.	⦿	○

2 **Ordenar** Indicate the order of events.
2 Communication Interpretive Communication
a. Valentina duerme en el sofá. *4*
b. Manuel vuelve de comprar comida. *1*
c. Juanjo empieza a lavar los platos. *3*
d. Valentina pasa la aspiradora. *2*
e. Manuel va al apartamento de las chicas. *5*

SUGGESTION Point out examples of **usted** and **ustedes** commands: **disculpe** and **diga** in caption 4 and **déjenme** and **abran** in caption 6. Identify **des** (caption 1), **esté** (caption 2), **limpie** (captions 2, 3, and 5), **quede** (caption 3), **cocine** (caption 3), and **limpies** (caption 3) as examples of the present subjunctive.

SUGGESTION Explain that **tened**, **haced**, and **sacad** in caption 4 are affirmative **vosotros/as** commands. You may want to tell students that these commands are formed by dropping the **-r** from an infinitive and adding **-d**.

Expresiones útiles

la cafetera *coffee maker*
cómo no *of course*
dejar *to let*
detenerse *to stop (moving)*
la disculpa *apology*
explotar *to explode*
¡Guau! *Wow!*
la limpieza *cleaning*

---

la escoba *broom*
esconderse *to hide*

PACO ¡Tened cuidado!
DANIEL Disculpe, no estábamos mirando...
PACO Hacedme un favor.
DANIEL Claro, diga.
PACO ¡Sacad la basura!
DANIEL Eh... cómo no.
SARA (*a Paco*) ¡De nada!

OLGA LUCÍA ¿Qué pasa?
MANUEL ¡Me estoy escapando de Juanjo!
OLGA LUCÍA ¿Por qué?
MANUEL ¡Quiere que limpie la cocina!

JUANJO ¡Déjenme entrar! ¡Abran la puerta!

Malasaña

Este barrio tiene calles angostas (*narrow*) y edificios con balcones. Los cafés, restaurantes, museos, librerías y tiendas de segunda mano le dan vida a Malasaña tanto de día como de noche, exactamente lo que buscan los jóvenes.

¿Hay en tu comunidad un barrio que les guste mucho a los jóvenes? Descríbelo.

3 Los quehaceres En parejas, túrnense para preguntarse con qué frecuencia hacen estos quehaceres domésticos. ¿Tienen respuestas en común? **3 Communication** Interpersonal Communication

1. sacar la basura
2. cocinar
3. lavar los platos
4. hacer la cama
5. pasar la aspiradora
6. poner y quitar la mesa
7. sacudir los muebles
8. lavar y planchar la ropa

I CAN say how often I do chores.

Communicative Goal
Identify architectural features in the
Spanish-speaking world

Balcones que enamoran

Cartagena, Colombia

Grandes o pequeños, curvos o rectos°, de hierro° o de madera°, los balcones siempre han sido° parte importante de las viviendas de los países hispanos, sobre todo en las regiones más cálidas°, como el sur de España (en especial Andalucía) o el Caribe, pero también en las ciudades andinas, como Lima, Perú. El centro histórico de esta ciudad fue declarado patrimonio histórico de la humanidad, en especial por sus balcones.

Desde la época° colonial, los balcones fueron siempre fundamentales en las construcciones de estos países, tanto que en algunas partes se consideraba que una casa sin° balcón estaba "inacabada°". Esta parte de la casa tuvo durante mucho tiempo una función social, pues las mujeres jóvenes salían

a "balconear", con el objetivo no sólo de refrescarse° sino también de coquetear° con el chico que les gustaba. ¡Cuántas relaciones amorosas nacieron y se desarrollaron° en los balcones de las ciudades hispanoamericanas! Decorados con plantas y muchas flores, son también escenario de las famosas serenatas, una tradición que todavía se conserva en muchas partes y que consiste en que el novio le lleva en la noche un grupo musical a su amada°, quien lo escucha desde el balcón de su casa.

la serenata

Hoy en día, aunque los balcones han desaparecido° de muchas construcciones modernas, siguen siendo parte esencial de casas o apartamentos en pueblos y ciudades, donde son utilizados no sólo para balconear, sino también para otras actividades como tomar el desayuno o recibir a las visitas°.

rectos *straight* **hierro** *iron* **madera** *wood* **han sido** *have been* **cálidas** *hot* **época** *era* **sin** *without* **inacabada** *unfinished* **refrescarse** *to cool off* **coquetear** *to flirt* **se desarrollaron** *developed* **amada** *loved one* **han desaparecido** *have disappeared* **visitas** *visitors*

Lima, Perú

ASÍ SE DICE	
La vivienda	
el ático **el desván**	**el altillo**
la cobija (Méx.) **la frazada (Arg., Cuba, Ven.)**	**la manta**
el escaparate (Cuba, Ven.) **el ropero (Méx.)**	**el armario**
el fregadero	*kitchen sink*
el frigidaire (Perú) **el frigorífico (Esp.)** **la heladera (Arg.)** **la nevera**	**el refrigerador**
el lavavajillas (Arg., Esp., Méx.)	**el lavaplatos**

INSTRUCTIONAL RESOURCES
Supersite: Video (Flash cultura); WebSAM
SAM: Video Manual pp. 223–224

ACTIVIDADES

 1 **¿Cierto o falso?** Indica si lo que dicen las oraciones es **cierto** o **falso.** Corrige la información falsa. **① Communication** Interpretive Communication

1. Los balcones son una parte importante de las viviendas en las regiones más cálidas de los países hispanos. *Cierto.*

2. Las mujeres jóvenes salían a balconear para refrescarse y coquetear. *Cierto.*

3. En algunas partes se consideraba que una casa sin balcón estaba "inacabada". *Cierto.*

4. Durante la serenata el grupo musical canta en el balcón. *Falso. La amada está en el balcón.*

5. Hay balcones en casi todas las construcciones modernas. *Falso. Los balcones han desaparecido de muchas construcciones modernas.*

2 **Preguntas** Contesta las preguntas. **② Communication** Interpretive Communication

1. Además del sur de España y el Caribe, ¿dónde son una parte importante de las viviendas los balcones? *en las ciudades andinas*

2. ¿Cómo se llama la tradición de llevar un grupo musical al balcón de la amada? *la serenata*

3. ¿Qué ciudad tiene un centro histórico que ha sido declarado patrimonio histórico de la humanidad, especialmente por sus balcones? *Lima, Perú*

4. ¿Cómo son utilizados los balcones hoy en día? *para balconear, tomar el desayuno y recibir a visitas*

3 **La serenata** Con un(a) compañero/a, representa una conversación entre un novio y su amada cuando él le lleva una serenata a ella. **③ Communication** Interpersonal Communication

4 **¿Qué piensas?** Responde a las preguntas.

1. ¿Por qué crees que los balcones son una parte tan importante de las viviendas en las regiones más cálidas de los países hispanos?

2. ¿Qué piensas de la tradición de las serenatas?

3. ¿Por qué crees que la tradición de las serenatas todavía se conserva?

4. ¿Qué balcones famosos (reales o ficticios) conoces? ¿Para qué se usan o se usaban?

④ Culture Relating Cultural Products/Practices to Perspectives
④ Connections Making Connections

I CAN identify architectural features in the Spanish-speaking world.

Communicative Goal
Identify characteristics of the house of Frida Kahlo

 Video

La casa de Frida

1 **Preparación** Imagina que eres un(a) artista, ¿cómo sería (*would be*) tu casa? ¿Sería muy diferente de la casa en donde vives ahora?

2 **El video** Mira el episodio de **Flash cultura** sobre la casa de la artista mexicana Frida Kahlo.

Vocabulario	
jardinero *gardener*	**la silla de ruedas** *wheelchair*
muros *walls*	**las valiosas obras** *valuable works*

El hogar en que nació la pintora Frida Kahlo en 1907 se caracteriza por su arquitectura típicamente mexicana…

3 **¿Cierto o falso?** Indica si lo que dicen estas oraciones es **cierto** o **falso.** **③ Communication** Interpretive Communication

1. La casa de Frida Kahlo está en el centro de la Ciudad de México. *Falso.*

2. La casa de Frida se transformó en un museo en los años cincuenta. *Cierto.*

3. Frida Kahlo vivió sola (*alone*) en su casa. *Falso.*

4. Entre las obras que se exhiben está el cuadro de *Las dos Fridas*. *Cierto.*

5. El jardinero actual (*current*) jamás conoció ni a Frida ni a Diego. *Falso.*

6. En el museo se exhiben la silla de ruedas y los aparatos ortopédicos de Frida. *Cierto.*

4 **Comparación** Compara la casa de Frida Kahlo con otra casa famosa que conoces. **④ Comparisons** Cultural Comparisons

I CAN identify characteristics of the house of Frida Kahlo.

Communicative Goal
Give advice

12.1 Usted and ustedes commands

▶ Command forms are used to give orders or advice. **Usted** and **ustedes** can be used to refer to a group of people or in formal situations.

Hable con ellos, don Paco.	**Laven** los platos ahora mismo.
Talk to them, Don Paco.	*Wash the dishes right now.*
Coma frutas y verduras.	**Beban** menos té y café.
Eat fruits and vegetables.	*Drink less tea and coffee.*

▶ The **usted** and **ustedes** commands (**mandatos**) are formed by dropping the final **–o** of the **yo** form of the present tense. For **–ar** verbs, add **–e** or **–en**. For **–er** and **–ir** verbs, add **–a** or **–an**.

Formal commands (Ud. and Uds.)

Infinitive	Present tense yo form	Ud. command	Uds. command
limpiar	limpio	limpie	limpien
barrer	barro	barra	barran
sacudir	sacudo	sacuda	sacudan
decir (e:i)	digo	diga	digan
pensar (e:ie)	pienso	piense	piensen
volver (o:ue)	vuelvo	vuelva	vuelvan
servir (e:i)	sirvo	sirva	sirvan

Claro, diga.

¡Déjenme entrar!
¡Abran la puerta!

▶ Verbs with irregular **yo** forms have the same irregularity in their formal commands. These verbs include **conducir, conocer, decir, hacer, ofrecer, oír, poner, salir, tener, traducir, traer, venir,** and **ver**.

Oiga, don Paco…	**Pongan** la mesa, por favor.
Listen, Don Paco…	*Set the table, please.*
¡Salga inmediatamente!	**Hagan** la cama antes de salir.
Leave immediately!	*Make the bed before leaving.*

▶ Stem-changing verbs maintain their stem changes in **usted** and **ustedes** commands.

e:ie	o:ue	e:i
No **pierda** la llave.	**Vuelva** temprano, joven.	**Sirva** la sopa, por favor.
Cierren la puerta.	**Duerman** bien, chicos.	**Repitan** las oraciones.

INSTRUCTIONAL RESOURCES
Supersite: Grammar Tutorial; WebSAM
SAM: Workbook pp. 121–122; Lab Manual p. 301

Práctica

1 **¡A mudarse!** La señora González quiere mudarse. Ayúdala a organizarse, indicando el mandato formal de cada verbo.

modelo   ___Lea___ [leer] los anuncios (*ads*) del periódico y _guárdelos_ [guardarlos].

1. ___Vaya___ [ir] personalmente y ___vea___ [ver] las casas usted misma.

2. Decida qué casa quiere y ___llame___ [llamar] al agente. ___Pídale___ [pedirle] un contrato de alquiler.

3. ___Alquile___ [alquilar] un camión (*truck*) para el día de la mudanza (*moving day*) y _pregúnteles_ [preguntarles] a los empleados la hora exacta de llegada.

4. ___Dígales___ [decirles] a todos en casa que tienen que ayudar. No ___les diga___ [decirles] que usted va a hacerlo todo.

5. ___Tómese___ [tomarse] su tiempo para hacer las maletas tranquilamente. ___Saque___ [sacar] toda la ropa que no use y ___désela___ [dar] a alguien que la necesite.

6. El día de la mudanza no ___esté___ [estar] nerviosa.

7. No _se preocupe_ [preocuparse]. ___Sepa___ [saber] que todo va a salir bien.

2 **¿Qué dicen?** Mira los dibujos y escribe un mandato lógico para cada uno. *Answers will vary. Suggested answers below.*

modelo

Arreglen estas cosas, por favor.

1. ___Abran sus libros, por favor.___   2. ___Cierre la puerta. ¡Hace frío!___

3. _Traiga usted la cuenta, por favor._   4. ___Barran el suelo, por favor.___

Conversación

3 **Consejos** Con un(a) compañero/a, representa a un(a) estudiante y a un(a) profesor(a). El/La estudiante cuenta sus problemas y el/la profesor(a) le da órdenes.

3 Communication Interpersonal Communication *Answers will vary.*

> **modelo**
> Me torcí el tobillo jugando al tenis.
> Es la tercera vez.
> **Estudiante 1:** Me torcí el tobillo jugando al tenis. Es la tercera vez.
> **Estudiante 2:** No juegue más al tenis. / Vaya a ver a un médico.

1. Me enfermé después de volver de las vacaciones.
2. Mi compañero/a de cuarto y yo siempre llegamos tarde a la clase.
3. Nuestro cuarto es demasiado ruidoso (*too noisy*) para estudiar.
4. Me duele la cabeza y no puedo hacer la presentación para la clase hoy.
5. ¡Se me olvidó estudiar para el examen!

4 **Un programa de consejos** Con un(a) compañero/a, representa los papeles de una persona que da consejos en la radio y de los radioyentes (*radio listeners*) que la llaman con estos problemas. *Answers will vary.*

4 Communication Interpersonal Communication

- problemas sentimentales o familiares
- problemas académicos
- problemas con los amigos
- problemas financieros
- problemas médicos
- problemas con la casa o el apartamento
- problemas con el coche
- problemas con los vecinos
- problemas para dormir

5 **Un anuncio de televisión** En grupos, presenten un anuncio de televisión a la clase. Debe tratar de (*be about*) un detergente, un electrodoméstico o una agencia de bienes raíces. Usen mandatos, los pronombres relativos y el **se** impersonal. *Answers will vary.*

5 Communication Presentational Communication

> **modelo**
>
> *Compre el lavaplatos Cristal. Tiene todo lo que usted desea. Es el lavaplatos que mejor funciona. Venga a verlo ahora mismo… No pierda ni un minuto más.*

ACTIVITY PACK For additional activities, go to the **Activity Pack** in the **Resources** section of the Supersite.

I CAN give advice.

Irregular commands

▶ Verbs ending in **-car, -gar,** and **-zar** have a spelling change in the command forms.

sacar	c	qu	saque, saquen
jugar	g	gu	juegue, jueguen
almorzar	z	c	almuerce, almuercen

▶ These verbs have irregular formal commands.

INFINITIVE	Ud. COMMAND	Uds. COMMAND
dar	dé	den
estar	esté	estén
ir	vaya	vayan
saber	sepa	sepan
ser	sea	sean

SUGGESTION Use the following sentences as a dictation. Read each sentence twice, pausing after the second time for students to write. (1) **Saquen la basura a la calle.** (2) **Almuerce usted a la una hoy.** (3) **Niños, jueguen en el patio.** (4) **Váyase inmediatamente.** (5) **Esté usted aquí a las diez.**

▶ To make a command negative, place **no** before the verb.

No ponga las maletas en la cama.   **No ensucien** los sillones.
Don't put the suitcases on the bed.   *Don't get the armchairs dirty.*

▶ In affirmative commands, reflexive and object pronouns are always attached to the end of the verb. Note that when a pronoun is attached to a verb that has two or more syllables, an accent mark is added.

Siénten**se**, por favor.   Acuésten**se** ahora.
Díga**melo**.   Póngan**las** en el suelo, por favor.

▶ In negative commands, the pronouns precede the verb.

No **se** preocupe.   No **los** ensucien.
No **me lo** dé.   No **nos las** traigan.

▶ **Usted** and **ustedes** can be used after command forms for a more formal, polite tone.

Muéstrele usted la casa a su amigo.   **Tomen ustedes** esta alcoba.
Show the house to your friend.   *Take this bedroom.*

¡Manos a la obra!

Indica los mandatos afirmativos y negativos.

	Afirmativo	**Negativo**
1. escucharlo (Ud.)	Escúchelo	No lo escuche
2. decírmelo (Uds.)	Díganmelo	No me lo digan
3. salir (Ud.)	Salga	No salga
4. servírnoslo (Uds.)	Sírvannoslo	No nos lo sirvan
5. barrerla (Ud.)	Bárrala	No la barra
6. hacerlo (Ud.)	Hágalo	No lo haga
7. ir (Uds.)	Vayan	No vayan
8. sentarse (Uds.)	Siéntense	No se sienten

12.2 The present subjunctive

▶ The subjunctive mood expresses the speaker's attitude toward events, actions, or states that the speaker views as uncertain or hypothetical.

Es bueno **que estudies** más.
It is good that you study more.

Es necesario **que** no **lleguemos** tarde.
It is necessary that we don't arrive late.

▶ The subjunctive is mainly used to express 1) will and influence; 2) emotion; 3) doubt, disbelief, and denial; and 4) indefiniteness and nonexistence.

▶ The subjunctive is most often used in sentences that consist of a main clause and a subordinate clause. The main clause contains a verb or expression that triggers the use of the subjunctive in the subordinate clause. The word **que** connects the subordinate clause to the main clause.

▶ Some expressions are always followed by clauses in the subjunctive. These include:

Es bueno (malo, mejor) que…
It's good (bad, better) that…

Es importante (necesario, urgente) que…
It's important (necessary, urgent) that…

Es mejor que vayas con él.
It's better that you go with him.

Es urgente que sepa la verdad.
It's urgent that she know the truth.

▶ Note the following endings for the subjunctive.

Present subjunctive of regular verbs

	hablar	comer	escribir
yo	hable	coma	escriba
tú	hables	comas	escribas
Ud./él/ella	hable	coma	escriba
nosotros/as	hablemos	comamos	escribamos
vosotros/as	habléis	comáis	escribáis
Uds./ellos/ellas	hablen	coman	escriban

▶ To form the present subjunctive of regular verbs, drop the **–o** ending from the **yo** form of the indicative, and replace it with the subjunctive endings.

INFINITIVE	PRESENT INDICATIVE	PRESENT SUBJUNCTIVE
hablar	hablo	hable
comer	como	coma
escribir	escribo	escriba

▶ Verbs ending in **-car, -gar,** and **-zar** have a spelling change in all forms.

sacar	saque, saques, saque, saquemos, saquéis, saquen
jugar	juegue, juegues, juegue, juguemos, juguéis, jueguen
almorzar	almuerce, almuerces, almuerce, almorcemos, almorcéis, almuercen

SUGGESTION Check for understanding by asking volunteers to give subjunctive forms of other regular verbs that you have learned, such as **planchar, barrer,** and **imprimir**.

Práctica

1 Emparejar Completa las oraciones con el subjuntivo de los verbos. Luego, empareja las oraciones del grupo **A** con las del grupo **B**.

A

1. Es mejor que ____cenemos____ [nosotros, cenar] en casa. *b*
2. Es importante que ____tome____ [yo, tomar] algo para el dolor de cabeza. *c*
3. Señora, es urgente que le ____saque____ [yo, sacar] la muela. Parece que tiene una infección. *e*
4. Es malo que Ana les ____dé____ [dar] tantos dulces a los niños. *a*
5. Es necesario que ____lleguen____ [Uds., llegar] a la una de la tarde. *f*
6. Es importante que ____nos acostemos____ [nosotros, acostarse] temprano. *d*

B

a. Es importante que ____coman____ [ellos, comer] más verduras.
b. No, es mejor que ____salgamos____ [nosotros, salir] a comer a un restaurante.
c. Y yo creo que es urgente que ____llames____ [tú, llamar] al médico.
d. En mi opinión, no es necesario que ____durmamos____ [nosotros, dormir] tanto.
e. ¿Ah, sí? ¿Es necesario que me ____tome____ [yo, tomar] un antibiótico también?
f. Para llegar a tiempo, es necesario que ____almorcemos____ [nosotros, almorzar] temprano.

2 Oraciones Combina los elementos de las tres columnas para formar oraciones. Usa el subjuntivo. *Answers will vary.*

Expresiones	Sujetos	Actividades
Es bueno que	yo	hacer la cama
Es mejor que	mi hermano	levantarse
Es malo que	los padres	sacar la basura
Es importante que	Sofía Vergara	mudarse
Es necesario que	mis amigos/as	lavar los platos
Es urgente que	Kevin Durant	cocinar
	el/la profesor(a)	barrer el suelo
		despertarse
		ensuciar la casa
		comer

Conversación

 3 **Minidiálogos** Con un(a) compañero/a, completa los minidiálogos de una manera lógica, usando el subjuntivo.

Answers will vary.

modelo **3 Communication** Interpersonal Communication

Miguelito: Mamá, no quiero arreglar mi cuarto.
Sra. Torres: *Es necesario que lo arregles.*
Y es importante que sacudas los muebles también.

MIGUELITO Mamá, no quiero estudiar. Quiero salir a jugar con mis amigos.
SRA. TORRES (1) _____.

• • •

MIGUELITO Mamá, es que no me gustan las verduras. Prefiero comer pasteles.
SRA. TORRES (2) _____.

• • •

MIGUELITO ¿Tengo que poner la mesa, mamá?
SRA. TORRES (3) _____.

• • •

MIGUELITO No me siento bien, mamá. Me duele todo el cuerpo y tengo fiebre.
SRA. TORRES (4) _____.

 4 **Entrevista** Usa estas preguntas para entrevistar a un(a) compañero/a. Explica tus respuestas. *Answers will vary.*

 4 Communication Interpersonal Communication

1. ¿Es importante que los niños ayuden con los quehaceres domésticos?

2. ¿Es urgente que los norteamericanos aprendan otras lenguas?

3. Si un(a) norteamericano/a quiere aprender francés, ¿es mejor que lo aprenda en Francia?

4. En tu universidad, ¿es necesario que los estudiantes vivan en residencias estudiantiles?

5. ¿Es bueno que todos los estudiantes practiquen algún deporte?

6. ¿Es importante que los estudiantes asistan a las clases?

ACTIVITY PACK For additional activities, go to the **Activity Pack** in the **Resources** section of the Supersite.

I CAN talk about things that are necessary or important.

▶ **-Ar** and **-er** stem-changing verbs have the same stem changes in the subjunctive as they do in the present indicative.

pensar (e:ie)	piense, pienses, piense, pensemos, penséis, piensen
mostrar (o:ue)	muestre, muestres, muestre, mostremos, mostréis, muestren
entender (e:ie)	entienda, entiendas, entienda, entendamos, entendáis, entiendan
volver (o:ue)	vuelva, vuelvas, vuelva, volvamos, volváis, vuelvan

▶ **–Ir** stem-changing verbs have the same stem changes in the subjunctive as in the present indicative. In addition, the **nosotros/as** and **vosotros/as** forms also undergo a stem change. The unstressed **e** changes to **i** and the unstressed **o** changes to **u**.

pedir (e:i)	pida, pidas, pida, pidamos, pidáis, pidan
sentir (e:ie)	sienta, sientas, sienta, sintamos, sintáis, sientan
dormir (o:ue)	duerma, duermas, duerma, durmamos, durmáis, duerman

▶ Verbs with irregular **yo** forms in the present indicative tense have the same irregularity in the present subjunctive.

INFINITIVE	PRESENT INDICATIVE	PRESENT SUBJUNCTIVE
conducir	conduzco	conduzca
conocer	conozco	conozca
decir	digo	diga
hacer	hago	haga
ofrecer	ofrezco	ofrezca
oír	oigo	oiga
parecer	parezco	parezca
poner	pongo	ponga
tener	tengo	tenga
traducir	traduzco	traduzca
traer	traigo	traiga
venir	vengo	venga
ver	veo	vea

▶ These five verbs are irregular in the present subjunctive.

Irregular verbs in the present subjunctive

	dar	estar	ir	saber	ser
yo	dé	esté	vaya	sepa	sea
tú	des	estés	vayas	sepas	seas
Ud./él/ella	dé	esté	vaya	sepa	sea
nosotros/as	demos	estemos	vayamos	sepamos	seamos
vosotros/as	deis	estéis	vayáis	sepáis	seáis
Uds./ellos/ellas	den	estén	vayan	sepan	sean

¡ojo! The subjunctive form of **hay** (*there is, there are*) is **haya**.

Communicative Goal
Give advice and recommendations

12.3 Subjunctive with verbs of will and influence

▸ The subjunctive is used with verbs and expressions of will and influence.

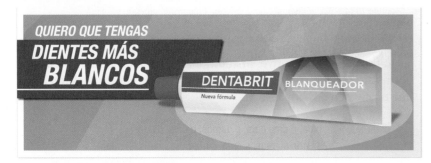

QUIERO QUE TENGAS DIENTES MÁS BLANCOS
DENTABRIT BLANQUEADOR
Nueva fórmula

▸ Verbs of will and influence are often used when someone wants to affect the actions or behavior of other people.

Enrique **quiere** que **salgamos** a cenar.
Enrique wants us to go out for dinner.

Paola **prefiere** que **cenemos** en casa.
Paola prefers that we have dinner at home.

Ana **insiste** en que la **llamemos.**
Ana insists that we call her.

Mi madre nos **ruega** que **vayamos** a verla.
My mother begs us to come see her.

▸ Here are some verbs of will and influence.

Verbs of will and influence			
aconsejar	to advise	pedir (e:i)	to ask (for)
desear	to wish; to desire	preferir (e:ie)	to prefer
importar	to be important; to matter	prohibir	to prohibit
		querer (e:ie)	to want
insistir (en)	to insist (on)	recomendar (e:ie)	to recommend
mandar	to order	rogar (o:ue)	to beg
necesitar	to need	sugerir (e:ie)	to suggest

▸ Some impersonal expressions convey will or influence, such as **es necesario que, es importante que, es mejor que,** and **es urgente que.**

Es importante que duermas bien.
It's important that you sleep well.

Es urgente que él lo **haga** hoy.
It's urgent that he do it today.

▸ When the main clause contains an expression of will or influence and the subordinate clause has a different subject, the subjunctive is required.

(**Main clause**)   (**Connector**)   (**Subordinate clause**)
⎿ VERB OF WILL ⏌   ↓   ⎿ SUBJUNCTIVE ⏌
Mi mamá prefiere   que   yo saque la basura.

SUGGESTION Give small teams five minutes to write nine sentences, each of which uses a different verb of will and influence with the subjunctive. Ask volunteers to write some of their team's best sentences on the board. Work with the whole class to read the sentences and correct any errors.

INSTRUCTIONAL RESOURCES
Supersite: Grammar Tutorial; WebSAM
SAM: Workbook pp. 125–126; Lab Manual p. 303

Práctica

1 **Entre amigas** Completa el diálogo.

cocina	mires	quiere	sea
diga	ponga	saber	ser
haga	prohíbe	sé	vaya

IRENE Tengo problemas con Vilma. ¿Qué me recomiendas que le (1) __diga__?

JULIA Necesito (2) __saber__ más para aconsejarte.

IRENE Me (3) __prohíbe__ que mire televisión cuando llego de la escuela.

JULIA Tiene razón. Es mejor que tú no (4) __mires__ tanta televisión.

IRENE Quiero que (5) __sea__ más flexible, pero insiste en que yo (6) __haga__ todo en la casa.

JULIA No es verdad. Yo (7) __sé__ que Vilma (8) __cocina__ y hace los quehaceres todos los días.

IRENE Sí, pero siempre me pide que (9) __ponga__ los cubiertos en la mesa y que (10) __vaya__ al sótano por las servilletas.

JULIA ¡Vilma sólo (11) __quiere__ que ayudes en la casa!

2 **Unos consejos** Lee lo que dice cada persona. Luego, da consejos lógicos usando verbos como **aconsejar, recomendar** y **prohibir.** Sigue el modelo. *Answers will vary.*

modelo
El presidente: Quiero comprar la Casa Blanca.
Le aconsejo que compre otra casa.

1. **Tu mamá:** Pienso poner la secadora en la entrada de la casa.

2. **Martha Stewart:** Voy a ir a la gasolinera para comprar unas elegantes copas de cristal.

3. **Tu profesor(a):** No voy a corregir los exámenes.

4. **Enrique Iglesias:** Pienso llevar todos mis muebles nuevos al altillo.

5. **Katy Perry:** Hay una fiesta en mi casa esta noche, pero no quiero arreglar la casa.

6. **Tu papá:** Hoy no tengo ganas de hacer las camas.

Conversación

3 **Preguntas** Con un(a) compañero/a, túrnate para contestar las preguntas. Usa el subjuntivo. *Answers will vary.*

3 Communication Interpersonal Communication

1. ¿Te dan consejos tus amigos/as? ¿Qué te aconsejan? ¿Aceptas sus consejos? ¿Por qué?

2. ¿Qué te sugieren tus profesores que hagas antes de terminar los cursos que tomas?

3. ¿Insisten tus amigos/as en que salgas mucho con ellos/as?

4. ¿Qué quieres que te regalen tu familia y tus amigos/as para tu cumpleaños?

5. ¿Qué le recomiendas tú a un(a) amigo/a que no quiere salir los sábados con su novio/a?

6. ¿Qué les aconsejas a los nuevos estudiantes de tu universidad?

4 **Recomendaciones** Con un(a) compañero/a, prepara una lista de seis personas famosas. Un(a) estudiante da el nombre de una persona famosa y el/la otro/a le da un consejo. *Answers will vary.*

4 Communication Interpersonal Communication

modelo

Estudiante 1: Tom Holland.
Estudiante 2: Le aconsejo que haga más películas.

5 **El apartamento de Luisa** Con un(a) compañero/a, mira la ilustración. Da consejos a Luisa sobre cómo arreglar su apartamento. Usa expresiones impersonales y verbos como **aconsejar, sugerir** y **recomendar**. *Answers will vary.*

5 Communication Interpersonal Communication

modelo

Es mejor que arregles el apartamento más a menudo. Te aconsejo que guardes (*put away*) la tabla de planchar (*ironing board*).

ACTIVITY PACK For additional activities, go to the **Activity Pack** in the **Resources** section of the Supersite.

I CAN give advice and recommendations.

¡Es mejor que no des ni un paso más!

¡No me puede prohibir que limpie!

▸ Indirect object pronouns are often used with the verbs **aconsejar, mandar, pedir, recomendar, rogar,** and **sugerir.**

Te aconsejo que estudies.
I advise you to study.

Le sugiero que vaya a casa.
I suggest that he go home.

Les recomiendo que barran el suelo.
I recommend that you sweep the floor.

Les ruego que no vengan.
I beg you not to come.

▸ Note that all the forms of **prohibir** in the present tense carry a written accent, except for the **nosotros/as** form: **prohíbo, prohíbes, prohíbe, prohibimos, prohibís, prohíben.**

Ella les **prohíbe** que miren la televisión.
She prohibits them from watching television.

Nos **prohíben** que nademos en la piscina.
They prohibit us from swimming in the pool.

▸ The infinitive is used with expressions of will and influence if there is no change of subject.

No quiero **sacudir** los muebles.
I don't want to dust the furniture.

Don Paco prefiere **descansar**.
Don Paco prefers to rest.

Es importante **sacar** la basura.
It's important to take out the trash.

No es necesario **quitar** la mesa.
It's not necessary to clear the table.

¡Manos a la obra!

Completa cada oración con la forma correcta del verbo indicado.

1. Te sugiero que ___vayas___ [ir] con ella al supermercado.
2. Él necesita que yo le ___preste___ [prestar] dinero.
3. No queremos que tú ___hagas___ [hacer] nada especial para nosotros.
4. Mis papás quieren que yo ___limpie___ [limpiar] mi cuarto.
5. Nos piden que la ___ayudemos___ [ayudar] a preparar la comida.
6. Quieren que tú ___saques___ [sacar] la basura todos los días.
7. Quiero ___descansar___ [descansar] esta noche.
8. Es importante que ustedes ___limpien___ [limpiar] la casa.
9. Su tía les manda que ___pongan___ [poner] la mesa.
10. Te aconsejo que no ___salgas___ [salir] con él.
11. Mi tío insiste en que mi prima ___haga___ [hacer] la cama.
12. Prefiero ___ir___ [ir] al cine.
13. Es necesario ___estudiar___ [estudiar].
14. Recomiendo que ustedes ___pasen___ [pasar] la aspiradora.

A repasar

12.1 Usercd and ustedes commands

1 **Los consejos de la abuela** La abuela les da muchos consejos a sus nietos. Completa los consejos con los mandatos de los verbos.

 modelo <u>Planchen</u> su ropa. (planchar)

1. No <u>pongan</u> el volumen de la música muy alto. (poner)
2. <u>Hagan</u> sus camas después de levantarse. (hacer)
3. <u>Cepíllense</u> los dientes después de comer. (cepillarse)
4. <u>Laven</u> sus platos después de cenar. (lavar)
5. <u>Terminen</u> la tarea antes de salir a la calle. (terminar)
6. No <u>vean</u> la televisión hasta la medianoche. (ver)

2 **Órdenes** Don José se va de viaje y deja su casa al cuidado de su vecina, doña Lucía. Lee lo que dice doña Lucía y contesta dándole órdenes como si fueras (*as if you were*) don José. Usa la información entre paréntesis.

modelo

DOÑA LUCÍA Voy a descansar.
DON JOSÉ (comenzar a preparar la cena)
No descanse. Comience a preparar la cena.

DOÑA LUCÍA Voy a apagar la luz del garaje.
DON JOSÉ (dejarla así) (1) <u>No apague la luz del garaje. Déjela así.</u>

DOÑA LUCÍA Voy a barrer el suelo de toda la casa.
DON JOSÉ (barrer sólo el suelo de la cocina)
(2) <u>No barra el suelo de toda la casa. Barra sólo el suelo de la cocina.</u>

DOÑA LUCÍA Voy a lavar y secar los platos. *No lave ni seque los platos.*
DON JOSÉ (ponerlos en el lavaplatos) (3) <u>Póngalos en el lavaplatos.</u>

DOÑA LUCÍA Voy a pasear el perro por la calle. *No pasee el perro por la*
DON JOSÉ (dejarlo adentro de la casa) (4) <u>calle. Déjelo adentro de la casa.</u>

DOÑA LUCÍA Voy a sacar la basura por la noche. *No saque la basura por*
DON JOSÉ (sacarla por la mañana) (5) <u>la noche. Sáquela por la mañana.</u>

DOÑA LUCÍA Voy a quitar los libros del estante. *No quite los libros del*
DON JOSÉ (no ser desordenada) (6) <u>estante. No sea desordenada.</u>

3 **Josefina** Josefina se va de viaje y les deja una lista a sus hijos de lo que (no) tienen que hacer. Con un(a) compañero/a, escribe cinco mandatos formales con los verbos **dar, estar, ir, saber** y **ser**.
Answers will vary.

modelo Miren solamente una hora de televisión por día.

12.2 The present subjunctive

4 **Es importante que...** Forma oraciones con **es importante que...** y estos elementos.

 modelo tú / ir / pagar / el alquiler
Es importante que tú vayas a pagar el alquiler.

1. nosotros / dormir / siesta / por la tarde
Es importante que nosotros durmamos una/la siesta por la tarde.
2. los adolescentes / saber / hacer / los quehaceres domésticos
Es importante que los adolescentes sepan hacer los quehaceres domésticos.
3. ustedes / conocer / sus vecinos
Es importante que ustedes conozcan a sus vecinos.
4. yo / ser / ordenado / la cocina
Es importante que yo sea ordenado/a en la cocina.
5. siempre / haber / comida / refrigerador
Es importante que siempre haya comida en el refrigerador.
6. el vecino / estar / su apartamento / por la noche
Es importante que el vecino esté en su apartamento por la noche.

5 **El apartamento ideal** Con un(a) compañero/a, describe el apartamento ideal. Explica el número de habitaciones y los muebles que deseas tener en cada habitación. Usa el subjuntivo con expresiones impersonales. *Answers will vary.*

 modelo Es necesario que mi apartamento tenga tres alcobas y una oficina. Es importante que... También es necesario que...

12.3 Subjunctive with verbs of will and influence

6 **Los quehaceres domésticos** Di lo que estas personas quieren que se haga.

 modelo Los vecinos (pedir) / tú (barrer el patio)
Los vecinos piden que tú barras el patio. /
Los vecinos te piden que barras el patio.

1. El ama de casa (mandar) / los chicos (sacudir los estantes)
El ama de casa manda que los chicos sacudan los estantes.
2. Yo (recomendar) / nosotros (usar el lavaplatos)
Yo recomiendo que nosotros usemos el lavaplatos.
3. Raúl (insistir) / yo (apagar la luz del pasillo)
Raúl insiste en que yo apague la luz del pasillo./Raúl me insiste que apague la luz del pasillo.
4. Tú (sugerir) / Sandra (cocinar la cena)
Tú sugieres que Sandra cocine la cena./Tú le sugieres (a Sandra) que cocine la cena.
5. Nosotros (necesitar) / José y tú (poner las copas en la mesa)
Nosotros necesitamos que José y tú pongan las copas en la mesa.
6. Ustedes (rogar) / Esteban (planchar la ropa)
Ustedes ruegan que Esteban planche la ropa. / Ustedes le ruegan a Esteban que planche la ropa.

7 **¿Dónde quieres que lo ponga?** Te estás mudando de casa y tus amigos deciden ayudarte. Con un(a) compañero/a, túrnate para preguntar dónde deben poner las cosas en la nueva casa. Usa el subjuntivo y los verbos **desear, preferir** y **querer** con los verbos **poner, colocar** (*to put*) y **llevar**. *Answers will vary.*

7 Communication Interpersonal Communication

modelo

Estudiante 1: *¿Dónde deseas que pongamos estas pinturas?*
Estudiante 2: *Deseo que pongan las pinturas en el sótano. / Deseo que las pongan en el sótano.*

- alfombras
- cortinas
- mantas
- platos
- mesa
- sillón
- vasos
- cuadro
- cómoda
- almohadas
- lámparas
- mesita

8 **¡Por favor!** Tus padres van a visitar tu apartamento, por lo que necesitas ayuda para limpiarlo. Con un(a) compañero/a, escribe qué les vas a pedir a tus compañeros/as de apartamento. Usa el subjuntivo y los verbos **necesitar, pedir** y **rogar**. *Answers will vary.*

modelo

Por favor, necesito que hagan sus camas y arreglen sus cuartos.

Síntesis

9 **Una fiesta en la cuadra** Imagina que tú y tu compañero/a son vecinos/as y están organizando una fiesta en su cuadra (*street block*). Prepara una conversación sobre los preparativos que tienen que hacer. Usa los mandatos formales y el subjuntivo. *Answers will vary.*

9 Communication Interpersonal Communication

modelo

Estudiante 1: *Para la fiesta del domingo, necesito que usted arregle las mesas en la calle.*
Estudiante 2: *Así lo voy a hacer. Compre usted la comida y vaya por el pastel.*

ACTIVITY PACK For additional activities, go to the **Activity Pack** in the **Resources** section of the Supersite.

Communicative Goal
Talk about furniture and home decor

 Video

Videoclip

1 **Preparación** ¿Qué muebles tienes en tu casa? ¿Qué muebles te faltan o te gustaría comprar para decorar más tu casa?

2 **El clip** Mira el anuncio de **Conforama** de España.

Vocabulario	
caber *to fit*	duro *hard*
colchón *mattress*	madera *wood*

Tenemos la cama de rayas, la colcha° de rayas, el sofá de rayas, las cortinas de rayas.

colcha *bedspread*

3 **¿Qué buscan?** Indica lo que buscan estas personas en la tienda.

3 Communication Interpretive Communication

_d_	1. chico	a. un sofá
_a_	2. familia de cinco	b. una cama
_b_	3. niña	c. una cocina de madera
_e_	4. Juan y su esposa	d. un televisor
_c_	5. hombre	e. un colchón

4 **De compras** En parejas, representen una conversación entre dos compañeros de cuarto o dos esposos que van a Conforama para comprar algo. Utilicen el subjuntivo. *Answers will vary.*

4 Communication Interpersonal Communication

modelo

Esposo: *Es importante que compremos un sofá cómodo.*
Esposa: *Quiero que el sofá sea grande...*

I CAN talk about furniture and home decor.

Ampliación

Communicative Goals
Use visual cues to help me understand a conversation, and give professional advice

1 SCRIPT

Adriana: Mira, papá, tienen una sección especial de bienes raíces en el periódico. Felipe, mira esta casa... tiene un jardín enorme.

Felipe: ¡Qué linda! ¡Uy, qué cara! ¿Qué piensa usted? ¿Debemos buscar una casa o un apartamento?

Sr. Núñez: Bueno, hijos, hay muchas cosas que deben considerar. Primero, ¿les gustaría vivir en las afueras o en el centro de la ciudad?

Felipe: Pues, señor Núñez, yo prefiero vivir en la ciudad. Así tenemos el teatro, los parques, los centros comerciales... todo cerca de casa. Sé que Adriana quiere vivir en las afueras porque es más tranquilo.

Sr. Núñez: De todos modos van a necesitar un mínimo de dos alcobas, un baño, una sala grande... ¿Qué más?

Adriana: Es importante que tengamos una oficina para mí y un patio para las plantas.

Sr. Núñez: Como no tienen mucho dinero ahorrado, es mejor que alquilen un apartamento pequeño por un tiempo. Así pueden ahorrar su dinero para comprar la casa ideal. Miren este apartamento. Tiene un balcón precioso y está en un barrio muy seguro y bonito. Y el alquiler es muy razonable.

Felipe: Adriana, me parece que tu padre tiene razón. Con un alquiler tan barato, podemos comprar muebles y también ahorrar dinero cada mes.

Adriana: ¡Ay!, quiero mi casa. Pero, bueno, ¡todo a su debido tiempo!

1 Escuchar

  A Mira los anuncios y escucha la conversación entre el señor Núñez, Adriana y Felipe. Luego, indica si cada descripción se refiere a la casa del anuncio o al apartamento del anuncio. **1 Communication** Interpretive Communication

TIP **Use visual cues.** Visual cues, like illustrations and headings, provide useful clues about what you will hear.

18G

Bienes raíces

 Se vende.
4 alcobas, 3 baños, cocina moderna, jardín con árboles frutales.
B/. 225.000

 Se alquila.
2 alcobas, 1 baño.
Balcón. Urbanización Las Brisas. 525

Descripciones	La casa del anuncio	El apartamento del anuncio
1. Es barato.	☐	☑
2. Tiene cuatro alcobas.	☑	☐
3. Tiene oficina.	☐	☐
4. Tiene balcón.	☐	☑
5. Tiene una cocina moderna.	☑	☐
6. Tiene un jardín muy grande.	☑	☐
7. Tiene patio.	☐	☐

B Vuelve a escuchar la conversación e indica cómo es la casa ideal de Adriana y Felipe.
Tiene un mínimo de dos alcobas, un baño, una sala grande, una oficina y un patio.

2 Conversar

Con un(a) compañero/a, representa una conversación entre un(a) psicólogo/a y un(a) paciente que le consulta sobre un problema personal (la familia, el/la novio/a, etc.). Incluye la siguiente información: *Answers will vary.*

2 Communication Interpersonal Communication

- *¿Cómo se siente el/la paciente?*
- *¿Cuál es el problema que tiene el/la paciente?*
- *¿Por qué tiene este problema?*
- *¿Desde cuándo lo tiene?*
- *¿Qué soluciones le da el/la psicólogo/a?*

I CAN understand a conversation by using visual cues.

I CAN give professional advice.

Ampliación

3 Escribir

Eres el/la administrador(a) de un edificio de apartamentos. Prepara un contrato de arrendamiento (*lease*) para los nuevos inquilinos (*tenants*). *Answers will vary.*

③ Communication Presentational Communication

TIP **Use linking words.** To make your writing more cohesive, use linking words to connect simple sentences or ideas. Some common linking words are **cuando, mientras, o, pero, porque, pues, que, quien(es), sino,** and **y.**

Organizar	Utiliza un mapa de ideas para organizar la información sobre las fechas del contrato, el precio del alquiler y otros aspectos importantes.
Escribir	Escribe el primer borrador de tu contrato de arrendamiento.
Corregir	Intercambia el contrato con un(a) compañero/a. Anota los mejores aspectos, especialmente el uso de las palabras de enlace (*linking words*). Dale sugerencias y, si ves algunos errores, coméntaselos.
Compartir	Revisa el primer borrador según las indicaciones de tu compañero/a. Incorpora nuevas ideas o más información si es necesario, antes de escribir la versión final.

4 Un paso más

Imagina que quieres construir (*to build*) una casa de vacaciones en un país hispano. Prepara una presentación sobre la casa. Considera estas preguntas. *Answers will vary.* **④ Communication** Presentational Communication

- ¿Dónde quieres construir la casa? ¿Prefieres que esté en la selva (*jungle*), en una isla, en una montaña o en un lugar con vista al mar?

- ¿Cómo va a ser la casa? ¿Quieres que sea grande? ¿Cuántos pisos y cuántos cuartos va a tener?

- ¿Qué muebles quieres poner en cada cuarto?

- ¿Qué efectos visuales puedes usar para hacer más interesante la presentación? ¿Tienes mapas, fotos o planos (*blueprints*) de la casa?

5 Cultura

Describe uno de los barrios mencionados en esta lección: Malasaña en Madrid o Coyoacán en la Ciudad de México. Compáralo con el barrio donde vives, trabajas o pasas el tiempo libre. **⑤ Comparisons** Cultural Comparisons

---

I CAN write a lease agreement.

I CAN do a presentation about a vacation house.

Here are some technical terms that might help you in writing your contract:

el/la arrendatario/a *tenant*
el/la arrendador(a) *landlord*
el/la propietario/a *owner*
las estipulaciones *stipulations*
la parte *party*
de anticipación, de antelación
    in advance

Communicative Goals
Write a lease agreement, and do a presentation about a vacation house

③ SUGGESTION Brainstorm with students and list on the board the kinds of things that might be needed in a rental agreement contract. Ex: **la dirección del apartamento, las fechas del contrato, el precio del alquiler, la fecha de pago del alquiler, la suma del depósito, reglas acerca de la basura, el correo, los animales domésticos,** and **el ruido.**

③ EVALUATION

Criteria	Scale
Content	1 2 3 4
Organization	1 2 3 4
Use of vocabulary	1 2 3 4
Use of linking words	1 2 3 4
Grammar	1 2 3 4

Scoring

Excellent	18–20 points
Good	14–17 points
Satisfactory	10–13 points
Unsatisfactory	< 10 points

④ SUGGESTION Give students several days to prepare this assignment.

④ EXPANSION After each presentation, ask students if they would like to own this vacation home and to explain why or why not.

ACTIVITY PACK For additional activities, go to the **Activity Pack** in the **Resources** section of the Supersite.

 Audio: Reading

Antes de leer

Did you know that a text written in Spanish is often longer than the same text written in English? Because the Spanish language often uses more words to express ideas, you will often encounter long sentences when reading in Spanish. Of course, sentence length varies with genre and with authors' individual styles.

TIP **Locate the main parts of a sentence.** To help you understand long sentences, identify the main parts of the sentence before trying to read it in its entirety. First, locate the main verb of the sentence, along with its subject, ignoring any words or phrases set off by commas. Then re-read the sentence, adding details like direct and indirect objects, transitional words, and prepositional phrases.

Examinar el texto

Locate the main subject and verb in the first sentence of this reading: _____ *La Casa Colorada es* _____

Bienvenidos a

LA CASA COLORADA

La Casa Colorada es un atractivo edificio de estilo colonial, construido° en 1769. Está situado en el centro de Santiago de Chile, en la calle Merced. En sus orígenes fue la vivienda de Mateo de Toro y Zambrano, un aristócrata chileno conocido por sus actividades en el ejército°, los negocios° y la administración de la ciudad. En la actualidad°, la Casa Colorada no está habitada por nadie.

El edificio se convirtió en un espacio público en el siglo° XX y en su interior están el Museo de Santiago, la Oficina de Turismo y la Fundación Vicente Huidobro, donde se encuentra abundante información sobre la vida y la obra° de este escritor chileno. El Museo de Santiago ofrece una exhibición permanente sobre la historia de la ciudad, desde la época precolombina hasta nuestros días.

La Casa Colorada es una obra del arquitecto portugués Joseph de la Vega. Los materiales fundamentales que se utilizaron en su construcción fueron el adobe, la madera° y la cal°. Desde el primer momento, esta casa se convirtió en el centro de atención de la sociedad santiaguina° por la elegancia de su diseño°. Además, una característica que la diferenciaba de otras viviendas del mismo estilo arquitectónico es que su fachada° estaba recubierta de piedra° hasta el primer piso. El edificio empezó a llamarse Casa Colorada en 1888, año en que pintaron su fachada de color rojo.

La composición exterior del edificio es simétrica. En el centro de la fachada hay una gran puerta que sirve de acceso principal a la vivienda; a los lados se ven unos arcos que forman puertas adicionales en el primer piso y ventanas con balcones de hierro forjado° en el segundo. Otra característica interesante del exterior de la casa es la elevación triangular del tejado° sobre la puerta principal.

construido *built* **ejército** *army* **negocios** *business* **En la actualidad** *At the present time*
siglo *century* **obra** *work* **madera** *wood* **cal** *lime* **santiaguina** *of Santiago* **diseño** *design*
fachada *façade* **recubierta de piedra** *covered with stone* **hierro forjado** *wrought iron* **tejado** *roof*

Después de leer

¿Comprendiste? Communication Interpretive Communication

Completa las oraciones con las palabras adecuadas.

1. En el siglo XVIII, Mateo de Toro y Zambrano, un aristócrata de ____Chile____, vivió en la Casa Colorada.
2. Ahora ____nadie____ vive en la Casa Colorada.
3. El exterior de la casa es de color ____rojo____.
4. La ____puerta____ principal está en el centro de la fachada.
5. Los materiales que se utilizaron en su construcción fueron ____el adobe____, la madera y la cal.
6. En el Museo de Santiago hay una exhibición sobre la ____historia____ de la ciudad.

Preguntas Communication Interpretive Communication

Responde estas preguntas con oraciones completas.

1. ¿Cuándo se construyó la Casa Colorada?
   La Casa Colorada se construyó en 1769.
2. ¿Cuándo se convirtió en lugar público?
   Se convirtió en lugar público en el siglo XX.
3. ¿Dónde están el Museo de Santiago, la Oficina de Turismo y la Fundación Vicente Huidobro? *El Museo de Santiago, la Oficina de Turismo y la Fundación Vicente Huidobro están en (el interior de) la Casa Colorada.*
4. ¿Cómo se llamaba el arquitecto de la Casa Colorada?
   El arquitecto se llamaba Joseph de la Vega.
5. ¿En qué se diferenciaba la Casa Colorada de otras viviendas del mismo estilo arquitectónico?
   Su fachada estaba recubierta de piedra hasta el primer piso.
6. ¿Por qué este edificio se llama la Casa Colorada?
   Se llama la Casa Colorada porque pintaron de color rojo su fachada en 1888.

Coméntalo Communication Interpretive Communication

¿Te gustaría visitar la Casa Colorada? ¿Por qué? ¿Te gustaría vivir en una casa similar a ésta? Explica tu respuesta. ¿Hay edificios históricos en tu ciudad o comunidad? Descríbelos. *Answers will vary.*

I CAN understand a text by identifying the main parts of its sentences.

Vocabulary Tools

La casa y sus cuartos

la alcoba bedroom
el altillo attic
el balcón balcony
la cocina kitchen
el comedor dining room
la entrada entrance
la escalera stairs
el garaje garage
el jardín garden; yard
la oficina office
el pasillo hallway
el patio patio; yard
la sala living room
el sótano basement

Los electrodomésticos

el electrodoméstico electrical appliance
la estufa stove
el horno oven
la lavadora washing machine
el lavaplatos dishwasher
el microondas microwave
el refrigerador refrigerator
la secadora clothes dryer

La mesa

la copa wineglass
la cuchara spoon
el cuchillo knife
el plato plate
la servilleta napkin
la taza cup; mug
el tenedor fork
el vaso glass

Los quehaceres domésticos

arreglar to straighten up
barrer el suelo to sweep the floor
cocinar to cook
hacer la cama to make the bed
hacer los quehaceres domésticos to do
  household chores
lavar (el suelo, los platos) to wash (the floor,
  the dishes)
limpiar la casa to clean the house
pasar la aspiradora to vacuum
planchar la ropa to iron clothes
poner la mesa to set the table
quitar la mesa to clear the table
sacar la basura to take out the trash
sacudir los muebles to dust the furniture

Los muebles y otras cosas

la alfombra carpet; rug
la almohada pillow
el armario closet
la cómoda chest of drawers
las cortinas curtains
el cuadro picture
el estante bookcase; bookshelf
la lámpara lamp
la luz light; electricity
la manta blanket
la mesita end table
la mesita de noche nightstand
los muebles furniture
la pared wall
la pintura painting
el sillón armchair
el sofá sofa

Otras palabras

las afueras suburbs; outskirts
la agencia de bienes raíces real estate agency
el alquiler rent (payment)
el amo/a (m., f.) de casa homemaker
el barrio neighborhood
el edificio de apartamentos apartment building
el hogar home
el/la vecino/a neighbor
la vivienda housing

————

alquilar to rent
ensuciar to get (something) dirty
mudarse to move (residences)

Verbs of will and influence See page 318.

As students finish the lesson, encourage them to explore the **Repaso** section on the Supersite. There they will find quizzes for practicing vocabulary, grammar, and oral language.

🔗 Communicative Goals: Review

I CAN describe homes.
• Describe your dorm room, apartment, or house. Mention the furniture and what is on the walls.

I CAN talk about household chores.
• Rank household chores, ending with your least favorite.

I CAN give advice.
• Write five pieces of advice for one of your professors. Use **usted** commands and the subjunctive with verbs of will and influence.

I CAN investigate architectural features in the Spanish-speaking world.
• Describe the role of balconies in Spanish-speaking countries.

AVENTURAS
EN LOS
PAÍSES
HISPANOS

La ropa tradicional de los guatemaltecos se llama *huipil* y en ella se puede observar el amor de la cultura maya por la naturaleza *(nature)*. El diseño *(design)* y los colores de cada *huipil* indican el pueblo de origen y, a veces, también el sexo y la edad *(age)* de la persona que lo lleva.

¿Conoces la ropa tradicional de algún lugar en el mundo? ¿De dónde? ¿Tiene muchos colores como la ropa tradicional de Guatemala?

AMÉRICA CENTRAL I

 Guatemala

Área: 108.890 km^2 (42.042 millas^2)
Población: 17.600.000
Capital: Ciudad de Guatemala – 2.891.000
Ciudades principales: Quetzaltenango, Escuintla, Mazatenango, Puerto Barrios
Moneda: quetzal

SOURCE: Population Division, UN Secretariat & CIA World Factbook

Honduras

Área: 112.492 km^2 (43.870 millas^2)
Población: 9.800.000
Capital: Tegucigalpa – 1.403.000
Ciudades principales: San Pedro Sula, El Progreso
Moneda: lempira

SOURCE: Population Division, UN Secretariat & CIA World Factbook

 El Salvador

Área: 21.040 km^2 (8.124 millas^2)
Población: 6.500.000
Capital: San Salvador – 1.106.000
Ciudades principales: Soyapango, Santa Ana, San Miguel
Moneda: dólar estadounidense

SOURCE: Population Division, UN Secretariat & CIA World Factbook

S Video

INSTRUCTIONAL RESOURCES
Supersite: Video (Panorama cultural); WebSAM
SAM: Workbook pp. 127–128

Deportes

El surfing

El Salvador es uno de los destinos favoritos en Latinoamérica para la práctica del *surfing*. Cuenta con 300 kilómetros de costa a lo largo del océano Pacífico y sus olas *(waves)* altas son ideales para quienes practican este deporte. De sus playas, La Libertad es la más visitada por surfistas de todo el mundo, gracias a que está muy cerca de la capital salvadoreña.

¿En qué lugares de los Estados Unidos se puede practicar el surfing? ¿Te gustaría practicarlo en las playas de América Central?

Ciudades

Antigua Guatemala ▶

Antigua Guatemala fue fundada en 1543. Fue una capital de gran importancia hasta 1773, cuando un terremoto *(earthquake)* la destruyó. Hoy día, conserva el carácter original de su arquitectura y es un gran centro turístico. Su celebración de la Semana Santa es, para muchas personas, la más importante del hemisferio.

¿Conoces algún país donde se celebra la Semana Santa? ¿Cómo se celebra?

MÉXICO

Lago Petén Itza

BELICE

Río de la Pasión

Golfo de Honduras

Lago de Izabal · Puerto Barrios

GUATEMALA · La Ceiba

Río Motagua

Sierra Espíritu Santo

San Pedro Sula

Lago de Atitlán · El Progreso ·

Quetzaltenango ✪ **Ciudad de Guatemala**

Sierra Grita · Sierra Rijol

Lago de Yojoa

· Antigua Guatemala · Lago de Guija

Mazatenango · Río Lempa · **Tegucigalpa** ✪

Escuintla · Río de la Paz · Santa Ana ✪ **San Salvador**

Río Lempa · San Miguel

La Libertad · **EL SALVADOR** · La Unión

Río Choluteca

Océano Pacífico

Mar Caribe

Islas de la Bahía

HONDURAS

Sierra de Payas

Río Patuca

Montañas de Colón

Río Coco

Laguna de Caratasca

NICARAGUA

Lugares

Copán

Copán es una zona arqueológica muy importante de Honduras. Fue construida por los mayas y se calcula que en el año 400 d. C. era una ciudad con más de 150 edificios y una gran cantidad de plazas, patios, templos y canchas *(courts)* para el juego de pelota *(ceremonial ball game)*. Las ruinas más famosas del lugar son los edificios adornados con esculturas pintadas a mano, los cetros *(scepters)* ceremoniales de piedra y el templo Rosalila. Una de las actividades más importantes de Copán era la astronomía. ¡Hasta se hacían congresos *(conventions)* de astrónomos!

Además de Honduras, ¿qué otros países en el mundo son famosos por sus ruinas arqueológicas?

Naturaleza

El Parque Nacional Montecristo

El Parque Nacional Montecristo se encuentra en la región norte de El Salvador. Se le conoce también como El Trifinio porque se ubica *(it is located)* en el punto donde se unen las fronteras de Guatemala, Honduras y El Salvador. Este bosque reúne muchas especies vegetales y animales, como orquídeas, monos araña *(spider monkeys)*, pumas, quetzales y tucanes. En este hermoso bosque, las copas de sus enormes árboles forman una bóveda que impide *(blocks)* el paso de la luz solar.

¿Cuáles son algunos de los parques nacionales más famosos en los Estados Unidos?

Música ♪

La música garífuna

La música es una parte fundamental de la cultura de los garífunas, un grupo étnico que se extiende por la costa atlántica de Nicaragua, Honduras, Belice y Guatemala, y que es el producto del mestizaje *(mixing)* de los indígenas y los africanos. Festiva y vibrante, la música garífuna se interpreta en lengua arahuaca, con guitarra, bajo, tambores *(drums)*, clave y maracas. Aurelio Martínez y Andy Palacio son dos importantes artistas garífunas. En 2001, la música garífuna fue proclamada por la UNESCO Patrimonio Cultural Inmaterial de la Humanidad.

¿Conoces la música garífuna? ¿Te gusta?

¿Qué aprendiste?

1 **¿Cierto o falso?** Indica si lo que dicen estas oraciones es **cierto** o **falso**.

1 Communication Interpretive Communication

	Cierto	Falso
1. La Libertad es una ciudad principal de El Salvador.		✓
2. Los diseños del *huipil* indican el origen de la persona que lo lleva.	✓	
3. Tegucigalpa es la capital de Honduras.	✓	
4. Los garífunas viven en Guatemala, Honduras, Nicaragua y El Salvador.		✓
5. En Copán se hacían congresos de geografía.		✓
6. Antigua Guatemala es muy famosa por su celebración de la Semana Santa.	✓	
7. El Parque Nacional Montecristo está en El Salvador, en el límite con Honduras y Guatemala.	✓	
8. La vegetación del bosque del Parque Nacional Montecristo permite el paso de la luz del sol.		✓

2 **Preguntas** Contesta estas preguntas. **2 Communication** Interpretive Communication

1. ¿Cuál es la moneda de Guatemala? *el quetzal*
2. ¿Qué país tiene 300 kilómetros de costa a lo largo del océano Pacífico? *El Salvador*
3. ¿Quién es Andy Palacio? *un artista garífuna*
4. ¿Qué ciudad fue la capital de Guatemala hasta 1773? *Antigua Guatemala*
5. ¿Dónde está el templo Rosalila? *en Copán, Honduras*
6. ¿Cómo se llama la ropa tradicional de los guatemaltecos? *huipil*

3 **Por América Central** Con un(a) compañero/a, prepara un folleto (*brochure*) turístico en el que se hable de las características principales de Antigua Guatemala, Copán o el Parque Nacional Montecristo. Después, intercambia los folletos con otras parejas y elige el que más te guste. **3 Communication** Presentational Communication

4 **¿Qué piensas?** Responde a estas preguntas.
4 Cultures Relating Cultural Practices/Products to Perspectives
4 Connections Making Connections

1. ¿Por qué piensas que la celebración de la Semana Santa es tan importante en Antigua Guatemala?
2. ¿Cuáles crees que son las influencias indígenas y africanas en la música garífuna?
3. ¿Por qué piensas que el dólar estadounidense es la moneda de El Salvador?

I CAN identify basic facts about the geography and culture of Guatemala, Honduras, and El Salvador by reading short informational texts with visuals.

13 La naturaleza

PARA EMPEZAR Here are some additional questions:
¿Te interesa la naturaleza? ¿Qué áreas verdes te gusta visitar?
¿Qué haces en estos lugares? ¿Te gusta acampar?

Communicative Goals
You will learn how to:
• talk about nature
• discuss environmental issues
• express emotions and doubts
• investigate environmentalism
  in the Spanish-speaking
  world

⌘ PARA EMPEZAR

• ¿Dónde está Juanjo? ¿Qué hace?
• ¿Qué lleva? ¿Por qué?
• ¿Le interesa la naturaleza?

Communicative Goal
Talk about nature and the environment

INSTRUCTIONAL RESOURCES
Supersite: Vocabulary Tutorials; WebSAM
SAM: Workbook pp. 131–132; Lab Manual p. 305

SUGGESTION Invite students to share their thoughts about ecotourism. Does it serve to promote awareness and conservation? Or does it needlessly bring human traffic through natural locations?

LA NATURALEZA

LA NATURALEZA

el árbol *tree*
el bosque (tropical)
    (tropical; rain) forest
el césped *grass*
el cielo *sky*
el cráter *crater*
el desierto *desert*
la estrella *star*
la hierba *grass*
el lago *lake*
la luna *moon*
el mundo *world*
la naturaleza *nature*
la nube *cloud*
el océano *ocean*
el paisaje *landscape*
la piedra *stone*
la planta *plant*
la región *region; area*
el río *river*
la selva *jungle*
el sendero *trail*
el sol *sun*
la tierra *land; soil*
el valle *valley*

el mono

la flor
flower

el pájaro
bird

VERBOS

conservar *to conserve*
contaminar *to pollute*
controlar *to control*
cuidar *to take care of*
dejar de (+ *inf.*)
    to stop (doing something)
desarrollar *to develop*
descubrir *to discover*
destruir *to destroy*
estar afectado/a (por)
    to be affected (by)
evitar *to avoid*
mejorar *to improve*
proteger *to protect*
reciclar *to recycle*
recoger *to pick up*
reducir *to reduce*
resolver (o:ue)
    to resolve; to solve
respirar *to breathe*

SUGGESTION Write **la naturaleza** and **la conservación** on the board and have students guess their meanings. Ask volunteers to write English words under those headings. Have the class look in their texts to see how many Spanish equivalents they find.

LOS ANIMALES

el animal *animal*
la ballena *whale*
el pez *fish*

EXPANSION Have students play Bingo using vocabulary words.

Vocabulary Tools

EXPANSION Play Pictionary. Give words to individual students to draw on the board. Then the class guesses the word and spells it aloud in Spanish.

VOCABULARIO ADICIONAL For additional vocabulary on this theme, go to **Vocabulario adicional** in the **Resources** section of the Supersite.

OTRAS PALABRAS Y EXPRESIONES

el envase de plástico *plastic container*

puro/a *pure*

la botella de vidrio *glass bottle*

el volcán

EL MEDIO AMBIENTE

el calentamiento global *global warming*

la caza *hunting*

la conservación *conservation*

la contaminación (del aire; del agua) *(air; water) pollution*

la deforestación *deforestation*

la ecología *ecology*

el/la ecologista *ecologist*

el ecoturismo *ecotourism*

la energía (nuclear; solar) *(nuclear; solar) energy*

la extinción *extinction*

la fábrica *factory*

el gobierno *government*

la ley *law*

el medio ambiente *environment*

el peligro *danger*

la población *population*

el reciclaje *recycling*

el recurso natural *natural resource*

la solución *solution*

_____

ecológico/a *ecological*

renovable *renewable*

la tortuga marina
sea turtle

la energía nuclear
nuclear energy

la lata de aluminio
aluminum can

estar contaminado/a
to be polluted

ASÍ SE DICE

césped/hierba ⟷ la grama (*Ec., Hond., Pan., Perú, P. Rico*), el pasto (*Arg., Col., Méx., Urug.*), el zacate (*Amér. C., Méx.*)

SUGGESTION Involve students in a discussion by asking: **¿Está contaminado el aire en tu ciudad? ¿De dónde viene la contaminación? ¿Tiene tu ciudad un programa de reciclaje? ¿Tenemos un programa aquí en la universidad? ¿Reciclas tú?**

A escuchar

1 **Escuchar** Escucha estas oraciones y anota los sustantivos (*nouns*) que se refieren a **las plantas, los animales, la tierra** y **el cielo**. **1 Communication** Interpretive Communication

Plantas	Animales	Tierra	Cielo
flores	*tortugas marinas*	*bosques tropicales*	*nubes*
hierba	*peces*	*volcán*	*estrellas*

2 **Seleccionar** Escucha las descripciones y escribe el número que corresponda a cada foto.

2 Communication Interpretive Communication

a. ___2___

b. ___3___

c. ___4___

d. ___1___

1 SCRIPT

1. Mi novio siempre me compra flores para nuestro aniversario.

2. Llueve mucho en los bosques tropicales.

3. Hoy día, en Latinoamérica hay seis especies de tortugas marinas en peligro de extinción.

4. Durante la tormenta, las nubes grises cubrían toda la ciudad.

5. En el mar Caribe hay muchos peces exóticos.

6. Me gusta ver las estrellas.

7. Se prohíbe caminar sobre la hierba.

8. El Puracé es un volcán activo en los Andes colombianos.

2 SCRIPT

1. Tomé la fotografía de este valle el verano pasado. No había animales y había muy pocas plantas. Sólo se veían montañas de piedra.

2. Ésta es una fotografía de la región donde nací. Es un área verde, con mucha hierba y árboles. Normalmente llueve mucho, aunque el día que tomé la foto el cielo estaba bastante despejado y hacía sol.

3. Esto que ven es una fotografía de la ciudad donde estudio. Hay muchos edificios altos y hay mucho tráfico que contamina el aire.

4. El invierno pasado fui a esquiar a esta montaña. Me fascinó la gran cantidad de recursos naturales de la región. El aire nunca está contaminado aquí.

A practicar

3 EXPANSION After students have answered, have them state a category for each group. Ex: **1. Cosas que están en el cielo.**

3 **La naturaleza** Selecciona la palabra que no pertenece al grupo.

1. sol • (desierto) • luna • estrella
2. océano • lago • (sendero) • río
3. naturaleza • paisaje • ecoturismo • (mono)
4. (piedra) • pájaro • pez • perro
5. volcán • (ballena) • cráter • piedra
6. (recurso natural) • caza • contaminación • deforestación
7. nube • aire • cielo • (lago)
8. (solución) • selva • bosque • desierto
9. botella • envase • (peligro) • lata
10. (tortuga) • árbol • hierba • flor

4 EXPANSION Have students write five more original sentences, using different verb tenses. Ask volunteers to share their sentences with the rest of the class.

4 **Completar** Completa las oraciones.

contaminar	destruyen	reciclamos
controlan	están afectadas	recoger
cuidan	mejoramos	resolver
descubrir	proteger	se desarrollaron

1. Si vemos basura en las calles, la debemos _____recoger_____.
2. Los científicos trabajan para ____descubrir____ nuevas soluciones.
3. Es necesario que todos trabajemos juntos para ____resolver____ los problemas del medio ambiente.
4. Debemos ____proteger____ el medio ambiente porque está en peligro.
5. Muchas leyes nuevas ____controlan____ el número de árboles que se pueden cortar (*cut down*).
6. Las primeras civilizaciones _se desarrollaron_ cerca de los ríos, los lagos y los océanos.
7. Todas las personas del mundo _están afectadas_ por la contaminación.
8. Los turistas deben tener cuidado y no ____contaminar____ las regiones que visitan.
9. Podemos conservar los recursos si ____reciclamos____ el aluminio, el vidrio y el plástico.
10. La contaminación y la deforestación ____destruyen____ el medio ambiente.

5 EXPANSION Have student pairs prepare definitions for five additional words. Call on a pair to write the words they have chosen on the board. Then have the pairs present their definitions to the class; after each definition the class identifies the word.

5 **Definiciones** Indica la palabra adecuada para cada definición.

modelo
lugar que está lleno de árboles
el bosque

1. estrella más grande de nuestro sistema planetario ____el sol____
2. lugar donde llueve poco ____el desierto____
3. cuando la temperatura del planeta sube _el calentamiento global_
4. cuando una especie animal ya no existe más _la extinción_
5. parte de un volcán ____el cráter____
6. animal grande que vive en el océano ____la ballena____

A conversar

6 Preguntas En parejas, túrnense para hacerse estas preguntas. ¿Tienen respuestas en común? *Answers will vary.*

6 Communication Interpersonal Communication

1. ¿Te preocupas por el medio ambiente? ¿Por qué?
2. ¿Qué forma de energía prefieres? ¿Por qué?
3. ¿Cómo podemos reducir la cantidad de basura que producimos?
4. ¿Crees que es importante reciclar? ¿Lo haces? ¿Por qué?
5. ¿Cómo podemos proteger los animales en peligro de extinción?
6. ¿Qué lugares están contaminados en tu estado o región?
7. ¿Qué podemos hacer para mejorar la calidad del aire?
8. ¿Quiénes deben resolver los problemas del medio ambiente? ¿Los gobiernos, los ecologistas…?

7 Alternativas En parejas, hablen sobre las alternativas y el efecto que tienen en el medio ambiente.

7 Communication Interpersonal Communication   *Answers will vary.*

- manejar en coche o pasear en bicicleta
- ser vegetariano/a o comer carne
- ducharse o bañarse
- lavar los platos a mano o usar el lavaplatos
- leer libros en papel o electrónicos
- hacer ecoturismo o turismo tradicional

8 Communication Interpersonal Communication
8 Connections Making Connections

8 Situaciones En grupos pequeños, representen estas situaciones. *Answers will vary.*

- Un(a) ecologista habla con un grupo de familias sobre qué se puede hacer en la casa para proteger el medio ambiente.
- Un(a) representante de una universidad habla con un grupo de estudiantes nuevos sobre la campaña (*campaign*) ambiental de la universidad.
- Un(a) candidato/a presidencial da un discurso (*speech*) sobre el problema de la deforestación.

I CAN talk about nature and the environment.

6 EXPANSION Ask students to report on their partner's answers.

7 EXPANSION Have a class discussion about the effects of these activities on the environment.

8 SUGGESTION Have groups of three choose a situation, making sure all situations are covered. Have students take turns playing each role. After groups have had time to prepare, invite some to present their situation to the class.

ACTIVITY PACK For additional activities, go to the **Activity Pack** in the Resources section of the **Supersite**.

Ortografía

 Tutorial

Los signos de puntuación

INSTRUCTIONAL RESOURCES
Supersite: Spelling Tutorial; WebSAM
SAM: Lab Manual p. 306

In Spanish, as in English, punctuation marks are important because they help you express your ideas in a clear, organized way.

No podía ver las llaves. Las buscó por los estantes, las mesas, las sillas, el suelo; minutos después, decidió mirar por la ventana. Allí estaban…

The **punto y coma (;)**, the **tres puntos (…)**, and the **punto (.)** are used in very similar ways in Spanish and English.

Argentina, Brasil, Paraguay y Uruguay son miembros de Mercosur.

In Spanish, the **coma (,)** is not used before **y** or **o** in a series.

3,5%　　　　　**29,2%**　　　　　**3.000.000**　　　　　**$2.999,99**

In numbers, Spanish uses a **coma** where English uses a decimal point and a **punto** where English uses a comma.

¿Cómo te llamas?　　　**¿Dónde está?**　　　**¡Ven aquí!**　　　**¡Hola!**

Questions in Spanish are preceded and followed by **signos de interrogación (¿ ?)**, and exclamations are preceded and followed by **signos de exclamación (¡ !)**.

Práctica Lee el párrafo e indica los signos de puntuación necesarios. Recuerda que la primera letra de una oración siempre debe estar en mayúscula.

Ayer recibí la invitación de boda de Marta mi amiga colombiana inmediatamente empecé a pensar en un posible regalo fui al almacén donde Marta y su novio tenían una lista de regalos había un montón de cosas para regalar finalmente decidí regalarles un perro ya sé que es un regalo extraño pero espero que les guste a los dos

¿Palabras de amor? El siguiente diálogo tiene diferentes significados (*meanings*), dependiendo de los signos de puntuación que utilizas y el lugar donde los pones. Intenta encontrar los diferentes significados. *Answers will vary.*

JULIÁN	me quieres
MARISOL	no puedo vivir sin ti
JULIÁN	me quieres dejar
MARISOL	no me parece mala idea
JULIÁN	no eres feliz conmigo
MARISOL	no soy feliz

INSTRUCTIONAL RESOURCES
Supersite: WebSAM
SAM: Video Manual pp. 193–194

Communicative Goal
Discuss environmental issues

Una excursión a la sierra

Juanjo, Valentina, Olga Lucía, Sara y Daniel hacen una excursión a la Sierra de Madrid.

 Video

Antes de ver

Haz predicciones sobre lo que vas a ver y oír en un episodio en el cual los personajes hacen una excursión.

VIDEO RECAP Before showing this **Aventuras** episode, review the previous episode with these questions:
1. ¿Qué hace Valentina cuando Olga Lucía entra en la sala? (Valentina pasa la aspiradora.) 2. ¿Qué electrodomésticos ensució Manuel? (Manuel ensució el microondas, la estufa y el horno.) 3. ¿Qué quiere Juanjo que limpie Manuel? (Juanjo quiere que Manuel limpie la cocina.) 4. ¿Qué manda don Pablo que Daniel y Sara hagan? (Don Pablo les manda que saquen la basura.)

VIDEO SYNOPSIS Juanjo, Valentina, Olga Lucía, Sara, and Daniel go hiking in the **Sierra de Madrid**. Manuel doesn't go with them because supposedly he's sick. Juanjo draws in his notebook while the others eat lunch next to a pond. When Sara throws him a sandwich, Juanjo drops his drawings into the water and jumps in after them. The five young people arrive at a lake and admire the beautiful view until they see the litter on the ground. Juanjo has plastic bags for trash and recycling, which they use to pick up the litter. After they resume their hike, they see what looks like a brown bear. It turns out to be Manuel in a bear suit.

PERSONAJES

JUANJO

VALENTINA

SARA

DANIEL

OLGA LUCÍA

JUANJO ¡Estamos en la naturaleza! ¡Respiren el aire puro!
VALENTINA Es una lástima que Manuel no esté aquí.
SARA Dijo que se sentía... mal.
OLGA LUCÍA Dudo mucho que esté enfermo.
DANIEL Seguro que no quiso levantarse temprano.
JUANJO ¡Ojalá podamos ver un oso pardo!

VALENTINA Daniel, no creo que debas darles comida a los peces.
DANIEL ¡Tienen hambre!
JUANJO ¡No seas tonto, Daniel, eso afecta el ecosistema!
SARA Juanjo, ¡deja de dibujar plantitas y come!
JUANJO En cuanto termine.
OLGA LUCÍA No olviden recogerlo todo, para que no contaminemos.

JUANJO ¡Me encanta el sonido del río! Es tan relajante. Aunque dudo que veamos un oso pardo, están en peligro de extinción.
VALENTINA Pero es probable que veamos una cabra, ¿no?
JUANJO Pues sí, aquí en la sierra hay una sobrepoblación de cabras.

A C T I V I D A D E S

1 **¿Cierto o falso?** Indica si lo que dicen las oraciones es **cierto** o **falso**. Corrige las oraciones falsas.
1 Communication Interpretive Communication

	Cierto	Falso
1. Daniel quiere ver un oso pardo. *Juanjo quiere ver un oso pardo.*	○	⦿
2. En la Sierra de Madrid hay muchísimas cabras.	⦿	○
3. Juanjo dibuja plantas.	⦿	○
4. La playa del lago está llena de basura.	⦿	○
5. Manuel se quedó en casa. *Manuel fue a la sierra también y se disfrazó de oso.*	○	⦿

2 **Ordenar** Indica el orden de los eventos.
2 Communication Interpretive Communication

a. Juanjo piensa que ve un oso. _____5_____

b. Daniel les da comida a los peces. _____1_____

c. Los chicos ven botellas. _____3_____

d. El agua daña los dibujos de Juanjo. _____2_____

e. Juanjo quiere recoger la basura. _____4_____

SUGGESTION Identify **Es una lástima que Manuel no esté aquí** and **Ojalá podamos ver un oso pardo** in caption 1 and **Me molesta que la gente no sepa cuidar la naturaleza** in caption 4 as examples of using the subjunctive to express emotion. Point out examples of using the subjunctive to express doubt, disbelief, and denial in captions 1, 2, 3, and 6. Identify **En cuanto termine** and **No olviden recogerlo todo, para que no contaminemos** in caption 2 and **Toma una foto antes de que se vaya** in caption 6 as examples of using the subjunctive with conjunctions.

DANIEL ¡Guau! ¡Es hermoso!

JUANJO ¡Es terrible!

VALENTINA Mirad todo ese plástico.

OLGA LUCÍA ¡Hay botellas en todas partes!

SARA Me molesta que la gente no sepa cuidar la naturaleza.

JUANJO ¡Tranquilos! ¡Cuando veo basura, la recojo! El reciclaje en una bolsa y la basura en otra. (*a Valentina y Olga Lucía*) ¿Qué?

VALENTINA Y OLGA LUCÍA ¡¿Tenemos que recoger la basura de otros?!

SARA Chicos, ¡¿visteis eso?!

VALENTINA ¡Tal vez sea una cabra!

JUANJO ¡Toma una foto antes de que se vaya!

Expresiones útiles

atrapar *to catch*
la cabra *goat*
de verdad *real*
el oso pardo *brown bear*
relajante *relaxing*
la sobrepoblación *overpopulation*
el sonido *sound*
Tranquilo(s)/a(s). *Relax.*

---

el disfraz *costume; disguise*
disfrazarse de *to dress up as*
mojado/a *wet*
la señal *signal*

Sierra de Madrid

A una hora de la ciudad en coche, se encuentra la Sierra de Madrid. Incluye el Parque Nacional de la Sierra de Guadarrama. Allí se pueden visitar altas montañas, pastizales (*pastures*) y valles, pero también lagunas, embalses (*reservoirs*) y ríos, con bosques de pinos y robles (*pine and oak trees*). Este parque es el hogar del 40% de las especies animales de España y más de mil especies de plantas.

¿Hay un parque nacional cerca de tu ciudad o pueblo? ¿Cómo es?

---

3 **El medio ambiente** En parejas, discutan los problemas ambientales mencionados en el video y sus posibles soluciones.

▶ la basura

▶ los animales en peligro de extinción

▶ la sobrepoblación de una especie de animales

3 **Communication** Interpersonal Communication

3 **Connections** Making Connections

I CAN discuss environmental issues.

Communicative Goal
Talk about environmental activism in
Spanish-speaking countries

Jóvenes por el medio ambiente

No hay duda de que la crisis climática afecta a todo el mundo, pero Latinoamérica en particular ha sufrido° los estragos° de esta crisis. La continua reducción de lagos en Bolivia, el retroceso de los glaciares en los Andes, la destrucción de Puerto Rico por el huracán María en 2017 y los incendios° recientes en la Amazonia y otras regiones en varios países son algunos ejemplos de los retos° que enfrentan° los gobiernos y las comunidades de la región.

Ante esta situación, los jóvenes han cumplido° un rol fundamental y no están esperando a que las personas adultas o los países más ricos propongan las soluciones. Muchos adolescentes y jóvenes de toda la región se están movilizando para exigir° que se lleven a cabo° acciones que mitiguen los efectos de la crisis.

Por ejemplo, Xiye Bastida, original de San Pedro Tultepec, Estado de México, y miembro de la nación indígena otomí-tolteca, ha estado° al frente del movimiento de la juventud para salvar° el clima del planeta. Después de que su pueblo sufrió sequías° e inundaciones°, y tras presenciar los daños del huracán Sandy en Long Island, la joven, quien ahora vive en la ciudad de Nueva York, se convirtió en líder de las protestas del movimiento Fridays for Future (FFF), que pide a los gobiernos tomar acciones frente al cambio climático. Su activismo es tan intenso que ahora es conocida como "la Greta Thunberg de América".

Como Xiye, son muchos los jóvenes de Latinoamérica y España que están levantando la voz° por la defensa de un ambiente saludable y sostenible. El argentino Bruno Rodríguez, por ejemplo, en el otro extremo del continente, lidera la asociación Jóvenes por el Clima, que lucha° por la justicia climática, los derechos° humanos y la justicia social.

Xiye Bastida

A Xiye y a Bruno los acompañan miles de jóvenes de España y Latinoamérica, agrupados en organizaciones como Jóvenes Verdes (España), Guateambiente (Guatemala) o Pacto X El Clima (Colombia), todas ellas conformadas por jóvenes entre catorce y treinta años.

ha sufrido *has suffered* **estragos** *ravages* **incendios** *fires* **retos** *challenges* **enfrentan** *face* **han cumplido** *have played* **exigir** *to demand* **lleven a cabo** *carry out* **ha estado** *has been* **salvar** *to save* **sequías** *droughts* **inundaciones** *floods* **levantando la voz** *raising their voices* **lucha** *fights* **derechos** *rights*

ASÍ SE DICE

La naturaleza

el arco iris	rainbow
la cascada la catarata	waterfall
el cerro la colina la loma	hill, hillock
la cima la cumbre el tope (Col.)	summit; mountaintop
la maleza los rastrojos (Col.) la yerba mala (Cuba) los hierbajos (Méx.) los yuyos (Arg.)	weeds

INSTRUCTIONAL RESOURCES
Supersite: Video (Flash cultura); WebSAM
SAM: Video Manual pp. 225–226

ACTIVIDADES

1 **¿Cierto o falso?** Indica si lo que dicen las oraciones es **cierto** o **falso**. Corrige la información falsa. **①** Communication
Interpretive Communication

1. Hay una continua reducción de lagos en Puerto Rico. *Falso. Hay una continua reducción de lagos en Bolivia.*
2. San Pedro Tultepec sufrió sequías e indundaciones. *Cierto.*
3. Xiye Bastida es conocida como "la Greta Thunberg de América". *Cierto.*
4. Bruno Rodríguez lidera la organización Jóvenes Verdes. *Falso. Lidera la asociación Jóvenes por el Clima.*
5. Pacto X El Clima es una organización española. *Falso. Es una organización colombiana.*

2 **Preguntas** Contesta las preguntas.
② Communication Interpretive Communication

1. ¿Dónde hay un retroceso de los glaciares? *en los Andes*
2. ¿De dónde es Xiye Bastida? *es de San Pedro Tultepec, México*
3. ¿Quién lidera la asociación Jóvenes por el Clima? *Bruno Rodríguez*
4. ¿Cómo se llama la organización guatemalteca? *Guateambiente*
5. ¿De qué país es la organización Jóvenes Verdes? *es de España*
6. ¿Cuántos años tienen los miembros de estas organizaciones? *entre catorce y treinta años*

3 **Activistas** En parejas, representen una conversación entre un miembro de una de estas organizaciones y otro/a joven, quien piensa en participar. **③** Communication
Interpersonal Communication

4 **¿Qué piensas?** Responde a las preguntas sobre los activistas medioambientales.

1. ¿Por qué crees que tantos jóvenes de Latinoamérica como de España se están movilizando por el medio ambiente?
2. ¿Qué piensas de Xiye Bastida y Bruno Rodríguez? ¿Por qué?
3. ¿Por qué crees que la asociación Jóvenes por el Clima conecta la justicia climática, los derechos humanos y la justicia social?
4. ¿Te inspiran estos activistas? ¿Por qué?

④ Culture Relating Cultural Practices to Perspectives
④ Connections Making Connections

Communicative Goal
Identify different aspects of nature in Costa Rica

 Video

Naturaleza en Costa Rica

1 **Preparación** ¿Qué sabes de los volcanes de Costa Rica? ¿Y de sus aguas termales? Si no sabes nada, escribe tres predicciones sobre cada tema.

2 **El video** Mira el episodio de **Flash cultura** sobre un volcán en Costa Rica.

Vocabulario	
aguas termales *hot springs*	**los poderes curativos** *healing powers*
hace erupción *erupts*	**rocas incandescentes** *incandescent rocks*

Aquí existen más de cien volcanes. Hoy visitaremos el Parque Nacional Volcán Arenal.

③ Communication Interpretive Communication

3 **¿Cierto o falso?** Indica si estas oraciones son **ciertas** o **falsas**.

1. Centroamérica es una zona de pocos volcanes. *Falso.*
2. El volcán Arenal está en un parque nacional. *Cierto.*
3. El volcán Arenal hace erupción pocas veces. *Falso.*
4. Las aguas termales cerca del volcán vienen del mar. *Falso.*
5. Cuando Alberto sale del agua, tiene calor. *Falso.*
6. Se pueden ver las rocas incandescentes desde algunos hoteles. *Cierto.*

4 **Comparación** Compara el Parque Nacional Volcán Arenal con un parque nacional que conoces. **④** Comparisons Cultural Comparisons

---

I CAN talk about environmental activism in Spanish-speaking countries.

I CAN identify different aspects of nature in Costa Rica.

Communicative Goal | Express my feelings about environmental problems

13.1 The subjunctive with verbs of emotion

Main clause	Connector	Subordinate clause
Marta espera	**que**	**yo vaya al lago este fin de semana.**

▸ When the main clause of a sentence expresses an emotion or feeling, use the subjunctive in the subordinate clause.

Nos alegramos de que te **gusten** las flores.
We are happy that you like the flowers.

Siento que tú no **vengas** mañana.
I'm sorry that you're not coming tomorrow.

Temo que Ana no **pueda** ir mañana con nosotros.
I'm afraid Ana won't be able to go with us tomorrow.

Le **sorprende** que Juan **sea** tan joven.
It surprises him that Juan is so young.

> Es una lástima que Manuel no esté aquí.

> Me molesta que la gente no sepa cuidar la naturaleza.

Common verbs and expressions of emotion

alegrarse (de)	to be happy	tener miedo (de)	to be afraid (of)
esperar	to hope; to wish	es extraño	it's strange
gustar	to be pleasing; to like	es una lástima	it's a shame
		es ridículo	it's ridiculous
molestar	to bother	es terrible	it's terrible
sentir (e:ie)	to be sorry; to regret	es triste	it's sad
sorprender	to surprise	ojalá (que)	I hope (that);
temer	to be afraid		I wish (that)

Me molesta que la gente no **recicle** el plástico.
It bothers me that people don't recycle plastic.

Es terrible que no **respiremos** aire puro.
It's terrible that we don't breathe clean air.

Es una lástima que no **controlemos** la deforestación.
It's a shame that we don't control deforestation.

Espera que el gobierno **proteja** el medio ambiente.
He hopes that the government protects the environment.

SUGGESTION Have pairs of students tell each other three things that bother him/her and three things he/she is happy about. Remind them to use verbs of emotion and the subjunctive.

INSTRUCTIONAL RESOURCES
Supersite: Grammar Tutorial; WebSAM
SAM: Workbook pp. 133–134; Lab Manual p. 307

Práctica

1 **Julia y Rosa** Completa la conversación. Hay dos palabras que no vas a usar.

alegro	molesta	temer
conozcan	ojalá	tengo miedo de
estén	puedan	vayan
lleguen	sorprender	visitar

JULIA Me alegro de que Adriana y Raquel (1) ___vayan___ a Colombia.

ROSA Sí... Es una lástima que (2) ___lleguen___ cuando ya comenzaron las clases. Ojalá que la universidad las ayude a buscar casa. (3) ___Tengo miedo de___ que no consigan dónde vivir.

JULIA Me (4) ___molesta___ que seas tan pesimista. Yo espero que (5) ___conozcan___ gente simpática.

ROSA ¿Sabías que ellas van a estudiar la deforestación en las costas? Es triste que en tantos países los recursos naturales (6) ___estén___ en peligro.

JULIA Me (7) ___alegro___ de que no se queden en la capital por la contaminación, pero (8) ___ojalá___ tengan tiempo de viajar por el país.

ROSA Sí, espero que (9) ___puedan___ ir al Museo del Oro. Sé que también esperan (10) ___visitar___ la Catedral de Sal de Zipaquirá.

2 **Oraciones** Combina elementos de las tres columnas para formar oraciones. *Answers will vary.*

 modelo
> Es triste que algunas personas no cuiden la naturaleza.

Expresiones	Sujetos	Actividades
Me alegro de que	yo	desarrollar programas de reciclaje
Espero que	tú	proteger las ballenas
Es extraño que	el gobierno	destruir los bosques
Me gusta que	el/la profesor(a)	contaminar el aire
Tengo miedo de que	la universidad	poner en peligro las tortugas marinas
Es triste que	las fábricas	cuidar la naturaleza
Ojalá que	algunas personas	utilizar el transporte público para usar menos gasolina
	los centros comerciales	
	mis amigos y yo	

Conversación

3 **Diálogo** Usa los elementos para crear una conversación entre Juan y la madre de su novia. Añade palabras si es necesario. Luego, con un(a) compañero/a, preséntala a la clase. **3** Communication Presentational Communication

modelo

Juan, / esperar / (tú) llamar / Raquel. / Ser / tu / novia. / Ojalá / no / sentirse / sola

Juan, espero que llames a Raquel. Es tu novia. Ojalá no se sienta sola.

1. molestarme / (usted) decirme / lo que / tener / hacer. / Ahora / mismo / estarla / llamando *Me molesta que me diga lo que tengo que hacer. Ahora mismo la estoy llamando.*
2. alegrarme / oírte / decir / Ser / terrible / estar / lejos / cuando / nadie / recordarte *Me alegro de oírte decir eso. Es terrible estar lejos cuando nadie te recuerda.*
3. señora, / ¡yo / tener / miedo / (ella) no recordarme / mí! / Ser / triste / estar / sin / novia *Señora, ¡yo tengo miedo de que no me recuerde a mí! Es triste estar sin novia.*
4. ser / ridículo / (tú) sentirte / así. / Mi hija / esperar / (tú) casarte / con ella *Es ridículo que te sientas así. Mi hija espera que tú te cases con ella.*
5. ridículo / o / no, / sorprenderme / todos preocuparse / ella / y / nadie acordarse / mí *Ridículo o no, me sorprende que todos se preocupen por ella y nadie se acuerde de mí.*

4 **Comentar** Con un(a) compañero/a, comparte tus opiniones sobre las clases que más te gustan y las que menos te gustan. Usa expresiones como **me alegro de que, temo que** y **es extraño que.** *Answers will vary.*
4 Communication Interpersonal Communication

modelo

Estudiante 1: Mi clase favorita es español. Me alegro de que mi profesor nos ayude con la tarea.
Estudiante 2: Yo, en cambio, odio las matemáticas. Temo que mi profesor piense darnos más tarea.

5 **Problemas** Prepara una lista de tres o cuatro problemas ambientales en tu universidad. Luego, utilizando el subjuntivo, escribe una oración en la que expreses tu reacción. Comparte la información con la clase.
5 Communication Presentational Communication *Answers will vary.*

modelo

la basura de la cafetería

Temo que la basura de la cafetería no se pueda reducir.

6 **Ecologistas** En grupos, preparen un anuncio de una campaña ecológica. Usen expresiones como **esperar, sentir** y **temer.** Recuerden incluir: **6** Communication Presentational Communication

- el nombre de la campaña ecológica
- un eslogan
- un mensaje para la comunidad
- una imagen que los identifique

I CAN express my feelings about environmental problems.

Using the subjunctive

▶ Use the infinitive after an expression of emotion when there is no change of subject.

Temo **llegar** tarde.
I'm afraid I'll arrive late.

Temo que mi novio **llegue** tarde.
I'm afraid my boyfriend will arrive late.

Me molesta **ver** el bosque tropical en peligro.
It bothers me to see the rain forest in danger.

Me alegro de que algunas fábricas **se preocupen** por el medio ambiente.
I'm happy that some factories worry about the environment.

▶ The expression **ojalá (que)** is always followed by the subjunctive. The use of **que** is optional.

Ojalá (que) se conserven nuestros recursos naturales.
I hope (that) our natural resources will be conserved.

Ojalá (que) recojan la basura muy pronto.
I hope (that) they collect the garbage soon.

Esperamos que nuestros hijos vean el cielo azul y que naden en aguas limpias... Tenemos que enseñarles a conservar y a reciclar.

¡Manos a la obra!

Completa las oraciones con el subjuntivo o el infinitivo.

1. Ojalá que ellos ___descubran___ [descubrir] nuevas formas de energía.
2. Temo que la energía nuclear ___sea___ [ser] uno de los grandes peligros del futuro.
3. Es una lástima que la gente no ___recicle___ [reciclar] la basura orgánica.
4. Esperamos ___proteger___ [proteger] el aire de nuestra comunidad.
5. Me alegro de que mis amigos ___quieran___ [querer] hacer ecoturismo en el Amazonas.
6. A mis padres les gusta que nosotros ___participemos___ [participar] en programas de conservación.
7. Es terrible que ___haya___ [haber] tantos animales en peligro de extinción.
8. El gobierno siente no ___poder___ [poder] hacer nada para encontrar una solución.
9. Es triste que nuestras ciudades ___estén___ [estar] afectadas por la contaminación.
10. Ojalá yo ___pueda___ [poder] hacer algo para reducir la contaminación.

ACTIVITY PACK For additional activities, go to the **Activity Pack** in the **Resources** section of the Supersite.

Communicative Goal
Express my doubts about the future

13.2 The subjunctive with doubt, disbelief, and denial

▸ The subjunctive is used with expressions of doubt, disbelief, and denial.

Main clause	Connector	Subordinate clause
Dudan	**que**	su hijo les **diga** la verdad.

▸ The subjunctive is used in a subordinate clause when there is a change of subject and the main clause implies negation or uncertainty.

Dudo mucho que esté enfermo.

Daniel, no creo que debas darles comida a los peces.

Expressions of doubt, disbelief, or denial

dudar	to doubt	no es seguro	it's not certain
negar (e:ie)	to deny	no es verdad	it's not true
no creer	not to believe	es imposible	it's impossible
no estar seguro/a (de)	not to be sure (of)	es improbable	it's improbable
no es cierto	it's not true; it's not certain	(no) es posible	it's (not) possible
		(no) es probable	it's (not) probable

El gobierno **niega** que el agua **esté** contaminada.
The government denies that the water is polluted.

Dudo que el gobierno **resuelva** el problema.
I doubt that the government will solve the problem.

▸ In English, the expression *it is probable/possible* indicates a fairly high degree of certainty. In Spanish, however, **es probable/posible** implies inherent uncertainty and therefore triggers the subjunctive in the subordinate clause.

Es posible que **haya** menos bosques y selvas en el futuro.
It's possible that there will be fewer forests and jungles in the future.

Es muy probable que **contaminemos** el medio ambiente.
It's very probable that we're polluting the environment.

▸ Use the infinitive after an expression of uncertainty, doubt, disbelief, or denial when there is no change of subject.

Dudo **llegar** temprano.
I doubt I will arrive early.

Él duda **llegar** temprano.
He doubts he will arrive early.

INSTRUCTIONAL RESOURCES
Supersite: Grammar Tutorial; WebSAM
SAM: Workbook pp. 135–136; Lab Manual p. 308

Práctica

1 **Conversación** Completa el diálogo con la opción adecuada.

RAÚL Ustedes dudan que yo (1) _estudie_ [estudio/estudie]. No niego que a veces me (2) _divierto_ [divierto/divierta], pero no cabe duda de que (3) _tomo_ [tomo/tome] mis estudios en serio. Creo que no (4) _tienen_ [tienen/tengan] razón.

PAPÁ Es posible que tu mamá y yo no (5) _tengamos_ [tenemos/tengamos] razón. Es cierto que a veces (6) _dudamos_ [dudamos/dudemos] de ti. Pero no hay duda de que te (7) _pasas_ [pasas/pases] toda la noche en Internet y escuchando música. No es seguro que (8) _estés_ [estás/estés] estudiando.

RAÚL Es verdad que (9) _uso_ [uso/use] Internet por las noches, pero ¿no es posible que (10) _sea_ [es/sea] para buscar información para mis clases? ¡No hay duda de que Internet (11) _es_ [es/sea] el mejor recurso del mundo! Es obvio que ustedes (12) _piensan_ [piensan/piensen] que no hago nada.

PAPÁ Dudo que esta conversación nos (13) _vaya_ [va/vaya] a ayudar. Pero tal vez (14) _puedas_ [puedes/puedas] estudiar sin música.

2 **Dudas** Carolina siempre miente. Exprésale a Carolina tus dudas sobre sus afirmaciones. Sigue el modelo.

modelo
El próximo año mi familia y yo vamos a ir de vacaciones por diez meses. [dudar]
Dudo que vayan a ir de vacaciones por diez meses.

1. Estoy escribiendo una novela en español.
[no creer] *No creo que estés escribiendo una novela en español.*

2. Mi tía es la directora del Sierra Club.
[no ser verdad] *No es verdad que tu tía sea la directora del Sierra Club.*

3. Dos profesores míos juegan para los Osos (*Bears*) de Chicago. [ser imposible] *Es imposible que dos profesores tuyos jueguen para los Osos de Chicago.*

4. Mi mejor amiga conoce al chef Emeril.
[no ser cierto] *No es cierto que tu mejor amiga conozca al chef Emeril.*

5. Mi padre es dueño del Rockefeller Center.
[no ser posible] *No es posible que tu padre sea dueño del Rockefeller Center.*

6. Yo ya tengo un doctorado en lenguas.
[ser improbable] *Es improbable que ya tengas un doctorado en lenguas.*

Conversación

3 **Hablando con un(a) burócrata** Con un(a) compañero/a, dramatiza una conversación entre un(a) activista ambiental y un(a) funcionario/a público/a (*government official*). Usa el subjuntivo. *Answers will vary.*
3 **Communication** Interpersonal Communication

modelo

Activista: Queremos reducir la contaminación del aire, pero dudo que el gobierno nos ayude.

Funcionario: No es cierto. ¡Lea el periódico! Es obvio que el gobierno está haciendo muchas cosas para reducir la contaminación del aire.

4 **Adivinar** Escribe cinco oraciones sobre tu vida presente y futura. Cuatro deben ser falsas y sólo una debe ser cierta. Preséntalas al grupo. El grupo adivina (*guesses*) cuál es la oración cierta y expresa sus dudas sobre las falsas.
Answers will vary.
4 **Communication** Interpersonal Communication

modelo

Estudiante 1: Quiero irme un año a trabajar en la selva.
Estudiante 2: Dudo que te guste vivir en la selva.
Estudiante 3: En cinco años voy a ser presidente de los Estados Unidos.
Estudiante 2: No creo que vayas a ser presidente de los Estados Unidos en cinco años. ¡Tal vez en treinta! Algún día pienso enseñar arte a los niños.
Estudiante 1: No dudo que vas a ser profesor. Te gustan mucho los niños.

5 **Debate** Con un(a) compañero/a, conversa sobre tus dudas y miedos para cuando te gradúes de la universidad.
5 **Communication** Interpersonal Communication

modelo

Estudiante 1: Es improbable que me case inmediatamente.
Estudiante 2: Dudo que podamos comprarnos una casa después de terminar la universidad.

ACTIVITY PACK For additional activities, go to the **Activity Pack** in the **Resources** section of the Supersite.

I CAN express my doubts about the future.

▶ **Quizás** and **tal vez** imply an uncertain possibility and are usually followed by the subjunctive.

Quizás haga sol mañana.
Perhaps it will be sunny tomorrow.

Tal vez veamos la luna esta noche.
Perhaps we will see the moon tonight.

▶ Use the indicative in a subordinate clause when the main clause expresses certainty.

Expressions of certainty

no dudar	*not to doubt*	estar seguro/a (de)	*to be sure (of)*
no cabe duda de	*there is no doubt*	es cierto	*it's true; it's certain*
no hay duda de	*there is no doubt*	es seguro	*it's certain*
no negar (e:ie)	*not to deny*	es verdad	*it's true*
		es obvio	*it's obvious*

No negamos que **hay** demasiados carros en las carreteras.
We don't deny that there are too many cars on the highways.

No hay duda de que el Amazonas **es** uno de los ríos más largos del mundo.
There is no doubt that the Amazon is one of the longest rivers in the world.

Es verdad que Colombia **es** un país bonito.
It's true that Colombia is a beautiful country.

Es cierto que los tigres **están** en peligro de extinción.
It's certain that tigers are in danger of extinction.

▶ The verb **creer** expresses belief or certainty, so it is followed by the indicative. **No creer** implies doubt and is followed by the subjunctive.

No creo que **haya** vida en el planeta Marte.
I don't believe that there is life on the planet Mars.

Creo que **debemos** usar exclusivamente la energía solar.
I believe we should exclusively use solar energy.

SUGGESTION Write these statements on the board, then ask students to write their reactions using a different expression of doubt, disbelief, or denial for each. **(1) Muchos tipos de peces viven en el desierto. (2) El cielo se está cayendo. (3) Hay plantas grandes en la luna. (4) Los carros pequeños no contaminan. (5) No hay ningún animal en peligro de extinción.**

¡Manos a la obra!

Completa estas oraciones con la forma correcta de los verbos.

1. Dudo que ellos <u>trabajen</u> [trabajar].
2. Es cierto que él <u>come</u> [comer] mucho.
3. Es imposible que ellos <u>salgan</u> [salir].
4. Es probable que ustedes <u>ganen</u> [ganar].
5. No creo que ella <u>vuelva</u> [volver].
6. Es posible que nosotros <u>vayamos</u> [ir].
7. Dudamos que tú <u>recicles</u> [reciclar].
8. Creo que ellos <u>juegan</u> [jugar] al fútbol.
9. No niego que ustedes <u>estudian</u> [estudiar].
10. Es probable que ellos <u>duerman</u> [dormir].
11. Es posible que Marta te <u>llame</u> [llamar].
12. Tal vez Juan no nos <u>oiga</u> [oír].

Communicative Goal
Talk about my present and future actions

13.3 The subjunctive with conjunctions

> No olviden recogerlo todo, para que no contaminemos.

> ¡Toma una foto antes de que se vaya!

▶ Conjunctions are words or phrases that connect clauses in sentences. Certain conjunctions introduce adverbial clauses, which describe *how, why, when,* and *where* an action takes place. These conjunctions always require the subjunctive.

Conjunctions that require the subjunctive			
a menos que	*unless*	en caso (de) que	*in case (that)*
antes (de) que	*before*	para que	*so that*
con tal (de) que	*provided that*	sin que	*without*

Voy a dejar un recado **en caso de que** Gustavo me **llame**.
I'm going to leave a message in case Gustavo calls me.

Algunos animales van a morir **a menos que haya** leyes para protegerlos.
Some animals are going to die unless there are laws to protect them.

Voy al supermercado **para que tengas** algo de comer.
I'm going to the supermarket so that you'll have something to eat.

Voy a tomar esa clase **con tal de que** tú la **tomes** también.
I'm going to take that class provided that you take it too.

¡ojo! Use the infinitive after the prepositions **antes de, para,** and **sin** when there is no change of subject. Compare these sentences.

Te llamamos el viernes **antes de salir** de la casa.
We will call you on Friday before leaving the house.

Tus padres trabajan muchísimo **para vivir** bien.
Your parents work very hard in order to live well.

Te llamamos mañana **antes de que salgas**.
We will call you tomorrow before you leave.

Tus padres trabajan mucho **para que tú puedas** vivir bien.
Your parents work a lot so that you are able to live well.

SUGGESTION Have students use the following prepositions and conjunctions to make statements about the environment: **para, para que, sin, sin que, antes de,** and **antes de que.** Ex: **Es importante empezar un programa de reciclaje antes de que tengamos demasiada basura.**

INSTRUCTIONAL RESOURCES
Supersite: Grammar Tutorial; WebSAM
SAM: Workbook pp. 137–138; Lab Manual p. 309

Práctica

1 **Una excursión** Completa las oraciones.

modelo Voy a llevar a mis hijos al parque para que ___hagan___ [hacer] actividades al aire libre.

1. Vamos a pasar todo el día allí con tal de que ellos no ___se aburran___ [aburrirse] en casa.

2. Vamos a alquilar bicicletas en cuanto ___lleguemos___ [llegar] al parque.

3. En bicicleta, podemos explorar el parque sin ___caminar___ [caminar] demasiado.

4. Siempre llevamos al perro cuando ___vamos___ [ir] al parque.

5. En caso de que ___llueva___ [llover], vamos a regresar temprano a la casa.

6. Queremos almorzar a la orilla (*shore*) del río cuando ___tengamos___ [tener] hambre.

7. Mis hijos van a ver muchas cosas interesantes antes de ___salir___ [salir] del parque.

2 **Oraciones** Completa las oraciones. *Answers will vary.*

1. No podemos controlar la contaminación del aire a menos que…

2. Voy a reciclar los productos de papel en cuanto…

3. Protegemos los animales en peligro de extinción para que…

4. Mis amigos y yo vamos a recoger la basura de la universidad después de que…

5. Todos podemos conservar energía cuando…

6. No podemos desarrollar nuevas fuentes (*sources*) de energía sin…

7. Debemos comprar coches eléctricos tan pronto como…

8. Los gobiernos deben alertar a la población de que las tortugas marinas están en peligro de extinción, antes de que…

Conversación

3 ¿Yo, ambientalista? Con un(a) compañero/a, túrnate para preguntar sobre sus conductas (*behavior*) ambientales. Usa el subjuntivo para las acciones que todavía no has hecho y el indicativo para las acciones que haces habitualmente. *Answers will vary.*

3 Communication Interpersonal Communication

 modelo   reciclar la basura

Estudiante 1: ¿Reciclas la basura?
Estudiante 2: Sí, siempre reciclo la basura después de comer. / No, no voy a reciclar la basura a menos que tenga recipientes para reciclar.

1. Venir en bicicleta a la universidad
2. Comer alimentos orgánicos
3. Usar excesiva calefacción (*heating*) en invierno
4. Comprar productos ecológicos
5. Interesarse por los animales en peligro de extinción
6. Pensar en las consecuencias del calentamiento global

4 **Instrucciones**   Vas de viaje. Escribe una lista de instrucciones para tu compañero/a de cuarto. Usa el subjuntivo y las conjunciones de la lista.

4 Communication Presentational Communication

 modelo   Apaga las luces cuando salgas de la casa.

> a menos que
> cuando
> en caso de que
> en cuanto
> tan pronto como

5 **Preguntas**   En parejas, túrnense para hacerse estas preguntas.   **5** Communication Interpersonal Communication

1. ¿Qué haces cada noche antes de acostarte?
2. ¿Qué haces después de salir de la universidad?
3. ¿Qué hace tu familia para que puedas asistir a la universidad?
4. ¿Qué piensas hacer tan pronto como te gradúes?
5. ¿Qué quieres hacer mañana, a menos que haga mal tiempo?
6. ¿Qué haces en tus clases sin que los profesores lo sepan?

ACTIVITY PACK For additional activities, go to the **Activity Pack** in the **Resources** section of the Supersite.

I CAN talk about my present and future actions.

Conjunctions with subjunctive or indicative

En cuanto termine.

¡Cuando veo basura, la recojo!

Conjunctions used with subjunctive or indicative

cuando	*when*	hasta que	*until*
después (de) que	*after*	tan pronto como	*as soon as*
en cuanto	*as soon as*		

▶ With these conjunctions, use the subjunctive in the subordinate clause if the main clause expresses a future action or command.

Vamos a resolver el problema **cuando desarrollemos** nuevas tecnologías.
We are going to solve the problem when we develop new technology.

Después de que ustedes **tomen** sus refrescos, reciclen las botellas.
After you drink your soft drinks, recycle the bottles.

▶ Use the indicative if the verb in the main clause expresses an action that habitually happens or that happened in the past.

Contaminan los ríos **cuando construyen** nuevos edificios.
They pollute the rivers when they build new buildings.

Contaminaron el río **cuando construyeron** ese edificio.
They polluted the river when they built that building.

Siempre vamos de excursión **tan pronto como llega** Rafael.
We always go hiking as soon as Rafael arrives.

Salimos **tan pronto como llegó** Rafael.
We left as soon as Rafael arrived.

¡Manos a la obra!

Completa las oraciones con las formas correctas de los verbos.

1. Voy a estudiar ecología cuando ___vuelva___ [volver] a la universidad.
2. No podemos evitar el calentamiento global a menos que todos nosotros ___trabajemos___ [trabajar] juntos.
3. No podemos conducir sin ___contaminar___ [contaminar] el aire.
4. Siempre recogemos mucha basura cuando ___vamos___ [ir] al parque.
5. Elisa habló con el presidente del club de ecología después de que ___terminó___ [terminar] la reunión.
6. Vamos de excursión para ___observar___ [observar] los animales y las plantas.
7. La contaminación va a ser un problema muy grave hasta que ___cambiemos___ [cambiar] nuestros sistemas de producción y transporte.
8. El gobierno debe crear más parques nacionales antes de que los bosques y ríos ___estén___ [estar] completamente contaminados.
9. Los ecologistas luchan para que se ___proteja___ [proteger] la naturaleza.

A repasar

13.1 The subjunctive with verbs of emotion

1 **Agua contaminada** Completa estos comentarios sobre la contaminación del agua con el infinitivo o el subjuntivo.

1. Siento mucho que mi ciudad ___tenga___ [tener] un problema de contaminación del agua.

2. Me molesta ___ver___ [ver] fábricas que contaminan ríos.

3. Es triste que muchísimos peces ___mueran___ [morir] cada día.

4. Temo _enfermarme_ [enfermarse] por beber agua contaminada.

5. Ojalá que el gobierno ___resuelva___ [resolver] esto pronto.

2 **¿Qué piensas?** Con un(a) compañero/a, túrnate para expresar sus reacciones a estos problemas. Escriban tres oraciones y compártanlas con la clase. *Answers will vary.*

> **modelo**
> En mi ciudad nadie recicla envases.
> **Es terrible que nadie recicle envases.**
> **Es necesario que aprendamos a reciclar.**
> **Es importante que yo dé el ejemplo.**

1. Nadie protege a los animales en los bosques tropicales.
2. Millones de personas respiran aire contaminado.
3. Pocas leyes controlan la deforestación en las selvas.
4. Hay un aumento de la caza ilegal de ballenas.

3 **¡Es terrible!** Con un(a) compañero/a, mira el dibujo y di qué piensas sobre el comportamiento (*behavior*) de esta familia. Usa el subjuntivo y expresiones como **es una lástima que, es ridículo que** y **es terrible que**. *Answers will vary.*

> **modelo**
> **Es terrible que la hija no recicle la botella.**

13.2 The subjunctive with doubt, disbelief, and denial

4 **Opuestos** Escribe lo opuesto (*the opposite*) de cada oración. Sigue el modelo.

> **modelo**
> No es seguro que esta familia recicle las latas de aluminio.
> **Es seguro que esta familia recicla las latas de aluminio.**

1. Luisa y tú dudan que la deforestación dañe a los animales.
   Luisa y tú no dudan que la deforestación daña a los animales.

2. Algunos científicos están seguros de que el calentamiento global existe.
   Algunos científicos no están seguros de que el calentamiento global exista.

3. Es verdad que esas plantas están en peligro de extinción.
   No es verdad que esas plantas estén en peligro de extinción.

4. Negamos que nuestros océanos estén contaminados.
   No negamos que nuestros océanos están contaminados.

5. Es cierto que las leyes protegen a los animales.
   No es cierto que las leyes protejan a los animales.

6. Creo que la población cuida los recursos naturales.
   No creo que la población cuide los recursos naturales.

5 **Carta** Con un(a) compañero/a, escribe una carta al/a la presidente/a de una compañía de tu comunidad, pidiéndole su apoyo (*support*) para resolver un problema ambiental. Usa el subjuntivo o el indicativo y las expresiones de la lista. Después, comparte la carta con la clase.
5 Communities School and Global Communities *Answers will vary.*

Creemos	Es probable
Es obvio	No creemos
Estar seguros/as (de)	Quizás
No hay duda de	Tal vez

6 **Entrevista** Con un(a) compañero/a, túrnate para hacer estas preguntas. Usa las pistas para responder. *Answers will vary.*

1. ¿Es mejor la energía nuclear que la energía solar? (dudar)
2. ¿Es posible reducir la contaminación de los ríos? (ser improbable)
3. ¿Se deben reciclar todos los envases de plástico? (ser obvio)
4. ¿Están los monos en peligro de extinción? (no ser cierto)
5. ¿Están los pájaros afectados por la contaminación del agua? (creer)
6. ¿Son las piedras un recurso natural? (ser verdad)

13.3 The subjunctive with conjunctions

7 **Planes para el futuro** ¿Cuáles son tus planes para el futuro? Escríbelos usando las conjunciones **a menos que, antes (de) que, con tal (de) que, en caso (de) que, para que** y **sin que**. Incluye a tu familia y amigos en tus planes.

Answers will vary.

modelo

Voy a aprender a nadar en caso de que vaya de vacaciones a la playa.

8 **Oraciones** Con un(a) compañero/a, escribe una oración con el subjuntivo y una oración con el indicativo, con cada una de las siguientes conjunciones: **cuando, después (de) que, en cuanto, hasta que** y **tan pronto como**. Después, intercambien sus oraciones con otra pareja para que identifiquen el tiempo verbal usado en cada caso.

Answers will vary.

modelo

Vamos a respirar aire contaminado hasta que el gobierno controle el número de automóviles en la ciudad. (subjuntivo)
Los camiones pasaban por la ciudad hasta que construyeron la nueva carretera. (indicativo)

Síntesis

9 **¡Participa!** En parejas, imaginen que son dos celebridades que deciden organizar una campaña (*campaign*) para proteger una especie animal en peligro de extinción. Preparen un anuncio publicitario de 30 segundos y preséntenlo a la clase.

Answers will vary.

modelo   **9** Communication Presentational Communication

Soy Bono y para mí es muy importante cuidar el medio ambiente. Hoy te quiero invitar a que participes en esta campaña para salvar el puma en Chile. ¡Ayúdalo antes de que sea demasiado tarde!

ACTIVITY PACK For additional activities, go to the **Activity Pack** in the **Resources** section of the Supersite.

Communicative Goal
Discuss geothermal energy

 Video

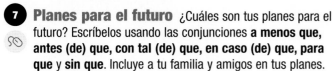

1 **Preparación** ¿Qué tipos de energía conoces? ¿Cuáles son más limpios? ¿Cuáles son renovables? Si no sabes la respuesta, busca en Internet o en tu libro de ciencias.

2 **El clip** Mira el anuncio de **IDAE** de España.

Vocabulario	
calefacción *heating*	geotérmica *geothermal*
dañino *harmful*	madalena *cupcake*

¿Qué es la energía geotérmica?

3 **Elegir** Selecciona las expresiones que, según el anuncio, se relacionan con la energía geotérmica. **3** Communication Interpretive Communication

a. (recurso natural)
b. contamina
c. peligrosa
d. (en el interior de la tierra)
e. dulce
f. (ecológica)
g. afuera de la tierra
h. (limpia)

4 **Ventajas y desventajas** En grupos de tres, describan con sus propias palabras cuáles son las características de la energía geotérmica. ¿De qué se trata? ¿Cuáles son sus ventajas o sus posibles desventajas?

4 Communication Interpersonal Communication

I CAN discuss geothermal energy.

Ampliación

Communicative Goals
Use background knowledge and context to help me understand a speech, and talk about endangered animals

① SCRIPT

Les vengo a hablar hoy porque aunque espero que el futuro sea color de rosa, temo que no sea así. Vivimos en esta tierra de preciosos recursos naturales: nuestros ríos, de los cuales dependemos para el agua que nos da vida, el aire que respiramos, los árboles que nos protegen, los animales cuyas vidas están entrelazadas con nuestras vidas. Es una lástima que no apreciemos lo mucho que tenemos.

Es terrible que haya días con tanta contaminación del aire que nuestros ancianos se enferman y nuestros hijos no pueden respirar. La tala de árboles es un problema grave… Hoy día cuando llueve, el río Cauca se llena de tierra porque no hay árboles que aguanten la tierra. La contaminación del río está afectando gravemente la ecología de las playas de Barranquilla, una de nuestras joyas.

Ojalá que me oigan y piensen bien en el futuro de nuestra comunidad. Espero que aprendamos a conservar la naturaleza y que podamos cuidar el patrimonio de nuestros hijos.

① SUGGESTION Guide students to generate predictions based on the image. Have them describe in detail what they see: her body language, the poster and banner, possible location, etc.

① Escuchar

 A Soledad Morales es una activista preocupada por el medio ambiente. Observa el dibujo y escribe tres predicciones sobre lo que piensas que va a decir. *Answers will vary.* ① **Communication** Interpretive Communication

> **TIP** **Use your background knowledge. / Guess meaning from context.** Your background knowledge helps you anticipate the content. If you hear words or expressions you do not understand, you can often guess their meanings based on the surrounding words.

B Escucha lo que Soledad dice e indica si estas oraciones son **ciertas** o **falsas**.

	Cierto	Falso
1. Soledad conversa con unos compañeros de trabajo.		✓
2. Soledad teme que el futuro del medio ambiente no sea bueno.	✓	
3. Soledad cree que las distintas formas de vida —la naturaleza y los humanos— están relacionadas.	✓	
4. Soledad dice que la caza ilegal de animales es un problema grave.		✓
5. La contaminación del río afecta la ecología de las playas de Barranquilla.	✓	
6. Soledad dice que la comunidad debe dejar de cazar animales en peligro de extinción.		✓

¡Protejamos la Tierra!

NUESTRO PATRIMONIO

C Compara tus predicciones con las respuestas correctas. ¿Fueron tus predicciones correctas? ¿Qué elementos te ayudaron a anticipar el discurso de Soledad? *Answers will vary.*

② Conversar

  Conversa con un(a) compañero/a sobre los animales en peligro de extinción. Usa las preguntas como guía: *Answers will vary.*

② **Communication** Interpersonal Communication
② **Connections** Making Connections

En América, el puma del este o de montaña está en peligro de extinción debido a la caza excesiva y a la falta de hábitat.

- *¿Cuáles son las causas de la extinción de los animales?*
- *¿Cuáles son sus consecuencias?*
- *¿Cómo se puede controlar este problema?*
- *¿Que medidas (measures) debería (should) tomar el gobierno?*
- *¿Qué medidas debería tomar cada persona para que los animales no estén en peligro de extinción?*

I CAN understand a speech by using background knowledge and context.

I CAN talk about endangered animals.

Ampliación

3 Escribir

3 **Communication** Presentational Communication
3 **Communities** School and Global Communities

Escribe una carta al editor en la que hables sobre una situación importante que afecta el medio ambiente en tu comunidad. *Answers will vary.*

TIP **Consider your audience and purpose.** Once you have defined both your audience and your purpose, you will be able to decide which tone, vocabulary, and grammatical structures will best serve your needs.

• Are you going to comment on one topic or several?

• Do you intend to register a complaint or to inform others?

• Are you hoping to persuade others to adopt your point of view or to take specific action?

Organizar	Decide cuál es el propósito de tu carta y planéala.
Escribir	Utiliza tus apuntes para escribir el primer borrador de la carta.
Corregir	Intercambia tu carta con un(a) compañero/a. Lee su carta y anota los mejores aspectos. Dale sugerencias para mejorarla. Si ves algunos errores, coméntaselos.
Compartir	Revisa el primer borrador y ten en cuenta las indicaciones de tu compañero/a. Si es necesario, incorpora nuevas ideas y/o más información.

4 Un paso más

4 **Communication** Presentational Communication
4 **Communities** School and Global Communities

Escribe una carta al/a la presidente/a de un país hispano para hablarle de tus dudas, deseos y preocupaciones sobre el futuro de una de las atracciones naturales del país. *Answers will vary.*

• Investiga algunas de las atracciones naturales del mundo hispano.

• Escoge una con base en las características y el peligro en que se encuentra esta atracción natural.

• Piensa en lo que se puede hacer para protegerla. Presenta diferentes ideas que ayuden a mejorar las condiciones de esta atracción natural en la actualidad.

• Explica lo que temes de los problemas ambientales, lo que esperas y tus dudas sobre el futuro.

• Presenta recomendaciones para proteger este lugar en el futuro. Menciona qué se debe y no se debe hacer para que esta atracción se conserve.

Las tortugas marinas están en grave peligro de extinción.

5 Cultura

Imagina que vives en un país hispano. ¿Qué puedes hacer para proteger el medio ambiente de ese país? Piensa en los jóvenes activistas de esta lección. 5 **Connections** Making Connections

I CAN write a letter about an environmental issue in my community.

I CAN write a letter about the future of a natural attraction in a Spanish-speaking country.

Communicative Goals
Write a letter to the editor and a letter to the president of a Spanish-speaking country about the environment

3 **EXPANSION** Ask student volunteers to provide examples of vocabulary and expressions that inspire, inform, persuade, or register a complaint.

3 **EVALUATION**

Criteria	Scale
Content	1 2 3 4
Organization	1 2 3 4
Use of vocabulary	1 2 3 4
Accuracy and mechanics	1 2 3 4
Creativity	1 2 3 4

Scoring

Excellent	18–20 points
Good	14–17 points
Satisfactory	10–13 points
Unsatisfactory	< 10 points

4 **SUGGESTION** Ask students to use print resources as well as the Internet.

4 **EXPANSION** Have students present their letters to the class. Mention to students that their presentations will be more interesting if they integrate visual information such as posters, photos, and brochures.

4 **EXPANSION** Write a few slogans on the board. Ex: **Conserve el medio ambiente. Prohibido contaminar. Este planeta es también para generaciones futuras.** Have pairs of students brainstorm other slogans to promote environmental awareness. Ask pairs to share their work with the class.

ACTIVITY PACK For additional activities, go to the **Activity Pack** in the **Resources** section of the Supersite.

 Audio: Reading

Antes de leer

Use any strategies you can to read a short story in Spanish.

TIP **Examine the title and visual elements.** Examining the title and visual elements can help you predict a story's content and understand it better. The title and visual elements may tell you what a story is about and what details are important.

Examinar el texto

Look at the title and the illustration. What do you think the story is about?

_____

_____

_____

Sobre el autor

Enrique Anderson Imbert (1910–2000) fue un escritor y crítico literario argentino. Escribió ensayos (*essays*) y novelas, pero sus obras (*works*) más famosas son sus microcuentos, o cuentos (*short stories*) muy breves, que se sitúan (*are situated*) entre lo fantástico y el realismo mágico. En este estilo literario se presentan elementos fantásticos e irreales como ordinarios o comunes.

SUGGESTION Complete the **Antes de leer** activity as a whole class.

SUGGESTION After completing the **Antes de leer** activity, ask students to predict what will happen to the photo. Write students' ideas on the board. Then have them read the story and review their predictions.

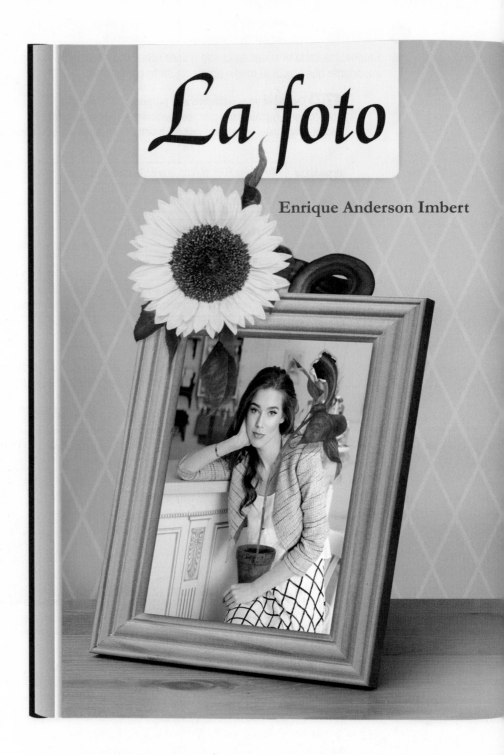

La foto

Enrique Anderson Imbert

Jaime y Paula se casaron. Ya durante la luna de miel° fue evidente que Paula se moría. Apenas unos pocos meses de vida le pronosticó el médico. Jaime, para conservar° ese bello rostro°, le pidió que se dejara fotografiar. Paula, que estaba plantando una semilla de girasol° en una maceta°, lo complació°: sentada con la maceta en el regazo° sonreía y...

¡Clic!

Poco después, la muerte. Entonces Jaime hizo ampliar° la foto —la cara de Paula era bella como una flor—, le puso vidrio, marco° y la colocó° en la mesita de noche.

Una mañana, al despertarse, vio que en la fotografía había aparecido una manchita°. ¿Acaso° de humedad? No prestó° más atención. Tres días más tarde: ¿qué era eso? No una mancha que se superpusiese° a la foto sino un brote° que dentro de la foto surgía° de la maceta. El sentimiento de rareza se convirtió en miedo cuando en los días siguientes comprobó que la fotografía vivía como si, en vez de reproducir la naturaleza, se reprodujera en la naturaleza. Cada mañana, al despertarse, observaba un cambio°. Era que la planta fotografiada crecía°. Creció, creció hasta que al final un gran girasol cubrió° la cara de Paula.

3

Después de leer

¿Comprendiste? Communication Interpretive Communication

Ordena los eventos del cuento del 1 al 7.

_4_ 1. Paula muere.

_2_ 2. Paula va al médico.

_3_ 3. Jaime le saca una foto a Paula.

_7_ 4. La cara de Paula se cubre totalmente por el girasol.

_1_ 5. Paula y Jaime se casan.

_6_ 6. El girasol empieza a crecer.

_5_ 7. Jaime pone la foto de Paula en su mesita de noche.

Preguntas Communication Interpretive Communication

Responde estas preguntas con oraciones completas. *Answers will vary.*

1. ¿Por qué quiere Jaime una foto de Paula?
2. ¿Con qué se compara la cara de Paula?
3. ¿Cómo reacciona Jaime cuando ve una manchita en la foto?
4. ¿Qué observa Jaime en los días siguientes? ¿Cómo se siente?
5. ¿Qué ocurre al final? ¿Cómo crees que va a reaccionar Jaime?

Coméntalo
Connections Acquiring Information and Diverse Perspectives
Communities Lifelong Learning

¿Crees que las fotos pueden representar fielmente la realidad? ¿Existe alguna forma de distorsión o manipulación de la realidad en las fotos? Explica. *Answers will vary.*

EXPANSION Have pairs of students retell **La foto** in graphic novel format. Tell them to use 8 to 10 panels of illustrations with selected narration from the story. Encourage them to add dialogue, keeping in mind the tone of the original story. Have students share their finished work in groups.

---

luna de miel *honeymoon* **conservar** *to preserve* **rostro** *face* **semilla de girasol** *sunflower seed* **maceta** *flowerpot* **complació** *obliged* **regazo** *lap* **ampliar** *to enlarge* **marco** *frame* **colocó** *he put* **manchita** *stain, mark* **Acaso** *Maybe* **No prestó** *He didn't pay* **se superpusiese** *was covering* **brote** *sprout* **surgía** *was emerging* **cambio** *change* **crecía** *was growing* **cubrió** *covered*

I CAN read and understand a short story in Spanish.

Vocabulary Tools

La naturaleza

el **árbol** *tree*
el **bosque (tropical)** *(tropical; rain) forest*
el **césped** *grass*
el **cielo** *sky*
el **cráter** *crater*
el **desierto** *desert*
la **estrella** *star*
la **flor** *flower*
la **hierba** *grass*
el **lago** *lake*
la **luna** *moon*
el **mundo** *world*
la **naturaleza** *nature*
la **nube** *cloud*
el **océano** *ocean*
el **paisaje** *landscape*
la **piedra** *stone*
la **planta** *plant*
la **región** *region; area*
el **río** *river*
la **selva** *jungle*
el **sendero** *trail*
el **sol** *sun*
la **tierra** *land; soil*
el **valle** *valley*
el **volcán** *volcano*

Conjunciones

a menos que *unless*
antes (de) que *before*
con tal (de) que *provided that*
cuando *when*
después (de) que *after*
en caso (de) que *in case (that)*
en cuanto *as soon as*
hasta que *until*
para que *so that*
sin que *without*
tan pronto como *as soon as*

As students finish the lesson, encourage them to explore the **Repaso** section on the Supersite. There they will find quizzes for practicing vocabulary, grammar, and oral language.

El medio ambiente

el **calentamiento global** *global warming*
la **caza** *hunting*
la **conservación** *conservation*
la **contaminación (del aire; del agua)** *(air; water) pollution*
la **deforestación** *deforestation*
la **ecología** *ecology*
el/la **ecologista** *ecologist*
el **ecoturismo** *ecotourism*
la **energía (nuclear; solar)** *(nuclear; solar) energy*
la **extinción** *extinction*
la **fábrica** *factory*
el **gobierno** *government*
la **ley** *law*
el **medio ambiente** *environment*
el **peligro** *danger*
la **población** *population*
el **reciclaje** *recycling*
el **recurso natural** *natural resource*
la **solución** *solution*

conservar *to conserve*
contaminar *to pollute*
controlar *to control*
cuidar *to take care of*
dejar de (+ inf.) *to stop (doing something)*
desarrollar *to develop*
descubrir *to discover*
destruir *to destroy*
estar afectado/a (por) *to be affected (by)*
estar contaminado/a *to be polluted*
evitar *to avoid*
mejorar *to improve*
proteger *to protect*
reciclar *to recycle*
recoger *to pick up*
reducir *to reduce*
resolver (o:ue) *to resolve; to solve*
respirar *to breathe*

la **botella de vidrio** *glass bottle*
el **envase de plástico** *plastic container*
la **lata de aluminio** *aluminum can*

ecológico/a *ecological*
puro/a *pure*
renovable *renewable*

Las emociones

alegrarse (de) *to be happy*
esperar *to hope; to wish*
sentir (e:ie) *to be sorry; to regret*
temer *to be afraid*

es extraño *it's strange*
es una lástima *it's a shame*
es ridículo *it's ridiculous*
es terrible *it's terrible*
es triste *it's sad*
ojalá (que) *I hope (that); I wish (that)*

Las dudas y las certezas

(no) creer *(not) to believe*
(no) dudar *(not) to doubt*
(no) estar seguro/a (de) *(not) to be sure (of)*
(no) negar (e:ie) *(not) to deny*

es imposible *it's impossible*
es improbable *it's improbable*
es obvio *it's obvious*
no cabe duda de *there is no doubt*
no hay duda de *there is no doubt*
(no) es posible *it's (not) possible*
(no) es probable *it's (not) probable*
(no) es cierto *it's (not) true; it's (not) certain*
(no) es verdad *it's (not) true*
(no) es seguro *it's (not) certain*

Los animales

el **animal** *animal*
la **ballena** *whale*
el **mono** *monkey*
el **pájaro** *bird*
el **pez** *fish*
la **tortuga marina** *sea turtle*

Communicative Goals: Review

I CAN talk about nature.
• Describe a natural attraction in or near your community.

I CAN discuss environmental issues.
• Describe an environmental issue in your community.

I CAN express emotions and doubts.
• List five doubts you have about the future. Use the subjunctive.

I CAN investigate environmentalism in the Spanish-speaking world.
• Describe efforts to protect the environment in a Spanish-speaking country.

14 En la ciudad

PARA EMPEZAR Here are some additional questions: ¿Te gustan las ciudades grandes? ¿Por qué? ¿Hay más contaminación en esos lugares o en pueblos pequeños? ¿Cómo pueden proteger el medio ambiente las personas que viven en la ciudad?

Communicative Goals
You will learn how to:
- talk about errands
- ask for and give directions
- tell someone what to do
- make suggestions
- investigate city transportation in Spanish-speaking countries

PARA EMPEZAR
- ¿Dónde están Valentina y Daniel: en una ciudad o en un pueblo?
- ¿Qué están haciendo?
- ¿Qué plantas hay?

Vocabulary Tools

Communicative Goal
Ask for and give directions

INSTRUCTIONAL RESOURCES
Supersite: Vocabulary Tutorials; WebSAM
SAM: Workbook pp. 139–140; Lab Manual p. 311

SUGGESTION Using realia or pictures, ask students to identify **carne, zapato, pan,** etc. As students answer, write the names of the corresponding establishments on the board (**carnicería, zapatería, panadería**).

EXPANSION Have each student list ten items from different kinds of stores. Have partners exchange lists and explain where to get each item. Ex: **(botas) Para comprar unas botas, tienes que ir a la zapatería.**

EN LA CIUDAD

EN LA CIUDAD

el banco *bank*
la carnicería *butcher shop*
el correo *post office*
la heladería *ice cream shop*
la joyería *jewelry store*
la lavandería *laundromat*
la panadería *bakery*
la pastelería *pastry shop*
la peluquería *hair salon*
la pescadería *fish market*
el salón de belleza *beauty salon*
el supermercado *supermarket*
la zapatería *shoe store*

hacer cola *to stand in line*
hacer diligencias *to run errands*

la frutería
fruit shop

la cartera

las estampillas

EN EL CORREO

el correo *mail; post office*
el paquete *package*
los sellos *stamps*
el sobre *envelope*

echar (una carta) al buzón *to put (a letter) in the mailbox; to mail (a letter)*
enviar *to send*
mandar *to send*

EN EL BANCO

la cuenta corriente *checking account*

la cuenta de ahorros *savings account*

ahorrar *to save (money)*

cobrar *to cash (a check); to charge (for a product or service)*

depositar *to deposit*

llenar (un formulario) *to fill out (a form)*

pagar al contado *to pay in cash*

pagar a plazos *to pay in installments*

pedir prestado/a *to borrow*

pedir un préstamo *to apply for a loan*

ser gratis *to be free of charge*

firmar
to sign

VOCABULARIO ADICIONAL For additional vocabulary on this theme, go to **Vocabulario adicional** in the **Resources** section of the Supersite.

CÓMO LLEGAR

la cuadra *(city) block*

la dirección *address*

la esquina *corner*

cruzar *to cross*

doblar *to turn*

estar perdido/a *to be lost*

quedar *to be located*

(al) este *(to the) east*

(al) norte *(to the) north*

(al) oeste *(to the) west*

(al) sur *(to the) south*

derecho *straight (ahead)*

enfrente de *opposite; facing*

hacia *toward*

SERIE KY 5296221
Diamante 787
Valparaíso

0-744679-00-5
JUAN FLORES GARCÍA

$ 2387.00

044-0365
011

8 de noviembre de 2021

Páguese a
la orden de *María Eugenia Castaño*

o al portador

la suma de *dos mil trescientos ochenta y siete con* 00/100

pesos m/l

Juan Flores García
Firma autorizada

BANCO NACIONAL

:54892332·A 0440900657008- 01

Este cheque tiene papel de seguridad con marca de agua, verifíquela antes de aceptarlo.

el cheque

indicar cómo llegar
to give directions

el cajero automático
ATM

el letrero
sign

ASÍ SE DICE
la cuadra ⟷ la manzana (*Esp.*)
doblar ⟷ girar (*Esp.*), virar, voltear (*Amér. L.*)
hacer diligencias ⟷ hacer mandados (*Amér. L.*)

A escuchar

1 **¿Lógico o ilógico?** Escucha las oraciones e indica si cada oración es **lógica** o **ilógica.**

1 **Communication** Interpretive Communication

	Lógico	Ilógico
1.	✓	
2.		✓
3.	✓	
4.		✓
5.	✓	
6.	✓	
7.		✓
8.		✓

2 **Cita** Indica si cada afirmación es **cierta** o **falsa.** **2** **Communication** Interpretive Communication

Cierto	Falso	
	✓	1. Jorge fue al banco.
✓		2. Sandra fue a la peluquería.
	✓	3. El supermercado está al lado del banco.
✓		4. Jorge fue a la zapatería.
	✓	5. Sandra fue a la lavandería.
	✓	6. Jorge va a encontrarse con Sandra en la pastelería.
✓		7. Sandra también quiere ir a una heladería.
✓		8. La panadería queda en la esquina.

1 SCRIPT

1. Si quieres ahorrar dinero, debes ponerlo en tu cuenta de ahorros.

2. El mejor lugar para cobrar un cheque es una zapatería.

3. Si quieres lavar la ropa, puedes ir a la lavandería.

4. Cuando necesitamos un préstamo, vamos al salón de belleza.

5. Si compras algo y no tienes que pagarlo, es gratis.

6. Antes de echar la carta en el buzón, debes ponerle un sello.

7. En la joyería puedes conseguir pescado fresco.

8. Para comprar un champiñón es necesario pagar a plazos.

2 SCRIPT

Sandra: Jorge, lo siento. Tuve un día muy ocupado y no pude llamarte antes. Primero fui al banco, luego a la peluquería que está al lado y después al supermercado.

Jorge: No te preocupes. Yo también hice algunas diligencias hoy: fui a la lavandería y luego a la zapatería. ¿Nos vemos esta tarde en la panadería de la esquina? Quiero hablar contigo.

Sandra: Claro, pero nos tomamos un café. Además, también quiero llevarte a una heladería que te va a encantar.

Jorge: Qué bueno, nos vemos más tarde.

2 EXPANSION Ask students to correct the false statements.

A practicar

3 SUGGESTION Check answers by asking questions such as ¿**Para qué vamos a la carnicería?**

3 EXPANSION Ask follow-up questions, such as: ¿**Qué más podemos comprar en una carnicería?**

3 **Emparejar** Indica la actividad que se puede hacer en cada lugar.

Lugares	**Actividades**
1. carnicería __g__	a. comprar galletas
2. pastelería __a__	b. conseguir manzanas
3. frutería __b__	c. comprar un collar (*necklace*)
4. joyería __c__	d. cortarse (*to cut*) el pelo
5. lavandería __e__	e. lavar la ropa
6. pescadería __f__	f. comprar pescado
7. salón de belleza __d__	g. comprar pollo
8. zapatería __h__	h. probarse unas sandalias

4 EXPANSION Ask students which of the banking activities described they perform most often. Ask: ¿**Cuáles de estas actividades haces con frecuencia? ¿Prefieres ir al banco o hacer estas operaciones por Internet? ¿Tiene tu banco cajeros automáticos en lugares convenientes?**

4 **Completar** Completa las oraciones.

1. El banco me regaló un reloj. Lo conseguí ___gratis___ .

2. Me gusta ___ahorrar___ dinero, pero no me molesta gastarlo.

3. Tengo que ___firmar___ el cheque en el dorso (*on the back*) para cobrarlo.

4. Para pagar con un cheque, necesito tener dinero en mi ___cuenta corriente___ .

5. Mi madre va a un ___cajero automático___ para obtener dinero.

6. Ana ___deposita___ un cheque en su cuenta de ahorros.

7. Anoche en el restaurante, Marcos ___pagó al contado___ en vez de usar una tarjeta de crédito.

8. Para pedir un préstamo, Miguel y Susana tuvieron que ___llenar___ cuatro formularios.

ahorrar	**firmar**
cajero automático	**gratis**
cuenta corriente	**llenar**
deposita	**pagó al contado**

5 EXPANSION After you have gone over answers, have students role-play the conversation with a partner. Ask volunteers to present the conversation to the class.

5 EXPANSION Have pairs create short conversations similar to this one, but set in a different place of business, such as a hair salon or a fish market.

5 **Conversación** Completa esta conversación con el vocabulario de la lección.

CARTERO Buenas tardes, ¿es usted la señorita Ramírez? Le traigo un (1) ___paquete___ .

JUANITA Sí, soy yo. ¿Quién lo envía?

CARTERO La señora Ortega. Y también tiene usted dos (2) ___cartas___ .

JUANITA Ay, pero ¡ninguna es de mi novio! ¿No llegó nada de Manuel Fuentes?

CARTERO Sí, pero él echó la carta al (3) ___buzón___ sin poner un (4) ___sello___ en el sobre.

JUANITA Entonces, ¿qué me recomienda usted que haga?

CARTERO Le sugiero que vaya al (5) ___correo___ . Si usted paga el costo del sello, se le puede dar la carta.

A conversar

6 **Situaciones** Con un(a) compañero/a, escoge una de estas situaciones y represéntala. *Answers will vary.*

6 Communication Interpersonal Communication

- un(a) cliente/a habla con un(a) empleado/a de banco sobre abrir una cuenta corriente

- una pareja de recién casados quiere pedir un préstamo para comprar una casa

- una persona habla con un(a) empleado/a de correo sobre mandar un paquete

7 **El Hatillo** Con un(a) compañero/a, representa una conversación entre un(a) turista que está perdido/a en El Hatillo, Venezuela, y un(a) residente de la ciudad que quiere ayudarlo/la. *Answers will vary.* **7** Communication Interpersonal Communication

Plaza Bolívar
Plaza Sucre
Banco
Casa de la Cultura
Farmacia
Iglesia
Terminal
Escuela
E Estacionamiento
Joyería
Zapatería
Café Primavera

ACTIVITY PACK
For additional activities, go to the **Activity Pack** in the **Resources** section of the Supersite.

El Hatillo

modelo

Plaza Sucre, Café Primavera
Estudiante 1: *Perdón, ¿por dónde queda la Plaza Sucre?*
Estudiante 2: *Del Café Primavera, camine derecho por la calle Sucre hasta llegar a la calle Comercio. Doble a la izquierda y camine una cuadra. Allí está la plaza.*

1. Plaza Bolívar, farmacia
2. Casa de la Cultura, Plaza Sucre
3. banco, terminal
4. estacionamiento (este), escuela
5. Plaza Sucre, estacionamiento (oeste)

6. joyería, banco
7. farmacia, joyería
8. zapatería, iglesia
9. terminal, Plaza Bolívar
10. escuela, zapatería

8 **¿Dónde está?** En grupos, representen un minidrama en el que unos/as turistas piden ayuda para llegar a tres sitios diferentes de la comunidad en la que ustedes viven. *Answers will vary.* **8** Communication Interpersonal Communication

I CAN ask for and give directions.

I CAN interact at a survival level in some familiar everyday contexts.

Ortografía

 Tutorial

Las abreviaturas

INSTRUCTIONAL RESOURCES
Supersite: Spelling Tutorial; WebSAM
SAM: Lab Manual p. 312

In Spanish, as in English, abbreviations are often used in order to save space and time while writing. Here are some of the most commonly used abbreviations in Spanish.

usted ⟶ Ud. **ustedes** ⟶ Uds.

As you have already learned, the subject pronouns **usted** and **ustedes** are often abbreviated.

don ⟶ D. **doña** ⟶ Dña. **doctor(a)** ⟶ Dr(a).

señor ⟶ Sr. **señora** ⟶ Sra. **señorita** ⟶ Srta.

These titles are frequently abbreviated.

centímetro ⟶ cm **metro** ⟶ m **kilómetro** ⟶ km

litro ⟶ l **gramo** ⟶ g **kilogramo** ⟶ kg

The abbreviations for these units of measurement are often used, but without periods.

por ejemplo ⟶ p. ej. **página(s)** ⟶ pág(s).

These abbreviations are often seen in books.

derecha ⟶ dcha. **izquierda** ⟶ izq. (izqda.)

código postal ⟶ C.P. **número** ⟶ n.º

These abbreviations are often used in mailing addresses.

Sra. Emilia F. Bazán
Cía. Romero, S.A.
3336
Calle Lozano, n.º 37
Caracas, Venezuela

Banco ⟶ Bco. **Compañía** ⟶ Cía.

cuenta corriente ⟶ c/c. **Sociedad Anónima (*Inc.*)** ⟶ S.A.

These abbreviations are frequently used in the business world.

Práctica Escribe otra vez la siguiente información usando las abreviaturas adecuadas.

1. doña María *Dña.*
2. señora Pérez *Sra.*
3. Compañía Mexicana de Inversiones *Cía.*
4. usted *Ud.*
5. Banco de Santander *Bco.*
6. doctor Medina *Dr.*
7. Código Postal 03697 *C.P.*
8. cuenta corriente número 20-453 *c/c., n.º*

Emparejar En la tabla hay nueve abreviaturas. Empareja los cuadros necesarios para formarlas. *S.A., Bco., cm, Dña., c/c., dcha., Srta., C.P., Ud.*

S.	c.	C.	c	co.	U
B	c/	Sr	A.	D	dc
ta.	P.	ña.	ha.	m	d.

INSTRUCTIONAL RESOURCES
Supersite: WebSAM
SAM: Video Manual
pp. 195–196

S Video

Antes de ver

Lee la primera oración de cada pie de foto (*caption*) y adivina lo que pasa en el video.

VIDEO RECAP Before showing this **Aventuras** episode, review the previous episode with these questions: 1. ¿Quién espera que vean un oso pardo? (Juanjo espera que vean un oso pardo.) 2. ¿Qué le molesta a Sara? (A Sara le molesta que la gente no sepa cuidar la naturaleza.) 3. ¿Qué hacen los chicos cuando ven basura en la playa del lago? (Cuando los chicos ven basura en la playa del lago, la recogen.) 4. ¿A quién le sorprende que el "oso" sea Manuel? (A Juanjo le sorprende que el "oso" sea Manuel.)

VIDEO SYNOPSIS Manuel arrives late to meet the others for Sara's flamenco presentation. He leaves to buy chocolates, Juanjo and Olga Lucía go to buy flowers, and Daniel and Valentina go to pick up the tickets. Olga Lucía and Juanjo tell a lie to jump the line at the florist's shop. Valentina and Daniel find out that they need to pay for the tickets, and they don't have enough money. The box office doesn't accept credit cards, so they have to find an ATM. The first one is broken. At the second one they cut in front of a woman; Daniel then tries to grab her ATM card. By the time they get back, the tickets have all been sold and Sara has already danced. Manuel drives up with a box of chocolates.

Communicative Goal
Talk about errands

Por las calles de Madrid

Los chicos tienen que hacer diligencias antes de ir a la presentación de flamenco de Sara.

PERSONAJES

OLGA LUCÍA

VALENTINA

DANIEL

MANUEL

JUANJO

ANCIANA

EMPLEADA

SEÑORA

DANIEL (*a Manuel*) ¡Por fin llegaste! ¡Sara es la primera que baila!

MANUEL ¡Lo siento!

OLGA LUCÍA ¡Es tarde!

JUANJO ¡Calma, calma! Olga Lucía, tú y yo compremos las flores.

DANIEL (*a Valentina*) Tú y yo vamos a recoger las entradas.

JUANJO (*a Manuel*) Tú, ve por los chocolates.

JUANJO ¡Hay demasiada gente! Vamos a otra floristería.

OLGA LUCÍA ¡Sólo necesitamos a alguien que nos deje pasar!

OLGA LUCÍA Disculpe, señora.

JUANJO ¿Nos permite pasar?

ANCIANA Y eso, ¿por qué?

JUANJO Es que hoy una amiga nuestra...

OLGA LUCÍA ...murió.

ANCIANA Ay, lo siento mucho. Pasen, pasen.

OLGA LUCÍA Con permiso...

A C T I V I D A D E S

1 **Identificar** Identifica quién(es) hace(n) las diligencias y otras acciones. **1 Communication** Interpretive Communication

1. comprar los chocolates *Manuel*
2. ir a recoger las entradas *Daniel y Valentina*
3. bailar *Sara*
4. comprar las flores *Juanjo y Olga Lucía*
5. ir al cajero automático *Daniel y Valentina*
6. estacionar el coche *Manuel*

2 **Preguntas** Contesta las preguntas. Usa oraciones completas. **2 Communication** Interpretive Communication

1. ¿Por qué llegó tarde Manuel? *Llegó tarde porque no encontraba lugar para estacionar.*
2. ¿Cuál es el problema con las entradas? *Las entradas están reservadas, pero los chicos tienen que pagarlas.*
3. ¿Por qué es un problema que Daniel y Valentina no tienen suficiente dinero? *Es un problema porque no pueden pagar con tarjeta de crédito.*
4. ¿Qué problema tienen Juanjo y Olga Lucía en la floristería? *Tienen que hacer cola.*
5. ¿Qué hace Sara al final? *Sara se va en moto sin decirles nada a los chicos.*

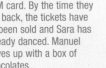

DANIEL Sara Sánchez nos reservó cinco entradas para la presentación.

EMPLEADA Aquí están. Son cincuenta euros.

DANIEL ¡¿Qué?!

EMPLEADA Están reservadas, pero tenéis que pagarlas. Y no aceptamos tarjeta de crédito. Sólo efectivo.

VALENTINA ¡No tenemos suficiente dinero!

DANIEL (a la empleada) ¿Hay algún cajero automático que esté cerca?

DANIEL ¡Estamos perdidos!

VALENTINA Espera. ¡Encontré uno, vamos, crucemos la calle!

DANIEL ¡Ahí está!

VALENTINA ¡Está dañado!

DANIEL ¡Rápido! ¡Necesitamos uno que funcione! ¡Busca en el móvil!

OLGA LUCÍA ¿Dónde estaban?

JUANJO La presentación ya comenzó.

DANIEL Las entradas no eran gratis. Fuimos al cajero a buscar dinero. Casi nos arrestan...

OLGA LUCÍA Y JUANJO ¿Qué?

JUANJO Seguramente Sara ya bailó.

Expresiones útiles

¡Auxilio! *Help!*
la caja *box*
Con permiso. *Excuse me. (to request permission)*
el efectivo *cash*
el estacionamiento *parking lot*
la floristería *florist's shop*
Perdón. *Excuse me. (to get someone's attention or excuse oneself)*
respetar *to respect*
tardar *to be late*
el teatro *theater*
tener vergüenza *to be ashamed*

---

la ventanilla *ticket window*

Las tiendas especializadas

En Madrid, como en muchas ciudades del mundo hispano, muchas personas hacen las diligencias en tiendas especializadas. Van a la carnicería, la frutería, la panadería, la pastelería, la pescadería y la floristería en lugar de comprar todo en el supermercado.

¿Vas a tiendas especializadas o siempre vas al supermercado?

 Conversación En parejas, dramaticen una conversación entre dos personas que hacen una diligencia en uno de estos lugares o entre una persona que hace una diligencia y un(a) empleado/a de uno de estos lugares. ③ Communication Interpersonal Communication

▶ el banco
▶ el correo
▶ la frutería
▶ la lavandería
▶ la pastelería
▶ el supermercado

I CAN talk about errands.

Las **bicicletas** en la ciudad

La bicicleta es un medio de transporte que tiene múltiples beneficios. Es ideal a la hora de recorrer la ciudad si se quieren evitar los atascos° y, además, su uso no sólo evita la contaminación ambiental, también es una forma de cuidar la salud.

En este sentido°, las ciudades de Latinoamérica están desarrollando políticas para la promoción del uso de las bicicletas en la vida urbana. El objetivo es lograr° que las calles se conviertan en un espacio seguro y respetuoso° para todos.

Desde hace años, Bogotá está a la cabeza de la iniciativa que propone el uso de la bicicleta como medio de transporte alternativo y amigable° con el medio ambiente. De esta manera, todos los domingos y días festivos, desde las siete de la mañana hasta las dos de la tarde, se prohíbe la circulación de carros por las principales calles de esta ciudad de casi once millones de habitantes: sólo pueden pasear por estas calles los peatones° y las bicicletas. Se calcula que cerca de un millón y medio de bicicletas llenan la ciudad en esos días. Hay también ciclovías° nocturnas, es decir, vías vehiculares que, por unas horas en las noches, permiten el uso exclusivo de bicicletas, y ciclopaseos, que son visitas programadas a lugares históricos de la ciudad.

Otras ciudades tienen sistemas de bicicletas compartidas. En Buenos Aires, el programa Ecobici nació en 2010 y funciona todos los días del año durante las 24 horas. Cualquier persona (incluso los turistas) puede buscar una bicicleta en una estación automática cercana, pasear en ella por la ciudad y devolverla° en otra estación. ¡Y es totalmente gratis! La ciudad tiene 230 kilómetros de ciclovías y 400 estaciones con 4.000 bicicletas públicas. Y el programa sigue aumentando.

Otros sistemas de bicicletas compartidas

Caracas, Venezuela: Caracas Rueda Libre (2015)
Ciudad de México, México: ECOBICI (2010)
Medellín, Colombia: EnCicla (2011)
Montevideo, Uruguay: Movete (2014)
Quito, Ecuador: BiciQuito (2012)

atascos *traffic jams* **sentido** *regard* **lograr** *to achieve* **respetuoso** *respectful* **amigable** *friendly* **peatones** *pedestrians* **ciclovías** *bikeways* **devolverla** *return it*

Comparisons Language Comparisons

ASÍ SE DICE

En la ciudad

el aparcamiento (Esp.)	el estacionamiento
el parqueadero (Bol., Col.)	
el parqueo (Bol., Col., Cuba, El Salv., Nic.)	
dar un aventón (Amér. C.)	*to give (someone) a ride*
dar botella (Cuba)	
el subterráneo, el subte (Arg.)	el metro

▶ ¿Qué palabras hay para decir **metro** en inglés?

INSTRUCTIONAL RESOURCES
Supersite: Video (Flash cultura); WebSAM
SAM: Video Manual pp. 227–228

ACTIVIDADES

1 **¿Cierto o falso?** Indica si lo que dice cada oración es **cierto** o **falso**. Corrige la información falsa. **1** Communication
Interpretive Communication

1. Todos los domingos y días festivos, sólo los peatones y las bicicletas pueden pasear por las principales calles de Bogotá. *Cierto.*

2. Los ciclopaseos son calles para el uso exclusivo de bicicletas. *Falso. Los ciclopaseos son visitas a lugares históricos de Bogotá.*

3. Ecobici es un sistema de bicicletas compartidas en Buenos Aires. *Cierto.*

4. Los ciclistas pagan para usar Ecobici. *Falso. Es gratis.*

5. El sistema de bicicletas compartidas de Medellín se llama EnCicla. *Cierto.*

2 **Preguntas** Contesta las preguntas.
2 Communication Interpretive Communication

1. ¿A qué horas se prohíbe la circulación de carros en Bogotá? *entre las siete de la mañana y las dos de la tarde*

2. ¿Cómo se llaman las vías vehiculares que permiten el uso exclusivo de bicicletas? *ciclovías*

3. ¿Cuántas bicicletas públicas tiene Ecobici? *4.000*

4. ¿Cómo se llama el sistema de bicicletas compartidas de Quito? *BiciQuito*

3 **Ecobici** En parejas, representen una conversación entre dos amigos/as que quieren usar Ecobici en Buenos Aires. **3** Communication
Interpersonal Communication

4 **¿Qué piensas?** Responde a las preguntas.

1. ¿Por qué crees que las ciudades de Latinoamérica están desarrollando políticas para la promoción del uso de las bicicletas?

2. ¿Qué piensas de la prohibición de la circulación de carros por las calles principales los domingos y días festivos en Bogotá? ¿Por qué?

3. ¿Por qué crees que tantas personas pasean en bicicleta los domingos y días festivos en las calles de Bogotá? **4** Connections Making Connections
4 Culture Relating Cultural Practices to Perspectives

5 **Comparación** Compara el uso de bicicletas en las ciudades latinoamericanas con su uso en tu comunidad. **5** Comparisons Cultural Comparisons

---

Communicative Goal
Identify some characteristics of
Mexico City's subway

 Video

El metro del D.F.

1 **Preparación** Imagina que estás en la Ciudad de México, una de las ciudades más grandes del mundo. ¿Qué transporte usas para ir de un lugar a otro? ¿Por qué?

2 **El video** Mira el episodio de **Flash cultura** sobre el metro de la Ciudad de México.

Vocabulario	
concurrido *busy, crowded*	**transbordo** *transfer, change*
se esconde *is hidden*	**el rincón** *corner*

Para la gente mayor de 60 años, el transporte es totalmente gratuito.

3 **3** Communication Interpretive Communication
Seleccionar Selecciona la respuesta correcta.

1. El Parque de _____ (Chapultepec/Los Leones) es uno de los lugares más concurridos de la ciudad.

2. En las estaciones _____ (de transbordo/de una sola línea) los pasajeros pueden cambiar de trenes para llegar fácilmente a su destino.

3. Algunas líneas de metro son _____ (subterráneas/superficiales), es decir, circulan al nivel de la calle.

4. Dentro de algunas estaciones hay _____ (danzas indígenas/exposiciones de arte).

4 **El transporte público** Compara el metro de la Ciudad de México con el metro o con otro tipo de transporte público de una ciudad que conoces. **4** Comparisons Cultural Comparisons

---

I CAN compare bicycle use in Latin American cities with its use in my community.

I CAN identify some characteristics of Mexico City's subway.

INSTRUCTIONAL RESOURCES
Supersite: Grammar Tutorial; WebSAM
SAM: Workbook pp. 141–142; Lab Manual p. 313

Communicative Goal | Talk about people that might or might not exist

14.1 The subjunctive in adjective clauses

▸ Adjective clauses modify nouns or pronouns. The subjunctive can be used in adjective clauses to indicate that the existence of someone or something is uncertain or indefinite.

¡Sólo necesitamos a alguien que nos deje pasar!

¿Hay algún cajero automático que esté cerca?

▸ The subjunctive is used in an adjective clause that refers to a person, place, thing, or idea that either does not exist or whose existence is uncertain or indefinite.

Busco **un profesor** que **enseñe japonés**.
I'm looking for a professor who teaches Japanese.

¿Conoces **un buen restaurante** que **esté** cerca de mi casa?
Do you know a good restaurant that is near my house?

▸ The indicative is used when the adjective clause refers to a person, place, thing, or idea that is clearly known, certain, or definite.

Quiero ir **al restaurante** que **está** enfrente de la biblioteca.
I want to go to the restaurant that's in front of the library.

Conozco a **alguien** que **va** a esa peluquería.
I know someone who goes to that hair salon.

Adjective clauses

Indicative	Subjunctive
Necesito el libro que tiene información sobre Venezuela.	Necesito un libro que tenga información sobre Venezuela.
I need the book that has information about Venezuela.	*I need a book that has information about Venezuela.*
Quiero vivir en esta casa que tiene jardín.	Quiero vivir en una casa que tenga jardín.
I want to live in this house that has a garden.	*I want to live in a house that has a garden.*
En mi barrio, hay una heladería que vende helado de mango.	En mi barrio, no hay ninguna heladería que venda helado de mango.
In my neighborhood, there's an ice cream shop that sells mango ice cream.	*In my neighborhood, there is no ice cream shop that sells mango ice cream.*

SUGGESTION Provide students with main clauses and ask them to write adjective clauses. Ex: **Necesito un coche que...**; **Busco al señor que...**; **No hay nadie que...**

Práctica

1 Minidiálogos Completa los minidiálogos con la forma correcta de los verbos indicados.

MARCELA Buscamos un hotel que (1) ___tenga___ [tener] piscina.

MARTÍN Hay tres o cuatro hoteles por aquí que (2) ___tienen___ [tener] piscina.

• • •

EDUARDO ¿Hay algún buzón por aquí donde yo (3) ___pueda___ [poder] echar una carta?

SUSANA Sí, hay uno en la esquina donde (4) ___puedes___ [poder] echar una carta.

• • •

ANA Queremos encontrar un restaurante que (5) ___sirva___ [servir] comida venezolana.

ROBERTO Creo que el restaurante en esta cuadra (6) ___sirve___ [servir] comida venezolana.

• • •

VICENTE Necesitas hablar con José, el empleado que (7) ___entiende___ [entender] este nuevo programa de computación.

MARISOL No hay nadie que (8) ___entienda___ [entender] este programa.

2 Completar Completa estas oraciones de manera lógica. Luego, compara tus respuestas con las de un(a) compañero/a. *Answers will vary.*

1. Tengo un(a) amigo/a que…
2. Algún día espero tener un apartamento o una casa que…
3. Quiero visitar un país que…
4. No tengo ningún/ninguna profesor(a) que…
5. Es importante conocer a alguien que…
6. Mi compañero/a de cuarto busca una lavandería que…
7. Un(a) consejero/a (*advisor*) debe ser una persona que…
8. Mi novio/a desea un perro que…
9. En esta clase no hay nadie que…
10. Mis padres buscan un carro que…

Conversación

3 **Encuesta** Averigua (*Find out*) cuál de tus compañeros/as conoce a alguien que haga estas actividades. Si responden que sí, pregunta quién es y anota sus respuestas. Comparte los resultados con la clase. *Answers will vary.* **3** Communication
Interpersonal Communication

¿Conoces una joyería que esté cerca?	Nombres	Respuestas
1. Conocer muy bien su ciudad	_____	_____
2. Hablar japonés	_____	_____
3. Comprender el subjuntivo	_____	_____
4. Odiar ir de compras	_____	_____
5. Estudiar música	_____	_____
6. Trabajar en una zapatería	_____	_____
7. No tener tarjeta de crédito	_____	_____
8. Graduarse este año	_____	_____
9. Ser periodista	_____	_____
10. Jugar al béisbol	_____	_____

4 **Anuncios clasificados** En parejas, lean estos anuncios y describan el tipo de persona u objeto que se busca. Usen el subjuntivo. *Answers will vary.*
4 Communication Interpersonal Communication

CLASIFICADOS

☐ **CLASES DE INGLÉS** Profesor de Inglaterra con diez años de experiencia ofrece clases para grupos o instrucción privada para individuos. Llamar al 0416-933-4110 de 16:30 a 18:30.

☐ **SE BUSCA CONDOMINIO** Se busca condominio en Sabana Grande con 3 alcobas, 2 baños, sala, comedor y aire acondicionado. Tel: 0412-977-2018.

☐ **PELUQUERÍA UNISEX** Se busca persona con experiencia en peluquería y maquillaje para trabajar tiempo completo. Llamar de 9 a 13h. Tel: 0212-261-3548.

☐ **EJECUTIVO DE CUENTAS** Se requiere joven profesional con al menos dos años de experiencia en el sector financiero. Se ofrecen beneficios excelentes. Enviar *currículum vitae* al Banco Mercantil, Avda. Urdaneta 263, Caracas.

☐ **COMPARTIR APARTAMENTO** Se necesita compañera para compartir apartamento de 2 alcobas en Chacao. Alquiler 3.000 bolívares por mes. No fumar. Llamar al 0212-951-3642 entre 19 y 22h.

ACTIVITY PACK For additional activities, go to the **Activity Pack** in the **Resources** section of the Supersite.

I CAN talk about people that might or might not exist.

▸ The personal **a** is not used with direct objects that are hypothetical people. However, **alguien** and **nadie** are always preceded by the personal **a** when they function as direct objects.

Necesitamos **un empleado** que **sepa** usar computadoras.
We need an employee who knows how to use computers.

Necesitamos **al empleado** que **sabe** usar computadoras.
We need the employee who knows how to use computers.

Busco **a alguien** que **pueda** cocinar hoy.
I'm looking for someone who can cook today.

No conozco **a nadie** que **pueda** cocinar hoy.
I don't know anyone who can cook today.

▸ The subjunctive is commonly used in questions when the speaker is uncertain. However, if the person who responds to the question knows the information, the indicative is used.

—¿Hay un parque que **esté** cerca de nuestro hotel?
Is there a park that's close to our hotel?

—Sí, hay un parque que **está** muy cerca del hotel.
Yes, there's a park that's very close to the hotel.

http://paginasamarillas.com   03:54

paginas amarillas.com

Busque cualquier información que necesite.

¡Manos a la obra!

Completa cada oración con el subjuntivo o el indicativo.

1. Necesito una persona que __*pueda*__ [puede/pueda] cantar bien.
2. Buscamos a alguien que __*tenga*__ [tiene/tenga] paciencia.
3. ¿Hay restaurantes aquí que __*sirvan*__ [sirven/sirvan] comida japonesa?
4. Tengo una amiga que __*saca*__ [saca/saque] fotografías muy bonitas.
5. Hay una carnicería que __*está*__ [está/esté] cerca de aquí.
6. No vemos ningún apartamento que nos __*interese*__ [interesa/interese].
7. Conozco a un estudiante que __*come*__ [come/coma] hamburguesas todos los días.
8. ¿Hay alguien que __*diga*__ [dice/diga] la verdad?

14.2 Familiar (tú) commands

▶ Use familiar (**tú**) commands when you want to give an order or advice to someone you normally address with **tú.**

Tú, ve por los chocolates.

¡Busca en el móvil!

▶ Affirmative **tú** commands usually have the same form as the **usted/él/ella** of the present indicative. The pronoun **tú** is used only for emphasis.

Paga al contado.   **Pide** un préstamo.
Pay in cash.   *Ask for a loan.*

Affirmative *tú* commands

Infinitive	Present indicative	Affirmative *tú* command
cuidar	Ud./él/ella cuida	cuida (tú)
tocar	Ud./él/ella toca	toca (tú)
temer	Ud./él/ella teme	teme (tú)
volver	Ud./él/ella vuelve	vuelve (tú)
insistir	Ud./él/ella insiste	insiste (tú)
pedir	Ud./él/ella pide	pide (tú)

▶ Negative **tú** commands have the same form as the **tú** form of the present subjunctive.

Carlos, **no eches** eso al buzón.   Julia, **no cruces** la calle.
Carlos, don't put that in the mailbox.   *Julia, don't cross the street.*

Negative *tú* commands

Infinitive	Present subjunctive	Negative *tú* command
cuidar	que tú cuides	no cuides (tú)
tocar	que tú toques	no toques (tú)
temer	que tú temas	no temas (tú)
volver	que tú vuelvas	no vuelvas (tú)
insistir	que tú insistas	no insistas (tú)
pedir	que tú pidas	no pidas (tú)

▶ The negative familiar commands keep the same stem changes as the indicative.

No pierdas el mapa.   No vuelvas a esa gasolinera.
Don't lose the map.   *Don't go back to that gas station.*

Práctica

INSTRUCTIONAL RESOURCES
Supersite: Grammar Tutorial; WebSAM
SAM: Workbook pp. 143–144; Lab Manual p. 314

1 **Unas diligencias** Completa los pedidos que la señora Ramos le hace a su esposo. Usa las formas correctas de los mandatos informales.

 modelo   Enrique, ___ve___ [ir] al banco, por favor.

1. Cuando llegues al banco, _deposita_ [depositar] este cheque en nuestra cuenta corriente.
2. No _lo deposites_ [depositarlo] en la cuenta de ahorros y, por favor, no _pidas_ [pedir] un préstamo.
3. Luego, _pasa_ [pasar] por la zapatería y _recoge_ [recoger] mis zapatos.
4. No _pagues_ [pagar] al contado, sino con un cheque.
5. Luego, _compra_ [comprar] un pastel en la pastelería. Por favor, no _compres_ [comprar] un pastel de chocolate. Mi tío Felipe viene a cenar y es alérgico al chocolate.

2 **Quehaceres** Lee los quehaceres que Pedro le da a Miguel. Después, usa la información entre paréntesis para formar las contraórdenes que, a su vez, le da a Marina. Sigue el modelo.

modelo   Recoge los libros. (poner la mesa)
No los recojas, Miguel. Pon la mesa.

1. Barre el suelo. (pasar la aspiradora)
   No lo barras. Pasa la aspiradora.
2. Plancha la ropa. (hacer las camas)
   No la planches. Haz las camas.
3. Saca la basura. (quitar la mesa)
   No la saques. Quita la mesa.
4. Ve a la joyería. (ir a la frutería)
   No vayas a la joyería. Ve a la frutería.
5. Dale los libros a Isabel. (dárselos a Juan)
   No se los des. Dáselos a Juan.
6. Prepara la cena. (limpiar el carro)
   No la prepares. Limpia el carro.
7. Echa las cartas al buzón. (dárselas al cartero)
   No las eches al buzón. Dáselas al cartero.
8. Corta el césped. (bañar al gato)
   No lo cortes. Baña al gato.

3 **Oraciones** Forma los mandatos que la señora Morales les da a su esposo y a sus hijos.

modelo   Pilar / sacar / basura
Pilar, saca la basura.

1. Gloria / poner / sello / este / sobre
   Gloria, pon un/el sello en este sobre.
2. Manolo / ir / banco / cobrar / este / cheques
   Manolo, ve al banco y cobra estos cheques.
3. Lidia / no poner / televisión
   Lidia, no pongas la televisión.
4. Esteban / hacer / camas
   Esteban, haz las camas.
5. Gloria / no lavar / platos
   Gloria, no laves los platos.
6. Manolo / firmar / este / formularios
   Manolo, firma estos formularios.

Conversación

 4 **Estoy perdido/a** Con un(a) compañero/a, representen una conversación breve entre un(a) estudiante nuevo/a en la universidad y otro/a estudiante que le indica cómo llegar a varios lugares. *Answers will vary.*

 modelo **4 Communication** Interpersonal Communication

Estudiante 1: *Quiero ir al laboratorio de Ciencias, pero estoy perdido. ¿Me puedes ayudar?*

Estudiante 2: *Sí. Sigue derecho hasta llegar a la Facultad de Negocios. Dobla a la izquierda…*

 5 **¡Te lo ordeno!** En parejas, representen una conversación entre dos compañeros/as de cuarto que tenían que estar en una fiesta y todavía se están arreglando. Usen mandatos afirmativos y negativos. *Answers will vary.*

modelo **5 Communication** Interpersonal Communication

Luisa: *¡Te lo ordeno! ¡Sal del baño ya!*

Ramón: *¡No me des órdenes!*

Luisa: *Pero tengo que maquillarme.*

Ramón: *Y yo tengo que ducharme. Oye, ¿qué hora es?*

Luisa: *Son las siete menos veinte.*

Ramón: *¡Ay! ¡Tráeme una toalla!*

 6 **Órdenes** En grupos, intercambien tres órdenes con cada uno. Luego, cada uno debe seguir las órdenes que el resto del grupo le da o reaccionar apropiadamente.

Answers will vary.

modelo **6 Communication** Interpersonal Communication

Estudiante 1: *Dame todo tu dinero.*
Estudiante 2: *No, no quiero dártelo. Muéstrame tu cuaderno.*
Estudiante 1: *Aquí está.*
Estudiante 3: *Ve a la pizarra y escribe tu nombre.*
Estudiante 4: *No quiero. Hazlo tú.*

ACTIVITY PACK For additional activities, go to the **Activity Pack** in the **Resources** section of the Supersite.

I CAN tell someone what to do.

Irregular **tú** commands

▶ There are eight irregular affirmative **tú** commands.

decir	→	di
hacer		haz
ir		ve
poner		pon

salir	→	sal
ser		sé
tener		ten
venir		ven

¡Ten cuidado con el perro!
Be careful with the dog!

Pon la estampilla en el sobre.
Put the stamp on the envelope.

¡Sal de aquí ahora mismo!
Leave here at once!

Haz los ejercicios.
Do the exercises.

▶ **Ir** and **ver** have the same **tú** command. Context will determine the meaning.

Ve al supermercado con José.
Go to the supermarket with José.

Ve al banco esta tarde.
Go to the bank this afternoon.

Ve ese programa… es muy interesante.
Watch that program… it's very interesting.

Ve esa película con tu hermano.
See that movie with your brother.

▶ The placement of reflexive and object pronouns in **tú** commands follows the same rules as in formal commands. When a pronoun is attached to a command of more than two syllables, a written accent is used.

(Informal)

¡Alégrate!
Be happy!

No **te** sientas triste.
Don't feel sad.

Di**me**.
Tell me.

No **me lo** digas.
Don't tell me (it).

(Formal)

¡Alégrese!
Be happy!

No **se** sienta triste.
Don't feel sad.

Díga**me**.
Tell me.

No **me lo** diga.
Don't tell me (it).

SUGGESTION Make a list of verbs and review informal commands by stating a verb, then calling on a volunteer to make an affirmative command using that verb. Call on a second volunteer to counter with a negative command.

¡Manos a la obra!

Indica los mandatos familiares de estos verbos.

	(Mandato afirmativo)	(Mandato negativo)
1. cambiar	*Cambia* el aceite.	No *cambies* el aceite.
2. correr	*Corre* más rápido.	No *corras* más rápido.
3. salir	*Sal* ahora.	No *salgas* ahora.
4. tocar	*Toca* las flores.	No *toques* las flores.
5. venir	*Ven* aquí.	No *vengas* aquí.
6. levantarse	*Levántate* temprano.	No *te levantes* temprano.
7. volver	*Vuelve* pronto.	No *vuelvas* pronto.
8. hacerlo	*Hazlo* ya.	No *lo hagas* ahora.

INSTRUCTIONAL RESOURCES
Supersite: Grammar Tutorial; WebSAM
SAM: Workbook pp. 145–146; Lab Manual p. 315

Communicative Goal
Make suggestions

14.3 Nosotros/as commands

▸ **Nosotros/as** commands, which correspond to the English *let's* + [*verb*], are used to give orders or suggestions that include yourself and other people.

Crucemos la calle.
Let's cross the street.

No crucemos la calle.
Let's not cross the street.

▸ Both affirmative and negative **nosotros/as** commands are generally formed by using the first-person plural form of the present subjunctive.

▸ The affirmative *let's* + [*verb*] may also be expressed with **vamos a** + [*infinitive*]. Remember, however, that **vamos a** + [*infinitive*] can also mean *we are going to (do something)*. Context and tone will determine which meaning is being expressed.

Vamos a caminar por la ciudad.
Let's walk around the city.

Vamos a ir a Chile este verano.
We're going to Chile this summer.

Olga Lucía, tú y yo compremos las flores.

¡Encontré uno, vamos, crucemos la calle!

▸ To express *let's go*, the present indicative form of **ir** (**vamos**) is used, not the subjunctive. For the negative command, however, the subjunctive is used.

(Affirmative)

Vamos a la pescadería.
Let's go to the fish market.
Vamos a tomar un café.
Let's go have a coffee.

(Negative)

No vayamos a la pescadería.
Let's not go to the fish market.
No vayamos a tomar un café.
Let's not go have a coffee.

¡Pidamos un préstamo!

¡Hagamos un viaje!

¡Compremos un caballo!

BANCOSUR. LLÁMANOS.

SUGGESTION Model the **nosotros/as** commands by giving commands to the class. Begin by having students respond to **tú** and **ustedes** commands, and then add commands for the class as a whole. Ex: ____, abre el libro. ____ y ____, abran los libros. Ahora todos, abramos los libros. Abrámoslos.

Práctica

1 **Conversación** Completa esta conversación con mandatos de **nosotros/as.**

MARÍA Sergio, ¿quieres hacer diligencias ahora o por la tarde?

SERGIO No (1) _las dejemos_ [dejarlas] para más tarde. (2) _Hagámoslas_ [hacerlas] ahora.

MARÍA Necesito mandar un paquete.

SERGIO Yo también. (3) _Vamos_ [ir] al correo.

MARÍA Pues, antes de ir al correo, necesito sacar dinero de mi cuenta corriente.

SERGIO Bueno, (4) _busquemos_ [buscar] un cajero automático.

MARÍA ¿Tienes hambre?

SERGIO Sí. (5) _Crucemos_ [cruzar] la calle y (6) _comamos_ [comer] algo en ese café.

MARÍA Buena idea.

SERGIO ¿Nos sentamos aquí?

MARÍA No, no (7) _nos sentemos_ [sentarse] aquí; (8) _sentémonos_ [sentarse] enfrente de la ventana.

SERGIO ¿Qué pedimos?

MARÍA (9) _Pidamos_ [pedir] café y pan dulce.

2 **Hagámoslo** Responde a cada oración; sigue el modelo.

modelo
Vamos a vender el carro. (Sí)
Sí, **vendámoslo.**

1. Vamos a levantarnos a las seis. (Sí)
   Sí, levantémonos a las seis.
2. Vamos a enviar los paquetes. (No)
   No, no los enviemos.
3. Vamos al supermercado. (No)
   No, no vayamos.
4. Vamos a mandar esta tarjeta postal a nuestros amigos. (No)
   No, no se la mandemos.
5. Vamos a limpiar la habitación. (Sí)
   Sí, limpiémosla.
6. Vamos a mirar la televisión. (No)
   No, no la miremos.
7. Vamos a bailar. (Sí)
   Sí, bailemos.
8. Vamos a arreglar la sala. (No)
   No, no la arreglemos.
9. Vamos a comprar estampillas. (Sí)
   Sí, comprémoslas.

Conversación

3 Decisiones Imagina que estás con un(a) amigo/a. Túrnense para hacerse estas preguntas. Usen mandatos de **nosotros/as** en sus respuestas. *Answers will vary.*

1. ¿Cruzamos la calle aquí o caminamos una cuadra más?
2. ¿Vamos a casa o comemos en un restaurante?
3. ¿Salimos para el cine a las seis o a las seis y media?
4. ¿Pagamos la cuenta al contado o con tarjeta de crédito?

3 Communication Interpersonal Communication

4 Preguntar Tú y tu compañero/a están de vacaciones y se hacen sugerencias para resolver las situaciones. Usen mandatos de **nosotros/as**. *Answers will vary.*

4 Communication Interpersonal Communication

modelo
Se nos olvidaron las tarjetas de crédito.
Paguemos al contado. /No compremos más regalos.

A
1. El museo está a sólo una cuadra de aquí.
2. Tenemos hambre.
3. Hay una cola larga en el cine.

ACTIVITY PACK For additional activities, go to the **Activity Pack** in the **Resources** section of the Supersite.

B
1. Perdimos una maleta en el aeropuerto.
2. Tenemos prisa para llegar al cine.
3. Estamos cansados y queremos dormir.

5 Turistas Imaginen que están en Caracas. En grupos pequeños, lean esta guía turística y decidan qué van a hacer hoy. Usen mandatos de **nosotros/as**. *Answers will vary.*

5 Communication Interpersonal Communication

modelo
Visitemos el Museo de Arte Contemporáneo de Caracas esta mañana. Quiero ver las esculturas de Jesús Rafael Soto.

Guía de Caracas

MUSEOS	SITIOS DE INTERÉS	RESTAURANTES
• **Museo de Arte Colonial** Avenida Panteón	• **Plaza Bolívar**	• **El Barquero** Avenida Luis Roche
• **Museo de Arte Contemporáneo de Caracas** Parque Central. Esculturas de Jesús Rafael Soto y pinturas de Miró, Chagall y Picasso.	• **Jardín Botánico** Avenida Interna UCV. De 8:00 a 5:00.	• **Restaurante El Coyuco** Avenida Urdaneta
	• **Parque del Este** Avenida Francisco de Miranda. Parque más grande de la ciudad con serpentario.	• **Restaurante Sorrento** Avenida Francisco Solano
• **Galería de Arte Nacional** Parque Central. Colección de más de 4.000 obras de arte venezolano.	• **Casa Natal de Simón Bolívar** Esquinas San Jacinto y Traposos. Casa colonial donde nació Simón Bolívar.	• **Café Tonino** Avenida Andrés Bello

Nosotros commands and object pronouns

▶ Object pronouns are attached to affirmative **nosotros/as** commands. A written accent is added to maintain the original stress.

Firmemos el cheque.	**Firmémoslo.**
Let's sign the check.	*Let's sign it.*
Escribamos a Ana y a Raúl.	**Escribámosles.**
Let's write to Ana and Raúl.	*Let's write to them.*

▶ When **nos** or **se** is attached to an affirmative **nosotros/as** command, the final **–s** of the command verb is dropped.

Démoselo a ella.	**Mandémoselo** a ellos.
Let's give it to her.	*Let's send it to them.*
Sentémonos allí.	**Levantémonos** temprano.
Let's sit down there.	*Let's get up early.*

▶ Object pronouns are placed in front of negative **nosotros/as** commands.

No **les paguemos** el préstamo.	No **se lo digamos** a ellos.
Let's not pay them the loan.	*Let's not tell them.*
No **lo compremos.**	No **se la presentemos.**
Let's not buy it.	*Let's not introduce her (to him).*

▶ The **nosotros/as** command form of **irse** (*to go away*) is **vámonos**. Its negative form is **no nos vayamos**.

¡**Vámonos** de vacaciones!	**No nos vayamos** de aquí.
Let's go away on vacation!	*Let's not go away from here.*

¡Manos a la obra!

Indica los mandatos afirmativos y negativos de **nosotros/as** de estos verbos.

	Afirmativo	Negativo
1. estudiar	estudiemos	no estudiemos
2. cenar	cenemos	no cenemos
3. leer	leamos	no leamos
4. decidir	decidamos	no decidamos
5. perder	perdamos	no perdamos
6. seguir	sigamos	no sigamos
7. practicar	practiquemos	no practiquemos
8. conocer	conozcamos	no conozcamos
9. decir	digamos	no digamos
10. cerrar	cerremos	no cerremos
11. levantarse	levantémonos	no nos levantemos
12. irse	vámonos	no nos vayamos
13. dormir	durmamos	no durmamos
14. escribirle	escribámosle	no le escribamos
15. comprarlo	comprémoslo	no lo compremos
16. pedírselo	pidámoselo	no se lo pidamos

I CAN make suggestions.

A repasar

14.1 The subjunctive in adjective clauses

1 **Un nuevo barrio** Acabas de mudarte y quieres saber qué puedes encontrar en tu nuevo barrio. Con un(a) compañero/a, túrnate para formular las preguntas y contestarlas.

> **modelo**
> algún / banco / estar / abierto / domingos / (no)
>
> **Estudiante 1:** ¿Hay algún banco que esté abierto los domingos?
> **Estudiante 2:** No, no hay ningún banco que esté abierto los domingos.

1. alguna / frutería / vender / frutas frescas / (sí)
   ¿Hay alguna frutería que venda frutas frescas? Sí, hay una frutería que vende frutas frescas.
2. alguna / peluquería / no / ser / cara / (sí)
   ¿Hay alguna peluquería que no sea cara? Sí, hay una peluquería que no es cara.
3. alguna / joyería / vender / a plazos / (no)
   ¿Hay alguna joyería que venda a plazos? No, no hay ninguna joyería que venda a plazos.
4. alguna / zapatería / aceptar / cheques / (no)
   ¿Hay alguna zapatería que acepte cheques? No, no hay ninguna zapatería que acepte cheques.
5. alguna / lavandería / cerrar / diez de la noche / (sí) *¿Hay alguna lavandería que cierre a las diez de la noche? Sí, hay una lavandería que cierra a las diez de la noche.*
6. alguien / poder / llevar / este paquete / correo / (no) *¿Hay alguien que pueda llevar este paquete al correo? No, no hay nadie que pueda llevar este paquete al correo.*

2 **¡Queremos vivir ahí!** En grupos de tres, describan qué características buscan en una ciudad para vivir. Después, compartan sus respuestas con la clase. *Answers will vary.*

 Communication Interpersonal Communication

> **modelo**
> Queremos vivir en un lugar que tenga restaurantes de todo tipo.

14.2 Familiar (tú) commands

3 **En la ciudad** Tu amigo/a y tú tienen que hacer muchas diligencias, pero ninguno de los dos quiere hacer nada. Túrnense para dar mandatos familiares. Sigan el modelo.

> **modelo**
> enviar los paquetes
> **Estudiante 1:** Envía los paquetes.
> **Estudiante 2:** ¡Envíalos tú!

1. pagar la cuenta
   Paga la cuenta. ¡Págala tú!
2. comprar los sellos
   Compra los sellos. ¡Cómpralos tú!
3. hacer la comida
   Haz la comida. ¡Hazla tú!
4. firmar el cheque
   Firma el cheque. ¡Fírmalo tú!
5. pedir un préstamo
   Pide un préstamo. ¡Pídelo tú!
6. llenar estos formularios
   Llena estos formularios. ¡Llénalos tú!

4 **Consejos** Tienes un sobrino que es un desastre. Dale por lo menos ocho consejos usando mandatos familiares de los verbos **decir, hacer, ir, poner, salir, ser, tener** y **venir**. *Answers will vary.*

> **modelo**
> No digas mentiras. Di la verdad.

_____

_____

_____

_____

_____

_____

_____

_____

5 **¡Un día muy ocupado!** Teresa hizo una lista de sus diligencias y de cuánto tiempo tarda en (*it takes her*) hacerlas. Con un(a) compañero/a, escribe el horario ideal para Teresa. Usa mandatos familiares. *Answers will vary.*

> **modelo**
> Teresa, ve al banco a las nueve de la mañana y cobra tus cheques. A las nueve y media...

Diligencias	Tiempo	Lugares	Horarios
Cortarme el pelo	1 hr.	salón de belleza	12:00 p.m.–1:00 p.m.
Comprar un pastel para Eva	30 min.	pastelería	10:00 a.m.–2:00 p.m.
Visitar a Eva en el hospital	1 hr.	hospital	4:00 p.m.–5:00 p.m.
Cobrar cheques	30 min.	banco	9:00 a.m.–12:00 p.m.
Lavar ropa	2 hrs.	lavandería	12:00 p.m.–2:00 p.m.
Enviar cartas	30 min.	correo	9:00 a.m.–1:00 p.m.

14.3 Nosotros/as commands

6 **Planes** Con un(a) compañero/a, escribe las cosas que ustedes pueden hacer para realizar estos planes. Usa mandatos de **nosotros/as**. *Answers will vary.*

> **modelo**
> Divertirnos este fin de semana
> Vamos al cine con nuestros amigos.
> No nos quedemos en casa.

1. Graduarse con honores
2. Vivir hasta los cien años
3. Comprar una casa
4. Estar en forma (*in shape*)
5. Conseguir una licencia de conducir
6. Pedir un préstamo en el banco

7 Aniversario Es el aniversario de bodas de tus abuelos. Escribe lo que les dices a tus familiares, usando mandatos de **nosotros/as**.

modelo

hacerles una fiesta sorpresa /
no decirles nuestros planes
Hagámosles una fiesta sorpresa.
No les digamos nuestros planes.

1. sorprenderlos / preparar sus platos favoritos
Sorprendámoslos. Preparemos sus platos favoritos.
2. no alquilar un salón de fiestas / celebrar en casa
No alquilemos un salón de fiestas. Celebremos en casa.
3. invitar a sus amigos / llamarles por teléfono
Invitemos a sus amigos. Llamémosles por teléfono.
4. comprarles flores / no darles chocolates
Comprémosles flores. No les demos chocolates.
5. bailar toda la noche / no quedarse sentados
Bailemos toda la noche. No nos quedemos sentados.
6. llevar la cámara / tomarles muchas fotografías
Llevemos la cámara. Tomémosles muchas fotografías.

8 ¿Cómo llegamos? Con un(a) compañero/a, dibuja un mapa de una ciudad imaginaria. Escribe los nombres de las calles y marca los lugares de la lista. No olvides marcar el norte, el sur, el este y el oeste. Después, túrnense para preguntarse cómo llegar de un lugar a otro. *Answers will vary.*

| banco | correo | lavandería | salón de belleza |
| carnicería | heladería | pescadería | supermercado |

 8 Communication Interpersonal Communication

modelo

Estudiante 1: *¿Cómo llegamos del banco a la heladería?*
Estudiante 2: *Caminemos hacia el este y lleguemos a la esquina de Colón y Morelos. Sigamos derecho por Morelos. Crucemos la calle...*

Síntesis

9 Una tienda Conversa con un(a) compañero/a sobre abrir una tienda en tu ciudad. Decidan dónde va a estar ubicada (*located*), qué cosas harán juntos/as y qué cosas hará cada uno/a por separado. Usen mandatos de **tú** y de **nosotros/as**.
Answers will vary.

modelo **9 Communication** Interpersonal Communication

Estudiante 1: *En nuestra ciudad no hay un supermercado que venda productos latinos. ¡Vamos a abrir uno!*
Estudiante 2: *¡Excelente! Busquemos un lugar que esté cerca del centro de la ciudad. Hagamos una lista de los productos que vamos a vender. ¿Qué más necesitamos?*
Estudiante 1: *Tú piensa en un nombre para el supermercado. Yo voy a averiguar cuánto dinero necesitamos. Y vamos a pedir un préstamo en el banco.*

ACTIVITY PACK For additional activities, go to the **Activity Pack** in the **Resources** section of the Supersite.

Communicative Goal
Describe the steps for opening a joint savings account

 Video

Videoclip

1 Preparación ¿Quién eligió tu nombre? ¿Te gusta tu nombre o prefieres otro? ¿Cuál? ¿Por qué?

2 El clip Mira el anuncio de **Banco Ficensa** de Honduras.

Vocabulario
cargar *to carry*   peluquero *hairdresser*
parecerse a *to look like*   segundo nombre *middle name*

Bueno, yo le puse° José.

le puse named him

3 Escoger Elige la opción correcta. **3 Communication** Interpretive Communication

1. El peluquero de la mamá del bebé se llama _____*a*_____.
   a. José   b. Tomás

2. Al papá del bebé le gustan las películas de _____*b*_____.
   a. Harry Potter   b. Sylvester Stallone

3. Tomás es el nombre del _____*a*_____ de la mamá del bebé.
   a. abuelo   b. hermano

4. El regalo para el bebé está _____*b*_____.
   a. en el banco   b. personalizado

4 En el banco En parejas, describan cinco pasos para abrir una cuenta de ahorros conjunta (*joint*). Usen mandatos de **nosotros/as**.
4 Communication Interpersonal Communication

I CAN describe the steps for opening a joint savings account.

Ampliación

1 Escuchar

A Lee estas oraciones y luego escucha la conversación entre Alberto y Eduardo. Indica si cada verbo se refiere a algo en el pasado, en el presente o en el futuro. ❶ **Communication** Interpretive Communication

> **TIP** **Listen for specific information and linguistic cues.** You can often get the facts you need by listening for specific pieces of information. You should also be aware of the linguistic structures you hear. By listening for verb endings, you can figure out whether the verbs describe past, present, or future actions. Verb endings also indicate who is performing the action.

1. Demetrio / comprar en Macro _____pasado_____
2. Alberto / comprar en Macro _____futuro_____
3. Alberto / estudiar psicología _____pasado_____
4. carro / tener frenos malos _____presente_____
5. Eduardo / comprar un anillo (*ring*) para Rebeca _____pasado_____
6. Eduardo / estudiar _____futuro_____

B ¿Crees que Alberto y Eduardo viven en una ciudad grande o en un pueblo? ¿Cómo lo sabes?
Viven en una ciudad grande. La ciudad es grande porque tiene metro.

2 Conversar

Tú y tu compañero/a de cuarto tienen problemas económicos. Representen una conversación en la que hablen de cuatro problemas y propongan soluciones para cada uno. Usen mandatos de **nosotros/as**.
❷ **Communication** Interpersonal Communication   *Answers will vary.*

modelo

Estudiante 1: No sé qué hacer. Casi no tengo el dinero para el alquiler.

Estudiante 2: Debes ahorrar más dinero... y yo también. No comamos en restaurantes. Preparemos comida en casa.

Estudiante 1: Tal vez necesitemos mudarnos. Necesitamos un apartamento que sea más barato.

Estudiante 2: ¡Uy! No quiero mudarme. Pídele un préstamo a tu papá, mejor.

Estudiante 1: No lo puedo hacer cada mes. Pero tienes razón, podemos ahorrar dinero comiendo en casa.

Estudiante 2: Y no usemos más los cajeros automáticos. Paguemos todo al contado para saber mejor adónde va el dinero.

I CAN understand a conversation by listening for specific details.

I CAN talk about solutions to economic problems.

Ampliación

3 Escribir

Escribe una carta a un(a) amigo/a en la cual le explicas claramente cómo llegar a tu casa desde el aeropuerto. Incluye también un mapa detallado para que no se confunda. *Answers will vary.*

3 Communication Presentational Communication

TIP **List key words.** When you give directions, you use prepositions that describe location, such as **enfrente de, al lado de**, and **detrás de**. Making a list of these expressions will help you write your directions more efficiently.

Organizar | Planea la mejor ruta para llegar a tu casa. Apunta las expresiones útiles para indicar cómo llegar, como los nombres de las calles y de los monumentos.

Escribir | Dibuja un mapa y utilízalo para escribir el primer borrador de tu carta.

Corregir | Intercambia tu carta con un(a) compañero/a. Anota los aspectos mejor escritos. Ofrécele sugerencias. ¿Hay suficientes detalles? ¿Está claro el mapa? Si ves algunos errores, coméntaselos.

Compartir | Revisa el primer borrador de la carta y el mapa, según las indicaciones de tu compañero/a. Incorpora nuevas ideas y prepara la versión final.

4 Un paso más

Imagina que eres miembro de un grupo que está promocionando una comunidad modelo en un país hispano. Diseña un folleto (*brochure*) informativo para dar a conocer la comunidad. *Answers will vary.*

4 Communication Presentational Communication

- Escoge el lugar ideal para el proyecto. Considera el acceso a las ciudades grandes, los eventos culturales y los recursos naturales.
- Incluye un mapa del país elegido que indique dónde está localizada la comunidad modelo.
- Crea un mapa de la zona que muestre las atracciones principales del centro de la comunidad.
- Explica las características de la comunidad.

5 Cultura

Estás en una ciudad grande de Latinoamérica como Buenos Aires, la Ciudad de México o Bogotá. ¿Cómo vas a transitar por la ciudad? ¿Vas a pasear en bicicleta o ir en metro/autobús/taxi? ¿Por qué? ¿Vas a ir a las tiendas especializadas como las panaderías y las pastelerías?

ACTIVITY PACK For additional activities, go to the **Activity Pack** in the **Resources** section of the Supersite.

I CAN write a letter giving directions.

I CAN create a promotional brochure.

Communicative Goals
Write a letter giving directions, and create a promotional brochure

3 SUGGESTION Have students brainstorm verbs, locations, and directions in a word map on the board. Remind them that they will be giving directions using **tú** commands.

3 SUGGESTION Have students work in pairs and practice giving directions to each other from their homes to the university.

3 EVALUATION

Criteria	Scale
Content	1 2 3 4
Organization	1 2 3 4
Use of vocabulary	1 2 3 4
Grammar	1 2 3 4
Accuracy of map	1 2 3 4

Scoring

Excellent	18–20 points
Good	14–17 points
Satisfactory	10–13 points
Unsatisfactory	< 10 points

4 SUGGESTION You may wish to have students work in pairs, with one partner focusing on the residential areas and the other on the commercial areas of the community. Suggest they interview local designers or developers to get first-hand information. Students may wish to produce an electronic brochure if they have access to multimedia or Web authoring software.

4 EXPANSION Have students present their brochures to the class. After the presentations, have students compare and contrast the different communities.

Audio: Reading

Antes de leer

Readers often visualize a text as they read.

> **TIP** **Visualize.** Visualizing a text as you read can help you comprehend it. Before you begin, read the title and create a picture in your mind. Then skim each paragraph and visualize what you read. As you create these mental pictures, think about not only the sights, but also the sounds, smells, tastes, and feelings that are conveyed in the text. These visualizations will help you create an image of what the story will be about.

Visualizar

The reading selection for this lesson consists of a **microcuento**, or very short story, by Mario Benedetti. Why do you think that visualizing might be important in the *Los bomberos* short story?

_____

_____

Sobre el autor

Mario Benedetti (1920–2009) fue un escritor uruguayo. Aunque es conocido principalmente por sus poemas, escribió también ensayos, novelas y cuentos. Gran parte de la obra de Benedetti se centra en la temática urbana y se caracteriza por su compromiso político y social.

Los bomberos
Mario Benedetti

Olegario no sólo fue un as° del presentimiento, sino que además siempre estuvo muy orgulloso° de su poder. A veces se quedaba absorto° por un instante, y luego decía: "Mañana va a llover". Y llovía. Otras veces se rascaba la nuca° y anunciaba: "El martes saldrá° el 57 a la cabeza". Y el martes salía el 57 a la cabeza. Entre sus amigos gozaba de° una admiración sin límites.

Algunos de ellos recuerdan el más famoso de sus aciertos°. Caminaban con él frente a la Universidad, cuando de pronto el aire matutino° fue atravesado° por el sonido y la furia de los bomberos°. Olegario sonrió de modo casi imperceptible, y dijo: "Es posible que mi casa se esté quemando°".

Llamaron un taxi y encargaron° al chofer que siguiera de cerca a los bomberos. Éstos tomaron por Rivera, y Olegario dijo: "Es casi seguro que mi casa se esté quemando". Los amigos guardaron un respetuoso y afable silencio; tanto lo admiraban.

Los bomberos siguieron por Pereyra y la nerviosidad llegó a su colmo°. Cuando doblaron por la calle en que vivía Olegario, los amigos se pusieron tiesos° de expectativa. Por fin, frente mismo a la llameante° casa de Olegario, el carro de bomberos se detuvo° y los hombres comenzaron rápida y serenamente los preparativos de rigor. De vez en cuando, desde las ventanas de la planta alta, alguna astilla° volaba por los aires.

Con toda parsimonia°, Olegario bajó del taxi. Se acomodó el nudo° de la corbata, y luego, con un aire de humilde vencedor°, se aprestó° a recibir las felicitaciones y los abrazos de sus buenos amigos.

as *ace* **orgulloso** *proud* **absorto** *absorbed* **se rascaba la nuca** *he scratched the back of his neck* **saldrá** *will leave* **gozaba de** *he enjoyed* **aciertos** *correct predictions* **matutino** *morning* **atravesado** *pierced* **bomberos** *firefighters* **quemando** *burning* **encargaron** *asked* **colmo** *peak* **tiesos** *tense, stiff* **llameante** *flaming* **se detuvo** *stopped* **astilla** *splinter* **parsimonia** *lack of urgency* **nudo** *knot* **vencedor** *victor* **se aprestó** *he prepared*

Después de leer

¿Comprendiste? Communication Interpretive Communication

Indica si las oraciones son **ciertas** o **falsas**. Corrige las falsas.

Cierto	Falso	
	✓	1. Las predicciones de Olegario a veces son correctas. *Las predicciones de Olegario siempre son correctas.*
	✓	2. Los amigos de Olegario dudan de sus predicciones. *Los amigos de Olegario lo admiran porque sus predicciones son correctas.*
✓		3. Un día, Olegario y sus amigos caminaban por la calle cuando escucharon el carro de los bomberos.
✓		4. Olegario y sus amigos siguieron a los bomberos en un taxi.
	✓	5. Los amigos de Olegario tuvieron miedo al ver que su casa se quemaba. *Los amigos de Olegario se alegraron cuando vieron que su predicción fue correcta y lo felicitaron.*

Preguntas *Answers will vary.* Communication Interpretive Communication

Responde estas preguntas con oraciones completas.

1. Busca las dos predicciones de Olegario en el primer párrafo del cuento. ¿Expresan un grado de certeza (*certainty*) alto o bajo?

2. Ahora, busca las dos predicciones que hace sobre la casa. ¿Expresan certeza o dejan lugar a dudas?

3. Al final, ¿crees que a Olegario le importa que se queme la casa? Explica.

4. ¿Tiene Olegario una actitud arrogante con respecto a su talento? ¿Por qué?

5. ¿Cómo crees que ocurrió el incendio (*fire*)?

Coméntalo Connections Acquiring Information and Diverse Perspectives / Communities Lifelong Learning

¿Te gustaría predecir el futuro? ¿Conoces a alguien que diga tener este poder? ¿Cómo usarías tú el poder de predecir el futuro? Explica.
Answers will vary.

I CAN read a story and visualize the text.

Vocabulary Tools

En la ciudad

el banco *bank*
la carnicería *butcher shop*
el correo *post office*
la frutería *fruit shop*
la heladería *ice cream shop*
la joyería *jewelry store*
la lavandería *laundromat*
la panadería *bakery*
la pastelería *pastry shop*
la peluquería *hair salon*
la pescadería *fish market*
el salón de belleza *beauty salon*
el supermercado *supermarket*
la zapatería *shoe store*

———

hacer cola *to stand in line*
hacer diligencias *to run errands*

En el correo

el/la cartero/a *mail carrier*
el correo *mail; post office*
las estampillas *stamps*
el paquete *package*
los sellos *stamps*
el sobre *envelope*

———

echar (una carta) al buzón *to put (a letter) in the mailbox; to mail (a letter)*
enviar *to send*
mandar *to send*

En el banco

el cajero automático *ATM*
el cheque *check*
la cuenta corriente *checking account*
la cuenta de ahorros *savings account*

———

ahorrar *to save (money)*
cobrar *to cash (a check); to charge (for a product or service)*
depositar *to deposit*
firmar *to sign*
llenar (un formulario) *to fill out (a form)*
pagar al contado *to pay in cash*
pagar a plazos *to pay in installments*
pedir prestado/a *to borrow*
pedir un préstamo *to apply for a loan*
ser gratis *to be free of charge*

Cómo llegar

la cuadra *(city) block*
la dirección *address*
la esquina *corner*
el letrero *sign*

———

cruzar *to cross*
doblar *to turn*
estar perdido/a *to be lost*
indicar cómo llegar *to give directions*
quedar *to be located*

———

(al) este *(to the) east*
(al) norte *(to the) north*
(al) oeste *(to the) west*
(al) sur *(to the) south*

———

derecho *straight (ahead)*
enfrente de *opposite; facing*
hacia *toward*

As students finish the lesson, encourage them to explore the **Repaso** section on the Supersite. There they will find quizzes for practicing vocabulary, grammar, and oral language.

Communicative Goals: Review

I CAN talk about errands.
• Name two errands that you need to do.

I CAN ask for and give directions.
• Say how to get to your dorm, apartment, or house from Spanish class.

I CAN tell someone what to do.
• Give three pieces of advice to a classmate. Use familiar commands.

I CAN make suggestions.
• You and your friends are bored. Use **nosotros/as** commands to make two suggestions of things to do.

I CAN investigate city transportation in Spanish-speaking countries.
• Describe a mode of transportation in a Latin American city.

AVENTURAS
EN LOS
PAÍSES
HISPANOS

El Canal de Panamá conecta el océano Pacífico con el océano Atlántico. La construcción de este cauce *(channel)* artificial empezó en 1903 y concluyó diez años después. Es la fuente *(source)* principal de ingresos *(income)* del país, gracias al dinero que aportan los más de 14.000 buques *(ships)* que transitan anualmente por esta ruta.

¿Te gustaría visitar el Canal de Panamá?

AMÉRICA CENTRAL II

Nicaragua

Área: 130.370 km^2 (50.336 millas^2)
Población: 6.600.000
Capital: Managua – 1.055.000
Ciudades principales: León, Masaya, Granada
Moneda: córdoba
SOURCE: Population Division, UN Secretariat & CIA World Factbook

Costa Rica

Área: 51.100 km^2 (19.730 millas^2)
Población: 5.100.000
Capital: San José – 1.379.000
Ciudades principales: Alajuela, Cartago, Puntarenas, Heredia
Moneda: colón costarricense
SOURCE: Population Division, UN Secretariat & CIA World Factbook

Panamá

Área: 75.420 km^2 (29.119 millas^2)
Población: 4.300.000
Capital: Ciudad de Panamá – 1.822.000
Ciudades principales: Colón, David
Moneda: balboa (es equivalente al dólar estadounidense)
SOURCE: Population Division, UN Secretariat & CIA World Factbook

INSTRUCTIONAL RESOURCES
Supersite: Video (Panorama cultural); WebSAM
SAM: Workbook pp. 147–148

S Video

HONDURAS

Sociedad

Costa Rica: una nación progresista

Costa Rica es un país progresista. Tiene un nivel de alfabetización del 96%, uno de los más altos de Latinoamérica. Además, en 1871, Costa Rica abolió la pena de muerte *(death penalty)* y, en 1948, disolvió el ejército *(army)* e hizo la educación gratis y obligatoria para todos los costarricenses.

¿Fuiste a Costa Rica o conoces a alguien que visitó alguna vez Costa Rica? ¿Qué sabes sobre ese país?

Museo Nacional de Costa Rica, antiguo cuartel *(barracks)* del ejército *(army)*.

Indígenas

La mola

La mola es una forma de arte textil de los kunas, una tribu indígena que vive en las islas San Blas de Panamá. Las molas se hacen con fragmentos de tela *(material)* de colores vivos. Las molas tradicionales tienen diseños *(patterns)* geométricos. Antes se usaban como ropa, pero hoy día también sirven para decorar casas.

¿Te gustan las molas y su variedad de colores?

NICARAGUA

Río Coco

Cordillera Isabella

Río Tuma

Sierra Madre

Cordillera de Yolaina

León

Lago de Managua

⭐ **Managua**

Masaya

Granada

Lago de Nicaragua

Isla Zapatera

Isla Ometepe

Río San Juan

Océano Pacífico

Cordillera de Guanacaste

Puntarenas

⭐ **San José**

COSTA RICA

Cartago

Río Reventazón

Cordillera de Talamarca

Música

El tamborito

El tamborito es el género musical más representativo del folclor panameño. Su origen se remonta *(dates back)* al siglo XVII; es el resultado de la fusión de ritmos indígenas, africanos y españoles. Tiene la forma de un diálogo entre un coro *(chorus)* y una **cantalante**, voz principal que marca la melodía y el compás *(beat)*. Esta conversación musical se complementa con tambores *(drums)*, cajas y palmadas *(claps)*. Tradicionalmente, las mujeres cantan el tamborito. La **cantalante** y folclorista Lucila Aura Jaén Córdoba, mejor conocida como Lucy Jaén, es considerada la mayor exponente de este género musical.

¿Qué géneros de música folclórica conoces?

Política

Óscar Arias

Óscar Arias es expresidente de Costa Rica. Fue elegido presidente dos veces. Su primer período presidencial fue de 1986 a 1990 y su segundo período fue de 2006 a 2010. Arias tiene una amplia formación académica: estudió en Costa Rica, los Estados Unidos e Inglaterra y fue profesor de Ciencias Políticas en la Universidad de Costa Rica. Durante su primer período como presidente, trabajó incansablemente *(tirelessly)* para establecer la paz *(peace)* en Centroamérica. Finalmente, logró *(he achieved)* un acuerdo *(agreement)* de paz con los presidentes de El Salvador, Nicaragua, Honduras y Guatemala. Por sus esfuerzos *(efforts)*, ganó el Premio Nobel de la Paz en 1987.

¿Conoces a alguna persona importante en el área de la política en Latinoamérica?

Escritores

Ernesto Cardenal

El nicaragüense Ernesto Cardenal (1925–2020) fue poeta, escultor y sacerdote *(priest)* católico. Es uno de los escritores más famosos de Latinoamérica. Escribió más de treinta y cinco obras. Desde joven creyó en el poder *(power)* de la poesía para mejorar la sociedad, y trabajó por establecer la igualdad y la justicia en su país.

¿Conoces a artistas o escritores de Latinoamérica? ¿A quién conoces?

Mar Caribe

Canal de Panamá

Islas San Blas

Bocas del Toro

Colón

Cordillera de San Blas

Río Chepo

Serranía de Tabasará

⭐ **Ciudad de Panamá**

PANAMÁ

David

Isla del Rey

Golfo de Panamá

Isla de Coiba

Colombia

¿Qué aprendiste?

1 **¿Cierto o falso?** Indica si estas oraciones son **ciertas** o **falsas**.

1 Communication Interpretive Communication

	Cierto	Falso
1. El Canal de Panamá conecta los océanos Pacífico y Atlántico.	✓	
2. San José es la capital de Panamá.		✓
3. Costa Rica disolvió el ejército en 1948.	✓	
4. La mola es una tribu indígena que vive en Panamá.		✓
5. Las molas se usan hoy para decorar casas.	✓	
6. Ernesto Cardenal es uno de los escritores más famosos de Latinoamérica.	✓	
7. El tamborito es un género musical de Nicaragua.		✓
8. Óscar Arias fue presidente de Panamá.		✓

2 **Preguntas** Contesta estas preguntas. **2 Communication** Interpretive Communication

1. ¿Cuál es la capital de Nicaragua? *Managua*
2. ¿Qué país tiene un nivel de alfabetización del 96%? *Costa Rica*
3. ¿Quién ganó el Premio Nobel de la Paz en 1987? *Óscar Arias*
4. ¿Dónde viven los kunas? *en las islas San Blas de Panamá*
5. ¿Quiénes cantan el tamborito tradicionalmente? *las mujeres*

3 **¿Qué piensas?** Responde a las preguntas. **3 Cultures** Relating Cultural Practices/Products to Perspectives
3 Connections Making Connections

1. ¿Por qué crees que el Canal de Panamá es tan importante para el comercio de los países del continente americano?
2. ¿Qué dice sobre Costa Rica que la educación es gratis y obligatoria para todos los costarricenses?
3. ¿Crees que la poesía puede mejorar la sociedad? ¿Por qué?
4. ¿Qué piensas que representan las molas para los kunas?

4 **Comparación** Haz una de estas comparaciones. **4 Comparisons** Cultural Comparisons

- la mola y un arte textil que conoces
- el progresismo en Costa Rica y en los Estados Unidos
- el tamborito y otro género musical

I CAN identify basic facts about the geography and culture of Nicaragua, Costa Rica, and Panama by reading short informational texts with visuals.

15 El bienestar

PARA EMPEZAR Here are some additional questions: **¿Tienes buena salud? ¿Vas al gimnasio regularmente? ¿Qué deben hacer las personas que quieren mejorar la salud?**

🔊 PARA EMPEZAR

- ¿Qué están haciendo los chicos?
- ¿Dónde están?
- ¿Tienen estrés?
- ¿Qué lleva la chica en la mano?

Communicative Goal
Discuss well-being

INSTRUCTIONAL RESOURCES
Supersite: Vocabulary Tutorials; WebSAM
SAM: Workbook pp. 149–150; Lab Manual p. 317

EL BIENESTAR

EN EL GIMNASIO

el músculo *muscle*

calentarse (e:ie) *to warm up*

entrenarse *to train*

estar en buena forma
   to be in good shape

hacer ejercicio *to exercise*

hacer ejercicios aeróbicos
   to do aerobics

hacer gimnasia *to work out*

levantar pesas *to lift weights*

mantenerse en forma *to stay in shape*

sudar *to sweat*

SUGGESTION Ask students where they would go to do these activities. Ex: **levantar pesas, merendar, hacer ejercicios aeróbicos, hacer gimnasia, comprar comida para una dieta equilibrada.**

hacer ejercicios de estiramiento
to do stretching exercises

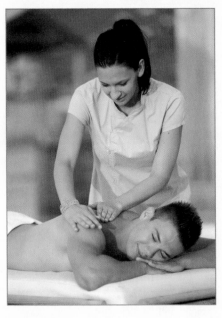

el masaje
massage

EL BIENESTAR

el bienestar *well-being*

aliviar el estrés/la tensión
   to relieve stress/tension

disfrutar (de)
   to enjoy; to reap the benefits (of)

llevar una vida sana
   to lead a healthy lifestyle

(no) fumar *(not) to smoke*

SUGGESTION Write **hacer ejercicio** on the board and ask students questions. Ex: **¿Quiénes hacen ejercicio regularmente? ¿Hacen ejercicios aeróbicos? ¿Quiénes levantan pesas?**

la clase de ejercicios aeróbicos
aerobics class

 **Vocabulary Tools**

LA NUTRICIÓN

la bebida alcohólica
  alcoholic beverage

la caloría *calorie*

el colesterol *cholesterol*

la grasa *fat*

la merienda *(afternoon) snack*

los minerales *minerals*

la nutrición *nutrition*

la proteína *protein*

---

adelgazar *to lose weight; to slim down*

aumentar de peso *to gain weight*

consumir alcohol *to consume alcohol*

engordar *to gain weight*

estar a dieta *to be on a diet*

seguir una dieta equilibrada
  to eat a balanced diet

---

descafeinado/a *decaffeinated*

merendar (e:ie)
to have a(n) (afternoon) snack

VOCABULARIO ADICIONAL For additional vocabulary on this theme, go to **Vocabulario adicional** in the **Resources** section of the Supersite.

ADJETIVOS

activo/a *active*

débil *weak*

flexible *flexible*

sedentario/a *sedentary*

tranquilo/a *calm; quiet*

OTRAS PALABRAS Y EXPRESIONES

la droga *drug*

el/la drogadicto/a *drug addict*

el/la teleadicto/a *couch potato*

---

apurarse *to hurry; to rush*

darse prisa *to hurry; to rush*

sufrir muchas presiones
  to be under a lot of pressure

tratar de (+ *inf.*)
  to try (to do something)

---

en exceso *in excess; too much*

sin *without*

EXPANSION Have students interview each other about their own exercise and workout habits.

SUGGESTION Discuss the characteristics of a **teleadicto** and write them on the board. Ex: **No es muy activo. Es sedentario. Mira la televisión en exceso. Come mucho. No hace mucho ejercicio.**

fuerte
strong

las vitaminas

ASÍ SE DICE

hacer ejercicios aeróbicos ⟷ hacer aeróbic (*Esp., Arg.*)

A escuchar

1 **¿Lógico o ilógico?** Escucha las oraciones e indica si son **lógicas** o **ilógicas**.

1 Communication
Interpretive Communication

	Lógico	Ilógico
1.	✓	
2.		✓
3.	✓	
4.	✓	
5.	✓	
6.		✓
7.		✓
8.	✓	

2 **Seleccionar** Escucha el anuncio del gimnasio Sucre. Marca los servicios que se ofrecen.

2 Communication
Interpretive Communication

____✓____ 1. dietas para adelgazar
_____ 2. programa para aumentar de peso
____✓____ 3. clases de gimnasia
____✓____ 4. entrenador personal
____✓____ 5. programas privados de pesas
_____ 6. clases de estiramiento
____✓____ 7. masajes
_____ 8. programa para dejar de fumar
_____ 9. programas para teleadictos
____✓____ 10. clases de ejercicios aeróbicos

1 SCRIPT

1. Fernando tiene músculos muy grandes. Levanta pesas todos los días.

2. Ernesto es un teleadicto. Se queda todo el día en el gimnasio.

3. Gloria está a dieta. Quiere adelgazar.

4. María hace ejercicio para aliviar el estrés.

5. Emilia hace ejercicios de estiramiento para ser más flexible.

6. Víctor suda mucho porque bebe café descafeinado.

7. Se puede fumar dentro del gimnasio.

8. Pablo está en buena forma porque sigue una dieta equilibrada y corre los fines de semana.

2 SCRIPT Si quieres estar en buena forma, aliviar el estrés o adelgazar, el gimnasio Sucre te ofrece una serie de programas que se adaptarán a tus gustos. Tenemos un equipo de entrenadores que te pueden ayudar a mantenerte en forma con las clases de ejercicios aeróbicos y de gimnasia. Si sufres muchas presiones y lo que necesitas es un servicio más especial, puedes trabajar con un entrenador personal en nuestros programas privados de pesas, masajes y dietas para adelgazar.

A practicar

3 Identificar Identifica la palabra o expresión opuesta de la lista.

1. activo *sedentario*
2. adelgazar *aumentar de peso*
3. débil *fuerte*
4. rígido *flexible*

5. no tener prisa *apurarse*
6. estar sano *estar enfermo*
7. engordar *mantenerse en forma*
8. nervioso *tranquilo*

apurarse	**mantenerse en forma**
aumentar de peso	**sedentario**
en exceso	**sin**
estar enfermo	**sudar**
flexible	**sufrir muchas presiones**
fuerte	**tranquilo**

4 Combinar Combina las frases de las dos columnas para formar ocho oraciones lógicas.

h 1. David levanta pesas…

e 2. Estás en buena forma…

f 3. Felipe se lastimó…

a 4. Mi hermano…

b 5. Sara hace ejercicios de…

d 6. Mis primos se entrenan…

g 7. Para llevar una vida sana,

c 8. Los médicos sufren muchas…

a. aumentó de peso por sufrir estrés.

b. estiramiento.

c. presiones de sus pacientes.

d. para correr en un maratón.

e. porque haces ejercicio.

f. un músculo de la pierna.

g. no se debe fumar.

h. y corre mucho.

5 Describir Describe lo que ocurre en los dibujos. *Answers will vary.*

1.

2.

3.

4.

A conversar

6 La nutrición Con un(a) compañero/a, conversa sobre tus hábitos alimenticios (*eating habits*). *Answers will vary.*

6 Communication Interpersonal Communication

1. ¿Cuántas comidas con mucha grasa consumes regularmente? ¿Piensas que debes comer menos comidas de este tipo? ¿Por qué?

2. ¿Compras comidas con muchos minerales y vitaminas? ¿Necesitas consumir más comidas que los contienen? ¿Por qué?

3. ¿Tiene algún miembro de tu familia problemas con el colesterol? ¿Qué hace para cuidarse?

4. ¿Qué piensas de la idea de no comer carne u otros productos animales? ¿Es posible seguir una dieta equilibrada sin comer carne?

5. ¿Consumes cafeína en exceso? ¿Cuáles son los productos que contienen cafeína? ¿Qué ventajas (*advantages*) y desventajas tiene la cafeína?

6. ¿Crees que llevas una vida sana? ¿Y tus amigos/as? ¿Crees que, en general, los estudiantes llevan una vida sana? ¿Por qué?

7 Comparaciones Con un(a) compañero/a, conversa sobre estos temas y luego comparte tres datos interesantes con la clase. **7 Communication** Interpersonal Communication

el yoga

modelo
Estudiante 1: *Creo que el yoga es muy bueno para la salud.*
Estudiante 2: *Sí, pero las clases de yoga son muy caras. Además, son muy aburridas.*
Estudiante 1: *Yo prefiero pagar y estar en buena forma física y mental.*

la meditación	la comida orgánica	pilates	correr al aire libre
las pesas	los ejercicios aeróbicos	la natación	el baile

8 Un anuncio En grupos de cuatro, imaginen que son dueños/as de un gimnasio con un equipo (*equipment*) moderno, entrenadores cualificados y un(a) nutricionista. Preparen un anuncio para la televisión que atraiga (*attracts*) a nuevos clientes. Incluyan esta información. *Answers will vary.* **8 Communication** Presentational Communication

- Las ventajas de estar en buena forma
- El equipo que tienen y las características únicas del gimnasio
- Los servicios y las clases que ofrecen
- La dirección y el teléfono del gimnasio
- El precio para los socios (*members*) del gimnasio

9 Recomendaciones Imagina que tú y tu compañero/a están preocupados por los malos hábitos de un(a) amigo/a suyo/a que no está bien últimamente (*lately*). Representen un diálogo en el cual hablan de lo que está pasando en la vida de su amigo/a y los cambios que necesita hacer para llevar una vida sana.

9 Communication Interpersonal Communication

10 El teleadicto Con un(a) compañero/a, representa una conversación entre un(a) nutricionista y un(a) teleadicto/a. La persona sedentaria habla de sus malos hábitos de salud. El/La nutricionista debe sugerir una dieta equilibrada y una rutina para mantenerse en forma. *Answers will vary.* **10 Communication** Interpersonal Communication

I CAN discuss well-being.

6 SUGGESTION Review the food vocabulary from **Lección 8.** Describe your own eating and exercise habits.

6 EXPANSION Have students share their partner's answers with the class.

7 SUGGESTION Have each pair research one of the topics and give a presentation to the class based on what they learned.

8 SUGGESTION Share some fitness magazine ads or local health club brochures with the class to prepare for this activity.

9 10 TEACHING OPTION Have half of the class do Activity 9 and the other half do Activity 10. Then have volunteers act out their situations for the class.

9 10 SUGGESTION Before doing these activities, review verbs and expressions of will and influence in **Lección 12.**

ACTIVITY PACK For additional activities, go to the **Activity Pack** in the **Resources** section of the Supersite.

Ortografía

 Tutorial

INSTRUCTIONAL RESOURCES
Supersite: Spelling Tutorial; WebSAM
SAM: Lab Manual p. 318

Las letras **b** y **v**

SUGGESTION Write these words on the board and have students explain why the **b** or **v** is used: **flexible, bien, autobús, engordaba, iban, va, estuve, tuvimos, pavo**.

EXPANSION For additional practice, write these sentences on the board and have students fill in the missing letters: **Doña _ioleta era muy acti_a y lle_aba una _ida muy sana. Siempre comía _ien y nunca toma_a _ino ni refrescos. Nunca fuma_a e i_a al gimnasio todos los días para hacer ejercicios aeró_icos.** As an alternative, do a dictation with the sentences.

Since there is no difference in pronunciation between the Spanish letters **b** and **v**, spelling words that contain these letters can be tricky. Here are some tips.

nomb**re**   **bl**usa   **ab**soluto   **descu**b**rir**

The letter **b** is always used before consonants.

bonita   **bot**ella   **bus**car   **bien**estar

At the beginning of words, the letter **b** is usually used when it is followed by the letter combinations **-on, -or, -ot, -u, -ur, -us, -ien,** and **-ene.**

adelgazab**a**   **disfruta**b**an**   **i**b**as**   **í**b**amos**

The letter **b** is used in the verb endings of the imperfect tense for **–ar** verbs and **ir**.

voy   **v**amos   **estu**v**o**   **tu**v**ieron**

The letter **v** is used in the present tense forms of **ir** and in the preterite forms of **estar** and **tener**.

octa**vo**   **hu**e**vo**   **act**i**va**   **gr**a**ve**

The letter **v** is used in these noun and adjective endings: **-avo/a, -evo/a, -ivo/a, -ave, -eve.**

Práctica Completa las palabras con las letras **b** o **v**.

1. Una _v_ez me lastimé el _b_razo cuando esta_b_a _b_uceando.
2. Manuela ol_v_idó sus li_b_ros en el auto_b_ús.
3. Ernesto tomó el _b_orrador y se puso todo _b_lanco de tiza.
4. Para tener una _v_ida sana y saluda_b_le, necesitas tomar _v_itaminas.
5. En mi pue_b_lo hay un _b_ule_v_ar que tiene muchos ár_b_oles.

El ahorcado Juega al ahorcado (*hangman*) para adivinar las palabras.

1. _n_ _u_ _b_ _e_ _s_   Están en el cielo. *nubes*
2. _b_ _u_ _z_ _ó_ _n_   Relacionado con el correo. *buzón*
3. _b_ _o_ _t_ _e_ _l_ _l_ _a_   Está llena de líquido. *botella*
4. _n_ _i_ _e_ _v_ _e_   Fenómeno meteorológico. *nieve*
5. _v_ _e_ _n_ _t_ _a_ _n_ _a_ _s_   Los "ojos" de la casa. *ventanas*

INSTRUCTIONAL RESOURCES
Supersite: WebSAM
SAM: Video Manual pp. 197–198

 Video

Communicative Goal |
Talk about well-being |

La clase de yoga

Los chicos asisten a una clase de yoga en Madrid Río.

PERSONAJES

JUANJO

MANUEL

SARA

OLGA LUCÍA

VALENTINA

INSTRUCTORA

Antes de ver

Ojea los pies de foto (*Scan the captions*) y busca vocabulario relacionado con el ejercicio, la nutrición y el bienestar.

VIDEO RECAP Before showing this **Aventuras** episode, review the previous episode with these questions: 1. **¿Quiénes tratan de recoger las entradas?** (Daniel y Valentina) 2. **¿Qué buscan Daniel y Valentina?** (un cajero automático que esté cerca y que funcione) 3. **¿Quiénes se dan prisa para comprar las flores?** (Juanjo y Olga Lucía) 4. **¿Cómo va Manuel a comprar los chocolates?** (en coche)

VIDEO SYNOPSIS Juanjo, Manuel, and Sara knock on Olga Lucía and Valentina's door to go to an outdoor yoga class. The two girls weren't expecting them and are still in their pajamas. Juanjo wants to take the subway, but the girls say they always run to the park to warm up. The boys have trouble keeping up. Juanjo doesn't enjoy the class, but Manuel does once he gets the hang of it. Sara suggests getting something to eat afterward. The boys want to eat fatty foods, while the girls would rather have something healthy.

SARA ¿Has ido a clase de yoga alguna vez?

MANUEL No, pero Valentina dijo que para hacer yoga es mejor ser flexible.

JUANJO Nunca he sido flexible. Yo prefiero levantar pesas.

SARA (*a Olga Lucía y Valentina*) ¡Hola!

OLGA LUCÍA ¿Qué hacen aquí tan temprano?

MANUEL ¿No nos habíais invitado a ir a la clase de yoga por la mañana?

VALENTINA ¡¿Y os lo tomasteis en serio?!

VALENTINA Siempre vamos corriendo para calentar.

SARA ¡Así también hacemos ejercicios aeróbicos y nos mantenemos en forma!

OLGA LUCÍA (*a Juanjo y Manuel*) Desayunaron ligero, ¿verdad?

JUANJO ¡¿Ligero?! Desayunamos huevos, jamón, salchichas...

MANUEL ...tostadas y zumo de naranja. Eso. Ah, y café.

SARA ¿Y los chicos?

OLGA LUCÍA Allá los veo, vienen lentísimo.

VALENTINA Cuando llegaron, ni siquiera nos habíamos vestido, y ahora los tenemos que esperar.

OLGA LUCÍA ¡Pude haber dormido más!

SARA (*a Manuel y Juanjo*) ¡Daos prisa, que va a empezar la clase!

ACTIVIDADES

1 **¿Cierto o falso?** Indica si lo que dicen las oraciones es **cierto** o **falso**. Corrige las oraciones falsas.

1 Communication Interpretive Communication

	Cierto	Falso
1. Manuel y Juanjo se despiertan temprano.	✓	○
2. Juanjo quiere ir en autobús a la clase de yoga. *Juanjo quiere ir en metro a la clase de yoga.*	○	✓
3. Las chicas siempre hacen ejercicios aeróbicos antes de la clase de yoga.	✓	○
4. Juanjo y Manuel desayunan algo ligero antes de la clase. *Juanjo y Manuel desayunan mucha comida antes de la clase.*	○	✓

2 **Asociar** Identifica a quién(es) asocias con estas comidas y bebidas.

2 Communication Interpretive Communication

1. huevos *Juanjo y Manuel*
2. gazpacho *Sara*
3. jamón *Juanjo y Manuel*
4. ensalada de atún *Olga Lucía*
5. café *Juanjo y Manuel*

SUGGESTION Indicate that **aliviado** (caption 4) and **relajado** (caption 6) are past participles used as adjectives. Point out **has ido** and **he sido** in caption 1, **has hecho** in caption 5, and **he sudado** in caption 6 as examples of the present perfect. Identify **habíais invitado** (caption 1) and **nos habíamos vestido** (caption 3) as examples of the past perfect.

SUGGESTION Tell students that **daos** in caption 3 is the **vosotros/as** command form of **darse**.

INSTRUCTORA Repitamos el saludo al sol: inhalamos, brazos al cielo, exhalamos. Pie derecho atrás.

JUANJO (*a Valentina*) ¡¿No decías que el yoga servía para relajarse?!

VALENTINA (*a Juanjo*) Sí, el yoga te ayuda a aliviar la tensión y el estrés.

JUANJO ¡Pues yo no me siento nada aliviado!

SARA Tienes que respirar, Juanjo.

OLGA LUCÍA ¡Shh! ¡No se puede hablar!

INSTRUCTORA Y ahora levantamos la pierna. No importa que se caigan, lo importante es que traten de hacerlo.

INSTRUCTORA (*a Manuel*) ¿Quieres que te ayude a hacer la pose una vez más?

INSTRUCTORA Estiramos. Levantamos la pierna.

INSTRUCTORA (*a Manuel*) Lo has hecho muy bien.

MANUEL ¡Namaste!

OLGA LUCÍA ¿Les gustó la clase?

JUANJO ¡Nunca he sudado tanto en mi vida!

MANUEL Yo estoy muy relajado.

SARA ¿Queréis ir a comer algo?

MANUEL ¡Claro!

Expresiones útiles

la chistorra *type of cured pork sausage*
estirar *to stretch*
exhalar *to exhale*
inhalar *to inhale*
ligero/a *light*
ni siquiera *not even*
la sobrasada *spicy pork sausage*
el zumo *juice (in Spain)*
_____

la estera *mat*

Madrid Río

Desde 2011 los madrileños disfrutan de un nuevo pulmón verde (*green area*): Madrid Río. Situado al lado de la ribera (*riverbank*) del río Manzanares, el parque ofrece casi veinte áreas de juegos infantiles (*playgrounds*), espacios para jugar al fútbol, baloncesto, tenis y pasear en bicicleta, ¡y hasta una playa! Gracias a Madrid Río, los madrileños ya no tienen excusas para no mantenerse en forma.

¿Haces ejercicio al aire libre? ¿Qué pulmones verdes ofrece el lugar donde vives?

---

3 **Preguntas personales** En parejas, háganse estas preguntas. ¿Tienen respuestas en común? **3 Communication** Interpersonal Communication

1. ¿Qué ejercicios haces?
2. ¿Te gusta correr? ¿Por qué?
3. ¿Qué haces para aliviar la tensión y el estrés?
4. ¿Asistes a clases de yoga? ¿Por qué?
5. ¿Qué desayunaste hoy?
6. ¿Qué te gusta comer después de hacer ejercicio?

I CAN talk about well-being.

Communicative Goal
Discuss outdoor exercise spaces in Spanish-speaking
countries and in the United States

Espacios públicos **saludables**

Los médicos de todo el mundo insisten en la importancia de la actividad física y el deporte para el bienestar físico y mental de todos. Aun así, los niveles° de actividad física siguen siendo bajos. Según la Organización Mundial de la Salud (OMS), el 39% de la población latinoamericana no practica ningún tipo de actividad física. Y en España el valor es del 46%.

Con el objetivo de aumentar° la actividad física entre la población, varias ciudades del mundo hispano promueven la creación de espacios públicos para que los residentes hagan ejercicio. En Madrid, España, por ejemplo, se han instalado los llamados "parques calistenia" en diferentes partes de la ciudad, donde las personas pueden hacer ejercicio al aire libre a cualquier hora del día y sin tener que pagar un gimnasio caro. Estos parques también se están volviendo° muy populares en Latinoamérica, no sólo porque son gratuitos y permiten hacer ejercicio al aire libre, sino también porque favorecen la conformación de grupos de amigos que comparten el interés por el ejercicio y se motivan mutuamente.

En Lima, Perú, se encuentra uno de los espacios públicos más amplios y agradables para la práctica de la actividad física: el Malecón° de Miraflores. Por su gran extensión, su hermosa vista y el fresco aire marino que se respira, el malecón es el lugar preferido por los limeños° para hacer ejercicio. Todos los días, desde muy temprano en la mañana hasta las horas de la noche, y durante todo el año, es posible ver personas practicando todo tipo de actividades físicas, como caminar, correr, patinar o pasear en bicicleta, pero también hay quienes levantan pesas y practican yoga.

Para los más aventureros y que prefieren más adrenalina, la ciudad de Buenos Aires, Argentina, ofrece muchos espacios públicos para la práctica de actividades como el skate y el parkour, maneras diferentes y divertidas de hacer ejercicio que se han extendido por muchos países hispanos. En 2015, Buenos Aires inauguró el primer espacio público de Latinoamérica para practicar parkour: el Parque Alberdi de Mataderos. Es un amplio espacio con una variedad de volúmenes y estructuras tubulares donde se pueden practicar estas disciplinas. Con éste, ya son cinco los parques públicos que promueven los deportes extremos en la ciudad.

Área X en Buenos Aires, Argentina

niveles *levels* aumentar *increase* se están volviendo *are becoming* Malecón *coastal walkway* limeños *residents of Lima*

Malecón de Miraflores en Lima, Perú

ASÍ SE DICE

El ejercicio

los abdominales	*sit-ups*
la bicicleta estática	*stationary bicycle*
el calambre muscular	*(muscular) cramp*
el (fisi)culturismo **la musculación (Esp.)**	*bodybuilding*
las flexiones de pecho **las lagartijas (Méx.)** **las planchas (Esp.)**	*push-ups*
la cinta caminadora **la (cinta) trotadora** **(Arg.; Chile)**	*treadmill*

INSTRUCTIONAL RESOURCES
Supersite: Video (Flash cultura); WebSAM
SAM: Video Manual pp. 229–230

ACTIVIDADES

 1 **¿Cierto o falso?** Indica si lo que dicen las oraciones es **cierto** o **falso**. Corrige la información falsa. **1** Communication
Interpretive Communication

1. Los niveles de actividad física entre la población todavía son bajos. *Cierto.*

2. Los "parques calistenia" de Madrid son caros. *Falso. Son gratuitos.*

3. En el Malecón de Miraflores se puede correr y practicar yoga. *Cierto.*

4. El primer parque público de Latinoamérica para la práctica de parkour se encuentra en Lima, Perú. *Falso. Se encuentra en Buenos Aires, Argentina.*

5. Los jóvenes de Buenos Aires no tienen espacios para practicar deportes extremos. *Falso. La ciudad de Buenos Aires tiene cinco parques públicos que promueven los deportes extremos.*

 2 **Preguntas** Contesta las preguntas.
2 Communication Interpretive Communication

1. ¿Qué porcentaje (*percentage*) de españoles no practica ningún tipo de actividad física? *46%*

2. ¿Dónde está el Malecón de Miraflores? *en Lima, Perú*

3. ¿Qué es el Parque Alberdi de Mataderos? *el primer espacio público de Latinoamérica para practicar parkour*

4. ¿Cuántos parques públicos para deportes extremos hay en Buenos Aires? *cinco*

5. ¿Por qué son populares los "parques calistenia"? *porque son gratuitos y permiten hacer ejercicio al aire libre*

3 **Conversación** Conversa con un(a) compañero/a sobre estas preguntas.
3 Communication Interpersonal Communication

1. ¿Por qué crees que los espacios públicos para la práctica de la actividad física son importantes para las ciudades?

2. ¿En qué lugares de tu comunidad se puede realizar actividad física al aire libre?

3. ¿Estos espacios son similares a los que hay en algunos países hispanos?

 4 **Carta al editor** Escribe una carta al editor para proponer la creación de más espacios públicos para practicar actividades físicas en tu comunidad. Menciona la importancia que tienen estas actividades y presenta soluciones.

4 Communication Presentational Communication
4 Communities School and Global Communities

I CAN discuss outdoor exercise spaces in Spanish-speaking countries and in my community.

Communicative Goal
Identify the ways people deal with stress in Madrid

 Video

¿Estrés? ¿Qué estrés?

1 **Preparación** ¿Sufres de estrés? ¿Qué situaciones te producen estrés? ¿Qué haces para combatirlo?

2 **El video** Mira el episodio de **Flash cultura** sobre la manera como las personas combaten el estrés in Madrid.

Vocabulario	
árabe *Moorish, Arab*	combatir el estrés *to fight against stress*
el bullicio *hustle and bustle*	el ruido *noise*

... es un lugar donde la gente viene a "retirarse", a escapar del estrés y el bullicio de la ciudad.

3 Communication Interpretive Communication

3 **¿Cierto o falso?** Indica si las oraciones son **ciertas** o **falsas**. Corrige la información falsa.

1. Madrid es la segunda ciudad más grande de España, después de Barcelona. *Falso. Es la ciudad más grande.*

2. Madrid es una ciudad muy poco congestionada (*congested*) gracias a los policías de tráfico. *Falso. Es una ciudad muy congestionada.*

3. Un turista estadounidense intenta saltarse la cola (*cut the line*) para conseguir unos boletos para un espectáculo. *Cierto.*

4. En el Parque del Retiro, puedes descansar, hacer gimnasia, etc. *Cierto.*

5. Los baños termales Medina Mayrit son de influencia cristiana. *Falso. Son de influencia árabe.*

6. En Medina Mayrit es posible bañarse en aguas termales, tomar el té y hasta comer. *Cierto.*

4 **Comparación** Compara las maneras como las personas combaten el estrés en Madrid y en tu comunidad. **4** Comparisons Cultural Comparisons

---

I CAN identify the ways people deal with stress in Madrid.

15 GRAMÁTICA

Ⓢ Tutorial

Communicative Goal
Describe situations

15.1 Past participles used as adjectives

Forming past participles

▶ The past participles of English verbs often end in **–ed** (*to turn* ➔ *turned*), but many are irregular (*to buy* ➔ *bought*; *to drive* ➔ *driven*).

▶ In Spanish, regular **–ar** verbs form the past participle with **–ado**. Regular **–er** and **–ir** verbs form the past participle with **–ido**.

INFINITIVE	STEM	PAST PARTICIPLE
bailar	bail-	bailado
comer	com-	comido
vivir	viv-	vivido

▶ You already know several past participles used as adjectives: **aburrido, cansado, enamorado, nublado, perdido,** etc.

Sólo tomo café descafeinado.

Estoy cansada.

▶ Note that all irregular past participles, except for those of **decir (dicho)** and **hacer (hecho)**, end in **–to.**

Irregular past participles

abrir	abierto		morir	muerto
decir	dicho		poner	puesto
describir	descrito		resolver	resuelto
descubrir	descubierto		romper	roto
escribir	escrito		ver	visto
hacer	hecho		volver	vuelto

¡ojo! The past participles of **–er** and **–ir** verbs whose stems end in **–a, –e,** or **–o** carry a written accent mark on the **i** of the **–ido** ending.

caer	caído		oír	oído		sonreír	sonreído
creer	creído		reír	reído		traer	traído
leer	leído						

SUGGESTION Have pairs make a promotional flyer for a new business in town. Their flyers should include at least three past participles used as adjectives. When they have finished, circulate the flyers in class.

INSTRUCTIONAL RESOURCES
Supersite: Grammar Tutorial; WebSAM
SAM: Workbook pp. 151–152; Lab Manual p. 319

Práctica

1 **Completar** Completa estas oraciones con la forma adecuada del participio pasado.

modelo El hombre _descrito_ [describir] en ese panfleto es un entrenador personal de gimnasia.

1. Megan Rapinoe es una atleta muy ___conocida___ [conocer].
2. ¿Está ___hecha___ [hacer] la cena?
3. Los libros ___usados___ [usar] son más baratos que los nuevos.
4. Los documentos están ___firmados___ [firmar].
5. Creo que el gimnasio está ___abierto___ [abrir] veinticuatro horas al día.

2 **Describir** Completa las oraciones con las palabras de la lista. Haz los cambios necesarios.

estar cerrado	estar aburrido
estar muerto	estar descrito
estar roto	estar firmado
estar abierto	no estar hecho

modelo

Los estudiantes
están aburridos.

1. Los cheques
están firmados.

2. La ventana
está rota.

3. La cama
no está hecha.

4. La puerta
está cerrada.

5. El señor Vargas
está muerto.

Conversación

 Preguntas Túrnate con un(a) compañero/a para responder estas preguntas. *Answers will vary.*

3 Communication Interpersonal Communication

 1. ¿Qué haces cuando no estás preparado/a para una clase?

2. ¿Qué haces cuando estás perdido/a en una ciudad?

3. ¿Está ordenado tu cuarto?

4. ¿Dejas la luz prendida en tu cuarto?

5. ¿Prefieres comprar libros usados o nuevos? ¿Por qué?

6. ¿Tienes mucho dinero ahorrado?

7. ¿Necesitas pedirles dinero prestado a tus padres?

8. ¿Quiénes están aburridos en la clase?

 Encuesta Averigua quién de tus compañeros/as se identifica con estas descripciones. Anota sus respuestas y comparte los resultados con la clase. *Answers will vary.*

4 Communication Interpersonal Communication

Descripciones	Nombres	Respuesta
1. Tiene un electrodoméstico roto en casa. (¿Qué es?)	_____	_____
2. Lleva algo hecho en Europa o en un país hispano. (¿Qué es?)	_____	_____
3. Deja la puerta de su cuarto abierta por la noche. (¿Por qué?)	_____	_____
4. Toma café descafeinado. (¿Cuándo?)	_____	_____
5. Está interesado/a en trabajar en un banco. (¿Por qué?)	_____	_____
6. Le gusta comprar ropa usada. (¿Dónde y por qué?)	_____	_____
7. Tiene un pariente o un(a) amigo/a muy conocido/a. (¿Quién?)	_____	_____
8. Es teleadicto/a. (¿Cuáles son sus programas favoritos?)	_____	_____

ACTIVITY PACK For additional activities, go to the **Activity Pack** in the **Resources** section of the Supersite.

I CAN describe situations.

Past participles used as adjectives

La ventana está rota.   **La puerta está abierta.**

▶ In Spanish, as in English, past participles can be used as adjectives. They are often used with the verb **estar** to describe a condition or state that results from an action. Like other Spanish adjectives, past participles must agree in gender and number with the nouns they modify.

El gimnasio **está cerrado**.
The gym is closed.

El cheque ya **está firmado**.
The check is already signed.

En la entrada, hay algunos letreros **escritos** en español.
At the entrance, there are some signs written in Spanish.

Tenemos la mesa **puesta** y la cena **hecha**.
We have the table set and dinner made.

Revista Capital

Consejos financieros escritos
por gente que sabe.

Incluso si su negocio va mal, su compañía no está acabada. ¡Tenemos la solución y montones de ideas listas para poner en práctica!

¡Manos a la obra!

Indica la forma correcta del participio pasado de estos verbos.

1. hablar	hablado	11. ver	visto
2. beber	bebido	12. hacer	hecho
3. decidir	decidido	13. morir	muerto
4. romper	roto	14. reír	reído
5. escribir	escrito	15. mirar	mirado
6. cantar	cantado	16. abrir	abierto
7. oír	oído	17. decir	dicho
8. traer	traído	18. volver	vuelto
9. correr	corrido	19. poner	puesto
10. leer	leído	20. descubrir	descubierto

Communicative Goal
Describe recent actions and events

15.2 The present perfect

▶ The present perfect indicative tense (**el pretérito perfecto de indicativo**) is used to talk about what someone *has done*. It is formed with the present tense of **haber** and a past participle.

Nunca he sido flexible.

Lo has hecho muy bien.

Present indicative of *haber*

Singular forms		Plural forms	
yo	he	nosotros/as	hemos
tú	has	vosotros/as	habéis
Ud./él/ella	ha	Uds./ellos/ellas	han

Tú no **has cerrado** la puerta.
You haven't closed the door.

Yo ya **he leído** esos libros.
I've already read those books.

¿**Ha asistido** Juan a la clase?
Has Juan attended class?

Hemos presentado el proyecto.
We have presented the project.

▶ The past participle agrees with the noun when it functions as an adjective, but not when it is part of the present perfect tense.

Clara **ha abierto** las ventanas.
Clara has opened the windows.

Yo **he cerrado** la puerta.
I've closed the door.

Las ventanas están **abiertas**.
The windows are open.

La puerta está **cerrada**.
The door is closed.

▶ The present perfect is generally used just as in English: to talk about what *has occurred*. It usually refers to the recent past.

He trabajado cuarenta horas.
I have worked forty hours.

¿Cuál es el último libro que **has leído**?
What is the last book that you have read?

¡ojo! To say that someone has *just done something*, **acabar de** + [*infinitive*] is used.

Juan **acaba de llegar**.
Juan has just arrived.

Acabo de terminar mi tarea.
I have just finished my homework.

Ellos **acaban de salir**.
They have just left.

Acabamos de cenar.
We have just eaten dinner.

SUGGESTION Have students discuss with a classmate five things they have already done today. Ex: **He estudiado la lección para esta clase. He ido al gimnasio. He hecho una clase de ejercicios aeróbicos. He almorzado con unos amigos. He escrito un mensaje electrónico a mis abuelos. ¿Qué has hecho tú?**

INSTRUCTIONAL RESOURCES
Supersite: Grammar Tutorial; WebSAM
SAM: Workbook pp. 153–154; Lab Manual p. 320

Práctica

1 Completar Completa estas oraciones sobre el estado de salud y bienestar de algunos estudiantes con el pretérito perfecto de indicativo de estos verbos.

adelgazar	llevar
aumentar	seguir
hacer	sufrir

modelo Luisa _ha sufrido_ muchas presiones.

1. Juan y Raúl _han aumentado_ de peso porque no hacen ejercicio.
2. Pero María _ha adelgazado_ porque trabaja demasiado y siempre se olvida de comer.
3. Hasta ahora, yo _he llevado_ una vida muy sana.
4. Pero tú y yo no _hemos hecho_ gimnasia este semestre.
5. Tú tampoco _has seguido_ una dieta equilibrada recientemente.

2 Estilos de vida Indica si has hecho estas actividades. Sigue el modelo. *Answers will vary.*

modelo

Encontrar un buen gimnasio
He encontrado un buen gimnasio. / Yo no he encontrado un buen gimnasio.

1. Tratar de estar en forma
2. Estar a dieta los últimos dos meses
3. Dejar de tomar refrescos
4. Hacerse una prueba de colesterol
5. Entrenarse cinco días a la semana
6. Cambiar de una vida sedentaria a una vida activa
7. Tomar vitaminas por las noches y por las mañanas
8. Practicar yoga para relajarse
9. Consumir mucha proteína
10. Quedarse despierto/a toda una noche
11. Levantar pesas tres días a la semana
12. Aliviar el estrés

ACTIVITY PACK For additional activities, go to the **Activity Pack** in the **Resources** section of the Supersite.

Conversación

3 **¿Qué han hecho?** Con un(a) compañero/a, describe lo que han hecho y lo que no han hecho estas personas. Usen la imaginación. *Answers will vary.* **3 Communication** Interpersonal Communication

1. Jorge y Raúl

2. Natalia y Diego

3. Luisa

4. Ricardo

5. Jorge

6. Carmen

4 **Describir** Con un(a) compañero/a, piensa en una persona que conozcas bien o en una celebridad que lleva una vida muy sana. Luego, describe en un párrafo lo que la persona ha hecho para llevar una vida sana. *Answers will vary.*

 modelo **4 Communication** Presentational Communication

Coco Gauff ha llevado una vida muy sana.
Ha hecho todo lo posible para mantenerse en forma.
Para ganar las competencias de tenis, ella ha...

5 **Cosas en común** Con un(a) compañero/a, encuentra una película, un libro y un lugar que han visto, leído y visitado los/las dos. Luego, coméntenlo al resto de la clase.

 modelo **5 Communication** Interpersonal Communication

Estudiante 1: ¿Has visto la película *Relatos salvajes*?
Estudiante 2: ¿*Relatos salvajes*?
Estudiante 1: Sí, la película de Damián Szifron. Los actores principales son Ricardo Darín y Óscar Martínez.
Estudiante 2: Ah. Sí, la he visto. Me gustó mucho.

I CAN describe recent actions and events.

Using the present perfect

▶ **Haber** and the past participle cannot be separated by any word.

Siempre **hemos vivido** en Bolivia.
We have always lived in Bolivia.

Usted nunca **ha venido** a mi oficina.
You have never come to my office.

¿Has ido a clase de yoga alguna vez?

¡Nunca he sudado tanto en mi vida!

▶ The word **no** and any object or reflexive pronouns are placed immediately before **haber**.

Yo **no he cobrado** el cheque.
I have not cashed the check.

¿Por qué **no lo has cobrado**?
Why haven't you cashed it?

Susana ya **lo ha hecho**.
Susana has already done it.

Ellos **no lo han arreglado**.
They haven't fixed it.

▶ In English, *to have* can be either a main verb or an auxiliary verb. As a main verb, it corresponds to **tener**; as an auxiliary, it corresponds to **haber**.

Tengo muchos amigos.
I have a lot of friends.

No **he** visto el programa.
I have not seen the program.

Tengo un problema.
I have a problem.

He resuelto mi problema.
I have resolved my problem.

▶ The present perfect of **hay** is **ha habido**.

Ha habido muchos problemas con el nuevo profesor.
There have been a lot of problems with the new professor.

Ha habido un accidente en la calle Central.
There has been an accident on Central Street.

¡Manos a la obra!

Indica el pretérito perfecto de indicativo de los verbos.

1. yo _he disfrutado, he comido, he vivido_ [disfrutar, comer, vivir]
2. tú _has traído, has adelgazado, has compartido_ [traer, adelgazar, compartir]
3. usted _ha venido, ha estado, ha corrido_ [venir, estar, correr]
4. ella _ha leído, ha resuelto, ha puesto_ [leer, resolver, poner]
5. ellos _han dicho, han roto, han hecho_ [decir, romper, hacer]
6. nosotros _nos hemos mantenido, nos hemos dormido_ [mantenerse, dormirse]
7. yo _he estado, he escrito, he visto_ [estar, escribir, ver]
8. él _ha vivido, ha corrido, ha muerto_ [vivir, correr, morir]

Communicative Goal
Describe events that occurred before other past events

15.3 The past perfect

▶ The past perfect indicative (**el pretérito pluscuamperfecto de indicativo**) is used to talk about what someone *had done* or what *had occurred* before another past action, event, or state. The past perfect uses the imperfect of **haber** plus the past participle.

Las chicas habían invitado a los chicos a ir a la clase de yoga.

Cuando llegaron, ni siquiera nos habíamos vestido, y ahora los tenemos que esperar.

Past perfect indicative

	cerrar	perder	asistir
yo	había cerrado	había perdido	había asistido
tú	habías cerrado	habías perdido	habías asistido
Ud./él/ella	había cerrado	había perdido	había asistido
nosotros/as	habíamos cerrado	habíamos perdido	habíamos asistido
vosotros/as	habíais cerrado	habíais perdido	habíais asistido
Uds./ellos/ellas	habían cerrado	habían perdido	habían asistido

Pensé que ya se **habían ido.**
I thought you had already left.

Cuando llegamos, Luis ya **había salido**.
When we arrived, Luis had already left.

▶ The past perfect is often used with the word **ya** (*already*). Note that **ya** cannot be placed between **haber** and the past participle.

Ella **ya había empezado** cuando llamaron.
She had already begun when they called.

Cuando llegué a casa, Raúl **ya se había acostado**.
When I arrived home, Raúl had already gone to bed.

¡Manos a la obra!

Indica el pretérito pluscuamperfecto de indicativo de cada verbo.

1. Nosotros ya <u>habíamos cenado</u> [cenar] cuando nos llamaron.
2. Antes de tomar esta clase, yo no <u>había estudiado</u> [estudiar] nunca español.
3. Antes de ir a México, ellos nunca <u>habían ido</u> [ir] a otro país.
4. Eduardo nunca <u>se había entrenado</u> [entrenarse] antes de este año.
5. Pensé que Ana y Raúl ya <u>se habían casado</u> [casarse].
6. Yo ya te <u>había visto</u> [ver] muchas veces antes de conocerte.

SUGGESTION Ask students to write five things they had already done before the following birthdays:
los tres años, los trece años, los dieciocho años. Ex: **Antes de los tres años, ya había caminado.**

INSTRUCTIONAL RESOURCES
Supersite: Grammar Tutorial; WebSAM
SAM: Workbook pp. 155–156; Lab Manual p. 321

Práctica

1 Completar Completa los minidiálogos con las formas correctas del pretérito pluscuamperfecto de indicativo.

SARA Antes de cumplir los 15 años, ¿(1) <u>habías estudiado</u> [estudiar] tú otra lengua?

JOSÉ Sí, (2) <u>había tomado</u> [tomar] clases de inglés y de italiano.

• • •

DIANA Antes del 2017, ¿(3) <u>habían viajado</u> [viajar] tú y tu familia a Europa?

TOMÁS Sí, (4) <u>habíamos visitado</u> [visitar] Europa tres veces.

• • •

ANTONIO Antes de este año, ¿(5) <u>había corrido</u> [correr] usted en un maratón?

SRA. VERA No, nunca lo (6) <u>había hecho</u> [hacer].

• • •

SOFÍA Antes de su enfermedad, ¿(7) <u>había sufrido</u> [sufrir] muchas presiones tu tío?

IRENE Sí... y mi tío nunca antes (8) <u>se había mantenido</u> [mantenerse] en forma.

2 Quehaceres Indica lo que ya había hecho cada miembro de la familia antes de la llegada de la madre, la señora Ferrer. *Answers will vary.*

3 Tu vida Indica si ya habías hecho las siguientes cosas cuando cumpliste los dieciséis años. *Answers will vary.*

1. Hacer un viaje en avión
2. Escalar una montaña
3. Escribir un poema
4. Leer una novela
5. Enamorarte
6. Tomar una clase de ejercicios aeróbicos
7. Montar a caballo
8. Ir de pesca
9. Manejar un carro
10. Acampar

Conversación

4 Oraciones Túrnate con un(a) compañero/a para completar estas oraciones, usando el pretérito pluscuamperfecto de indicativo. *Answers will vary.*
4 Communication Interpersonal Communication

1. Cuando yo llamé a mi mejor amigo/a la semana pasada, él/ella ya…

2. Antes de este año, mis amigos/as y yo nunca…

3. Hasta el año pasado, yo siempre…

4. Antes de cumplir los veinte años, mi mejor amigo/a…

5. Antes de cumplir los treinta años, mis padres ya…

6. Hasta que cumplí los dieciocho años, yo nunca…

7. Antes de este semestre, el/la profesor(a) de español nunca…

8. Antes de tomar esta clase, yo nunca…

5 Lo dudo Escribe cinco oraciones, algunas ciertas y otras falsas, sobre cosas que habías hecho antes de venir a la universidad. Luego, en grupos, túrnense para leer sus oraciones. Cada miembro del grupo debe decir "es cierto" o "lo dudo" después de cada oración. Cada uno escribe la reacción de cada compañero/a para ver quién obtiene más respuestas ciertas. *Answers will vary.*
5 Communication Interpersonal Communication

modelo

Estudiante 1: *Cuando tenía diez años, ya había manejado el carro de mi papá.*

Estudiante 2: *Lo dudo.*

Estudiante 3: *Es cierto.*

6 Entrevista Con un(a) compañero/a, dramatiza una conversación en la que un(a) periodista de televisión está entrevistando (*interviewing*) a un(a) actor/actriz famoso/a que está haciendo un video de ejercicios aeróbicos. El/La periodista le hace preguntas para descubrir esta información:
6 Communication Interpersonal Communication *Answers will vary.*

• Si siempre se había mantenido en forma antes de hacer este video

• Si había seguido alguna dieta especial antes de hacer este video

• Qué le recomienda a la gente que quiere mantenerse en forma

• Qué le recomienda a la gente que quiere adelgazar

• Qué va a hacer cuando termine este video

ACTIVITY PACK For additional activities, go to the **Activity Pack** in the **Resources** section of the Supersite.

I CAN describe events that occurred before other past events.

Communicative Goal
Recognize the past perfect in an ad

Español en vivo

¡Acabo de descubrir
UNA NUEVA VIDA!

Hasta el año pasado, siempre había mirado la tele sentado en el sofá durante mis ratos libres. ¡Era un sedentario y un teleadicto! Había aumentado mucho de peso porque jamás había practicado ningún deporte.

Este año, he empezado a tener una dieta más sana y voy al gimnasio todos los días. He comenzado a ser una persona muy activa y he adelgazado. Disfruto de una vida sana y… ¡me siento muy feliz!

MANTÉNGASE EN FORMA

GIMNASIO OLÍMPICO

1 Identificar Identifica los ejemplos del pretérito pluscuamperfecto del indicativo en el anuncio.

2 Preguntas Contesta las preguntas. **2 Communication** Interpretive Communication

1. ¿Cómo era la vida de este joven hasta el año pasado? ¿Cómo es ahora?

2. ¿Te identificas con algunos de los hábitos, presentes o pasados, de este joven? ¿Con cuáles?

3. ¿Qué les recomienda el joven del anuncio a los lectores (*readers*)?

I CAN recognize the past perfect in an ad.

A repasar

15.1 Past participles used as adjectives

1 **¡Ya está hecho!** Tus padres te piden ayuda con los quehaceres de la casa. Como eres un(a) hijo/a muy responsable, ya hiciste todo. Responde a sus preguntas.

> **modelo**
> ¿Puedes planchar la ropa?
> La ropa ya **está planchada**.

1. ¿Puedes arreglar la computadora? *La computadora ya está arreglada.*
2. ¿Puedes estacionar el carro en el garaje? *El carro ya está estacionado en el garaje.*
3. ¿Puedes apagar la luz del pasillo? *La luz del pasillo ya está apagada.*
4. ¿Puedes preparar el almuerzo? *El almuerzo ya está preparado.*
5. ¿Puedes sacudir los estantes? *Los estantes ya están sacudidos.*
6. ¿Puedes poner los platos en la mesa? *Los platos ya están puestos en la mesa.*

2 **¡Qué miedo!** En parejas, imaginen que son compañeros/as de apartamento. Ayer, mientras ustedes estaban en clase, alguien rompió una ventana y entró a su apartamento. Describan a la policía lo que vieron cuando llegaron. Usen el participio pasado. *Answers will vary.*

> **modelo**
> Cuando llegamos al apartamento, nuestra puerta estaba cerrada, pero la ventana estaba rota...

15.2 The present perfect

3 **¡En forma!** Son las 8:45 de la mañana. Describe las actividades que Carla ha hecho en el gimnasio y las que no ha hecho todavía. *Answers will vary.*

Hora	Actividades
6:30 a.m.	hacer ejercicios de estiramiento
7:00 a.m.	tomar clase de ejercicios aeróbicos
8:00 a.m.	levantar pesas
8:30 a.m.	recibir un masaje
9:00 a.m.	ducharse
9:30 a.m.	desayunar en la cafetería
10:00 a.m.	irse a su oficina

> **modelo**
> Carla ya ha hecho ejercicios de estiramiento.

4 **¡A dieta!** Emilio ha seguido una dieta especial durante tres meses. Lee su dieta y contesta las preguntas. *Answers will vary.*

Desayuno	Almuerzo	Cena
una taza de café	ensalada de atún con verduras	pollo o pescado asado
cereal con leche	un pan	ensalada de tomate y queso
una manzana	una naranja	
	té helado sin azúcar	una copa de vino tinto

1. ¿Qué alimentos con proteínas ha consumido Emilio?
2. ¿Qué frutas ha comido?
3. ¿Te gustan los alimentos que ha comido Emilio?
4. ¿Crees que Emilio ha seguido una dieta equilibrada? ¿Por qué?
5. ¿Crees que Emilio ha engordado o adelgazado con esta dieta?
6. ¿Piensas que esta dieta ha mejorado la salud de Emilio? ¿Por qué?

5 **¿Alguna vez...?** Túrnate con un(a) compañero/a para hacer y responder estas preguntas. Usen el pretérito perfecto de indicativo en sus respuestas. *Answers will vary.* **5 Communication** Interpersonal Communication

> **modelo**
> tomar una clase de yoga (tú)
> **Estudiante 1:** ¿Alguna vez has tomado una clase de yoga?
> **Estudiante 2:** No, nunca he tomado una clase de yoga, pero he hecho ejercicios para aliviar el estrés.

1. levantar pesas (tu hermano/a)
2. tener problemas con el colesterol (tus papás)
3. entrenarse para un maratón (tu amigo/a)
4. llevar una vida sedentaria (tu hermano/a)
5. consumir alcohol en exceso (alguien que conoces)
6. seguir una dieta baja en grasas (tus amigos/as y tú)
7. ver televisión más de cinco horas en un día (tú)

15.3 The past perfect

6 **Oraciones** Forma oraciones con estos elementos. Usa el pretérito pluscuamperfecto de indicativo y haz los cambios necesarios.

> **modelo**
> Mi abuela / nunca / tener / problemas / de colesterol
> Mi abuela nunca **había tenido** problemas de colesterol.

1. Nosotros / jamás / cuidar / nuestro / nutrición
   Nosotros jamás habíamos cuidado nuestra nutrición.
2. Todos (nosotros) / llevar / vida / sedentario
   Todos habíamos llevado una vida sedentaria.
3. En agosto / mis hermanos y yo / resolver / estar a dieta
   En agosto, mis hermanos y yo habíamos resuelto estar a dieta.
4. Yo / no / ver / mis hermanos / en dos meses
   Yo no había visto a mis hermanos en dos meses.
5. En octubre / ellos / adelgazar / diez libras
   En octubre, ellos habían adelgazado diez libras.

Video

7 **¡Ya lo había hecho!** Imagina que tú y tu compañero/a tienen setenta años de edad. Un(a) estudiante dice algo que ya había hecho a los diez años de edad. El/La otro/a responde con algo que ya había hecho a los quince años. Terminen a los setenta años. ¡Usen su imaginación!

Answers will vary.

modelo **7** Communication Interpersonal Communication

Estudiante 1: A los diez años de edad, ya había aprendido a hablar tres idiomas.
Estudiante 2: Antes de cumplir quince años, yo ya había conocido Nueva York.
Estudiante 1: Pues a los veinte años, yo...

8 **Anuncio de radio** Con un(a) compañero/a, prepara un anuncio de radio para vender las vitaminas Energía 2000. Describan qué productos habían tomado ustedes antes de probar estas vitaminas y cómo se habían sentido. Usen el pretérito pluscuamperfecto de indicativo y **antes de, cuando** y **nunca**. Presenten el anuncio a la clase.

Answers will vary.

modelo ¡Nunca nos habíamos sentido mejor!

8 Communication Presentational Communication

Síntesis

9 **El maratón** Con un(a) compañero/a, dramatiza una conversación entre dos deportistas que se están entrenando para su cuarto maratón en Nueva York. Compara los entrenamientos que han tenido y los planes de nutrición que han seguido. Incluye esta información. *Answers will vary.*

9 Communication Interpersonal Communication

• ¿Cuántas horas a la semana se han entrenado? ¿Qué ejercicios han hecho?

• ¿Cómo ha sido su dieta? ¿Qué alimentos o bebidas no han consumido?

• ¿Cómo había sido su entrenamiento en años anteriores (*previous*)? ¿Qué cosas habían hecho diferente en otros años?

• ¿Se sienten preparados/as para ganar el maratón este año? ¿Por qué?

ACTIVITY PACK For additional activities, go to the **Activity Pack** in the **Resources** section of the Supersite.

Communicative Goal
Talk about solutions to personal challenges

Videoclip

1 **Preparación** ¿Es fácil o difícil para ti comunicar tus emociones y sentimientos (*feelings*)? ¿Los prefieres comunicar oralmente o por escrito?

2 **El clip** Mira el anuncio de **Azucarlito** de Uruguay.

Vocabulario

abrazo *hug*	**gesto** *gesture*
dulzura *sweetness*	**mensajero** *messenger*

Mañana a primera hora° se lo digo... ¿A quién?

mañana a primera hora *first thing tomorrow morning*

3 Communication Interpretive Communication

3 **Seleccionar** Selecciona la opción correcta para cada oración.

1. En el pueblo las personas necesitaban un mensajero de sentimientos porque (eran tímidos / (estaban ocupados)).
2. Pedro dejó de ser mensajero porque (se enfermó / (se enamoró)).
3. Los mejores regalos ((no se compran) / son los que dan los padres).
4. La dulzura ((puede cambiar el mundo) / ni se compra ni se vende).

4 **Soluciones** Con un(a) compañero/a, conversa sobre soluciones que han aplicado en sus vidas ante estos retos (*challenges*): aliviar el estrés durante los exámenes, resolver un conflicto con un amigo, correr más rápidamente en competencias, dormir mejor en período de clases. Luego, compartan sus ideas con la clase. *Answers will vary.* **4** Communication Interpersonal Communication

modelo Para aliviar el estrés durante los exámenes, yo he tomado clases de yoga.

I CAN talk about solutions to personal challenges.

Ampliación

Communicative Goals
Use cognates to understand a radio show, and talk about recent health problems

1 SCRIPT Buenos días, radioyentes, y bienvenidos a "Tu bienestar". Les habla Ofelia Cortez de Bauer. Hoy vamos a hablar de la importancia de estar en buena forma. Primero quiero que entiendan que estar en buena forma no es sólo cosa de estar delgado o ser fuerte. Para mantenerse en forma, deben tener tres objetivos: condicionar el sistema cardiopulmonar, aumentar la fuerza muscular y mejorar la flexibilidad. Cada persona tiene sus propios objetivos, y también sus propias limitaciones físicas, y debe diseñar su programa con un monitor de acuerdo con éstos. Pero óiganme bien, ¡lo más importante es tener una rutina variada, con ejercicios que les gusten; porque de otro modo no lo van a hacer! Mi rutina personal es la siguiente. Dos días por semana voy a la clase de ejercicios aeróbicos, claro, con un buen calentamiento al comienzo. Luego, levanto pesas y termino haciendo estiramientos de los músculos. Los fines de semana me mantengo activa, pero hago una variedad de cosas de acuerdo a lo que quiere hacer la familia. A veces practico la natación; otras, vamos de excursión al campo, por ejemplo. Como les había dicho la semana pasada, como unas 1.600 calorías al día, mayormente alimentos con poca grasa y sin sal. Disfruto mucho del bienestar que estos hábitos me producen. Ahora iremos a unos anuncios de nuestros patrocinadores. Cuando regresemos, voy a contestar sus preguntas acerca

1 Escuchar

 A Escucha lo que dice Ofelia Cortez de Bauer. Anota algunos de los cognados que escuchas y también la idea general del discurso. **1 Communication** Interpretive Communication

TIP **Listen for the gist and cognates.** By listening for the gist, you can get the general idea of what you're hearing. Listening for cognates will help you to fill in the details.

Cognados	Idea general
_____	_____
_____	_____
_____	_____

Ahora indica si estas oraciones son **ciertas** o **falsas**.

Cierto	Falso	
✓	___	1. La señora Bauer habla de la importancia de estar en buena forma.
___	✓	2. Según la señora Bauer, es importante que todos sigan el mismo programa.
✓	___	3. La señora Bauer participa en actividades individuales y de grupo.
___	✓	4. Según la señora Bauer, el objetivo más importante de cada persona debe ser adelgazar.

B ¿Qué piensas de los consejos que ella da? ¿Hay otra información que ella debía haber incluido (*included*)?
Answers will vary.

2 Conversar

 Con un(a) compañero/a, dramatiza una conversación entre el/la enfermero/a de la clínica de la universidad y un(a) estudiante que no se siente bien. Usa estas preguntas guía. *Answers will vary.* **2 Communication** Interpersonal Communication

- *¿Qué problema tiene y de dónde viene?*
- *¿Tiene buenos hábitos el/la estudiante?*
- *¿Qué ha hecho el/la estudiante en los últimos meses? ¿Cómo se ha sentido?*
- *¿Qué recomendaciones tiene el/la enfermero/a para el/la estudiante?*
- *¿Qué va a hacer el/la estudiante para llevar una vida más sana?*

I CAN understand a radio show by using cognates.

I CAN talk about recent health problems.

Ampliación

3 Escribir

Desarrolla un plan personal para mejorar tu bienestar físico y emocional. Considera la nutrición, el ejercicio y el descanso. *Answers will vary.* **3** Communication Presentational Communication

> **TIP** **Organize your information logically.** To make your writing and message clearer to your readers, organize information chronologically, sequentially, or in order of importance.

Organizar	Escribe tus objetivos. Anota lo que has hecho hasta ahora, lo que no has hecho y lo que todavía tienes que hacer para conseguir tus objetivos.
Escribir	Organiza tus apuntes y escribe el primer borrador de tu plan personal.
Corregir	Intercambia tu plan personal con un(a) compañero/a. Dale sugerencias para mejorar la organización. ¿Incluye toda la información pertinente? ¿Es lógica la organización? Si ves algunos errores, coméntaselos.
Compartir	Prepara la versión final, tomando en cuenta los comentarios de tu compañero/a. Luego, con otro/a compañero/a, compara lo que han escrito. ¿Son similares sus planes? ¿Son diferentes?

4 Un paso más

Imagina que estás a cargo de (*in charge of*) promocionar una excursión de aventuras con actividades deportivas en algún país hispano. Crea un atractivo folleto (*brochure*) para vender la idea de la excursión. Luego, compara tu folleto con los de tus compañeros/as. *Answers will vary.* **4** Communication Presentational Communication

- Escoge el país y los lugares que van a visitar.
- Describe las actividades deportivas y de aventura que van a hacer en cada lugar.
- Explica los aspectos de la excursión que son importantes para la salud.
- Incluye el costo del viaje.

5 Cultura

Estás en Madrid, Lima o Buenos Aires. ¿Vas a utilizar uno de los espacios públicos para la práctica de la actividad física? Explica tu respuesta.

Parque Nacional Tierra del Fuego — BAHIA LAPATAIA — República Argentina — Aqui finaliza la Ruta Nac. N°3 — Buenos Aires 3.079 Km. — Alaska 17.848 Km.

I CAN develop a personal wellness plan.

I CAN create an adventure travel brochure.

Communicative Goals
Develop a personal wellness plan, and create an adventure travel brochure

del ejercicio, la dieta o el bienestar en general. El teléfono es el 43.89.76. No se vayan. Ya regresamos con mucha más información.

3 SUGGESTION Have students brainstorm details of a personal wellness plan. As a class, talk about how to organize the information in a logical manner before starting the writing assignment.

3 EVALUATION

Criteria	Scale
Content	1 2 3 4
Organization	1 2 3 4
Use of vocabulary	1 2 3 4
Accuracy and mechanics	1 2 3 4
Creativity	1 2 3 4

Scoring

Excellent	18–20 points
Good	14–17 points
Satisfactory	10–13 points
Unsatisfactory	< 10 points

4 SUGGESTION Students will need a week to complete this project. Bring in some adventure magazines or travel brochures to serve as models. Travel websites can also be a source of information.

4 SUGGESTION Tell students to go to the Center for Disease Control and Prevention website at www.cdc.gov for vaccination requirements and other medical information.

4 EXPANSION Have students present their brochures to the class. Do a few presentations every day until all students have shown their brochures.

ACTIVITY PACK For additional activities, go to the **Activity Pack** in the **Resources** section of the Supersite.

 Audio: Reading

Antes de leer

For dramatic effect and to achieve a smoother writing style, authors often do not explicitly supply the reader with all the details of a story.

> **TIP** **Make inferences.** Clues in the text can help you infer those things the writer chooses not to state in a direct manner. You simply "read between the lines" to fill in the missing information and draw conclusions about the story.

Inferencias

To practice making inferences, read these statements.

A Liliana le encanta ir al gimnasio. Empezó a levantar pesas en el año 2010.

Based on these statements alone, what inferences can you make about Liliana?

Sobre la autora

Cristina Peri Rossi (1941–) nació en Uruguay, pero actualmente vive en España. En sus cuentos, novelas y poemas explora las pasiones, el aislamiento (*isolation*) y las incertidumbres (*uncertainties*) que sentimos como seres humanos (*human beings*).

SUGGESTION Read the first sentence of the story aloud and discuss with the class what it may mean.

SUGGESTION Have students read through the passage and locate the verbs in the present perfect tense. Discuss why this tense is used and how it contributes to the meaning of the story. You can also have students identify the past participles used as adjectives and the infinitives. Ex: **cerrada (cerrar)**.

SUGGESTION For item 1 in **¿Comprendiste?**, have students identify the words in the story that signal to the reader the sex of the narrator. (The feminine adjective is the clue: **no seas distraída**.)

SUGGESTION Have pairs interview one another with the questions in **Coméntalo**.

El viaje

Cristina Peri Rossi

Ella me ha entregado la felicidad dentro de una caja° bien cerrada, y me la ha dado, diciéndome:

—Ten cuidado, no vayas a perderla, no seas distraída, me ha costado un gran esfuerzo° conseguirla: los mercados estaban cerrados, en las tiendas ya no había y los pocos vendedores ambulantes que existían se han jubilado, porque tenían los pies cansados. Ésta es la única que pude hallar° en la plaza, pero es de las legítimas. Tiene un poco menos brillo° que aquella que consumíamos mientras éramos jóvenes y está un poco arrugada°, pero si caminas bien, no notarás° la diferencia. Si la apoyas en alguna parte°, por favor, recógela antes de irte, y si decides tomar un ómnibus, apriétala° bien entre las manos: la ciudad está llena de ladrones° y fácilmente te la podrían arrebatar°.

Después de todas estas recomendaciones soltó° la caja y me la puso entre las manos. Mientras caminaba, noté que no pesaba° mucho pero que era un poco incómoda de usar: mientras la sostenía no podía tocar otra cosa, ni me animaba a dejarla depositada, para hacer las compras. De manera que no podía entretenerme, y menos aún, detenerme a explorar, como era mi costumbre. A la mitad de la tarde tuve frío. Quería abrirla, para saber si era de las legítimas, pero ella me dijo que se podía evaporar. Cuando desprendí° el papel, noté que en la etiqueta° venía una leyenda°:

"Consérvese sin usar."

Desde ese momento tengo la felicidad guardada en una caja. Los domingos de mañana la llevo a pasear, por la plaza, para que los demás me envidien° y lamenten su situación; de noche la guardo en el fondo del ropero°. Pero se aproxima el verano y tengo un temor: ¿cómo la defenderé° de las polillas°?

me... caja handed me happiness in a box   esfuerzo effort   la única... hallar the only one I could find
brillo shine   arrugada wrinkled   no notarás you won't notice   Si... parte If you set it down somewhere
apriétala hold it tight   ladrones thieves   podrían arrebatar could snatch   soltó she let go of   no pesaba
it didn't weigh   desprendí I took off   etiqueta label   leyenda inscription   envidien envy   en... ropero
in the back of the closet   defenderé will I defend   polillas moths

Después de leer

¿Comprendiste? *Suggested answers* Communication Interpretive Communication

Responde las preguntas de acuerdo con la lectura.

1. La persona que narra el cuento, ¿es hombre o es mujer? *Es mujer.*
2. El regalo, la felicidad, ¿fue fácil o difícil de conseguir? *Fue difícil de conseguir.*
3. ¿Dónde compró la persona la felicidad: en la calle o en una tienda? *La compró en la calle.*
4. Según la persona que la dio, ¿esta felicidad es de mejor o de peor calidad que la que tenía de joven? *Es de peor calidad.*
5. Según ella, ¿hay mucho o poco riesgo (*risk*) de perder la felicidad? *Hay mucho riesgo.*
6. ¿Por qué no puede abrir la caja la narradora? *Porque hay una leyenda que dice: "Consérvese sin usar."*
7. Al final, ¿qué hace la narradora con la felicidad? *La deja en el ropero, excepto los domingos.*

Preguntas *Answers will vary.* Communication Interpretive Communication

Responde estas preguntas con oraciones completas.

1. ¿Qué debe hacer la narradora para cuidar la felicidad?
2. ¿Qué límites le impone la felicidad a la narradora?
3. ¿Cómo quiere la narradora que su felicidad afecte a otras personas?
4. ¿Por qué la narradora tiene miedo de las polillas?

Coméntalo *Answers will vary.*

Con un(a) compañero/a, conversa sobre estas preguntas:

- ¿Por qué a la persona le resulta (*results*) difícil conseguir la felicidad?
- ¿Por qué está encerrada en una caja?
- ¿Vale la pena (*Is it worth it*) tener la "felicidad" guardada en una caja sin usar?
- ¿Qué simboliza la felicidad en este cuento?

Connections Acquiring Information and Diverse Perspectives
Communities Lifelong Learning

I CAN read a literary text and make inferences about it.

Vocabulary Tools

El bienestar

el bienestar *well-being*
el masaje *massage*

———

aliviar el estrés/la tensión *to relieve stress/tension*
disfrutar (de) *to enjoy; to reap the benefits (of)*
(no) fumar *(not) to smoke*
llevar una vida sana *to lead a healthy lifestyle*

———

activo/a *active*
débil *weak*
flexible *flexible*
fuerte *strong*
sedentario/a *sedentary*
tranquilo/a *calm; quiet*

En el gimnasio

la clase de ejercicios aeróbicos *aerobics class*
el músculo *muscle*
calentarse (e:ie) *to warm up*
entrenarse *to train*
estar en buena forma *to be in good shape*
hacer ejercicio *to exercise*
hacer ejercicios aeróbicos *to do aerobics*
hacer ejercicios de estiramiento *to do stretching exercises*
hacer gimnasia *to work out*
levantar pesas *to lift weights*
mantenerse en forma *to stay in shape*
sudar *to sweat*

La nutrición

la bebida alcohólica *alcoholic beverage*
la caloría *calorie*
el colesterol *cholesterol*
la grasa *fat*
la merienda *(afternoon) snack*
los minerales *minerals*
la nutrición *nutrition*
la proteína *protein*
las vitaminas *vitamins*

———

adelgazar *to lose weight; to slim down*
aumentar de peso *to gain weight*
consumir alcohol *to consume alcohol*
engordar *to gain weight*
estar a dieta *to be on a diet*
merendar (e:ie) *to have a(n) (afternoon) snack*
seguir una dieta equilibrada *to eat a balanced diet*

———

descafeinado/a *decaffeinated*

Otras palabras y expresiones

la droga *drug*
el/la drogadicto/a *drug addict*
el/la teleadicto/a *couch potato*

———

apurarse *to hurry; to rush*
darse prisa *to hurry; to rush*
sufrir muchas presiones *to be under a lot of pressure*
tratar de (+ inf.) *to try (to do something)*

———

en exceso *in excess; too much*
sin *without*

Irregular past participles *See page 394.*

As students finish the lesson, encourage them to explore the **Repaso** section on the Supersite. There they will find quizzes for practicing vocabulary, grammar, and oral language.

∽ Communicative Goals: Review

I CAN discuss well-being.
- Describe three things you do to lead a healthy lifestyle.

I CAN describe an action or event in the immediate past.
- Tell a partner five things you have done recently. Use the present perfect.

I CAN describe an event that occurred before another.
- Describe three things that you had done before the age of ten. Use the past perfect.

I CAN investigate exercise spaces.
- Describe one of the exercise spaces you learned about in this lesson.

16 El mundo del trabajo

PARA EMPEZAR Here are some additional questions you can ask:
¿Has tenido una entrevista de trabajo? ¿Dónde? ¿Qué llevaste?
¿Cómo fue? ¿Qué preguntas te hicieron?

PARA EMPEZAR

- ¿Está sonriendo la joven?
- ¿Qué clase de ropa lleva?
- ¿Dónde está?
- ¿Va bien la entrevista?

Communicative Goal
Participate in a job interview

INSTRUCTIONAL RESOURCES
Supersite: Vocabulary Tutorials; WebSAM
SAM: Workbook pp. 157–158; Lab Manual p. 323

EL MUNDO DEL TRABAJO

la peluquera

el psicólogo

el cocinero

LAS OCUPACIONES

el/la abogado/a *lawyer*

la actriz *actress*

el/la arqueólogo/a *archeologist*

el/la arquitecto/a *architect*

el bailarín *dancer*

la bailarina *dancer*

el/la cantante *singer*

el/la carpintero/a *carpenter*

el/la científico/a *scientist*

el/la consejero/a *counselor; advisor*

el/la contador(a) *accountant*

el/la corredor(a) de bolsa *stockbroker*

el/la diseñador(a) *designer*

el/la electricista *electrician*

el/la escritor(a) *writer*

el/la escultor(a) *sculptor*

el/la gerente *manager*

el hombre/la mujer de negocios
   businessperson

el/la jefe/a *boss*

el/la maestro/a *teacher*

el/la pintor(a) *painter*

el/la poeta *poet*

el/la político/a *politician*

el/la reportero/a *reporter*

el/la secretario/a *secretary*

el/la técnico/a *technician*

el actor

SUGGESTION In pairs, have students list words associated with professions. Ex: **cocinero: cocina, restaurante, cuchara, horno, comida.**

la reunión
meeting

SUGGESTION Take a class survey of the occupations students hope to have in the future. List the most popular occupations on the board and have students name the requirements for each.

 **Vocabulary Tools**

EXPANSION In pairs, have students write down a few questions they would ask a potential employer or a potential employee in a job interview.

EL MUNDO DEL TRABAJO

el ascenso *promotion*
el aumento de sueldo *raise*
la carrera *career*
la compañía *company; firm*
el empleo *job; employment*
la empresa *company; firm*
la especialización *field of study*
los negocios *business; commerce*
la ocupación *occupation*
el oficio *trade*
la profesión *profession*
el teletrabajo *telecommuting*
el trabajo *job; work*
la videoconferencia *videoconference*

dejar *to quit; to leave behind*
despedir (e:i) *to fire*
invertir (e:ie) *to invest*
renunciar (a) *to resign (from)*
tener éxito *to be succesful*

comercial *commercial; business-related*

la entrevista
interview

T El Trabajo — http://www.eltrabajo.com/croca — 1/1

DATOS PERSONALES

Nombre y apellidos: Carmela Roca
Fecha de nacimiento: 14 de diciembre de 1996
Lugar de nacimiento: Salamanca
D.N.I.: 7885270-R
Dirección: Calle Ferrara 17, 5
37500 Salamanca
Teléfono: 923 270 118
Correo electrónico: rocac@teleline.com

FORMACIÓN ACADÉMICA
• 2018–2021 Máster en Administración y Dirección de Empresas, Universidad Autónoma de Madrid
• 2014–2018 Licenciado en Administración y Dirección de Empresas por la Universidad de Salamanca

CURSOS Y SEMINARIOS
• 2015 "Gestión y Creación de Empresas", Universidad de Córdoba

EXPERIENCIA PROFESIONAL
• 2016–2017 Contrato de un año en la empresa RAMA, S.L., realizando tareas administrativas
• 2014–2016 Contrato de trabajo haciendo prácticas en Banco Sol

IDIOMAS
• INGLÉS Nivel alto. Título de la Escuela Oficial de Idiomas
• ITALIANO Nivel medio

INFORMÁTICA/COMPUTACIÓN
• Conocimientos de usuario de Mac / Windows
• MS Office

el currículum
résumé

SUGGESTION In small groups, have students order the events involved in securing a job.

LAS ENTREVISTAS

el/la aspirante *candidate; applicant*
los beneficios *benefits; profit*
el/la entrevistador(a) *interviewer*
el puesto *position; job*
el salario *salary*
la solicitud (de trabajo) *(job) application*
el sueldo *salary*

contratar *to hire*
entrevistar *to interview*
ganar *to earn*
obtener *to obtain; to get*
solicitar *to apply (for a job)*

el anuncio
advertisement

el bombero

ASÍ SE DICE
el/la abogado/a ⟷ el/la licenciado/a (*Amér. C.*)
el/la contador(a) ⟷ el/la contable (*Esp.*)

SUGGESTION Using pictures and the Digital Image Bank, ask students to identify places of business and occupations. Ex: **¿Qué tipo de negocio es?** (peluquería) **¿Quién trabaja aquí?** (un(a) peluquero/a)

VOCABULARIO ADICIONAL For additional vocabulary on this theme, go to **Vocabulario adicional** in the **Resources** section of the Supersite.

A escuchar

1 **¿Lógico o ilógico?** Escucha las oraciones e indica si son **lógicas** o **ilógicas**. **1** Communication
Interpretive Communication

	Lógico	Ilógico
1.	✓	
2.		✓
3.	✓	
4.	✓	
5.		✓
6.	✓	
7.		✓
8.		✓

2 **Escuchar** Escucha la descripción que hace Alejandro Dávila de su profesión y luego completa las oraciones con las palabras o expresiones adecuadas. **2** Communication Interpretive Communication

1. Alejandro Dávila es un
   a. poeta.
   (b.) hombre de negocios.
   c. escultor.

2. El señor Dávila trabaja como _____ en una compañía multinacional.
   a. secretario
   b. técnico
   (c.) gerente

3. Al señor Dávila le interesaba _____ en la cual pudiera (*he could*) trabajar en otros países.
   (a.) una carrera
   b. un ascenso
   c. un aumento de sueldo

4. En sus negocios con empresas extranjeras, el señor Dávila prefiere
   a. usar las videoconferencias.
   (b.) conocer a la gente personalmente.
   c. mandar mensajes electrónicos.

1 SCRIPT

1. Lucía tiene éxito en su trabajo. Acaba de obtener un ascenso y un aumento de sueldo.

2. Julián encontró una oferta de trabajo estupenda. Por eso, decidió seguir buscando.

3. Luis renunció a su puesto como contador y llenó una solicitud de trabajo en otra empresa.

4. Rosana envió su currículum y después la llamaron para hacer una entrevista.

5. Bernardo es arquitecto. A sus clientes les encanta que les lave y corte el pelo.

6. Una empresa tiene beneficios cuando gana más dinero del que gasta.

7. El jefe estaba tan contento con el trabajo de sus empleados que despidió a ocho personas.

8. Paloma quiere ser escritora. Solicitó un puesto de trabajo en un laboratorio de genética.

2 SCRIPT

Yo soy de una familia de artistas. Mi madre es diseñadora gráfica, mi padre es pintor y mi hermano es actor. Pero yo me gradué con una especialización en negocios internacionales porque quería trabajar en otros países. Ahora soy el gerente de una compañía multinacional y viajo todos los meses. Sé que a muchos hombres de negocios no les gusta viajar y prefieren utilizar el correo electrónico, el teletrabajo y la videoconferencia para hacer negocios con empresas extranjeras. Yo, sin embargo, prefiero conocer a la gente personalmente, por eso yo viajo a sus países cuando tenemos reuniones importantes.

A practicar

3 Completar Escoge la respuesta que completa cada oración.

1. Quiero conseguir un puesto con _____.
   a. oficios   (b.) beneficios   c. ocupación

2. Luisa tiene la oportunidad de _____ la empresa donde trabaja.
   a. despedir   b. entrevistar   (c.) invertir en

3. Mi vecino dejó su _____ porque no le gustaba su jefe.
   (a.) puesto   b. anuncio   c. sueldo

4. Raúl va a _____ su empleo antes de empezar su propia empresa.
   a. solicitar   b. tener éxito   (c.) renunciar a

5. Mi madre _____ su carrera como escultora.
   (a.) tuvo éxito en   b. contrató   c. entrevistó

6. ¿Cuándo obtuviste _____ más reciente?
   a. los negocios   b. la videoconferencia   (c.) el aumento de sueldo

7. Jorge llegó tarde a la _____ esta mañana.
   (a.) reunión   b. especialización   c. carrera

4 Ocupaciones Escoge la ocupación que corresponde a cada definición.

1. Arregla las computadoras. *la técnica*
2. Enseña a los niños. *el maestro*
3. Diseña ropa. *el diseñador*
4. Canta para el público. *la cantante*
5. Nos ayuda a iluminar nuestras casas. *la electricista*
6. Desarrolla teorías de biología, química, física, etc. *el científico*
7. Construye (*Builds*) sillas, mesas, casas y otras cosas de madera (*wood*). *la carpintera*
8. Ayuda a la gente a invertir su dinero. *el corredor de bolsa*
9. Trabaja con números y arregla las cuentas de diferentes negocios. *la contadora*
10. Combate los incendios (*fires*) que destruyen edificios y bosques. *el bombero*

el bombero	**el corredor de bolsa**
la cantante	**el diseñador**
la carpintera	**la electricista**
el científico	**el maestro**
la contadora	**la técnica**

5 Asociaciones Escribe las profesiones que asocias con estas palabras.

1. pelo _____ *peluquero/a*
2. novelas _____ *escritor(a)*
3. emociones _____ *psicólogo/a/consejero/a*
4. teatro _____ *actor/actriz*
5. periódico _____ *reportero/a/escritor(a)*
6. pinturas _____ *pintor(a)/artista*
7. elecciones _____ *político/a*
8. baile _____ *bailarín/bailarina*
9. leyes _____ *abogado/a/político/a*
10. luz artificial _____ *electricista*

A conversar

 6 **Conversación** Contesta las preguntas con un(a) compañero/a. *Answers will vary.* **6** Communication Interpersonal Communication

1. ¿Te gusta tu especialización?
2. ¿Lees los anuncios de empleos con regularidad?
3. ¿Obtienes siempre los puestos que quieres?
4. ¿Qué características tiene un(a) buen(a) jefe/a?
5. ¿Te gustaría más un teletrabajo o un trabajo en una oficina? ¿Por qué?
6. ¿Quieres tener tu propia empresa?
7. ¿Cuál es tu carrera ideal? ¿Por qué?
8. ¿Cómo son tus compañeros de trabajo ideales?

7 **Entrevista** Trabaja con un(a) compañero/a para representar los papeles de un(a) aspirante a un puesto de trabajo y el de un(a) entrevistador(a). *Answers will vary.* **7** Communication Interpersonal Communication

 El/La entrevistador(a) debe describir…
- el empleo
- las responsabilidades
- el salario
- los beneficios

El/La aspirante debe…
- presentar su experiencia
- obtener más información sobre el puesto

Entonces…
- el/la entrevistador(a) debe decidir si va a contratar al/a la aspirante
- el/la aspirante debe decidir si va a aceptar el puesto

8 **Una feria de trabajo** La clase va a organizar una feria (*fair*) de trabajo. Unos estudiantes son representantes de compañías y otros están buscando empleo. *Answers will vary.* **8** Communication Interpersonal Communication

Representantes	Aspirantes
• Preparan carteles con el nombre de su compañía. • Escriben los puestos de trabajo que ofrecen. • Contestan las preguntas de los aspirantes y describen los puestos disponibles. • Consiguen los nombres y referencias de los aspirantes.	• Circulan por la feria de trabajo. • Hablan con tres representantes y formulan preguntas sobre los puestos que tienen. • Muestran sus referencias y sus currículums. • Escogen el puesto que les gustó más.

I CAN participate in a job interview.

Ortografía

 Tutorial

INSTRUCTIONAL RESOURCES
Supersite: Spelling Tutorial; WebSAM
SAM: Lab Manual p. 324

y, ll y *h*

The digraph **ll** and the letter **y** were not pronounced alike in Old Spanish. Nowadays, however, **ll** and **y** have the same or similar pronunciations in many parts of the Spanish-speaking world. This similarity results in frequent misspellings. The letter **h**, as you already know, is silent in Spanish, and it is often difficult to know whether words should be written with or without it. Here are some of the word groups that are spelled with each letter.

ta**lla**	se**llo**	bote**lla**	amari**llo**

The digraph **ll** is used in these endings: **–allo/a**, **–ello/a**, **–illo/a**.

llave	**lle**ga	**llo**rar	**llu**via

The digraph **ll** is used at the beginning of words in these combinations: **lla-**, **lle-**, **llo-**, **llu-**.

ca**y**endo	le**y**eron	o**y**e	inclu**y**e

The letter **y** is used in some forms of the verbs **caer**, **leer**, and **oír**, and in verbs ending in **–uir**.

hiperactivo	**hosp**ital	**hipo**pótamo	**hum**or

The letter **h** is used at the beginning of words in these combinations: **hiper-**, **hosp-**, **hidr-**, **hipo-**, **hum-**.

hiato	**hie**rba	**hue**so	**hui**r

The letter **h** is also used in words that begin with these combinations: **hia-**, **hie-**, **hue-**, **hui-**.

Práctica Llena los espacios con **h**, **ll** o **y**. Después escribe una frase con cada una de las palabras.

1. cuchi_ll_o
2. _h_ielo
3. cue_ll_o
4. estampi_ll_a
5. estre_ll_a
6. _h_uésped
7. destru_y_ó
8. pla_y_a

Adivinanza Aquí tienes una adivinanza (*riddle*). Intenta descubrir de qué se trata.

Una cajita chiquita, blanca como la nieve: todos la saben abrir, nadie la sabe cerrar.[1]

Pista: Es una comida.

¹ El huevo

EXPANSION Read aloud a list of words that contain **y**, **ll**, and **h**. Each time you read a word, the class should say **i griega**, **elle**, or **hache** to indicate which letter is used. Ex: **ayer, llegaba, oyó, llamamos, humano, huésped, millonario, cayeron, leyó.**

EXPANSION Have the class work in groups to make a list of six new words that are spelled with **y**, **ll**, or **h** (two words for each). Then have them create humorous sentences that include all of the words. Have several groups share their sentences with the class.

INSTRUCTIONAL RESOURCES
Supersite: WebSAM
SAM: Video Manual pp. 199–200

 Video

Communicative Goal
Talk about job interviews and the future

Una aspirante despistada

Olga Lucía se prepara para una entrevista de trabajo, con la ayuda de Valentina y Manuel.

Antes de ver

Haz predicciones sobre lo que vas a ver y oír en un episodio en el cual un personaje tiene una entrevista de trabajo.

VIDEO RECAP Before showing this **Aventuras** episode, review the previous episode with these questions:
1. ¿Quiénes no han ido a una clase de yoga antes de ésta? (Manuel y Juanjo) 2. ¿Cómo van a la clase? (corren) 3. ¿Qué quieren comer las chicas después de la clase? (algo saludable como un gazpacho o una ensalada de atún) 4. ¿Cómo está Manuel después de la clase? (muy relajado)

VIDEO SYNOPSIS Olga Lucía does a mock job interview with Valentina, who just wants to go back to bed. Manuel takes Olga Lucía to her real job interview at an ad agency. She mishears the building concierge and goes to a law office instead of the ad agency. When she finally arrives at the ad agency, the interviewer is impressed by Olga Lucía's photo portfolio. Olga Lucía will find out the results of the interview in a week.

PERSONAJES

VALENTINA

OLGA LUCÍA

MANUEL

PORTERO

RECEPCIONISTA

EJECUTIVA

OLGA LUCÍA Gracias por darme la oportunidad de esta entrevista.
VALENTINA Dígame, ¿por qué le interesa trabajar en esta empresa?
OLGA LUCÍA En poco tiempo terminaré mi segundo año de universidad y me gustaría hacer...
VALENTINA ¿Cómo piensa que podrá aplicar sus conocimientos en el puesto de asistente del departamento creativo?

MANUEL A ver. Por última vez. ¿Por qué estás interesada en este puesto?
OLGA LUCÍA Porque quiero especializarme en fotografía publicitaria y trabajar en una agencia me ayudará a obtener experiencia en el campo.
MANUEL ¡Bien!
OLGA LUCÍA ¿Podrías ir rápido? No quiero llegar tarde.

OLGA LUCÍA Buenos días. Vengo a la agencia de publicidad Martín y Llobet. ¿Me puede decir dónde es?
PORTERO Martín y Llobet... oficina tres cero seis, señorita.
OLGA LUCÍA ¡Gracias!
PORTERO De nada.

A C T I V I D A D E S

1 Ordenar Indica el orden de los eventos.
1 Communication Interpretive Communication

a. La entrevistadora felicita a Olga Lucía por su portafolio. *4*

b. Manuel lleva en carro a Olga Lucía a la entrevista. *2*

c. Olga Lucía le da su currículum a la recepcionista. *3*

d. Valentina entrevista a Olga Lucía. *1*

e. Olga Lucía dice que puede estudiar y trabajar al mismo tiempo. *5*

2 Completar Completa las oraciones.
2 Communication Interpretive Communication

1. Olga Lucía está nerviosa porque hoy tiene _____.
   una entrevista de trabajo
2. Olga Lucía le da su currículum a la recepcionista de _____. *la oficina de abogados*
3. Olga Lucía presenta _____ con sus trabajos de fotografía. *un portafolio*
4. En el futuro, Olga Lucía quiere ser _____.
   fotógrafa publicitaria
5. Olga Lucía va a saber el resultado de la entrevista _____.
   la semana que viene

SUGGESTION Indicate these verb forms as examples of the future tense: **terminaré** and **podrá** in caption 1; **ayudará** in caption 2; and **podrás**, **permitirá**, and **tomaremos** in caption 6. Identify **gustaría** in caption 1 and **podrías** in caption 2 as examples of the conditional tense. Point out these verb forms as examples of the past subjunctive: **trajera** (caption 4) and **estudiara** (caption 6).

OLGA LUCÍA Buenos días. ¡Vengo para la entrevista!

RECEPCIONISTA Perfecto, tome asiento que usted es la próxima.

OLGA LUCÍA Aquí está mi currículum y me pidieron que trajera mi portafolio con mis trabajos de fotografía...

RECEPCIONISTA ¿Fotografías? El puesto es para un asistente legal. ¡Esto es un despacho de abogados!

OLGA LUCÍA ¡Ay...! ¡Perdón!

OLGA LUCÍA Señor. ¡Me dijo que Martín y Llobet estaba en la trece cero seis, pero ésa es una oficina de abogados!

PORTERO Señorita, le dije oficina tres cero seis.

OLGA LUCÍA ¡Ay! ¡Qué despiste! ¡Tres cero seis!

OLGA LUCÍA Desde niña me interesé por la fotografía, aunque mis padres querían que estudiara una carrera científica. Sin duda, en el futuro me veo como fotógrafa publicitaria.

EJECUTIVA Ya veo. ¿Y crees que podrás organizarte bien para trabajar y estudiar al mismo tiempo?

OLGA LUCÍA Claro, el horario de media jornada me permitirá seguir con mis estudios de forma exitosa.

EJECUTIVA La semana que viene tomaremos la decisión final.

Expresiones útiles

la agencia de publicidad *ad agency*
contar (o:ue) *to tell*
de media jornada *part-time*
el despacho *office*
el despiste *mistake*
especializarse *to specialize*
felicitar *to congratulate*
el/la fotógrafo/a *photographer*
mismo/a *same*
la oportunidad *opportunity*
la torre *tower*

---

el/la ejecutivo/a *executive*
interrumpir *to interrupt*
el/la portero/a *concierge*

Cuatro Torres

El Área de Negocios de Cuatro Torres en Madrid es un gran parque empresarial (*business park*) formado por cuatro rascacielos (*skyscrapers*). La Torre de Cristal, el rascacielos más alto de España, tiene cincuenta y dos pisos. En estas torres, no sólo hay muchísimas oficinas, sino también un hotel y un jardín en una de sus azoteas.

¿Hay algún parque empresarial en tu comunidad? ¿Te gustaría trabajar allí?

 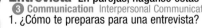

3 Entrevista En parejas, háganse estas preguntas. ¿Tienen respuestas en común?
3 Communication Interpersonal Communication

1. ¿Cómo te preparas para una entrevista?
2. ¿Puedes organizarte bien para trabajar y estudiar al mismo tiempo? Explica tu respuesta.
3. ¿Tienes las cualidades de puntualidad, responsabilidad y atención a los detalles? Explica tu respuesta.
4. ¿Qué piensas hacer después de graduarte?
5. ¿Dónde vas a trabajar en diez años?
6. ¿Cómo te ves en veinte años?

I CAN talk about job interviews and the future.

La entrevista de trabajo

En casi todos los países del mundo hay recomendaciones generales para la presentación de una entrevista de trabajo, como llegar a tiempo, ir bien vestido/a, mirar al/a la entrevistador(a) a los ojos o dar respuestas claras y concisas, pero hay algunas diferencias culturales que se deben tener en cuenta al presentar una entrevista de trabajo en otro país. Uno de los errores que cometen muchos aspirantes extranjeros a la hora de realizar una entrevista de trabajo en un país nuevo es que no toman en cuenta las diferencias culturales del país.

Una entrevista de trabajo no se realiza de igual manera en México, España o los Estados Unidos. El dominio° del idioma del país no es la única cosa de la que debes preocuparte.

El *currículum vitae*

- El *currículum vitae* contiene información personal y es fundamental que sea muy detallado. En general, mientras más páginas tenga, mejor.

- Normalmente, incluye la educación completa del aspirante, todos los trabajos que ha tenido e, incluso, sus gustos personales y pasatiempos.

- Puede también incluir detalles que no se suele incluir en los Estados Unidos: una foto del aspirante, su estado civil e, incluso, si tiene auto y de qué tipo.

En el contexto europeo, los entrevistadores son más analíticos. Revisan minuciosamente° los hechos° de tu vida laboral, así como las motivaciones, los cambios de trabajo, etc. Los vacíos° o errores en la cronología o en la narración de tu historia laboral son muy mal vistos y pueden generar sospechas° sobre tus capacidades para desempeñar° el puesto que solicitaste.

En España, al igual que en algunos países latinoamericanos, las entrevistas de trabajo se caracterizan por ser un poco más relajadas. En primer lugar, en general se hace una sola entrevista, mientras que en países como los Estados Unidos o Canadá es común hacer hasta tres entrevistas. Obviamente, todo depende de la personalidad del/de la entrevistador(a) y del tipo de empresa, pero en general, los entrevistadores en países hispanos dejan un espacio durante la entrevista para hablar de temas más personales (como el fútbol, la situación familiar, etc.), con el fin de establecer una relación cordial con el/la aspirante.

Es por eso que, tanto en los currículums españoles como en los latinoamericanos, se indican al final los pasatiempos o intereses de las personas, con el fin de tener un tema de conversación con el/la entrevistador(a).

Otra diferencia es la inclusión de una foto en el currículum. Si bien en Norteamérica y Europa no es común incluir una foto, hay muchos latinoamericanos que incluyen su foto, lo cual es mal visto en otros países, pues puede dar lugar a sesgos° por la apariencia física del/de la aspirante.

dominio *command* minuciosamente *thoroughly* hechos *facts* vacíos *gaps*
sospechas *suspicions* desempeñar *to carry out* sesgos *biases*

ASÍ SE DICE

El trabajo

la chamba (Amér. C., Ec., Méx.)	el trabajo
el curro (Esp.)	
el laburo (Arg., Urug.)	
la pega (Bol., Chile, Cuba, Ec., Perú)	
el/la cirujano/a	*surgeon*
la huelga, el paro	*strike*
el/la niñero/a	*babysitter*
el impuesto	*tax*

INSTRUCTIONAL RESOURCES
Supersite: Video (Flash cultura); WebSAM
SAM: Video Manual pp. 231–232

ACTIVIDADES

1 **¿Cierto o falso?** Indica si lo que dicen las oraciones es **cierto** o **falso**. Corrige la información falsa. **1** Communication
Interpretive Communication

1. El dominio del idioma del país extranjero es suficiente para tener éxito en una entrevista de trabajo. *Falso. Hay otras cosas de las que debes preocuparte, como las diferencias culturales.*
2. En ciertos países hispanos, las entrevistas son más relajadas que en otros países. *Cierto.*
3. En los países hispanos, los entrevistadores evitan hablar de temas personales. *Falso. Hay algunos que hablan de temas más personales, como el deporte o la familia.*
4. En Latinoamérica nadie pone una foto en su currículum. *Falso. Muchos latinoamericanos incluyen una foto en su currículum.*

2 **Preguntas** Contesta las preguntas.
2 Communication Interpretive Communication

1. En general, ¿cuántas entrevistas para un puesto hay en los países hispanos? *hay sólo una*
2. ¿Por qué hablan de temas personales los entrevistadores en los países hispanos? *para establecer una relación cordial con el/la aspirante*
3. ¿Por qué se incluyen los pasatiempos o intereses en el currículum en los países hispanos? *para tener un tema de conversación con el/la entrevistador(a)*
4. ¿Cuál es el aspecto negativo de incluir una foto en el currículum? *puede dar lugar a sesgos por la apariencia física del/de la aspirante*

3 **Conversar** Habla con un(a) compañero/a sobre estas preguntas.

1. ¿Crees que una entrevista de trabajo debe ser muy estricta o puede ser un poco más relajada? ¿Por qué?
2. ¿Por qué crees que las entrevistas de trabajo son más relajadas en los países hispanos?
3. ¿Crees que está bien hablar de los pasatiempos o los intereses personales en una entrevista de trabajo? ¿Por qué?

3 Culture Relating Cultural Practices to Perspectives

4 **Una entrevista** Tienes una entrevista de trabajo en un país hispano. Describe cómo vas a prepararte. ¿Qué vas a incluir en tu currículum? ¿Cómo se diferencia de tu preparación para una entrevista de trabajo en tu comunidad?

4 Comparisons Cultural Comparisons

I CAN identify practices related to interviewing for a job in Spanish-speaking countries.

Communicative Goal
Identify aspects of the world of work in Ecuador

 Video

El mundo del trabajo

1 **Preparación** ¿Trabajas? ¿Cuáles son tus metas (*goals*) profesionales?

2 **El video** Mira el episodio de **Flash cultura** sobre el mundo del trabajo en Ecuador.

Vocabulario	
el desarrollo *development*	promover *to promote*
el horario *schedule*	las ventas *sales*

Gabriela, ¿qué es lo más difícil de ser una mujer policía?

3 Communication Interpretive Communication

3 **Escoger** Escoge la opción correcta de cada par de afirmaciones.

1. **A.** Todos los ecuatorianos que trabajan en Ecuador son muy felices en su trabajo.
   B. En Ecuador, como en todos los países del mundo, hay personas que aman su trabajo y hay otras que lo odian.

2. **A.** El objetivo principal de la agencia Klein Tours es mostrar al mundo las maravillas de Ecuador.
   B. La agencia de viajes Klein Tours quiere mostrar al mundo que tiene los empleados más fieles y profesionales de toda Latinoamérica.

4 **Entrevista** En parejas, dramaticen una entrevista con otro/a trabajador(a) ecuatoriano/a. **4** Communication Interpersonal Communication

I CAN identify aspects of the world of work in Ecuador.

INSTRUCTIONAL RESOURCES
Supersite: Grammar Tutorial; WebSAM
SAM: Workbook pp. 159–160; Lab Manual p. 325

Communicative Goal
Talk about future plans

16.1 The future tense

▸ You have already learned how to use **ir a** + [*infinitive*] to express the near future. You will now learn the future tense. Compare these different ways of expressing the future in Spanish.

Present indicative
Voy al cine mañana.
I'm going to the movies tomorrow.

Present subjunctive
Ojalá **vaya al cine** mañana.
I hope I will go to the movies tomorrow.

ir a + infinitive
Voy a ir al cine.
I'm going to go to the movies.

Future
Iré al cine.
I will go to the movies.

Future tense of regular verbs

	estudiar	aprender	recibir
yo	estudiaré	aprenderé	recibiré
tú	estudiarás	aprenderás	recibirás
Ud./él/ella	estudiará	aprenderá	recibirá
nosotros/as	estudiaremos	aprenderemos	recibiremos
vosotros/as	estudiaréis	aprenderéis	recibiréis
Uds./ellos/ellas	estudiarán	aprenderán	recibirán

¡ojo! All the forms of the future tense have written accents, except the **nosotros/as** form.

▸ In Spanish, the future tense consists of one word, whereas in English it is made up of the auxiliary verb *will* or *shall* and the main verb.

¿Cuándo **recibirás** el ascenso?
When will you receive the promotion?

Mañana **aprenderemos** más.
Tomorrow we will learn more.

▸ The future endings are the same for all verbs. For regular verbs, add the endings to the infinitive. For irregular verbs, add the endings to the irregular stem.

Irregular verbs in the future

INFINITIVE	STEM	FUTURE FORMS
decir	dir-	diré
hacer	har-	haré
poder	podr-	podré
poner	pondr-	pondré
querer	querr-	querré
saber	sabr-	sabré
salir	saldr-	saldré
tener	tendr-	tendré
venir	vendr-	vendré

SUGGESTION Ask pairs to use the future tense to write ten academic resolutions for the upcoming semester. Ex: **Haré dos o tres borradores de cada trabajo escrito. Practicaremos el español con los estudiantes hispanos.**

Práctica

1 **Planes** Celia está hablando de sus planes. Repite lo que dice, usando el tiempo futuro.

 modelo
Voy a consultar un diccionario en la biblioteca.
Consultaré un diccionario en la biblioteca.

1. Julián me va a decir dónde puedo buscar trabajo.
   Me dirá…
2. Voy a buscar un puesto que ofrezca ascensos.
   Buscaré…
3. Álvaro y yo nos vamos a casar pronto.
   Nos casaremos…
4. Voy a obtener un puesto en mi especialización.
   Obtendré…
5. Mis amigos van a intentar (*try*) obtener un teletrabajo. *Intentarán…*

2 **En el futuro** Forma oraciones con los elementos dados, usando el tiempo futuro.

modelo
Yo / estudiar / para / exámenes finales / mañana
Estudiaré para mis exámenes finales mañana.

1. Yo / tener / entrevista de trabajo / en una semana
   Tendré una entrevista de trabajo en una semana.
2. La próxima semana / mis tíos / poner / anuncio para buscar un empleado
   La próxima semana, mis tíos pondrán un anuncio para buscar un empleado.
3. Pronto / mi hermana / dejar / puesto de cocinera
   Pronto mi hermana dejará su puesto de cocinera.
4. Mis padres / tener mucho éxito / como políticos
   Mis padres tendrán mucho éxito como políticos.
5. Mis amigos y yo / tener / puestos interesantes
   Mis amigos y yo tendremos puestos interesantes.

3 **Preguntas** Túrnate con un(a) compañero/a para hablar del puesto que prefieren y por qué, basándose en los anuncios. Usen las preguntas como guía y hagan también sus propias preguntas. *Answers will vary.*

SE BUSCA DIRECTOR de mercadeo para empresa privada. Mínimo de 5 años de experiencia en turismo y conexiones con INTUR (Instituto Nicaragüense de Turismo) y ANTUR (Asociación Nicaragüense de Turismo Receptivo). Debe hablar inglés, español y alemán. Salario anual: 306.000 córdobas. Horario flexible. Buenos beneficios. Envíe currículum por fax al 492-38-67.

MUEBLERÍA MANAGUA busca carpintero/a. Experiencia en fabricación de muebles finos. Horario: lunes a viernes de 7:30 a 11:30 y de 1:30 a 5:30. Sueldo semanal: 462 córdobas (y beneficios). Comenzará inmediatamente. Solicite en persona: Calle El Lago, Managua.

1. ¿Cuál será tu trabajo?
2. ¿Qué harás?
3. ¿Cuánto te pagarán?
4. ¿Te ofrecerán beneficios?
5. ¿Qué horario tendrás?
6. ¿Crees que te gustará? ¿Por qué?
7. ¿Cuándo comenzarás a trabajar?
8. ¿Qué crees que aprenderás?

Conversación

4 **Conversar** Tú y tu compañero/a viajarán a la República Dominicana por siete días. Indiquen lo que harán y no harán. Digan dónde, cómo, con quién o cuándo lo harán, usando el anuncio como guía. Pueden usar sus propias ideas también. *Answers will vary.* **4** **Communication**
Interpersonal Communication

modelo

Estudiante 1: ¿Qué haremos el martes?
Estudiante 2: Visitaremos el Jardín Botánico.
Estudiante 1: Pues, tú visitarás el Jardín Botánico y
yo caminaré por el Mercado Modelo.

www.republicadominicana.com

¡BIENVENIDO a la República Dominicana!

Se divertirá desde el momento en que llegue al **Aeropuerto Internacional de las Américas.**

- Visite la ciudad colonial de **Santo Domingo** con su interesante arquitectura.
- Vaya al **Jardín Botánico** y disfrute de nuestra abundante naturaleza.
- En el **Mercado Modelo** no va a poder resistir la tentación de comprar artesanías.
- No deje de escalar el **Pico Duarte** (se recomiendan 3 días).
- ¿Le gusta bucear? **Cabarete** tiene todo el equipo que usted necesita.
- ¿Desea nadar? **Punta Cana** le ofrece hermosas playas.

5 **Una empresa privada** En grupos pequeños, hagan planes para formar una empresa privada. Usen las preguntas como guía. Después, presenten su plan a la clase.
Answers will vary.
1. ¿Cómo se llamará y qué tipo de empresa será?
2. ¿Cuántos empleados tendrá y cuáles serán sus oficios?
3. ¿Qué tipo de beneficios se ofrecerán?
4. ¿Quién será el/la gerente y quién será el/la jefe/a?
5. ¿Permitirá su empresa el teletrabajo? ¿Por qué?
6. ¿Qué se hará para que los empleados no dejen el trabajo?
7. ¿Dónde pondrán anuncios para buscar empleados?
8. ¿Qué harán los gerentes para que la empresa tenga éxito? **5** **Communication** Interpersonal Communication

6 **Predicciones** En grupos pequeños, especulen sobre lo que ocurrirá en estos años: 2040, 2060 y 2090. Usen su imaginación. Luego, compartan sus predicciones con la clase. *Answers will vary.* **6** **Communication**
Interpersonal Communication

ACTIVITY PACK For additional activities, go to the **Activity Pack** in the **Resources** section of the Supersite.

I CAN talk about future plans.

¡ojo! The future of **hay** (*inf.* **haber**) is **habrá** (*there will be*).

La próxima semana **habrá** dos reuniones.
Next week there will be two meetings.

Habrá muchos gerentes en la conferencia.
There will be many managers at the conference.

▸ Although the English verb *will* can refer to future time, it also refers to someone's willingness to do something. In this case, Spanish uses **querer** + [*infinitive*].

¿Quieres llamarme, por favor?
Will you please call me?

¿Quieren ustedes escucharnos, por favor?
Will you please listen to us?

▸ English sentences involving expressions such as *I wonder, I bet, must be, may, might,* and *probably* are often conveyed in Spanish using the future of probability. This use of the future tense expresses conjecture about *present* conditions, events, or actions.

—¿Dónde **estarán** mis llaves?
I wonder where my keys are.

—**Estarán** en la cocina.
They're probably in the kitchen.

—¿Qué hora **será**?
What time can it be? (I wonder what time it is.)

—**Serán** las once o las doce.
It must be (It's probably) eleven or twelve.

▸ The future may be used in the main clause of sentences in which the present subjunctive follows a conjunction of time such as **cuando, después (de) que, en cuanto, hasta que,** and **tan pronto como**.

Cuando llegues a la oficina, **hablaremos**.
When you arrive at the office, we will talk.

Saldremos tan pronto como termine su trabajo.
We will leave as soon as you finish your work.

Después de que obtengas el ascenso, te **invitaré** a cenar.
After you get the promotion, I'll invite you to dinner.

Hasta que contrate otro empleado, el jefe **tendrá** que hacer el trabajo.
Until he hires another employee, the boss will have to do the work.

¡Manos a la obra!

Conjuga los verbos indicados en futuro.

1. yo [dejar, correr, invertir] _____ *dejaré, correré, invertiré*
2. tú [renunciar, beber, vivir] _____ *renunciarás, beberás, vivirás*
3. Lola [hacer, poner, venir] _____ *hará, pondrá, vendrá*
4. nosotros [tener, decir, querer] _____ *tendremos, diremos, querremos*
5. ustedes [ir, ser, estar] _____ *irán, serán, estarán*
6. usted [solicitar, comer, repetir] _____ *solicitará, comerá, repetirá*
7. yo [saber, salir, poder] _____ *sabré, saldré, podré*
8. tú [encontrar, jugar, servir] _____ *encontrarás, jugarás, servirás*

Communicative Goal
Say what I would do

16.2 The conditional tense

▶ The conditional tense in Spanish expresses what you *would do* or what *would happen* under certain circumstances. In Lesson 7, you learned the polite expression **me gustaría…** (*I would like…*), which uses a conditional form of **gustar**.

The conditional tense

	visitar	comer	aplaudir
yo	visitaría	comería	aplaudiría
tú	visitarías	comerías	aplaudirías
Ud./él/ella	visitaría	comería	aplaudiría
nosotros/as	visitaríamos	comeríamos	aplaudiríamos
vosotros/as	visitaríais	comeríais	aplaudiríais
Uds./ellos/ellas	visitarían	comerían	aplaudirían

▶ The conditional endings are the same for all verbs, and all forms carry a written accent. For regular verbs, add the endings to the infinitive. For irregular verbs, add the endings to the irregular stem.

INFINITIVE	STEM	CONDITIONAL
decir	dir-	diría
haber	habr-	habría
hacer	har-	haría
poder	podr-	podría
poner	pondr-	pondría
querer	querr-	querría
saber	sabr-	sabría
salir	saldr-	saldría
tener	tendr-	tendría
venir	vendr-	vendría

¡ojo! The conditional form of **hay** is **habría** (*there would be*).

▶ While in English the conditional is made up of the auxiliary verb *would* and a main verb, in Spanish it consists of one word.

Este aspirante **sería** perfecto para el puesto.
This candidate would be perfect for the job.

Querría un puesto con un buen salario.
I would like a job with a good salary.

¿**Vivirían** ustedes en otro país por un trabajo?
Would you live in another country for a job?

Ganarían más en otra compañía.
They would earn more at another company.

SUGGESTION Ask students to write a short paragraph answering this question: **Si pudieras cambiar tu vida, ¿qué harías?** Call on volunteers to write their paragraphs on the board. Ask the class to check the paragraphs for correct usage and spelling.

INSTRUCTIONAL RESOURCES
Supersite: Grammar Tutorial; WebSAM
SAM: Workbook pp. 161–162; Lab Manual p. 326

Práctica

1 Un viaje Completa las oraciones con el condicional del verbo indicado.

> **modelo** Diana __querría__ [querer] conocer otros lugares en el viaje.

1. Me __gustaría__ [gustar] llegar unos días antes de la conferencia para viajar.
2. Ana y Rubén __saldrían__ [salir] primero a la playa para descansar.
3. Yo __diría__ [decir] que fuéramos a San Juan porque es una ciudad muy divertida.
4. Nosotras __preferiríamos__ [preferir] tener las reuniones por la mañana. Así, por la tarde __podríamos__ [poder] visitar la ciudad.
5. Y nosotros __visitaríamos__ [visitar] la zona comercial de la ciudad. Y tú, Luisa, ¿qué __harías__ [hacer]?
6. Estamos seguros de que el jefe __tendría__ [tener] interés en hacer una videoconferencia. El fin de semana él __visitaría__ [visitar] los museos.

2 Preguntas Forma preguntas con estos elementos. Luego, inventa las respuestas. Usa el condicional.
Answers will vary.

> **modelo**
> hacer (ustedes) / videoconferencia / con / empresa de Chile
> —¿Harían ustedes una videoconferencia con una empresa de Chile?
> —Sí, haríamos una videoconferencia con una empresa de Chile.

1. contratar (tú) / un miembro de tu familia / para / puesto nuevo
2. invertir (ellos) / dinero / en / compañía nueva
3. solicitar (ella) / trabajo / de abogado
4. renunciar (tú) / puesto / por otro trabajo con mejores beneficios
5. tener (nosotros) / dinero / para empezar / empresa privada

3 Sugerencias Beatriz busca trabajo. Dile ocho cosas que tú harías si fueras (*if you were*) ella. Usa el condicional. Luego, compara tus sugerencias con un(a) compañero/a.
Answers will vary.

> **modelo**
> Buscaría trabajo en la red.

Conversación

 En tu lugar... Lee las situaciones. Responde con lo que harías en esta situación usando la frase **Yo en tu lugar...** (*If I were you...*). Después, compara tus ideas con las de un(a) compañero/a. *Answers will vary.*  **Communication** Interpersonal Communication

modelo
Me encanta mi puesto, pero mi jefe nunca me deja hablar.

Estudiante 1: Me encanta mi puesto, pero mi jefe nunca me deja hablar.
Estudiante 2: Pues, yo en tu lugar, hablaría con mi jefe sobre este problema.

1. El año pasado escogí contabilidad como mi especialización, pero ahora he descubierto que no me gusta trabajar con números todo el día. Si cambio, mis padres quizás se enojen.

2. Me ofrecen un puesto interesantísimo, con un buen sueldo y excelentes beneficios, pero tiene un horario horrible. No volveré a ver a mis amigos jamás.

3. Mi peluquero es maravilloso, pero se va de viaje por dos meses a San Juan. Los otros peluqueros que trabajan en su salón no me gustan. Y tengo que hacer varias presentaciones públicas para mi empresa durante esos dos meses.

 ¿Qué harías? Quieres saber qué harían tus compañeros/as por un millón de dólares. Escribe siete preguntas usando el tiempo condicional. Circula por la clase y hazles las preguntas a tus compañeros/as. Anota las respuestas e informa a la clase de los resultados de la encuesta. *Answers will vary.*
5 Communication Interpersonal Communication

modelo

Estudiante 1: ¿Trabajarías como cantante en Las Vegas?
Estudiante 2: Sí, lo haría. Sería un puesto muy interesante.

Actividades	Nombre de compañero/a
_____	_____
_____	_____
_____	_____
_____	_____
_____	_____
_____	_____

ACTIVITY PACK For additional activities, go to the **Activity Pack** in the **Resources** section of the Supersite.

I CAN say what I would do.

Uses of the conditional

▶ The conditional is commonly used to make polite requests.

¿Podrías llamar al gerente, por favor?
Would you call the manager, please?

¿Sería tan amable de venir ahora?
Would you be so kind as to come now?

▶ In both Spanish and English, the conditional expresses the future in relation to a past action or state of being. The future indicates what *will happen*, whereas the conditional indicates what *would happen*. The future tense is often used if the main verb is in the present tense. The conditional is often used if the main verb is in one of the past tenses.

Creo que mañana **hará** sol.
I think it will be sunny tomorrow.

Creía que hoy **haría** sol.
I thought it would be sunny today.

▶ The English *would* can also mean *used to*, in the sense of past habitual action. To express past habitual actions, Spanish uses the imperfect.

Íbamos al parque los sábados.
We would go to the park on Saturdays.

De adolescentes, **comíamos** mucho.
As teenagers, we used to eat a lot.

▶ English sentences involving expressions such as *I wondered if, probably,* and *must have been* are often conveyed in Spanish using the conditional of probability. This use of the conditional expresses conjecture or probability about *past* conditions, events, or actions.

Serían las nueve cuando el jefe me llamó.
It must have been (It was probably) 9 o'clock when the boss called me.

Sonó el teléfono. **¿Llamaría** Tina para cancelar nuestra cita?
The phone rang. I wondered if it was Tina calling to cancel our date.

Sin ti, no sé qué haría.
Sólo tú sabes ordenar mi vida.

¡Manos a la obra!

Indica la forma apropiada del condicional de estos verbos.

1. yo [escuchar, leer, escribir] _____ *escucharía, leería, escribiría*
2. tú [invertir, comprender, compartir] *invertirías, comprenderías, compartirías*
3. Marcos [poner, venir, querer] _____ *pondría, vendría, querría*
4. nosotras [ser, saber, ir] _____ *seríamos, sabríamos, iríamos*
5. ustedes [presentar, deber, despedir] _____ *presentarían, deberían, despedirían*
6. ella [salir, poder, hacer] _____ *saldría, podría, haría*
7. yo [tener, tocar, acostarse] _____ *tendría, tocaría, me acostaría*
8. tú [decir, ver, renunciar] _____ *dirías, verías, renunciarías*

16.3 The past subjunctive

Communicative Goal
Express past hopes and requests

▶ The past subjunctive (**el pretérito imperfecto de subjuntivo**) is also called the imperfect subjunctive. Like the present subjunctive, it is used mainly in multiple-clause sentences that express will, influence, emotion, commands, indefiniteness, and non-existence.

The past subjunctive

	estudiar	aprender	recibir
yo	estudiara	aprendiera	recibiera
tú	estudiaras	aprendieras	recibieras
Ud./él/ella	estudiara	aprendiera	recibiera
nosotros/as	estudiáramos	aprendiéramos	recibiéramos
vosotros/as	estudiarais	aprendierais	recibierais
Uds./ellos/ellas	estudiaran	aprendieran	recibieran

¡ojo! The past subjunctive endings are the same for all verbs. Also, note that the **nosotros/as** form always has a written accent.

▶ For *all* verbs, the past subjunctive is formed with the **Uds./ellos/ellas** form of the preterite. By dropping the **–ron** ending, you establish the stem for all the past subjunctive forms. You then add the past subjunctive endings.

INFINITIVE	PRETERITE FORM	STEM	PAST SUBJUNCTIVE
hablar	ellos hablaron	habla-	hablara, hablaras, habláramos
beber	ellos bebieron	bebie-	bebiera, bebieras, bebiéramos
escribir	ellos escribieron	escribie-	escribiera, escribieras, escribiéramos

▶ For verbs with irregular preterites, add the past subjunctive endings to the irregular stem.

INFINITIVE	PRETERITE FORM	STEM	PAST SUBJUNCTIVE
dar	dieron	die-	diera, dieras, diéramos
decir	dijeron	dije-	dijera, dijeras, dijéramos
estar	estuvieron	estuvie-	estuviera, estuvieras, estuviéramos
hacer	hicieron	hicie-	hiciera, hicieras, hiciéramos
ir/ser	fueron	fue-	fuera, fueras, fuéramos
poder	pudieron	pudie-	pudiera, pudieras, pudiéramos
poner	pusieron	pusie-	pusiera, pusieras, pusiéramos
querer	quisieron	quisie-	quisiera, quisieras, quisiéramos
saber	supieron	supie-	supiera, supieras, supiéramos
tener	tuvieron	tuvie-	tuviera, tuvieras, tuviéramos
venir	vinieron	vinie-	viniera, vinieras, viniéramos

SUGGESTION Write this cloze paragraph on the board, asking students to complete it using the correct forms of the verbs **ser, querer, poder, estudiar,** or **tener. Mis padres siempre querían que yo _____ en la universidad. (estudiara) Nunca dudaban que llegara a ser lo que _____. (pudiera, quisiera) Cuando _____ hijos, espero tener la misma confianza en ellos. (tenga)**

INSTRUCTIONAL RESOURCES
Supersite: Grammar Tutorial; WebSAM
SAM: Workbook pp. 163–164; Lab Manual p. 327

Práctica

1 Conversaciones Completa los minidiálogos con el pretérito imperfecto de subjuntivo de los verbos.

PACO ¿Qué le dijo el consejero a Andrés? Quisiera saberlo.
JULIA Le aconsejó que (1) _dejara_ [dejar] los estudios de arte y que (2) _estudiara_ [estudiar] una carrera que (3) _pagara_ [pagar] mejor.
PACO Siempre el dinero. ¿No se enojó Andrés de que le (4) _aconsejara_ [aconsejar] eso?
JULIA Sí, y le dijo que no creía que ninguna carrera le (5) _fuera_ [ir] a gustar más.

• • •

EVA Qué lástima que ellos no te (6) _ofrecieran_ [ofrecer] el puesto de gerente.
LUIS Querían a alguien que (7) _tuviera_ [tener] más experiencia.
EVA Pero, ¿cómo? ¿No te molestó que te (8) _dijeran_ [decir] eso?
LUIS No, porque les gustó mucho mi currículum. Me pidieron que (9) _volviera_ [volver] en un año y (10) _solicitara_ [solicitar] el puesto otra vez.

• • •

CARLA Cuánto me alegré de que tus hijas (11) _vinieran_ [venir] ayer a visitarte. ¿Cuándo se van?
ANA Bueno, yo esperaba que (12) _se quedaran_ [quedarse] dos semanas, pero no pueden. Ojalá (13) _pudieran_ [poder]. Hace muchísimo tiempo que no las veo.

2 Transformar Cambia las oraciones al pasado. Sigue el modelo. *Answers will vary. Suggested answers:*

modelo
Temo que Juanita no consiga el trabajo.
Temía que Juanita no consiguiera el trabajo.

1. Esperamos que Miguel no renuncie.
Esperábamos que Miguel no renunciara.
2. No hay nadie que responda al anuncio.
No había nadie que respondiera al anuncio.
3. Me sorprende que ellos no inviertan su dinero.
Me sorprendía que ellos no invirtieran su dinero.
4. Te piden que no llegues tarde a la oficina.
Te pidieron que no llegaras tarde a la oficina.
5. Juan quiere que Marta tome el puesto de contadora.
Juan quería que Marta tomara el puesto de contadora.
6. Siento mucho que no tengas éxito en el trabajo.
Sentía mucho que no tuvieras éxito en el trabajo.
7. Quiero que te entrevistes con esta compañía.
Quería que te entrevistaras con esta compañía.
8. Temen que usted no firme el contrato esta mañana.
Temían que usted no firmara el contrato esta mañana.

Conversación

 3 Preguntas Con un(a) compañero/a, contesta las preguntas. *Answers will vary.* **3 Communication** Interpersonal Communication

1. De pequeño/a, ¿qué querías que hicieran tus padres?

2. Cuando eras niño/a, ¿esperaban tus padres que trabajaras en una profesión específica?

3. ¿Dudaban tus profesores que tú pudieras llegar a ser lo que querías?

4. ¿Insistían tus padres en que fueras a la universidad? ¿Insistían en otras cosas?

5. ¿Qué te aconsejaron tus amigos que hicieras para tener éxito?

6. ¿Cuál esperabas que fuera tu profesión?

4 Minidiálogos Trabaja con un(a) compañero/a. Uno/a de ustedes ha comprado una casa; la otra persona es el/la gerente de la empresa responsable de las reformas (*improvements*) de la casa. El/La cliente/a llama al/a la gerente para quejarse (*to complain*). Usen estas palabras y el modelo como guía. *Answers will vary.* **4 Communication** Interpersonal Communication

 el/la técnico/a / conectar / módem

Estudiante 1: Le pedí al técnico que conectara el módem, pero todavía no ha venido.

Estudiante 2: No se preocupe. Yo también le pedí al técnico que fuera a su casa.

1. el/la electricista / poner / electricidad

2. el/la carpintero/a / construir / balcón

3. el/la diseñador(a) / escoger / muebles

4. el/la pintor(a) / pintar / paredes

 5 Situación Claudia dejó su puesto por la forma en que le hablaba el gerente, por el aumento que les dieron a otros empleados (¡pero no a ella!) y por el horario que no le permitía seguir con sus clases. Con un(a) compañero/a, dramatiza una conversación entre Claudia y el gerente. *Answers will vary.*

 5 Communication Interpersonal Communication

Estudiante 1: No estoy contenta. No me dieron un aumento de sueldo.

Estudiante 2: ¿Quería usted que le diéramos un aumento? ¡No lo sabía!

ACTIVITY PACK For additional activities, go to the **Activity Pack** in the **Resources** section of the Supersite.

I CAN express past hopes and requests.

Past subjunctive of stem-changing verbs

▶ **–Ir** stem-changing verbs and other verbs with spelling changes follow a similar process to form the past subjunctive.

INFINITIVE	PRETERITE FORM	STEM	PAST SUBJUNCTIVE
preferir	prefirieron	prefirie-	prefiriera, prefirieras, prefiriéramos
repetir	repitieron	repitie-	repitiera, repitieras, repitiéramos
dormir	durmieron	durmie-	durmiera, durmieras, durmiéramos
conducir	condujeron	conduje-	condujera, condujeras, condujéramos
creer	creyeron	creye-	creyera, creyeras, creyéramos
destruir	destruyeron	destruye-	destruyera, destruyeras, destruyéramos
oír	oyeron	oye-	oyera, oyeras, oyéramos

Aquí está mi currículum y me pidieron que trajera mi portafolio con mis trabajos de fotografía...

Desde niña me interesé por la fotografía, aunque mis padres querían que estudiara una carrera científica.

▶ The past subjunctive is used in the same contexts and situations as the present subjunctive, except that it generally describes actions, events, or conditions that have already happened. The verb in the main clause is usually in the preterite or the imperfect.

Me pidieron que no **llegara** tarde.
They asked me not to arrive late.

Ellos querían que yo les **escribiera**.
They wanted me to write to them.

¡ojo! **Quisiera** is often used to make polite requests.

Quisiera hablar con Marco.
I would like to speak to Marco.

¿**Quisiera** usted algo más?
Would you like anything else?

¡Manos a la obra!

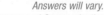 Completa estas oraciones con el pretérito imperfecto de subjuntivo.

1. Quería que tú __vinieras__ [venir] más temprano.
2. Esperábamos que ustedes __hablaran__ [hablar] mucho más en la reunión.
3. No creían que yo __pudiera__ [poder] hacerlo.
4. Se opuso a que nosotros __invirtiéramos__ [invertir] el dinero ayer.
5. Sentí mucho que usted no __estuviera__ [estar] con nosotros anoche.
6. No era necesario que ellas __hicieran__ [hacer] todo.
7. Me pareció increíble que tú __supieras__ [saber] dónde encontrarlo.
8. No hubo nadie que __creyera__ [creer] tu historia.
9. Mis padres insistieron en que yo __fuera__ [ir] a la universidad.
10. Queríamos salir antes de que ustedes __llegaran__ [llegar].

A repasar

16.1 The future tense

1 **Los detalles del trabajo** ¡Felicidades! Obtuviste el empleo que querías. Completa el diálogo con tu nuevo jefe sobre los detalles de tu próximo trabajo. Usa el tiempo futuro.

TÚ Gracias por ofrecerme el puesto de contador.
¿Cuándo __empezaré__ (empezar) a trabajar?

JEFE *Answer will vary.*

TÚ ¿Cuántos días de vacaciones __tendré__ (tener) al año?

JEFE *Answer will vary.*

TÚ ¿Cuándo __obtendré__ (obtener) un aumento de sueldo?

JEFE *Answer will vary.*

TÚ ¿Cuáles __serán__ (ser) mis beneficios?

JEFE *Answer will vary.*

TÚ ¿__Podré__ (poder) tener una computadora?

JEFE *Answer will vary.*

TÚ ¿Dónde __estará__ (estar) mi oficina?

JEFE *Answer will vary.*

2 **¿Qué ocurrirá...?** Completa estas frases de una manera lógica, usando el tiempo futuro. *Answers will vary.*

> **modelo**
> En cuanto Javier termine su especialización, él...
> *obtendrá un ascenso.*

1. Tan pronto como nos graduemos, nosotros...
2. Después de que el gerente me entreviste, yo...
3. En cuanto Eva llene la solicitud de trabajo, ella...
4. Hasta que obtengan un aumento de sueldo, ellos...
5. Cuando contratemos a una secretaria, ustedes...
6. Después de que te expliquen los beneficios del puesto, tú...

3 **¿Cuál será su profesión?** Con un(a) compañero/a, utiliza el futuro de probabilidad para preguntar y responder sobre las profesiones que tienen las personas. *Answers will vary.*
3 Communication Interpersonal Communication

> **modelo**
> **Estudiante 1:** *¿Trabajará este hombre en un banco?*
> **Estudiante 2:** *Creo que sí. ¿Cuántas horas trabajará?*

16.2 The conditional tense

4 **El gerente dijo que...** Tu empresa contrató a un gerente nuevo. Lee el discurso que dio en su primer día de trabajo. Después, cuéntale a tu novio/a lo que dijo el gerente, usando el condicional.

"Habrá muchos cambios en la empresa. Mejoraré los beneficios de los trabajadores, pero no aumentaré los sueldos. Despediré a los empleados perezosos (*lazy*). Tendremos una reunión todos los lunes a las siete de la mañana. Y juntos, solucionaremos los problemas de la compañía. ¡Será un buen año!"

> **modelo**
> El gerente nuevo dijo que habría muchos cambios
> en la empresa...

5 **Peticiones** Túrnate con un(a) compañero/a para hacer preguntas y responder con la información indicada. Usen **¿Podrías...?, ¿Serías tan amable de...?** y **por favor** en sus preguntas. Contesten en forma negativa a cada petición (*request*). *Answers will vary.*

> **modelo**
> darme información acerca del puesto

Estudiante 1: *¿Podrías darme información acerca del puesto, por favor?*
Estudiante 2: *Te la daría, pero no puedo. El gerente hablará contigo.*

1. explicarme mis beneficios
2. ayudarme a escribir mi currículum
3. enviarme una solicitud de trabajo
4. decirme el sueldo que ofrecen
5. hablarnos de tu experiencia profesional
6. venir a una entrevista
7. decirme qué hora es
8. contratarme lo antes posible
9. organizar una videoconferencia
10. entrevistar al aspirante a contador

6 **Situaciones** Túrnate con un(a) compañero/a para decir qué harían en estas situaciones. *Answers will vary.*
6 Communication Interpersonal Communication

- Estás perdido/a en un país donde no hablan tu lengua. Es de noche y tu automóvil está descompuesto.
- Tu computadora no funciona y tienes que imprimir un trabajo final. Son las once de la noche y tienes que dárselo a tu profesor a las ocho de la mañana.
- Hoy es el cumpleaños de tu novio/a, pero se te olvidó. No le compraste ningún regalo.
- Estás en un restaurante y llega Javier Bardem a cenar. Se sienta en una mesa cerca de ti.

16.3 The past subjunctive

7 **Reacciones** Tu hermano y tú son cantantes famosos. Pero en el pasado, su familia y sus amigos les decían que siguieran otra profesión. Escribe las reacciones que tenían. *Answers will vary.*

A mis padres les molestaba mucho que	(no) escoger la profesión de cantantes
Mis mejores amigos nos insistían en que	(no) ser arquitectos
A mi abuelo le sorprendía siempre que	(no) tener éxito
Mi novia nos sugería que	(no) aprender a cantar
Los maestros nos recomendaban que	(no) ganar mucho dinero
Ustedes se alegraban de que	(no) hacer el ridículo
Tú nos decías que era muy difícil que	(no) estudiar otra especialización

8 **Películas** En grupos de tres, escriban sobre una película, usando el pretérito imperfecto de subjuntivo. Después, lean sus composiciones a la clase para que ellos adivinen el nombre de la película. *Answers will vary.*

modelo

Willy no quería que nadie entrara a su empresa. Le daba miedo que alguien robara su receta para hacer chocolates. Por eso, contrataba a gente pequeña para que manejaran las máquinas. Un día, decidió invitar a cinco niños a que visitaran su fábrica... (*Charlie and the Chocolate Factory*)

Síntesis

9 **Cambio de profesión** Con un(a) compañero/a, dramatiza una conversación entre un(a) psicólogo/a y un(a) cocinero/a que no está contento/a con su profesión. El/La psicólogo/a escucha a la persona hablar sobre su vida y después recomienda futuras acciones. Incluye esta información en la conversación. Luego, preséntala a la clase. *Answers will vary.* **9** Communication Interpersonal Communication

- ¿Qué profesión querían tus padres que tú siguieras?
- ¿Qué especialización querías estudiar?
- ¿Cambiarías de profesión en este momento?
- ¿Cómo te sentirías si cambiaras de empleo?
- ¿Qué acciones recomienda el/la psicólogo/a para que esta persona sea más feliz?
- ¿Qué va a hacer el/la cocinero/a para encontrar una nueva ocupación? ACTIVITY PACK For additional activities, go to the **Activity Pack** in the **Resources** section of the Supersite.

 Video

Videoclip

1 **Preparación** ¿Dónde se realizan los grandes eventos de moda en el mundo? ¿Crees que la moda es una industria importante en los países latinoamericanos?

2 **El clip** Mira el reportaje sobre Ágatha Ruiz de la Prada.

Vocabulario

apretadito *tight*	**desfile** *fashion show*
atrevido *audacious*	**destacar** *to highlight*

Hay mucho color en la forma de vestir en América Latina.

3 **¿Cierto o falso?** Indica si estas oraciones son **ciertas** o **falsas**. Corrige las falsas. **3** Communication Interpretive Communication

1. En América Latina, la moda no es tan importante como en Europa.
Falso. Según la diseñadora, América Latina se mueve más que Europa en relación con la moda.
2. Los países latinoamericanos están atrasados en relación con las nuevas tendencias de la moda. *Falso. En América Latina están pasando cosas fantásticas en lo relacionado con las nuevas tendencias de la moda.*
3. Según la diseñadora, la ropa apretada no está de moda. *Cierto.*
4. La principal característica de países como México y Brasil son sus grandes desfiles de moda. *Falso. La principal característica es la variedad de colores en la forma de vestir de las personas.*
5. Para Ruiz de la Prada, la moda se representa con una gran variedad de colores y con diseños atrevidos. *Cierto.*

4 **Un comentario** Imagina que en tu ciudad se celebrará próximamente un importante evento de moda. Prepara con un(a) compañero/a un comentario sobre el evento, utilizando el tiempo futuro. Usa el modelo como guía. **4** Communication Presentational Communication

modelo Esta semana habrá un importante evento de moda... El evento se realizará en... Vendrá la diseñadora...

I CAN write a commentary.

Ampliación

Communicative Goals
Use background knowledge to understand a conversation, and talk about future plans

1 Escuchar

A Escucha la entrevista de la señora Sánchez y Rafael Ventura Romero. Antes de escucharla, prepara una lista de la información que esperas oír, según tu conocimiento previo (*prior knowledge*) del tema.

① Communication Interpretive Communication

TIP Use background knowledge. / Listen for specific information. Knowing the subject of what you are going to hear will help you use your background knowledge to anticipate words and phrases that you are likely to hear, and to determine important information that you should listen for.

Llena el formulario con la información necesaria. Si no oyes un dato (*piece of information*) que necesitas, escribe *Buscar en el currículum*. ¿Oíste toda la información de tu lista?

Puesto solicitado *contador (general)*

Nombre y apellidos del solicitante *Rafael Ventura Romero*

Dirección *Buscar en el currículum* **Tel.** *Buscar en el currículum*

Educación *Universidad Politécnica de Nicaragua*

Experiencia profesional: Puesto *contador*

Empresa *Dulces González*

¿Cuánto tiempo? *3 años durante las vacaciones de la universidad*

Referencias:

Nombre *Héctor Cruz*

Dirección *Buscar en el currículum* **Tel.** *Buscar en el currículum*

Nombre *Prof. Armando Carreño*

Dirección *Buscar en el currículum* **Tel.** *Buscar en el currículum*

---

lo llamaré antes del viernes. ¿Cuándo está dispuesto a comenzar a trabajar? Necesito a alguien lo más pronto posible. **V:** No me gradúo hasta el 15 de diciembre. Pero puedo trabajar media jornada por las siguientes tres semanas hasta la graduación. **S:** Creo que no va a haber ningún problema con eso. Entonces hablamos en unos días. **V:** Muchas gracias por la entrevista, señora Sánchez. Estoy muy emocionado por la posibilidad de trabajar en esta gran empresa. Que tenga muy buen día.

B ¿Cómo sabes si los resultados de la entrevista han sido positivos para Rafael Ventura?
Los resultados fueron positivos porque la jefa quiere que él empiece a trabajar antes de que se gradúe.

2 Conversar

Conversa con un(a) compañero/a sobre sus planes para el futuro. Incluye esta información en su conversación. *Answers will vary.* **② Communication** Interpersonal Communication

---

- *¿Qué profesión u oficio seguirás en el futuro?*
- *¿Por qué te interesa esta carrera?*
- *¿En qué compañía te gustaría trabajar?*
- *¿Te gustaría tener un teletrabajo?*
- *¿Qué se necesita hacer para tener éxito?*
- *¿Te mudarías de país por un puesto excelente?*

I CAN use background knowledge to understand a conversation.

I CAN talk about future plans.

Ampliación

3 Escribir

Escribe una composición sobre tus planes para el futuro. Formula planes para tu vida personal, profesional y financiera. Termina tu composición con una lista de metas (*goals*). *Answers will vary.*

3 Communication Presentational Communication

> **TIP** **Use note cards.** Note cards (**fichas**) can help you organize and sequence your information. Label the top of each card with a general subject, such as **lugar** or **empleo**. Number the cards so you can easily flip through them to find information.

Organizar	Utiliza fichas para apuntar cada plan o meta para el futuro. Asigna un año a cada meta.
Escribir	Organiza tus fichas y escribe el primer borrador de tu composición.
Corregir	Intercambia tu composición con un(a) compañero/a. Léela y anota sus mejores aspectos. ¿Habla de las metas específicas para su futuro? Ofrécele sugerencias para mejorar la organización. Si ves algunos errores, coméntaselos.
Compartir	Revisa el primer borrador de tu composición, según las indicaciones de tu compañero/a. Incorpora nuevas ideas y/o más información si es necesario, antes de escribir la versión final.

4 Un paso más

Imagina que en el futuro trabajarás para una empresa multinacional que tiene sus oficinas más importantes en algún país hispano. Crea una cronología con texto y fotos de tu futura carrera profesional y compártela con la clase. *Answers will vary.* **4 Communication** Presentational Communication

- Escoge el país y busca información sobre las industrias y las compañías que operen allá.
- Describe la empresa y sus productos.
- Incluye fotos relacionadas con la empresa y con sus productos.
- Describe tu carrera, desde el comienzo hasta tu jubilación.
- Incluye los puestos que vas a tener en la empresa, y también fotos relacionadas con tu carrera.

5 Cultura

Te gustaría solicitar un puesto en un país hispano. ¿Qué tipo de puesto te interesaría? ¿Cómo solicitarías el puesto? ¿Cómo adaptarías tu currículum?

I CAN write a composition about my future personal and professional plans.

I CAN create a time line with text and photos.

Communicative Goals
Write a composition about my future plans, and create a time line

3 SUGGESTION Write these questions on the board to get students started: **¿Dónde vivirás? ¿Siempre vivirás en la misma ciudad? ¿Te mudarás mucho? ¿Te casarás? ¿Tendrás hijos? ¿En qué trabajarás? ¿Ganarás mucho dinero?**

3 EVALUATION

Criteria	Scale
Content	1 2 3 4
Organization	1 2 3 4
Use of vocabulary	1 2 3 4
Accuracy and mechanics	1 2 3 4
Creativity	1 2 3 4

Scoring

Excellent	18-20 points
Good	14-17 points
Satisfactory	10-13 points
Unsatisfactory	< 10 points

4 SUGGESTION Provide students with articles in Spanish about multinational companies and their products.

ACTIVITY PACK For additional activities, go to the **Activity Pack** in the **Resources** section of the Supersite.

Audio: Reading

Communicative Goal
Understand a short story in Spanish by summarizing

Antes de leer

Summarizing a text in your own words can help you understand it better.

TIP **Summarize.** Before you begin, you may find it helpful to skim the text and jot down a few notes about its general meaning. You can then read it again, writing down important details or noting special characteristics that occur in the text. Your notes will help you summarize what you have read.

Examinar el texto

The reading selection for this lesson consists of a short story by Augusto Monterroso. What special characteristics in this text could help you summarize it? Skim the story and jot down your ideas.

_____

_____

_____

_____

Sobre el autor

Augusto Monterroso (1921–2003) fue un escritor guatemalteco. Sus textos son concisos, sencillos (*simple*) y accesibles. Su trabajo incluye la parodia, el humor negro, la fábula y el ensayo.

SUGGESTION Introduce the author and his style, then discuss the meaning of **la parodia, el humor negro, la fábula,** and **el ensayo.**

SUGGESTION Do the **Antes de leer** activity as a whole class before you assign the reading and **¿Comprendiste?** and **Preguntas** as homework. Have students share their notes.

EXPANSION To further check comprehension, ask students about the importance of the famous characters in the footnotes. Why did the author include Sir James Calisher, Sir Isaac Newton, and Sir Arthur Conan Doyle?

TEACHING OPTION Write on the board: **Un grupo de personas se gradúa el mismo día, pero ¿qué pasa después?** Have the class model the writing style of Augusto Monterroso by creating a similar short story. As a class, create a repetitive introductory paragraph, then assign students to write different endings. After volunteers have read aloud their responses, brainstorm an appropriate ending.

Imaginación y destino
Augusto Monterroso

En la calurosa° tarde de verano un hombre descansa acostado°, viendo° al cielo, bajo un árbol; una manzana cae sobre su cabeza; tiene imaginación, se va a su casa y escribe la Oda a Eva.

En la calurosa tarde de verano un hombre descansa acostado, viendo al cielo, bajo un árbol; una manzana cae sobre su cabeza; tiene imaginación, se va a su casa y establece la Ley de la Gravitación Universal.

En la calurosa tarde de verano un hombre descansa acostado, viendo al cielo, bajo un árbol; una manzana cae sobre su cabeza; tiene imaginación, observa que el árbol no es un manzano sino una encina° y descubre, oculto° entre las ramas°, al muchacho travieso° del pueblo que se entretiene° arrojando° manzanas a los señores que descansan bajo los árboles, viendo al cielo, en las calurosas tardes del verano.

El primero era, o se convierte entonces para siempre en el poeta sir James Calisher; el segundo era, o se convierte entonces para siempre en el físico sir Isaac Newton[1]; el tercero pudo ser o convertirse entonces para siempre en el novelista sir Arthur Conan Doyle[2]; pero se convierte, o era ya irremediablemente desde niño, en el Jefe de Policía de San Blas, S.B.[3]

[1] Sir Isaac Newton (1642–1727), matemático y físico británico. Es considerado uno de los científicos más importantes de la historia. Formuló la Ley de la Gravitación Universal.

[2] Sir Arthur Conan Doyle (1859–1930), escritor británico. Sus más famosos protagonistas son Sherlock Holmes y su ayudante, el doctor Watson.

[3] S.B. Abreviatura de San Blas, unas islas en Panamá. Una de las novelas de Monterroso tiene lugar en San Blas.

Después de leer

¿Comprendiste? Communication Interpretive Communication

Responde las preguntas de acuerdo con la lectura.

1. ¿Qué estación del año es y qué tiempo hace?
   Es verano y hace calor.

2. ¿Qué hace el primer hombre después de descansar?
   Escribe un poema.

3. ¿Qué hace el segundo hombre después de descansar?
   Establece la Ley de la Gravitación Universal.

4. ¿Qué encuentra el tercer hombre en el árbol?
   Encuentra al muchacho travieso del pueblo.

5. ¿Cuáles son las profesiones de estos tres hombres?
   El primero es poeta, el segundo es físico y el tercero es policía.

Preguntas Answers will vary. Communication Interpretive Communication

Responde estas preguntas con oraciones completas.

1. ¿Por qué lleva el cuento el título "Imaginación y destino"?

2. ¿Por qué utiliza el autor la repetición?

3. La misma situación les ocurre a los tres hombres, pero tienen reacciones distintas. ¿Por qué?

4. El autor escribe "o era ya irremediablemente desde niño". ¿Qué significa esta frase en relación con el resto del cuento?

5. Imagina que hay una cuarta persona en la historia. Escribe un párrafo con el estilo del autor sobre qué le pasa a esta persona "cuando una manzana cae sobre su cabeza".

Coméntalo   Connections Acquiring Information and Diverse Perspectives
Answers will vary.   Communities Lifelong Learning

En el cuento, tres personajes tienen la misma experiencia con distintos resultados. ¿Has tenido una experiencia así? Un ejemplo es la graduación: un grupo de personas se gradúa el mismo día, pero ¿qué pasa después? ¿Podemos controlar nuestros destinos? ¿Afectarán tus experiencias actuales tu futuro? ¿Cómo sabes qué profesión quieres ejercer (*carry out*) en el futuro?

I CAN read a short story and summarize it.

calurosa *hot*   acostado *lying down*   viendo *looking*   encina *oak tree*   oculto *hidden*
ramas *branches*   travieso *mischievous*   se entretiene *entertains himself*
arrojando *throwing*

 **Vocabulary Tools**

Las ocupaciones

el/la abogado/a *lawyer*
el actor *actor*
la actriz *actress*
el/la arqueólogo/a *archeologist*
el/la arquitecto/a *architect*
el bailarín *dancer*
la bailarina *dancer*
el/la bombero/a *firefighter*
el/la cantante *singer*
el/la carpintero/a *carpenter*
el/la científico/a *scientist*
el/la cocinero/a *cook; chef*
el/la consejero/a *counselor; advisor*
el/la contador(a) *accountant*
el/la corredor(a) de bolsa *stockbroker*
el/la diseñador(a) *designer*
el/la electricista *electrician*
el/la escritor(a) *writer*
el/la escultor(a) *sculptor*
el/la gerente *manager*
el hombre/la mujer de negocios *businessperson*
el/la jefe/a *boss*
el/la maestro/a *teacher*
el/la peluquero/a *hairdresser*
el/la pintor(a) *painter*
el/la poeta *poet*
el/la político/a *politician*
el/la psicólogo/a *psychologist*
el/la reportero/a *reporter*
el/la secretario/a *secretary*
el/la técnico/a *technician*

Las entrevistas

el anuncio *advertisement*
el/la aspirante *candidate; applicant*
los beneficios *benefits; profits*
el currículum *résumé*
la entrevista *interview*
el/la entrevistador(a) *interviewer*
el puesto *position; job*
el salario *salary*
la solicitud (de trabajo) *(job) application*
el sueldo *salary*

————

contratar *to hire*
entrevistar *to interview*
ganar *to earn*
obtener *to obtain; to get*
solicitar *to apply (for a job)*

El mundo del trabajo

el ascenso *promotion*
el aumento de sueldo *raise*
la carrera *career*
la compañía *company; firm*
el empleo *job; employment*
la empresa *company; firm*
la especialización *field of study*
los negocios *business; commerce*
la ocupación *occupation*
el oficio *trade*
la profesión *profession*
la reunión *meeting*
el teletrabajo *telecommuting*
el trabajo *job; work*
la videoconferencia *videoconference*

————

dejar *to quit; to leave behind*
despedir (e:i) *to fire*
invertir (e:ie) *to invest*
renunciar (a) *to resign (from)*
tener éxito *to be successful*

————

comercial *commercial; business-related*

As students finish the lesson, encourage them to explore the **Repaso** section on the Supersite. There they will find quizzes for practicing vocabulary, grammar, and oral language.

Communicative Goals: Review

I CAN discuss the world of work.
• Describe three professions that interest you.

I CAN participate in a job interview.
• List three questions you would ask at a job interview.

I CAN talk about future plans.
• Tell a partner five things you will do in the next six months. Use the future tense.

I CAN investigate job interviews in Spanish-speaking countries.
• Describe how job interviews are different in the Spanish-speaking world.

Una mujer baila flamenco en Sevilla. El flamenco, el baile y su música, expresa las pasiones de la gente de España. Tiene raíces *(roots)* judías *(Jewish)*, árabes y africanas. Hoy es popular en todo el mundo, en parte gracias a la influencia de cantantes como Rosario Flores, Diego el Cigala o Rosalía.

¿Te gusta la música flamenca?

ESPAÑA

España

Área: 505.370 km^2 (195.124 millas^2), incluyendo las islas Baleares y las islas Canarias

Población: 46.700.000

Capital: Madrid – 6.559.000

Ciudades principales: Barcelona, Valencia, Sevilla, Zaragoza

Moneda: euro

SOURCE: Population Division, UN Secretariat & CIA World Factbook

INSTRUCTIONAL RESOURCES

Video **Supersite:** Video (Panorama cultural); WebSAM
SAM: Workbook pp. 165–166

Lugares

Madrid: La Plaza Mayor

La Plaza Mayor de Madrid es uno de los lugares turísticos más importantes de la capital. Fue construida *(built)* en 1617 y está totalmente rodeada *(surrounded)* por edificios de tres pisos con balcones y pórticos antiguos. En la Plaza Mayor hay muchas cafeterías, donde la gente pasa el tiempo bebiendo café y hablando con amigos.

¿Dónde pasas tiempo con tus amigos?

Celebraciones

La Tomatina

En Buñol, un pequeño pueblo de Valencia, la producción de tomates es un recurso económico muy importante. Cada año en agosto se celebra el festival de La Tomatina. Durante todo un día, miles de personas se tiran *(throw)* tomates. Llegan turistas de todo el mundo, y se usan varias toneladas *(tons)* de tomates.

¿Te gustaría ir al festival de La Tomatina? ¿Conoces algún otro festival o celebración fuera de lo común *(out of the ordinary)*? ¿Cuál es y dónde se celebra?

Mar Cantábrico

La Coruña

Salamanca

Madrid ★

ESPAÑA

PORTUGAL

Sevilla

Sierra Nevada

Estrecho de Gibraltar

Ceuta

Melilla

Islas Canarias

La Palma

Tenerife

Gran Canaria

Lanzarote

Fuerteventura

Gomera

Hierro

MARRUECOS

FRANCIA

San Sebastián

ANDORRA

Pirineos

Zaragoza

Barcelona

Islas Baleares

Valencia

Menorca

Mallorca

Ibiza

Mar
Mediterráneo

Comida

La paella ▶

La paella es uno de los platos más típicos de España. Siempre se prepara con arroz y azafrán *(saffron)*, pero hay diferentes recetas *(recipes)*. La paella valenciana, por ejemplo, es de pollo y conejo *(rabbit)*, y la paella marinera es de mariscos.

¿Has probado la paella alguna vez? ¿Te gustó?

Artes

Velázquez y el Prado ▶

El Prado, en Madrid, es uno de los museos más famosos del mundo. En el Prado hay miles de pinturas importantes, incluyendo obras *(works)* de Botticelli, de El Greco, y de los españoles Goya y Velázquez. Diego Velázquez pintó *(painted)* *Las meninas* en 1656 y es su obra más famosa. Actualmente, *Las meninas* está en el Museo del Prado.

¿Cuál es tu museo favorito? ¿Recuerdas alguna obra de arte que se encuentra en ese museo? ¿Cuál?

Lugares

La Universidad de Salamanca

La Universidad de Salamanca, fundada en 1218, es la más antigua *(oldest)* de España. Alrededor de 32.000 estudiantes toman clases en esta institución. La universidad está en la ciudad de Salamanca, famosa por sus edificios históricos, tales como *(such as)* los puentes *(bridges)* romanos y las catedrales góticas.

¿Cuál es la universidad más antigua que conoces? ¿Sabes en qué año fue fundada?

¿Qué aprendiste?

1 **¿Cierto o falso?** Indica si estas oraciones son **ciertas** o **falsas**.

1 Communication Interpretive Communication

	Cierto	Falso
1. La moneda de España es la peseta.		✓
2. Hay mariscos en la paella valenciana.		✓
3. El flamenco es hoy popular en todo el mundo.	✓	
4. En Buñol, los tomates son un recurso importante.	✓	
5. Durante La Tomatina, se tiran pelotas.		✓
6. En el Museo del Prado hay miles de pinturas importantes.	✓	
7. *Las meninas* es la obra más famosa de Botticelli.		✓
8. En la ciudad de Salamanca se ve la influencia del Imperio romano en la arquitectura.	✓	

2 **Preguntas** Contesta estas preguntas. **2** Communication Interpretive Communication

1. ¿Quién es Rosalía? *una cantante de flamenco*
2. ¿Qué lugar de Madrid está rodeado por edificios de tres pisos con balcones y pórticos antiguos? *la Plaza Mayor*
3. ¿Dónde puedes ver *Las meninas*? *el Museo del Prado en Madrid*
4. ¿Cuándo se celebra La Tomatina? *cada año en agosto*
5. ¿Cuáles son los dos ingredientes básicos de la paella? *el arroz y el azafrán*

3 **¿Qué piensas?** Piensa en estas preguntas. **3** Cultures Relating Cultural Products/Practices to Perspectives **3** Connections Making Connections

1. ¿Por qué crees que el flamenco es tan popular en todo el mundo?
2. ¿Qué piensas de La Tomatina?
3. ¿Cómo crees que empezó La Tomatina?
4. ¿Qué te dice la Plaza Mayor sobre los residentes de Madrid?
5. ¿Por qué crees que hay diferentes recetas para la paella?
6. ¿Cuál es tu opinión de *Las meninas*?

4 **Comparaciones** Escribe un párrafo haciendo una de estas comparaciones. **4** Comparisons Cultural Comparisons

- el flamenco con otro género musical
- La Tomatina con otro festival
- El Prado con otro museo
- la Universidad de Salamanca con otra universidad
- la paella con otro plato

I CAN identify basic facts about the geography and culture of Spain by reading short informational texts with visuals.

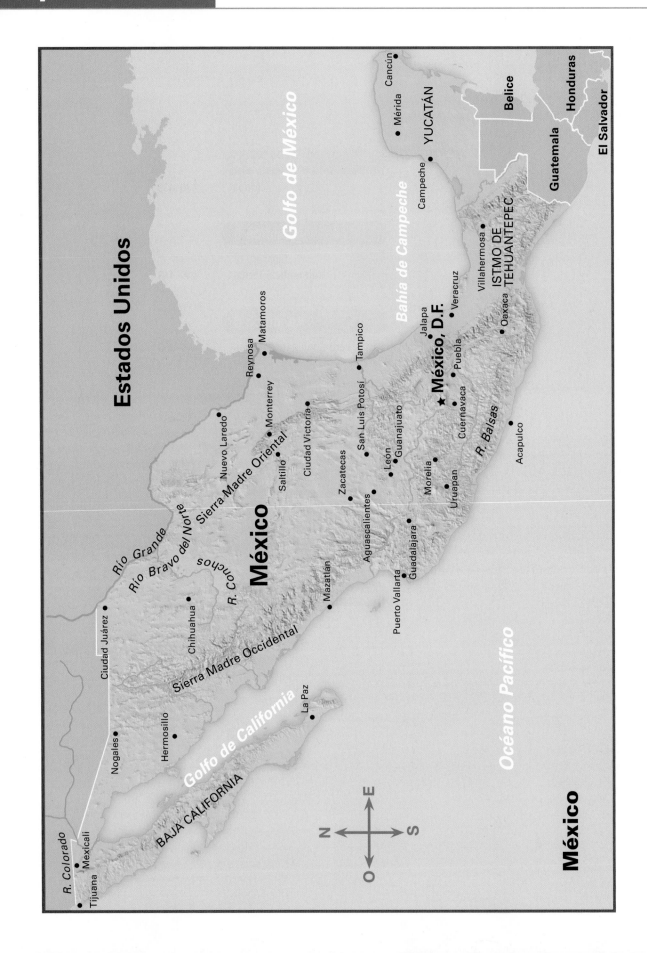

México

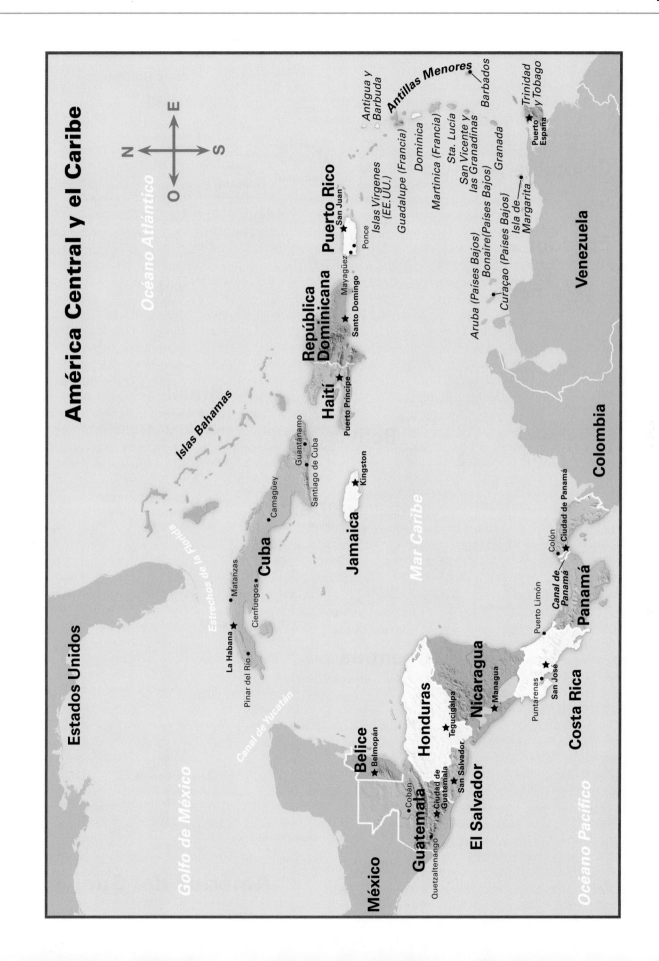

América Central y el Caribe

N · E · O · S

Estados Unidos

Golfo de México

Océano Atlántico

Islas Bahamas

Estrechos de la Florida

Cuba

La Habana · Pinar del Río · Matanzas · Cienfuegos · Camagüey · Santiago de Cuba · Guantánamo

Canal de Yucatán

Jamaica

Kingston

Mar Caribe

Haití

Puerto Príncipe

República Dominicana

Santo Domingo · Mayagüez

Puerto Rico

San Juan · Ponce

Islas Vírgenes (EE.UU.)

Antigua y Barbuda

Antillas Menores

Guadalupe (Francia)

Dominica

Martinica (Francia)

Sta. Lucía

San Vicente y las Granadinas

Barbados

Granada

Trinidad y Tobago

Puerto España

Aruba (Países Bajos)

Bonaire(Países Bajos)

Curaçao (Países Bajos)

Isla de Margarita

Venezuela

Colombia

México

Quetzaltenango

Guatemala

Cobán · Ciudad de Guatemala

El Salvador

San Salvador

Belice

Belmopán

Honduras

Tegucigalpa

Nicaragua

Managua

Costa Rica

San José · Puntarenas

Puerto Limón

Panamá

Canal de Panamá

Colón · Ciudad de Panamá

Océano Pacífico

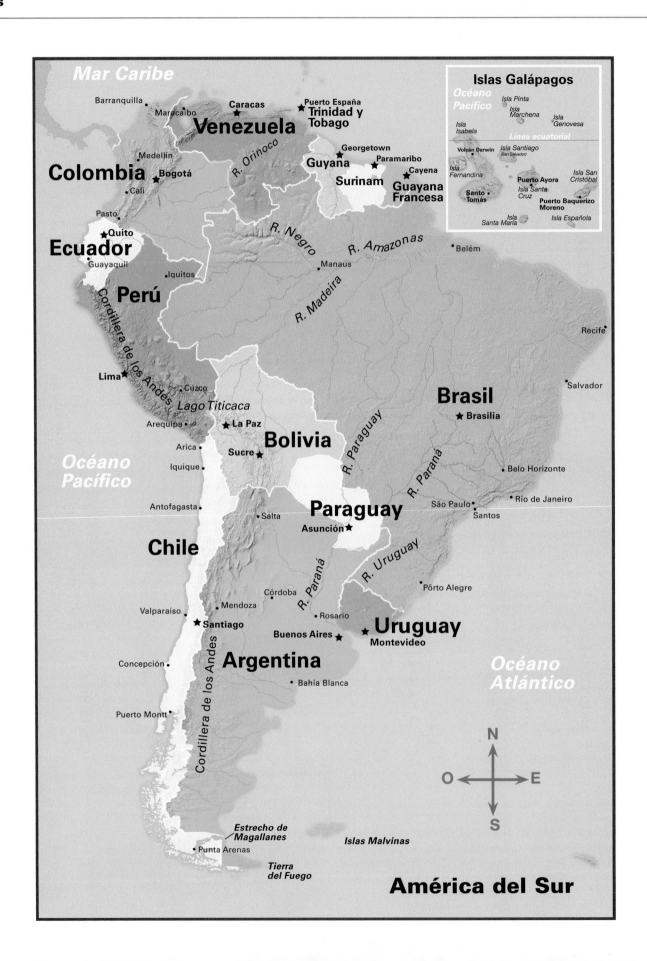

Mar Caribe

Barranquilla
Maracaibo
Caracas
Puerto España
Trinidad y Tobago

Venezuela

Medellín
Colombia
Bogotá
Cali

R. Orinoco

Georgetown
Guyana
Paramaribo
Surinam
Cayena
Guayana Francesa

Islas Galápagos

Océano Pacífico

Isla Pinta
Isla Marchena
Isla Genovesa

Isla Isabela

Línea ecuatorial

Volcán Darwin
Isla Santiago (San Salvador)

Isla Fernandina
Puerto Ayora
Isla San Cristóbal

Santo Tomás
Isla Santa Cruz
Puerto Baquerizo Moreno

Isla Santa María
Isla Española

Pasto
Quito
Ecuador
Guayaquil
Iquitos

Perú

R. Negro
R. Amazonas
Belém
Manaus

R. Madeira

Recife

Cordillera de los Andes

Lima
Cuzco
Lago Titicaca
Arequipa
La Paz
Arica
Sucre
Bolivia
Iquique

Salvador

Brasil
Brasilia

R. Paraguay

R. Paraná

Belo Horizonte

Océano Pacífico

Antofagasta
Salta
Paraguay
Asunción
São Paulo
Rio de Janeiro
Santos

Chile

R. Paraná
R. Uruguay
Pôrto Alegre

Córdoba
Mendoza
Rosario
Valparaíso
Santiago
Buenos Aires
Uruguay
Montevideo

Océano Atlántico

Concepción
Argentina
Bahía Blanca

Cordillera de los Andes

N

O ← → E

S

Puerto Montt

Estrecho de Magallanes
Islas Malvinas
Punta Arenas

Tierra del Fuego

América del Sur

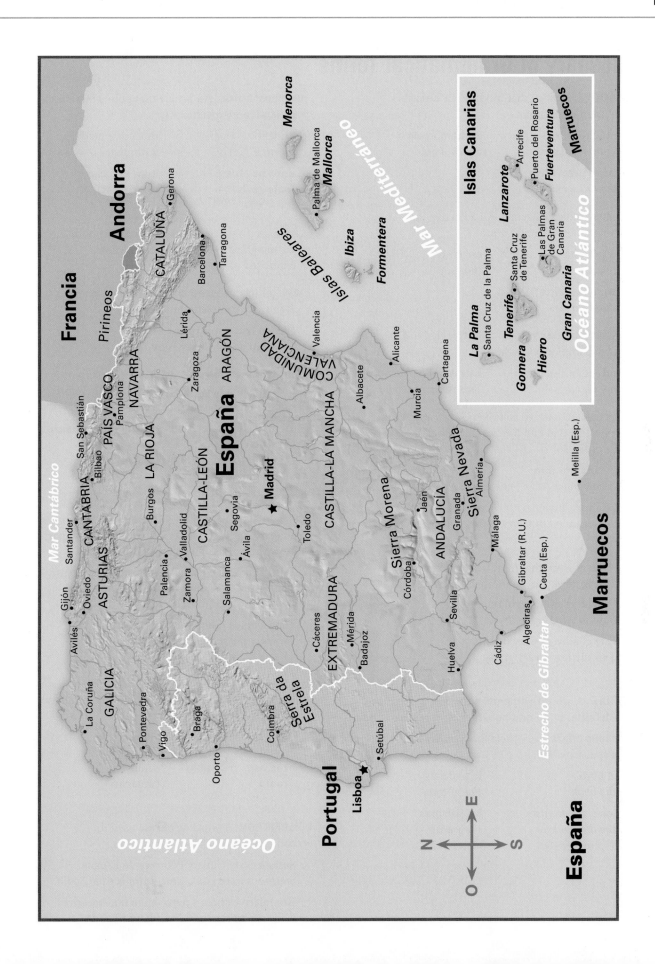

España

Francia

Andorra

Pirineos

CATALUÑA

Gerona

Barcelona

Tarragona

Lérida

Zaragoza

ARAGÓN

NAVARRA

Pamplona

PAÍS VASCO

San Sebastián

Bilbao

LA RIOJA

CANTABRIA

Santander

ASTURIAS

Gijón

Oviedo

Avilés

GALICIA

La Coruña

Pontevedra

Vigo

Braga

Oporto

Coimbra

Serra da Estrela

Portugal

Lisboa

Setúbal

Mar Cantábrico

CASTILLA-LEÓN

Burgos

Valladolid

Palencia

Zamora

Salamanca

Segovia

Ávila

Madrid

Toledo

CASTILLA-LA MANCHA

EXTREMADURA

Cáceres

Mérida

Badajoz

Huelva

Sevilla

ANDALUCÍA

Córdoba

Sierra Morena

Jaén

Granada

Sierra Nevada

Almería

Málaga

Cádiz

Algeciras

Gibraltar (R.U.)

Ceuta (Esp.)

Estrecho de Gibraltar

Marruecos

COMUNIDAD VALENCIANA

Valencia

Alicante

Albacete

Murcia

Cartagena

Melilla (Esp.)

Menorca

Palma de Mallorca

Mallorca

Ibiza

Formentera

Islas Baleares

Mar Mediterráneo

Océano Atlántico

Islas Canarias

La Palma

Santa Cruz de la Palma

Gomera

Tenerife

Santa Cruz de Tenerife

Hierro

Gran Canaria

Las Palmas de Gran Canaria

Lanzarote

Arrecife

Fuerteventura

Puerto del Rosario

Marruecos

Océano Atlántico

N E S O

España

Glossary of Grammatical Terms

ADJECTIVE A word that modifies or describes a noun or pronoun.

muchos libros
many books

un hombre **rico**
*a **rich** man*

las mujeres **altas**
*the **tall** women*

Demonstrative adjective An adjective that points out a specific noun.

esta fiesta
***this** party*

ese chico
***that** boy*

aquellas flores
***those** flowers*

Possessive adjective An adjective that indicates ownership or possession.

mi mejor vestido
***my** best dress*

Éste es **mi** hermano.
*This is **my** brother.*

Stressed possessive adjective A possessive adjective that emphasizes the owner or possessor.

Es un libro **mío**.
*It's **my book**./It's a book **of mine**.*

Es amiga **tuya**; yo no la conozco.
*She's a friend **of yours**; I don't know her.*

ADVERB A word that modifies or describes a verb, adjective, or another adverb.

Pancho escribe **rápidamente**.
*Pancho writes **quickly**.*

Este cuadro es **muy** bonito.
*This picture is **very** pretty.*

ARTICLE A word that points out either a specific (definite) noun or a non-specific (indefinite) noun.

Definite article An article that points out a specific noun.

el libro
***the** book*

la maleta
***the** suitcase*

los diccionarios
***the** dictionaries*

las palabras
***the** words*

Indefinite article An article that points out a noun in a general, non-specific way.

un lápiz
***a** pencil*

una computadora
***a** computer*

unos pájaros
***some** birds*

unas escuelas
***some** schools*

CLAUSE A group of words that contains both a conjugated verb and a subject, either expressed or implied.

Main (or Independent) clause A clause that can stand alone as a complete sentence.

Pienso ir a cenar pronto.
I plan to go to dinner soon.

Subordinate (or Dependent) clause A clause that does not express a complete thought and therefore cannot stand alone as a sentence.

Trabajo en la cafetería **porque necesito dinero para la escuela**.
*I work in the cafeteria **because I need money for school**.*

COMPARATIVE A word or construction used with an adjective, adverb, or noun to express a comparison between two people, places, or things.

Este programa es **más interesante que** el otro.
*This program is **more interesting than** the other one.*

Tomás no es **tan alto como** Alberto.
*Tomás is not **as tall as** Alberto.*

CONJUGATION A set of the forms of a verb for a specific tense or mood, or the process by which these verb forms are presented.

Preterite conjugation of **cantar**:

cant**é**	cant**amos**
cant**aste**	cant**asteis**
cant**ó**	cant**aron**

CONJUNCTION A word or phrase used to connect words, clauses, or phrases.

Susana es de Cuba **y** Pedro es de España.
*Susana is from Cuba **and** Pedro is from Spain.*

No quiero estudiar, **pero** tengo que hacerlo.
*I don't want to study, **but** I have to do it.*

CONTRACTION The joining of two words into one. The only contractions in Spanish are **al** and **del**.

Mi hermano fue **al** concierto ayer.
*My brother went **to the** concert yesterday.*

Saqué dinero **del** banco.
*I took money **from the** bank.*

DIRECT OBJECT A noun or pronoun that directly receives the action of the verb.

Tomás lee **el libro**.   **La** pagó ayer.
*Tomás reads **the book**.   She paid **it** yesterday.*

GENDER The grammatical categorizing of certain kinds of words, such as nouns and pronouns, as masculine, feminine, or neuter.

Masculine
articles **el**, un
pronouns **él**, **lo**, mí**o**, ést**e**, és**e**, aquél
adjective simpátic**o**

Feminine
articles **la**, una
pronouns **ella**, **la**, mí**a**, ést**a**, és**a**, aquéll**a**
adjective simpátic**a**

IMPERSONAL EXPRESSION A third-person expression with no expressed or specific subject.

Es muy importante.   **Llueve** mucho.
It's very important.   *It's raining hard.*

Aquí **se habla** español.
*Spanish **is spoken** here.*

INDIRECT OBJECT A noun or pronoun that receives the action of the verb indirectly; the object, often a living being, to or for whom an action is performed.

Eduardo **le** dio un libro **a Linda**.
*Eduardo gave a book **to Linda**.*

Carlos **me** prestó cincuenta pesos.
*Carlos loaned **me** fifty pesos.*

INFINITIVE The basic form of a verb. Infinitives in Spanish end in **-ar**, **-er**, or **-ir**.

hablar   correr   abrir
to speak   to run   to open

INTERROGATIVE An adjective, adverb, or pronoun used to ask a question.

¿**Quién** habla?   ¿**Cuántos** compraste?
Who is speaking?   How many did you buy?

¿**Qué** piensas hacer hoy?
What do you plan to do today?

INVERSION Changing the word order of a sentence, often to form a question.

Statement: Elena pagó la cuenta del restaurante.

Inversion: ¿Pagó Elena la cuenta del restaurante?

MOOD A grammatical distinction of verbs that indicates whether the verb is intended to make a statement or command, or to express doubt, emotion, or a condition contrary to fact.

Imperative mood Verb forms used to make commands.

Di la verdad.   **Caminen** ustedes conmigo.
Tell the truth.   Walk with me.

¡**Comamos** ahora!
Let's eat now!

Indicative mood Verb forms used to state facts, actions, and states considered to be real.

Sé que **tienes** el dinero.
I know that you have the money.

Subjunctive mood Verb forms used principally in subordinate (or dependent) clauses to express wishes, desires, emotions, doubts, and certain conditions, such as contrary-to-fact situations.

Prefieren que **hables** en español.
*They prefer that **you speak** in Spanish.*

Dudo que Luis **tenga** el dinero necesario.
*I doubt that Luis **has** the necessary money.*

NOUN A word that identifies people, animals, places, things, and ideas.

hombre   **gato**
man   *cat*

México   **casa**
Mexico   *house*

libertad   **libro**
freedom   *book*

NUMBER A grammatical term that refers to singular or plural. Nouns in Spanish and English have number. Other parts of a sentence, such as adjectives, articles, and verbs, can also have number.

Singular	Plural
una cosa	**unas** cosas
a thing	*some things*
el profesor	**los** profesor**es**
the professor	*the professors*

NUMBERS Words that represent amounts.

Cardinal numbers Words that show specific amounts.

cinco minutos
five minutes

el año **dos mil diecinueve**
*the year **2019***

Ordinal numbers Words that indicate the order of a noun in a series.

el **cuarto** jugador	la **décima** hora
*the **fourth** player*	*the **tenth** hour*

PAST PARTICIPLE A past form of the verb used in compound tenses. The past participle may also be used as an adjective, but it must then agree in number and gender with the word it modifies.

Han **buscado** por todas partes.
*They have **searched** everywhere.*

Yo no había **estudiado** para el examen.
*I hadn't **studied** for the exam.*

Hay una **ventana rota** en la sala.
*There is a **broken window** in the living room.*

PERSON The form of the verb or pronoun that indicates the speaker, the one spoken to, or the one spoken about. In Spanish, as in English, there are three persons: first, second, and third.

Person	Singular	Plural
1st	**yo** *I*	**nosotros/as** *we*
2nd	**tú, Ud.** *you*	**vosotros/as, Uds.** *you*
3rd	**él, ella** *he/she*	**ellos, ellas** *they*

PREPOSITION A word that describes the relationship, most often in time or space, between two other words.

Anita es **de** California.
*Anita is **from** California.*

La chaqueta está **en** el carro.
*The jacket is **in** the car.*

¿Quieres hablar **con** ella?
*Do you want to talk **to** her?*

PRESENT PARTICIPLE In English, a verb form that ends in *-ing*. In Spanish, the present participle ends in **–ndo**, and is often used with **estar** to form a progressive tense.

Mi hermana está **hablando** por teléfono ahora mismo.
*My sister is **talking** on the phone right now.*

PRONOUN A word that takes the place of a noun or nouns.

Demonstrative pronoun A pronoun that takes the place of a specific noun.

Quiero **ésta**.
*I want **this one**.*

¿Vas a comprar **ése**?
*Are you going to buy **that one**?*

Juan prefirió **aquéllos**.
*Juan preferred **those** (over there).*

Object pronoun A pronoun that functions as a direct or indirect object of the verb.

Te digo la verdad.
*I'm telling **you** the truth.*

Me lo trajo Juan.
*Juan brought **it** to **me**.*

Reflexive pronoun A pronoun that indicates that the action of a verb is performed by the subject on itself. These pronouns are often expressed in English with *-self: myself, yourself,* etc.

Yo **me bañé** antes de salir.
***I bathed (myself)** before going out.*

Elena **se acostó** a las once y media.
*Elena **went to bed** at eleven-thirty.*

Relative pronoun A pronoun that connects a subordinate clause to a main clause.

El chico **que** nos escribió viene a visitarnos mañana.
*The boy **who** wrote us is coming to visit us tomorrow.*

Ya sé **lo que** tenemos que hacer.
*I already know **what** we have to do.*

Subject pronoun A pronoun that replaces the name or title of a person or thing and acts as the subject of a verb.

Tú debes estudiar más.
***You** should study more.*

Él llegó primero.
***He** arrived first.*

SUBJECT A noun or pronoun that performs the action of a verb and is often implied by the verb.

María va al supermercado.
***María** goes to the supermarket.*

(Ellos) Trabajan mucho.
***They** work hard.*

Esos **libros** son muy caros.
*Those **books** are very expensive.*

SUPERLATIVE A word or construction used with an adjective or adverb to express the highest or lowest degree of a specific quality among three or more people, places, or things.

Entre todas mis clases, ésta es **la más interesante**.
*Among all my classes, this is **the most interesting**.*

Raúl es **el menos simpático** de los chicos.
*Raúl is **the least pleasant** of the boys.*

TENSE A set of verb forms that indicates the time of an action or state: past, present, or future.

Compound tense A two-word tense made up of an auxiliary verb and a present or past participle. In Spanish, **estar** and **haber** are often auxiliary verbs.

En este momento, **estoy estudiando**.
*At this time, **I am studying**.*

El paquete no **ha llegado** todavía.
*The package **has** not **arrived** yet.*

Simple tense A tense expressed by a single verb form.

María **estaba** mal anoche.
*María **was** sick last night.*

Juana **hablará** con su mamá mañana.
*Juana **will speak** with her mom tomorrow.*

VERB A word that expresses actions or states of being.

Auxiliary verb A verb used with a present or past participle to form a compound tense. **Haber** is the most commonly used auxiliary verb in Spanish.

Los chicos **han** visto los elefantes.
*The children **have** seen the elephants.*

Espero que **hayas** comido.
*I hope you **have** eaten.*

Reflexive verb A verb that describes an action performed by the subject on itself and is always used with a reflexive pronoun.

Me compré un carro nuevo.
I bought myself *a new car.*

Pedro y Adela **se levantan** muy temprano.
*Pedro and Adela **get (themselves) up** very early.*

Spelling change verb A verb that undergoes a predictable change in spelling in order to reflect its actual pronunciation in the various conjugations.

practicar	c → qu	practico	practiqué
dirigir	g → j	dirijo	dirigí
almorzar	z → c	almorzó	almorcé

Stem-changing verb A verb whose stem vowel undergoes one or more predictable changes in the various conjugations.

entender (e:ie)	entiendo
pedir (e:i)	piden
dormir (o:ue, u)	duermo, durmieron

Verb Conjugation Tables

The verb lists

The list of verbs below and the model-verb tables that start on page 446 show you how to conjugate the verbs taught in **Aventuras**. Each verb in the list is followed by a model verb conjugated according to the same pattern. The number in parentheses indicates where in the tables you can find the conjugated forms of the model verb. If you want to find out how to conjugate **divertirse**, for example, look up number 33, **sentir**, the model for verbs that follow the **e:ie** stem-change pattern.

How to use the verb tables

In the tables you will find the infinitive, present and past participles, and all the simple forms of each model verb. The formation of the compound tenses of any verb can be inferred from the table of compound tenses, pages 446–453, either by combining the past participle of the verb with a conjugated form of **haber** or combining the present participle with a conjugated form of **estar**.

---

abrir like vivir (3) *except* past participle is **abierto**

aburrir(se) like vivir (3)

acabar like hablar (1)

acampar like hablar (1)

aconsejar like hablar (1)

acordar(se) (o:ue) like contar (24)

acostar(se) (o:ue) like contar (24)

adelgazar (z:c) like cruzar (37)

afeitar(se) like hablar (1)

ahorrar like hablar (1)

alegrar(se) like hablar (1)

aliviar like hablar (1)

almorzar (o:ue) like contar (24) *except* (z:c)

alquilar like hablar (1)

apagar (g:gu) like llegar (41)

aprender like comer (2)

apurar(se) like hablar (1)

arrancar (c:qu) like tocar (44)

arreglar like hablar (1)

asistir like vivir (3)

aumentar like hablar (1)

bailar like hablar (1)

bajar(se) like hablar (1)

bañar(se) like hablar (1)

barrer like comer (2)

beber like comer (2)

brindar like hablar (1)

bucear like hablar (1)

buscar (c:qu) like tocar (44)

caer(se) (5)

calentarse (e:ie) like pensar (30)

cambiar like hablar (1)

caminar like hablar (1)

cantar like hablar (1)

cargar like llegar (41)

casarse like hablar (1)

celebrar like hablar (1)

cenar like hablar (1)

cepillar(se) like hablar (1)

cerrar (e:ie) like pensar (30)

chatear like hablar (1)

chocar (c:qu) like tocar (44)

cobrar like hablar (1)

cocinar like hablar (1)

comenzar (e:ie) (z:c) like empezar (26)

comer (2)

compartir like vivir (3)

comprar like hablar (1)

comprender like comer (2)

comprometerse like comer (2)

conducir (c:zc) (6)

conectar(se) like hablar (1)

confirmar like hablar (1)

conocer (c:zc) (35)

conseguir (e:i) (g:gu) like seguir (32)

conservar like hablar (1)

consumir like vivir (3)

contaminar like hablar (1)

contar (o:ue) (24)

contestar like hablar (1)

contratar like hablar (1)

controlar like hablar (1)

conversar like hablar (1)

correr like comer (2)

costar (o:ue) like contar (24)

creer (y) (36)

cruzar (z:c) (37)

cuidar like hablar (1)

cumplir like vivir (3)

dañar like hablar (1)

dar(se) (7)

deber like comer (2)

decidir like vivir (3)

decir (e:i) (8)

dejar like hablar (1)

depositar like hablar (1)

desarrollar like hablar (1)

desayunar like hablar (1)

descansar like hablar (1)

descargar like llegar (41)

describir like vivir (3) *except* past participle is **descrito**

descubrir like vivir (3) *except* past participle is **descubierto**

desear like hablar (1)

despedir (e:i) like pedir (29)

despertar(se) (e:ie) like pensar (30)

destruir (y) (38)

dibujar like hablar (1)

disfrutar like hablar (1)

divertirse (e:ie) like sentir (33)

divorciarse like hablar (1)

doblar like hablar (1)

doler (o:ue) like volver (34) *except* past participle is regular

dormir(se) (o:ue, u) (25)

duchar(se) like hablar (1)

dudar like hablar (1)

echar like hablar (1)

empezar (e:ie) (z:c) (26)

enamorarse like hablar (1)

encantar like hablar (1)

encontrar (o:ue) like contar (24)

enfermarse like hablar (1)

engordar like hablar (1)

enojar(se) like hablar (1)

enseñar like hablar (1)

ensuciar like hablar (1)

entender (e:ie) (27)

entrenar(se) like hablar (1)

entrevistar like hablar (1)

enviar (envío) (39)

escalar like hablar (1)

escanear like hablar (1)

escribir like vivir (3) *except* past participle is **escrito**

escuchar like hablar (1)

esperar like hablar (1)

esquiar (esquío) like enviar (39)

estacionar like hablar (1)

estar (9)

estornudar like hablar (1)

estudiar like hablar (1)

evitar like hablar (1)

explicar (c:qu) like tocar (44)

faltar like hablar (1)

fascinar like hablar (1)

firmar like hablar (1)

fumar like hablar (1)

funcionar like hablar (1)

ganar like hablar (1)

gastar like hablar (1)

grabar like hablar (1)

graduarse (gradúo) (40)

guardar like hablar (1)

gustar like hablar (1)

haber (hay) (10)

hablar (1)

hacer (11)

importar like hablar (1)

imprimir like vivir (3)

indicar (c:qu) like tocar (44)

insistir like vivir (3)

interesar like hablar (1)

invertir (e:ie) like sentir (33)

invitar like hablar (1)

ir(se) (12)

jubilarse like hablar (1)

jugar (u:ue) (g:gu) (28)

lastimar(se) like hablar (1)

lavar(se) like hablar (1)

leer (y) like creer (36)

levantar(se) like hablar (1)

limpiar like hablar (1)

llamar(se) like hablar (1)

llegar (g:gu) (41)

llenar like hablar (1)

llevar(se) like hablar (1)

llover (o:ue) like volver (34) *except* past participle is regular

mandar like hablar (1)

manejar like hablar (1)

mantenerse (e:ie) like tener (20)

maquillar(se) like hablar (1)

mejorar like hablar (1)

merendar (e:ie) like pensar (30)

mirar like hablar (1)

molestar like hablar (1)

montar like hablar (1)

morir (o:ue) like dormir (25) *except* past participle is **muerto**

mostrar (o:ue) like contar (24)

mudarse like hablar (1)

nacer (c:zc) like conocer (35)

nadar like hablar (1)

necesitar like hablar (1)

negar (e:ie) like pensar (30) *except* (g:gu)

nevar (e:ie) like pensar (30)

obtener (e:ie) like tener (20)

odiar like hablar (1)

ofrecer (c:zc) like conocer (35)

oír (13)

olvidar like hablar (1)

pagar (g:gu) like llegar (41)

parar like hablar (1)

parecer (c:zc) like conocer (35)

pasar like hablar (1)

pasear like hablar (1)

patinar like hablar (1)

pedir (e:i) (29)

peinar(se) like hablar (1)

pensar (e:ie) (30)

perder (e:ie) like entender (27)

pescar (c:qu) like tocar (44)

planchar like hablar (1)

poder (o:ue) (14)

poner(se) (15)

practicar (c:qu) like tocar (44)

preferir (e:ie) like sentir (33)

preguntar like hablar (1)

prender like comer (2)

preocupar(se) like hablar (1)

preparar like hablar (1)

prestar like hablar (1)

probar(se) (o:ue) like contar (24)

prohibir (42)

proteger (g:j) (43)

quedar(se) like hablar (1)

querer (e:ie) (16)

quitar(se) like hablar (1)

recetar like hablar (1)

recibir like vivir (3)

reciclar like hablar (1)

recoger (g:j) like proteger (43)

recomendar (e:ie) like pensar (30)

recordar (o:ue) like contar (24)

reducir (c:zc) like conducir (6)

regalar like hablar (1)

regatear like hablar (1)

regresar like hablar (1)

reír(se) (e:i) (31)

relajarse like hablar (1)

renunciar like hablar (1)

repetir (e:i) like pedir (29)

resolver (o:ue) like volver (34)

respirar like hablar (1)

revisar like hablar (1)

rogar (o:ue) like contar (24) *except* (g:gu)

romper(se) like comer (2) *except* past participle is **roto**

saber (17)

sacar(se) (c:qu) like tocar (44)

sacudir like vivir (3)

salir (18)

seguir (e:i) (32)

sentarse (e:ie) like pensar (30)

sentir(se) (e:ie) (33)

separarse like hablar (1)

ser (19)

servir (e:i) like pedir (29)

solicitar like hablar (1)

sonar (o:ue) like contar (24)

sonreír (e:i) like reír(se) (31)

sorprender like comer (2)

subir like vivir (3)

sudar like hablar (1)

sufrir like vivir (3)

sugerir (e:ie) like sentir (33)

suponer like poner (15)

temer like comer (2)

tener (e:ie) (20)

terminar like hablar (1)

textear like hablar (1)

tomar like hablar (1)

torcerse (o:ue) like volver (34) *except* (c:z) and past participle is regular; e.g., **yo tuerzo**

toser like comer (2)

trabajar like hablar (1)

traducir (c:zc) like conducir (6)

traer (21)

tratar like hablar (1)

usar like hablar (1)

vender like comer (2)

venir (e:ie) (22)

ver (23)

vestir(se) (e:i) like pedir (29)

viajar like hablar (1)

visitar like hablar (1)

vivir (3)

volver (o:ue) (34)

Regular verbs: simple tenses

Infinitive	INDICATIVE					SUBJUNCTIVE		IMPERATIVE
	Present	Imperfect	Preterite	Future	Conditional	Present	Past	
1 hablar	hablo	hablaba	hablé	hablaré	hablaría	hable	hablara	
	hablas	hablabas	hablaste	hablarás	hablarías	hables	hablaras	habla tú (no hables)
Participles:	habla	hablaba	habló	hablará	hablaría	hable	hablara	hable Ud.
hablando	hablamos	hablábamos	hablamos	hablaremos	hablaríamos	hablemos	habláramos	hablemos
hablado	habláis	hablabais	hablasteis	hablaréis	hablaríais	habléis	hablarais	hablad (no habléis)
	hablan	hablaban	hablaron	hablarán	hablarían	hablen	hablaran	hablen Uds.
2 comer	como	comía	comí	comeré	comería	coma	comiera	
	comes	comías	comiste	comerás	comerías	comas	comieras	come tú (no comas)
Participles:	come	comía	comió	comerá	comería	coma	comiera	coma Ud.
comiendo	comemos	comíamos	comimos	comeremos	comeríamos	comamos	comiéramos	comamos
comido	coméis	comíais	comisteis	comeréis	comeríais	comáis	comierais	comed (no comáis)
	comen	comían	comieron	comerán	comerían	coman	comieran	coman Uds.
3 vivir	vivo	vivía	viví	viviré	viviría	viva	viviera	
	vives	vivías	viviste	vivirás	vivirías	vivas	vivieran	vive tú (no vivas)
Participles:	vive	vivía	vivió	vivirá	viviría	viva	viviera	viva Ud.
viviendo	vivimos	vivíamos	vivimos	viviremos	viviríamos	vivamos	viviéramos	vivamos
vivido	vivís	vivíais	vivisteis	viviréis	viviríais	viváis	vivierais	vivid (no viváis)
	viven	vivían	vivieron	vivirán	vivirían	vivan	vivieran	vivan Uds.

All verbs: compound tenses

PERFECT TENSES						
INDICATIVE					SUBJUNCTIVE	
Present Perfect	Past Perfect	Future Perfect	Conditional Perfect		Present Perfect	Past Perfect
he	había	habré	habría		haya	hubiera
has	habías	habrás	habrías		hayas	hubieras
ha · hablado	había · hablado	habrá · hablado	habría · hablado		haya · hablado	hubiera · hablado
hemos · comido	habíamos · comido	habremos · comido	habríamos · comido		hayamos · comido	hubiéramos · comido
habéis · vivido	habíais · vivido	habréis · vivido	habríais · vivido		hayáis · vivido	hubierais · vivido
han	habían	habrán	habrían		hayan	hubieran

PROGRESSIVE TENSES

INDICATIVE				SUBJUNCTIVE	
Present Progressive	Past Progressive	Future Progressive	Conditional Progressive	Present Progressive	Past Progressive
estoy	estaba	estaré	estaría	esté	estuviera
estás	estabas	estarás	estarías	estés	estuvieras
está hablando	estaba hablando	estará hablando	estaría hablando	esté hablando	estuviera hablando
estamos comiendo	estábamos comiendo	estaremos comiendo	estaríamos comiendo	estemos comiendo	estuviéramos comiendo
estáis viviendo	estabais viviendo	estaréis viviendo	estaríais viviendo	estéis viviendo	estuvierais viviendo
están	estaban	estarán	estarían	estén	estuvieran

Irregular verbs

	INDICATIVE					SUBJUNCTIVE		IMPERATIVE
Infinitive	Present	Imperfect	Preterite	Future	Conditional	Present	Past	
4 caber	**quepo**	cabía	**cupe**	**cabré**	**cabría**	**quepa**	**cupiera**	
	cabes	cabías	**cupiste**	**cabrás**	**cabrías**	**quepas**	**cupieras**	cabe tú (no **quepas**)
Participles:	cabe	cabía	**cupo**	**cabrá**	**cabría**	**quepa**	**cupiera**	**quepa** Ud.
cabiendo	cabemos	cabíamos	**cupimos**	**cabremos**	**cabríamos**	**quepamos**	**cupiéramos**	**quepamos**
cabido	cabéis	cabíais	**cupisteis**	**cabréis**	**cabríais**	**quepáis**	**cupierais**	cabed (no **quepáis**)
	caben	cabían	**cupieron**	**cabrán**	**cabrían**	**quepan**	**cupieran**	**quepan** Uds.
5 caer(se)	**caigo**	caía	caí	caeré	caería	**caiga**	**cayera**	
	caes	caías	**caíste**	caerás	caerías	**caigas**	**cayeras**	cae tú (no **caigas**)
Participles:	cae	caía	**cayó**	caerá	caería	**caiga**	**cayera**	**caiga** Ud.
cayendo	caemos	caíamos	**caímos**	caeremos	caeríamos	**caigamos**	**cayéramos**	**caigamos**
caído	caéis	caíais	**caísteis**	caeréis	caeríais	**caigáis**	**cayerais**	caed (no **caigáis**)
	caen	caían	**cayeron**	caerán	caerían	**caigan**	**cayeran**	**caigan** Uds.
6 conducir (c:zc)	**conduzco**	conducía	**conduje**	conduciré	conduciría	**conduzca**	**condujera**	
	conduces	conducías	**condujiste**	conducirás	conducirías	**conduzcas**	**condujeras**	conduce tú (no **conduzcas**)
	conduce	conducía	**condujo**	conducirá	conduciría	**conduzca**	**condujera**	**conduzca** Ud.
Participles:	conducimos	conducíamos	**condujimos**	conduciremos	conduciríamos	**conduzcamos**	**condujéramos**	**conduzcamos**
conduciendo	conducís	conducíais	**condujisteis**	conduciréis	conduciríais	**conduzcáis**	**condujerais**	conducid (no **conduzcáis**)
conducido	conducen	conducían	**condujeron**	conducirán	conducirían	**conduzcan**	**condujeran**	**conduzcan** Uds.

	Infinitive	INDICATIVE					SUBJUNCTIVE		IMPERATIVE
		Present	Imperfect	Preterite	Future	Conditional	Present	Past	
7	dar	doy	daba	di	daré	daría	dé	diera	
		das	dabas	diste	darás	darías	des	dieras	da tú (no des)
	Participles:	da	daba	dio	dará	daría	dé	diera	dé Ud.
	dando	damos	dábamos	dimos	daremos	daríamos	demos	diéramos	demos
	dado	dais	dabais	disteis	daréis	daríais	deis	dierais	dad (no deis)
		dan	daban	dieron	darán	darían	den	dieran	den Uds.
8	decir (e:i)	digo	decía	dije	diré	diría	diga	dijera	
		dices	decías	dijiste	dirás	dirías	digas	dijeras	di tú (no digas)
	Participles:	dice	decía	dijo	dirá	diría	diga	dijera	diga Ud.
	diciendo	decimos	decíamos	dijimos	diremos	diríamos	digamos	dijéramos	digamos
	dicho	decís	decíais	dijisteis	diréis	diríais	digáis	dijerais	decid (no digáis)
		dicen	decían	dijeron	dirán	dirían	digan	dijeran	digan Uds.
9	estar	estoy	estaba	estuve	estaré	estaría	esté	estuviera	
		estás	estabas	estuviste	estarás	estarías	estés	estuvieras	está tú (no estés)
	Participles:	está	estaba	estuvo	estará	estaría	esté	estuviera	esté Ud.
	estando	estamos	estábamos	estuvimos	estaremos	estaríamos	estemos	estuviéramos	estemos
	estado	estáis	estabais	estuvisteis	estaréis	estaríais	estéis	estuvierais	estad (no estéis)
		están	estaban	estuvieron	estarán	estarían	estén	estuvieran	estén Uds.
10	haber	he	había	hube	habré	habría	haya	hubiera	
		has	habías	hubiste	habrás	habrías	hayas	hubieras	
	Participles:	ha	había	hubo	habrá	habría	haya	hubiera	
	habiendo	hemos	habíamos	hubimos	habremos	habríamos	hayamos	hubiéramos	
	habido	habéis	habíais	hubisteis	habréis	habríais	hayáis	hubierais	
		han	habían	hubieron	habrán	habrían	hayan	hubieran	
11	hacer	hago	hacía	hice	haré	haría	haga	hiciera	
		haces	hacías	hiciste	harás	harías	hagas	hicieras	haz tú (no hagas)
	Participles:	hace	hacía	hizo	hará	haría	haga	hiciera	haga Ud.
	haciendo	hacemos	hacíamos	hicimos	haremos	haríamos	hagamos	hiciéramos	hagamos
	hecho	hacéis	hacíais	hicisteis	haréis	haríais	hagáis	hicierais	haced (no hagáis)
		hacen	hacían	hicieron	harán	harían	hagan	hicieran	hagan Uds.
12	ir	voy	iba	fui	iré	iría	vaya	fuera	
		vas	ibas	fuiste	irás	irías	vayas	fueras	ve tú (no vayas)
	Participles:	va	iba	fue	irá	iría	vaya	fuera	vaya Ud.
	yendo	vamos	íbamos	fuimos	iremos	iríamos	vayamos	fuéramos	vamos (no vayamos)
	ido	vais	ibais	fuisteis	iréis	iríais	vayáis	fuerais	id (no vayáis)
		van	iban	fueron	irán	irían	vayan	fueran	vayan Uds.
13	oír (y)	oigo	oía	oí	oiré	oiría	oiga	oyera	
		oyes	oías	oíste	oirás	oirías	oigas	oyeras	oye tú (no oigas)
	Participles:	oye	oía	oyó	oirá	oiría	oiga	oyera	oiga Ud.
	oyendo	oímos	oíamos	oímos	oiremos	oiríamos	oigamos	oyéramos	oigamos
	oído	oís	oíais	oísteis	oiréis	oiríais	oigáis	oyerais	oíd (no oigáis)
		oyen	oían	oyeron	oirán	oirían	oigan	oyeran	oigan Uds.

		INDICATIVE					SUBJUNCTIVE		IMPERATIVE
	Infinitive	Present	Imperfect	Preterite	Future	Conditional	Present	Past	
14	poder (o:ue)	**puedo**	podía	**pude**	podré	podría	**pueda**	**pudiera**	
		puedes	podías	**pudiste**	podrás	podrías	**puedas**	**pudieras**	**puede** tú (no **puedas**)
	Participles:	**puede**	podía	**pudo**	podrá	podría	**pueda**	**pudiera**	**pueda** Ud.
	pudiendo	podemos	podíamos	**pudimos**	podremos	podríamos	podamos	**pudiéramos**	podamos
	podido	podéis	podíais	**pudisteis**	podréis	podríais	podáis	**pudierais**	poded (no podáis)
		pueden	podían	**pudieron**	podrán	podrían	**puedan**	pudieran	**puedan** Uds.
15	poner	**pongo**	ponía	**puse**	pondré	pondría	**ponga**	**pusiera**	
		pones	ponías	**pusiste**	pondrás	pondrías	**pongas**	**pusieras**	**pon** tú (no **pongas**)
	Participles:	pone	ponía	**puso**	pondrá	pondría	**ponga**	**pusiera**	**ponga** Ud.
	poniendo	ponemos	poníamos	**pusimos**	pondremos	pondríamos	**pongamos**	**pusiéramos**	**pongamos**
	puesto	ponéis	poníais	**pusisteis**	pondréis	pondríais	**pongáis**	**pusierais**	poned (no **pongáis**)
		ponen	ponían	**pusieron**	pondrán	pondrían	**pongan**	**pusieran**	**pongan** Uds.
16	querer (e:ie)	**quiero**	quería	**quise**	**querré**	**querría**	**quiera**	**quisiera**	
		quieres	querías	**quisiste**	**querrás**	**querrías**	**quieras**	**quisieras**	**quiere** tú (no **quieras**)
	Participles:	**quiere**	quería	**quiso**	**querrá**	**querría**	**quiera**	**quisiera**	**quiera** Ud.
	queriendo	queremos	queríamos	**quisimos**	**querremos**	**querríamos**	queramos	**quisiéramos**	queramos
	querido	queréis	queríais	**quisisteis**	**querréis**	**querríais**	queráis	**quisierais**	quered (no queráis)
		quieren	querían	**quisieron**	**querrán**	**querrían**	**quieran**	**quisieran**	**quieran** Uds.
17	saber	**sé**	sabía	**supe**	sabré	sabría	**sepa**	**supiera**	
		sabes	sabías	**supiste**	sabrás	sabrías	**sepas**	**supieras**	sabe tú (no **sepas**)
	Participles:	sabe	sabía	**supo**	sabrá	sabría	**sepa**	**supiera**	**sepa** Ud.
	sabiendo	sabemos	sabíamos	**supimos**	sabremos	sabríamos	**sepamos**	**supiéramos**	**sepamos**
	sabido	sabéis	sabíais	**supisteis**	sabréis	sabríais	**sepáis**	**supierais**	sabed (no **sepáis**)
		saben	sabían	**supieron**	sabrán	sabrían	**sepan**	**supieran**	**sepan** Uds.
18	salir	**salgo**	salía	salí	**saldré**	**saldría**	**salga**	saliera	
		sales	salías	saliste	**saldrás**	**saldrías**	**salgas**	salieras	**sal** tú (no **salgas**)
	Participles:	sale	salía	salió	**saldrá**	**saldría**	**salga**	saliera	**salga** Ud.
	saliendo	salimos	salíamos	salimos	**saldremos**	**saldríamos**	**salgamos**	saliéramos	**salgamos**
	salido	salís	salíais	salisteis	**saldréis**	**saldríais**	**salgáis**	salierais	salid (no **salgáis**)
		salen	salían	salieron	**saldrán**	**saldrían**	**salgan**	salieran	**salgan** Uds.
19	ser	**soy**	**era**	**fui**	seré	sería	**sea**	**fuera**	
		eres	**eras**	**fuiste**	serás	serías	**seas**	**fueras**	**sé** tú (no **seas**)
	Participles:	**es**	**era**	**fue**	será	sería	**sea**	**fuera**	**sea** Ud.
	siendo	**somos**	**éramos**	**fuimos**	seremos	seríamos	**seamos**	**fuéramos**	**seamos**
	sido	**sois**	**erais**	**fuisteis**	seréis	seríais	**seáis**	**fuerais**	sed (no **seáis**)
		son	**eran**	**fueron**	serán	serían	**sean**	**fueran**	**sean** Uds.
20	tener	**tengo**	tenía	**tuve**	**tendré**	**tendría**	**tenga**	**tuviera**	
		tienes	tenías	**tuviste**	**tendrás**	**tendrías**	**tengas**	**tuvieras**	**ten** tú (no **tengas**)
	Participles:	**tiene**	tenía	**tuvo**	**tendrá**	**tendría**	**tenga**	**tuviera**	**tenga** Ud.
	teniendo	tenemos	teníamos	**tuvimos**	**tendremos**	**tendríamos**	**tengamos**	**tuviéramos**	**tengamos**
	tenido	tenéis	teníais	**tuvisteis**	**tendréis**	**tendríais**	**tengáis**	**tuvierais**	tened (no **tengáis**)
		tienen	tenían	**tuvieron**	**tendrán**	**tendrían**	**tengan**	**tuvieran**	**tengan** Uds.

	Infinitive	INDICATIVE					SUBJUNCTIVE		IMPERATIVE
		Present	Imperfect	Preterite	Future	Conditional	Present	Past	
21	traer	**traigo**	traía	**traje**	traeré	traería	**traiga**	**trajera**	
		traes	traías	**trajiste**	traerás	traerías	**traigas**	**trajeras**	trae tú (no **traigas**)
	Participles:	trae	traía	**trajo**	traerá	traería	**traiga**	**trajera**	**traiga** Ud.
	trayendo	traemos	traíamos	**trajimos**	traeremos	traeríamos	**traigamos**	**trajéramos**	**traigamos**
	traído	traéis	traíais	**trajisteis**	traeréis	traeríais	**traigáis**	**trajerais**	traed (no **traigáis**)
		traen	traían	**trajeron**	traerán	traerían	**traigan**	**trajeran**	**traigan** Uds.
22	venir	**vengo**	venía	**vine**	**vendré**	**vendría**	**venga**	**viniera**	
		vienes	venías	**viniste**	**vendrás**	**vendrías**	**vengas**	**vinieras**	**ven** tú (no **vengas**)
	Participles:	**viene**	venía	**vino**	**vendrá**	**vendría**	**venga**	**viniera**	**venga** Ud.
	viniendo	venimos	veníamos	**vinimos**	**vendremos**	**vendríamos**	**vengamos**	**viniéramos**	**vengamos**
	venido	venís	veníais	**vinisteis**	**vendréis**	**vendríais**	**vengáis**	**vinierais**	venid (no **vengáis**)
		vienen	venían	**vinieron**	**vendrán**	**vendrían**	**vengan**	**vinieran**	**vengan** Uds.
23	ver	**veo**	**veía**	**vi**	veré	vería	**vea**	**viera**	
		ves	**veías**	**viste**	verás	verías	**veas**	**vieras**	**ve** tú (no **veas**)
	Participles:	ve	**veía**	**vio**	verá	vería	**vea**	**viera**	**vea** Ud.
	viendo	vemos	**veíamos**	**vimos**	veremos	veríamos	**veamos**	**viéramos**	**veamos**
	visto	veis	**veíais**	**visteis**	veréis	veríais	**veáis**	**vierais**	ved (no **veáis**)
		ven	**veían**	**vieron**	verán	verían	**vean**	**vieran**	**vean** Uds.

Stem-changing verbs

	Infinitive	INDICATIVE					SUBJUNCTIVE		IMPERATIVE
		Present	Imperfect	Preterite	Future	Conditional	Present	Past	
24	contar	**cuento**	contaba	conté	contaré	contaría	**cuente**	contara	
	(o:ue)	**cuentas**	contabas	contaste	contarás	contarías	**cuentes**	contaras	**cuenta** tú (no **cuentes**)
		cuenta	contaba	contó	contará	contaría	**cuente**	contara	**cuente** Ud.
	Participles:	contamos	contábamos	contamos	contaremos	contaríamos	contemos	contáramos	contemos
	contando	contáis	contabais	contasteis	contaréis	contaríais	contéis	contarais	contad (no contéis)
	contado	**cuentan**	contaban	contaron	contarán	contarían	**cuenten**	contaran	**cuenten** Uds.
25	dormir	**duermo**	dormía	dormí	dormiré	dormiría	**duerma**	**durmiera**	
	(o:ue)	**duermes**	dormías	dormiste	dormirás	dormirías	**duermas**	**durmieras**	**duerme** tú (no **duermas**)
		duerme	dormía	**durmió**	dormirá	dormiría	**duerma**	**durmiera**	**duerma** Ud.
	Participles:	dormimos	dormíamos	dormimos	dormiremos	dormiríamos	**durmamos**	**durmiéramos**	**durmamos**
	durmiendo	dormís	dormíais	dormisteis	dormiréis	dormiríais	**durmáis**	**durmierais**	dormid (no **durmáis**)
	dormido	**duermen**	dormían	**durmieron**	dormirán	dormirían	**duerman**	**durmieran**	**duerman** Uds.
26	empezar	**empiezo**	empezaba	**empecé**	empezaré	empezaría	**empiece**	empezara	
	(e:ie) (z:c)	**empiezas**	empezabas	empezaste	empezarás	empezarías	**empieces**	empezaras	**empieza** tú (no **empieces**)
		empieza	empezaba	empezó	empezará	empezaría	**empiece**	empezara	**empiece** Ud.
	Participles:	empezamos	empezábamos	empezamos	empezaremos	empezaríamos	**empecemos**	empezáramos	**empecemos**
	empezando	empezáis	empezabais	empezasteis	empezaréis	empezaríais	**empecéis**	empezarais	empezad (no **empecéis**)
	empezado	**empiezan**	empezaban	empezarán	empezarán	empezarían	**empiecen**	empezaran	**empiecen** Uds.

		INDICATIVE					SUBJUNCTIVE		IMPERATIVE
Infinitive	Present	Imperfect	Preterite	Future	Conditional	Present	Past	
27 entender (e:ie)	**entiendo**	entendía	entendí	entenderé	entendería	**entienda**	entendiera	
	entiendes	entendías	entendiste	entenderás	entenderías	**entiendas**	entendieras	**entiende** tú (no **entiendas**)
	entiende	entendía	entendió	entenderá	entendería	**entienda**	entendiera	**entienda** Ud.
Participles:	entendemos	entendíamos	entendimos	entenderemos	entenderíamos	entendamos	entendiéramos	entendamos
entendiendo	entendéis	entendíais	entendisteis	entenderéis	entenderíais	entendáis	entendierais	entended (no entendáis)
entendido	**entienden**	entendían	entendieron	entenderán	entenderían	**entiendan**	entendieran	**entiendan** Uds.
28 jugar (u:ue) (g:gu)	**juego**	jugaba	**jugué**	jugaré	jugaría	**juegue**	jugara	
	juegas	jugabas	jugaste	jugarás	jugarías	**juegues**	jugaras	**juega** tú (no **juegues**)
	juega	jugaba	jugó	jugará	jugaría	**juegue**	jugara	**juegue** Ud
Participles:	jugamos	jugábamos	jugamos	jugaremos	jugaríamos	juguemos	jugáramos	juguemos
jugando	jugáis	jugabais	jugasteis	jugaréis	jugaríais	juguéis	jugarais	jugad (no juguéis)
jugado	**juegan**	jugaban	jugaron	jugarán	jugarían	**jueguen**	jugaran	**jueguen** Uds.
29 pedir (e:i)	**pido**	pedía	pedí	pediré	pediría	**pida**	**pidiera**	
	pides	pedías	pediste	pedirás	pedirías	**pidas**	**pidieras**	**pide** tú (no **pidas**)
Participles:	**pide**	pedía	**pidió**	pedirá	pediría	**pida**	**pidiera**	**pida** Ud.
pidiendo	pedimos	pedíamos	pedimos	pediremos	pediríamos	**pidamos**	**pidiéramos**	**pidamos**
pedido	pedís	pedíais	pedisteis	pediréis	pediríais	**pidáis**	**pidierais**	pedid (no **pidáis**)
	piden	pedían	**pidieron**	pedirán	pedirían	**pidan**	**pidieran**	**pidan** Uds.
30 pensar (e:ie)	**pienso**	pensaba	pensé	pensaré	pensaría	**piense**	pensara	
	piensas	pensabas	pensaste	pensarás	pensarías	**pienses**	pensaras	**piensa** tú (no **pienses**)
	piensa	pensaba	pensó	pensará	pensaría	**piense**	pensara	**piense** Ud.
Participles:	pensamos	pensábamos	pensamos	pensaremos	pensaríamos	pensemos	pensáramos	pensemos
pensando	pensáis	pensabais	pensasteis	pensaréis	pensaríais	penséis	pensarais	pensad (no penséis)
pensado	**piensan**	pensaban	pensaron	pensarán	pensarían	**piensen**	pensaran	**piensen** Uds.
31 reír (e:i)	**río**	reía	**reí**	reiré	reiría	**ría**	riera	
	ríes	reías	**reíste**	reirás	reirías	**rías**	rieras	**ríe** tú (no **rías**)
Participles:	**ríe**	reía	**rio**	reirá	reiría	**ría**	riera	**ría** Ud.
riendo	**reímos**	reíamos	**reímos**	reiremos	reiríamos	**riamos**	riéramos	**riamos**
reído	**reís**	reíais	**reísteis**	reiréis	reiríais	**riáis**	rierais	reíd (no **riáis**)
	ríen	reían	**rieron**	reirán	reirían	**rían**	rieran	**rían** Uds.
32 seguir (e:i) (gu:g)	**sigo**	seguía	seguí	seguiré	seguiría	**siga**	**siguiera**	
	sigues	seguías	seguiste	seguirás	seguirías	**sigas**	**siguieras**	**sigue** tú (no **sigas**)
	sigue	seguía	**siguió**	seguirá	seguiría	**siga**	**siguiera**	**siga** Ud.
Participles:	seguimos	seguíamos	seguimos	seguiremos	seguiríamos	**sigamos**	**siguiéramos**	**sigamos**
siguiendo	seguís	seguíais	seguisteis	seguiréis	seguiríais	**sigáis**	**siguierais**	seguid (no **sigáis**)
seguido	**siguen**	seguían	**siguieron**	seguirán	seguirían	**sigan**	**siguieran**	**sigan** Uds.
33 sentir (e:ie)	**siento**	sentía	sentí	sentiré	sentiría	**sienta**	**sintiera**	
	sientes	sentías	sentiste	sentirás	sentirías	**sientas**	**sintieras**	**siente** tú (no **sientas**)
Participles:	**siente**	sentía	**sintió**	sentirá	sentiría	**sienta**	**sintiera**	**sienta** Ud.
sintiendo	sentimos	sentíamos	sentimos	sentiremos	sentiríamos	**sintamos**	**sintiéramos**	**sintamos**
sentido	sentís	sentíais	sentisteis	sentiréis	sentiríais	**sintáis**	**sintierais**	sentid (no **sintáis**)
	sienten	sentían	**sintieron**	sentirán	sentirían	**sientan**	**sintieran**	**sientan** Uds.

		INDICATIVE					SUBJUNCTIVE		IMPERATIVE
Infinitive		**Present**	**Imperfect**	**Preterite**	**Future**	**Conditional**	**Present**	**Past**	
34	volver	**vuelvo**	volvía	volví	volveré	volvería	**vuelva**	volviera	
	(o:ue)	**vuelves**	volvías	volviste	volverás	volverías	**vuelvas**	volvieras	**vuelve** tú (no **vuelvas**)
		vuelve	volvía	volvió	volverá	volvería	**vuelva**	volviera	**vuelva** Ud.
	Participles:	volvemos	volvíamos	volvimos	volveremos	volveríamos	volvamos	volviéramos	volvamos
	volviendo	volvéis	volvíais	volvisteis	volveréis	volveríais	volváis	volvierais	volved (no volváis)
	vuelto	**vuelven**	volvían	volvieron	volverán	volverían	**vuelvan**	volvieran	**vuelvan** Uds.

Verbs with spelling changes only

		INDICATIVE					SUBJUNCTIVE		IMPERATIVE
Infinitive		**Present**	**Imperfect**	**Preterite**	**Future**	**Conditional**	**Present**	**Past**	
35	conocer	**conozco**	conocía	conocí	conoceré	conocería	**conozca**	conociera	
	(c:zc)	conoces	conocías	conociste	conocerás	conocerías	**conozcas**	conocieras	conoce tú (no **conozcas**)
		conoce	conocía	conoció	conocerá	conocería	**conozca**	conociera	**conozca** Ud.
	Participles:	conocemos	conocíamos	conocimos	conoceremos	conoceríamos	**conozcamos**	conociéramos	**conozcamos**
	conociendo	conocéis	conocíais	conocisteis	conoceréis	conoceríais	**conozcáis**	conocierais	conoced (no **conozcáis**)
	conocido	conocen	conocían	conocieron	conocerán	conocerían	**conozcan**	conocieran	**conozcan** Uds.
36	creer (y)	creo	creía	**creí**	creeré	creería	crea	**creyera**	
		crees	creías	**creíste**	creerás	creerías	creas	**creyeras**	cree tú (no creas)
	Participles:	cree	creía	**creyó**	creerá	creería	crea	**creyera**	crea Ud.
	creyendo	creemos	creíamos	**creímos**	creeremos	creeríamos	creamos	**creyéramos**	creamos
	creído	creéis	creíais	**creísteis**	creeréis	creeríais	creáis	**creyerais**	creed (no creáis)
		creen	creían	**creyeron**	creerán	creerían	crean	**creyeran**	crean Uds.
37	cruzar (z:c)	cruzo	cruzaba	**crucé**	cruzaré	cruzaría	**cruce**	cruzara	
		cruzas	cruzabas	cruzaste	cruzarás	cruzarías	**cruces**	cruzaras	cruza tú (no **cruces**)
	Participles:	cruza	cruzaba	cruzó	cruzará	cruzaría	**cruce**	cruzara	**cruce** Ud.
	cruzando	cruzamos	cruzábamos	cruzamos	cruzaremos	cruzaríamos	**crucemos**	cruzáramos	**crucemos**
	cruzado	cruzáis	cruzabais	cruzasteis	cruzaréis	cruzaríais	**crucéis**	cruzarais	cruzad (no **crucéis**)
		cruzan	cruzaban	cruzaron	cruzarán	cruzarían	**crucen**	cruzaran	**crucen** Uds.
38	destruir (y)	**destruyo**	destruía	destruí	destruiré	destruiría	**destruya**	**destruyera**	
		destruyes	destruías	destruiste	destruirás	destruirías	**destruyas**	**destruyeras**	**destruye** tú (no **destruyas**)
	Participles:	**destruye**	destruía	**destruyó**	destruirá	destruiría	**destruya**	**destruyera**	**destruya** Ud.
	destruyendo	destruimos	destruíamos	destruimos	destruiremos	destruiríamos	**destruyamos**	**destruyéramos**	**destruyamos**
	destruido	destruís	destruíais	destruisteis	destruiréis	destruiríais	**destruyáis**	**destruyerais**	destruid (no **destruyáis**)
		destruyen	destruían	**destruyeron**	destruirán	destruirían	**destruyan**	**destruyeran**	**destruyan** Uds.
39	enviar	**envío**	enviaba	envié	enviaré	enviaría	**envíe**	enviara	
	(envío)	**envías**	enviabas	enviaste	enviarás	enviarías	**envíes**	enviaras	**envía** tú (no **envíes**)
		envía	enviaba	envió	enviará	enviaría	**envíe**	enviara	**envíe** Ud.
	Participles:	enviamos	enviábamos	enviamos	enviaremos	enviaríamos	**enviemos**	enviáramos	enviemos
	enviando	enviáis	enviabais	enviasteis	enviaréis	enviaríais	**enviéis**	enviarais	enviad (no **enviéis**)
	enviado	**envían**	enviaban	enviaron	enviarán	enviarían	**envíen**	enviaran	**envíen** Uds.

Infinitive	INDICATIVE					SUBJUNCTIVE		IMPERATIVE
	Present	Imperfect	Preterite	Future	Conditional	Present	Past	
40 graduarse (gradúo)	**gradúo**	graduaba	gradué	graduaré	graduaría	**gradúe**	graduara	
	gradúas	graduabas	graduaste	graduarás	graduarías	**gradúes**	graduaras	**gradúa** tú (no **gradúes**)
	gradúa	graduaba	graduó	graduará	graduaría	**gradúe**	graduara	**gradúe** Ud.
Participles:	graduamos	graduábamos	graduamos	graduaremos	graduaríamos	graduemos	graduáramos	graduemos
graduando	graduáis	graduabais	graduasteis	graduaréis	graduaríais	graduéis	graduarais	graduad (no graduéis)
graduado	**gradúan**	graduaban	graduaron	graduarán	graduarían	**gradúen**	graduaran	**gradúen** Uds.
41 llegar (g:gu)	llego	llegaba	**llegué**	llegaré	llegaría	**llegue**	llegara	
	llegas	llegabas	llegaste	llegarás	llegarías	**llegues**	llegaras	llega tú (no **llegues**)
Participles:	llega	llegaba	llegó	llegará	llegaría	**llegue**	llegara	**llegue** Ud.
llegando	llegamos	llegábamos	llegamos	llegaremos	llegaríamos	**lleguemos**	llegáramos	**lleguemos**
llegado	llegáis	llegabais	llegasteis	llegaréis	llegaríais	**lleguéis**	llegarais	llegad (no **lleguéis**)
	llegan	llegaban	llegaron	llegarán	llegarían	**lleguen**	llegaran	**lleguen** Uds.
42 prohibir (prohíbo)	**prohíbo**	prohibía	prohibí	prohibiré	prohibiría	**prohíba**	prohibiera	**prohíbe** tú (no **prohíbas**)
	prohíbes	prohibías	prohibiste	prohibirás	prohibirías	**prohíbas**	prohibieras	**prohíba** Ud.
	prohíbe	prohibía	prohibió	prohibirá	prohibiría	**prohíba**	prohibiera	prohibamos
Participles:	prohibimos	prohibíamos	prohibimos	prohibiremos	prohibiríamos	prohibamos	prohibiéramos	prohibid (no prohibáis)
prohibiendo	prohibís	prohibíais	prohibisteis	prohibiréis	prohibiríais	prohibáis	prohibierais	**prohíban** Uds.
prohibido	**prohíben**	prohibían	prohibieron	prohibirán	prohibirían	**prohíban**	prohibieran	
43 proteger (g:j)	**protejo**	protegía	protegí	protegeré	protegería	**proteja**	protegiera	
	proteges	protegías	protegiste	protegerás	protegerías	**protejas**	protegieras	protege tú (no **protejas**)
	protege	protegía	protegió	protegerá	protegería	**proteja**	protegiera	**proteja** Ud.
Participles:	protegemos	protegíamos	protegimos	protegeremos	protegeríamos	**protejamos**	protegiéramos	**protejamos**
protegiendo	protegéis	protegíais	protegisteis	protegeréis	protegeríais	**protejáis**	protegierais	proteged (no **protejáis**)
protegido	protegen	protegían	protegieron	protegerán	protegerían	protejan	protegieran	**protejan** Uds.
44 tocar (c:qu)	toco	tocaba	**toqué**	tocaré	tocaría	**toque**	tocara	
	tocas	tocabas	tocaste	tocarás	tocarías	**toques**	tocaras	toca tú (no **toques**)
Participles:	toca	tocaba	tocó	tocará	tocaría	**toque**	tocara	**toque** Ud.
tocando	tocamos	tocábamos	tocamos	tocaremos	tocaríamos	**toquemos**	tocáramos	**toquemos**
tocado	tocáis	tocabais	tocasteis	tocaréis	tocaríais	**toquéis**	tocarais	tocad (no **toquéis**)
	tocan	tocaban	tocaron	tocarán	tocarían	**toquen**	tocaran	**toquen** Uds.
45 vencer (c:z)	**venzo**	vencía	vencí	venceré	vencería	**venza**	venciera	
	vences	vencías	venciste	vencerás	vencerías	**venzas**	vencieras	vence tú (no **venzas**)
Participles:	vence	vencía	venció	vencerá	vencería	**venza**	venciera	**venza** Ud.
venciendo	vencemos	vencíamos	vencimos	venceremos	venceríamos	**venzamos**	venciéramos	**venzamos**
vencido	vencéis	vencíais	vencisteis	venceréis	venceríais	**venzáis**	vencierais	venced (no **venzáis**)
	vencen	vencían	vencieron	vencerán	vencerían	**venzan**	vencieran	**venzan** Uds.

Guide to Vocabulary

Note on alphabetization

For purposes of alphabetization, **ch** and **ll** are not treated as separate letters, but **ñ** still follows **n**. Therefore, in this glossary you will find that **año**, for example, appears after **anuncio**.

Abbreviations used in this glossary

adj.	adjective	*form.*	formal	*poss.*	possessive
adv.	adverb	*indef.*	indefinite	*prep.*	preposition
art.	article	*interj.*	interjection	*pron.*	pronoun
conj.	conjunction	*i.o.*	indirect object	*ref.*	reflexive
def.	definite	*m.*	masculine	*sing.*	singular
d.o.	direct object	*obj.*	object	*sub.*	subject
f.	feminine	*p.p.*	past participle	*v.*	verb
fam.	familiar	*pl.*	plural		

Spanish-English

A

a *prep.* at; to 1
  ¿A qué hora…? At what time…? 1, 9
  a dieta on a diet 15
  a la derecha de to the right of 2
  a la izquierda de to the left of 2
  a la plancha grilled
  a la(s) + *time* at + *time* 1
  a menos que *conj.* unless 13
  a menudo often 10
  a mi nombre in my name
  a nombre de in the name of
  a plazos in installments 14
  A sus órdenes. At your service.
  a tiempo on time 10
  a veces sometimes 10
  a ver let's see
abierto/a *adj.* open 5; *p.p.* opened 15
abogado/a *m., f.* lawyer 16
abrazar(se) *v.* to hug; to embrace (each other)
abrazo *m.* hug
abrigo *m.* coat 6
abril *m.* April 5
abrir *v.* to open 3
abuelo/a *m., f.* grandfather; grandmother 3
abuelos *pl.* grandparents 3
aburrido/a *adj.* bored; boring 5
aburrir *v.* to bore 7
aburrirse *v.* to get bored
acabar de (+ *inf.*) *v.* to have just (*done something*) 6
acampar *v.* to camp 5
accidente *m.* accident 10
acción *f.* action
aceite *m.* oil 8

acompañar *v.* to go with; to accompany
aconsejar *v.* to advise 12
acontecimiento *m.* event
acordarse (de) (o:ue) *v.* to remember 7
acostarse (o:ue) *v.* to lie down; to go to bed 7
activo/a *adj.* active 15
actor *m.* actor 16
actriz *f.* actress 16
actualidades *f., pl.* news; current events
adelgazar *v.* to lose weight; to slim down 15
además (de) *adv.* furthermore; besides 10; in addition (to)
adicional *adj.* additional
adiós *m.* goodbye 1
adjetivo *m.* adjective
administración de empresas *f.* business administration 2
adolescencia *f.* adolescence 9
¿adónde? *adv.* where (to)? (*destination*) 2, 9
aduana *f.* customs 5
aeróbico/a *adj.* aerobic 15
aeropuerto *m.* airport 5
afectado/a *adj.* affected 13
afeitarse *v.* to shave 7
aficionado/a *adj.* fan 4
afirmativo/a *adj.* affirmative
afueras *f., pl.* suburbs; outskirts 12
agencia de bienes raíces *f.* real estate agency 12
agosto *m.* August 5
agradable *adj.* pleasant
agrio/a *adj.* sour 8
agua *f.* water 8
  agua mineral mineral water 8
ahora *adv.* now
  ahora mismo right now 5
ahorrar *v.* to save money 14

ahorros *m., pl.* savings 14
aire *m.* air 13
ajo *m.* garlic 8
al (*contraction of* a + el) 4
  al aire libre open-air 6
  al contado in cash 14
  (al) este (to the) east 14
  al fondo (de) at the end (of)
  al lado de next to 2
  (al) norte (to the) north 14
  (al) oeste (to the) west 14
  (al) sur (to the) south 14
alcoba *f.* bedroom 12
alcohol *m.* alcohol 15
alcohólico/a *adj.* alcoholic 15
alegrarse (de) *v.* to be happy 13
alegre *adj.* happy 5
alegría *f.* happiness 9
alemán, alemana *adj.* German 3
alérgico/a *adj.* allergic 10
alfombra *f.* carpet; rug 12
algo *pron.* something; anything 7
alguien *pron.* someone; anyone 7
algún, alguno/a(s) *adj.* any; some 7
aliviar *v.* to relieve 15
  aliviar el estrés/la tensión to relieve stress/tension 15
allí *adv.* there
almacén *m.* department store 6
almohada *f.* pillow 12
almorzar (o:ue) *v.* to have lunch 8
almuerzo *m.* lunch 8
¿Aló? *interj.* Hello? (*on the telephone*)
alojamiento *m.* lodging 5
alquilar *v.* to rent 12
alquiler *m.* rent 12
altillo *m.* attic 12
alto/a *adj.* tall 3
aluminio *m.* aluminum 13
amable *adj.* friendly
amargo/a *adj.* bitter 8
amarillo/a *adj.* yellow 6
amigo/a *m., f.* friend 3

amistad *f.* friendship **9**
amo/a *m., f.* **de casa** homemaker **12**
amor *m.* love **9**
anaranjado/a *adj.* orange **6**
animal *m.* animal **13**
aniversario (de bodas) *m.* (wedding) anniversary **9**
anoche *adv.* last night **6**
anteayer *adv.* the day before yesterday **6**
antes *adv.* before **7**
  antes de *prep.* before **7**
  antes (de) que *conj.* before **13**
antibiótico *m.* antibiotic **10**
antipático/a *adj.* unpleasant **3**
anunciar *v.* to announce; to advertise
anuncio *m.* advertisement **16**
año *m.* year **5**
  el año pasado last year **6**
apagar *v.* to turn off **11**
apartamento *m.* apartment **12**
apellido *m.* last name **9**
apenas *adv.* hardly; scarcely **10**
aplaudir *v.* to applaud
aplicación *f.* app **11**
apreciar *v.* to appreciate
aprender *v.* to learn **3**
apurarse *v.* to hurry; to rush **15**
aquel, aquella *adj.* that (over there) **6**
aquél, aquélla *pron.* that (one) (over there) **6**
aquello *neuter, pron.* that; that thing; that fact **6**
aquellos/as *pl. adj.* those (over there) **6**
aquéllos/as *pl. pron.* those (ones) (over there) **6**
aquí *adv.* here
árbol *m.* tree **13**
archivo *m.* file **11**
argentino/a *adj.* Argentine **3**
armario *m.* closet **12**
arqueólogo/a *m., f.* archeologist **16**
arquitecto/a *m., f.* architect **16**
arrancar *v.* to start (*a car*) **11**
arreglar *v.* to fix; to arrange **11**; to straighten up **12**
arriba *adv.* up
arroz *m.* rice **8**
arte *m.* art **2**
artes *f., pl.* arts
artesanía *f.* craftsmanship; crafts
artículo *m.* article
artista *m., f.* artist **3**
artístico/a *adj.* artistic
arveja *m.* pea **8**
asado/a *adj.* roasted **8**
ascenso *m.* promotion **16**
ascensor *m.* elevator **5**
así *adj.* like this; so (*in such a way*) **10**
  así así so-so
asistir (a) *v.* to attend **3**

aspiradora *f.* vacuum cleaner **12**
aspirante *m., f.* candidate; applicant **16**
aspirina *f.* aspirin **10**
atún *m.* tuna **8**
aumentar *v.* **de peso** to gain weight **15**
aumento *m.* increase
  aumento de sueldo pay raise **16**
aunque *conj.* although
autobús *m.* bus **1**
auto(móvil) *m.* car **5**
autopista *f.* highway
ave *f.* bird
avenida *f.* avenue
aventura *f.* adventure
avergonzado/a *adj.* embarrassed **5**
avión *m.* airplane **5**
¡Ay! *interj.* Oh!
ayer *adv.* yesterday **6**
ayudar *v.* to help
ayudarse *v.* to help each other
azúcar *m.* sugar **8**
azul *adj.* blue **6**

B

bailar *v.* to dance **2**
bailarín/bailarina *m., f.* dancer **16**
baile *m.* dance
bajar *v.* to go down **11**
bajar(se) de *v.* to get out of (a vehicle) **11**
bajo/a *adj.* short (*in height*) **3**
balcón *m.* balcony **12**
ballena *f.* whale **13**
ballet *m.* ballet
baloncesto *m.* basketball **4**
banana *f.* banana **8**
banco *m.* bank **14**
banda *f.* band
bandera *f.* flag
bañarse *v.* to take a bath **7**
baño *m.* bathroom **7**
barato/a *adj.* cheap **6**
barco *m.* boat **5**
barrer *v.* to sweep **12**
  barrer el suelo to sweep the floor **12**
barrio *m.* neighborhood **12**
bastante *adv.* enough; quite **10**
basura *f.* trash **12**
baúl *m.* trunk **11**
beber *v.* to drink **3**
bebida *f.* drink; beverage **8**
  bebida alcohólica alcoholic beverage **15**
béisbol *m.* baseball **4**
bellas artes *f., pl.* fine arts
belleza *f.* beauty **14**
beneficio *m.* benefit; profit **16**
besar(se) *v.* to kiss (each other) **9**
beso *m.* kiss **6**
biblioteca *f.* library **2**
bicicleta *f.* bicycle **4**

bien *adv.* well **1**
bienestar *m.* well-being **15**
¡Bienvenido(s)/a(s)! *adj.* Welcome!
billete *m.* paper money
billón trillion **6**
biología *f.* biology **2**
bistec *m.* steak **8**
blanco/a *adj.* white **6**
bluejeans *m., pl.* jeans **6**
blusa *f.* blouse **6**
boca *f.* mouth **10**
boda *f.* wedding **9**
boleto *m.* ticket
bolsa *f.* bag; purse **6**
bombero/a *m., f.* firefighter **16**
bonito/a *adj.* pretty **3**
borrador *m.* eraser **2**
bosque *m.* forest **13**
  bosque tropical tropical forest; rain forest **13**
bota *f.* boot **6**
botella *f.* bottle **9**
  botella de vino bottle of wine **9**
brazo *m.* arm **10**
brindar *v.* to toast (*drink*) **9**
bucear *v.* to scuba dive **4**
buen, bueno/a *adj.* good **3, 6**
  ¡Buen viaje! Have a good trip!
  buena forma good shape (*physical*) **15**
  Buenas noches. Good evening; Good night. **1**
  Buenas tardes. Good afternoon. **1**
  ¿Bueno? Hello? (*on telephone*)
  Buenos días. Good morning. **1**
bulevar *m.* boulevard
buscar *v.* to look for **2**
buzón *m.* mailbox **14**
  buzón de voz voicemail **11**

C

caballo *m.* horse **5**
cabaña *f.* cabin **5**
cabe: no cabe duda de there's no doubt **13**
cabeza *f.* head **10**
cada *adj.* each **6**
caerse *v.* to fall **10**
café *m.* café **4**; *adj.* brown **6**; coffee **8**
cafetera *f.* coffee maker
cafetería *f.* cafeteria **2**
caído/a *p.p.* fallen **15**
caja *f.* cash register **6**
cajero/a *m., f.* cashier
  cajero automático ATM **14**
calcetín *m.* sock **6**
calculadora *f.* calculator **11**
calentamiento global *m.* global warming **13**
calentarse (e:ie) *v.* to warm up **15**
calidad *f.* quality
calle *f.* street **11**

calor *m.* heat
caloría *f.* calorie 15
calzar *v.* to take size... shoes
cama *f.* bed 5
cámara digital digital camera 11
camarero/a *m., f.* waiter 8
camarón *m.* shrimp 8
cambiar (de) *v.* to change 9
cambio *m.* **de moneda** currency exchange
caminar *v.* to walk 2
camino *m.* route 11
camión *m.* truck; bus
camisa *f.* shirt 6
camiseta *f.* t-shirt 6
campo *m.* countryside 5
canadiense *adj.* Canadian 3
canal *m.* channel (TV)
canción *f.* song
candidato/a *m., f.* candidate
cansado/a *adj.* tired 5
cantante *m., f.* singer 16
cantar *v.* to sing 2
capital *f.* capital city
capó *m.* (car) hood 11
cara *f.* face 7
caramelo *m.* caramel
cargador *m.* charger 11
cargar *v.* to charge; to upload 11
carne *f.* meat 8
     carne de res beef 8
carnicería *f.* butcher shop 14
caro/a *adj.* expensive 6
carpintero/a *m., f.* carpenter 16
carrera *f.* career 16
carretera *f.* highway; (main) road
carro *m.* car 11
carta *f.* letter 4; (playing) card
cartel *m.* poster
cartera *f.* wallet 6
cartero/a *m., f.* mail carrier 14
casa *f.* house 4; home
casado/a *adj.* married 9
casarse (con) *v.* to get married (to) 9
casi *adv.* almost 10
catorce fourteen 1
caza *f.* hunting 13
cebolla *f.* onion 8
celebrar *v.* to celebrate 9
cena *f.* dinner 8
cenar *v.* to have dinner 8
centro *m.* downtown 4
     centro comercial shopping mall 6
cepillarse los dientes/el pelo *v.* to brush one's teeth/one's hair 7
cerámica *f.* pottery
cerca de *prep.* near 2
cerdo *m.* pork 8
cereales *m., pl.* cereal; grains 8
cero zero 1
cerrado/a *adj.* closed 5
cerrar (e:ie) *v.* to close 4
cerveza *f.* beer 8
césped *m.* grass 13

chaleco *m.* vest
champán *m.* champagne 9
champiñón *m.* mushroom 8
champú *m.* shampoo 7
chaqueta *f.* jacket 6
chatear *v.* to chat 11
chau *fam., interj.* bye 1
cheque *m.* (bank) check 14
chévere *adj., fam.* terrific
chico/a *m., f.* boy/girl 1
chino/a *adj.* Chinese 3
chocar (con) *v.* to run into; to crash 11
chocolate *m.* chocolate
choque *m.* collision
chuleta *f.* chop (*food*) 8
     chuleta de cerdo pork chop 8
ciclismo *m.* cycling 4
cielo *m.* sky 13
cien(to) one hundred 2, 6
     por ciento percent
ciencia *f.* science
     ciencia ficción science fiction
científico/a *m., f.* scientist 16
cierto *m.* certain; true 13
     es cierto it's true/certain 13
     no es cierto it's not true/certain 13
cifra *f.* figure
cinco five 1
cincuenta fifty 2
cine *m.* movie theater 4
cinturón *m.* belt 6
circulación *f.* traffic
cita *f.* date; appointment 9
ciudad *f.* city 4
ciudadano/a *adj.* citizen
claro que sí *fam.* of course
clase *f.* class 2
     clase de ejercicios aeróbicos aerobics class 15
clásico/a *adj.* classical
cliente/a *m., f.* client 6
clínica *f.* clinic 10
cobrar *v.* to cash a check 14; to charge for a product or service 14
coche *m.* car 11
cocina *f.* kitchen 12
cocinar *v.* to cook 12
cocinero/a *m., f.* cook, chef 16
cola *f.* line 14
colesterol *m.* cholesterol 15
color *m.* color 6
comedia *f.* comedy; play
comedor *m.* dining room 12
comenzar (e:ie) *v.* to begin 4
comer *v.* to eat 3
comercial *adj.* commercial; business-related 16
comida *f.* food; meal 8
como *prep.* like, as 8
¿cómo? what?; how? 1, 2
     ¿Cómo es...? What's... like?
     ¿Cómo está usted? How are you? *form.* 1

¿Cómo estás? How are you? *fam.* 1
¿Cómo se llama usted? What's your name? *form.* 1
¿Cómo te llamas (tú)? What's your name? *fam.* 1
cómoda *f.* chest of drawers 12
cómodo/a *adj.* comfortable 5
compañero/a de clase *m., f.* classmate 2
compañero/a de cuarto *m., f.* roommate 2
compañía *f.* company; firm 16
compartir *v.* to share 3
compositor(a) *m., f.* composer
comprar *v.* to buy 2
     comprar en línea to buy online 6
compras *f., pl.* purchases
     ir de compras go shopping 6
comprender *v.* to understand 3
comprobar *v.* to check
comprometerse (con) *v.* to get engaged (to) 9
computación *f.* computer science 2
computadora *f.* computer 1, 11
computadora portátil *f.* laptop 11
comunicación *f.* communication
comunicarse (con) *v.* to communicate (with)
comunidad *f.* community 1
con *prep.* with
     Con él/ella habla. This is he/she. (*on telephone*)
     con frecuencia *adv.* frequently 10
     Con permiso. Pardon me., Excuse me.
     con tal (de) que *conj.* provided that 13
concierto *m.* concert
concordar *v.* to agree
concurso *m.* contest; game show
conducir *v.* to drive 8, 11
conductor(a) *m., f.* driver 1
conectarse *v.* **a Internet** to get connected to the Internet 11
conexión *f.* **inalámbrica** wireless connection 11
confirmar *v.* to confirm 5
     confirmar una reservación to confirm a reservation 5
congelador *m.* freezer
congestionado/a *adj.* congested 10
conmigo *pron.* with me
conocer *v.* to know; to be acquainted with 8
conocido/a *adj.* known
conseguir (e:i) *v.* to get; to obtain 4
consejero/a *m., f.* counselor; advisor 16
consejo *m.* advice 9
conservación *f.* conservation 13
conservar *v.* to conserve 13
construir *v.* to build
consultorio *m.* doctor's office 10
consumir *v.* to consume 15

contabilidad *f.* accounting **2**
contador(a) *m., f.* accountant **16**
contaminación *f.* pollution **13**; contamination
   contaminación del aire/del agua air/water pollution **13**
contaminado/a *adj.* polluted **13**
contaminar *v.* to pollute **13**
contento/a *adj.* content **5**
contestar *v.* to answer **2**
contigo *pron.* with you
contratar *v.* to hire **16**
control *m.* control
   control remoto remote control **11**
controlar *v.* to control **13**
conversación *f.* conversation **1**
conversar *v.* to talk; to chat **2**
copa *f.* wineglass **12**
corazón *m.* heart **10**
corbata *f.* tie **6**
corredor(a) *m., f.* **de bolsa** stockbroker **16**
correo *m.* post office; mail **14**
   correo electrónico e-mail **4**
correr *v.* to run **3**
cortesía *f.* courtesy
cortinas *f., pl.* curtains **12**
corto/a *adj.* short (*in length*) **6**
cosa *f.* thing **1**
costar (o:ue) *v.* to cost **6**
costarricense *adj.* Costa Rican **3**
cráter *m.* crater **13**
creer *v.* to believe **13**
   creer (en) *v.* to believe (in) **3**
creído/a *p.p.* believed **15**
crema de afeitar *f.* shaving cream **7**
crimen *m.* crime; murder
cruzar *v.* to cross **14**
cuaderno *m.* notebook **1**
cuadra *f.* city block **14**
cuadro *m.* picture **12**
cuadros *m., pl.* plaid
¿cuál(es)? which?; which one(s)? **2**; what? **9**
   ¿Cuál es la fecha de hoy? What is today's date? **5**
cuando *conj.* when **13**
¿cuándo? *adv.* when? **2, 9**
¿cuánto(s)/a(s)? *adv.* how much?, how many? **1, 2**
   ¿Cuánto cuesta...? How much does... cost?
   ¿Cuántos años tienes/tiene? How old are you?
cuarenta forty **2**
cuarto *m.* room
cuarto/a *adj.* quarter **1**; fourth **5**
   menos cuarto quarter to (time) **1**
   y cuarto quarter after (time) **1**
cuarto de baño *m.* bathroom
cuatro four **1**
cuatrocientos/as four hundred **6**
cubano/a *adj.* Cuban **3**

cubiertos *m., pl.* silverware
cubierto/a *p.p.* covered
cubrir *v.* to cover
cuchara *f.* spoon **12**
cuchillo *m.* knife **12**
cuello *m.* neck **10**
cuenta *f.* bill **9**; account **14**
   cuenta corriente checking account **14**
   cuenta de ahorros savings account **14**
cuento *m.* story
cuerpo *m.* body **10**
cuidado *m.* care
cuidar *v.* to take care of **13**
cultura *f.* culture
cumpleaños *m., sing.* birthday **9**
cumplir años *v.* to have a birthday **9**
cuñado/a *m., f.* brother-in-law; sister-in-law **3**
currículum *m.* résumé **16**
curso *m.* course **2**

D

danza *f.* dance
dañar *v.* to damage; to break down **10**
dar *v.* to give **6**
   dar un consejo to give advice
   darse con *v.* to bump into; to run into
   darse prisa to hurry; to rush **15**
de *prep.* of; from **1**
   ¿de dónde? from where? **2**
   ¿De dónde eres? *fam.* Where are you from? **1**
   ¿De dónde es usted? *form.* Where are you from? **1**
   ¿De parte de quién? Who is calling? (*on telephone*)
   ¿de quién...? whose...? (*sing.*) **1**
   ¿de quiénes...? whose...? (*pl.*) **1**
   de aluminio (made of) aluminum **13**
   de compras shopping
   de cuadros plaid
   de excursión hiking **4**
   de ida y vuelta round-trip **5**
   de la mañana in the morning; A.M. **1**
   de la noche in the evening; at night; P.M. **1**
   de la tarde in the afternoon; in the early evening; P.M. **1**
   de lunares polka-dotted
   de moda in fashion
   De nada. You're welcome. **1**
   de niño/a as a child **10**
   de parte de on behalf of
   de plástico (made of) plastic **13**
   de rayas striped
   de repente suddenly **6**
   de vez en cuando from time to time **10**

   de vidrio (made of) glass **13**
debajo de *prep.* below; under **2**
deber (+ inf.) *v.* should (*do something*) **3**
deber *m.* responsibility; obligation
debido a due to; the fact that
débil *adj.* weak **15**
decidir *v.* to decide **3**
décimo/a *adj.* tenth **5**
decir *v.* to say; to tell **6**
declarar *v.* to declare; to say
dedo *m.* finger **10**
deforestación *f.* deforestation **13**
dejar *v.* to let; to quit; to leave behind **16**
   dejar de (+ inf.) to stop (*doing something*) **13**
   dejar una propina to leave a tip **9**
del (*contraction of* **de + el**) of the; from the
delante de *prep.* in front of **2**
delgado/a *adj.* thin **3**
delicioso/a *adj.* delicious **8**
demás *pron.* the rest
demasiado *adv.* too much
dentista *m., f.* dentist **10**
dentro de *adv.* within
dependiente/a *m., f.* clerk **6**
deporte *m.* sport **4**
deportista *m.* sports person
deportivo/a *adj.* sports-related **4**
depositar *v.* to deposit **14**
derecha *f.* right **2**
   a la derecha de to the right of **2**
derecho *adv.* straight (ahead) **14**
derechos *m., pl.* rights
desarrollar *v.* to develop **13**
desastre natural *m.* natural disaster
desayunar *v.* to have breakfast **8**
desayuno *m.* breakfast **8**
descafeinado/a *adj.* decaffeinated **15**
descansar *v.* to rest **2**
descargar *v.* to download **11**
descompuesto/a *adj.* not working; out of order **11**
describir *v.* to describe **3**
descrito/a *p.p.* described **15**
descubierto/a *p.p.* discovered **15**
descubrir *v.* to discover **13**
desde *prep.* from **6**
desear *v.* to want; to wish **2**; to desire **12**
desempleo *m.* unemployment
desierto *m.* desert **13**
desigualdad *f.* inequality
desordenado/a *adj.* disorderly **5**
despacio *adj.* slowly
despedida *f.* farewell; goodbye
despedir (e:i) *v.* to fire **16**
despejado/a *adj.* clear (*weather*) **5**
despertador *m.* alarm clock **7**
despertarse (e:ie) *v.* to wake up **7**
después *adv.* afterward; then **7**

después de *prep.* after **7**
después (de) que *conj.* after **13**
destruir *v.* to destroy **13**
detrás de *prep.* behind **2**
día *m.* day **1**
 día de fiesta holiday **9**
diario *m.* diary **1**; newspaper
diario/a *adj.* daily **7**
dibujar *v.* to draw **2**
dibujo *m.* drawing
 dibujos animados *m., pl.* cartoons
diccionario *m.* dictionary **1**
dicho/a *p.p.* said **15**
diciembre *m.* December **5**
dictadura *f.* dictatorship
diecinueve nineteen **1**
dieciocho eighteen **1**
dieciséis sixteen **1**
diecisiete seventeen **1**
diente *m.* tooth **7**
dieta *f.* diet **15**
 dieta equilibrada balanced
  diet **15**
diez ten **1**
difícil *adj.* difficult **3**
¿Diga? Hello? (*on telephone*)
diligencia *f.* errand **14**
dinero *m.* money **6**
dirección *f.* address **14**
director(a) *m., f.* director; (*musical*)
 conductor
disco *m.* disk
discriminación *f.* discrimination
discurso *m.* speech
diseñador(a) *m., f.* designer **16**
diseño *m.* design
disfrutar (de) *v.* to enjoy; to reap the
 benefits (of) **15**
diversión *f.* entertainment; fun
 activity **4**
divertido/a *adj.* fun
divertirse (e:ie) *v.* to have fun **9**
divorciado/a *adj.* divorced **9**
divorciarse (de) *v.* to get divorced
 (from) **9**
divorcio *m.* divorce **9**
doblar *v.* to turn **14**
doble *adj.* double
doce twelve **1**
doctor(a) *m., f.* doctor **3, 10**
documental *m.* documentary
documentos de viaje *m., pl.* travel
 documents
doler (o:ue) *v.* to hurt **10**
dolor *m.* ache; pain **10**
dolor de cabeza *m.* headache **10**
domingo *m.* Sunday **2**
dominicano/a *adj.* Dominican **3**
don/doña title of respect used with a
 person's first name
donde *prep.* where
 ¿dónde? where? **1, 2**
 ¿Dónde está…? Where is…?
dormir (o:ue) *v.* to sleep **4**

dormirse (o:ue) *v.* to go to sleep; to
 fall asleep **7**
dos two **1**
 dos veces twice **6**
doscientos/as two hundred **6**
drama *m.* drama; play
dramático/a *adj.* dramatic
dramaturgo/a *m., f.* playwright
droga *f.* drug **15**
drogadicto/a *m., f.* drug addict **15**
ducha *f.* shower
ducharse *v.* to shower **7**
duda *f.* doubt **13**
dudar *v.* to doubt **13**
dueño/a *m., f.* owner **8**
dulce *adj.* sweet **8**
dulces *m., pl.* sweets; candy **9**
durante *prep.* during **7**
durar *v.* to last

E

e *conj.* (used instead of **y** before words
 beginning with **i** and **hi**) and
echar *v.* to throw
 echar una carta al buzón to put a
  letter in the mailbox; to mail a
  letter **14**
ecología *f.* ecology **13**
ecológico/a *adj.* ecological **13**
ecologista *m., f.* ecologist **13**
economía *f.* economics
ecoturismo *m.* ecotourism **13**
ecuatoriano/a *adj.* Ecuadorian **3**
edad *f.* age
edificio *m.* building **12**
 edificio de apartamentos
  apartment building **12**
efectivo *m.* cash
ejercicio *m.* exercise **15**
 ejercicios aeróbicos aerobic
  exercises **15**
 ejercicios de estiramiento
  stretching exercises **15**
ejército *m.* army
el *m., sing., def. art.* the **1**
él *sub. pron.* he **1**; *obj. pron.* him
elección *f.* election
electricista *m., f.* electrician **16**
electrodoméstico *m.* electrical
 appliance **12**
elegante *adj. m., f.* elegant **6**
elegir *v.* to elect
ella *sub. pron.* she **1**; *obj. pron.* her
ellos/as *sub. pron.* they **1**; them
embarazada *adj.* pregnant **10**
emergencia *f.* emergency **10**
emitir *v.* to broadcast
emocionante *adj.* exciting
empezar (e:ie) *v.* to begin **4**
empleado/a *m., f.* employee **5**
empleo *m.* job; employment **16**
empresa *f.* company; firm **16**

en *prep.* in; on; at **2**
 en casa at home
 en caso (de) que *conj.* in case
  (that) **13**
 en cuanto *conj.* as soon as **13**
 en efectivo in cash
 en exceso in excess; too much **15**
 en línea online **6**
 en punto on the dot; sharp
  (*time*) **1**
 ¿En qué puedo servirles?
  How can I help you?
enamorado/a *adj.* **(de)** in love
 (with) **5**
enamorarse (de) *v.* to fall in love
 (with) **9**
encantado/a *adj.* pleased to meet you **1**
encantar *v.* to like very much; to love
 (*objects*) **7**
encima de *prep.* on top of **2**
encontrar (o:ue) *v.* to find **4**
encuesta *f.* poll; survey
energía *f.* energy **13**
 energía nuclear nuclear energy **13**
 energía solar solar energy **13**
enero *m.* January **5**
enfermarse *v.* to get sick **10**
enfermedad *f.* illness **10**
enfermero/a *m., f.* nurse **10**
enfermo/a *adj.* sick **10**
enfrente de *prep.* opposite; facing **14**
engordar *v.* to gain weight **15**
enojado/a *adj.* angry **5**
enojarse *v.* **(con)** to get angry
 (with) **7**
ensalada *f.* salad **8**
enseguida *adv.* right away
enseñar *v.* to teach **2**
ensuciar *v.* to get (something) dirty **12**
entender (e:ie) *v.* to understand **4**
entonces *adv.* then **7**
entrada *f.* entrance **12**; ticket
entre *prep.* between; among **2**
entremeses *m., pl.* appetizers **8**
entrenarse *v.* to train **15**
entrevista *f.* interview **16**
entrevistador(a) *m., f.* interviewer **16**
entrevistar *v.* to interview **16**
envase *m.* container **13**
enviar *v.* to send **14**; to mail
equilibrado/a *adj.* balanced **15**
equipaje *m.* luggage **5**
equipo *m.* team **4**
equivocado/a *adj.* wrong **5**
eres you are *fam. sing.* **1**
es you are *form. sing.*; he/she/it is **1**
 Es una lástima… It's a shame… **13**
 Es bueno que… It's good that… **12**
 Es extraño… It's strange… **13**
 Es importante que… It's
  important that . . . **12**
 Es imposible… It's impossible… **13**
 Es improbable… It's improbable…**13**
 Es la una. It's one o'clock. **1**

Es malo que... It's bad that... **12**
Es mejor que... It's better that... **12**
Es necesario que... It's necessary that... **12**
Es obvio... It's obvious... **13**
Es ridículo... It's ridiculous... **13**
Es seguro... It's certain... **13**
Es terrible... It's terrible... **13**
Es triste... It's sad... **13**
Es urgente que... It's urgent that... **12**
Es verdad... It's certain... **13**
esa(s) *f., adj.* that; those **6**
ésa(s) *f., pron.* those (ones) **6**
escalar *v.* to climb **4**
  escalar montañas *f., pl.* to go mountain climbing **4**
escalera *f.* stairs **12**
escanear *v.* to scan **11**
escoger *v.* choose
escribir *v.* to write **3**
  escribir una carta to write a letter **4**
  escribir un mensaje electrónico to write an e-mail **4**
  escribir una (tarjeta) postal to write a postcard **4**
escrito/a *p.p.* written **15**
escritor(a) *m., f.* writer **16**
escritorio *m.* desk **2**
escuchar *v.* to listen (to) **2**
  escuchar la radio to listen to the radio
  escuchar música to listen to music
escuela *f.* school **1**
esculpir *v.* to sculpt
escultor(a) *m., f.* sculptor **16**
escultura *f.* sculpture
ese *m., sing., adj.* that **6**
ése *m., sing., pron.* that (one) **6**
eso *neuter, pron.* that; that thing **6**
esos *m., pl., adj.* those **6**
ésos *m., pl., pron.* those (ones) **6**
español *m.* Spanish (*language*) **2**
español(a) *adj.* Spanish **3**
espárragos *m., pl.* asparagus
especialización *f.* field of study **16**; specialization
espectacular *adj.* spectacular
espectáculo *m.* show
espejo *m.* mirror **7**
esperar *v.* to wait (for); to hope **2**; to wish **13**
esposo/a *m., f.* husband/wife; spouse **3**
esquí (acuático) *m.* (water) skiing **4**
esquiar *v.* to ski **4**
esquina *m.* corner **14**
está he/she/it is, you are *form.* **1**
  Está despejado. It's clear. (*weather*) **5**
  Está (muy) nublado. It's (very) cloudy. (*weather*) **5**
esta(s) *f., adj.* this; these **6**
  esta noche tonight

ésta(s) *f., pron.* this (one); these (ones) **6**
  Ésta es... *f.* This is... (*introducing someone*) **1**
establecer *v.* to establish
estación *f.* station **5**; season **5**
  estación de autobuses bus station **5**
  estación del metro subway station **5**
  estación del tren train station **5**
estacionar *v.* to park **11**
estadio *m.* stadium **2**
estado civil *m.* marital status **9**
estadounidense *adj.* from the United States **3**
estampilla *f.* stamp **14**
estante *m.* bookcase; bookshelf **12**
estar *v.* to be **2**
  estar a dieta to be on a diet **15**
  estar aburrido/a to be bored **5**
  estar afectado/a (por) to be affected (by) **13**
  estar contaminado/a to be polluted **13**
  estar de acuerdo to agree
  estar de moda to be in fashion
  estar de vacaciones to be on vacation **5**
  estar en buena forma to be in good shape **15**
  estar enfermo/a to be sick **10**
  estar listo/a to be ready **5**
  estar perdido/a to be lost **14**
  estar roto/a to be broken
  estar seguro/a (de) to be sure (of) **5, 13**
estatua *f.* statue
este *m.* east **14**
este *m., sing., adj.* this **6**
éste *m., sing., pron.* this (one) **6**
  Éste es... *m.* This is... (*introducing someone*) **1**
estilo *m.* style
estiramiento *m.* stretching **15**
esto *neuter pron.* this; this thing **6**
estómago *m.* stomach **10**
estornudar *v.* to sneeze **10**
estos *m., pl., adj.* these **6**
éstos *m., pl., pron.* these (ones) **6**
estrella *f.* star **13**
  estrella de cine movie star
estrés *m.* stress **15**
estudiante *m., f.* student **1**
estudiantil *adj. m., f.* student
estudiar *v.* to study **2**
estufa *f.* stove **12**
estupendo/a *adj.* stupendous
etapa *f.* stage **9**; step
evitar *v.* to avoid **13**
examen *m.* test; exam **2**
  examen médico physical exam **10**
excelente *adj.* excellent
exceso *m.* excess; too much **15**

excursión *f.* hike; tour; excursion **4**
excursionista *m., f.* hiker **4**
éxito *m.* success
experiencia *f.* experience
explicar *v.* to explain **2**
explorar *v.* to explore
expresión *f.* expression
extinción *f.* extinction **13**
extranjero/a *adj.* foreign
extraño/a *adj.* strange **13**

F

fábrica *f.* factory **13**
fabuloso/a *adj* fabulous
fácil *adj.* easy **3**
falda *f.* skirt **6**
faltar *v.* to lack; to need **7**
familia *f.* family **3**
famoso/a *adj.* famous
farmacia *f.* pharmacy **10**
fascinar *v.* to fascinate; to like very much **7**
favorito/a *adj.* favorite **4**
febrero *m.* February **5**
fecha *f.* date **5**
feliz *adj.* happy **5**
  ¡Felicidades! Congratulations! (*for an event such as a birthday or anniversary*)
  ¡Felicitaciones! Congratulations! (*for an event such as an engagement or a good grade on a test*)
  ¡Feliz cumpleaños! Happy birthday!
fenomenal *adj.* great; phenomenal
feo/a *adj.* ugly **3**
festival *m.* festival
fiebre *f.* fever **10**
fiesta *f.* party **9**
fijo/a *adj.* set, fixed **6**
fin *m.* end **4**
  fin de semana weekend **4**
finalmente *adv.* finally
firmar *v.* to sign (*a document*) **14**
física *f.* physics **2**
flan *m.* baked custard **9**
flexible *adj.* flexible **15**
flor *f.* flower **13**
folclórico/a *adj.* folk; folkloric
folleto *m.* brochure
forma *f.* shape **15**
formulario *m.* form **14**
foto(grafía) *f.* photograph **1**
francés, francesa *adj.* French **3**
frenos *m., pl.* brakes **11**
fresco/a *adj.* cool
frijoles *m., pl.* beans **8**
frío *m.* cold **3**
frito/a *adj.* fried
fruta *f.* fruit **8**
frutería *f.* fruit shop **14**
fuera *adv.* outside

fuerte *adj.* strong **15**
fumar *v.* to smoke **15**
  no fumar not to smoke **15**
funcionar *v.* to work **11**; to function
fútbol *m.* soccer **4**
fútbol americano football **4**
futuro/a *adj.* future
  en el futuro in the future

G

gafas (de sol) *f., pl.* (sun)glasses **6**
galleta *f.* cookie **9**
ganar *v.* to win **4**; to earn (money) **16**
ganga *f.* bargain
garaje *m.* garage; (mechanic's) repair shop **11**; garage **12**
garganta *f.* throat **10**
gasolina *f.* gasoline **11**
gasolinera *f.* gas station **11**
gastar *v.* to spend (*money*) **6**
gato/a *m., f.* cat **3**
gente *f.* people **3**
geografía *f.* geography **2**
gerente *m., f.* manager **16**
gimnasio *m.* gym, gymnasium **4**
gobierno *m.* government **13**
golf *m.* golf **4**
gordo/a *adj.* fat **3**
grabar *v.* to record **11**
gracias *f., pl.* thank you; thanks **1**
graduarse (de) *v.* to graduate (from) **9**
gran *adj.* great **3**
grande *adj.* big **3**
grasa *f.* fat **15**
gratis *adj.* free of charge **14**
grave *adj.* grave; serious **10**
gripe *f.* flu **10**
gris *adj.* gray **6**
gritar *v.* to scream
guantes *m., pl.* gloves **6**
guapo/a *adj.* good-looking **3**
guardar *v.* to save (on a computer) **11**
guerra *f.* war
guía *m., f.* guide
gustar *v.* to be pleasing to; to like **2, 7**
  Me gustaría(n)... I would like **7**
gusto *m.* pleasure **1**
  El gusto es mío. The pleasure is mine. **1**
  Mucho gusto. Pleased to meet you. **1**

H

haber (*aux.*) *v.* to have (*done something*) **15**
habitación *f.* room **5**
  habitación doble double room **5**
  habitación individual single room **5**
habitantes *m., pl.* inhabitants
hablar *v.* to talk; to speak **2**
hacer *v.* to do; to make **4**

Hace buen tiempo. The weather is nice. **5**
Hace (mucho) calor. It's (very) hot. (*weather*) **5**
Hace fresco. It's cool. (*weather*) **5**
Hace (mucho) frío. It's (very) cold. (*weather*) **5**
Hace mal tiempo. The weather is bad **5**
Hace (mucho) sol. It's (very) sunny. (*weather*) **5**
Hace (mucho) viento. It's (very) windy. (*weather*) **5**
hacer cola to stand in line **14**
hacer diligencias to run errands **14**
hacer ejercicio to exercise **15**
hacer ejercicios aeróbicos to do aerobics **15**
hacer ejercicios de estiramiento to do stretching exercises **15**
hacer el papel to play a role
hacer gimnasia to work out **15**
hacer juego (con) to match **6**
hacer la cama to make the bed **12**
hacer las maletas to pack (one's suitcases) **5**
hacer los quehaceres domésticos to do household chores **12**
hacer turismo to go sightseeing **5**
hacer un viaje to take a trip **5**
hacer una excursión to go on a hike; to go on a tour **5**
hacia *prep.* toward **14**
hambre *f.* hunger
hamburguesa *f.* hamburger **8**
  hamburguesa vegetariana *f.* veggie burger **8**
hasta *prep.* until **6**; toward
  Hasta la vista. See you later. **1**
  Hasta luego. See you later. **1**
  Hasta mañana. See you tomorrow. **1**
  hasta que *conj.* until **13**
  Hasta pronto. See you soon. **1**
hay there is; there are **1**
  Hay (mucha) niebla. It's (very) foggy. **5**
  No hay de qué. You're welcome. **1**
  no hay duda de there's no doubt **13**
hecho/a *p.p.* done **15**
heladería *f.* ice cream shop **14**
helado *m.* ice cream **9**
helado/a *adj.* iced **8**
hermanastro/a *m., f.* stepbrother/stepsister **3**
hermano/a *m., f.* brother/sister **3**
hermano/a mayor/menor *m., f.* older/younger brother/sister
hermanos *m., pl.* siblings (brothers and sisters) **3**
hermoso/a *adj.* beautiful **6**
hierba *f.* grass **13**
hijastro/a *m., f.* stepson/stepdaughter **3**

hijo/a *m., f.* son/daughter **3**
  hijo/a único/a only child
  hijos *m., pl.* children; sons **3**
historia *f.* history **2**; story
hockey *m.* hockey **4**
hogar *m.* home **12**
hola *interj.* hello **1**
hombre *m.* man **1**
  hombre de negocios businessman **16**
hora *f.* hour
horario *m.* schedule **2**
horno *m.* oven **12**
hospital *m.* hospital **10**
hotel *m.* hotel **5**
hoy *adv.* today **2**
  hoy día nowadays
  Hoy es... Today is... **2**
huelga *f.* strike (labor)
hueso *m.* bone **10**
huésped *m., f.* guest **5**
huevo *m.* egg **8**
humanidades *f., pl.* humanities
huracán *m.* hurricane

I

ida *f.* one way (*travel*)
idea *f.* idea
iglesia *f.* church **4**
igualdad *f.* equality
igualmente *adv.* likewise **1**
impermeable *m.* raincoat **6**
importante *adj.* important **3**
importar *v.* to be important (to); to matter **7, 12**
imposible *adj.* impossible **13**
impresora *f.* printer **11**
imprimir *v.* to print **11**
improbable *adj.* improbable **13**
impuesto *m.* tax
incendio *m.* fire
increíble *adj.* incredible
indicar cómo llegar *v.* to give directions **14**
infección *f.* infection **10**
informar *v.* to inform
informe *m.* report; paper (*written work*)
ingeniero/a *m., f.* engineer **3**
inglés *m.* English (*language*) **2**
inglés, inglesa *adj.* English **3**
insistir (en) *v.* to insist (on) **12**
inspector(a) de aduanas *m., f.* customs inspector **5**
inteligente *adj.* intelligent **3**
intercambiar *v.* exchange
interesante *adj.* interesting **3**
interesar *v.* to be interesting to; to interest **7**
internacional *adj.* international
Internet Internet **11**
inundación *f.* flood
invertir (e:ie) *v.* to invest **16**

invierno *m.* winter **5**
invitado/a *m., f.* guest (*at a function*) **9**
invitar *v.* to invite; to treat **9**
inyección *f.* injection **10**
ir *v.* to go **4**
  ir a (+ *inf.*) to be going to do something **4**
  ir a la playa to go to the beach **5**
  ir de compras to go shopping **6**
  ir de excursión (a las montañas) to go for a hike (in the mountains) **4**
  ir de pesca to go fishing **5**
  ir de vacaciones to go on vacation **5**
  ir en autobús to go by bus **5**
  ir en auto(móvil) to go by car **5**
  ir en avión to go by plane **5**
  ir en barco to go by boat **5**
  ir en metro to go by subway
  ir en motocicleta to go by motorcycle **5**
  ir en taxi to go by taxi **5**
  ir en tren to go by train
irse *v.* to go away; to leave **7**
italiano/a *adj.* Italian
izquierda *f.* left **2**
  a la izquierda de to the left of **2**

J

jabón *m.* soap **7**
jamás *adv.* never; not ever **7**
jamón *m.* ham **8**
japonés, japonesa *adj.* Japanese **3**
jardín *m.* garden; yard **12**
jefe, jefa *m., f.* boss **16**
joven *adj.* young **3**
joven *m., f.* young person **1**
joyería *f.* jewelry store **14**
jubilarse *v.* to retire (*from work*) **9**
juego *m.* game
jueves *m., sing.* Thursday **2**
jugador(a) *m., f.* player **4**
jugar (u:ue) *v.* to play **4**
  jugar a las cartas to play cards
jugo *m.* juice **8**
  jugo de fruta fruit juice **8**
julio *m.* July **5**
jungla *f.* jungle
junio *m.* June **5**
juntos/as *adj.* together **9**
juventud *f.* youth **9**

K

kilómetro *m.* kilometer **11**

I

la *f., sing., def. art.* the **1**
la *f., sing., d.o. pron.* her, it, *form.* you **5**

laboratorio *m.* laboratory **2**
lago *m.* lake **13**
lámpara *f.* lamp **12**
langosta *f.* lobster **8**
lápiz *m.* pencil **1**
largo/a *m.* long (*in length*) **6**
las *f., pl., def. art.* the **1**
las *f., pl., d.o. pron.* them; you **5**
lástima *f.* shame **13**
lastimarse *v.* to injure oneself **10**
  lastimarse el pie to injure one's foot **10**
lata *f.* (*tin*) can **13**
lavabo *m.* sink
lavadora *f.* washing machine **12**
lavandería *f.* laundromat **14**
lavaplatos *m., sing.* dishwasher **12**
lavar *v.* to wash **12**
lavarse *v.* to wash oneself **7**
  lavarse la cara to wash one's face **7**
  lavarse las manos to wash one's hands **7**
le *sing., i.o. pron.* to/for him, her, you *form.* **6**
Le presento a... I would like to introduce... to you. *form.* **1**
lección *f.* lesson **1**
leche *f.* milk **8**
lechuga *f.* lettuce **8**
leer *v.* to read **3**
  leer el correo electrónico to read e-mail **4**
  leer el periódico to read the newspaper **4**
  leer una revista to read a magazine **4**
leído/a *p.p.* read **15**
lejos de *prep.* far from **2**
lengua *f.* language **2**
  lenguas extranjeras *f., pl.* foreign languages **2**
lentes de contacto *m., pl.* contact lenses
lento/a *adj.* slow **11**
les *pl., i.o. pron.* to/for them, you *pl.* **6**
letrero *m.* sign **14**
levantar *v.* to lift **15**
  levantar pesas to lift weights **15**
levantarse *v.* to get up **7**
ley *f.* law **13**
libertad *f.* liberty; freedom
libre *adj.* free **4**
librería *f.* bookstore **2**
libro *m.* book **2**
licencia de conducir *f.* driver's license **11**
limón *m.* lemon **8**
limpiar *v.* to clean **12**
  limpiar la casa to clean the house **12**
limpio/a *adj.* clean **5**
listo/a *adj.* smart; ready **5**

literatura *f.* literature
llamar *v.* to call **11**
  llamar por teléfono to call on the phone
llamarse to be named **7**
llanta *f.* tire **11**
llave *f.* key **5**
llegada *f.* arrival **5**
llegar *v.* to arrive **2**
llenar *v.* to fill
  llenar el tanque to fill the tank **11**
  llenar un formulario to fill out a form **14**
lleno/a *adj.* full **11**
llevar *v.* to carry **2**; to take; to wear **6**
  llevar una vida sana to lead a healthy lifestyle **15**
  llevarse bien/mal (con) to get along well/badly (with) **9**
llover (o:ue) *v.* to rain **5**
  Llueve. It's raining. **5**
lluvia *f.* rain
lo *m., sing. d.o. pronoun.* him, it, you *form.* **5**
  lo mejor the best (thing)
  lo peor the worst (thing)
  lo que what; that which **9**
  Lo siento. I'm sorry. **1**
loco/a *adj.* crazy **6**
locutor(a) *m., f.* TV or radio announcer
los *m., pl., def. art.* the **1**
los *m., pl., do. pron.* them, you *pl.* **5**
luchar (contra), (por) *v.* to fight; to struggle (against), (for)
luego *adv.* afterward, then **7**; *adv.* later **1**
lugar *m.* place **4**
luna *f.* moon **13**
lunar *m.* polka dot
lunes *m., sing.* Monday **2**
luz *f.* light; electricity **12**

M

madrastra *f.* stepmother **3**
madre *f.* mother **3**
madurez *f.* maturity; middle age **9**
maestro/a *m., f.* teacher **16**
magnífico/a *adj.* magnificent
maíz *m.* corn **8**
mal, malo/a *adj.* bad **3**; sick **5**
maleta *f.* suitcase **1**
mamá *f.* mom
mandar *v.* to order **12**; to send **14**; to mail
manejar *v.* to drive **11**
manera *f.* way
mano *f.* hand **1**
manta *f.* blanket **12**
mantener *v.* to maintain
  mantenerse en forma to stay in shape **15**
mantequilla *f.* butter **8**

manzana *f.* apple **8**
mañana *f.* morning **1**; tomorrow **1**
mapa *m.* map **1**
maquillaje *m.* makeup **7**
maquillarse *v.* to put on makeup **7**
mar *m.* sea **5**
maravilloso/a *adj.* marvelous
marcador *m.* dry-erase marker **2**
mareado/a *adj.* dizzy; nauseated **10**
margarina *f.* margarine **8**
mariscos *m., pl.* seafood **8**
marrón *adj. m., f.* brown
martes *m., sing.* Tuesday **2**
marzo *m.* March **5**
más *adj., adv.* more **8**
   el/la/los/las más the most **8**
   más de (+ *number*) more
     than (+ *number*) **8**
   más tarde later (on) **7**
   más... que more... than **8**
masaje *m.* massage **15**
matemáticas *f., pl.* mathematics **2**
materia *f.* course
matrimonio *m.* marriage; married
  couple **9**
mayo *m.* May **5**
mayonesa *f.* mayonnaise **8**
mayor *adj.* older **8**
   el/la mayor *adj.* the oldest **8**
me *pron.* me **5, 6**
   Me gusta(n)... I like... **2**
   No me gusta(n)... I don't like... **2**
   Me gustaría(n)... I would like... **7**
   Me llamo... My name is... **1**
mecánico/a *m., f.* mechanic **11**
mediano/a *adj.* medium
medianoche *f.* midnight **1**
medias *f., pl.* pantyhose, stockings **6**
medicamento *m.* medication **10**
medicina *f.* medicine **10**
médico/a *m., f.* doctor **3**;
  adj. medical **10**
medio/a *m. adj.* half **3**
   medio ambiente environment **13**
   medio/a hermano/a
     half-brother/half-sister **3**
   medios de comunicación *m., pl.*
     means of communication; media **9**
   y media thirty minutes past the
     hour (*time*) **1**
mediodía *m.* noon **1**
mejor *adj.* better **8**
   el/la mejor *m., f.* the best **8**
mejorar *v.* to improve **13**
melocotón *m.* peach
menor *adj.* younger **3, 8**
   el/la menor *m., f.* the youngest **8**
menos *adj., adv.* less **10**
   el/la/los/las menos the least **8**
   menos cuarto/menos quince
     quarter to (*time*) **1**
   menos de (+ *number*) less
     than (+ *number*) **8**
   menos... que less... than **8**

mensaje de texto text message **11**
mensaje electrónico *m.* e-mail
  message **4**
mentira *f.* lie **6**
menú *m.* menu **8**
mercado *m.* market **6**
   mercado al aire libre open-air
     market **6**
merendar (e:ie) *v.* to have a(n)
  (afternoon) snack **15**
merienda *f.* (afternoon) snack **15**
mes *m.* month **5**
mesa *f.* table **2**
mesita *f.* end table **12**
   mesita de noche nightstand **12**
metro *m.* subway **5**
mexicano/a *adj.* Mexican **3**
mí *pron. obj. of prep.* me
mi(s) *poss. adj.* my **3**
microondas *m., sing.* microwave **12**
miedo *m.* fear
mientras *conj.* while **10**
miércoles *m., sing.* Wednesday **2**
mil one thousand **6**
   mil millones billion **6**
milla *f.* mile **11**
millón million **6**
millones (de) millions (of) **6**
mineral *m.* mineral **15**
minuto *m.* minute
mío(s)/a(s) *poss.* my; (of) mine **11**
mirar *v.* to look (at); to watch **2**
   mirar (la) televisión to watch
     television
mismo/a *adj.* same
mochila *f.* backpack **1**
moda *f.* fashion
moderno/a *adj.* modern
molestar *v.* to bother; to annoy **7**
mono *m.* monkey **13**
montaña *f.* mountain **4**
montar *v.* **a caballo** to ride a horse **5**
monumento *m.* monument **4**
morado/a *adj.* purple **6**
moreno/a *adj.* dark-haired **3**
morir (o:ue) *v.* to die **8**
mostrar (o:ue) *v.* to show **4**
moto(cicleta) *f.* motorcycle **5**
motor *m.* motor **11**
muchacho/a *m., f.* boy; girl **3**
mucho/a *adj., adv.* many; a lot;
  much **2, 3**
   (Muchas) gracias. Thank you
     (very much). **1**
   muchas veces a lot; many
     times **10**
   Mucho gusto. Pleased to meet
     you. **1**
mudarse *v.* to move (from one house
  to another) **12**
muebles *m., pl.* furniture **12**
muela *f.* tooth **10**
muerte *f.* death **9**
muerto/a *p.p.* died **15**

mujer *f.* woman **1**
   mujer de negocios
     businesswoman **16**
   mujer policía female police
     officer **11**
multa *f.* fine; ticket **11**
mundial *adj.* worldwide
mundo *m.* world **13**
municipal *adj.* municipal
músculo *m.* muscle **15**
museo *m.* museum **4**
música *f.* music
musical *adj.* musical
músico/a *m., f.* musician
muy *adv.* very **1**
   (Muy) bien, gracias. (Very) well,
     thanks. **1**

N

nacer *v.* to be born **9**
nacimiento *m.* birth **9**
nacional *adj.* national
nacionalidad *f.* nationality **1**
nada *pron., adv.* nothing **1**; not
  anything **7**
nadar *v.* to swim **4**
   nadar en la piscina to swim in
     the pool **4**
nadie *pron.* no one, not anyone **7**
naranja *m.* orange **8**
nariz *f.* nose **10**
natación *f.* swimming **4**
natural *adj.* natural **13**
naturaleza *f.* nature **13**
navegador GPS GPS **11**
Navidad *f.* Christmas **9**
necesario/a *adj.* necessary **12**
necesitar *v.* to need **2, 12**
negar (e:ie) *v.* to deny **13**
negativo/a *m.* negative
negocios *m., pl.* business;
  commerce **16**
negro/a *adj.* black **6**
nervioso/a *adj.* nervous **5**
nevar (e:ie) *v.* to snow **5**
   Nieva. It's snowing. **5**
ni... ni *conj.* neither... nor **7**
niebla *f.* fog
nieto/a *m., f.* grandson/
  granddaughter **3**
nieve *f.* snow
ningún, ninguno/a(s) *adj.* no; none;
  not any **7**
niñez *f.* childhood **9**
niño/a *m., f.* child; boy/girl **3**
no *adv.* no; not **1**
   no cabe duda de there is no
     doubt **13**
   No es seguro... It's not certain...
     13
   No es verdad... It's not true... **13**
   no estar de acuerdo to disagree

no estar seguro/a (de) not to be sure (of) **13**

No estoy seguro. I'm not sure.

no hay there is not; there are not **1**

No hay de qué. You're welcome. **1**

no hay duda de there is no doubt **13**

no muy bien not very well **1**

¿no? right? **2**

no sé I don't know

no tener razón to be wrong **3**

noche *f.* night **1**

nombre *m.* name

norte *m.* north **14**

norteamericano/a *adj.* (North) American **3**

nos *pron.* us **5, 6**

Nos vemos. See you. **1**

nosotros/as *sub. pron.* we **1**

noticias *f., pl.* news

noticiero *m.* newscast

novecientos/as nine hundred **6**

noveno/a *adj.* ninth **5**

noventa ninety **2**

noviembre *m.* November **5**

novio/a *m., f.* boyfriend/girlfriend **3**

nube *f.* cloud **13**

nublado/a *adj.* cloudy **5**

Está (muy) nublado. It's (very) cloudy. **5**

nuclear *adj.* nuclear **13**

nuera *f.* daughter-in-law **3**

nuestro(s)/a(s) *poss. adj.* our **3**; of ours **11**

nueve nine **1**

nuevo/a *adj.* new **6**

número *m.* number **1**; (shoe) size

nunca *adj.* never; not ever **7**

nutrición *f.* nutrition **15**

O

o *conj.* or **7**

o... o *conj.* either . . . or **7**

obedecer *v.* to obey

obra *f.* work (*of art, literature, music, etc.*)

obra maestra masterpiece

obtener *v.* to obtain; to get **16**

obvio/a *adj.* obvious **13**

océano *m.* ocean **13**

ochenta eighty **2**

ocho eight **1**

ochocientos/as eight hundred **6**

octavo/a *adj.* eighth **5**

octubre *m.* October **5**

ocupación *f.* occupation **16**

ocupado/a *adj.* busy **5**

ocurrir *v.* to occur; to happen

odiar *v.* to hate **9**

oeste *m.* west **14**

oferta *f.* offer

oficina *f.* office **12**

oficio *m.* trade **16**

ofrecer *v.* to offer **8**

oído *m.* sense of hearing; inner ear

oído/a *p.p.* heard **15**

oír *v.* to hear **4**

ojalá (que) *interj.* I hope (that); I wish (that) **13**

ojo *m.* eye **10**

olvidar *v.* to forget **10**

once eleven **1**

ópera *f.* opera

operación *f.* operation **10**

ordenado/a *adj.* orderly **5**; well organized

ordinal *adj.* ordinal (*number*)

oreja *f.* (outer) ear **10**

orquesta *f.* orchestra

ortográfico/a *adj.* spellling

os *fam., pl. pron.* you **5, 6**

otoño *m.* autumn **5**

otro/a *adj.* other; another **6**

otra vez again

P

paciente *m., f.* patient **10**

padrastro *m.* stepfather **3**

padre *m.* father **3**

padres *m., pl.* parents **3**

pagar *v.* to pay **6**

pagar a plazos to pay in installments **14**

pagar al contado to pay in cash **14**

pagar con to pay with **6**

pagar en efectivo to pay in cash

pagar la cuenta to pay the bill **9**

página *f.* page **11**

página principal home page **11**

país *m.* country **1**

paisaje *m.* landscape **13**; countryside

pájaro *m.* bird **13**

palabra *f.* word **1**

pan *m.* bread **8**

pan tostado toasted bread **8**; toast

panadería *f.* bakery **14**

pantalla *f.* screen **11**

pantalones *m., pl.* pants **6**

pantalones cortos shorts **6**

papa *f.* potato **8**

papas fritas *f., pl.* French fries **8**

papá *m.* dad

papás *m., pl.* parents

papel *m.* paper **2**; role

paquete *m.* package **14**

par *m.* pair **6**

par de zapatos pair of shoes **6**

para *prep.* for; in order to; toward; in the direction of; by; used for; considering **11**

para que *conj.* so that **13**

parabrisas *m., sing.* windshield **11**

parar *v.* to stop **11**

parecer *v.* to seem **8**

pared *f.* wall **12**

pareja *f.* couple; partner **9**

parientes *m., pl.* relatives **3**

parque *m.* park **4**

párrafo *m.* paragraph

partido *m.* game **4**; match (*sports*)

pasado/a *adj.* last; past **6**

pasaje *m.* ticket **5**

pasaje de ida y vuelta *m.* round-trip ticket **5**

pasajero/a *m., f.* passenger **1**

pasaporte *m.* passport **5**

pasar *v.* to pass

pasar la aspiradora to vacuum **12**

pasar por la aduana to go through customs **5**

pasar el tiempo to spend time **4**

pasarlo bien/mal to have a good/bad time **9**

pasatiempo *m.* pastime, hobby **4**

pasear *v.* to take a walk; to stroll

pasear en bicicleta to ride a bicycle **4**

pasear por la ciudad/el pueblo to walk around the city/town **4**

pasillo *m.* hallway **12**

pastel *m.* cake **9**

pastel de chocolate chocolate cake

pastel de cumpleaños birthday cake **9**

pastelería *f.* pastry shop **14**

pastilla *f.* pill **10**

patata *f.* potato **8**

patatas fritas *f., pl.* French fries **8**

patinar *v.* to skate **4**

patio *m.* patio; yard **12**

pavo *m.* turkey **8**

paz *f.* peace

pedir (e:i) *v.* to ask for; to request **4, 12**; to order (*food*) **8**

pedir prestado/a to borrow **14**

pedir un préstamo to apply for a loan **14**

peinarse *v.* to comb one's hair **7**

película *f.* movie **4**

peligro *m.* danger **13**

peligroso/a *adj.* dangerous

pelirrojo/a *adj.* red-haired **3**

pelo *m.* hair **7**

pelota *f.* ball **4**

peluquería *f.* hair salon **14**

peluquero/a *m., f.* hairdresser **16**

penicilina *f.* penicillin

pensar (e:ie) *v.* to think **4**

pensar (+ inf.) to intend; to plan (*to do something*) **4**

pensar en to think about **4**

pensión *f.* boarding house **5**

peor *adj.* worse **8**

el/la peor the worst **8**

pequeño/a *adj.* small **3**

pera *f.* pear

perder (e:ie) *v.* to lose; to miss **4**

perdido/a *adj.* lost **14**

Perdón. Pardon me.; Excuse me.
perezoso/a *adj.* lazy
perfecto/a *adj.* perfect
periódico *m.* newspaper **4**
periodismo *m.* journalism **2**
periodista *m., f.* journalist **3**
permiso *m.* permission
pero *conj.* but **2**
perro/a *m., f.* dog **3**
persona *f.* person **3**
personaje *m.* character
   personaje principal main character
pesas *f., pl.* weights **15**
pesca *f.* fishing **5**
pescadería *f.* fish market **14**
pescado *m.* fish (*cooked*) **8**
pescador(a) *m., f.* fisherman/
   fisherwoman
pescar *v.* to fish **5**
peso *m.* weight **15**
pez *m.* fish (*live*) **13**
picante *adj.* spicy **8**
pie *m.* foot **10**
piedra *f.* stone **13**
pierna *f.* leg **10**
pimienta *f.* pepper **8**
piña *f.* pineapple
pintar *v.* to paint
pintor(a) *m., f.* painter **16**
pintura *f.* painting **12**
piscina *f.* swimming pool **4**
piso *m.* floor (*of a building*) **5**
pizarra *f.* whiteboard **2**
placer *m.* pleasure
planchar la ropa *v.* to iron clothes **12**
planta *f.* plant **13**
   planta baja ground floor **5**
plástico *m.* plastic **13**
plato *m.* dish (*in a meal*) **8**;
   plate **12**
   plato principal main dish **8**
playa *f.* beach **5**
pluma *f.* pen **2**
población *f.* population **13**
pobre *m., f., adj.* poor **6**
pobreza *f.* poverty
poco *adv.* little **10**
poder (o:ue) *v.* to be able to; can **4**
poema *m.* poem
poesía *f.* poetry
poeta *m., f.* poet **16**
policía *f.* police (force) **11**; *m.* (male)
   police officer **11**
política *f.* politics
político/a *m., f.* politician **16**
pollo *m.* chicken **8**
   pollo asado roast chicken **8**
poner *v.* to put; to place **4**; to turn on
   (*electrical appliances*) **11**
   poner la mesa to set the table **12**
   poner una inyección to give an
     injection **10**

ponerse (+ *adj.*) to become (+ *adj.*) **7**;
   to put on **7**
por *prep.* in exchange for; for; by;
   in; through; by means of; along;
   during; around; in search of; by way
   of; per **11**
   por aquí around here **11**
   por avión by plane
   por ciento percent
   por ejemplo for example **11**
   por eso that's why; therefore **11**
   Por favor. Please. **1**
   por fin finally **11**
   por la mañana in the morning **7**
   por la noche at night **7**
   por la tarde in the afternoon; in
     the (early) evening **7**
   por lo menos at least **10**
   ¿por qué? why? **2, 9**
   por supuesto of course
   por teléfono by phone; on the phone
   por último finally **7**
posesivo/a *adj.* possessive
posible *adj.* possible **13**
   es posible it's possible **13**
   no es posible it's not possible **13**
postal *f.* postcard **4**
postre *m.* dessert **9**
practicar *v.* to practice **2**
   practicar deportes *m., pl.* to play
     sports **4**
precio (fijo) *m.* (fixed) price **6**
preferir (e:ie) *v.* to prefer **4, 12**
pregunta *f.* question
preguntar *v.* to ask (*a question*) **2**
premio *m.* prize; award
prender *v.* to turn on **11**
prensa *f.* press
preocupado/a (por) *adj.* worried
   (about) **5**
preocuparse (por) *v.* to worry
   (about) **7**
preparar *v.* to prepare **2**
preposición *f.* preposition
presentación *f.* introduction
presentar *v.* to introduce; to put on
   (*a performance*)
presiones *f., pl.* pressure **15**
prestado/a *adj.* borrowed
préstamo *m.* loan **14**
prestar *v.* to loan **6**
primavera *f.* spring **5**
primer, primero/a *adj.* first **5**
primo/a *m., f.* cousin **3**
principal *adj.* main **8**
probable *adj. m., f.* probable **13**
   es probable it's probable **13**
   no es probable it's not probable **13**
probar (o:ue) *v.* to taste; to try **8**
probarse (o:ue) *v.* to try on **7**
problema *m.* problem **1**
profesión *f.* profession **16**
profesor(a) *m., f.* teacher; professor **1**

programa *m.* program **1**
   programa de computación
     software **11**
   programa de entrevistas talk show
programador(a) *m., f.* programmer **3**
prohibir *v.* to prohibit **10, 12**; to forbid
pronombre *m.* pronoun
pronto *adj.* soon **10**
propina *f.* tip **9**
propio/a *adj.* own
proteger *v.* to protect **13**
proteína *f.* protein **15**
próximo/a *adj.* next
prueba *f.* test; quiz **2**
psicología *f.* psychology **2**
psicólogo/a *m., f.* psychologist **16**
publicar *v.* to publish
público *m.* audience
pueblo *m.* town **4**
puerta *f.* door **2**
puerto *m.* **USB** USB port **11**
puertorriqueño/a *adj.* Puerto
   Rican **3**
pues *conj.* well; then
puesto *m.* position; job **16**
puesto/a *p.p.* put **15**
puro/a *adj.* pure **13**

Q

que *pron.* that; who; which **9**
   ¡Qué...! How...!
   ¡Qué sorpresa! What a surprise!
   ¿qué? what?; which? **1, 2, 9**
   ¿Qué día es hoy? What day is it?
   ¿Qué es? What is it? **1**
   ¿Qué hay de nuevo? What's
     new? **1**
   ¿Qué hicieron ellos/ellas? What
     did they do? **6**
   ¿Qué hicieron ustedes? What did
     you (*pl.*) do? **6**
   ¿Qué hiciste? What did you
     (*fam., sing.*) do? **6**
   ¿Qué hizo él/ella? What did
     he/she do? **6**
   ¿Qué hizo usted? What did you
     (*form., sing.*) do? **6**
   ¿Qué hora es? What time is it? **1**
   ¿Qué pasa? What's going on? **1**
   ¿Qué pasó? What happened?;
     What's wrong?
   ¿Qué precio tiene? What is the
     price?
   ¿Qué tal? How is it going? **1**
   ¿Qué tiempo hace? How's the
     weather? **5**
quedar *v.* to be left over; to fit
   (*clothing*) **7**; to be left behind **10**; to
   be located **14**
quedarse *v.* to stay **7**
quehaceres domésticos *m., pl.*
   household chores **12**

querer (e:ie) *v.* to want **4, 12**; to love **4**

queso *m.* cheese **8**

quien(es) *pron.* who **1**; whom; that **9**

   ¿Quién es? Who is it? **1**

   ¿Quién habla? Who is speaking? (*telephone*)

   ¿quién(es)? who?; whom? **1, 2**

química *f.* chemistry **2**

quince fifteen **1**

   menos quince quarter to (time) **1**

   y quince quarter after (time) **1**

quinceañera *f.* young woman celebrating her fifteenth birthday **9**

quinientos/as five hundred **6**

quinto/a *adj.* fifth **5**

quisiera *v.* I would like

quitar la mesa *v.* to clear the table **12**

quitarse *v.* to take off **7**

quizás *adv.* maybe **13**

R

racismo *m.* racism

radio *f.* radio (*medium*)

radio *m.* radio (set) **11**

radiografía *f.* X-ray **10**

rápido/a *adj.* fast

ratón *m.* mouse **11**

ratos libres *m., pl.* spare time **4**

raya *f.* stripe

razón *f.* reason

rebaja *f.* sale **6**

recado *m.* (telephone) message

receta *f.* prescription **10**

recetar *v.* to prescribe **10**

recibir *v.* to receive **3**

reciclaje *m.* recycling **13**

reciclar *v.* to recycle **13**

recién casado/a *m., f.* newlywed **9**

recoger *v.* to pick up **13**

recomendar (e:ie) *v.* to recommend **8, 12**

recordar (o:ue) *v.* to remember **4**

recurso *m.* resource **13**

   recurso natural natural resource **13**

red *f.* network; Web **11**

reducir *v.* to reduce **13**

refresco *m.* soft drink **8**

refrigerador *m.* refrigerator **12**

regalar *v.* to give (*as a gift*) **9**

regalo *m.* gift **6**

regatear *v.* to bargain **6**

región *f.* region; area **13**

regresar *v.* to return **2**

regular *adj. m., f.* so-so **1**

reído/a *p.p.* laughed **15**

reírse (e:i) *v.* to laugh **9**

relaciones *f., pl.* relationships

relajarse *v.* to relax **9**

reloj *m.* clock; watch **2**

renovable *adj.* renewable **13**

renunciar (a) *v.* to resign (from) **16**

repetir (e:i) *v.* to repeat **4**

reportaje *m.* report

reportero/a *m., f.* reporter **16**; journalist

representante *m., f.* representative

resfriado *m.* cold (*illness*) **10**

residencia estudiantil *f.* dormitory **2**

resolver (o:ue) *v.* to resolve; to solve **13**

respirar *v.* to breathe **13**

respuesta *f.* answer **9**

restaurante *m.* restaurant **4**

resuelto/a *p.p.* resolved **15**

reunión *f.* meeting **16**

revisar *v.* to check **11**

   revisar el aceite to check the oil **11**

revista *f.* magazine **4**

rico/a *adj.* rich **6**; *adj.* tasty **8**

ridículo *adj.* ridiculous **13**

río *m.* river **13**

rodilla *f.* knee **10**

rogar (o:ue) *v.* to beg **12**

rojo/a *adj.* red **6**

romántico/a *adj.* romantic

romper (con) *v.* to break up (with) **9**

romper(se) *v.* to break **10**

   romperse la pierna to break one's leg **10**

ropa *f.* clothing **6**

   ropa interior underwear **6**

rosado/a *adj.* pink **6**

roto/a *p.p.* broken **15**

rubio/a *adj.* blond **3**

ruso/a *adj.* Russian

rutina *f.* routine **7**

   rutina diaria daily routine **7**

S

sábado *m.* Saturday **2**

saber *v.* to know; to know how **8**

sabroso/a *adj.* delicious **8**

sacar *v.* to take out **12**

   sacar fotos to take pictures **5**

   sacar la basura to take out the trash **12**

   sacar(se) una muela to have a tooth pulled **10**

sacudir *v.* to dust **12**

   sacudir los muebles to dust the furniture **12**

sal *f.* salt **8**

sala *f.* living room **12**; room

   sala de emergencia(s) emergency room **10**

salado/a *adj.* salty **8**

salario *m.* salary **16**

salchicha *f.* sausage **8**

salida *f.* departure; exit **5**

salir *v.* to leave **4**; to go out

   salir con to leave with; to go out with **4, 9**; to date (*someone*) **9**

   salir de to leave from **4**

   salir para to leave for (*a place*) **4**

salmón *m.* salmon **8**

salón de belleza *m.* beauty salon **14**

salón de clases *m.* classroom **2**

salud *f.* health **10**

saludable *adj.* healthy **10**

saludar(se) *v.* to greet (each other)

saludo *m.* greeting

   saludos a... say hello to... **1**

sandalia *f.* sandal **6**

sándwich *m.* sandwich **8**

sano/a *adj.* healthy **10**

se *ref.pron.* himself, herself, itself, *form.* yourself, themselves, yourselves **7**

secadora *f.* clothes dryer **12**

secretario/a *m., f.* secretary **16**

secuencia *f.* sequence

sed *f.* thirst

sedentario/a *adj.* sedentary **15**

seguir (e:i) *v.* to follow; to continue; to keep (doing something) **4**

   seguir una dieta equilibrada to eat a balanced diet **15**

según *prep.* according to

segundo/a *adj.* second **5**

seguro/a *adj.* sure; safe; confident **5**

seis six **1**

seiscientos/as six hundred **6**

sello *m.* stamp **14**

selva *f.* jungle **13**

semáforo *m.* traffic light **11**

semana *f.* week **2**

   fin *m.* **de semana** weekend **4**

   la semana pasada last week **6**

semestre *m.* semester **2**

sendero *m.* trail **13**

sentarse (e:ie) *v.* to sit down **7**

sentir (e:ie) *v.* to be sorry; to regret **13**

sentirse (e:ie) *v.* to feel **7**

señor (Sr.) *m.* Mr.; sir **1**

señora (Sra.) *f.* Mrs.; ma'am **1**

señorita (Srta.) *f.* Miss **1**; young woman

separado/a *adj.* separated **9**

separarse (de) *v.* to separate (from) **9**

septiembre *m.* September **5**

séptimo/a *adj.* seventh **5**

ser *v.* to be **1**

   ser aficionado/a (a) to be a fan (of) **4**

   ser alérgico/a (a) to be allergic (to) **10**

   ser gratis to be free of charge **14**

serio/a *adj.* serious

servilleta *f.* napkin **12**

servir (e:i) *v.* to serve **8**

sesenta sixty **2**

setecientos/as seven hundred **6**

setenta seventy **2**

sexismo *m.* sexism

sexto/a *adj.* sixth **5**

sí *adv.* yes

si *conj.* if

siempre *adv.* always **7**

siete seven **1**
silla *f.* chair **2**
sillón *m.* armchair **12**
similar *adj. m., f.* similar
simpático/a *adj.* nice **3**
sin *prep.* without **13, 15**
  sin duda without a doubt
  sin embargo *adv.* however
  sin que *conj.* without **13**
sino *conj.* but **7**
síntoma *m.* symptom **10**
sitio *m.* **web** website **11**
situado/a *p.p.* located
sobre *m.* envelope **14**; *prep.* on; over **2**
sobrino/a *m., f.* nephew/niece **3**
sociología *f.* sociology **2**
sofá *m.* sofa **12**
sois *fam. pl.* you are **1**
sol *m.* sun **13**
solar *adj.* solar **13**
solicitar *v.* to apply (*for a job*) **16**
solicitud (de trabajo) *f.* (job) application **16**
sólo *adv.* only
soltero/a *adj.* single **9**; unmarried
solución *f.* solution **13**
sombrero *m.* hat **6**
somos we are **1**
son you *pl.*/they are **1**
  Son las... It's... o'clock. **1**
sonar (o:ue) *v.* to ring **11**
sonreído/a *p.p.* smiled **15**
sonreír (e:i) *v.* to smile **9**
sopa *f.* soup **8**
sorprender *v.* to surprise **9**
sorpresa *f.* surprise **9**
sótano *m.* basement **12**
soy I am **1**
  soy de... I'm from... **1**
su(s) *poss. adj.* his; her; its; *form.* your; their **3**
subir *v.* to go up **11**
subir(se) a to get into (a vehicle) **11**
sucio/a *adj.* dirty **5**
sudar *v.* to sweat **15**
suegro/a *m., f.* father-in-law; mother-in-law **3**
sueldo *m.* salary **16**
suelo *m.* floor **12**
sueño *m.* sleep
suerte *f.* luck
suéter *m.* sweater **6**
sufrir *v.* to suffer **15**
  sufrir muchas presiones to be under a lot of pressure **15**
sugerir (e:ie) *v.* to suggest **12**
supermercado *m.* supermarket **14**
suponer *v.* to suppose **4**
sur *m.* south **14**
sustantivo *m.* noun

suyo(s)/a(s) *poss.* (of) his/her; (of) hers; (of) its; (of) *form.* your, (of) yours, (of) theirs; their **11**

T

tableta *f.* tablet (computer) **11**
tal vez *adv.* maybe **5**
talentoso/a *adj.* talented
talla *f.* size
taller *m.* **(mecánico)** (mechanic's) repair shop **11**
también *adv.* also; too **7**
tampoco *adv.* neither; not either **7**
tan *adv.* as **8**
  tan pronto como *conj.* as soon as **13**
  tan... como as... as **8**
tanque *m.* tank **11**
tanto *adv.* so much
  tanto... como as much... as **8**
  tantos/as... como as many... as **8**
tarde *adv.* late **7**
tarde *f.* afternoon; early evening **1**
tarea *f.* homework **2**
tarjeta *f.* (post) card **4**
  tarjeta de crédito credit card **6**
  tarjeta de débito debit card **6**
  tarjeta postal postcard **4**
taxi *m.* taxi(cab) **5**
taza *f.* cup; mug **12**
te *fam. sing. pron.* you **5, 6**
  Te presento a... I would like to introduce... to you. *fam.* **1**
  ¿Te gustaría? Would you like to?
  ¿Te gusta(n)... ? Do you like...? **2**
té *m.* tea **8**
  té helado iced tea **8**
teatro *m.* theater
teclado *m.* keyboard **11**
técnico/a *m., f.* technician **16**
tejido *m.* weaving
teleadicto/a *m., f.* couch potato **15**
teléfono celular *m.* cell phone **11**
telenovela *f.* soap opera
teletrabajo *m.* telecommuting **16**
televisión *f.* television
televisor *m.* television set **11**
temer *v.* to be afraid **13**
temperatura *f.* temperature **10**
temprano *adv.* early **7**
tenedor *m.* fork **12**
tener *v.* to have **3**
  tener... años to be... years old **3**
  tener (mucho) calor to be (very) hot **3**
  tener (mucho) cuidado to be (very) careful **3**
  tener éxito to be successful **16**
  tener fiebre to have a fever **10**
  tener (mucho) frío to be (very) cold **3**

tener ganas de (+ *inf.*) to feel like (*doing something*) **3**
tener (mucha) hambre *f.* to be (very) hungry **3**
tener (mucho) miedo to be (very) afraid/scared **3**
tener miedo (de) que to be afraid that **13**
tener (mucha) prisa to be in a (big) hurry **3**
tener que (+ *inf.*) *v.* to have to (*do something*) **3**
tener razón to be right **3**
tener (mucha) sed to be (very) thirsty **3**
tener (mucho) sueño to be (very) sleepy **3**
tener (mucha) suerte to be (very) lucky **3**
tener tiempo to have time
tener una cita to have a date, an appointment **9**
tenis *m.* tennis **4**
tensión *f.* tension **15**
tercer, tercero/a *adj.* third **5**
terminar *v.* to end; to finish **2**
terremoto *m.* earthquake
terrible *adj.* terrible **13**
textear *v.* to text **11**
ti *obj. of prep., fam. sing.* you
tiempo *m.* time **4**; weather
  tiempo libre free time **4**
tienda *f.* store **6**
  tienda de campaña *f.* tent **5**
tierra *f.* land; soil **13**
tinto/a *adj.* red (wine) **8**
tío/a *m., f.* uncle/aunt **3**
tíos *m.* aunts and uncles **3**
título *m.* title
tiza *f.* chalk
toalla *f.* towel **7**
tobillo *m.* ankle **10**
tocar *v.* to play (*a musical instrument*); to touch
todavía *adv.* yet; still **5**
todo *m.* everything
todo(s)/a(s) *adj.* all; whole
  todos los días every day **10**
todos *m., pl.* all of us; *m., pl.* everybody; everyone
tomar *v.* to take; to drink **2**
  tomar clases to take classes
  tomar el sol to sunbathe **4**
  tomar fotos to take pictures
  tomar(le) la temperatura (a alguien) to take (someone's) temperature **10**
tomate *m.* tomato **8**
tonto/a *adj.* foolish **3**
torcerse (o:ue) (el tobillo) *v.* to sprain (one's ankle) **10**
torcido/a *adj.* twisted; sprained
tormenta *f.* storm

tornado *m.* tornado
tortuga marina *f.* sea turtle **13**
tos *f., sing.* cough **10**
toser *v.* to cough **10**
tostado/a *adj.* toasted **8**
tostadora *f.* toaster
trabajador(a) *adj.* hard-working **3**
trabajar *v.* to work **2**
trabajo *m.* job; work **16**; written
    work
traducir *v.* to translate **8**
traer *v.* to bring **4**
tráfico *m.* traffic **11**
tragedia *f.* tragedy
traído/a *p.p.* brought **15**
traje *m.* suit **6**
    traje de baño bathing suit **6**
tranquilo/a *adj.* calm; quiet **15**
    ¡Tranquilo! Stay calm!
transmitir to broadcast
tratar de (+ inf.) *v.* to try (*to do*
    something) **15**
trece thirteen **1**
treinta thirty **1**
    y treinta thirty minutes past the
      hour (*time*) **1**
tren *m.* train **5**
tres three **1**
trescientos/as three hundred **6**
trimestre *m.* trimester; quarter **2**
triste *adj.* sad **5**
tú *fam. sing. sub. pron.* you **1**
tu(s) *fam. poss. adj.* your **3**
turismo *m.* tourism
turista *m., f.* tourist **1**
turístico/a *adj.* touristic
tuyo(s)/a(s) *fam. poss. pron.* your;
    (of) yours **11**

U

Ud. *form., sing. sub. pron.* you **1**
Uds. *pl. sub. pron.* you **1**
último/a *adj.* last
un, uno/a *indef. art.* a; one **1**
    una vez once **6**
único/a *adj.* only
universidad *f.* university **2**; college
unos/as *pron.* some **1**
urgente *adj.* urgent **12**
usar *v.* to wear; to use **6**
usted *form., sing. sub. pron.* you **1**
ustedes *pl. sub. pron.* you **1**
útil *adj.* useful
uva *f.* grape **8**

V

vacaciones *f., pl.* vacation **5**
valle *m.* valley **13**
vamos let's go **4**
varios/as *adj., pl.* several
vaso *m.* glass **12**

vecino/a *m., f.* neighbor **12**
veinte twenty **1**
veinticinco twenty-five **1**
veinticuatro twenty-four **1**
veintidós twenty-two **1**
veintinueve twenty-nine **1**
veintiocho twenty-eight **1**
veintiséis twenty-six **1**
veintisiete twenty-seven **1**
veintitrés twenty-three **1**
veintiún, veintiuno/a twenty-one **1**
vejez *f.* old age **9**
velocidad *f.* speed **11**
    velocidad máxima speed limit **11**
vendedor(a) *m., f.* salesperson **6**
vender *v.* to sell **6**
venezolano/a *adj.* Venezuelan **3**
venir *v.* to come **3**
ventana *f.* window **2**
ver *v.* to see; to watch **4**
    ver películas *f., pl.* to watch movies **4**
    a ver let's see
verano *m.* summer **5**
verbo *m.* verb
verdad *f.* truth **6**
    ¿verdad? right? **2**
verde *adj.,* green; not ripe **5**
verduras *pl., f.* vegetables **8**
vestido *m.* dress **6**
vestirse (e:i) *v.* to get dressed **7**
vez *f.* time
viajar *v.* to travel **2**
viaje *m.* trip **5**
viajero/a *m., f.* traveler **5**
vida *f.* life **9**
video *m.* video **1**
videoconferencia *f.*
    videoconference **16**
vidrio *m.* glass **13**
viejo/a *adj.* old **3**
viento *m.* wind
viernes *m., sing.* Friday **5**
vinagre *m.* vinegar **8**
vino *m.* wine **8**
    vino blanco white wine **8**
    vino tinto red wine **8**
violencia *f.* violence
visitar *v.* to visit **4**
    visitar un monumento to visit a
      monument **4**
visto/a *p.p.* seen **15**
vitamina *f.* vitamin **15**
viudo/a *adj.* widowed **9**
vivienda *f.* housing **12**
vivir *v.* to live **3**
vivo/a *adj.* clever; alive **5**; bright
volante *m.* steering wheel **11**
volcán *m.* volcano **13**
vóleibol *m.* volleyball **4**
volver (o:ue) *v.* to return **4**
vos *pron.* you
vosotros/as *fam., pl. sub. pron.*
    you **1**

votar *v.* to vote
vuelta *f.* return trip
vuelto/a *p.p.* returned **15**
vuestro(s)/a(s) *fam., pl. poss. adj.*
    your **3**; (of) yours **11**

Y

y *conj.* and **1**
    y cuarto quarter after (time) **1**
    y media half past (time) **1**
    y quince quarter after (time) **1**
    y treinta thirty (minutes past
      the hour) **1**
    ¿Y tú? *fam.* And you? **1**
    ¿Y usted? *form.* And you? **1**
ya *adv.* already **6**
yerno *m.* son-in-law **3**
yo *sub. pron.* I **1**
yogur *m.* yogurt

Z

zanahoria *f.* carrot **8**
zapatería *f.* shoe store **14**
zapato *m.* shoe **6**
    par de zapatos pair of shoes **6**
    zapatos de tenis sneakers **6**

English-Spanish

A

able: be able to **poder (o:ue)** *v.* 4
accident **accidente** *m.* 10
accompany **acompañar** *v.*
account **cuenta** *f.* 14
accountant **contador(a)** *m., f.* 16
accounting **contabilidad** *f.* 2
ache **dolor** *m.* 10
acquainted: be acquainted with
 conocer *v.* 8
action **acción** *f.*
active **activo/a** *adj.* 15
actor **actor** *m.* 16
actress **actriz** *f.* 16
addict (*drug*) **drogadicto/a** *m., f.* 15
additional **adicional** *adj.*
address **dirección** *f.* 14
adjective **adjetivo** *m.*
adolescence **adolescencia** *f.* 9
adventure **aventura** *f.*
advertise **anunciar** *v.*
advertisement **anuncio** *m.* 16
advice **consejo** *m.* 9
 give advice **dar** *v.* **un consejo**
advise **aconsejar** *v.* 12
advisor **consejero/a** *m., f.* 16
aerobic **aeróbico/a** *adj.* 15
 aerobic exercises **ejercicios**
  aeróbicos 15
 aerobics class **clase de**
  ejercicios aeróbicos 15
affected **afectado/a** *adj.* 13
 be affected (by) **estar** *v.*
  afectado/a (por) 13
affirmative **afirmativo/a** *adj.*
afraid: be (very) afraid **tener (mucho)**
 miedo 3
 be afraid **temer** *v.* 13
after **después de** *prep.* 7; **después**
 (de) que *conj.* 13
afternoon **tarde** *f.* 1
afterward **después** *adv.* 7; **luego** *adv.*7
again **otra vez** *adv.*
age **edad** *f.*
agree **concordar** *v.* agree; **estar** *v.* **de**
 acuerdo
agreement **acuerdo** *m.*
air **aire** *m.* 13
 air pollution **contaminación del**
  aire 13
airplane **avión** *m.* 5
airport **aeropuerto** *m.* 5
alarm clock **despertador** *m.* 7
alcohol **alcohol** *m.* 15
alcoholic **alcohólico/a** *adj.* 15
 alcoholic beverage **bebida**
  alcohólica 15
alive **vivo/a** *adj.* 5

all **todo(s)/toda(s)** *adj.*
allergic **alérgico/a** *adj.* 10
 be allergic (to) **ser alérgico/a (a)** 10
alleviate **aliviar** *v.* 15
almost **casi** *adv.* 10
alone **solo/a** *adj.*
along **por** *prep.* 11
already **ya** *adv.* 6
also **también** *adv.* 7
although **aunque** *conj.*
aluminum **aluminio** *m.* 13
 (made of) aluminum **de aluminio** 13
always **siempre** *adv.* 7
American (*North*)
 norteamericano/a *adj.* 3
among **entre** *prep.* 2
and **y** 1; **e** (*before words beginning*
 with **i** *or* **hi**)
 And you? **¿Y tú?** *fam.* 1;
  ¿Y usted? *form.* 1
angry **enojado/a** *adj.* 5
 get angry (with) **enojarse (con)** *v.* 7
animal **animal** *m.* 13
ankle **tobillo** *m.* 10
anniversary **aniversario** *m.* 9
 wedding anniversary **aniversario**
  de bodas 9
announce **anunciar** *v.*
announcer (*TV/radio*) **locutor(a)** *m., f.*
annoy **molestar** *v.* 7
another **otro/a** *adj.* 6
answer **contestar** *v.* 2; **respuesta** *f.* 9
antibiotic **antibiótico** *m.* 10
any **algún, alguno/a(s)** *adj.* 7
anyone **alguien** *pron.* 7
anything **algo** *pron.* 7
apartment **apartamento** *m.*12
apartment building **edificio** *m.* **de**
 apartamentos 12
app **aplicación** *f.* 11
appetizers **entremeses** *m., pl.* 8
applaud **aplaudir** *v.*
apple **manzana** *f.* 8
appliance (electrical) **electrodoméstico**
 m. 12
applicant **aspirante** *m., f.* 16
application **solicitud** *f.* 16
 job application **solicitud de**
  trabajo 16
apply (*for a job*) **solicitar** *v.* 16
 apply for a loan **pedir** *v.* **un**
  préstamo 14
appointment **cita** *f.* 9
 have an appointment **tener** *v.*
  una cita 9
appreciate **apreciar** *v.*
April **abril** *m.* 5
archeologist **arqueólogo/a** *m., f.* 16
architect **arquitecto/a** *m., f.* 16
area **región** *f.* 13
Argentine **argentino/a** *adj.* 3
arm **brazo** *m.* 10
armchair **sillón** *m.* 12

army **ejército** *m.*
around **por** *prep.* 11
around here **por aquí** 11
arrange **arreglar** *v.* 11
arrival **llegada** *f.* 5
arrive **llegar** *v.* 2
art **arte** *m.* 2
 fine arts **bellas artes** *f., pl.*
article *m.* **artículo**
artist **artista** *m., f.* 3
artistic **artístico/a** *adj.*
arts **artes** *f., pl.*
as **como** *conj.* 8
 as… as **tan… como** 8
 as a child **de niño/a** 10
 as many… as **tantos/as… como** 8
 as much… as **tanto… como** 8
 as soon as **en cuanto** *conj.* 13;
  tan pronto como *conj.* 13
ask (*a question*) **preguntar** *v.* 2
 ask for **pedir (e:i)** *v.* 4, 12
asparagus **espárragos** *m., pl.*
aspirin **aspirina** *f.* 10
at **a** *prep.* 1; **en** *prep.* 2
 at + *time* **a la(s)** + *time* 1
 at home **en casa**
 at least **por lo menos** 10
 at night **de la noche** 1; **por la**
  noche 7
 at the end (of) **al fondo (de)**
 At what time…? **¿A qué hora…?**
  1, 9
 At your service. **A sus órdenes.**
ATM **cajero** *m.* **automático** 14
attend **asistir (a)** *v.* 3
attic **altillo** *m.* 12
attract **atraer** *v.*
audience **público** *m.*
August **agosto** *m.* 5
aunt **tía** *f.* 3
 aunts and uncles **tíos** *m., pl.* 3
autumn **otoño** *m.* 5
avenue **avenida** *f.*
avoid **evitar** *v.* 13
award **premio** *m.*

B

backpack **mochila** *f.* 1
bad **mal, malo/a** *adj.* 3, 5
 It's bad that… **Es malo que…** 12
bag **bolsa** *f.* 6
bakery **panadería** *f.* 14
balanced **equilibrado/a** *adj.* 15
 balanced diet **dieta equilibrada** 15
balcony **balcón** *m.* 12
ball **pelota** *f.* 4
ballet **ballet** *m.*
banana **banana** *f.* 8
band **banda** *f.*
bank **banco** *m.* 14
bargain **ganga** *f.*; **regatear** *v.* 6

baseball (*game*) **béisbol** *m.* 4
basement **sótano** *m.* 12
basketball (*game*) **baloncesto** *m.* 4
bath **baño** *m.*
   take a bath **bañarse** *v.* 7
bathing suit **traje** *m.* **de baño** 6
bathroom **baño** *m.* 7; **cuarto de baño** *m.*
be **ser** *v.* 1; **estar** *v.* 2
be… years old **tener… años** 3
beach **playa** *f.* 5
   go to the beach **ir a la playa** 5
beans **frijoles** *m., pl.* 8
beautiful **hermoso/a** *adj.* 6
beauty **belleza** *f.* 14
   beauty salon **peluquería** *f.*; **salón** *m.* **de belleza** 14
because of **por** *prep.*
become (+ *adj.*) **ponerse** (+ *adj.*) 7; **convertirse** *v.*
bed **cama** *f.* 5
   go to bed **acostarse (o:ue)** *v.* 7
bedroom **alcoba** *f.* 12; **cuarto** *m.*; **recámara** *f.*
beef **carne** *f.* **de res** 8
beer **cerveza** *f.* 8
before **antes** *adv.* 7; **antes de** *prep.* 7; **antes (de) que** *conj.* 13
beg **rogar (o:ue)** *v.* 12
begin **comenzar (e:ie)** *v.* 4; **empezar (e:ie)** *v.* 4
behind **detrás de** *prep.* 2
believe **creer** *v.* 13
   believe (in) **creer** *v.* **(en)** 3
believed **creído/a** *p.p.* 15
beloved **enamorado/a** *adj.*
below **debajo de** *prep.* 2
belt **cinturón** *m.* 6
benefit **beneficio** *m.* 16
besides **además (de)** *adv.* 10
best **mejor** *adj.* 8
   the best **el/la mejor** *m., f.* 8; **lo mejor** *neuter*
better **mejor** *adj.* 8
   It's better that… **Es mejor que…** 12
between **entre** *prep.* 2
bicycle **bicicleta** *f.* 4
big **grande** *adj.* 3
bill **cuenta** *f.* 9
billion **mil millones** 6
biology **biología** *f.* 2
bird **pájaro** *m.* 13; **ave** *f.*
birth **nacimiento** *m.* 9
birthday **cumpleaños** *m., sing.* 9
   birthday cake **pastel de cumpleaños** 9
   have a birthday **cumplir** *v.* **años** 9
bitter **amargo/a** *adj.* 8
black **negro/a** *adj.* 6
blanket **manta** *f.* 12
block (city) **cuadra** *f.* 14
blond **rubio/a** *adj.* 3

blouse **blusa** *f.* 6
blue **azul** *adj.* 6
boarding house **pensión** *f.* 5
boat **barco** *m.* 5
body **cuerpo** *m.* 10
bone **hueso** *m.* 10
book **libro** *m.* 2
bookcase **estante** *m.* 12
bookshelves **estante** *m.* 12
bookstore **librería** *f.* 2
boot **bota** *f.* 6
bore **aburrir** *v.* 7
bored **aburrido/a** *adj.* 5
   be bored **estar** *v.* **aburrido/a** 5
   get bored **aburrirse** *v.*
boring **aburrido/a** *adj.* 5
born: be born **nacer** *v.* 9
borrow **pedir prestado/a** 14
borrowed **prestado/a** *adj.*
boss **jefe** *m.,* **jefa** *f.* 16
bottle **botella** *f.* 9
   bottle of wine **botella de vino** 9
bother **molestar** *v.* 7
bottom **fondo** *m.*
boulevard **bulevar** *m.*
boy **chico** *m.* 1; **muchacho** *m.* 3; **niño** *m.* 3
boyfriend **novio** *m.* 3
brakes **frenos** *m., pl.* 11
bread **pan** *m.* 8
break **romper(se)** *v.* 10
   break (one's leg) **romperse (la pierna)** 10
break down **dañar** *v.* 10
break up (with) **romper** *v.* **(con)** 9
breakfast **desayuno** *m.* 8
   have breakfast **desayunar** *v.* 8
breathe **respirar** *v.* 13
bring **traer** *v.* 4
broadcast **transmitir** *v.;* **emitir** *v.*
brochure **folleto** *m.*
broken **roto/a** *p.p.* 15
brother **hermano** *m.* 3
   brother-in-law **cuñado** *m.* 3
   brothers and sisters **hermanos** *m., pl.* 3
brought **traído/a** *p.p.* 15
brown **café** *adj.* 6; **marrón** *adj.*
brunet(te) **moreno/a** *adj.*
brush **cepillarse** *v.* 7
   brush one's hair **cepillarse el pelo** 7
   brush one's teeth **cepillarse los dientes** 7
build **construir** *v.*
building **edificio** *m.* 12
bump into (*meet accidentally*) **darse con**
bus **autobús** *m.* 1
   bus station **estación** *f.* **de autobuses** 5

business **negocios** *m., pl.* 16
   business administration **administración** *f.* **de empresas** 2
   business-related **comercial** *adj.* 16
businessman **hombre** *m.* **de negocios** 16
businesswoman **mujer** *f.* **de negocios** 16
busy **ocupado/a** *adj.* 5
but **pero** *conj.* 2; **sino** *conj.* 7 (*in negative sentences*)
butcher shop **carnicería** *f.* 14
butter **mantequilla** *f.* 8
buy **comprar** *v.* 2
   buy online **comprar en línea** 6
by **por** *conj.* 11; **para** *prep.* 11
   by means of **por** *prep.* 11
   by phone **por teléfono**
   by plane **en avión** 5
   by way of **por** *prep.* 11
Bye. **Chau.** *interj. fam.* 1

C

cabin **cabaña** *f.* 5
café **café** *m.* 4
cafeteria **cafetería** *f.* 2
cake **pastel** *m.* 9
calculator **calculadora** *f.* 11
call **llamar** *v.* 11
   call on the phone **llamar por teléfono**
calm **tranquilo/a** *adj.* 15
   Stay calm! **¡Tranquilo/a!**
calorie **caloría** *f.* 15
camera **cámara** *f.* 11
   digital camera **cámara digital** 11
camp **acampar** *v.* 5
can **lata** *f.* 13
can **poder (o:ue)** *v.* 4
Canadian **canadiense** *adj.* 3
candidate **aspirante** *m. f.* 16; **candidato/a** *m., f.*
candy **dulces** *m., pl.* 9
capital city **capital** *f.*
car **coche** *m.* 11; **carro** *m.* 11; **auto(móvil)** *m.* 5
caramel **caramelo** *m.*
card **tarjeta** *f.* 4; (*playing*) **carta** *f.*
care **cuidado** *m.*
   take care of **cuidar** *v.* 13
career **carrera** *f.* 16
careful: be (very) careful **tener** *v.* **(mucho) cuidado** 3
carpenter **carpintero/a** *m., f.* 16
carpet **alfombra** *f.* 12
carrot **zanahoria** *f.* 8
carry **llevar** *v.* 2
cartoons **dibujos** *m., pl.* **animados**
case: in case (that) **en caso (de) que** *conj.* 13

cash (a check) **cobrar** *v.* 14; **efectivo** *m.*
　　cash register **caja** *f.* 6
　　pay in cash **pagar** *v.* **al contado** 14; **pagar en efectivo**
cashier **cajero/a** *m., f.*
cat **gato/a** *m., f.* 3
celebrate **celebrar** *v.* 9
cell phone **teléfono** *m.* **celular** 11
cereal **cereales** *m., pl.* 8
certain **cierto** *m.* 13; **seguro** *m.* 13
　　it's (not) certain **(no) es seguro/cierto** 13
chair **silla** *f.* 2
chalk **tiza** *f.*
champagne **champán** *m.* 9
change **cambiar** *v.* **(de)** 9
channel (*TV*) **canal** *m.*
character (*fictional*) **personaje** *m.*
　　main character **personaje principal**
charge (a device) **cargar** *v.* 11; (for a product or service) **cobrar** *v.* 14
charger **cargador** *m.* 11
chat **conversar** *v.* 2; **chatear** *v.* 11
cheap **barato/a** *adj.* 6
check **comprobar** *v.;* **revisar** *v.* 11; (*bank*) **cheque** *m.* 14
　　check the oil **revisar el aceite** 11
checking account **cuenta** *f.* **corriente** 14
cheese **queso** *m.* 8
chef **cocinero/a** *m., f.* 16
chemistry **química** *f.* 2
chest of drawers **cómoda** *f.* 12
chicken **pollo** *m.* 8
child **niño/a** *m., f.* 3
childhood **niñez** *f.* 9
children **hijos** *m., pl.* 3
Chinese **chino/a** *adj.* 3
chocolate **chocolate** *m.*
　　chocolate cake **pastel** *m.* **de chocolate**
cholesterol **colesterol** *m.* 15
choose **escoger** *v.*
chop (*food*) **chuleta** *f.* 8
Christmas **Navidad** *f.* 9
church **iglesia** *f.* 4
citizen **ciudadano/a** *m., f.*
city **ciudad** *f.* 4
class **clase** *f.* 2
　　take classes **tomar** *v.* **clases**
classical **clásico/a** *adj.*
classmate **compañero/a** *m., f.* **de clase** 2
classroom **salón** *m.* **de clases** 2
clean **limpio/a** *adj.* 5; **limpiar** *v.* 12
　　clean the house **limpiar** *v.* **la casa** 12
clear (*weather*) **despejado/a** *adj.* 5
　　clear the table **quitar** *v.* **la mesa** 12
　　It's clear. (*weather*) **Está despejado.** 5
clerk **dependiente/a** *m., f.* 6
clever **vivo/a** *adj.* 5

client **cliente/a** *m., f.* 6
clinic **clínica** *f.* 10
clock **reloj** *m.* 2
close **cerrar (e:ie)** *v.* 4
closed **cerrado/a** *adj.* 5
closet **armario** *m.* 12
clothes dryer **secadora** *f.* 12
clothing **ropa** *f.* 6
cloud **nube** *f.* 13
cloudy **nublado/a** *adj.* 5
　　It's (very) cloudy. **Está (muy) nublado.** 5
coat **abrigo** *m.* 6
coffee **café** *m.* 8
　　coffee maker **cafetera** *f.*
cold **frío** *m.* 3; (*illness*) **resfriado** *m.* 10
　　be (very) cold (*feel*) **tener (mucho) frío** 3
　　It's (very) cold. (*weather*) **Hace (mucho) frío.** 5
college **universidad** *f.*
collision **choque** *m.*
color **color** *m.* 6
comb one's hair **peinarse** *v.* 7
come **venir** *v.* 3
comedy **comedia** *f.*
comfortable **cómodo/a** *adj.* 5
commerce **negocios** *m., pl.* 16
commercial **comercial** *adj.* 16
communicate (with) **comunicarse** *v.* **(con)**
communication **comunicación** *f.*
　　means of communication **medios** *m., pl.* **de comunicación**
community **comunidad** *f.* 1
company **compañía** *f.* 16; **empresa** *f.* 16
comparison **comparación** *f.*
composer **compositor(a)** *m., f.*
computer **computadora** *f.* 1, 11
　　computer disc **disco** *m.*
　　computer programmer **programador(a)** *m., f.* 3
　　computer science **computación** *f.* 2
concert **concierto** *m.*
conductor (*musical*) **director(a)** *m., f.*
confident **seguro/a** *adj.* 5
confirm **confirmar** *v.* 5
　　confirm a reservation **confirmar una reservación** 5
congested **congestionado/a** *adj.* 10
Congratulations! (*for an event such as a birthday or anniversary*) **¡Felicidades!**; (*for an event such as an engagement or a good grade on a test*) *f., pl.* **¡Felicitaciones!**
conservation **conservación** *f.* 13
conserve **conservar** *v.* 13
considering **para** *prep.* 11
consume **consumir** *v.* 15
contact lenses **lentes** *m. pl.* **de contacto**
container **envase** *m.* 13
contamination **contaminación** *f.*

content **contento/a** *adj.* 5
contest **concurso** *m.*
continue **seguir (e:i)** *v.* 4
control **control** *m.;* **controlar** *v.* 13
conversation **conversación** *f.* 1
cook **cocinar** *v.* 12; **cocinero/a** *m., f.* 16
cookie **galleta** *f.* 9
cool **fresco/a** *adj.*
　　It's cool. (*weather*) **Hace fresco.** 5
corn **maíz** *m.* 8
corner **esquina** *m.* 14
cost **costar (o:ue)** *v.* 6
Costa Rican **costarricense** *adj.* 3
couch potato **teleadicto/a** *m., f.* 15
cough **tos** *f.* 10; **toser** *v.* 10
counselor **consejero/a** *m., f.* 16
country (*nation*) **país** *m.* 1
countryside **campo** *m.* 5; **paisaje** *m.*
couple **pareja** *f.* 9
　　couple (married) **matrimonio** *m.* 9
course **curso** *m.* 2; **materia** *f.*
courtesy **cortesía** *f.*
cousin **primo/a** *m., f.* 3
cover **cubrir** *v.*
covered **cubierto** *p.p.*
crafts **artesanía** *f.*
craftsmanship **artesanía** *f.*
crash **chocar** *v.* **(con)** 11
crater **cráter** *m.* 13
crazy **loco/a** *adj.* 6
create **crear** *v.*
credit **crédito** *m.* 6
　　credit card **tarjeta** *f.* **de crédito** 6
crime **crimen** *m.*
cross **cruzar** *v.* 14
Cuban **cubano/a** *adj.* 3
culture **cultura** *f.*
cup **taza** *f.* 12
currency exchange **cambio** *m.* **de moneda**
current events **actualidades** *f., pl.*
curtains **cortinas** *f., pl.* 12
custard (*baked*) **flan** *m.* 9
custom **costumbre** *f.*
customer **cliente/a** *m., f.* 6
customs **aduana** *f.* 5
　　customs inspector **inspector(a)** *m., f.* **de aduanas** 5
cycling **ciclismo** *m.* 4

D

dad **papá** *m.*
daily **diario/a** *adj.* 7
　　daily routine **rutina** *f.* **diaria** 7
damage **dañar** *v.* 10
dance **bailar** *v.* 2; **danza** *f.* **baile** *m.*
dancer **bailarín/bailarina** *m., f.* 16
danger **peligro** *m.* 13
dangerous **peligroso/a** *adj.*
dark-haired **moreno/a** *adj.* 3
date (*appointment*) **cita** *f.* 9; (*calendar*)

fecha *f.* 5; (*someone*) **salir** *v.* **con (alguien)** 9
   date: have a date **tener** *v.* **una cita** 9
daughter **hija** *f.* 3
daughter-in-law **nuera** *f.* 3
day **día** *m.* 1
   day before yesterday **anteayer** *adv.* 6
death **muerte** *f.* 9
debit card **tarjeta** *f.* **de débito** 6
decaffeinated **descafeinado/a** *adj.* 15
December **diciembre** *m.* 5
decide **decidir** *v.* 3
declare **declarar** *v.*
deforestation **deforestación** *f.* 13
delicious **delicioso/a** *adj.* 8; **rico/a** *adj.* 8; **sabroso/a** *adj.* 8
dentist **dentista** *m., f.* 10
deny **negar (e: ie)** *v.* 13
department store **almacén** *m.* 6
departure **salida** *f.* 5
deposit **depositar** *v.* 14
describe **describir** *v.* 3
described **descrito/a** *p.p.* 15
desert **desierto** *m.* 13
design **diseño** *m.*
designer **diseñador(a)** *m., f.* 16
desire **desear** *v.* 12
desk **escritorio** *m.* 2
dessert **postre** *m.* 9
destroy **destruir** *v.* 13
develop **desarrollar** *v.* 13
diary **diario** *m.* 1
dictatorship **dictadura** *f.*
dictionary **diccionario** *m.* 1
die **morir (o:ue)** *v.* 8
died **muerto/a** *p.p.* 15
diet **dieta** *f.* 15
   balanced diet **dieta equilibrada** 15
   be on a diet **estar** *v.* **a dieta** 15
   eat a balanced diet **seguir una dieta equilibrada** 15
difficult **difícil** *adj.* 3
dining room **comedor** *m.* 12
dinner **cena** *f.* 8
   have dinner **cenar** *v.* 8
direction: in the direction of **para** *prep.* 11
directions: give directions **indicar cómo llegar** *v.* 14
director **director(a)** *m., f.*
dirty **sucio/a** *adj.* 5
   get (something) dirty **ensuciar** *v.* 12
disagree **no estar de acuerdo**
disaster **desastre** *m.*
discover **descubrir** *v.* 13
discovered **descubierto** *p.p.* 15
discrimination **discriminación** *f.*
dish **plato** *m.* 8
   main dish **plato principal** 8
dishwasher **lavaplatos** *m., sing.* 12
disk **disco** *m.*
disorderly **desordenado/a** *adj.* 5

dive **bucear** *v.* 4
divorce **divorcio** *m.* 9
divorced **divorciado/a** *adj.* 9
   get divorced (from) **divorciarse** *v.* **(de)** 9
dizzy **mareado/a** *adj.* 10
do **hacer** *v.* 4
   do aerobics **hacer ejercicios aeróbicos** 15
   do household chores **hacer quehaceres domésticos** 12
   do stretching exercises **hacer ejercicios de estiramiento** 15
doctor **médico/a** *m., f.* 3; **doctor(a)** *m., f.* 3, 10
documentary (*film*) **documental** *m.*
dog **perro/a** *m., f.* 3
Dominican **dominicano/a** *adj.* 3
done **hecho/a** *p.p.* 15
door **puerta** *f.* 2
dormitory **residencia** *f.* **estudiantil** 2
double **doble** *adj.* 5
   double room **habitación** *f.* **doble** 5
doubt **duda** *f.* 13; **dudar** *v.* 13
   There is no doubt… **No cabe duda de…** 13; **No hay duda de…** 13
download **descargar** *v.* 11
downtown **centro** *m.* 4
drama **drama** *m.*
dramatic **dramático/a** *adj.*
draw **dibujar** *v.* 2
drawing **dibujo** *m.*
dress **vestido** *m.* 6
   get dressed **vestirse (e:i)** *v.* 7
drink **beber** *v.* 3; **bebida** *f.* 8; **tomar** *v.* 2
drive **conducir** *v.* 8, 11; **manejar** *v.* 11
driver **conductor(a)** *m., f.* 1
drug *f.* **droga** 15
   drug addict **drogadicto/a** *m., f.* 15
dry-erase marker **marcador** *m.* 2
due to **por** *prep.*
   due to the fact that **debido a**
during **durante** *prep.* 7; **por** *prep.* 11
dust **sacudir** *v.* 12
   dust the furniture **sacudir los muebles** 12

E

each **cada** *adj.* 6
ear (outer) **oreja** *f.* 10
early **temprano** *adv.* 7
earn **ganar** *v.* 16
earthquake **terremoto** *m.*
ease **aliviar** *v.* 15
east **este** *m.* 14
   to the east **al este** 14
easy **fácil** *adj.* 3
eat **comer** *v.* 3
ecological **ecológico/a** *adj.* 13
ecologist **ecologista** *m., f.* 13
ecology **ecología** *f.* 13

economics **economía** *f.*
ecotourism **ecoturismo** *m.* 13
Ecuadorian **ecuatoriano/a** *adj.* 3
effective **eficaz** *adj. m., f.*
egg **huevo** *m.* 8
eight **ocho** 1
eight hundred **ochocientos/as** 6
eighteen **dieciocho** 1
eighth **octavo/a** *adj.* 5
eighty **ochenta** 2
either… or **o… o** *conj.* 7
elect **elegir** *v.*
election **elecciones** *f., pl.*
electrician **electricista** *m., f.* 16
electricity **luz** *f.* 12
elegant **elegante** *adj.* 6
elevator **ascensor** *m.* 5
eleven **once** 1
e-mail **correo** *m.* **electrónico** 4
   e-mail message **mensaje** *m.* **electrónico** 4
   read e-mail **leer** *v.* **el correo electrónico** 4
   write an e-mail **escribir** *v.* **un mensaje electrónico** 4
embarrassed **avergonzado/a** *adj.* 5
embrace (each other) **abrazar(se)** *v.*
emergency **emergencia** *f.* 10
   emergency room **sala** *f.* **de emergencia(s)** 10
employee **empleado/a** *m., f.* 5
employment **empleo** *m.* 16
end **fin** *m.* 4; **terminar** *v.* 2
   end table **mesita** *f.* 12
energy **energía** *f.* 13
engaged: get engaged (to) **comprometerse** *v.* **(con)** 9
engineer **ingeniero/a** *m., f.* 3
English (*language*) **inglés** *m.* 2; **inglés, inglesa** *adj.* 3
enjoy **disfrutar** *v.* **(de)** 15
enough **bastante** *adv.* 10
entertainment **diversión** *f.* 4
entrance **entrada** *f.* 12
envelope **sobre** *m.* 14
environment **medio ambiente** *m.* 13
equality **igualdad** *f.*
eraser **borrador** *m.* 2
errand *f.* **diligencia** 14
establish **establecer** *v.*
event **acontecimiento** *m.*
every day **todos los días** 10
everybody **todos** *m., pl.*
everything **todo** *m.*
exam **examen** *m.* 2
excellent **excelente** *adj.*
excess **exceso** *m.* 15
   in excess **en exceso** 15
exchange **intercambiar** *v.*
   in exchange for **por** 11
exciting **emocionante** *adj. m., f.*
excuse **disculpar** *v.*
Excuse me. (*May I?*) **Con permiso.**; (*I beg your pardon.*) **Perdón.**

exercise **ejercicio** *m.* 15
   hacer *v.* **ejercicio** 15
exit **salida** *f.* 5
expensive **caro/a** *adj.* 6
experience **experiencia** *f.*
explain **explicar** *v.* 2
explore **explorar** *v.*
expression **expresión** *f.*
extinction **extinción** *f.* 13
eye **ojo** *m.* 10

F

fabulous **fabuloso/a** *adj.*
face **cara** *f.* 7
facing **enfrente de** *prep.* 14
factory **fábrica** *f.* 13
fall **caerse** *v.* 10
   fall asleep **dormirse (o:ue)** *v.* 7
   fall in love (with) **enamorarse** *v.*
     (de) 9
fallen **caído/a** *p.p.* 15
family **familia** *f.* 3
famous **famoso/a** *adj.*
fan **aficionado/a** *adj.* 4
   be a fan (of) **ser aficionado/a (a)** 4
far from **lejos de** *prep.* 2
farewell **despedida** *f.*
fascinate **fascinar** *v.* 7
fashion **moda** *f.*
   be in fashion **estar** *v.* **de moda**
fast **rápido/a** *adj.*
fat **gordo/a** *adj.* 3; **grasa** *f.* 15
father **padre** *m.* 3
father-in-law **suegro** *m.* 3
favorite **favorito/a** *adj.* 4
fear **miedo** *m.*
February **febrero** *m.* 5
feel *v.* **sentir(se) (e:ie)** 7
   feel like (*doing something*) **tener**
     ganas de (+ *inf.*) 3
festival **festival** *m.*
fever **fiebre** *f.* 10
   have a fever **tener** *v.* **fiebre** 10
few **pocos/as** *adj. pl.*
field: field of study **especialización**
   f. 16
fifteen **quince** 1
fifth **quinto/a** *adj.* 5
fifty **cincuenta** 2
fight **luchar** *v.* **(por)**
figure (*number*) **cifra** *f.*
file **archivo** *m.* 11
fill **llenar** *v.*
   fill out a form **llenar un formulario**
   14
   fill the tank **llenar el tanque** 11
finally **finalmente** *adv;* **por último** 7;
   por fin 11
find **encontrar (o:ue)** *v.* 4
fine **multa** *f.* 11
fine arts **bellas artes** *f., pl.*
finger **dedo** *m.* 10

finish **terminar** *v.* 2
fire **incendio** *m.;* **despedir (e:i)** *v.* 16
firefighter **bombero/a** *m., f.* 16
firm **compañía** *f.* 16; **empresa** *f.* 16
first **primer, primero/a** *adj.* 5
fish (*food*) **pescado** *m.* 8; **pescar** *v.* 5;
   (*live*) **pez** *m.* 13
   fish market **pescadería** *f.* 14
fisherman **pescador** *m.*
fisherwoman **pescadora** *f.*
fishing **pesca** *f.* 5
fit (*clothing*) **quedar** *v.* 7
five **cinco** 1
five hundred **quinientos/as** 6
fix (*put in working order*) **arreglar** *v.* 11
fixed **fijo/a** *adj.* 6
flag **bandera** *f.*
flexible **flexible** *adj.* 15
flood **inundación** *f.*
floor (*story in a building*) **piso** *m.* 5;
   suelo *m.*12
   ground floor **planta** *f.* **baja** 5
flower **flor** *f.* 13
flu **gripe** *f.* 10
fog **niebla** *f.*
foggy: It's (very) foggy. **Hay (mucha)**
   niebla. 5
folk **folclórico/a** *adj.*
follow **seguir (e:i)** *v.* 4
food **comida** *f.* 8
foolish **tonto/a** *adj.* 3
foot **pie** *m.* 10
football **fútbol** *m.* **americano** 4
for **para** *prep.* 11; **por** *prep.* 11
   for example **por ejemplo** 11
forbid **prohibir** *v.* 12
foreign **extranjero/a** *adj.*
   foreign languages **lenguas**
   f., pl. **extranjeras** 2
forest **bosque** *m.* 13
forget **olvidar** *v.* 10
fork **tenedor** *m.* 12
form **formulario** *m.* 14
forty **cuarenta** 2
four **cuatro** 1
four hundred **cuatrocientos/as** 6
fourteen **catorce** 1
fourth **cuarto/a** *adj.* 5
free **libre** *adj.* 4
   be free of charge **ser gratis** 14
   free time **tiempo** *m.* **libre** 4;
     ratos *m., pl.* **libres** 4
freedom **libertad** *f.*
freezer **congelador** *m.*
French **francés, francesa** *adj.* 3
   French fries **papas** *f., pl* **fritas** 8;
     patatas *f., pl* **fritas** 8
frequently **frecuentemente** *adv.;* **con**
   frecuencia 10
Friday **viernes** *m., sing.* 2
fried **frito/a** *adj.*
friend **amigo/a** *m., f.* 3
friendly **amable** *adj.*
friendship **amistad** *f.* 9

from **de** *prep.* 1; **desde** *prep.* 6
   from where? **¿de dónde?** 2, 9
   from the United States
     estadounidense *adj.* 3
   from time to time **de vez en**
     cuando 10
   I'm from… **Soy de…** 1
fruit **fruta** *f.* 8
   fruit juice **jugo** *m.* **de fruta** 8
   fruit shop **frutería** *f.* 14
full **lleno/a** *adj.* 11
fun **divertido/a** *adj.*
   fun activity **diversión** *f.* 4
   have fun **divertirse (e:ie)** *v.* 9
function **funcionar** *v.*
furniture **muebles** *m., pl.* 12
furthermore **además (de)** *adv.* 10
future **futuro** *m.*
   in the future **en el futuro**

G

gain weight **aumentar** *v.* **de peso** 15;
   engordar *v.* 15
game (*match*) **partido** *m.* 4; **juego** *m.*
   game show **concurso** *m.*
garage **garaje** *m.* 11, 12
garden **jardín** *m.* 12
garlic **ajo** *m.* 8
gas station **gasolinera** *f.* 11
gasoline **gasolina** *f.* 11
geography **geografía** *f.* 2
German **alemán, alemana** *adj.* 3
get **conseguir (e:i)** *v.* 4; **obtener** *v.* 16
   get along well/badly (with)
     llevarse bien/mal (con) 9
   get bored **aburrirse** *v.*
   get connected to the Internet
     conectarse *v.* **a Internet** 11
   get out of (a vehicle)
     bajar(se) *v.* **de** 11
   get into (a vehicle) **subir(se)** *v.* **a** 11
   get up **levantarse** *v.* 7
gift **regalo** *m.* 6
girl **chica** *f.* 1; **muchacha** *f.* 3; **niña**
   f. 3
girlfriend **novia** *f.* 3
give **dar** *v.* 6; (*as a gift*) **regalar** 9
   give directions **indicar cómo llegar**
     v. 14
glass (*drinking*) **vaso** *m.* 12; **vidrio**
   m. 13
   (made of) glass **de vidrio** 13
glasses **gafas** *f., pl.* 6
   sunglasses **gafas de sol** 6
global warming **calentamiento global**
   m. 13
gloves **guantes** *m., pl.* 6
go **ir** *v.* 4
   go away **irse** 7
   go by boat **ir en barco** 5
   go by bus **ir en autobús** 5
   go by car **ir en auto(móvil)** 5

go by motorcycle **ir en motocicleta** 5
go by plane **ir en avión** 5
go by subway **ir en metro**
go by taxi **ir en taxi** 5
go by train **ir en tren**
go down **bajar** *v.* 11
go fishing **ir de pesca** 5
go for a hike (in the mountains) **ir de excursión (a las montañas)** 4
go mountain climbing **escalar montañas** 4
go out **salir** *v.* 9
go out with **salir con** 4, 9
go through customs **pasar por la aduana** 5
go up **subir** *v.* 11
go with **acompañar** *v.*
Let's go. **Vamos.** 4
going to: be going to (*do something*) **ir a (+** *inf.***)** 4
golf **golf** *m.* 4
good **buen, bueno/a** *adj.* 1, 3
  Good afternoon. **Buenas tardes.** 1
  Good evening. **Buenas noches.** 1
  Good morning. **Buenos días.** 1
  Good night. **Buenas noches.** 1
  It's good that… **Es bueno que…** 12
goodbye **adiós** *m.* 1
good-looking **guapo/a** *adj.* 3
government **gobierno** *m.* 13
GPS **navegador GPS** *m.* 11
graduate (from) **graduarse** *v.* (de) 9
grains **cereales** *m., pl.* 8
granddaughter **nieta** *f.* 3
grandfather **abuelo** *m.* 3
grandmother **abuela** *f.* 3
grandparents **abuelos** *m., pl.* 3
grandson **nieto** *m.* 3
grape **uva** *f.* 8
grass **hierba** *f.* 13; **césped** *m.* 13
grave **grave** *adj.* 10
gray **gris** *adj. m., f.* 6
great **gran** *adj.* 3; **fenomenal** *adj.*
green **verde** *adj. m., f.* 5, 6
greet (each other) **saludar(se)** *v.*
greeting **saludo** *m.*
grilled (*food*) **a la plancha**
ground floor **planta** *f.* **baja** 5
guest (*at a house/hotel*) **huésped** *m., f.* 5; (*invited to a function*) **invitado/a** *m., f.* 9
guide **guía** *m., f.*
gym **gimnasio** *m.* 4
gymnasium **gimnasio** *m.* 4

H

hair **pelo** *m.* 7
hair salon **peluquería** *f.* 14
hairdresser **peluquero/a** *m., f.* 16

half **medio/a** *adj.* 3
  half-brother **medio hermano** *m.* 3
  half-sister **media hermana** *f.* 3
  half-past (*time*) **y media** 1
hallway **pasillo** *m.* 12
ham **jamón** *m.* 8
hamburger **hamburguesa** *f.* 8
  veggie burger **hamburguesa vegetariana** *f.* 8
hand **mano** *f.* 1
happen **ocurrir** *v.*
happiness **alegría** *f.* 9
happy **alegre** *adj.* 5; **feliz** *adj.* 5
  be happy **alegrarse** *v.* (de) 13
Happy birthday! **¡Feliz cumpleaños!**
hard-working **trabajador(a)** *adj.* 3
hardly **apenas** *adv.* 10
hat **sombrero** *m.* 6
hate **odiar** *v.* 9
have **tener** *v.* 3
  Have a good trip! **¡Buen viaje!**
  have a tooth pulled **sacar(se) una muela** 10
he **él** *sub. pron.* 1
head **cabeza** *f.* 10
headache **dolor** *m.* **de cabeza** 10
health **salud** *f.* 10
healthy **sano/a, saludable** *adj.* 10
  lead a healthy lifestyle **llevar** *v.* **una vida sana** 15
hear **oír** *v.* 4
heard **oído/a** *p.p.* 15
hearing: sense of hearing **oído** *m.*
heart **corazón** *m.* 10
heat **calor** *m.*
Hello. **Hola.** *interj.* 1; (*on the telephone*) **Aló.; ¿Bueno?; Diga.**
help **ayudar** *v.*
  help each other **ayudarse** *v.*
her **su(s)** *poss. adj.* 3; **la** *pron.* 5; **le** *pron.* 6
here **aquí** *adv.*
hers **suyo(s)/a(s)** *poss. pron.* 11
highway **autopista** *f.*; **carretera** *f.*
hike **excursión** *f.* 4
  go on a hike **hacer una excursión** 5; **ir de excursión** 4
hiker **excursionista** *m., f.* 4
hiking **de excursión** 4
him **lo** *pron.* 5; **le** *pron.* 6
hire **contratar** *v.* 16
his **su(s)** *poss. adj.* 3; **suyo(s)/a(s)** *poss. pron.* 11
history **historia** *f.* 2
hobby **pasatiempo** *m.* 4
hockey **hockey** *m.* 4
holiday **día** *m.* **de fiesta** 9
home **hogar** *m.* 12
  home page **página** *f.* **principal** 11
homemaker **amo/a** *m., f.* **de casa** 12
homework **tarea** *f.* 2
hood (*car*) **capó** *m.* 11
hope **esperar** *v.* 2, 13
  I hope (that) **ojalá (que)** *interj.* 13

horror **terror** *m.*
horse **caballo** *m.* 5
hospital **hospital** *m.* 10
hot: be (very) hot (*feel*) **tener (mucho) calor** 3; (*weather*) **hacer (mucho) calor** 5
hotel **hotel** *m.* 5
hour **hora** *f.*
house **casa** *f.* 4
household chores **quehaceres** *m., pl.* **domésticos** 12
housing **vivienda** *f.* 12
How…! **¡Qué…!**
  how **¿cómo?** *adv.* 1, 2
  How are you? **¿Cómo estás?** *fam.* 1
  How are you? **¿Cómo está usted?** *form.* 1
  How can I help you? **¿En qué puedo servirles?**
  How is it going? **¿Qué tal?** 1
  How much/many? **¿Cuánto(s)/a(s)?** 1, 2
  How much does… cost? **¿Cuánto cuesta…?** 6
  How old are you? **¿Cuántos años tienes?** *fam.*
  How's the weather? **¿Qué tiempo hace?** 5
however **sin embargo** *adv.*
hug (each other) **abrazar(se)** *v.*
humanities **humanidades** *f., pl.*
hunger **hambre** *f.*
hundred **cien** 2; **ciento** 6
hungry: be (very) hungry **tener** *v.* **(mucha) hambre** 3
hunting **caza** *f.* 13
hurricane **huracán** *m.*
hurry **apurarse** *v.* 15; **darse** *v.* **prisa** 15
  be in a (big) hurry *v.* **tener (mucha) prisa** 3
hurt **doler (o:ue)** *v.* 10
husband **esposo** *m.* 3

I

I **yo** *sub. pron.* 1
  I hope (that) **Ojalá (que)** *interj.* 13
  I wish (that) **Ojalá (que)** *interj.* 13
  I would like… **me gustaría(n)…** 7
  I would like to introduce… to you. **Le presento a…** *form.* 1; **Te presento a…** *fam.* 1
ice cream **helado** *m.* 9
  ice cream shop **heladería** *f.* 14
iced tea **té helado** *m.* 8
idea **idea** *f.*
if **si** *conj.*
illness **enfermedad** *f.* 10
important **importante** *adj.* 3
  be important to **importar** *v.* 7, 12
  It's important that… **Es importante que…** 12

impossible **imposible** *adj.* 13
   It's impossible… **Es imposible…** 13
improbable **improbable** *adj.* 13
   It's improbable… **Es improbable…**
   13
improve **mejorar** *v.* 13
in **en** *prep.* 2; **por** *prep.* 11
   in the afternoon **de la tarde** 1;
     por la tarde 7
   in the morning **de la mañana** 1;
     por la mañana 7
   in love (with) **enamorado/a (de)** 5
   in front of **delante de** *prep.* 2
increase **aumento** *m.*
incredible **increíble** *adj.*
inequality **desigualdad** *f.*
infection **infección** *f.* 10
inform **informar** *v.*
inhabitants **habitantes** *m., pl.*
injection **inyección** *f.* 10
   give an injection **poner** *v.* **una**
     inyección 10
injure (oneself) **lastimarse** *v.* 10
   injure (one's foot) **lastimarse**
     (el pie) 10
inner ear **oído** *m.*
insist (on) **insistir** *v.* **(en)** 12
installments: pay in installments
   pagar *v.* **a plazos** 14
intelligent **inteligente** *adj.* 3
intend **pensar** *v.* **(+ *inf.*)** 4
interest **interesar** *v.* 7
interesting **interesante** *adj.* 3
   be interesting to **interesar** *v.* 7
international **internacional** *adj. m., f.*
Internet **red** *f.*; **Internet** 11
   get connected to the Internet
     conectarse *v.* **a Internet** 11
interview **entrevista** *f.* 16;
   entrevistar *v.* 16
interviewer **entrevistador(a)** *m., f.* 16
introduction **presentación** *f.*
invest **invertir (e:ie)** *v.* 16
invite **invitar** *v.* 9
iron clothes **planchar** *v.* **la ropa** 12
it **lo/la** *pron.* 5
Italian **italiano/a** *adj.*
its **su(s)** *poss. adj.* 3; **suyo(s)/a(s)**
   poss. pron. 11

jacket **chaqueta** *f.* 6
January **enero** *m.* 5
Japanese **japonés, japonesa** *adj.* 3
jeans **bluejeans** *m., pl.* 6
jewelry store **joyería** *f.* 14
job **empleo** *m.* 16; **puesto** *m.* 16;
   trabajo *m.* 16
   job application **solicitud** *f.* **de**
     trabajo 16
journalism **periodismo** *m.* 2
journalist **periodista** *m., f.* 3

juice **jugo** *m.* 8
July **julio** *m.* 5
June **junio** *m.* 5
jungle **selva** *f.* 13, **jungla** *f.*
just: have just done something
   acabar de (+ *inf.*) 6

keep (doing something) **seguir (e:ie)**
   v. 4
key **llave** *f.* 5
keyboard **teclado** *m.* 11
kilometer **kilómetro** *m.* 11
kiss (each other) **besar(se)** *v.*; **beso** *m.* 6
kitchen **cocina** *f.* 12
knee **rodilla** *f.* 10
knife **cuchillo** *m.* 12
know **saber** *v.* 8; **conocer** *v.* 8
know how **saber** *v.* 8

laboratory **laboratorio** *m.* 2
lack **faltar** *v.* 7
lake **lago** *m.* 13
lamp **lámpara** *f.* 12
land **tierra** *f.* 13
landscape **paisaje** *m.* 13
language **lengua** *f.* 2
laptop (computer) **computadora** *f.*
   portátil 11
last **durar** *v.*; **pasado/a** *adj.* 6;
   último/a *adj.*
   last name **apellido** *m.* 9
   last night **anoche** *adv.* 6
   last week **la semana pasada** 6
   last year **el año pasado** 6
late **tarde** *adv.* 7
later (on) **más tarde** *adv.* 7
   See you later. **Hasta la vista.** 1;
     Hasta luego. 1
laugh **reírse (e:i)** *v.* 9
laughed **reído/a** *p.p.* 15
laundromat **lavandería** *f.* 14
law **ley** *f.* 13
lawyer **abogado/a** *m., f.* 16
lazy **perezoso/a** *adj.*
learn **aprender** *v.* 3
least, (the) **el/la/los/las menos** 8
leave **salir** *v.* 4; **irse** *v.* 7
   leave a tip **dejar una propina** 9
   leave for (*a place*) **salir para** 4
   leave from **salir de** 4
   leave behind **dejar** *v.* 16

left **izquierda** *f.* 2
   be left behind **quedar** *v.* 10
   be left over **quedar** *v.* 7
   to the left of **a la izquierda de** 2
leg **pierna** *f.* 10
lemon **limón** *m.* 8
lend **prestar** *v.* 6

less **menos** *adj., adv.* 10
   less… than **menos… que** 8
   less than (+ *number*) **menos de**
     (+ *number*) 8
lesson **lección** *f.* 1
letter **carta** *f.* 4
lettuce **lechuga** *f.* 8
liberty **libertad** *f.*
library **biblioteca** *f.* 2
license (*driver's*) **licencia** *f.* **de**
   conducir 11
lie **mentira** *f.* 6
lie down **acostarse (o:ue)** *v.* 7
life **vida** *f.* 9
lifestyle: lead a healthy lifestyle
   llevar una vida sana 15
lift **levantar** *v.* 15
   lift weights **levantar pesas** 15
light **luz** *f.* 12
like **como** *prep.*; **gustar** *v.* 2, 7
   like this **así** *adv.* 10
   like very much **encantar** *v.* 7;
     fascinar *v.* 7
   I like… **me gusta(n)…** 2
   Do you like…? **¿Te gusta(n)…?** 2
likewise **igualmente** *adv.* 1
line **cola** (*queue*) *f.* 14
listen (to) **escuchar** *v.* 2
   listen to music **escuchar música**
   listen to the radio **escuchar la radio**
literature **literatura** *f.*
little (*quantity*) **poco** *adv.* 10
live **vivir** *v.* 3
living room **sala** *f.* 12
loan **préstamo** *m.* 14; **prestar** *v.* 6
lobster **langosta** *f.* 8
located **situado/a** *adj.*
   be located **quedar** *v.* 14
lodging **alojamiento** *m.* 5
long **largo/a** *adj.* 6
look (at) **mirar** *v.* 2
look for **buscar** *v.* 2
lose **perder (e:ie)** *v.* 4
   lose weight **adelgazar** *v.* 15
lost **perdido/a** *adj.* 14
   be lost **estar perdido/a** 14
lot, a **muchas veces** 10
love (*another person*) **querer (e:ie)** *v.* 4;
   (*things*) **encantar** *v.* 7; **amor** *m.* 9;
   in love (with) **enamorado/a (de)**
   adj. 5
luck **suerte** *f.*
lucky: be (very) lucky **tener (mucha)**
   suerte 3
luggage **equipaje** *m.* 5
lunch **almuerzo** *m.* 8
   have lunch **almorzar (o:ue)** *v.* 8

ma'am **señora (Sra.)** *f.* 1
magazine **revista** *f.* 4
   read a magazine **leer una revista** 4

magnificent **magnífico/a** *adj.*
mail **correo** *m.* 14; **enviar** *v.*, **mandar** *v.*
  mail a letter **echar una carta al**
    buzón 14
  mail carrier **cartero/a** *m., f.* 14
mailbox **buzón** *m.* 14
main **principal** *adj. m., f.* 8
maintain **mantener** *v.*
make **hacer** *v.* 4
  make the bed **hacer la cama** 12
makeup **maquillaje** *m.* 7
man **hombre** *m.* 1
manager **gerente** *m., f.* 16
many **mucho/a** *adj.* 3
  many times **muchas veces** 10
map **mapa** *m.* 1
March **marzo** *m.* 5
margarine **margarina** *f.* 8
marital status **estado** *m.* **civil** 9
marker **marcador** *m.* 2
market **mercado** *m.* 6
  open-air market **mercado al aire**
    libre 6
marriage **matrimonio** *m.* 9
married **casado/a** *adj.* 9
  get married (to) **casarse** *v.* **(con)** 9
marvelous **maravilloso/a** *adj.*
massage **masaje** *m.* 15
masterpiece **obra** *f.* **maestra**
match (*sports*) **partido** *m.* 4
  match **hacer** *v.* **juego (con)** 6
mathematics **matemáticas** *f., pl.* 2
matter **importar** *v.* 7, 12
maturity **madurez** *f.* 9
May **mayo** *m.* 5
maybe **tal vez** *adv.* 13; **quizás** *adv.* 13
mayonnaise **mayonesa** *f.* 8
me **me** *pron.* 5, 6
meal **comida** *f.* 8
means of communication **medios**
  m., pl. **de comunicación**
meat **carne** *f.* 8
mechanic **mecánico/a** *m., f.* 11
  (mechanic's) repair shop
    taller *m.* **mecánico** 11; **garaje**
    m. 11
media **medios** *m., pl.* **de**
  comunicación
medical **médico/a** *adj.* 10
medication **medicamento** *m.* 10
medicine **medicina** *f.* 10
medium **mediano/a** *adj.*
meeting **reunión** *f.* 16
menu **menú** *m.* 8
message (*telephone*) **recado** *m.*
Mexican **mexicano/a** *adj.* 3
microwave **microondas** *m., sing.* 12
middle age **madurez** *f.* 9
midnight **medianoche** *f.* 1
mile **milla** *f.* 11
milk **leche** *f.* 8

million **millón** *m.* 6
  million of **millón de** 6
mine **mío/a(s)** *poss. pron.* 11
mineral **mineral** *m.* 15
  mineral water **agua** *f.*
    mineral 8
minute **minuto** *m.*
mirror **espejo** *m.* 7
Miss **señorita (Srta.)** *f.* 1
miss **perder (e:ie)** *v.* 4
modern **moderno/a** *adj.*
mom **mamá** *f.*
Monday **lunes** *m., sing.* 2
money **dinero** *m.* 6
monkey **mono** *m.* 13
month **mes** *m.* 5
monument **monumento** *m.* 4
moon **luna** *f.* 13
more **más** *adj., adv.* 8
  more... than **más... que** 8
  more than (+ *number*) **más de**
    (+ *number*) 8
morning **mañana** *f.* 1
most, (the) **el/la/los/las más** 8
mother **madre** *f.* 3
mother-in-law **suegra** *f.* 3
motor **motor** *m.* 11
motorcycle **moto(cicleta)** *f.* 5
mountain **montaña** *f.* 4
mouse **ratón** *m.* 11
mouth **boca** *f.* 10
move (*to another house/city/country*)
  mudarse *v.* 12
movie **película** *f.* 4
  movie star **estrella** *f.* **de cine**
  movie theater **cine** *m.* 4
Mr. **señor (Sr.)** *m.* 1
Mrs. **señora (Sra.)** *f.* 1
much **mucho/a** *adj.* 3
mug **taza** *f.* 12
municipal **municipal** *adj.*
murder **crimen** *m.*
muscle **músculo** *m.* 15
museum **museo** *m.* 4
mushroom **champiñón** *m.* 8
music **música** *f.*
musical **musical** *adj.*
musician **músico/a** *m., f.*
my **mi(s)** *poss. adj.* 3; **mío(s)/a(s)**
  poss. pron. 11

N

name **nombre** *m.*
  in my name **a mi nombre**
  in the name of **a nombre de**
  last name **apellido** *m.* 9
  My name is... **Me llamo...** 1
  be named **llamarse** *v.* 7
napkin **servilleta** *f.* 12
national **nacional** *adj., m., f.*

nationality **nacionalidad** *f.* 1
natural **natural** *adj., m., f.* 13
  natural disaster **desastre** *m.*
    natural
  natural resource **recurso** *m.*
    natural 13
nature **naturaleza** *f.* 13
nauseated **mareado/a** *adj.* 10
near **cerca de** *prep.* 2
necessary **necesario/a** *adj.* 12
  It's necessary that... **Es necesario**
    que... 12
neck **cuello** *m.* 10
need **faltar** *v.* 7; **necesitar** *v.* 2, 12
negative **negativo/a** *adj.*
neighbor **vecino/a** *m., f.* 12
neighborhood **barrio** *m.* 12
neither... nor **ni... ni** *conj.* 7; neither
  tampoco *adv.* 7
nephew **sobrino** *m.* 3
nervous **nervioso/a** *adj.* 5
network **red** *f.* 11
never **nunca** *adv.* 7; **jamás** *adv.* 7
new **nuevo/a** *adj.* 6
newlywed **recién casado/a** *m., f.* 9
news **noticias** *f., pl.*; **actualidades**
  f., pl.
newscast **noticiero** *m.*
newspaper **periódico** *m.* 4; **diario** *m.*
  read the newspaper **leer el**
    periódico 4
next **próximo/a** *adj.*
next to **al lado de** 2
nice **simpático/a** *adj.* 3; **amable**
  adj.
niece **sobrina** *f.* 3
night **noche** *f.* 1
nightstand **mesita** *f.* **de noche** 12
nine **nueve** 1
nine hundred **novecientos/as** 6
nineteen **diecinueve** 1
ninety **noventa** 2
ninth **noveno/a** *adj.* 5
no **no** 1; **ningún, ninguno/a(s)** *adj.* 7
  no one **nadie** *pron.* 7
none **ningún, ninguno/a(s)** *adj.* 7
noon **mediodía** *m.* 1
nor **ni** *conj.* 7
north **norte** *m.* 14
  to the north **al norte** 14
nose **nariz** *f.* 10
not **no** 1
  not any **ningún, ninguno/a(s)** *adj.* 7
  not anyone **nadie** *pron.* 7
  not anything **nada** *pron.* 7
  not either **tampoco** *adv.* 7
  not ever **nunca** *adv.* 7; **jamás** *adv.* 7
  Not very well. **No muy bien.** 1
  not working **descompuesto/a** *adj.* 11
notebook **cuaderno** *m.* 1
nothing **nada** *pron.* 1; 7
noun **sustantivo** *m.*

November **noviembre** *m.* 5
now **ahora** *adv.*
nowadays **hoy día** *adv.*
nuclear energy **energía** *f.* **nuclear** 13
number **número** *m.* 1
nurse **enfermero/a** *m., f.* 10
nutrition **nutrición** *f.* 15

O

o'clock: It's… o'clock. **Son las…** 1
    It's one o'clock. **Es la una.** 1
obey **obedecer** *v.*
obligation **deber** *m.*
obtain **conseguir (e:i)** *v.* 4; **obtener** *v.* 16
obvious **obvio** *adj.* 13
    it's obvious **es obvio** 13
occupation **ocupación** *f.* 16
occur **ocurrir** *v.*
ocean **océano** *m.* 13
October **octubre** *m.* 5
of **de** *prep.* 1
    of course **claro que sí; por**
        supuesto
offer **oferta** *f.*; **ofrecer** *v.* 8
office **oficina** *f.* 12
    doctor's office **consultorio** *m.* 10
often **a menudo** *adv.* 10
Oh! **¡Ay!**
oil **aceite** *m.* 8
old **viejo/a** *adj.* 3
old age **vejez** *f.* 9
older **mayor** *adj., m., f.* 8
    older brother, sister **hermano/a**
        mayor *m., f.*
oldest **el/la mayor** 8
on **en** *prep.* 2; **sobre** *prep.* 2
    on the dot **en punto** *adv.* 1
    on time **a tiempo** *adv.* 10
    on top of **encima de** *prep.* 2
once **una vez** 6
one **un, uno/a** 1
    one hundred **cien** 2; **ciento** 6
    one million **un millón** 6
    one thousand **mil** 6
    one way (*travel*) **ida** *f.*
onion **cebolla** *f.* 8
online: buy online **comprar** *v.* **en**
    línea 6
only **sólo** *adv.*; **único/a** *adj.*
    only child **hijo/a único/a** *m., f.*
open **abrir** *v.* 3; **abierto/a** *adj.* 5
open-air **al aire libre** 6
opened **abierto/a** *p.p.* 15
opera **ópera** *f.*
operation **operación** *f.* 10
opposite **en frente de** *prep.* 14
or **o** *conj.* 7
orange **anaranjado/a** *adj.* 6;
    naranja *f.* 8
orchestra **orquesta** *f.*

order **mandar** 12; (*food*) **pedir (e:i)** *v.* 8
    in order to **para** *prep.* 11
orderly **ordenado/a** *adj.* 5
ordinal (*numbers*) **ordinal** *adj.*
other **otro/a** *adj.* 6
our **nuestro(s)/a(s)** *poss. adj.* 3; *poss.*
    pron. 11
out of order **descompuesto/a** *adj.* 11
outside **fuera** *adv.*
outskirts **afueras** *f., pl.* 12
oven **horno** *m.* 12
over **sobre** *prep.* 2
own **propio/a** *adj.*
owner **dueño/a** *m., f.* 8

P

pack (one's suitcases) **hacer** *v.* **las**
    maletas 5
package **paquete** *m.* 14
page **página** *f.* 11
pain **dolor** *m.* 10
paint **pintar** *v.*
painter **pintor(a)** *m., f.* 16
painting **pintura** *f.* 12
pair **par** *m.* 6
    pair of shoes **par de zapatos** 6
pants **pantalones** *m., pl.* 6
pantyhose **medias** *f., pl.* 6
paper **papel** *m.* 2; (*report*) **informe** *m.*
    paper money **billete** *m.*
paragraph **párrafo** *m.*
Pardon me. (*May I?*) **Con permiso.**
    (*Excuse me.*) **Perdón.**
parents **padres** *m., pl.* 3; **papás** *m., pl.*
park **parque** *m.* 4; **estacionar** *v.* 11
partner (*one of a couple*) **pareja** *f.* 9
party **fiesta** *f.* 9
pass **pasar** *v.*
passenger **pasajero/a** *m., f.* 1
passport **pasaporte** *m.* 5
past **pasado/a** *adj.* 6
pastime **pasatiempo** *m.* 4
pastry shop **pastelería** *f.* 14
patient **paciente** *m., f.* 10
patio **patio** *m.* 12
pay **pagar** *v.* 6
    pay in cash **pagar** *v.* **al contado** 14;
        pagar en efectivo
    pay in installments **pagar** *v.*
        a plazos 14
    pay the bill **pagar** *v.* **la cuenta** 9
    pay with **pagar con** 6
pea **arveja** *f.* 8
peace **paz** *f.*
peach **melocotón** *m.*
pear **pera** *f.*
pen **pluma** *f.* 2
pencil **lápiz** *m.* 1
penicillin **penicilina** *f.*
people **gente** *f.* 3

pepper **pimienta** *f.* 8
per **por** *prep.* 11
percent **por ciento**
perfect **perfecto/a** *adj.*
perhaps **quizás** *adv.*; **tal vez** *adv.*
permission **permiso** *m.*
person **persona** *f.* 3
pharmacy **farmacia** *f.* 10
phenomenal **fenomenal** *adj.*
photograph **foto(grafía)** *f.* 1
physical (*exam*) **examen** *m.* **médico** 10
physics **física** *f., sing.* 2
pick up **recoger** *v.* 13
picture **foto** *f.* 5; **cuadro** *m.* 12
pie **pastel** *m.*
pill (*tablet*) **pastilla** *f.* 10
pillow **almohada** *f.* 12
pineapple **piña** *f.*
pink **rosado/a** *adj.* 6
place **lugar** *m.* 4; **poner** *v.* 4
plaid **de cuadros** *adj.*
plan (*to do something*) **pensar** *v.*
    (+ *inf.*) 4
plane **avión** *m.* 5
plant **planta** *f.* 13
plastic **plástico** *m.* 13
    (made of) plastic **de plástico** 13
plate **plato** *m.* 12
play **drama** *m.*; **comedia** *f.*;
    jugar (u:ue) *v.* 4; (*a musical*
    instrument) **tocar** *v.*; (*a role*)
    hacer *v.* **el papel**; (*cards*) **jugar** *v.*
    a (las cartas); (*sports*) **practicar** *v.*
    deportes 4
player **jugador(a)** *m., f.* 4
playwright **dramaturgo/a** *m., f.*
pleasant **agradable** *adj.*
Please. **Por favor.** 1
Pleased to meet you. **Mucho gusto.** 1;
    Encantado/a. *adj.* 1
pleasing: be pleasing to **gustar** *v.* 7
pleasure **gusto** *m.* 1; **placer** *m.*
    The pleasure is mine. **El gusto**
        es mío. 1
poem **poema** *m.*
poet **poeta** *m., f.* 16
poetry **poesía** *f.*
police (*force*) **policía** *f.* 11
    police officer **policía** *m.*, **mujer** *f.*
        policía 11
political **político/a** *adj.*
politician **político/a** *m., f.* 16
politics **política** *f.*
polka-dotted **de lunares** *adj.*
poll **encuesta** *f.*
pollute **contaminar** *v.* 13
polluted **contaminado/a** *adj.* 13
    be polluted **estar contaminado/a**
        13
pollution **contaminación** *f.* 13
pool **piscina** *f.* 4
poor **pobre** *adj.* 6

population **población** *f.* 13
pork **cerdo** *m.* 8
    pork chop **chuleta** *f.* **de cerdo** 8
position **puesto** *m.* 16
possessive **posesivo/a** *adj.*
possible **posible** *adj.* 13
    it's (not) possible **(no) es posible** 13
post office **correo** *m.* 14
postcard **postal** *f.* 4; **tarjeta** *f.* **postal** 4
poster **cartel** *m.*
potato **papa** *f.* 8; **patata** *f.* 8
pottery **cerámica** *f.*
practice **practicar** *v.* 2
prefer **preferir (e:ie)** *v.* 4, 12
pregnant **embarazada** *adj. f.* 10
prepare **preparar** *v.* 2
preposition **preposición** *f.*
prescribe (*medicine*) **recetar** *v.* 10
prescription **receta** *f.* 10
present **regalo** *m.* 6; **presentar** *v.*
press **prensa** *f.*
pressure: be under a lot of pressure
    sufrir *v.* **muchas presiones** 15
pretty **bonito/a** *adj.* 3
price **precio** *m.* 6
    fixed price **precio** *m.* **fijo** 6
print **imprimir** *v.* 11
printer **impresora** *f.* 11
prize **premio** *m.*
probable **probable** *adj.* 13
    it's (not) probable **(no) es probable** 13
problem **problema** *m.* 1
profession **profesión** *f.* 16
professor **profesor(a)** *m., f.* 1
profit **beneficios** *m., pl.* 16
program **programa** *m.* 1
programmer **programador(a)** *m., f.* 3
prohibit **prohibir** *v.* 10, 12
promotion (*career*) **ascenso** *m.* 16
pronoun **pronombre** *m.*
protect **proteger** *v.* 13
protein **proteína** *f.* 15
provided that **con tal (de) que** *conj.* 13
psychologist **psicólogo/a** *m., f.* 16
psychology **psicología** *f.* 2
publish **publicar** *v.*
Puerto Rican **puertorriqueño/a** *adj.* 3
pull a tooth **sacar** *v.* **una muela**
purchases **compras** *f., pl.*
pure **puro/a** *adj.* 13
purple **morado/a** *adj.* 6
purse **bolsa** *f.* 6
put **poner** *v.* 4; **puesto/a** *p.p.* 15
    put a letter in the mailbox **echar** *v.* **una carta al buzón** 14
    put on (*a performance*) **presentar** *v.*
    put on (*clothing*) **ponerse** *v.* 7
    put on makeup **maquillarse** *v.* 7

Q

quality **calidad** *f.*
quarter **trimestre** *m.* 2
    quarter after (*time*) **y cuarto** 1; **y quince** 1
    quarter to (*time*) **menos cuarto** 1; **menos quince** 1
question **pregunta** *f.*
quickly **rápido** *adv.*
quiet **tranquilo/a** *adj.* 15
quit **dejar** *v.* 16
quite **bastante** *adv.* 10
quiz **prueba** *f.* 2

R

racism **racismo** *m.*
radio (*medium*) **radio** *f.*;
    radio (*set*) **radio** *m.* 11
rain **llover (o:ue)** *v.* 5
    It's raining. **Llueve.** 5
rain forest **bosque** *m.* **tropical** 13
raincoat **impermeable** *m.* 6
raise (*salary*) **aumento** *m.* **de sueldo** 16
read **leer** *v.* 3; **leído/a** *p.p.* 15
ready **listo/a** *adj.* 5
real estate agency **agencia** *f.* **de bienes raíces** 12
reap the benefits (of) **disfrutar** *v.* **(de)** 15
reason **razón** *f.*
receive **recibir** *v.* 3
recommend **recomendar (e:ie)** *v.* 8, 12
record **grabar** *v.* 11
recycle **reciclar** *v.* 13
recycling **reciclaje** *m.* 13
red **rojo/a** *adj.* 6
red-haired **pelirrojo/a** *adj.* 3
reduce **reducir** *v.* 13
    reduce stress/tension **aliviar** *v.* **el estrés/la tensión** 15
refrigerator **refrigerador** *m.* 12
region **región** *f.* 13
regret **sentir (e:ie)** *v.* 13
relationships **relaciones** *f., pl.*
relatives **parientes** *m., pl.* 3
relax **relajarse** *v.* 9
relieve stress/tension **aliviar el estrés/la tensión** 15
remember **recordar (o:ue)** *v.* 4; **acordarse (o:ue)** *v.* **(de)** 7
remote control **control** *m.* **remoto** 11
renewable **renovable** *adj.* 13
rent **alquilar** *v.* 12; **alquiler** *m.* 12
repeat **repetir (e:i)** *v.* 4
report **informe** *m.*; **reportaje** *m.*
reporter **reportero/a** *m., f.* 16
representative **representante** *m., f.*
request **pedir (e:i)** *v.* 4

reservation **reservación** *f.* 5
resign (from) **renunciar (a)** *v.* 16
resolve **resolver (o:ue)** *v.* 13
resolved **resuelto/a** *p.p.* 15
resource **recurso** *m.* 13
responsibility **deber** *m.*
rest **descansar** *v.* 2
    the rest **lo/los/las demás** *pron.*
restaurant **restaurante** *m.* 4
résumé **currículum** *m.* 16
retire (from work) **jubilarse** *v.* 9
return **regresar** *v.* 2; **volver (o:ue)** *v.* 4
    return trip **vuelta** *f.*
returned **vuelto/a** *p.p.* 15
rice **arroz** *m.* 8
rich **rico/a** *adj.* 6
ride **pasear** *v.* 4
    ride a bicycle **pasear en bicicleta** 4
    ride a horse **montar a caballo** 5
ridiculous **ridículo/a** *adj.* 13
    it's ridiculous **es ridículo** 13
right **derecha** *f.* 2
    right away **enseguida** *adv.*
    right now **ahora mismo** 5
    be right **tener** *v.* **razón** 3
    to the right of **a la derecha de** 2
    right? (*question tag*) **¿no?**; **¿verdad?** 2
rights **derechos** *m., pl.*
ring **sonar (o:ue)** *v.* 11
river **río** *m.* 13
road **camino** *m.*
roast chicken **pollo** *m.* **asado** 8
roasted **asado/a** *adj.* 8
role **papel** *m.*
romantic **romántico/a** *adj.*
room **habitación** *f.* 5; **cuarto** *m.*; (*large, living*) **sala** *f.*
roommate **compañero/a** *m., f.* **de cuarto** 2
round-trip **de ida y vuelta** 5
    round-trip ticket **pasaje** *m.* **de ida y vuelta** 5
route **camino** *m.* 11
routine **rutina** *f.* 7
rug **alfombra** *f.* 12
run **correr** *v.* 3
    run errands **hacer diligencias** 14
    run into (*have an accident*) **chocar** *v.* **(con)** 11; (*meet accidentally*) **darse** *v.* **con**
rush **apurarse** *v.* 15; **darse** *v.* **prisa** 15
Russian **ruso/a** *adj.*

S

sad **triste** *adj.* 5
    it's sad **es triste** 13
safe **seguro/a** *adj.* 5
said **dicho/a** *p.p.* 15
salad **ensalada** *f.* 8
salary **salario** *m.* 16; **sueldo** *m.* 16

sale **rebaja** *f.* 6
salesperson **vendedor(a)** *m., f.* 6
salmon **salmón** *m.* 8
salt **sal** *f.* 8
salty **salado/a** *adj.* 8
same **mismo/a** *adj.*
sandal **sandalia** *f.* 6
sandwich **sándwich** *m.* 8
Saturday **sábado** *m.* 2
sausage **salchicha** *f.* 8
save (*on a computer*) **guardar** *v.* 11;
   save (*money*) **ahorrar** *v.* 14
savings **ahorros** *m., pl.* 14
   savings account **cuenta** *f.* **de**
      ahorros 14
say **decir** *v.* 6
   say hello to... **saludos** *m., pl.* **a...** 1
scan **escanear** *v.* 11
scarcely **apenas** *adv.* 10
scared: be (very) scared **tener** *v.*
   (mucho) miedo 3
schedule **horario** *m.* 2
school **escuela** *f.* 1
science **ciencia** *f.*
   science fiction **ciencia ficción** *f.*
scientist **científico/a** *m., f.* 16
scream **gritar** *v.*
screen **pantalla** *f.* 11
scuba dive **bucear** *v.* 4
sculpt **esculpir** *v.*
sculptor **escultor(a)** *m., f.* 16
sculpture **escultura** *f.*
sea **mar** *m.* 5
sea turtle **tortuga** *f.* **marina** 13
seafood **mariscos** *m., pl.* 8
search: in search of **por** *prep.* 11
season **estación** *f.* 5
second **segundo/a** *adj.* 5
secretary **secretario/a** *m., f.* 16
sedentary **sedentario/a** *adj.* 15
see **ver** *v.* 4
   See you. **Nos vemos.** 1
   See you later. **Hasta la vista.** 1;
      Hasta luego. 1
   See you soon. **Hasta pronto.** 1
   See you tomorrow. **Hasta**
      mañana. 1
seem **parecer** *v.* 8
seen **visto/a** *p.p.* 15
sell **vender** *v.* 6
semester **semestre** *m.* 2
send **enviar** *v.* 14; **mandar** *v.* 14
separate (from) **separarse** *v.* **(de)** 9
separated **separado/a** *adj.* 9
September **septiembre** *m.* 5
sequence **secuencia** *f.*
serious **grave** *adj.* 10
serve **servir (e:i)** *v.* 8
set (*fixed*) **fijo** *adj.* 6
   set the table **poner** *v.* **la mesa** 12
seven **siete** 1
seven hundred **setecientos/as** 6
seventeen **diecisiete** 1

seventh **séptimo/a** *adj.* 5
seventy **setenta** 2
several **varios/as** *adj., pl.*
sexism **sexismo** *m.*
shame **lástima** *f.* 13
   It's a shame. **Es una lástima.** 13
shampoo **champú** *m.* 7
shape **forma** *f.* 15
   be in good shape **estar en**
      buena forma 15
share **compartir** *v.* 3
sharp (*time*) **en punto** 1
shave **afeitarse** *v.* 7
shaving cream **crema** *f.* **de afeitar** 7
she **ella** *sub. pron.* 1
shellfish **mariscos** *m., pl.*
ship **barco** *m.*
shirt **camisa** *f.* 6
shoe **zapato** *m.* 6
   pair of shoes **par de zapatos** 6
   shoe size **número** *m.* **de zapato**
   shoe store **zapatería** *f.* 14
shopping, to go **ir** *v.* **de compras** 6
   shopping mall **centro** *m.* **comercial**
      6
short (*in height*) **bajo/a** *adj.* 3; (*in*
   length) **corto/a** *adj.* 6
short story **cuento** *m.*
shorts **pantalones cortos** *m., pl.* 6
should (*do something*) **deber** *v.*
   (+ inf.) 3
show **mostrar (o:ue)** *v.* 4; **espectáculo**
   m.
shower **ducha** *f.*; **ducharse** *v.* 7
shrimp **camarón** *m.* 8
siblings **hermanos** *m., pl.* 3
sick **mal, malo/a** 5; **enfermo/a** *adj.*
   10
   be sick **estar enfermo/a** 10
   get sick **enfermarse** *v.* 10
sightseeing: go sightseeing **hacer** *v.*
   turismo 5
sign **firmar** *v.* 14; **letrero** *m.* 14
silverware **cubierto** *m.*
similar **similar** *adj. m., f.*
since **desde** *prep.*
sing **cantar** *v.* 2
singer **cantante** *m., f.* 16
single **soltero/a** *adj.* 9
   single room **habitación** *f.*
      individual 5
sink **lavabo** *m.*
sir **señor (Sr.)** *m.* 1
sister **hermana** *f.* 3
sister-in-law **cuñada** *f.* 3
sit down **sentarse (e:ie)** *v.* 7
six **seis** 1
six hundred **seiscientos/as** 6
sixteen **dieciséis** 1
sixth **sexto/a** *adj.* 5
sixty **sesenta** 2
size **talla** *f.*
   shoe size **número** *m.* **de zapato**

skate **patinar** *v.* 4
ski **esquiar** *v.* 4
skiing **esquí** *m.* 4
   water-skiing **esquí acuático** 4
skirt **falda** *f.* 6
sky **cielo** *m.* 13
sleep **dormir (o:ue)** *v.* 4; **sueño** *m.*
   go to sleep **dormirse (o:ue)** *v.* 7
sleepy: be (very) sleepy **tener** *v.*
   (mucho) sueño 3
slim down **adelgazar** *v.* 15
slow **lento/a** *adj.* 11
slowly **despacio** *adv.*
small **pequeño/a** *adj.* 3
smart **listo/a** *adj.* 5
smile **sonreír (e:i)** *v.* 9
smiled **sonreído/a** *p.p.* 15
smoke **fumar** *v.* 15
   not to smoke **no fumar** *v.* 15
snack (in the afternoon) **merendar**
   (e:ie) *v.* 15; (afternoon snack)
      merienda *f.* 15
   have a snack **merendar (e:ie)** *v.* 15
sneakers **zapatos** *m., pl.* **de tenis** 6
sneeze **estornudar** *v.* 10
snow **nevar (e:ie)** *v.* 5; **nieve** *f.*
snowing: It's snowing. **Nieva.** 5
so (*in such a way*) **así** *adv.* 10
   so much **tanto** *adv.*
   so-so **regular** 1; **así así**
   so that **para que** *conj.* 13
soap **jabón** *m.* 7
   soap opera **telenovela** *f.*
soccer **fútbol** *m.* 4
sociology **sociología** *f.* 2
sock **calcetín** *m.* 6
sofa **sofá** *m.* 12
soft drink **refresco** *m.* 8
software **programa** *m.* **de**
   computación 11
soil **tierra** *f.* 13
solar energy **energía** *f.* **solar** 13
solution **solución** *f.* 13
solve **resolver (o:ue)** *v.* 13
some **algún, alguno/a(s)** *adj.* 7;
   unos/as *m., f., pl. indef. art.* 1
somebody **alguien** *pron.* 7
someone **alguien** *pron.* 7
something **algo** *pron.* 7
sometimes **a veces** *adv.* 10
son **hijo** *m.* 3
song **canción** *f.*
son-in-law **yerno** *m.* 3
soon **pronto** *adj.* 10
   See you soon. **Hasta pronto.** 1
sorry: be sorry **sentir (e:ie)** *v.* 13
   I'm sorry. **Lo siento.** 1
soup **sopa** *f.* 8
sour **agrio/a** *adj.* 8
south **sur** *m.* 14
   to the south **al sur** 14
Spanish (*language*) **español** *m.* 2;
   español(a) *adj.; m., f.* 3

spare time **ratos** *m., pl.* **libres** 4
speak **hablar** *v.* 2
specialization **especialización** *f.*
spectacular **espectacular** *adj.*
speech **discurso** *m.*
speed **velocidad** *f.* 11
  speed limit **velocidad máxima** 11
spelling **ortográfico/a** *adj.*
spend (*money*) **gastar** *v.* 6
  spend time **pasar** *v.* **el tiempo** 4
spicy **picante** *adj.* 8
spoon (*table or large*) **cuchara** *f.* 12
sport **deporte** *m.* 4
  sports-related **deportivo/a** *adj.* 4
spouse **esposo/a** *m., f.* 3
sprain (one's ankle) **torcerse** *v.*
  (el tobillo) 10
sprained **torcido/a** *adj.*
spring **primavera** *f.* 5
stadium **estadio** *m.* 2
stage **etapa** *f.* 9
stairs **escalera** *f.* 12
stamp **estampilla** *f.* 14; **sello** *m.* 14
stand in line **hacer** *v.* **cola** 14
star **estrella** *f.* 13
start (*a vehicle*) **arrancar** *v.* 11
state **estado** *m.*
station **estación** *f.* 5
statue **estatua** *f.*
status: marital status **estado** *m.* **civil** 9
stay **quedarse** *v.* 7
  Stay calm! **¡Tranquilo/a!**
  stay in shape **mantenerse** *v.* **en**
    forma 15
steak **bistec** *m.* 8
steering wheel **volante** *m.* 11
step **etapa** *f.*
stepbrother **hermanastro** *m.* 3
stepdaughter **hijastra** *f.* 3
stepfather **padrastro** *m.* 3
stepmother **madrastra** *f.* 3
stepsister **hermanastra** *f.* 3
stepson **hijastro** *m.* 3
still **todavía** *adv.* 5
stockbroker **corredor(a)** *m., f.* **de**
  bolsa 16
stockings **medias** *f., pl.* 6
stomach **estómago** *m.* 10
stone **piedra** *f.* 13
stop **parar** *v.* 11
  stop (*doing something*) **dejar** *v.* **de**
    (+ *inf.*) 13
store **tienda** *f.* 6
storm **tormenta** *f.*
story **cuento** *m.;* **historia** *f.*
stove **estufa** *f.* 12
straight (ahead) **derecho** *adv.* 14
straighten up **arreglar** *v.* 12
strange **extraño/a** *adj.* 13
  It's strange… **Es extraño…** 13
street **calle** *f.* 11
stress **estrés** *m.* 15

stretching **estiramiento** *m.* 15
  stretching exercises **ejercicios**
    m., pl. **de estiramiento** 15
strike (*labor*) **huelga** *f.*
stripe **raya** *f.*
  striped **de rayas** *adj.*
stroll **pasear** *v.* 4
strong **fuerte** *adj.* 15
struggle (for) **luchar** *v.* **(por)**
student **estudiante** *m., f.* 1;
  estudiantil *adj.*
study **estudiar** *v.* 2
stupendous **estupendo/a** *adj.*
style **estilo** *m.*
suburbs **afueras** *f., pl.* 12
subway **metro** *m.* 5
  subway station **estación** *f.* **del**
    metro 5
success **éxito** *m.*
successful: be successful **tener** *v.* **éxito** 16
suddenly **de repente** *adv.* 6
suffer **sufrir** *v.* 15
sugar **azúcar** *m.* 8
suggest **sugerir (e:ie)** *v.* 12
suit **traje** *m.* 6
suitcase **maleta** *f.* 1
summer **verano** *m.* 5
sun **sol** *m.* 13
sunbathe **tomar** *v.* **el sol** 4
Sunday **domingo** *m.* 2
sunglasses **gafas** *f., pl.* **de sol** 6
sunny: It's (very) sunny. **Hace (mucho)**
  sol. 5
supermarket **supermercado** *m.* 14
suppose **suponer** *v.* 4
sure **seguro/a** *adj.* 5
  be sure (of) **estar** *v.* **seguro/a (de)**
    5, 13
surprise **sorprender** *v.* 9; **sorpresa** *f.* 9
survey **encuesta** *f.*
sweat **sudar** *v.* 15
sweater **suéter** *m.* 6
sweep the floor **barrer** *v.* **el suelo** 12
sweet **dulce** *adj.* 8
sweets **dulces** *m., pl.* 9
swim **nadar** *v.*
  swim in the pool **nadar en la**
    piscina 4
swimming **natación** *f.* 4
  swimming pool **piscina** *f.* 4
symptom **síntoma** *m.* 10

T

table **mesa** *f.* 2
tablespoon **cuchara** *f.* 12
tablet (computer) **tableta** *f.* 11
take **tomar** *v.* 2, 8; **llevar** *v.* 6
  take care of **cuidar** *v.* 13
  take (someone's) temperature
    tomar(le) *v.* **la temperatura**
    (a alguien) 10
  take (*wear*) a shoe size **calzar** *v.*

take a bath **bañarse** *v.* 7
take off **quitarse** *v.* 7
take out the trash **sacar** *v.* **la**
  basura 12
take pictures **sacar** *v.* **fotos** 5;
  tomar fotos
talented **talentoso/a** *adj.*
talk **hablar** *v.* 2; **conversar** *v.* 2
  talk show **programa** *m.* **de**
    entrevistas
tall **alto/a** *adj.* 3
tank **tanque** *m.* 11
taste **probar (o:ue)** *v.* 8
tasty **rico/a** *adj.* 8; **sabroso/a** *adj.* 8
tax **impuesto** *m.*
taxi(cab) **taxi** *m.* 5
tea **té** *m.* 8
teach **enseñar** *v.* 2
teacher **profesor(a)** *m., f.;*
  maestro/a *m., f.* 16
team **equipo** *m.* 4
technician **técnico/a** *m., f.* 16
telecommuting **teletrabajo** *m.* 16
telephone **teléfono** *m.* 11
  cell phone **teléfono celular** 11
television **televisión** *f.*
  television set **televisor** *m.* 11
tell **decir** *v.* 6
temperature **temperatura** *f.* 10
ten **diez** 1
tennis **tenis** *m.* 4
  tennis shoes **zapatos** *m., pl.* **de**
    tenis 6
tension **tensión** *f.* 15
tent **tienda** *f.* **de campaña** 5
tenth **décimo/a** *adj.* 5
terrible **terrible** *adj. m., f.* 13
  it's terrible **es terrible** 13
terrific **chévere** *adj.*
test **prueba** *f.* 2; **examen** *m.* 2
text **textear** *v.* 11
text message **mensaje** *m.* **de texto** 11
Thank you. **Gracias.** *f., pl.* 1
  Thank you (very much).
    (Muchas) gracias. 1
that **que; quien(es); lo que** *rel. pron.* 9
  that (one) **ése, ésa, eso** *pron.* 6;
    ese, esa *adj.* 6
  that (*over there*) **aquél, aquélla,**
    aquello *pron.* 6;
    aquel, aquella *adj.* 6
  that which **lo que** *rel. pron.* 9
  that's why **por eso** 11
the **el** *m.,* **la** *f. sing., def. art.;* **los** *m.,*
  las *f. pl., def. art.* 1
theater **teatro** *m.*
their **su(s)** *poss., adj.* 3; **suyo(s)/a(s)**
  poss., pron. 11
them **los/las** *pron.* 5; **les** *pron.* 6
then **después** (*afterward*) *adv.* 7;
  entonces (*as a result*) *adv.* 7;
  luego (*next*) *adv.* 7

there **allí** *adv.*
   There is/are… **Hay…** 1
   There is/are not… **No hay…** 1
therefore **por eso** *adv.* 11
these **éstos, éstas** *pron.* 6;
   estos, estas *adj.* 6
they **ellos/as** *sub. pron.* 1
thin **delgado/a** *adj.* 3
thing **cosa** *f.* 1
think **pensar (e:ie)** *v.* 4; (believe)
   creer *v.*
   think about **pensar en** 4
third **tercer, tercero/a** *adj.* 5
thirst **sed** *f.*
thirsty: be (very) thirsty **tener** *v.*
   (mucha) sed 3
thirteen **trece** 1
thirty **treinta** 1; thirty (*minutes past
   the hour*) **y treinta** 1; **y media** 1
this **este, esta** *adj.*; **éste, ésta, esto**
   pron. 6
   This is… (*introduction*) **Éste/a
     es…** 1
   This is he/she. (*on telephone*)
     Con él/ella habla.
those **ésos, ésas** *pron.* 6; **esos, esas**
   adj. 6
those (over there) **aquéllos, aquéllas**
   pron. 6; **aquellos, aquellas** *adj.* 6
thousand **mil** *m.* 6
three **tres** 1
three hundred **trescientos/as** 6
throat **garganta** *f.* 10
through **por** *prep.* 11
throw **echar** *v.*
Thursday **jueves** *m., sing.* 2
ticket **boleto** *m.*; **entrada** *f.*; **pasaje** *m.*
   5; (*traffic*) **multa** *f.* 11
tie **corbata** *f.* 6
time **vez** *f.*; **tiempo** *m.* 4
   have a good/bad time
     pasarlo *v.* **bien/mal** 9
times **veces** *f., pl.*
   many times **muchas veces** 10
tip **propina** *f.* 9
tire **llanta** *f.* 11
tired **cansado/a** *adj.* 5
title **título** *m.*
to **a** *prep.* 1
toast (*drink*) **brindar** *v.* 9
   toast **pan** *m.* **tostado** 8
toasted **tostado/a** *adj.* 8
toaster **tostadora** *f.*
today **hoy** *adv.* 2
   Today is . . . **Hoy es…** 2, 5
together **juntos/as** *adj.* 9
tomato **tomate** *m.* 8
tomorrow **mañana** *adv.* 1
   See you tomorrow. **Hasta mañana.** 1
tonight **esta noche** *adv.*
too **también** *adv.* 7
   too much **demasiado** *adv.*;
     en exceso 15

tooth **diente** *m.* 7; tooth **muela** *f.* 10
tornado **tornado** *m.*
touch **tocar** *v.*
tour **excursión** *f.*
   go on a tour **hacer** *v.* **una
     excursión** 5
tourism **turismo** *m.*
tourist **turista** *m., f.* 1; **turístico/a** *adj.*
toward **para** *prep.* 11; **hacia** *prep.* 14
towel **toalla** *f.* 7
town **pueblo** *m.* 4
trade **oficio** *m.* 16
traffic **circulación** *f.*; **tráfico** *m.* 11
   traffic light **semáforo** *m.* 11
tragedy **tragedia** *f.*
trail **sendero** *m.* 13
train **entrenarse** *v.* 15; **tren** *m.* 5
   train station **estación** *f.* **del tren**
     m. 5
translate **traducir** *v.* 8
trash **basura** *f.* 12
travel **viajar** *v.* 2
   travel documents **documentos**
     m., pl. **de viaje**
traveler **viajero/a** *m., f.* 5
treat (*entertain*) **invitar** *v.* 9
tree **árbol** *m.* 13
trillion **billón** 6
trimester **trimestre** *m.* 2
trip **viaje** *m.* 5
   take a trip **hacer** *v.* **un viaje** 5
tropical forest **bosque** *m.* **tropical** 13
truck **camión** *m.*
true **cierto/a** *adj.* 13
   it's (not) true **(no) es
     cierto/verdad** 13
trunk **baúl** *m.* 11
truth **verdad** *f.* 6
try **intentar** *v.*; **probar (o:ue)** *v.* 8
   try (*to do something*) **tratar** *v.* **de
     (+ *inf.*)** 15
   try on **probarse (o:ue)** *v.* 7
t-shirt **camiseta** *f.* 6
Tuesday **martes** *m., sing.* 2
tuna **atún** *m.* 8
turkey **pavo** *m.* 8
turn **doblar** *v.* 14
   turn off (*electricity/appliance*)
     apagar *v.* 11
   turn on (*electricity/appliance*)
     poner *v.* 11; **prender** *v.* 11
turtle **tortuga** *f.* 13
   sea turtle **tortuga marina** 13
twelve **doce** 1
twenty **veinte** 1
twenty-eight **veintiocho** 1
twenty-five **veinticinco** 1
twenty-four **veinticuatro** 1
twenty-nine **veintinueve** 1
twenty-one **veintiún, veintiuno/a** 1
twenty-seven **veintisiete** 1
twenty-six **veintiséis** 1
twenty-three **veintitrés** 1

twenty-two **veintidós** 1
twice **dos veces** 6
twisted **torcido/a** *adj.*
two **dos** 1
two hundred **doscientos/as** 6

U

ugly **feo/a** *adj.* 3
uncle **tío** *m.* 3
under **debajo de** *prep.* 2; **bajo** *prep.*
understand **comprender** *v.* 3;
   entender (e:ie) *v.* 4
underwear **ropa** *f.* **interior** 6
unemployment **desempleo** *m.*
university **universidad** *f.* 2
unless **a menos que** *conj.* 13
unmarried **soltero/a** *adj.* 9
unpleasant **antipático/a** *adj.* 3
until **hasta** *prep.* 6; **hasta que** *conj.* 13
up **arriba** *adv.*
upload **cargar** *v.* 11
urgent **urgente** *adj.* 12
   It's urgent that… **Es urgente que…**
     12
us **nos** *pron.* 5, 6
USB port **puerto** *m.* **USB** 11
use **usar** *v.* 6
used for **para** *prep.* 11
useful **útil** *adj.*

V

vacation **vacaciones** *f., pl.* 5
   be on vacation **estar** *v.* **de
     vacaciones** 5
   go on vacation **ir** *v.* **de vacaciones** 5
vacuum **pasar** *v.* **la aspiradora** 12
   vacuum cleaner **aspiradora** *f.* 12
valley **valle** *m.* 13
various **varios/as** *adj., pl.*
vegetables **verduras** *f., pl.* 8
Venezuelan **venezolano/a** *adj.* 3
verb **verbo** *m.*
very **muy** *adv.* 1
   (Very) well, thanks. **(Muy) bien,
     gracias.** 1
vest **chaleco** *m.*
video **video** *m.* 1
videoconference
   videoconferencia *f.* 16
vinegar **vinagre** *m.* 8
violence **violencia** *f.*
visit **visitar** *v.* 4
   visit a monument **visitar un
     monumento** 4
vitamin **vitamina** *f.* 15
voicemail **buzón** *m.* **de voz** 11
volcano **volcán** *m.* 13
volleyball **vóleibol** *m.* 4
vote **votar** *v.*

W

wait (for) **esperar** *v.* 2
waiter **camarero/a** *m., f.* 8
wake up **despertarse (e:ie)** *v.* 7
walk **caminar** *v.* 2
    take a walk **pasear** *v.* 4
    walk around the city/town **pasear**
        por la ciudad/el pueblo 4
wall **pared** *f.* 12
wallet **cartera** *f.* 6
want **desear** *v.* 2; **querer (e:ie)** *v.* 4, 12
war **guerra** *f.*
warm up **calentarse (e:ie)** *v.* 15
wash **lavar** *v.* 12
    wash one's face/hands **lavarse** *v.*
        la cara/las manos 7
    wash oneself **lavarse** 7
washing machine **lavadora** *f.* 12
watch **mirar** *v.* 2; **reloj** *m.* 2; **ver** *v.* 4
    watch television **mirar (la)**
        televisión
    watch movies **ver películas** 4
water **agua** *f.* 8
    water pollution **contaminación**
        del agua 13
    water-skiing **esquí** *m.* **acuático** 4
way **manera** *f.*
we **nosotros/as** *sub. pron.* 1
weak **débil** *adj.* 15
wear **llevar** *v.* 6; **usar** *v.* 6;
    calzar *v.* (shoes)
weather **tiempo** *m.* 5
    It's bad weather. **Hace mal tiempo.**
        5
    It's nice weather. **Hace buen**
        tiempo. 5
weaving **tejido** *m.*
Web **red** *f.* 11
website **sitio** *m.* **web** 11
wedding **boda** *f.* 9
Wednesday **miércoles** *m., sing.* 2
week **semana** *f.* 2
weekend **fin** *m.* **de semana** 4
weight **peso** *m.* 15
    lift weights **levantar** *v.* **pesas** *f.,*
        pl. 15
Welcome! **¡Bienvenido(s)/a(s)!**
    adj.
well **pues** *adv.*
well-being **bienestar** *m.* 15
well organized **ordenado/a** *adj.* 5
west **oeste** *m.* 14
    to the west **al oeste** 14
whale **ballena** *f.* 13
what **lo que** *rel. pron.* 9
    what? **¿qué?** *adj., pron.* 1, 2, 9;
        ¿cuál(es)? 9
    At what time…? **¿A qué hora…?** 1
    What… ! **¡Qué…!**
    What a surprise! **¡Qué sorpresa!**
    What day is it? **¿Qué día es hoy?**

What did he/she do? **¿Qué hizo**
    él/ella? 6
What did they do? **¿Qué hicieron**
    ellos/ellas? 6
What did you do? **¿Qué**
    hiciste? *fam., sing.;* **¿Qué hizo**
    usted? *form., sing.;*
        ¿Qué hicieron
    ustedes? *pl.* 6
What did you say? **¿Cómo?**
What happened? **¿Qué pasó?**
What is it? **¿Qué es?** 1
What is the price? **¿Qué precio**
    tiene?
What is today's date? **¿Cuál es la**
    fecha de hoy? 5
What time is it? **¿Qué hora es?** 1
What's going on? **¿Qué pasa?** 1
What's… like? **¿Cómo es…?**
What's new? **¿Qué hay de nuevo?** 1
What's wrong? **¿Qué pasó?**
What's your name? **¿Cómo se**
    llama usted? *form.* 1
What's your name? **¿Cómo te**
    llamas (tú)? *fam.* 1
when **cuando** *conj.* 13
    When? **¿Cuándo?** 2
where **donde** *adj., conj.*
    where? (*destination*) **¿adónde?** 2;
        (*location*)**¿dónde?** 1, 2
    Where are you from? **¿De dónde**
        eres? *fam.* 1; **¿De dónde es**
        usted? *form.* 1
    Where is…? **¿Dónde está…?**
    (to) where? **¿adónde?** 2
which **que** *rel. pron.* 9
which? **¿cuál(es)?** *pron.* 2, 9; **¿qué?**
    2, 9
    which one(s)? **¿cuál(es)?** 2
while **mientras** *conj.* 10
white **blanco/a** *adj.* 6
    white wine **vino** *m.* **blanco** 8
whiteboard **pizarra** *f.* 2
who **que; quien(es)** *rel. pron.* 9
    who? **¿quién(es)?** 1, 2, 9
    Who is it? **¿Quién es?** 1
    Who is calling? (*on telephone*)
        ¿De parte de quién?
    Who is speaking? (*on telephone*)
        ¿Quién habla?
whole **todo/a** *adj.*
whom **quien(es)** *rel. pron.* 9
whose…? **¿de quién(es)…?** 1
why? **¿por qué?** *adv.* 2, 9
widowed **viudo/a** *adj.* 9
wife **esposa** *f.* 3
win **ganar** *v.* 4
wind **viento** *m.*
window **ventana** *f.* 2
windshield **parabrisas** *m.,*
    sing. 11

windy: It's (very) windy. **Hace**
    (mucho) viento. 5
wine **vino** *m.* 8
    red wine **vino tinto** 8
    white wine **vino blanco** 8
wineglass **copa** *f.* 12
winter **invierno** *m.* 5
wireless connection **conexión** *f.*
    inalámbrica 11
wish **desear** *v.* 2; **esperar** *v.* 13
    I wish (that) **Ojalá que** 13
with **con** *prep.*
    with me **conmigo**
    with you **contigo** *fam.*
within **dentro de** *prep.*
without **sin** *prep.* 13, 15; **sin que**
    conj. 13
    without a doubt **sin duda**
woman **mujer** *f.* 1
word **palabra** *f.* 1
work **trabajar** *v.* 2; **funcionar** *v.* 11;
    trabajo *m.* 16
    work (*of art, literature, music, etc.*)
        obra *f.*
    work out **hacer** *v.* **gimnasia** 15
world **mundo** *m.* 13
worldwide **mundial** *adj. m., f.*
worried (about) **preocupado/a (por)**
    adj. 5
worry (about) **preocuparse** *v.* **(por)** 7
worse **peor** *adj. m., f.* 8
worst **el/la peor** 8; **lo peor**
Would you like to? **¿Te gustaría?**
write **escribir** *v.* 3
    write a letter/post card/e-mail
        escribir una carta/(tarjeta)
        postal/mensaje *m.*
        electrónico 4
writer **escritor(a)** *m., f.* 16
written **escrito/a** *p.p.* 15
wrong **equivocado/a** *adj.* 5
    be wrong **no tener** *v.* **razón** 3

X

X-ray **radiografía** *f.* 10

Y

yard **jardín** *m.* 12; **patio** *m.* 12
year **año** *m.* 5
    be… years old **tener** *v.* **… años** 3
yellow **amarillo/a** *adj.* 6
yes **sí** *interj.*
yesterday **ayer** *adv.* 6
yet **todavía** *adv.* 5
yogurt **yogur** *m.*
you **tú** *sub. pron. fam. sing.* 1; **usted**
    sub. pron. form. sing. 1; **vosotros/**
    as *sub. pron. fam. pl.* 1; **ustedes**
    sub. pron. pl. 1; **te** *d.o. pron.*

fam. sing. 5; **lo** *d.o. pron. m. form. sing.* 5; **la** *d.o. pron. f. form. sing.* 5; **os** *d.o. pron. fam. pl.* 5; **los** *d.o. pron. m. pl.* 5; **las** *d.o. pron. f. pl.* 5; **le(s)** *i.o. pron. form.* 6

You're welcome. **De nada.** 1; **No hay de qué.** 1

young **joven** *adj.* 3
   young person **joven** *m., f.* 1
   young woman **señorita** *f.*

younger **menor** *adj. m., f.* 8
   younger brother, sister **hermano/a menor** *m., f.*

youngest **el/la menor** *m., f.* 8

your **su(s)** *poss., adj., form.* 3
   your **tu(s)** *poss., adj., fam. sing.* 3
   your **vuestro(s)/a(s)** *poss., adj. fam., pl.* 3
   your(s) **suyo(s)/a(s)** *poss. pron., form.* 11
   your(s) **tuyo(s)/a(s)** *poss., fam., sing.* 11

youth **juventud** *f.* 9

Z

zero **cero** *m.* 1

Every effort has been made to trace the copyright holders of the works published herein. If proper copyright acknowledgment has not been made, please contact the publisher and we will correct the information in future printings.

Photography and Art Credits

All images © by Vista Higher Learning unless otherwise noted.

Cover: Kelly Cheng Travel Photography/Moment/Getty Images.

Front Matter (SE): iii: Carlos Muñoz; **xxvi:** (The Cast, all) Carlos Muñoz; (Aventuras, all) Carlos Muñoz; (Panorama cultural, l) Eucagallery/Getty Images; (Panorama cultural, r) Rick Ray/Shutterstock.

Front Matter (IAE): IAE-5: Carlos Muñoz; **IAE-28:** (The Cast, all) Carlos Muñoz; (Aventuras, all) Carlos Muñoz; (Panorama cultural, l) Eucagallery/Getty Images; (Panorama cultural, r) Rick Ray/Shutterstock; **IAE-44:** (all) Carlos Muñoz; **IAE-45:** (quetzal) Mallardg500/Moment Open/Getty Images.

Lesson 1: 1: Carlos Muñoz; **2:** (l) Paula Díez; (r) Sam Edwards/Media Bakery; **3:** (l) Hero/Media Bakery; (r) Laurence Mouton/Media Bakery; **5:** Martín Bernetti; **6:** (l, m) Martín Bernetti; (r) Frank and Helena/Media Bakery; **8:** (all) Carlos Muñoz; **9:** (all) Carlos Muñoz; **10:** (all) Paula Díez; **12:** (left col: r, l) Carlos Muñoz; (right col: t, bl, br) Annie Pickert Fuller; (right col: ml) Zentilia/Fotolia; (right col: mr) Martín Bernetti; **13:** (t) Darío Eusse Tobón; (mt) Tiero/Fotolia; (mmt) Invictus99/123RF; (mmb, mb) Martín Bernetti; (b) Gchutka/iStockphoto; **14:** Blend Images/Alamy; **15:** Carlos Muñoz; **16:** (left col: tl) Paula Díez; (left col: tm) Andresr/Shutterstock; (left col: tr) Elenathewise/123RF; (left col: b) Spaxiax/Fotolia; (right col: t) Helga Esteb/Shutterstock; (right col: mtl) Andrea Raffin/Shutterstock; (right col: mtr) Cooper Neill/MLB Photos/Getty Images; (right col: mbl) Everett Collection/Newscom; (right col: mbr) WireImage/Getty Images; (right col: bl) Rafiquar Rahman/Reuters; (right col: br) Kathy Hutchins/Shutterstock; **17:** (l) Kathy Hutchins/Shutterstock; (m, r) Carlos Muñoz; **19:** Prathan Chorruangsak/Shutterstock; **20:** (all) Carlos Muñoz; **22:** (t) Hanibaram/iStockphoto; (b) Gary Conner/Getty Images; **23:** Philip Lange/123RF.

Lesson 2: 27: Carlos Muñoz; **28:** (tl) Radu Razvan Gheorghe/123RF; (tr) WavebreakmediaMicro/Fotolia; (bl) West Coast Surfer/Media Bakery; (br) Alexander Raths/Fotolia; **29:** (t) Annie Pickert Fuller; (bl) Mmarcius/Fotolia; (bm, br) Martín Bernetti; **30:** Paula Díez; **31:** (t) Bettmann/Getty Images; (b) Johnny Lye/iStockphoto; **34:** (all) Carlos Muñoz; **35:** (left col: all) Carlos Muñoz; (r) Angel Gracia; **36:** (l) Lorena Natalia Fernández/123RF; (r) Pablo Corral V/Corbis/VCG/Getty Images; **38:** (all) Carlos Muñoz; **39:** (t) Zero Creatives/Media Bakery; (ml, br) Martín Bernetti; (mr) Paula Díez; (bl) Ken Hurst/Shutterstock; **40:** (all) Carlos Muñoz; **41:** Paula Díez; **42:** (all) Carlos Muñoz; **43:** (all) Carlos Muñoz; **44:** Carlos Muñoz; **45:** (t) Martín Bernetti; (b) Adalberto Roque/AFP/Getty Images; **46:** Oneinchpunch/Fotolia; **48:** (tl) Paula Díez; (tr) Darío Eusse Tobón; (b) Annie Pickert Fuller; **49:** (t) Michaeljung/Fotolia; (b) David R. Frazier Photolibrary, Inc/Alamy; **50:** José Blanco; **51:** (t) Pascal Pernix; (b) Hongqi Zhang/123RF; **53:** Bryan Smith/ZUMA Press/Newscom; **54:** (tl) Ian Dagnall/Alamy; (tr) Sylvain Grandadam/AGE Fotostock; (bl) Lou Rocco/Disney ABC Television Group/Getty Images; (bml) Alliance Images/Alamy; (bmr) DFree/Shutterstock; (br) Spacephotos/AGE Fotostock; **55:** (tl) Wilber Vazquez/NortePhoto/Alamy; (tr) Richard Cummins/Corbis Documentary/Getty Images; (tm) Danny Lehman/Corbis/VCG/Getty Images; (b) Roberto Machado Noa/LightRocket/Getty Images.

Lesson 3: 57: Carlos Muñoz; **58:** Martín Bernetti; **59:** (t) Rob Marmion/Shutterstock; (bl) Media Bakery; (br) Monkey Business/Fotolia; **61:** (t) Martín Bernetti; (ml) Tyler Olson/Fotolia; (mm) Paula Díez; (mr) Dann Tardif/The Image Bank Unreleased/Getty Images; (bl) Golubovy/Fotolia; (bm) Cristovao/Deposit Photos; (br) Ariel Skelley/Media Bakery; **62:** Jack Hollingsworth/Media Bakery; **64:** (all) Carlos Muñoz; **65:** (left col: all) Carlos Muñoz; (r) Raquel Rodríguez/123RF; **66:** (tl) David Cantor/AP Images; (tr) Rafael Perez/Reuters; (b) Martial Trezzini/EPA/Shutterstock; **68:** (tl) Chris Fertnig/iStockphoto; (tm) Grigorita Ko/Fotolia; (tr) Daniel Ernst/Fotolia; (bl) Olena

Savytska/iStockphoto; (bm) Martín Bernetti; (br) Robert Kneschke/Fotolia; **69:** (t) Daniel Stein/iStockphoto; (mtl) Heribert Proepper/AP Images; (mtr) Shubroto Chattopadhyay/Corbis; (mml) DFree/Shutterstock; (mmr) ZUMA Wire Service/Alamy; (mbl) Florian Blümm/123RF; (mbr) Dennis Brack/Danita Delimont/Alamy; (b) Samuel Borges/Fotolia; **70:** (l, m) Carlos Muñoz; (r) Martín Bernetti; **71:** (left col: t) Jupiterimages/Media Bakery; (left col: m) AntonioDiaz/Fotolia; (left col: b) Martín Bernetti; (r) Jupiterimages/Getty Images; (r, inset) Melica/Shutterstock; **72:** (left col: all) Carlos Muñoz; (right col: t, mtl) Martín Bernetti; (right col: mtr) Blend Images/Fotolia; (right col: mbl) Photosindia/AGE Fotostock; (right col: mbr) Photodisc/Alamy; (right col: b) IPGGutenbergUKLtd/iStockphoto; **73:** (l) GoGo/Media Bakery; (r) James Woodson/Getty Images; **74:** (all) Carlos Muñoz; **78:** (tl) Jolopes/Fotolia; (tr) Martín Bernetti; (b) Mark Leibowitz/Fancy/AGE Fotostock; **79:** (tl) Diego Cervo/Fotolia; (tr) Ariel Skelley/Media Bakery; (bl, br) Martín Bernetti; **80:** (t) Glow Images/AGE Fotostock; (ml) Hill Street Studios/Media Bakery; (mr) Chuck Savage/The Image Bank Unreleased/Getty Images; (b) Martín Bernetti; **81:** (t) Nora y Susana/Fotocolombia; (b) AntonioDiaz/Fotolia.

Lesson 4: 83: Carlos Muñoz; **84:** (tl) Cathy Yeulet/123RF; (tr) PCN Photography/Alamy; (b) Richard Carey/Fotolia; **85:** (tl) Michael Chamberlin/Fotolia; (tm) Natursports/Shutterstock; (tr) Ty Allison/Taxi/Getty Images; (bl) Aleksandar Todorovic/Shutterstock; (br) Paula Díez; **86:** (all) Martín Bernetti; **87:** (tl, tr, br) Martín Bernetti; (tml) Darío Eusse Tobón; (tmr) Andres Rodriguez/Fotolia; (bl) Astarot/Fotolia; **90:** (all) Carlos Muñoz; **91:** (left col: all) Carlos Muñoz; (r) Andrii Zhezhera/123RF; **92:** (l) Fernando Bustamante/AP Images; (r) Javier Soriano/AFP/Getty Images; **94:** (all) Carlos Muñoz; **95:** Cathy Yeulet/123RF; **96:** (all) Carlos Muñoz; **97:** (left col: l) Rolfbodmer/iStockphoto; (left col: m) Ana Abejon/iStockphoto; (left col: r) Nebojsa Markovic/Shutterstock; (r) Carlos Muñoz; **99:** (t) VojtechVlk/Shutterstock; (b) Koh Sze Kiat/Shutterstock; **100:** (left col: l, r) Carlos Muñoz; (right col: tl) Paula Díez; (right col: tr) Blend Images/Fotolia; (right col: bl) Fancy/Media Bakery; (right col: br) Darío Eusse Tobón; **102:** Image Source/Alamy; **104:** (tl) Martín Bernetti; (tr) Rido/Fotolia; (b) TheSupe87/Fotolia; **105:** Ra2studio/123RF; **106:** (t) Factofoto/Alamy; (b) Ghislain & Marie David de Lossy/2007 Cultura/Jupiter Images; **107:** Roger Viollet/Getty Images; **109:** Bill Ross/The Image Bank Unreleased/Getty Images; **110:** (tl) Jeff Schultes/Shutterstock; (tr) Lunamarina/Deposit Photos; (m) Ritu Jethana/123RF; (bl) David R. Frazier Photolibrary/Alamy; (br) Omar Torres/AFP/Getty Images; **111:** (t) Bettmann/Getty Images; (m) *Sugar Cane* (1930), Diego Rivera. Fresco, 57 1/8 x 94 1/8 inches (145.1 x 239.1 cm). Philadelphia Museum of Art, Philadelphia, U.S.A. Gift of Mr. and Mrs. Herbert Cameron Morris, 1943/Bridgeman Images/© 2020 Banco de México Diego Rivera Frida Kahlo Museums Trust, Mexico, D.F./Artists Rights Society (ARS), New York; (b) Ethan Miller/Getty Images.

Lesson 5: 113: Carlos Muñoz; **114:** (tl) Annie Pickert Fuller; (tr) Penato/Fotolia; (b) Casadaphoto/123RF; **115:** (l) Paula Díez; (r) Greg Ceo/Taxi/Getty Images; **120:** (all) Carlos Muñoz; **121:** (left col: all) Carlos Muñoz; (r) Tom Delano; **122:** Jeremy Horner/Corbis Documentary/Getty Images; **124:** (all) Carlos Muñoz; **125:** Medioimages/Photodisc/Getty Images; **126:** (all) Carlos Muñoz; **128:** (all) Carlos Muñoz; **130:** (all) Carlos Muñoz; **133:** (all) Carlos Muñoz; **135:** Martín Bernetti; **136:** LivetImages/Fotolia; **137:** (t) Corel/Corbis; (mt) Fotoluminate LLC/Fotolia; (mb) Ian Lishman/Media Bakery; (b) Jason Ross/123RF.

Lesson 6: 139: Carlos Muñoz; **140:** (all) Martín Bernetti; **141:** (l) Karkas/Shutterstock; (r) Kiselev Andrey Valerevich/Shutterstock; **146:** (all) Carlos Muñoz; **147:** (left col: all) Carlos Muñoz; (r) Dcarreño/Alamy; **148:** (l) José Caballero/Newscom; (r) INSADCO Photography/Alamy; **150:** Carlos Muñoz; **152:** (all) Carlos Muñoz; **153:** (tl, tr, bl) Martín Bernetti; (br) John Lund/Annabelle Breakey/Media Bakery; **154:** (all) Carlos Muñoz; **156:** (left col; all) Paula Díez; (r) Andrés Rodríguez/123RF; **160:** (all) Media Bakery; **161:** YakobchukOlena/Fotolia; **162:** (skirt, blouse) Karkas/Shutterstock; (dress) Paul Buturlimov/Shutterstock; (belt) Sergey Peterman/Shutterstock; (sunglasses, hat) Paula Díez; (socks) Polryaz/Shutterstock; (purse) Vladyslav Starozhylov/Shutterstock; (sandals) Fadedink.net/Shutterstock; **163:** (brown jacket) Karkas/Shutterstock; (grey jacket) Elnur/Shutterstock; (pants) Andrey Armyagov/Shutterstock; (sunglasses, tie, belt, socks) Paula Díez; (shoes) V.S. Anandhakrishna/Shutterstock; (underwear) Sagir/Shutterstock; **165:** PictureLake/Fotolia; **166:** (t) Nikada/iStockphoto; (m) Mark Williamson Stock Photography/Media Bakery; (bl) Jim McIsaac/Getty Images; (br) Rob Carr/Getty Images; **167:** (t) Jeremy Horner/Corbis/VCG/Getty Images; (m) Mark Waugh/Alamy; (b) R. Peterkin/Fotolia.

Lesson 7: 169: Carlos Muñoz; **170:** (l) Paula Díez; (m, r) Martín Bernetti; **171:** (t) Martín Bernetti; (b) Lightwavemedia/Shutterstock; **174:** (t, ml, br) Paula Díez; (mm) Radnatt/Fotolia; (mr) Kemter/iStockphoto; (bl) Zeljkosantrac/iStockphoto; (bm) Easy Production/Media Bakery; **176:** (all) Carlos Muñoz; **177:** (left col: all) Carlos Muñoz; (r) Lucas Vallecillos/AGE Fotostock; **178:** Stewart Cohen/Getty Images; **180:** (left col: all) Carlos Muñoz; (right col: tl, tr, ml, mr, bl) Martín Bernetti; (right col: br) Stockbyte/Getty Images; **181:** (all) Martín Bernetti; **182:** (all) Carlos Muñoz; **183:** (t) Photographee EU/Fotolia; (b) JGI/Tom Grill/Media Bakery; **184:** (left col: all) Carlos Muñoz; (r) Anyaberkut/Fotolia; **185:** Masterfile; **186:** (all) Carlos Muñoz; **187:** AntonioDiaz/Fotolia; **190:** Anne Loubet; **191:** Bartosz Hadyniak/Media Bakery.

Lesson 8: 195: Carlos Muñoz; **196:** (l) Paula Díez; (r) Jack Puccio/iStockphoto; **197:** (tl) Barry Gregg/Corbis; (tr) Martín Bernetti; (m) Annie Pickert Fuller; (bl) Paula Díez; (br) Marcel Kriegl/Shutterstock; **202:** (all) Carlos Muñoz; **203:** (all) Carlos Muñoz; **204:** (tl) Antonio Gravante/123RF; (tr) Ana Maria Mejia/Alamy; (m) Sheridan Stancliff/SuperStock; (b) Luna Marina/Deposit Photos; **206:** (all) Carlos Muñoz; **207:** (left col: t) Darío Eusse Tobón; (left col: b) Thomas Northcut/Media Bakery; (right col: l) Rodolfo Benitez/StockFood/AGE Fotostock; (right col: ml) Janet Dracksdorf; (right col: mr) Andrade Gustavo/StockFood/AGE Fotostock; (right col: r) José Blanco; **208:** (all) Carlos Muñoz; **209:** (all) Carlos Muñoz; **211:** (left col: t) Ben Blankenburg/Corbis; (left col: ml) Corbis; (left col: mm, bm, br) Martín Bernetti; (left col: mr, bl) Darío Eusse Tobón; (r) Jack Hollingsworth/Corbis; **212:** (all) Carlos Muñoz; **216:** Commercial Eye/The Image Bank/Getty Images; **221:** Galen Rowell/Mountain Light/Media Bakery; **222:** (tl) John Beatty/Getty Images; (tr) David Barnes/Danita Delimont; (b) Jeff Luckett/iStockphoto; **223:** (t) Piero Pomponi/Getty Images; (bl) Tommy Lindholm/Alamy; (br) Jeremy Horner/The Image Bank Unreleased/Getty Images.

Lesson 9: 225: Carlos Muñoz; **226:** (tl) Susana/Fotocolombia; (tr, b) Martín Bernetti; **232:** (all) Carlos Muñoz; **233:** (all) Carlos Muñoz; **234:** (l) Martin-dm/E+/Getty Images; (r) Mauricio Duenas/EPA/Shutterstock; **237:** (all) Carlos Muñoz; **239:** (left col: l) Darío Eusse Tobón; (left col: m) Martín Bernetti; (left col: r) Monkey Business/Fotolia; (right col: t) Nikolai Sorokin/Fotolia; (right col: b) Ecliff6/iStockphoto; **240:** (l, m) Carlos Muñoz; (r) Martín Bernetti; **241:** (all) Carlos Muñoz; **243:** (left col: t) Monkey Business/Fotolia; (left col: ml) Africa Studio/Fotolia; (left col: mr) Martín Bernetti; (left col: bl) Tyler Olson/Shutterstock; (left col: br) SelectStock/iStockphoto; (right col: t) Tim Pannell/Media Bakery; (right col: b) Padnpen/iStockphoto; **244:** Kzenon/Shutterstock; **245:** Jupiterimages/Brand X/Alamy; **248:** (l) Katrina Brown/123RF; (r) Digital Vision/Media Bakery; **249:** Carlos Hernandez/Media Bakery.

Lesson 10: 251: Carlos Muñoz; **252:** (t) Martín Bernetti; (b) José Blanco; **253:** (t) Karel Miragaya/Deposit Photos; (b) James Steidl/Shutterstock; **254:** Martín Bernetti; **258:** (all) Carlos Muñoz; **259:** (left col: all) Carlos Muñoz; (r) Imanol Urquizu/123RF; **260:** (l) Ricardo Figueroa/AP Images; (r) José Blanco; **262:** (all) Carlos Muñoz; **265:** (all) Carlos Muñoz; **267:** (all) Martín Bernetti; **268:** JupiterImages/Photos.com/Alamy; **270:** Paula Díez; **271:** Stephanie Maze/The Image Bank Unreleased/Getty Images; **272-273:** Martín Bernetti; **275:** Tips RF/Media Bakery; **276:** (t) Ali Burafi; (b) Annie Pickert Fuller; **277:** (t, m, br) Ali Burafi; (bl) Ricardo Za/Shutterstock.

Lesson 11: 279: Carlos Muñoz; **280:** (t) Martín Bernetti; (b) Paula Díez; **281:** (l) Dmitry Kutlayev/iStockphoto; (r) Aleksandr Kurganov/Shutterstock; **282:** Martín Bernetti; **283:** WavebreakMediaMicro/Fotolia; **286:** (all) Carlos Muñoz; **287:** (left col: all)Carlos Muñoz; (r) Sean Pavone/123RF; **288:** (l) Quka/Shutterstock; (r) GM Visuals/AGE Fotostock; **290:** (all) Carlos Muñoz; **291:** JPL-Caltech/NASA; **292:** (all) Carlos Muñoz; **294:** (t) LdF/iStockphoto; (tml) AHBE/Fotolia; (tmr) Aleksandr Kurganov/Shutterstock; (bml) Oleksiy Mark/Shutterstock; (bmr) Bet Noire/Getty Images; (bl) Martín Bernetti; (br) Nebojsa Markovic/Shutterstock; **295:** (left col: t) LdF/iStockphoto; (left col: b) Greg Nicholas/iStockphoto; (right col: all) Carlos Muñoz.

Lesson 12: 303: Carlos Muñoz; **304:** (t) Martín Bernetti; (b) Darío Eusse Tobón; **305:** (t) Comstock Images/Jupiterimages; (bl, br) Martín Bernetti; **306:** (all) Martín Bernetti; **308:** (l) Terry J Alcorn/iStockphoto; (r) Harry Neave/Fotolia; **310:** (all) Carlos Muñoz; **311:** (left col: all) Carlos Muñoz; (r) Juan Jimenez Fernandez/123RF; **312:** (tl) Jess Kraft/Shutterstock; (tr) Scharfsinn/Shutterstock; (b) Daniel Ferreira-Leites Ciccarino/123RF; **314:** (all)

Text Credits

300: Juan Matias Loiseau/TUTE; **352:** © Anderson Imbert, Enrique, "La foto", *Dos mujeres y un Julián*. Buenos Aires, Corregidor, 1999; **376:** © Fundación Mario Benedetti. c/o Schavelzon Graham Agencia Literaria. www. schavelzongraham.com; **404:** Cristina Peri Rossi; **428:** © 1978, Augusto Monterroso. Reimpreso por permiso de International Editors' Co.

Video Credits

21: Mastercard; **47:** EFE News Service, Inc.; **77:** Banco Galicia/Mercado McCann; **103:** Feel Sales/ContentLine; **133:** ANA INES CIBILS MARIO VASQUEZ/AFPTV/AFP; **159:** Juguettos; **189:** MARINA DE RUSSÉ IVAN COURONNE ELODIE MARTINEZ/AFPTV/AFP; **215:** PABLO ALBUERNE "GIPSY CHEF" / LA VANGUARDIA / GIPSYCHEF@GMAIL.COM; **245:** Watch the full video on the YouTube Channel: Sin Portal; **269:** Getting Better Creative Studio; **297:** Banco Galicia/Mercado McCann; **321:** Conforama España; **349:** Entropic Films; **373:** Ogilvy & Mathers Honduras; **401:** Cámara\\TBWA Agencia Publicitaria; **425:** EFE News Service, Inc.

About the Authors

José A. Blanco founded Vista Higher Learning in 1998. A native of Barranquilla, Colombia, Mr. Blanco holds a B.A. in Literature from the University of California, Santa Cruz, and an M.A. in Hispanic Studies from Brown University. He has worked as a writer, editor, and translator for Houghton Mifflin and D.C. Heath and Company, and has taught Spanish at the secondary and university levels. Mr. Blanco is also the co-author of several other Vista Higher Learning programs: **Vistas**, **Panorama**, **¡Adelante!** and **¡Viva!** at the introductory level; **Perspectivas**, **Enlaces**, **Facetas**, **Enfoques**, **Imagina**, and **Sueña** at the intermediate level; and **Revista** at the advanced conversation level.

Philip Redwine Donley received his M.A. in Hispanic Literature from the University of Texas at Austin in 1986 and his Ph.D. in Foreign Language Education from the University of Texas at Austin in 1997. Dr. Donley taught Spanish at Austin Community College, Southwestern University, and the University of Texas at Austin. He published articles and conducted workshops about language anxiety, language anxiety management, and the development of critical thinking skills, and was involved in research about teaching languages to the visually impaired. Dr. Donley was also the co-author of three other introductory college Spanish textbook programs published by Vista Higher Learning: **Vistas**, **Panorama**, and **¡Viva!**.